P E D I A T R I C   M U S I C   T H E R A P Y

아동음악치료

Wanda B. Lathom-Radocy 저
최병철 · 박소연 · 황은영 공역

학지사

Pediatric Music Therapy
by Wanda B. Lathom-Radocy

ISBN 0-398-07301-5(hard)
ISBN 0-398-07302-3(paper)

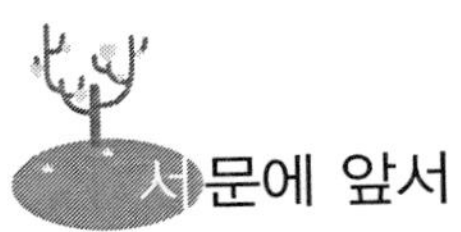

서문에 앞서

1975년에 제정된 「공법」 94-142는 최소한의 제한적 환경에서 장애 아동들이 무상 공교육을 받도록 한 것이다. 이 법은 이후 「장애인교육법(Individuals with Disabilities Education Act: IDEA)」(「공법」 101-476, 1990)으로 바뀌어 공포되었다. 이 법률은 장애 아동의 욕구를 충족시키고, 가능한 한 '일반 학교'에 가까운 환경에서 장애 아동들이 교육받을 수 있도록 한 것으로, 이것을 '최소제한 환경(least restrictive environment)'이라 한다. 이 법에 따라 공립학교에서 특수교육 서비스를 받을 수 있게 되어 거주보호 중이던 많은 아동들이 집으로 돌아왔다. 장애 아동에게 장기적 지원을 제공해야 하는 가족의 역할을 인식한 것이다. 이 법의 적용에는 미국 교육부나 특수교육 부서를 통해 장애 아동에게 필요한 특수교육 서비스를 실행하는 것과 관계자들을 훈련하고 홍보하기 위한 기금 제공도 포함되어 있다.

전국음악치료협회(National Association for Music Therapy)는 1979~1982년에 '특별 과제: 중증 장애 아동을 위한 음악교육/치료 제공 전국 교사연수훈련모델'로 기금을 받았다. 음악치료사들은 음악교사, 행정가, 부모 그리고 특수교사를 위한 훈련 연수에서 사용되는 교재를 만들었다. 이 워크숍을 진행할 음악치료사들은 텍사스 여자대학교에서 1980년과 1981년 두 번에 걸쳐 훈련 모임을 가졌다. 훈련 교재의 사용을 익히는 것 외에도 음악치료사들은 「공법」 94-142에서 규명하는 각 장애 조건에 연관되는 치료나 치료 절차, 연구 혹은 특별한 매체에 대해서 발표하였다. 이 발표회를 통해 연수에서 훈련자들이 사용할 수 있는 정보가 수록

된 보고서가 만들어졌다(Lathom & Eagle, 1982). 훈련자들은 용어를 기록하고, 사례 연구 자료를 준비하고, 관련 문헌을 검색하고, 각 장애 조건에 관련한 연구를 하였다. 그 기금은 중증 장애 아동을 위한 것이었기 때문에 연구보고서에 학습장애라든지 특수 재능 영역은 포함시키지 않았다. 각 연구보고서는 기관 종사자나 외부의 평가자 그리고 전국의 음악치료사들이 널리 검토하였다. 이 책을 연구보고서의 후판으로 만들려는 의도는 없다. 그렇지만 보고서에서 다루어진 것과 같은 장애 대상의 많은 특징을 독립적으로 다루고 있다. 특별히 이 책은 보고서가 작성된 1980년대 이후의 문헌들을 포함하고 있다.

보고서 준비에서 중요한 부분은 관련 문헌의 검색이었다. 남감리대학교 음악치료학과장인 Charles T. Eagle, Jr. 박사(음악치료사)는 과제 훈련 위원장을 맡았는데, 음악을 위한 컴퓨터 검색 시스템을 통해 참고문헌의 출처를 검색하였다. 그 결과 많은 출처들이 요약되었고, 176개의 주석을 단 참고문헌들이 첫 번째 회의를 위해 준비되었다. 두 번째 회의에서는 501개의 주석을 단 참고문헌들이 준비되었다. 이 작업은 보고서를 위한 준비 때문만이 아니라 워크숍 준비로서도 가치가 있었다. 미디어 팀에서는 비디오테이프와 슬라이드쇼 형식의 미디어 발표도 준비하였으며, 이것들 역시 워크숍에 사용되었다.

두 번째 모임부터는 1,000개의 참고문헌 작업으로까지 확장되었다. 이것은 미주리 대학교(캔자스시티 캠퍼스)의 음악치료학과장인 Wanda Lathom이 많은 학부와 대학원 학생들과 협조하여 수행하였다. 이 과제의 기금은 미주리 대학교(캔자스시티 캠퍼스)로부터 나왔다. Eagle 박사는 CAIRSS 작업을 계속하였는데, 주석이 달린 인용문들을 추가로 제공하였다. 이 책의 내용은 첫 보고서 때의 것보다 더 많은 문헌들을 반영하고 있다. 그렇지만 음악치료사들에게 현장에서 만나게 될 아동에 대한 이해를 돕기 위한 정보를 제공하는 데 일차적인 역점을 두고 있다. 따라서 음악치료와 관련된 많은 자료들을 포함시키지는 않았다. 이 책을 교재로 사용한다면 음악치료 분야의 주요 도서들을 부교재로 병행해야 할 것이다. 이 영역의 과정이 음악치료 교육과정에서 요구되므로 아마 이 책을 읽는 음악치료학과 학생들은 해부생리학, 심리학 그리고 특수교육에서 약간의 배경 지식을 가지고 있을 것이라 짐작된다.

참고문헌

Eagle, C. T. Jr. (1982). *Music therapy for handicapped individuals: An annotated and indexed bibliography*. Washington, DC: National Association for Music Therapy, Inc.

Lathom, W. B., & Eagle, C. T. Jr. (Eds.)(1982). *Music therapy for handicapped children*(Vols. 1-3). St. Louis, MO: MMB Music, Inc.

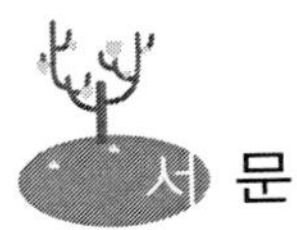

서문

그동안 미국의 모든 아동들은 무상으로 공립교육을 제공받을 수 있었지만 장애를 가진 아동들은 자신들에게 필요한 특정 서비스를 대개 자신이 거주하는 지역 안에서 받을 수 없었다. 지난 25년 동안의 법적이면서도 철학적인 발전은 음악치료 분야에 큰 영향을 미쳤다. 로라의 사례를 참조해 보자.

> 로라는 두 개의 이마와 심각한 바제도병, 발달이 덜된 귀와 코, 기형 구강을 포함한 심각한 신체 기형을 가진 10세 소녀다. 그녀는 시력과 청력 그리고 운동 조절 능력까지 손상되었다. 로라는 처음 접하는 상황에서는 만져 보거나 쳐다보는 것으로 환경을 익혀 가고, 손을 응시한다든가 손가락 끝을 튕기는 등의 자기 자극 행동을 보인다.
>
> 로라의 학급에서 세운 집단 목적은 환경과 동료들에 대한 인식을 증대시키고, 사물의 인과관계에 대한 인식을 높이며, 모방기술을 발달시키는 것이다. 로라를 위한 개인적인 목적은 자기 인식을 발달시키고, 주의집중과 사회성을 높이는 것이다. 음악치료에서는 이러한 목적을 달성하도록 돕는 책임이 있다. 로라는 주 1회 주간학교 시설의 음악치료 세션에 참가하고, 정신지체센터의 입원환자 시설

서문과 제1장의 일부 내용은 전국음악치료협회(NAMT) '특별 과제' 에서 필자가 워크숍이나 세미나를 위해 1980년에 작성한 보고서, The Role of the Music Therapist in the Education of Severely and Profoundly Handicapped Children and Youth의 내용을 포함하고 있다. 장애교육기구로부터 받은 지원 과제(과제번호: GOO7091336)는 중증장애 아동 음악교육/치료를 제공하는 교사를 위한 전국적 참여 훈련 모델이었다.

에서 주 2회 집단 음악치료에 참석한다. 출석은 양호한 편이었다.

구강 기형 때문에 로라는 현재 말을 할 수가 없다. 집단 음악치료 동안에는 성문으로 발성을 한다. 음질은 다양하며 겉으로는 당황스럽거나 화날 때, 혹은 불편할 때, 아니면 기분이 좋을 때 내는 소리 같다. 로라는 감수성이 예민하며 간단한 언어 지시를 따른다. 그녀의 표현언어 기술은 수용 능력을 따라가지 못한다. 로라는 음악 과제를 수행하는 데 필요한 대소근육 운동 협응이나 균형성을 적절히 보여 준다. 그녀의 주의 집중은 짧은 듯하고, 과제 집중 능력 역시 한계가 있다. 그렇지만 이 부분에서는 향상이 있다. 그녀의 치료 팀원들은 로라의 부적절한 행동을 중단시키고 과제 수행으로 돌아가도록 안내함으로써 이러한 능력들이 발달될 수 있을 것이라고 생각했다.

로라는 목적성을 가지고 음악 도구들을 탐색한다. 예를 들어, 그녀는 톤벨이나 맬렛 등을 자발적으로 구별하여 소리를 내 보고는 악기 상자에 함께 넣는다. 그녀는 왼쪽 시력이 더 좋기 때문에 악기들을 대개 왼쪽 눈에 가까이 대고 본다. 로라는 소리를 내는 새로운 방법을 보여 주기 위해 악기를 사용함으로써 시각적인 모형을 때때로 모방한다. 악기와의 상호작용은 자기 자극 쪽이라기보다 감각 입력 쪽으로 향하게 된다. 로라는 음악 과제와 관련한 어느 정도의 공간 감각을 가지면서 스스로 기술을 습득해 가는 것을 보여 준다.

로라는 음악치료를 통해 사회적 · 정서적 측면에서 가장 많이 향상되었음을 보여 준다. 일반적으로 그녀는 그룹 안에 앉아서 주변 환경을 의식하고 있으므로 모든 음악활동에 수동적으로 참여한다. 그렇지만 만일 누가 옆에서 몸으로 격려하거나 가까운 곳에 악기가 있을 때는 능동적으로 참가한다. 로라는 친밀한 권위자상을 알아보고 자발적으로 다가가거나 그들의 손을 잡는 것으로 상호작용과 관계의 발달을 보여 준다. 그녀는 안아 주거나 무릎에 앉힘으로써 신체적인 교감을 시작하며, 즐거운 경험을 하면 입가에 미소를 지으며 웃고, 좋아하는 도구를 멀리 치울 때나 다른 아동으로부터 신체적으로 해를 입을 때는 운다.

음악치료는 로라의 사회적 · 감정적 · 인지적 성장에 도움이 되고 있다. 그녀가 참석하고 있는 음악치료 프로그램의 중재와 직접 연관되어서 그녀의 행동의 양상이나 소통의 수준에 긍정적인 변화가 나타난다. 그래서 로라는 주 3회 집단 음악치료 세션에 지속적으로 참가하고 있으며 프로그램의 목적들도 계속되도록 추천되었다.

로라는 「공법」 94-142가 통과되기 이전의 시설 아동들이 지내던 전형적인 모습이다. 이제 그녀는 대부분의 시간을 지역사회에서 공립학교에 출석하면서, 모든 아동들이 즐기는 사회적이며 오락적인 활동에 함께하게 되었다. 장기적으로는 그룹홈에서 누군가의 도움을 받으면서 생활할 것이고, 25년 전에는 불가능했던 독립적인 생활이 이제는 어느 정도 가능할 것이다. 그렇게 되면 음악치료에서의 서비스 전달과 목적들도 당연히 달라질 것임에 틀림없다.

이 아동을 위한 교육과 치료의 목적은 개인이 달성할 수 있는 최선의 상태가 되도록 돕는 것이며, 이는 궁극적으로 다른 아동들과 다를 것이 없다. Maslow(1971)는 이 같이 지적하고 있다.

> 단적으로 말해 그 같은 개념은 인간 본연의 목적이나 인간적 목적과 연관되는 것으로 궁극적으로 교육의 목적인 개인의 '자아실현' 을 지지한다. 즉, 온전한 인간(full human)에 이르게 하며 인간으로서 도달할 수 있는 최상의 발달 상태에 이르도록 한다. 평범하게 표현한다 해도 그것은 한 개인이 도달할 수 있는 최고의 상태에 이르도록 돕고 있다(pp. 168-169).

따라서 대학생이나 정신지체 시설에 있는 클라이언트나, 아니면 장애를 가진 아동이나 그 목적은 같다. 그 목적은 그가 될 수 있는 최상의 상태가 되는 것이다. 온전한 인간이 되는 데 중요한 것은 인간이 갖는 모든 감정을 경험하는 것이다. 장애 아동은 기쁨이나 연민, 분노나 타인에 대한 무관심 같은 인간의 모든 감정을 경험할 수 있다. 어쩌면 아동은 의사소통 기술이 부족하여 느낌을 표현하는 것이 어려울 수도 있다. 예술은 모든 사람들이 서로 '공감' 하게 해 주며 감정을 비언어적으로 소통하는 수단을 제공한다. 개인의 감정을 문화 속에서 수용될 수 있는 방법으로 나누는 것은 모든 아동들에게 중요하며 특히 의사소통이 제한된 아동들에게는 더욱 그러하다. 대개의 아동들은 음악에 반응하며 음악에 참여하는 즐거움을 보여 준다. 아동이 '도달할 수 있는 최고' 에 이르기 위해서는 동반하는 느낌들의 범위까지 인식해야만 하며 그것들을 다른 이들과 소통하기 위한 방법을 알아야만 한다. 예술을 통해서 그것이 가능하며 중증 장애 아동에게도 해당된다.

최소제한 환경

최소제한 환경 법률 조항은 모든 장애 아동들이 적절한 교육을 무상으로 받을 수 있도록 하는 입법 절차를 각 주에 요청한다. 여기서 '적절한'이란 아동이 경험으로부터 혜택을 받을 수 있고, 성공적이며 독립적인 아동으로 행동할 수 있게 하기 위한 진보를 이루는 것을 뜻한다. 아동들이 '주류화'되었을 때 불행히도 이것이 언제나 가능하지는 않다. 「공법」 94-142에서는 물론이고, 1990년의 「장애인교육법(IDEA)」에서조차 '주류화'란 용어를 사용하지 않는다. 이것은 장애 아동들을 장애가 없는 아동들에 포함시키려는 시도다. 또한 시설에 붙들어 놓으려 하거나 장애인의 가능성에 대한 오해를 가져오게 하는 것, 고립되는 것을 줄이려는 것이다. Safford와 Rosen(1981)은 주류화의 원칙에 대해 "장애 아동이 적절한 범위로 비장애 동료들과의 교육 프로그램에 참여하는 것은 적절한 교육의 필수적인 양상이다."(p. 2)라고 지적하였다. 종합적이며 공식적인 정의로 다음의 내용이 1976년 4월, 특수아동 대표 협의회에서 통과되었다.

> 아동의 교육적인 필요가 만족스럽게 제공되도록 하는 최소제한 환경에서 각 아동을 교육해야 한다는 신념에 기초하여, 주류화는 특수아동을 위한 교육적 배치 절차와 과정과 관련된다는 믿음이다. 이 개념은 강도나 기간에서는 매우 다양하지만, 특수아동들이 넓은 범위의 특별한 교육적 필요를 가지고 있음을 인식한다. 따라서 주어진 시간에 개별 아동의 필요에 적합한 교육적 환경의 연속이 공인된다. 그리고 최대한 알맞은 범위까지 장애 아동이 비장애 아동들과 함께 교육되어야 할 것이다. 장애 아동을 비장애 아동으로부터 분리하는 특별반이나 분리된 학교교육은 장애 아동이 비장애 아동과 함께하는 환경에 만족할 수 없고, 심지어 보충적인 도움을 제공했을 때도 만족스럽지 못해 아동의 특수교육에 관련된 필요를 채울 수 없는 교육적 상황인 경우에 한해 이루어져야 한다.

오늘날에는 '주류화'에 더하여 '통합'이라는 용어를 사용한다. 통합은 장애 아동을 일반학급에 우선 배치함을 뜻한다. 담임교사가 특수교사의 도움을 받을 수는 있겠으나 아동은 대부분의 시간을 일반학급에서 보낸다. 학급 배치를 결정하는 것은 부모 그리고 결정 능력이 있는 아동까지 포함하여 아동의 개별화 교육 프로그램(IEP)을 기술하는 팀에서 수행한다. 부모의 참여 없이 단지 적당한 프로그램을 예상하면서 IEP 회의를 가지는 것은 법률의 의도에 맞지 않는다. 행정가와 변호사들이 잘 알고 있듯이, 교육가들이 여러 전문 분야의 스태프 회의에서 부모와의 면담을 가지기 전에 배치 계획을 가지고 있는 것처럼 보이는 것을 피해야만 한다(Smelter, Rasch, & Yudewitz, 1994, p. 37). 또한 음악치료를 지원하는 IDEA 기금을 위해 IEP에는 반드시 음악치료를 포함시켜야 하며, 부모는 프로그램의 결정 과정에 참여해야 한다. 만일 부모 역시 장애를 가지고 있다면 그 역시 재활규정 504조하에 추가적인 권리를 가질 수 있다.

미국의 50개 모든 주들은 IDEA 기금을 조성하게 되어 있다. 이것은 어떠한 장애 아동이라도 어디서든 적절한 무상교육을 받을 수 있음을 뜻한다. 주류화나 통합 모두 '최소제한 환경'과 '적절함' 사이의 연결을 간과할 수 있다. 통합은 아동이 가장 흥미를 가진 데서 이루어진다. 그렇지만 문헌(예, Baines, Baines, & Masterson, 1994; Smelter, Rasch, & Yudewitz, 1994)에서 제안하는 대로 이데올로기와 부모의 요구는 교육적 · 치료적 고려를 넘어설 수 있다. 광범위한 증거 자료에 따라 지지받는 목적과 목표, 중재전략의 실행과 특정한 활동 과정에 대한 이론적 해석 등의 세부 사항에 대한 조심스럽고도 수고스러운 작업은 특정한 활동의 계획을 세우는 데 필수적이다.

'주류화'는 특수학급에 있는 아동들이 비장애 아동들과 함께 참여하는 음악학급, 미술학급 그리고 체육학급에서 특히 잘못 사용되어 왔다. 만일 아동이 참여할 수 없고 또 참여에 필요한 필수적인 기술을 배우도록 돕는 보조 서비스를 제공해 주지 못한다면, 이것은 최소제한 환경이 아니다. 그것은 부적절한 주류화다. 악기를 다루지 못하는 아동을 밴드 그룹에 참여시키는 것은 적절하지 않다. 글자나 악보를 읽지 못하는 아동을 합창단에 참여시키는 것 역시 적절하지 않다. 음악 수업에서 휠체어 탄 아동을 뒷좌석에 앉히는 것은 부적절하다. 여전히 이러한 사례들이 자주 보고되고 있다. 미국의 학교는 모든 교육 경험의 적절성을 보여 주는 데 책임을 져야 한다. 주류화된 음악 수업을 보충하는 한 가지 방법은 음악치료사 혹은 특수교육 경험을 가진 음악 교육가가 보조적인 특별 서비스를 제공하는 것이다. 가능한 한 장애 아동들은 비장애 아동들과 함께 참여해야 할 것이다. 보조적인 도움이나 서비스를 제공해도 아동이 해내지 못하는 상황에 한해서만 학급을 분리하는 것을 검토해야 할 것이다. 그런 경우도 집에서 가장 가까운 곳에 배치하도록 해야 할 것이다. 이 개념은 「공법」 94-142에서뿐만 아니라 1973년의 직업재활규정보충(PL 93-112)의 504조에 기록되어 있다.

어떤 아동들의 교육적 필요는 특수학급이나 특수학교 그리고 24시간 보호와 훈련을 제공하는 거주시설에서 가장 잘 충족될 수 있다. 각 아동의 필요를 반드시 고려하여 최소제한 환경을 조성해야 한다. 아동이 건강상의 이유로 학교에 출석할 수 없을 때는 집이나 병원에서의 학습이 필요할 것이다. 음악치료사들은 일반학급에서나 특수학급, 자료실, 특수학교, 병원, 거주보호 시설 혹은 가정보호에서 아동이 교육의 혜택을 받을 수 있도록 연관된 서비스를 제공할 수 있다. 「공법」 94-142는 관련된 서비스로 음악치료를 인정하였다.

개별화 교육 프로그램

잠재적인 특별 서비스 후보자인 각 아동은 특수교육 프로그램에서의 필요와 적절한 배치를 결정하기 위해 평가되어야 한다. 초기 평가의 결과는 아동의 개별화 교육 프로그램(IEP)에 기록된다. 아동에게 최대한 적절한 범위까지 일반 교육에 참여토록 하는 것은 아동의 특정한 필요에 달려 있다. 개별화 교육 프로그램은 아동의 초기 목적과 목표들 그리고 그것들의 성취를 위한 계획과 교육으로부터 아동이 혜택을 받도록 돕는 데 필요한 관련 서비스까지 명시한다. 만일 음악치료가 관련 서비스로 사용된다면 음악치료사는 각 아동을 사정하고 개별화 교육 프로그램에서의 목적과 목표를 기록한다. 각각의 기록은 연방법의 실행에 관련되는 법

률을 갖는다. 비록 「공법」 94-142가 음악치료를 관련 서비스로 인정하였지만 기금 조성은 그 주의 법률과 관계가 있다. 따라서 음악치료사는 법률 제정자들에게 그들의 역할을 알리고 그들이 맡은 각 아동의 개별화 교육 프로그램에서 음악치료가 명시되도록 확실히 하는 일이 중요하다. 대상 아동이 많은 관계로 이것은 음악치료사에게 과도한 가욋일을 요구한다. 그렇지만 기금은 개별화 교육 프로그램에 직접 연관되므로 각 아동을 위한 목적과 목표를 명기하는 것은 대단히 중요하다. 그에 대한 대안은 학군, 병원 또는 기관에서 주정부나 연방정부의 기금을 받지 않고 음악치료사를 고용하는 것이다. 이것은 주 법률에서 음악치료를 포함하지 않는 주들에서 이루어지므로 아무래도 제한된 일자리일 수밖에 없다. 따라서 관련 서비스로 음악치료의 혜택을 크게 입을 수 있었던 아동들이 서비스에서 제외될 수도 있다.

교육적 기회에의 완전한 참여

예술교육은 모든 아동교육의 한 부분이 되어야 한다. 「공법」의 기본 개념 중 하나는 바로 장애 아동들이 교육에 완전히 참여할 수 있는 통로를 가져야 한다는 것이다. 「공법」 94-142는 "모든 주정부와 교육기관은 장애 아동들이 비장애 아동에게 주어지는 미술, 음악, 산업미술, 가정경제 그리고 직업교육을 포함하는 다양한 프로그램과 서비스를 이용할 수 있도록 보장하는 조치를 취해야 한다."(규정 121a23조)라고 명시한다. 이 법령을 이끄는 법과 규정은 예술적이고 문화적인 프로그램, 미술과 음악 그리고 무용치료 등 특수교육으로부터 아동이 혜택을 입을 수 있도록 지원할 것을 요구받는다면 장애 아동에게 관련 서비스가 지속적으로 제공될 것이라고 계속해서 말하고 있다(규정 121a23조).

음악치료는 언어적 · 비언어적 의사소통, 사회적 · 감정적 · 학습적 · 운동적 행동을 향상시키기 위해 음악을 사용한다. 음악치료사들은 모든 연령과 모든 종류의 장애를 가진 개인에게 서비스를 제공할 수 있도록 높은 수준의 훈련을 받은 사람들이다. 음악치료사는 먼저 아동을 관찰하고 진단평가를 한 후 아동을 위한 프로그램에 관련된 다른 모든 사람들에게 추천한다. 그 결과, 개별화 교육 프로그램의 구체적인 목적과 목표, 이러한 목표를 달성할 수 있게 돕도록 선정된 사람들, 이러한 목적을 달성하는 데 필요한 시간들을 지정한다. 그러면 부모나 보호자, 학교 당국에서는 개별화 교육 프로그램을 승인한다.

음악치료사는 구체적인 절차를 세우고 나서 개인 혹은 집단에게 서비스를 시작한다. 노래하고, 움직이고, 연주하고, 듣고, 토의하고, 창조하는 것들은 음악치료사가 개인이나 집단 세션에서 사용하는 활동 유형들이다. 아동의 프로그램이 효과적이 되려면 종종 관련된 다른 사람들과의 상담이 필수적이다. 구체적으로 음악치료사는 부모와 상담하고 그들에게 자녀의 발전을 알려 주어야 하며 부모가 가정에서 아동을 어떻게 도울 수 있는지도 알려 주어야 한다. 아동의 교육에 포함되는 이 모든 것들과 치료 프로그램은 서비스가 제공된 증거 자료로 볼 수 있으며 구체적인 개별화 교육 프로그램 동안 프로그램에 수반하는 변화에 대한 정보 또는 서비스 종결에 대해 진단평가하여야 한다.

아동과 일하는 음악치료사의 과제를 정의하기 위해 Lathom(1982)은 공립 · 사립학교와 특수교육 시설, 거주시설 그리고 아동치료센터 등의 특수교육 영역에서 근무하는 164명의 음악치료사들을 조사하였다. 응답자의 2/3가 하나의 시설에서 1~5년 동안 특수교육 부서의 경력을 가진 사람들이었다. 이 조사를 통해 음악치료사들이 다음의 5가지 활동에 45% 이상의 시간을 쏟는다는 것을 알 수 있었다.

1. **집단 음악치료 프로그램의 실행** 음악은 그냥 참석하는 것 이상을 요청하므로 집단활동에 대단히 효과적일 수 있다. 돌아가면서 차례를 경험하는 것, 다른 이들을 고려하는 것, 다른 이들과 협력하는 것, 집단에 대해 책임감을 느끼는 것 등이 모두 아동들이 음악 게임을 하거나 노래하고, 함께 음악을 감상하면서 또는 앙상블로 연주할 때 일어날 수 있다. 이러한 행동들을 칭찬하고 인정할 때 음악 외적인 집단에서의 행동으로 연결될 수 있다. 조심스럽게 계획된 음악활동들이 성공적으로 행해지고 치료사나 교사 혹은 집단의 다른 아동들로부터 박수를 받을 때 아동은 자부심을 느낄 수 있다.

2. 개인 음악치료 프로그램의 실행 어떤 아동들은 집단활동을 준비하기 전에 치료사의 완전한 주의 집중을 필요로 한다. 따라서 많은 효과적인 프로그램은 개인 세션으로부터 시작하여 2명에서 4명의 소집단으로 옮겨 가고, 그러고 나서 전체 학급이나 여러 개의 작은 집단을 모은 큰 집단으로까지 확장한다. 일대일 치료나 교육 프로그램으로 시작해야만 하는 아동들에게는 충분한 시간을 할당해서 빈번히 접촉해 주어야 한다.
3. 음악치료 프로그램 계획하기 아동의 행동 변화에는 음악치료사의 세심한 계획이 요구된다. 성공적인 수행을 위해서 음악활동은 아동의 기술과 능력 수준을 고려해야 한다. 집단에서 다른 아동과 함께 작업할 수 있는 능력은 물론 지침을 따르는 능력, 과제를 완성하는 능력 그리고 주의가 집중되기까지 충동 조절을 유지하는 것 등이 고려되어야 한다. 만일 칭찬과 주의가 아동의 행동을 강화하는 데 사용된다면 치료사와 아동의 관계는 중요한 고려 사항이 된다.
4. 개별화 교육 프로그램을 위한 음악치료의 목적과 결과 준비하기 음악치료는 개별화 교육 프로그램 팀에서 다른 이들과 함께 객관적인 관찰과 평가에 기초해야 한다. 음악치료사가 교사나 학교 행정가, 부모 그리고 아동의 교육과 치료에 기여하는 다른 사람들과 함께 스태프 회의에 참가할 수 있다면 가장 좋다. 이러한 스태프 회의는 음악치료사에게 아동의 특별한 필요를 만족시킬 프로그램을 계획하는 데 필요한 정보를 제공할 수 있다.
5. 보고서 및 보고철 준비하기 초기 평가보고를 준비한 후에 음악치료사는 주기적으로 요약하고 아동과 함께 작업하는 이들에게 매일의 발전 기록을 보고해야 한다. 치료사가 발전 내용을 파일에 기록해 나가는 것은 제공된 서비스의 책임 역시 기록될 수 있으므로 중요하다. 부모들과 자주 접촉하는 것은 바람직하지만 이러한 시간이 마련되기는 쉽지 않다. 초기 개별화 교육 프로그램의 수정 작업이 요구된다면 음악치료사는 아동의 발전을 글로 써서 부모에게 알려 주어야 한다. 종결이나 추천 등의 이유를 기록한 다른 보고서들은 치료 프로그램에서의 아동의 발전을 요약해야 한다.

서비스 제공에서 첫 번째 과제가 아동의 능력과 필요를 진단평가하는 것인 만큼 이 책의 첫 번째 장은 음악치료에서 아동의 진단평가 절차에 대해 논의하고자 한다. 다음 장은 장애 아동을 위한 전형적인 목적과 목표를 논의한다. 계속 이어지는 장들은 다양한 장애들과 그러한 문제들을 가진 아동들을 위해 음악치료에서 제공되는 방법들에 대해 설명할 것이다.

음악치료는 의사소통과 학업 성취, 운동기술, 감정 표현, 조직화 기술 그리고 사회기술을 강화하는 데 중요한 역할을 할 수 있다. 모든 교육과 치료의 전반적인 목적은 개인으로 하여금 독립적이고 사회에서 최대한 생산적인 일원이 되도록 돕는 데 있다. 이것은 가능한 한 장애인들이 사회의 부담으로 인식되기보다는 인생을 행복하고 충만하게 이끌어 가도록 돕는다.

참고문헌

Baines, L., Baines, C., & Masterson, C. (1994). Mainstreaming: One school's reality. *Phi Delta Kappan, 76*, 39-40, 57-64.

Lathom, W. B. (1982). Survey of current functions of a music therapist. *Journal of Music Therapy, 19*, 2-27.

Maslow, A. H. (1971). *The further reaches of human nature*. New York: Viking Press.

Safford, P. I., & Rosen, I. A. (1981). Mainstreaming: Application of a philosophical principle in an integrated kindergarten program. *Topics in Early Childhood Special Education, 1*(1), 1-10.

Smelter, R. W., Rasch, B. W., & Yudewitz, G. J. (1994). Thinking of inclusion for all special needs students? Better think again. *Phi Delta Kappan, 76*, 35-38.

주 공법 94-142, 장애인교육법령(1975), 공법 101-476, 혹은 개인장애교육법령(1990)의 사본을 원한다면 서면으로 미하원 의원이나 지역 상원의원에게 요청할 수 있다. 공법 94-142의 최종판은 1977년 8월 23일 연방기록문에 나와 있다. 공법 93-112의 504조 최종 법령문은 1977년 5월 4일 연방기록문에 있다. 연방기록문은 거의 모든 공공도서관에서 볼 수 있다.

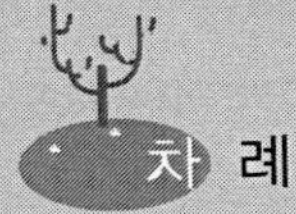

차 례

제 1 장

장애 아동의 음악치료 진단평가

1. 진단평가 세션의 내용
2. 의사소통
3. 학 습
4. 운 동
5. 정 서
6. 조직화
7. 사회성

01 장애 아동의 음악치료 진단평가

모든 미래의 클라이언트를 위한 진단평가는 그들을 위한 모든 프로그램에서 음악치료를 적용할 것인지를 결정하는 데 필요하다. 만일 음악치료가 실행 가능해 보이면, 클라이언트의 초기 행동에 대한 기초적인 묘사는 앞으로의 발전을 적절히 평가하기 위해 중요하다.

평가는 추천의 글로 이어져야 한다. 이것은 치료사가 다음의 몇 가지 범주(CAMEOS[1]) — 의사소통, 학습, 운동, 정서, 조직화, 사회화(Eagle 1982, p. 21) — 에서 행동을 이끌어 낼 때만 가능하다. 이러한 각각의 영역에서 목적을 달성하기 위해 음악치료를 사용하는 것은 문헌을 통해 지지되고 있다. 아동의 현재 기능 수준을 결정하는 것은 무엇이 결핍되었는가를 보여 줄 수 있으며 이는 추천 프로그램으로 연결된다. 마찬가지로 진단평가는 강점을 밝혀 주어야 한다. 부족한 영역

1) CAMEOS는 영어의 communication, academic, motor, emotional, organization, social의 첫 자를 딴 것이다.

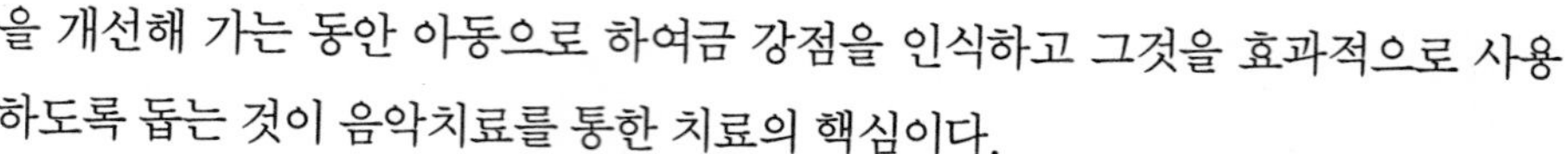
을 개선해 가는 동안 아동으로 하여금 강점을 인식하고 그것을 효과적으로 사용하도록 돕는 것이 음악치료를 통한 치료의 핵심이다.

1. 진단평가 세션의 내용

모든 평가는 이름, 성별, 주소, 나이, 학교, 학년 같은 인적 사항에 대한 정보를 포함해야 한다. 어떤 경우는 추천한 사람(예, 의사, 교사, 부모, 치료사)의 이름을 포함하는 것이 중요할 수 있다. 의료적인 위급 상황에서 연락하기 위해 전화번호를 기록하는 것도 중요하다. 아동에게 건강 문제가 있는 경우 이것은 특별히 중요하다. 치료사는 보고서에 자신의 이름과 아동을 관찰한 날짜, 보고서를 작성한 날짜를 기록해야 한다.

진단평가의 첫 문단은 아동의 외모, 예를 들면 '빌리는 키 1미터 29센티미터, 몸무게 22.6킬로그램이며, 갈색 눈과 붉은 머리카락과 주근깨 있는 얼굴이다. 야구 모자를 썼는데 벗으려 하지 않는다.' 고 묘사하는 것으로 시작할 수 있다. 이러한 묘사는 치료 팀의 구성원들에게 같은 아동을 말하고 있다는 것을 확인시켜 주거나 동시에 평가 중인 여러 아동들의 이름이 혼돈되는 경우도 기억을 새로이 하도록 돕는다.

Salend와 Salend(1985)는 행동을 해석하기보다 묘사하라고 하면서 관찰할 것을 충고한다. 이에 더해 그들은 검사자가 아동의 '검사 상황에 대한 접근, 과제에 대한 주의 집중, 개성, 자아개념과 반응 양식' (p. 282)을 기록할 것을 제안한다. 이 정보는 아동에 대한 묘사 부분 혹은 보고서의 뒷부분에 포함할 수 있다.

「공법」 94-142의 요구를 만족시키기 위해서 진단평가는 문화나 인종 차이와 관련하여 차별하지 않아야 한다. Kratochwill과 Cancelli(1982)는 "문화적으로 다른 일부 개인들을 지체로 명명하는 것은 과오였으며, 어떤 집단의 사람들이 다른 집단의 사람보다 지능이 더 낮다고 섣부르게 결론짓는 무례한 본성은 우려를 야기할 뿐만 아니라 일부에게는 비난할 수도 있다." (p. 7)라고 지적한다. 가능하

면, 아동에게 모국어로 혹은 선호하는 의사소통 방법으로 지침을 제시해야 한다. 표준화 검사를 할 때는 이것이 핵심이다. 학습 스타일, 자료를 제시하는 구조에 대한 요구, 감정적 문제를 나타내거나 이야기하려는 능력과 의지, 원하는 빛의 자극 수준에서도 문화적인 차이가 있다(Dunn & Griggs, 1995). 여러 전문 분야에 걸친 팀의 진단평가는 어떤 한 개인이 결정할 때보다 편견이 줄어든다. 아동의 능력에 대한 정보를 다양한 방법으로 얻으면 진단평가를 더욱 효과적으로 할 수 있다. 음악치료 환경에서 아동은 형식적인 검사 환경보다는 놀이나 재미와 관련한 활동에 위협을 덜 느끼며 더 잘 참여할 수 있다. 더욱 완전하고 정확한 진단평가를 위해 요구되는 정보를 보완해야 하기 때문에 그들 둘 다 필요하다.

2. 의사소통

의사소통 기술의 진단평가를 위해서는 언어적 · 비언어적 의사소통 모두를 관찰해야 한다. 이러한 각 범주는 수용적이고 표현적인 의사소통을 포함하여야 한다. 읽고 쓰는 능력이 의사소통에서 중요한데, 이것은 대개 '학습/인지 기술'이라는 범주 안에서 평가된다. 음표의 사용은 음악기술과 함께 평가될 수 있다.

1) 표현언어 기술

아동이 음악치료를 하러 오면 치료사는 대화를 시작해야 한다. 이를 통해 이완되고 편안한 환경과 상호관계를 확립한다. 클라이언트가 보이는 언어적 반응을 주목하라. 아동이 하는 말을 이해할 수 있는가? 그렇지 않다면 문제가 무엇인지 묘사하라. 발음이 부정확한가? 소리 크기가 적절치 못한가? 대신 들어간 말이나 빠진 말은? 완전한 문장을 구사하는가? 문법이나 단어 사용이 적절한가?

2) 수용언어 기술

음악활동에 참여하게 하는 간단한 한 문장, 예를 들어 '박수를 쳐라.' '발가락을 짚어 보라.' '벨을 울려라.' 와 같은 단순한 지시를 해 보라. 이러한 수용언어 기술이 관찰될 때는 '이 상자에서 악기를 선택하라. 그것을 재빨리 잡아 무릎에 조용히 놓아라.' '자리에서 일어나라. 그리고 걸어라.' '낙하산을 잡아라. 허리까지 올려 보아라.' 등의 두 문장 지시를 시도해 보라. 이러한 지시는 어휘에 대한 지식을 필요로 한다. 지시를 하고, 반응을 기다리고, 아동이 반응할 수 있는지를 주목해야만 한다. 지시를 내릴 때는 행동으로 시범을 보이지 마라. 만일 그렇게 하면 아동이 의사소통에서 언어적 내용에 반응하는지, 아니면 비언어적 내용에 반응하는지를 알 수 없을 것이다. 적절한 시간 동안 기다린 후에 만일 아동이 반응하지 않으면 언어적 지시를 반복하라. 그래도 반응이 없다면 행동을 시범으로 보이고, 필요하다면 반복하라. 마지막에는 직접 손을 잡고 동작을 만드는 것이다. 아동의 손을 잡아서 원하는 반응을 만들도록 언어적 지시와 함께 부드럽게 도와주라.

아동이 요청에 따르고 반응을 구성하도록 인내심을 가지고 기다리는 것은 매우 중요하다. 충분한 시간이 주어진다면 많은 아동들은 반응할 수 있으나 만일 서두르는 것을 느끼면 대개는 쉽게 포기해 버린다. Rowe(1987)는 2가지 유형의 학급에서 '기다리는 시간'을 인정한다. 첫 번째 유형의 기다리는 시간은 학생이 질문에 반응하도록 기다리는 시간이며, 두 번째 유형의 기다리는 시간은 교사가 학생의 답변에 반응하는 데 걸리는 시간이다. 학생의 행동에 대한 반응이 강화될 수 있기 때문에 두 번째 유형의 기다리는 시간에 대한 연구가 더 많이 진행되어 왔다. 연구에서는 이 시간이 너무 오래 지체될 때는 다른 행동이 발생할 수 있고 우연히 강화될 수 있어서 결국 원치 않는 반응 패턴이 생길 수 있다고 주장하였다. 많은 특수아동들은 지침을 처리하고 반응을 시작하는 데 더 오랜 시간이 필요하기 때문에 첫 번째 유형의 기다리는 시간에 대한 인내는 훨씬 나은 진단평가를 이끌어 낼 수 있을 것으로 보인다. 만일 아동이 반응하지 않는다면 더 오래 기다리도록

하라. 아동이 즉각적으로 반응할 것이라는 기대감으로 불안을 유발하지 않도록 조심하라. 음악치료에서는 꾸준히 박자를 유지하고 아동이 스스로 준비되었다고 느낄 때 과제에 참여하도록 허용함으로써 이완된 반응 시간을 제공할 수 있다. 편안한 사회적 분위기와 간단명료한 지침, 필요한 경우 기대되는 행동의 비언어적 시범, 운동 반응을 조직하고 수행하는 데 걸리는 시간 등은 아동의 최상 수준의 행동에 대한 더 나은 진단평가를 받도록 할 것이다. 물론 어떤 아동들은 당신이 그들에게 원하는 것이 무엇인지를 이해할 것이다. 그렇지만 아동들이 당신이 원하는 대로 하지 않도록 하라. 이것은 세션이 진행되면서 분명해질 것이다(즉, 치료자가 원하는 것을 알고 그대로 행하도록 하지 마라. 세션이 점점 진행될수록 아동은 치료사가 원하는 반응을 알고 그런 것처럼 행동할 것이다). 더욱이 음악치료 세션에서는 행동을 유발시킬 수 있는 많은 방법들이 있고 당신은 대개 반응을 얻는 방법을 찾을 수 있다. 심지어 아주 비협조적인 아동에게서도 말이다.

만일 아동이 언어 지시를 따라 하는 것인지, 아니면 다른 사람들을 흉내 내는 것인지 분명치 않은 경우는 각 아동에게 개별적으로 다른 지침을 줄 수도 있다. 모방 역시 중요한 기술이며 주목되어야 한다. 그렇지만 진단평가에서 이 부분의 의도는 복합적인 수용언어 기술을 시험하기 위한 것이다.

아동으로 하여금 가사를 채워 넣도록 하는 일, 예를 들면 '내 이름은 ○○', '내가 좋아하는 음식은 ○○' 등을 사용해 볼 수 있다. 언어기술을 시험하기 위해서 한 단어로 반응할 수 있는 노래를 사용하라. 다음에 구문을 말하도록 요청하는 활동을 사용하고, 그다음에는 완전한 문장을 말하도록 하라.

사회기술을 관찰할 때 의사소통 기술은 더욱 주목받을 것이다. 아동이 친구들과는 자유롭게 이야기해도 어른에게는 아무 말도 하지 않는 것을 발견할 수 있을 것이다(혹은 그 반대의 경우도). 만일 어른이 엄하고 나이 많은 형제자매의 보호를 받는 가정 출신의 아동이라면, 그 아동은 나이 많은 아동들과만 이야기할 수 있다. 병원에 자주 입원하고 집에 있을 때 친밀한 지도감독을 필요로 하는 아동은 친구들과 함께한 경험이 별로 없을지도 모르지만 어른과는 자유롭게 이야기할 것이다. 이 경우, 의사소통 능력과 스타일 모두가 기록되어야 할 것이다. 일반적으로 치료 팀에서는 언어 내용에 대해서나 이러한 행동을 유발시키기 위해 사용된 음악 과정의 설명에는 관심이 없을 수 있다.

3) 비언어 표현기술

아동이 느낌을 표현하기 위해 사용하는 얼굴 표정이나 신체언어에 주의를 기울이도록 하라. 즐거움을 어떻게 나타내는가? 불안은? 좌절감은? 화가 났을 때는? 아동이 느낌을 자유롭게 표현할 수 있는가? 아니면 감추고 있는가? 만일 그렇다면 아동은 부끄러움, 두려움 혹은 비언어적 표현 행동의 적절한 레퍼토리의 부족을 알려 주는 것인가? 비언어적인 표현을 하는 아동도 여전히 손가락으로 철자를 쓰거나 손으로 하는 의사소통 혹은 글자판을 가리키는 것으로 표현적 의사소통을 보여 줄 수 있다. 또한 머리를 흔들거나 신체 동작을 함으로써 '예/아니요'에 대한 대답을 허용하는 검사를 포함할 수 있을 것이다.

4) 비언어 수용기술

아동의 비언어적 의사소통에 대한 반응을 주목하라. 아동이 제스처를 모방하거나 반응하는가? 비언어적 표현을 하는 어떤 아동들은 글로 써서 하는 의사소통에 반응한다. 그럴 때는 소형 컴퓨터나 그 외의 의사소통 도구들을 사용할 수 있다. 어떤 아동은 프린터로 인쇄하고, 어떤 아동들은 그 밖의 도구를 사용해 대답하거나 질문을 한다. 리더가 악기를 크게 혹은 부드럽게, 빠르게 혹은 느리게 혹은 다른 음색으로 연주할지를 지시하는 음악활동을 하라. 아동의 반응에 주목하라. 악기를 교환할 시간이 되면 제스처로 어떤 악기인지 지시하라. 비언어적 수용 행동을 관찰하려는 의도이기 때문에 이때 말은 추가하지 않는다. 집단구성원들에게 노래나 이야기에서 다른 사람들의 행동을 모방하도록 한다. 이것은 표현적 · 수용적 의사소통 기술을 암시해 줄 것이다. 물론 당신은 집단에 속한 아동의 리더십 기술과 능력을 관찰할 수 있으므로 이러한 활동을 하는 동안 사회기술 역시 관찰해야 할 것이다.

만일 어떤 아동이 언어적 · 비언어적 지시 모두에 반응하는 것에 어려움이 있다면 의사소통을 증진시키기 위해 2가지를 병용하라. 아동에게 반응하는 방법을 보여 주는 동시에 언어적 촉진도 함께 제공하라.

3. 학 습

학교에서 읽고 쓰고 철자를 익히고 산술 학습을 하지만 음악치료에서도 약간의 검사를 하는 것이 중요하다. 아동들이 한 가지 방법 이상으로 반응할 수 있도록 환경을 제공해야 한다. 언어적 · 비언어적 방법 모두로 반응하도록 허용하라. 또한 음악적 구조와 독립적으로 혹은 음악적 맥락 안에서 학습기술을 검사하라. 종종 맥락 안에서 반응하기가 더 쉬워 보인다.

1) 글자, 색깔, 숫자

색깔은 일반적으로 글자나 숫자보다 식별하기가 더 쉽다. 아동에게 이러한 기술은 더욱 세밀한 시각적인 구별을 요구하는 숫자나 글자의 확인보다 더 초기의 발달적 수준에서 습득된다. 보통 기본 색깔은 더 복합적인 색깔보다 먼저 학습된다. 색깔의 경우, 검사는 먼저 빨간 깃발(혹은 블록, 테이프, 종 등)을 가리키도록 한다. 여기에서는 '빨강'의 상징에 대한 지식, 가리키는 운동 능력, 수용적 의사소통 기술을 요구한다. 다른 기본 색깔과 이차적 색깔들로 계속해 보라. 다음으로는 이것과 같은 것(색깔, 글자, 숫자)을 찾으라고 요청한다. 차트에 붙인 색종이를 키보드의 건반, 오토하프의 버튼 혹은 톤차임바의 색과 일치시키는 데 사용할 수 있다. 이때 짝지은 것과 색깔이 정확하게 일치하도록 하라. 다양한 색깔을 가진 모양을 사용하는 것은 일반화가 필요하므로 어려울 수 있고, 진단평가로부터 얻는 정보에 혼란을 가져올 수도 있다. 아동이 '일치' 개념을 획득할 수 있도록 간단한 반복 노래를 하라. 그다음에 "이것과 같은 것(색깔, 글자, 숫자)을 가리켜라."라고 요청한다. 당신이 핵심을 가리킬 때 아동이 차트에서 그 상징을 찾는지 지켜보라. 다음은 아동에게 어떤 상징을 정하도록 하라. 그래서 당신이 지시하는 상징들(색깔과 일치하는 건반을 누르면 소리가 나게 됨)과 일치하는 것을 통해 만들어지는 소리를 조정한다. 검사의 세 번째 측면은 언어 반응을 요구한다. "이것이 무엇(색깔, 글자, 숫자)이니?" 만일 아동이 글자와 숫자를 일치시킬 수 있고 그렇게 하기 위해 차트를 따라갈 수 있으면, 악보 읽기를 가르칠 수 있다. 그렇지만 악보 읽기를 시작하기 전에 일치활동을 통해 음악 만들기의 성공적인 경험을 제공하는 것이 바람직할 수 있다. 이것은 왼쪽에서 오른쪽으로 읽기, 각 음표를 순서대로 연주하기, 다음 상징을 지시하지 않고도 그의 자리를 지키기 등과 같은 준비기술을 제공한다. 이와 같은 세 가지 단계 절차(가리키기, 일치시키기, 이름 붙이기)는 글자와 숫자에 대한 지식을 검사하기 위해 수행되어야 한다. 또한 모양과 시간개념, 신체 부분을 검사하는 데도 유익할 수 있다.

2) 읽 기

아동들은 가사를 읽거나 쓰면서 추가적인 학습기술을 보여 줄 수 있다. 만일 아동들이 명사와 형용사 그리고 동사를 구별할 수 있다면 빈칸에 가사 채우기 활동을 시도해 보라. 친숙한 노래를 사용하고 아동이 빈칸을 채우도록 남겨 놓아라.

1. 명사, 형용사, 동사를 각각 5개씩 나열하라.
2. 빈칸 채우기:
   아! 나에게 __________을 주세요.
   어디에 __________이 있나요?
   _____________와(과) ____________을(를) 합시다.

3) 쓰 기

아동들에게 단어를 쓰도록 함으로써 아동의 읽기, 언어 구조에 대한 지식뿐만 아니라 쓰기기술을 관찰할 수 있다. 물론 사회기술도 알아채야만 한다(예, 집단의 참여에 기꺼이 응하는 행동, 언어의 잘못된 부분을 고치도록 제안받았을 때의 반응, 주의집중).

멜로디나 코드를 연주할 때 음계를 가리키기 위해 숫자가 사용될 수 있다. 또한 율동 노래, 손가락 놀이 그리고 숫자를 사용하는 게임들이 많이 있다. 플래시카드를 사용하여 간단한 산술기술을 지시할 수 있다. '3+1' 플래시카드를 보여 주어라. '원을 따라 행진하는 3+1 사람들이 있어요.' 마지막 소절에서는 '4−1' 등과 같이 바꾼다.

많은 활동에서 색깔이 사용된다. 아동들은 색깔 깃발, 플라스틱 원형 물건 혹은 블록과 공을 사용하기를 좋아한다. 위치 단어들을 동시에 사용할 수 있다. 예를 들면, '머리 위로 깃발을 올려 보세요. 그리고 허리 아래에 놓으세요. 다리 옆으로 움직여 보세요.' 와 같이 말이다. 이것을 소절마다 변화를 주면서 리드미컬하게 할 때 매우 다채롭고 재미있을 것이다. 동작 위치의 레퍼토리를 준비한 후에 아동들로 하여금 색깔과 방향에 따라 움직이도록 한다. 예를 들면, '파란 깃발은 위로, 붉은 깃발은 아래로, 노란 깃발은 둘레에, 검은 깃발은 사이에 두세요.' 라고 말할 수 있다. 활동을 좀 더 복잡하게 하려면 '오른손으로 깃발을 잡고 머리 위로 그것을 흔드세요. 깃발을 왼쪽 발가락에 대어 보세요.' 처럼 2개의 지시와 왼쪽, 오른쪽 개념을 추가한다.

4) 지 식

공간과 자아 그리고 시간에 대한 지식은 학습검사에 포함할 수 있는 진보된 기술들이다.

(1) 공 간

원, 선 혹은 다른 모양에 대한 지식은 음악 게임을 통해 발달할 수 있으며 검사되어야 한다. 아동들에게 원 안에서 움직이면서 손을 잡고 게임을 하도록 한다. 다음으로는 원을 유지한 채 손을 놓도록 한다. 서 있는 채로 원을 유지할 수 있는가? 아동들이 원 안에서 움직이면 원 모양이 유지되는가, 아니면 원 모양이 흐트러지는가? 다음으로, 아동들에게 앞에 있는 사람의 어깨나 허리를 잡은 채로 선을 만들도록 하라. 아동들이 걸어갈 때 선을 따라갈 수 있는가? 만일 이러한 과제들을 쉽게 수행한다면 좀 더 복잡한 개념(삼각형, 사각형, 오각형 등)을 시도하라. 공간개념에 대한 지식을 검사하는 동안 당신은 운동기술을 관찰할 수 있는데, 이것은 이후 진단평가 보고의 주요한 부분이 될 것이다.

(2) 자 아

먼저 신체 부분에 대한 지식을 검사하라. 이것 역시 언어적 · 비언어적 반응 모두를 허용하는 방식으로 검사되어야 한다.

'너의 ○○를 가리켜 보라.' 쉬운 부분(손, 발 코, 귀, 눈 등)에서 시작하고 신체 부분 중에서 덜 자주 언급되는 부분(허리, 손목, 발목, 등, 엉덩이 등)으로 옮겨 가라. 노래로 이것을 시도하라. 예를 들어, '손가락을 공중에 놓아라' 라는 노래는 특별히 유용한데, 왜냐하면 지침이 반복되고 아동이 지침을 따라 반응하도록 하는 가사 패턴이기 때문이다. 단, 몸의 한 부분에서 다음 부분으로 급히 옮겨 가는 것을 피하라(예, '머리, 어깨, 무릎 그리고 발가락'). 당신은 원 안에서 율동 노래를 선택하면서 공간개념과 함께 이 검사를 결합할 수 있다(예, '호키 포키' , '루비루').

자아의 또 다른 측면은 자신감이다. 이것은 아동이 음악활동에 참여하는 동안 관찰될 수 있다. 아동이 활동에 자연스럽게 참가하고 친숙하지 않은 상황에서도 위험을 무릅쓰고 참여하는가? 아니면 격려와 지지가 필요한가? 집단에 참가하기 전에 얼마 동안 관찰할 필요가 있는가? 아동에게 스스로 참가를 결정할 시간을 허용하라. 만일 아동이 참여하지 않기로 결정한다면 몇 번이고 비언어적으로 초대하라(예, 시선 접촉, 미소, 손 내밀기, 악기 주기). 인내를 가지고 기다려 주면 대부분의 아동들은 참가할 것이다. 왜냐하면 음악활동은 재미있고 위협적이지 않기 때문이다. 음악치료사는 이러한 재미와 관련이 있으므로 겁을 주는 사람이 아닌, 어쩌면 양육자처럼 보일 수도 있다.

(3) 시 간

요즘 시계는 대부분 디지털이기 때문에 둥근 시계를 사용하여 시간을 가르치는 것은 덜 중요해 보인다. 그렇지만 '○시가 되기 15분 전이다.' '○시 반이다.' 혹은 '○시 5분 전' 등의 개념을 가르치는 데 둥근 시계는 여전히 유용하다. 시간의 흐름을 아는 것은 둥근 시계와 달력을 사용하여 전체적인 관련성을 이해하는 것을 필요로 한다. 이를 위해서 세 단계의 절차—가리키기, 일치시키기, 이름 붙이기—를 사용할 수 있다.

그리고 아동들은 '오랜 시간' '얼마 동안' '오늘' '내일' '언젠가' '얼마 후' '다음 주(달, 년)' '곧' 등의 중요한 시간개념을 배워야 한다. 분명한 것은 이것들이 성인에게보다 아동에게 차이점이 확연하게 다가온다는 사실이다. 그러나 그것은 지남력과 현실 검사의 중요한 부분이다. 시간개념은 음악치료 세션에서 강조되어야 한다.

음이 우리 귀에 들리고 음 요소를 갖기 위해서는 충분한 길이를 가져야 하므로 시간의 길이는 모든 음악적 소리에 기본이 된다(음이 너무 짧으면, '딸깍' 하는 소리로 들린다). 따라서 음악은 시간의 수많은 양상을 가르치는 데 사용될 수 있다. 아동들은 음악적 시간에 대한 이해를 '빠르게, 느리게'로 시작한다. 이것은 보통 공간에서의 움직임과 악기 연주를 통해 학습될 수 있다. 이것이 익숙해지면 동등한 길이로 시간을 나누는 개념이 학습될 수 있다. 그 차례는 먼저 내림박에 연주하거나 움직이고, 다음에는 1/2, 1/4, 1/8로 시간을 나누고, 마침내는 곡조가 아름다운 리듬 혹은 당김음에 따라 움직인다. 그러나 이렇게 하려면 몇 년이 걸릴 수도 있다. 아동들을 진단평가하는 목적은 이러한 과정을 통해 각 개인이 시간과 관련하여 기능하는 것을 발견하고 더욱 많은 경험을 통해 잠재성을 계발하는 것이다.

시간개념은 문화에 따라 다르다. 따라서 혼란이 있다면 문화적 편견을 고려해

봐야 한다. 많은 인디언 및 아시아 아동들에게 미국의 시간개념은 낯설게 느껴질 것이다(Collier & Kolk, 1989). 거리와 공간개념에서도 차이가 존재한다. 심지어 색깔과 색깔을 위해 사용되는 단어들도 문화적 집단에 따라 다르다.

4. 운 동

운동기술의 진단평가는 소근육과 대근육 운동기술 모두를 포함해야 한다. 학습기술과 의사소통 기술들을 진단평가하는 동안 아동들은 키보드를 연주하기 위해 소근육 운동기술을 사용하거나 물건을 집어 왔을 것이다. 그들은 일렬로 혹은 원을 그리면서 서거나 신체 부분이 언급되는 게임을 하는 동안 '머리 위로 깃발을 올려라.' 혹은 '몸 주위로 깃발을 움직여라.' 와 같이 공간개념을 보여 주기 위해 움직여 왔을 것이다. 그리고 여러 가지 운동기술에 대한 관찰이 기록되어 왔다. 그러나 이 부분의 진단평가를 완성하기 위해 특별히 몇 가지를 고려할 필요가 있다.

1) 지각적 운동기술

지각은 감각자극과 자극의 인지를 요구한다. 움직임을 통해 인지를 표현하는 동안 지각적 운동기술을 관찰할 수 있다. 지각적 운동기술을 검사할 때 집단에게 움직임을 위한 자극과 구조를 제공하는 리드미컬한 음악으로 과제를 수행하도록 하라. 만일 아동이 원한다면 지켜보는 것을 허용하되, 참여하도록 권유하라. 과제 시범을 보여 주고 모방하도록 격려하라. 다음에 아동은 시범 없이 해 보이기 위해 어휘를 습득할 것이다. 그러나 운동기술에 초점을 두고 있는 것이지, 수용적 언어기술을 검사하는 것이 아님을 주의하라. 아동이 '한 가지, 다른 것 혹은 모두 다'의 개념을 이해하는가? 아동이 '빠르다/느리다, 높다/낮다, 주위/사이, 위/아래' 등의 개념을 아는가? 가능한 한 적은 수의 단어로 간단한 언어 지침을 주어라. 더 쉬운 기술을 검사하기 전에 '왼쪽/오른쪽'의 개념은 피하라. 감각적 신호는 가능한 한 많이 제공하라. 시각적 · 청각적 · 촉각적 신호들이 사용될 수도 있다. 만일 아동이 참여를 망설인다면 목표 행동과 유사한 것을 강화하라.

2) 손과 발의 사용

아동이 손과 발의 사용을 관찰할 때 우세한 손과 발을 알아야 한다. 아동이 움직임을 몸의 한쪽에서 시작하는가? 지속적으로 그렇게 하는가? 상지나 하지에서도 모두 동일한 부분이 우세한가? 유아들은 약 일 년까지는 오른쪽이나 왼쪽에 대한 선호가 없지만 그 후에는 어느 한 손으로 물건을 잡기 시작한다. 이것이 편측성의 시작이다. 오른쪽과 왼쪽의 구별은 6~7세 이전까지는 잘 확립되지 않는다(Holle, 1976, p. 100). 공간에서의 분명한 자아개념과 자아 조직은 편측성과 연관된다. 장애 아동의 경우 이러한 기술은 후기 단계에서 발달된다.

악기를 움켜잡는 모습을 주목하는 것은 중요하다. 움켜잡기, 요측-손바닥 잡기, 교차-손바닥 잡기, 두 손가락으로 잡기 순서로 발달한다(Holle, 1976). 막대기나 마라카스(라틴아메리카 음악에서 쓰는 리듬악기)의 사용은 이 정보를 획득하기에 유용하다. 보통의 진행은 다음과 같다.

움켜잡기 이것은 유아의 손바닥을 자극했을 때 보일 수 있는 반응인데, 아기가 새끼손가락, 넷째 손가락, 가운데 손가락으로 당신의 손가락을 움켜잡는 것을 알 수 있다. 이 단계에서는 초기의 반사운동이 대칭적이기 때문에 다른 손도 대개 움켜잡는 것을 보게 된다. 다른 손은 그대로 있으면서 한 손만 사용하는 것은 나중에 발달한다.

요측-손바닥 잡기 약 5개월경에 아기는 다른 손가락과 함께 엄지와 넷째 손가락을 사용한다. 아기는 물건을 놓기 위해 손가락을 펼칠 수 있다. 아기들은 많은 시간을 주변의 장난감이나 음식 또는 손에 닿는 어떤 것이라도 움켜잡고, 떨어뜨리고, 넘어뜨리는 것을 관찰하며 보낸다. 이것은 움켜잡는 것과 이후 놓기에서 일어나는 발달에 필수적인 단계다.

교차-손바닥 잡기 아기는 팔을 약간 안쪽으로 넣어서 전체 손으로 움켜잡는다. 나중에는 검지를 펼 수 있다. 그렇지만 손 전체는 여전히 움켜잡고 있다. 여전히 나중에 손바닥에 걸쳐서라기보다 손가락으로 물건을 움켜쥔다. 이것은 세 살 혹은 네 살 이전까지는 일어나지 않을 수 있다.

두 손가락으로 잡기(손끝 잡기) 엄지와 검지가 함께 거들면 가능해진다. 엄지 병치란 물건을 움켜쥘 때 손바닥으로부터 엄지 손톱 부분이 떨어질 때를 말한다. 물건은 검지와 엄지의 옆이 아닌 안쪽 면 사이에 있어야 한다. 그렇지만 엄지 병치는 많은 장애 아동들에게 지체된다. 두 손가락으로 잡기는 성인들에게 수저를 잡거나 펜이나 연필을 사용할 때 필요한 중요한 기술이므로 부가적인 연습이 필요하다. 음악치료에서 두 손가락으로 잡기를 보려면, 예를 들어 '할머니 안경' 혹은 '파이 피 푸 펌' 같은 손가락 놀이를 사용한다. 작곡가들이 이에 음악을 만들었으나 챈트로 할 수도 있다.

또한 손가락의 기민감(손가락을 독립적으로 움직이는 능력)을 알아채는 것도 중요하다. 이것을 보려면, 아동으로 하여금 드럼이나 탬버린으로 음악 리듬에 맞추어 다섯 손가락 패턴을 두드리게 해 보라. 기민감은 아동이 밴드 악기를 연주할 때나 키보드를 사용할 때 관찰된다. 가리키는 손가락만이 아니라 모든 손가락을 사용하도록 격려하라. 노래에 박수를 쳐 주라(예, '우리 모두 다 같이'). 그러면서 두 손을 함께 움직이는 능력을 관찰하라. 손목과 팔꿈치, 어깨를 구부림으로써 서로 유연하게 연결되어 있는지를 관찰하기 위해 동작을 시작하라.

3) 눈과 손의 협응

눈과 손의 협응검사는 리드미컬한 음악을 자극으로 사용하여 아동이 한 손에서 다른 손으로 공을 굴리거나 던지는 것을 통해 관찰할 수 있다. 다음에 아동이 공을 공중에 던지게 하고 처음에는 양손으로 잡도록 하고 다음에는 한 손으로, 그리고 반대 손으로 잡도록 한다. 이때 치료사와 아동이 함께 놀이를 할 수 있다. 먼저 아동이 공을 굴리는 것을 격려하고 다음에 양손을 사용하여, 그다음에는 한 손으로 공을 던지고 잡는 것을 격려한다. 만약 아동이 공을 잡지 못할 경우 딱딱한 공에 다칠 수 있기 때문에 부드러운 공을 사용하는 것이 덜 위험하다. 또한 동작의 우세를 알아채야 한다. 목표를 향해 공을 던지거나 통 안에 던지는 것은 가깝고 먼 물체에 초점을 맞추는 능력을 파악하는 데 도움이 된다. 이것은 공을 멀리 던지는 것을 통해 수행될 수 있다.

4) 이동기술

이동기술은 아동이 한 장소에서 다른 장소로 움직이는 방법이다. 이동기술은 일반적으로 기기부터 시작하며 팔과 다리의 상호적인 사용을 위한 능력 발달에 매우 중요하다. 서기, 걷기, 행진하기, 뛰기, 점프하기, 깡총 뛰기, 말처럼 뛰기는 음악 움직임 활동에서 사용되는 운동기술이다. 리드미컬한 음악과 함께 점프하기(동시에 양발을 땅에서 들기), 깡총 뛰기(한 발로), 달리기(연달아 교대로 한 발씩 들기)를 검사하여야 한다. 이러한 검사는 먼저 제자리에서 하게 하고 다음에 공간을 이동하면서 적용한다. 'rig-a-jig' 또는 'Ha Ha This-a-way' 같은 노래가 다양한 이동기술을 관찰하기 위해 사용될 수 있다.

걷기를 관찰할 때는 균형에 대하여 알아야 한다. 균형이 좋지 않은지, 오른쪽 혹은 왼쪽으로 비틀거리는지, 협응에 어려움이 있는지를 기록하여야 한다. 또한 동작기술이 좋은 아동을 관찰할 때 무게가 한 방향에서 다른 방향으로 이동함에 따라 척추가 회전하는지를 조사하여야 한다. 그리고 어깨와 팔의 흔들림이 편안해야 하며, 이는 균형을 도와주고 체중이 발꿈치에서 발끝으로 이동하여야 하고 발끝으로 걷는 퇴보가 없어야 한다. 엉덩이, 무릎, 발목, 발끝의 움직임뿐만 아니라 관절의 굴절도 주목하여야 한다. 걷기에서 어려움이 관찰되면 성장상의 단계인지를 알아본다. 아동이 처음 걷기 시작해서 능숙하게 걸을 때까지는 3년 정도 소요된다(Holle, 1976, p. 28). 동작기술의 결핍으로부터 문제가 발생할 수 있으며, 물리치료사, 의사, 기타 전문가로부터 많은 평가를 받을 필요가 있다.

달리기는 한 발을 먼저 들고 나서 다른 발을 들 수 있는 근육의 힘을 요구한다.

다른 발이 뒤로 뻗는 동안 한 다리는 앞으로 뻗고 뒤꿈치로 땅을 가볍게 칠 수 있어야 하며 관절의 굴절이 좋아야 한다.

점프하기는 엉덩이, 무릎, 발목의 굴절뿐만 아니라 몸 전체가 땅에서 들릴 수 있는 충분한 힘과 두 발이 땅에서 떨어질 때의 균형이 필요하다. 양발을 함께 뛰는 편평족 뛰기는 발끝-뒤꿈치로 착륙하는 움직임 전에 발달된다. 이후 아동은 물체를 뛰어넘는 것을 학습한다. 한 발로 뛰기는 우세 발이 먼저 발달하고 비우세 발이 다음으로 발달한다. 점프하기와 한 발 뛰기는 건너뛰는 능력에 앞서거나 혹은 재빠른 편측 움직임을 만든다.

말처럼 뛰기는 한 발로 뛰고, 건너뛰고, 체중을 왼쪽에서 오른쪽으로 이동하는 것인데, 만약 아동이 다른 이동기술 과제를 할 수 있다면 이것 역시 포함되어야 한다. 협응이 좋은 아동은 최소 30초 동안 1초에 한 번 건너뛰기를 할 수 있다. 이러한 모든 측면에서 민첩성과 협응을 기록하여야 한다.

(1) 민첩성

민첩성은 좋은 협응과 통제로 움직이는 능력이다. 시작하고 빠르게 멈추는 능력과 방향을 바꾸는 능력은 민첩한 동작 통제를 보여 준다.

(2) 교차 편측성

이것은 신체의 중간 부분에서 교차하는 능력이다. 운동 영역의 두뇌 손상을 입은 아동은 이러한 과제가 매우 어렵다. 이러한 과제의 어려움은 정상적으로 발달하는 아동에게도 나타날 수 있으므로 치료사는 아동의 연령을 고려하여야 한다.

교차 편측성은 아동에게 선이나 로프에 매단 깃발이나 공을 음악에 따라 앞뒤로 움직이게 함으로써 검사할 수 있다. 또한 팔을 중앙에서 교차할 수 있는지를 평가해야 한다. 다시 다리를 흔들면서 시도해 본다. 균형을 유지하는 것이 어려운가? 신체의 어떤 부분에서 더 어려운가? 이것으로 두뇌 손상 부분에 대한 정보를 얻을 수 있다. 포크댄스에서는 편측 또는 옆으로 비스듬한 움직임이 관찰될 수 있다. 편측 움직임뿐만 아니라 한 발을 뒤로 교차하고 다른 한 발은 앞에서 교차하

는 것을 시도해 본다. 심지어 두뇌 손상이나 협응에 문제가 없는 아동에게도 이러한 동작은 어렵다. 이는 매우 발달된 운동기술이다.

기술이 잘 발달되지 않으면 더 많이 연습하도록 권유한다. Holle(1976)에 따르면, 새로운 움직임이 자동적으로 되려면 자주 정확하게 반복할 필요가 있다(p. 8). 이것이 아동의 IEP에 포함되어야 한다.

5. 정 서

평가자는 진단평가 시간 동안 정서적인 행동을 기록하여야 한다. 일반적으로 의사소통 기술, 학습기술, 운동기술 검사가 정서적 행동을 유발하기 때문에 정서적 행동의 관찰은 추가적인 활동을 요구하지 않는다. 정서적 반응을 유발하는 데 음악의 잠재성은 매우 크다. 따라서 평가자는 다양한 정서 상태와 관련된 음악을 사용하여야 한다.

특히 정서적 변화에 앞서 환경적인 사건을 아는 것이 중요하다. 아동이 화를 내면, 화를 내기 전에 있었던 사회적 상호작용은 무엇인가? 음악활동에서 무슨 일이 일어났는가? 어느 수준의 자극이 제시되었는가(예, 적극적인 신체 반응이 따르는 매우 격렬한 음악 또는 조용한 음악)? 또한 분노를 암시하는 행동, 즉 물건 던지기, 언어적 공격, 소리 지르기, 울기, 공간 떠나기, 다른 사람 때리기 등을 기록하고, 분노의 표현에서 한계 반응을 주목해야 한다. 다른 강한 정서에 대한 유사한 관찰도 기록되어야 한다.

정서적 반응은 내면적이고 주관적이기 때문에 확인하거나 범주화하려는 시도가 매우 어렵다. '무슨 일이 일어났는가'를 주의 깊게 기록하고 보고하는 것이 슬픔, 기쁨, 분노, 좌절 등으로 명명하는 것보다 도움이 된다. 이러한 명명은 아동의 관점보다 관찰자의 관점을 반영한다. 아동은 그가 느끼고 있는 것을 말하지 못할 수도 있다. 아동이 감정을 소통하는 일차적인 방법은 행동을 통한 비언어적인 표현이다. 느낌은 비언어적인 경험이다. 심지어 느낌을 설명하기 위한 미묘한 차이와 뉘앙스를 포함하는 단어가 있어도 우리가 어떻게 느끼는가를 다른 사람에게 전달하는 것은 어렵다. 매우 섬세한 언어기술을 사용하더라도 비언어적인 것을 언어로 완전히 표현할 수는 없다.

1) 불 안

아동이 지나치게 경계적일 때 환경을 탐색하고 경직되어 보이며 몇 가지 형태의 불안을 경험할 수 있다. 낯선 사람과 함께 있거나 새로운 환경을 접할 때, 혹은 경험이 없는 것에 대해 물어볼 때 대부분의 사람들이 약간의 불안을 느끼는 것은 정상적이다. 그러나 이러한 상태가 검사 기간 동안 계속되면 기록되어야 한다.

Gray(1982)는 '행동 금지 시스템'을 제안하였는데, 이것은 공포 자극, 새로운 자극, 보상이 없거나 처벌 같은 신호에 따라 활성화된다. 그는 이러한 입력으로부터 야기되는 금지를 위한 신경생리적인 본능에 대해 논의하였다. 그의 모델에서 결과는 행동의 금지, 각성의 증가, 집중의 증가로 구성된다. 아동이 새로운 상황에 처했을 때 약간의 불안을 느끼는 것은 정상적인 것이지만 시간이 지나면 적응하여야 하고 이완된 반응을 보여야 한다.

소수민족 문화(인디언, 알류트족 등)에 속한 아동과 함께할 때 그들의 반응에서 문화적 차이를 고려하는 것은 중요하다. Zvolensky, McNeil, Porter와 Stewart (2001)는 어린 인디언과 알류트족의 불안 민감성에 대해 조사하였다. 그들은 성별뿐만 아니라 민족에 따라서도 불안 민감성에 차이가 있는 것으로 밝혀졌다. 이것은 사회문화적 차이 때문일 수 있다(McNeil et al., 1997). Iwamasa와 Smith(1996)는 행동심리학에서 인종의 다양성에 관한 문헌을 검토하였다.

아동이 집이나 애착을 가지고 있는 사람과 관련된 불안을 보이면 이것은 보고되어야 한다. 이것은 문화와 관련이 있을 수 있다. 음악치료사의 업무는 진단을 하는 것이 아니라 관찰된 행동을 정확하게 보고하도록 도와주는 것이다. 진단을 하는 사람(심리학자, 정신과 의사, 내과 의사 등)이 몇 가지 영역에서 아동의 행동이 관찰된 것을 안다면 진단을 할 때 더욱 신뢰성이 있을 것이다.

아동이 진단평가 기간 동안 매우 불안해 보인다면 참여가 가능한 사람에게 관찰을 위한 시간을 주어야 한다. 아동에게 집단에 참여하도록 권유하는 것은 바람직하지만 강요해서는 안 된다. 음악치료사는 아동이 집단에 참여하도록 긍정적 강화를 해야 한다. 불안이 심한 아동은 촉각에 대하여 방어적이며, 따라서 터치에 대한 반응, 예를 들면 아동의 손을 잡고 음악 게임에 참여하도록 하거나 악기를 사용하는 방법을 손으로 촉진하면서 가르칠 때 주의 깊게 관찰하여야 한다. 언어적인 확신과 미소 등은 토닥여 주거나 안아 주는 것보다 더욱 긍정적인 강화가 될 수 있다. 그러나 이것은 각각의 아동에 따라 결정되어야 하며 모든 아동이 그럴 것이라고 가정하거나 일반화해서는 안 된다.

2) 우 울

불안과 우울은 오래 지속되는 상태다. 좌절, 짜증 혹은 분노, 두려움, 과도한 수줍음 등은 일시적인 행동이다. 아동이 음악에 참여할 때 긍정적인 상태(즐거움, 행복, 만족, 성공적인 노력에 따른 자기 만족감 등)일 수도 있다. 이러한 정서적 반응에 대한 행동은 기록되어야 한다.

사회적 사건이 종종 정서적 반응에 앞서서 나타나기 때문에 정서적이며 사회적인 행동을 분리하는 것은 불가능하다. 그러나 진단평가에서는 이 두 가지를 주의 깊게 살피고 기록하며 보고해야 한다. 사회적인 환경, 그때그때 발생하는 특정한 과제, 환경에 대한 신체적 조직화를 아는 것이 중요하다. 분명 정서의 전달자로서 음악은 고려되어야 할 중요한 요인이다.

6. 조직화

아동이 환경과 과제를 조직화하는 방법뿐만 아니라 새롭게 제시하거나 부과하는 구조에 어떻게 반응하는가에 대해 고려할 필요가 있다. 처음 악기를 만나면 대부분의 아동들은 가능성을 탐구할 것이다. 입으로 가져가거나 흔들거나 던지고, 또 가능한 공간에서 부딪혀 보기도 한다. 소리를 발생시키는 모든 형태가 고려될 수 있다. 아동이 바람직한 반응을 야기하기 위한 소리를 만드는 것을 배우는 것처럼 목소리도 유사한 탐색을 통해 발생한다. 이러한 초기 탐구적인 행동은 크게/부드럽게, 높게/낮게, 길게/짧게 같은 개념을 형성하거나 아동이 말하기 이전에 필요하기 때문에 매우 중요하다. 그러나 이러한 탐색적인 놀이가 음악을 만드는 것은 아니다. 음악은 소리 발생 행동이 순서를 갖출 때 발생한다. 따라서 아동이 음악을 만드는 것은 구조적인 경험에 참여하는 것이다(Gaston, 1968; Sears, 1968).

진단평가에서 아동이 어떻게 과제를 조직화하는가를 아는 것은 중요하다. 조직화하기 위해 신중하게 시도하는가? 바람직한 결과를 야기하고 논리적인가? 그렇지 않다면 과제 수행 방법을 바꾸는가? 다른 사람을 따르기 위해 자신의 행동을 어떻게 적응시키는가? 활동에 참여할 때 반복하고 따르면서 사람들과 함께 패턴(멜로디, 리듬, 동작 등)을 조직해 갈 수 있는가?

1) 환경의 구조

구조는 세션에서 사건의 발전에 따른 환경을 포함한다. 일반적으로 음악치료사는 매트나 의자, 피아노, 기타 혹은 세션에서 사용되는 악기 등의 배치에 따른 조직화를 제시한다. 아동은 질서 있게 정돈된 환경에 들어오면 일반적으로 더욱 순응적이다. 질서가 없으면(악기가 방에 방치되어 있고 의자 같은 물건이 조직화되지 않고 시각적 자극이 분산되는 등) 덜 순응적이다. 대부분의 음악치료사들은 '평화로운 왕국'을 만들기 위해 아동이 방에 들어오기 전에 환경을 조직화한다. 진단평가에서 환경에 대한 아동의 반응은 기록되어야 한다. 이것은 음악치료사와 다른 아동으로부터의 사회적인 신호뿐만 아니라 악기와 의자 등 물건의 배열도 포함한다.

2) 세션 내의 사건의 발달

구조 또한 세션에서 사건의 발달을 포함한다. 종종 음악치료사는 세션을 열기 위해 특정한 활동으로 시작하거나 참가자들과 인사를 한다. 여기서부터 진단평가의 다른 부분, 즉 의사소통 기술, 학습기술, 운동기술, 사회기술에 대한 행동 관찰을 위한 음악활동으로 진행된다. 음악기술을 확인하기 위해 이것들 각각에서 특별히 고려할 수 있다. 즉, 음높이에 따라 노래를 부르는 능력, 리듬을 타는 능력, 작은 악절, 종지(cadence) 또는 음악적 표현에 대한 민감성 등이다. 음색의 변화, 높고 낮음, 크고 부드러움, 길고 짧음 같은 변화에 대한 인식은 이러한 개념과 관련된 과제를 통해 검사될 수 있다. 세션은 일반적으로 '굿바이 노래' 혹은 활동으로 끝난다. 따라서 음악치료 세션은 시작부터 끝까지 조직화 또는 구조를 제공한다. 가장 성공적인 세션은 간단하고 분명한 지시를 제외하면 상대적으로 말을 적게 하고 대부분이 음악적으로 참여하는 것이다. 단, 토의하는 것이 활동의 부분이라면 예외다.

조직화 기술을 진단평가할 때 음악치료사는 ① 환경적 구조, ② 집단 구조(다수 혹은 소수, 비슷한 연령, 동일한 성 또는 혼합), ③ 세션의 구조와 진행 방법(자극을 주기 전에 조용히 하고, 떠나기 전에 조용히 함), ④ 치료사로부터 그룹의 순서 변화, 자기 결정의 순서 변화 등을 고려하여야 한다. 일반적으로 진단평가의 다른 영역에 대한 정보를 얻기 위한 활동을 하는 동안 이러한 행동이 관찰될 수 있다. 그리고 치료사나 집단보다 아동이 과제 조직화를 결정할 때 추가 시간이 더 필요할 수 있다.

7. 사회성

사회기술의 음악치료 진단평가는 특별한 검사를 요구하지 않고, 오히려 다른 진단평가를 하는 동안 치료사와 동료와의 상호작용을 통해 관찰될 수 있다. 주된

관심은 아동이 적절한 사회적 관계를 형성할 수 있고 긍정적인 사회적 결과를 얻어 낼 수 있는가다. 아동이 고립되거나 지나치게 공격적이면 학습의 기회와 참여에 대한 즐거움을 이용하지 못할 수도 있다.

1) 정 의

사회기술은 인지적 · 행동적 · 생태학적 관점에서 정의되어 왔다(Merrell, Mertz, Johnson, & Ring, 1992). Merrell(1993)은 사회기술에 대하여 다음과 같이 정의한다.

> 사회기술은 관계를 시작할 때 바람직한 사회적 결과를 야기하는 특별한 행동이다. ……아동과 청소년을 위한 사회기술로 대표되는 행동은, 예를 들면 학습적 과제와 관련된 능력, 동료와의 협동, 동료의 행동에 대한 강화, 사회적인 시작행동을 포함한다(p. 308).

동료를 통해 유지되는 관심과 사회적인 관련성의 질은 한 사람이 다른 사람과 어떻게 관계를 맺는가를 반영한다(Landau & Milich, 1990).

또 다른 정의는 Sternlicht와 Martinez(1985)에 따른 것으로, 이들은 "사회화는 개인이 환경 그리고 다른 사람과 관계를 가지는 것이다. 이것은 환경의 사용 또는 사회적 필요에 적응하고 조정하는 것을 나타낸다."(p. 192)라고 보았다.

아동은 다른 사람과의 경험을 통해 사회적 관계를 학습한다. 이것은 성인 보호자와 먼저 시작된다. Hay, Pedersen 및 Nash(1982)는 다음과 같이 말하였다.

> 이러한 관계는 아마도 성인이 서로 주고받을 때 1과 1/2의 역할을 맡고 있기 때문에 자연스럽게 진행된다. 그들은 유아를 진정으로 반응하는 대상으로 다루며 성인의 사회적 삶에서의 개념으로 유아의 행동을 해석한다(p. 12).

사회기술의 시작은 공유하기, 일상적인 사물에 흥미 보이기, 보기 혹은 관찰하기, 다른 사람의 행동, 목소리, 신체적 접촉에 반응하고 모방하기다. 이러한 모든 것은 정상적인 유아의 행동에서 관찰될 수 있다(Eckerman & Stein, 1982).

아동이 긴장하고 두려워하거나 비협조적이면, 아동이 집에서 혹은 다른 상황에서 더욱 이완되고 만족하는가를 알아보기 위해 보호자와 의사소통하는 것이 특히 중요하다(Moon, 1992). 이를 통해 더욱 정확한 진단평가를 할 수 있기 때문이다.

> Higgins, Ruble과 Hartup(1983)은 사회적 상황과 개인의 사회적 행동 사이를 중재하는 사회적 인지에 대해 다음과 같이 설명한다.
>
> 사회적 상황 → 사회적 인지 → 사회적 행동
>
> 생활연령은 이 스키마, 즉 아동이 노출되는 사회적 상황, 인지적 구조와 정보처리 능력, 사회적 관계를 이용할 수 있는 반응의 레퍼토리에서 각 요인의 변화와 관련이 있을 수 있다(p. 3).

장애 아동은 그들이 노출되는 다양한 사회적 상황이 제한될 수 있으며, 특히 어릴 경우 더욱 그렇다. 나이가 들수록 비장애 아동은 이웃이나 지역사회를 탐색하도록 허용되는 데 반해, 장애 아동은 신체적 · 인지적 기능에 필연적인 한계가 있기 때문에 한정된 지역에 들어박히게 될 수도 있다. 인지 구조를 형성하는 것은 사회적 상황을 이해하고 관찰하는 인지적이고 지각적인 능력뿐만 아니라 경험이 필요하다. 상호작용이 가능한 방법의 이러한 패턴이 형성되지 않으면 반응 레퍼토리도 더욱 제한될 것이며, 성숙하지 못한 채로 남아 있을 수 있다. 따라서 장애 아동과 함께할 때 경험, 사회적 인지, 사회적 행동 사이의 상호 교류는 매우 명백하게 드러난다.

아동의 사회적 기술이 발달단계에 따라서 변화하는 데는 오랜 시간이 소요된다고 알려져 왔다(Higgins & Parson, 1983, p. 18). 게다가 Berndt(1983)는 '우정의 특징은 연령뿐만 아니라 성별에 따라서도 달라진다.' 는 것을 발견하였다(p. 159).

우정과 관련된 몇 가지 요인은 친구를 자신과 동등하게 지각하는 것, 경쟁, 친구의 요구와 바람에 반응하는 능력, 반응성과 독립성 사이의 균형을 포함한다. 아동은 자신의 의사를 따르는 것과 친구 또는 어른의 요구에 기꺼이 순응하려는 것 사이에서 동요한다. 언제, 어떻게 자신의 독립성을 주장할 것인가 하는 것은 흔히 아동의 상호작용에서의 갈등 영역이다. Lieber와 Bechman (1991)은 사회적 협응, 즉 집중, 타이밍, 행동의 순서의 협응을 요구하는 것과 사회적 상호작용, 파트너와의 상호작용 사이의 차이를 구별하였다. 음악치료사는 일반적으로 상호적인 참여를 자극하기 위한 음악활동을 통해 사회적 상호작용을 시작한다. 아동이 참여한 후 사회적 협응을 포함시키는 행동을 연마하기 위해 더 많은 배려가 주어질 수 있다.

2) 사회적 지각 요소

Bellack(1979)은 사회적 지각 요소를 다음과 같이 5가지로 설명한다(p. 171).

- 사회적 관행에 대한 지식
- 다양한 반응 신호의 의미 또는 중요성에 대한 지식
- 개인에 따라 발생하는 반응과 정황을 포함한 상호작용의 상대적 양상에 대한 주의
- 정보처리 능력
- 상호작용의 결과를 예측하고 평가하는 능력

1980년대 중반 이후 아동의 사회적 능력을 묘사하는 데 관심이 증가되어 왔다. Merrell(1993)은 동료 관계와 사회적 능력을 평가하기 위해 사용되는 4가지 행동평가 척도, 즉 ① 아동행동 체크리스트(Child Behavior Checklist), ② 학교사회 행동척도(School Social Behavior Scales), ③ 사회기술 평가시스템(Social Skills Rating System), ④ Walker-McConnell의 사회적 능력과 학교 적응척도(Walker-

McConnell Scales of Social Competence and School Adjustment)를 설명하였다(p. 312).

음악치료에서 아동은 다른 아동, 혹은 성인들과 함께 참여하도록 제안될 수 있다. 자신의 차례를 기다리는 동안 자제력을 보여 주려는 아동의 의지를 관찰할 수도 있다. 아동이 집중의 중심이 되는 것에서 다른 사람에게로 집중을 전환하는 능력은 아동이 단어, 행동, 다른 수행 제안을 제공함으로써 관찰된다. 아동의 지시를 따르는 능력뿐만 아니라 리더십 기술은 음악 게임에서 나타난다. 아동이 권위자로부터 비평 또는 지시를 받아들이는 능력은 기록되어야 한다.

사회기술의 진단평가는 사회적 행동과 상호작용 과정에서 다른 사람의 행동을 진단하고 정확하게 해석하는 인지적 양상 모두를 포함한다. 행동이 긍정적인 결과를 야기하지 않으면 사회기술 훈련이 필요할 수 있다. 기록이 필요한 행동은 눈맞추기, 얼굴 표정, 머리 끄덕임, 다른 사람이 접근해 올 때의 태도 등이다. 사회적 행동의 몇 가지 인지적 영역은 성 역할과 연령 차이에 대한 적응과 융통성, 다른 사람과의 관계에 대한 진단평가 등이다. 예를 들어, 우리는 권위자와는 다른 방법으로 가까운 친구들과 상호작용하는 것을 배운다. 낯선 사람들은 가족 구성원과는 다르게 접근해 온다. 아동은 어른과는 구별되는 사회적 행동을 유발한다. 사회기술은 의사소통 기술과 밀접하게 상호작용하고 표현적 · 수용적 상호작용 모두와 관련이 있다.

3) 사회적 상호작용을 야기하는 선택

많은 장애 아동에게 행동에 대한 사회적 결과를 예측하거나 혹은 다른 사람으로부터 긍정적 관심을 이끌기 위한 선택을 하는 것은 어렵다. 그들은 얼굴 표정, 동작, 목소리 같은 사회적 신호를 놓치거나 잘못 해석한다. 이러한 미묘한 신호는 미세한 차이 식별, 세심한 듣기와 시각적 관찰, 정보가 없는 상태에서의 인지적 해석을 필요로 한다. 역할놀이를 하기 위해서는 다른 사람에 대한 공감이 필요하다. 다른 사람에 대한 이해와 사회적 민감성은 정서적 행동의 미세한 신호를 해석하고 지각하는 인지적 능력뿐만 아니라 자아 대 타인에 대한 분명한 개념을 필요로 한다. 적절한 행동을 하면서 다른 사람과 관계 맺는 능력, 이해와 민감성은 친구를 사귀고, 관계를 유지하며 다른 사람과 일하고 수용할 수 있는 사회적 상호작용을 요구하는 세상에서 살아가는 것과 관련이 있다. 따라서 사회기술은 진단평가와 계획을 통해 구성된 고려 사항에 대한 교육과 훈련에서 매우 중요하게 고려되어야 한다.

Powers와 Handleman(1984)은 진단 범주에 따라 아동을 설명하기보다 사회기술을 진단평가하기 위한 기능적 접근을 사용하였다. 그들은 말하는 방법에서 진단명은 치료 목적을 위해 상대적으로 중요하지 않다고 보았다(p. 104). 현재의 사회적 행동을 설명하고, 이것이 어떻게 상황과 환경적 신호와 관계 맺는가를 주목하며, 적절한 사회기술의 사용을 격려하기 위한 방법을 추구하는 것이 더욱 중요하기 때문이다. 음악치료사가 관찰과 기록에 능숙하고 현재 행동을 정확하게 설명하는 것이 치료와 교육 계획을 수립하는 데 가장 도움이 된다. 진단에 도움이 되는 집단 형성이 필요하면 이는 심리학자 또는 전문교육가가 수행할 수 있다. 아동이 지나치게 수줍어하고 음악 집단에 비협조적인 행동이 계속되면, 이러한 행동을 설명하고 기록하는 것은 매우 중요하다. 이러한 경우에 진단평가 팀원인 다른 사람과 보고서를 공유하면 사회공포증(DSM-IV, 1994, p. 41)이라는 진단이 내려질 수 있다.

사회기술이 계속적으로 사용되는지를 정확하게 결정하기 위해서는 많은 영역에서 관찰과 기록이 필요하다. 이러한 행동은 의사소통, 환경적 사건에서의 인지적 진단평가, 운동기술과 관련이 있다. 나이와 발달 수준도 또한 고려되어야 한다. Powers와 Handleman(1984)은 시간에 따른 행동의 순서와 패턴은 그 행동의 기간 혹은 빈도만큼 중요하다고 보았다(p. 105). 사회기술은 많은 영역으로 일반화되어야 하며 시간에 따라 아동의 적응적인 행동으로 꾸준히 설명되어야 한다. 일단 기술이 보이면 다시 발생한다고 추측할 수 있다. 따라서 아동의 가정, 학교, 치료 영역, 놀이 장면에서의 정확한 기록은 아동의 능력을 더욱 명확하게 보여 준다. 결핍이 기록되면 아동이 기술을 수행할 수 있는지(다른 장소에서는 관찰되지 않기 때문에), 음악치료에서 관찰되지 않았거나 혹은 기술이 아직 습득되지 않았는지 여부를 아는 것이 중요하다. 이것은 여러 분야의 전문가로 이루어진 팀에서의 의사소통을 필요로 한다(아동의 부모를 포함하여).

아동은 병행놀이를 하면서 사회적 사회작용을 시작한다. 동시에 그들은 자신의 장난감을 가지고 놀면서 다른 사람이 다가오거나 장난감을 주어서 기뻐할 때만 다른 사람과 교류하는 다른 아동을 관찰한다. 다음에 단순한 관계가 형성되고 '나의 것과 너의 것'의 분명한 개념이 서서히 발전된다. 상호작용의 시작은 역할검사와 흉내내기 놀이와 관련이 있다. 한 명 이상의 참여를 요구하는 놀이 형태에서 공유하고 나누는 것은 더 나중의 단계다. 아동은 이러한 수준 속에서 동요한다. 많은 것들이 그들의 편안하거나 안전한 수준에 달려 있다. 성인은 교류를 위한 시도를 지지하고 적절한 행동을 강화하면서 도움을 줄 수 있다. 나이가 많은 아동들이 역할 모델을 제공할 수 있다.

아동이 적절한 사회기술을 갖지 못하는 데는 많은 이유가 있다. 진단평가에서 음악치료사는 상호작용이 발생할 수 있는 상황을 만들어야 한다. 적절한 행동과 향상이 필요한 영역에 모두 기록되어야 한다. 이것으로부터 아동의 사회적 상호작용의 수준은 기록되어야 한다. 아동은 그들이 즐거워하는 활동에 참여하는 동안 편안함을 느끼고 음악치료를 즐기는 것처럼 보이기 때문에 더 요구가 많은 과제나 표준화된 검사를 사용하는 훈련보다 높은 수준의 협조적인 사회적 상호작용이 기록될 수 있다. 특수교육에서는 사회적 기술 혹은 일상생활 기술의 성장보다 학습기술의 발달을 더욱 강조한다(Rutherford, Nelson, & Wolford, 1985). 그러나 학습기술을 강조하는 것이 사회기술이 덜 중요하다는 의미는 아니다. 교사와 다른 치료 전문가들은 사회기술의 중요성을 평가하기를 요청받았을 때, 장애의 심각성 혹은 학생의 나이와 상관없이 그들의 부모가 평가한 것보다 더욱 중요한 것으로 평가하였다(Baumgart, Filler, & Askvig, 1991, p. 247).

음악과 관련된 치료사뿐만 아니라 음악도 참여를 권유한다. 상호작용이 다른 사람 혹은 아동에게 해가 될 수도 있는 방법이 아닌 이상 음악치료사는 바람직한 행동을 강화 혹은 지지하는 것을 제외하고는 중재할 필요가 없다. 음악은 주의 집중을 이끌고 참여를 유도하는 강한 자극을 제공한다.

음악치료는 아동에게 다양한 사회적 행동을 시도하고 피드백을 얻을 수 있는 환경을 제공할 수 있다. 아동은 그렇게 하는 동안 정확하게 반응할 반복된 기회를 얻고 특별히 주목받을 수 있다. 친구들은 모방을 위한 모델을 제공하고 음악치료사는 설명과 안내를 제공한다. 친구들 앞에서 성공하는 것은 아동에게 매우 중요하다. '통합 수업'에 속해 있거나 주류화된 아동은 반응을 반복하기 위한 기회를 거의 가질 수 없다. Larrivee와 Horne(1991)는 '장애를 가진 학생과 비장애 학생의 단순한 물리적 통합은 단지 이러한 목적을 위해 고안된 특정한 중재 전략이 없으면 강한 사회적 상호작용을 촉진할 수 없다는 연구'(p. 90)에 주목한다. 음악치료사는 특수교육 집단 혹은 주류화된 수업에서 중재 전략의 한 가지 형태를 제공할 수 있다. 그들은 '정체성과 상관없이 낮은 성취자는 일반 교실에서 낮은 사회적 상태를 경험할 것'(p. 97)이라는 사실에 더욱더 주목한다. 아동이 다른 사람들과 함께 참여하는 방법을 배우는 것은 자기만족감을 형성하는 데 도움을 준다.

Hartup, Brady와 Newcomb(1983)은 다음과 같이 보고하였다.

> 유능한 혹은 적응적인 사회적 상호작용은 상황에 대한 집중, 적절한 상황에 따른 정보의 해석, 정보의 통합, 행동 전략의 선택, 전략의 실행, 마지막으로 그 행동의 효과에 대한 진단평가를 요구한다(p. 104).

4) 적응 행동과 관계

개인의 행동은 다른 사람과의 상호작용과 상황에 대한 고려를 바탕으로 수정되어야 하며, 이것은 적응 행동과 관련 있다. 음악치료에서 아동은 상황을 창조할 수 있고, 참여를 유발하기 위한 활동과 음악을 사용하며, 적절한 행동을 이끌기 위해 강화를 제공하는 음악치료사의 도움으로 사회적 상호작용을 경험할 수 있다.

모든 아동의 진단평가에서 동질성의 원칙이 지켜져야 한다. 즉, 아동이 기능하

고 있는 곳에서 시작하여야 한다. 이것은 아동의 정서적인 기질을 포함한다. 아동이 진실하고 친절하며 외향적인가? 혹은 수줍어하고 조용한가? 어휘 선택 역시 중요하다. 이해할 수 있어야 하지만 그렇다고 지나치게 생색을 내면 안 된다. 동작의 방법(빠르거나 적극적이거나 혹은 조금 보수적이거나 소극적인)은 아동의 동작 스타일의 거울이 되어야 한다. 처음 아동과 접촉할 때 주의 깊은 관찰이 필요하다. 아동의 에너지 수준과 상호작용 스타일을 관찰하고 일치시키는 것이 중요하다. 처음의 관계는 음악치료가 아동에게 즐거움과 안전감을 제공하기보다는 두려움을 주지 않을 것이라는 확신을 심어 주는 것으로 진행되어야 한다. 구조와 예측이 가능한 음악으로 시작한다. 아동이 시작하는 노래를 안다면 음악적 환경은 더욱 친밀하게 느껴지고 마음을 끌 것이다. 거기서부터 음악은 활동 참여를 위한 기본적인 동기부여를 제공할 것이며, 모든 영역(CAMEOS)에서 능력과 필요를 진단평가하는 것을 허락한다.

음악치료 진단평가 양식(예)

아동 이름: 성별: 치료사 이름:

주소: 진단 평가일:

학교, 학년: 작성일:

위급 시 연락처:

아동에 대한 기술

의사소통 영역
- 언어적
  - 표현적
  - 수용적
- 비언어적
  - 표현적
  - 수용적

학습 영역
- 색깔
  - 지시하기
  - 일치하기
  - 명명하기
- 문자
  - 지시하기
  - 일치하기
  - 명명하기
- 숫자
  - 지시하기
  - 일치하기
  - 명명하기
- 신체개념
- 공간개념
- 시간개념
- 가사 읽기
- 쓰기

교실에서의 기술
집중
과제 완성
참여 수준
지시를 따르는 능력

운동기술 영역
잡기
눈-손 협응
이동기술

정서반응 영역
일반적 정서
반응의 적절성

조직화 기술 영역
지시를 따르는 능력
치료사 지시
그룹 지시
자신을 위한 과제 조직화 능력
리더십 기술

사회기술 영역
성인과의 기술
친구와의 기술
어리거나 혹은 나이 많은 아동과의 기술
훈련 또는 수정에 대한 반응
일반 정서
눈 맞춤
얼굴 표정
접근 방법

음악치료에서 기능적 능력에 대한 일반적인 설명

추천(목적, 대상)

참고문헌

American Psychiatric Association. (1994). *Diagnostic and statistical manual of mental disorders* (4th ed.). Washington, DC: Author.

Baumgart, D., Filler, J., & Askvig, B. A. (1991). Perceived importance of social skills: A survey of teachers, parents, and other professionals. *The Journal of Special Education, 25*(2), 236-251.

Bellack, A. S. (1979). A critical appraisal of strategies for assessing social skills. *Behavioral Assessment, 1*, 157-176.

Berndt, T. J. (1983). Social cognition, social behavior, and children's friendship. In E. T. Higgins, D. N. Ruble, & W. W. Hartup (Eds.), *Social cognition and social development* (pp. 158-189). Cambridge, UK: Cambridge University Press.

Collier, C., & Kolk, M. (1989). Bilingual special education curriculum development. In L. M. Baca & H. T. Cervantes (Eds.), *The bilingual special education interface* (2nd ed.) (pp. 205-229). Columbus, OH: Charles E. Merrill.

Dunn. R., & Griggs, S. A. (1995). *Multiculturalism and learning style*. Westport, CT: Praeger.

Eagle, C. T. (1982). *Music therapy for handicapped individuals: An annotated and indexed bibliography*. Washington, DC: National Association for Music Therapy, Inc.

Eckerman, C. O., & Stein, M. R. (1982). The toddler's emerging interaction skills. In K. H. Rubin & H. Ross (Eds.), *Peer relationships and social skills in childhood* (pp. 41-71). New York: Springer-Verlag.

Editorial Comment, 11th Annual Report to Congress of the Education of the Handicapped Act. (Sept. 1989). *Exceptional Parent, 19*(6), 43-44.

Gaston, E. T. (Ed.) (1968). *Music in therapy*. New York: Macmillan Co.

Gray, J. A. (1982). *The neuropsychology of anxiety: An enquiry into the function of the septo-hippocampul system*. New York: Oxford University Press.

Hartup, W. W., Brady, J. E., & Newcomb, A. F. (1983). Social cognition and social

interaction in childhood (pp. 82-109). In E. T. Higgins, D. N. Ruble, & W. W. Hartup (Eds.), *Social cognition and social development.* Cambridge, UK: Cambridge University Press.

Hay, D. F., Pedersen, J., & Nash, A. (1982). Dyadic interaction in the first year of life. In K. H. Rubbin & H. Ross (Eds.), *Peer relationships and social skills in childhood* (pp. 11-39). New York: Springer-Verlag.

Higgins, E. T., & Parsons, J. E. (1983). Social cognition and the social life of the child: Stages as subcultures. In E. T. Higgins, D. N. Ruble, & W. W. Hartup (Eds.), *Social cognition and social development* (pp. 15-62). Cambridge, UK: Cambridge University Press.

Higgins, E. T., Ruble, D. N., & Hartup, W. W. (Eds.). (1983). *Social cognition and social development.* Cambridge, UK: Cambridge University Press.

Holle, B. (1976). *Motor development in children.* London: Blackwell Scientific Publications.

Iwamasa, G. Y., & Smith, S. K. (1996). Ethnic diversity in behavioral psychology: A review of the literature. *Behavior Modification, 20*, 181-185.

Kratochwill, T. R., & Cancelli, A. A. (1982). *Nonbiased assessment in psychology and education.* Volumes I, II. Final Report. Washington, DC: Special Education Programs.

Landau, S., & Milich, R. (1990). Assessment of children's social status and peer relations. In A. M. LaGreca (Ed.), *Through the eyes of the child* (pp. 259-291). Boston: Allyn & Bacon.

Larrivee, B., & Horne, M. D. (1991). Social status: A comparison of mainstreamed students with peers of different ability levels. *The Journal of Special Education, 25*(1), 90-101.

Lieber, J., & Beckman, P. J. (1991). Social consideration as a component of social competence in young children with disabilities. *Focus on Exceptional Children, 24*(4), 1-10.

McNeil, D. W., Zvolensky, M. J., Porter, C., Rubaliais, A., McPherson, T., & Kee, M. (1997). Anxiety in American Indian and Alaska Natives: Identification and treatment. *Indian Health Service Primary Care Provider, 22*, 181-185.

Merrell, K. W. (1993). Assessment of social skills and peer relations. In H. B. Vance (Ed.), *Best practices in assessment for school and clinical settings* (pp. 307-340). Brandon, VT: Clinical Psychology Publishing Co.

Merrell, K. W., Mertz, J. N., Johnson, E. R., & Ring, E. N. (1992). Social competence of mildly handicapped and low-achieving students: A comparative study. *School Psychology Reviews, 21*, 91-109.

Moon, E. (1992). Test child, real child. *Exceptional Parent, 22*(4), 16-18.

Powers, M. D., & Handleman, J. S. (1984). *Behavioral assessment of severe developmental disabilities.* Rockville, MD: Aspen Systems.

P.L. 94-142, Education For All Handicapped Children Act of 1975, Pub. L. No. 94-142, Part II, *Federal Register.* August 23, 1977.

Rowe, M. B. (1987). Wait time: Slowing down may be a way of speeding up. *American Education, 11*, 38-43.

Rutherford, R. B., Nelson, C. M., & Wolford, B. I. (1985). Special education in the most restrictive environment: Correctional/Special education. *Journal of Special Education, 19*(1), 59-71.

Salend, S. R., & Salend, S. J. (1985). Writing and evaluating educational asessment reports. *Academic Therapy, 20*(3), 277-288.

Sears, W. W. (1968). Processes in music therapy. In E. T. Gaston (Ed.), *Music in therapy* (pp. 30-44). New York: Macmillan.

Sternlicht, M., & Martinez, L. (1985). *Psychological testing and assessment of the mentally retarded.* New York: Garland.

Zvolensky, M. J., McNeil, D. W., Porter, C. A., & Stewart, S. H. (2001). Assessment of anxiety sensitivity in young American Indians and Alaskan Natives. *Behavior Research and Therapy, 39*, 477-493.

제 2 장

아동을 위한 음악치료의 목적과 목표

02 아동을 위한 음악치료의 목적과 목표

1. 학교에서 요구하는 행동으로의 변화 또는 개선을 위한 음악치료

미국에서 장애 아동을 대상으로 한 「공법」 94-142(1975)와 미국 「장애인교육법(IDEA)」 101-476이 1990년에 제정된 이후, 장애 아동들은 가정과 지역사회로부터 지속적인 서비스를 지지받으면서 공립학교 교육을 받았다. 음악치료는 이들이 교육과 치료를 통해 최고의 교육적 혜택을 입을 수 있도록 돕는다.

많은 장애 아동들은 학습에 방해되는 행동 문제 때문에 혹은 정보 습득을 하는데 기본적인 기술이 부족하기 때문에 특수학급에 소속되어 있다. 음악치료사는 아동이 이러한 행동이나 기술을 향상시키고, 이들이 학교에서 교육적 혜택을 더 많이 누릴 수 있도록 도와준다. 이러한 점에서 음악치료는 다음과 같은 역할을 한다.

1) 모방 격려하기

만일 아동이 기대되는 행동을 모방하지 않는다면 훈련 과제는 매우 어려워진다. 동작 노래와 게임, 손가락 놀이, 각본을 위한 음악 이야기는 모방을 장려하고, 아동 역시 이와 같은 활동을 흥미롭게 따라 할 것이다. 치료사로부터 칭찬받는 것과 마찬가지로 음악은 기대되는 행동을 강화시킨다. 또한 소리를 모방하는 것은 언어를 구사하는 데 중요하다. 많은 아동들이 말소리를 구체적으로 모방하기 훨씬 이전부터 음악 소리를 다양한 범위에서 모방한다.

2) 목적 지향적인 과제에 적응하는 능력 향상시키기

많은 아동들은 어떤 과제를 완성하기보다는 한 과제에서 다른 과제로 '휙' 스쳐 지나곤 한다. 음악을 통해 과제에 집중하는 시간을 연장시키는 것이 가능하다. 대부분의 음악활동은 아동으로 하여금 일정 시간 동안 집중하도록 하고, 일련의 반응(선율적인 음조, 리드미컬한 사건, 음색 변화 등)을 일어나게 한다. 짧은 노래나 음악 게임은 아동에게 과제 완성에 대한 감각을 길러 주기 위해 시도될 수 있다. 이것은 자조적 · 자발적 활동을 위해 필요한 단계다.

3) 정보를 제공하여 준비성 촉진시키기

인지 과제의 지연은 특수교육을 받는 아동에게서 일반적으로 나타나는 문제다. 색깔, 문자, 숫자, 신체 부분, 다양한 시간적인 측면(시계 노래, 계절에 관한 노래, 휴일 노래 등)에서 변별을 요구하는 노래는 아동의 미래 학습의 기초를 형성하는 개념적 정보를 제공해 준다. 다른 아동을 통해 알게 된 노래에 대한 지식은 더욱 복잡한 미학적 경험을 위한 준비성 기술이 된다. '규칙'에 대한 지식 또는 기대되는 집단 행동은 성공적인 학교생활을 위해 필요하며, 음악 수업에서 배울 수 있다.

개별 또는 집단 음악치료와 더불어, 음악치료사는 특수교육을 받는 아동을 위

하여 지지적인 서비스를 제공할 수 있다. 이러한 서비스는 보통 학습도움반(특수학급)에서 개별 또는 소집단의 형태로 제공된다. 또한 음악치료사는 특수교사와 음악교사에게 상담자 역할을 할 수 있다. 이러한 지지적인 서비스의 유형은 지역사회 환경에서 '최소제한 환경에서 최대의 서비스'를 제공함으로써 차별화할 수 있다.

2. 음악치료 과정

학교에서 교육 관련 서비스를 제공하는 음악치료사의 역할은 아동으로 하여금 기술, 정보 그리고 교육으로부터 이익을 얻고 최소제한 환경에서 요구되는 행동을 습득하도록 음악의 사용을 포함시키는 것이다. 음악치료사의 역할은 ① 진단적 평가를 하는 것, ② 아동이 학교로부터 이익을 얻고 지역사회에서 생활하는 데 필요한 특별한 행동 변화를 찾아내는 것, ③ 아동의 개별화 교육 프로그램 또는 IEP에서의 통합을 위한 목적과 목표에 대한 진술을 발전시키는 것, ④ 목적과 목표를 달성하기 위한 계획을 세우는 것, ⑤ 계획을 실행하는 것, ⑥ 진보에 대한 진술, 새로운 목적과 목표를 위한 제안과 함께 IEP를 재평가하는 것이다. 또한 음악치료사는 학교의 다른 사람들과 함께 상담을 해 줄 수 있으며, 기관, 도구 그리고 아동의 개별적인 요구를 충족시킬 방법들에 적응하도록 도움을 줄 수 있다. 음악치료사라는 직업이 음악을 가르치는 일을 하는 것은 아니지만, 음악치료사와 음악교사는 아동에 대한 음악적·비음악적 행동의 필요 모두를 충족시키기 위해서 서로 간에 긴밀한 협조를 이루는 것이 좋다. 음악치료사는 음악가이기 때문에 음악교육에 대해 지지적이며, 따라서 예술교육에도 도움이 될 수 있을 것이다.

3. 음악치료의 일반적인 목적

특별한 목적과 목표들이 음악치료의 특수한 대상과 관련이 있더라도, 이러한 목적과 목표의 일부는 모든 대상에서 중요하다. 진단평가에서 확인된 목적은 흔히 미래의 치료를 위해 결정된 것이며, 의사소통, 학습, 운동, 정서적 · 조직적 · 구조적 · 사회적 목적을 포함한다.

모든 치료 또는 교육에서 문화적 차이점이 고려되어야 한다. Poplin과 Wright (1983)는 특수교육 상황은 문화적 · 언어적 · 인종적 차이점이 비정상, 지적 결함, 불능, 혹은 교육적 불이익의 증거라는 믿음으로부터 비롯된 결과일 것이라고 보았다. 소수민족 문화에 속하는 것 자체가 특수교육을 위한 신호가 되는 것은 아니다.

문화적 동화는 '도가니 이론(melting pot theory)'을 말하는데, 즉 소수 집단이 전체에 포함되어야 한다는 것을 가정한다. McCormick(1990)은 소수 집단이 문화적 동화에 공격적임을 발견했는데, 그 이유는 그것이 전체사회에서 소수의 중요한 기여를 부정하기 때문이라고 주장하였다. 반대적 관점은 문화적 다원론으로, 그것은 문화 집단의 다양성으로부터의 기여를 인정하고, 전체사회는 그 전체사회를 구성하는 하위 집단의 기여를 통해서 강해진다고 가정한다. 교사 양성을 위한 단과대학 미국연합회(American Association of Colleges for Teacher Education: AACTE)는 '미국적 양식은 하나도 없다.' 고 우리를 상기시킨다(AACTE, 1973, p. 246). 시간이 흐른 지금, 음악교육자 국제회의(Music Educators National Conference: MENC)는 '다양한 문화로부터 음악의 가치를 인식하고, 수많은 문화로부터 비롯된 음악에 대한 이해와 지식에 따라 모든 것이 강력해진다.' 고 가정하는 다문화 음악교육 과정을 장려하고 있다. 현대의 의사소통 체계를 가지고 사회 안에서 다양한 음악 표현을 할 수 있는 것과 마찬가지로, 우리는 세상의 많은 부분으로부터 음악으로 '들어가는 것'이 가능하다. 장애 아동과 함께할 때 그들의 문화적 배경을 알고, 익숙한 음악을 사용하는 것이 중요하다. 그렇지만 음악치료는 또한 음악교육만을 제공할 수도 있다. 따라서 다문화 음악활동은 폭넓은 경험과 문화적 부속 집

단의 다양한 기여에 대한 이해를 제공할 수 있다.

문화적 차이점은 아동이 언어를 사용하고, 인지적인 연상을 하고, 다른 사람과 관계를 맺는 방법으로 관찰될 것이다. 우리는 모두 다른 사회적 환경에서 다른 행동을 한다. 그렇지만 만약 아동에 대한 가정에서의 기대가 학교와 매우 다르다면, 아동이 요구를 이해하고 적절한 반응을 하는 것이 더욱 어려워질 것이다. 그럼에도 불구하고 가정과 학교에서의 행동 사이에 상당한 차이가 존재할 것이다 (McCormick, 1990, p. 55). 소수민족 특수아동은 감각적 · 신체적 · 인지적 범주와 관련된 특수성에 대해 동일한 특성을 나타낸다. 게다가 그들은 자신들의 문화적 부속 집단과 연관된 행동과 사고 패턴을 가지고 있다. 따라서 아동을 위한 목적을 정할 때, 그들의 문화적 배경과 지역사회 기능을 위해 요구되는 행동을 고려하는 것이 중요하다.

1) 의사소통

음악활동은 표현적 의사소통과 수용적 의사소통 2가지를 모두 요구할 수 있다. 이러한 두 범주는 의사소통에서 언어적 · 비언어적 형태로 고려될 것이다. 사회 집단을 형성하기 위해서 구성원들은 의사소통을 해야만 한다. 수용적이면서도 다른 사람에게 이해될 수 있는 형태로 의사소통하는 방법과 적절한 시기를 아는 것은 필수적인 사회기술이다. 이러한 고려 없이, 생산적인 학교생활은 불가능할 것이다. 아동은 또한 다른 사람의 의사소통을 이해할 수 있어야 한다. 아동은 양육자와 그들의 주변 사람들로부터 사회에서 기대되는 행동을 배워야 한다. 타인과의 상호작용은 대부분 아동에게 반응하고 아동의 의사소통에 강화를 주는 부모로부터 시작된다. 상호작용은 기본적 요구(섭식, 옷 갈아입기, 수면 등)의 제공에서부터 양육과 안전, 사랑의 감정으로 발전된다. 놀이에 대한 집중과 흥미는 아기가 양육자와 상호작용할 때 습득된다. 따라서 의사소통은 더 의미 있는 사회적 상호작용과 학습을 위한 기초가 된다.

비언어적 의사소통의 방식인 음악은 이러한 학습된 행동을 위한 중요한 자극이 된다. 음악치료는 같은 행동을 여러 번 연습할 수 있는 환경을 제공한다. 음악치료사는 음악(노래, 게임, 챈트, 동작 활동 등)에 대한 많은 레퍼토리를 가져야 한다. 그래서 동일한 행동 목표가 일련의 활동을 통해 능숙하게 이루어져야 한다. 이것은 한 가지 활동에서 오는 지루함을 막고, 행동을 유발시키기 위한 반복적인 기회를 제공한다.

(1) 눈 맞춤

눈 맞춤은 반드시 수행되어야 한다. 눈 맞춤이 되지 않는 아동들은 수많은 의사소통 기회를 놓칠 수 있다. 흥미 있는 음악활동은 종종 아동이 눈 맞춤을 하도록 촉진하고 유지시킨다. 눈 맞춤을 유도할 때, 문화적 차이는 분명히 고려되어야 한다. 일부 문화에서는 눈 맞춤이 결례인데, 그러한 아동은 어른에 대한 존경의 표시로 자신의 머리 아래쪽 혹은 다른 방향을 보도록 배웠을 것이다.

(2) 지시 따르기

얼굴 표정과 입술의 움직임은 명확한 의사소통에 도움을 주기 때문에 아동이 자극에 초점을 맞추고 의도적인 의사소통을 받아들이는 것은 중요하다. 노래로 지시할 수 있는 음악치료사는 아동의 주의를 끌기 위해서 다양한 소리를 사용할 수 있고, 의사소통하기 위해서 그러한 소리를 충분히 길게 유지시킬 수 있다. 서로 간에 라포가 형성되었을 때, 음악치료사는 말로 노래를 수정할 수 있다. 악기의 사용은 아동이 음악치료사에게 집중하지 않고 주의를 돌리게 할 수 있으므로, 보통은 눈 맞춤이 숙달된 이후에 사용된다.

(3) 의사소통 기술의 사용과 연습

음악치료 집단은 표현적 · 수용적 언어기술을 사용할 수 있는 많은 기회를 제공한다. '수지'의 사례는 그녀의 음악에 대한 수용이 표현언어를 어떻게 촉진시키는지 보여 준다.

수지는 음악실로 뛰어 들어가서 자신이 가장 좋아하는 CD를 가져왔다. 그녀는 음악치료사에게 CD를 주면서 "틀어!" 라고 말했다. 치료사는 수지에게 "CD를 틀어 주세요." 라고 말하도록 했다. 수지는 그 문장으로 말하기 전에는 음악을 들을 수 없다는 사실을 알고, 매우 정확하게 그 말을 반복했다. 그녀는 어순을 잘 알고 있었고, 자신의 요구와 생각을 표현하는 데 적합한 어휘들에 대해서도 알고 있었다. 불행하게도 과거에는 어른들이 수지가 요구하는 것을 대신해 주었기 때문에 그녀가 단순한 단어로 말하도록 강화되었던 것이다.

지시를 따르는 능력은 수용언어 기술의 한 예가 된다. 때때로 음악적 악구(phrase)는 짧으면서 여러 번 반복된다. 따라서 아동이 반응하기 전에 음악적 악구에 대한 정보를 여러 차례 살펴보도록 한다. 많은 음악 게임은 필요한 반복을 제공하기 위해서 반복적으로 노래하게 하는 단순한 지시들을 포함한다. 음악에 대해 토론하고, 선택을 요구하고, 새로운 단어나 생각을 창조해 내는 의사소통 기술(언어적 또는 비언어적)의 사용은 아동이 집단활동에서 자신의 생각과 선택을 제공하도록 촉진시키는 효과적인 방법이 될 수 있다. 많은 중도/최중도 장애 아동들은 말을 꺼내는 데 어려움이 있으므로 그들이 가지고 있는 어떤 기술이라도 사용하도록 촉진시키는 것이 중요하다.

(4) 청각적 변별

언어를 이해하는 것과 밀접하게 관련된 것이 청각적 변별이다. 여러 소리들의 미세한 차이를 아는 능력은 언어에서 사용되는 음성 변화를 해석하는 데 꼭 필요하다. 음악치료에서는 아동에게 높고 낮은 진동수, 크고 부드러운 음색, 다양한 악기 소리, 길고 짧은 소리를 구별하는 음악 게임을 하는 것이 가능하다. 청각적 변별에 대한 이러한 연습은 언어치료사의 일을 확장시킨다.

2) 학 습

음악은 학습기술을 구조화시키는 가치 있는 방법이 될 수 있으며, 특별히 반복적인 훈련이 도움이 된다. 음악시간에 아동으로 하여금 가사를 읽게 하거나 가사에 글자를 추가해서 써넣도록 하는 것이 가능하다. 단순한 수학기술은 동작 노래를 통해서 연습시킬 수 있다. 곱셈이나 나눗셈뿐만 아니라 덧셈과 뺄셈에 대해서 생각해 보자. 이러한 것들은 간단한 챈트 또는 리듬 만들기로 수행할 수 있으며, 이것을 통해서 오래 기억될 수 있다.

신체 부분의 명칭을 아는 것, 자신과 공간 간의 관계성을 이해하는 것, 시간개념과 같은 지남력은 음악활동을 통해서 강화될 수 있다. 아동이 수업에서 이러한 것에 대해 배우고, 음악치료에서 반복하도록 연습시키고, 가정에서도 반복하도록 할 때 아동은 더 잘 기억할 수 있을 것이다. 이것은 아동과 함께 학습하고 생활하는 사람들 간의 의사소통을 필요로 한다.

음악치료는 아동의 주의 집중 시간을 증대시키기 위해 사용되는데, 그것은 학업 과제를 수행하는 데 필수적인 것이다. 많은 과잉행동 아동은 완전한 문장을 들을 만큼 충분히 집중하는 것이 불가능하다. 그들은 불안 수준이 높고 현실 지향성이 부족하다. 특히 심각한 우울감을 가진 아동은 새로운 정보를 이해하기 위해서 주의 깊게 듣거나 지시를 따르는 것에 부적절한 모습을 보일 것이다. 음악은 시간을 따르고, 비위협적이고, 즐겁기 때문에 이러한 아동들이 오랜 기간 동안 교육과제에 참여하도록 할 수 있다. 동시에 음악은 몇 가지 감각 입력을 사용할 수 있기 때문에, 아동이 즉각적으로 주의 집중하는 것이 가능하다. 예를 들어, 음악적 악구 끝부분에서 드럼을 연주해야 하는 아동은 자신이 연주할 차례를 기다리기 위해서 충동을 조절해야만 한다. 대부분의 아동이 이러한 활동을 즐기기 때문에, 그들은 자신의 부분을 연주하기 위해서 기꺼이 기다린다. 음악은 그들이 참여하도록 자극을 제공한다. 또한 음악치료사의 칭찬은 아동이 자신의 반응을 고칠 수 있도록 강화한다.

많은 동요들은 짧고, 음악에 맞는 동작이나 움직임을 포함한다. 제아무리 선택

을 어려워하는 아동이더라도, 이러한 간단한 게임이나 노래에는 기꺼이 참여한다. 새로운 노래 또는 옛날 노래에 가사를 추가함으로써 아동이 과제에 집중하게 할 수 있다. 가사, 동작, 시각적 보조도구, 악기 반주를 추가함으로써 치료사는 오랜 시간 동안 아동의 흥미를 끌기에 충분할 정도로 과제를 다양화할 수 있다. 아동은 반복을 통해 익숙하게 되며, 그것은 또한 아동의 주의 집중을 돕는다. 치료사들은 중도 장애 아동들이 'This Old Man'이라는 곡의 10구절을 차례대로 각 구절에 맞는 완전한 동작을 취해 가며 노래를 부른다고 보고하였다. 중등도 그리고 중도 장애 아동들은 많은 다른 동작들, 차례 지키기, 언어적 · 음악적 신호를 따르는 단순한 포크댄스를 수행하도록 배울 수 있다. 그들은 긴 시간 동안 과제에 집중해야 하지만 곧 신호를 받아들이고 기억한 대로 포크댄스를 완전하게 수행한다.

많은 학교 과제들은 교실활동에서 집단과 함께 적극적인 참여를 요구한다. 이것 역시 음악치료 안에서 촉진될 수 있고, 도움을 받을 수 있다. 참여는 집단과 함께 앉아서 음악을 듣는 것같이 간단하거나, 현악 4중주를 연주하는 것같이 복잡할 수도 있다. 음악치료사는 과제분석을 통해서 집단의 기능 수준에 해당하는 음악활동을 선택한다. 또한 그 활동이 각각의 아동을 참여하도록 동기부여를 할 만큼 충분히 매력적이게 하려면, 음악치료사는 집단의 흥미를 고려하여 음악 선택에 신중을 가해야 한다.

음악 소리를 만드는 즐거움은 참여를 지속시키는 즉각적인 강화제로서 치료사, 참여자, 집단에 속한 아동으로부터의 칭찬과 관심은 특별한 지지 수단이 된다. 음악적인 참여는 감상, 악기 연주, 노래 부르기, 음악에 맞추어 동작하기(예, 포크댄스, 동작 노래, 게임, 리듬이나 악구가 지시하는 대근육 운동), 음악 창작(예, 멜로디, 화성, 가사)을 포함한다. 따라서 아동을 참여시키는 방법을 찾는 것이 가능하고, 아동 자신이 음악에 대해 더 많이 배우고 음악치료사와 집단과 함께 있는 것을 좀 더 편안하게 느낄 때 아동이 참여할 수 있는 방법을 차츰 증가시킬 수 있다.

아동은 교실에서 집단으로 함께 생활하기 위해서, 예를 들면 '앉으세요.' '연필을 잡으세요.' '점심 먹으러 가요.' 와 같은 간단한 지시를 따라야 한다. 또한 아동은 '책상에 가서 종이와 연필을 꺼내세요.' 와 같은 연속적인 지시를 따라야만 한다. 지시를 따르는 능력은 다음 사례의 '잭'을 위한 목표 중 하나였다.

> 잭은 10대 초반에 기숙학교에 입학했다. 그의 IEP는 뛰어난 구조를 가진 프로그램 또는 ① 특수교육에서 배우는 부가기술, ② 집중 시간 증진, ③ 연속적인 기술 훈련, ④ 지시를 따르는 기술의 훈련으로 구성된 프로그램을 추천하였다. 그는 중도 복합장애가 있는 아동을 위한 교실에 배치되었고, 4:1의 비율로 음악치료 수업을 받게 되었다. 음악치료에서 그는 연속되는 3일 동안 매일 정확도 90%의 기준을 가진 3가지 목적을 갖게 되었다. 첫 번째 목적은 트라이앵글, 심벌즈, 종, 탬버린, 리듬스틱에 대한 적절한 사용을 보여 주는 것이었다. 치료사는 4명의 아동들 앞에 있는 테이블 위에 이 악기들을 두고는 이렇게 말하곤 하였다. "잭, 트라이앵글을 집어서 한 번만 쳐 보세요." "해리, 심벌즈를 집어서 세 번만 쳐 보세요." 만일 아동들이 도움을 필요로 하면, 잭이 도와주곤 하였다. 결국 그들은 어떠한 지침도 없이 과제를 수행할 수 있었다. 다른 목적은 8가지 색깔에 이름을 붙이는 수신호를 만드는 것이었고, 간단한 유행 음악 4곡에 대해 색깔 악보를 보면서 컬러벨을 연주하는 것이었다. 이러한 기준이 달성되었을 때, 잭은 ① 그의 친구가 리듬악기를 다양한 방법으로 연주하는 동안 노래에 맞추어 실로폰 바 각각의 색깔과 색깔 악보를 연결시키고, ② '나는 ○○하고 싶어요.' 라는 노래에 따라 치료사가 지시하는 대로 간단한 동작(예, 점프하기, 빙글 돌기, 앉기, 서기, 발끝으로 두드리기, 박수 치기)을 따라 하는 새로운 목표가 추가되었다.

그 이후의 목적은 연속적인 지시를 따르는 것이다. 한 가지 예로, 음악치료사가 피아노로 반주하는 노래에 맞추어서 같이 연주하는 것으로 '실로폰으로 빨강, 노랑, 노랑을 연주해 보세요.' 라는 지시가 포함될 것이다. 동작 게임은 더 복잡한데, '서서 파트너를 선택하고 함께 문까지 걸어가 보세요.' '다시 돌아와서 새로운 파트너를 찾아서 함께 창문까지 걸어가 보세요.' 와 같은 것이다. 처음에는 많은 시각적 · 촉각적 지시들이 필요하지만, 차츰 지시에 대한 '어휘'가 증가할 것이다

(예, '원으로 행진하며 돌 때 깃발을 흔드세요.' '깃발을 머리 위로 올리세요.' '깃발을 원 밖에 두세요.').

음악치료의 많은 부분에 참여하면서 아동은 학습 성취를 이루도록 도움을 받을 수 있다. 담임교사와 음악치료사가 함께 작업을 할 때, 각자 자신의 노력을 더욱 강화시킬 수 있다. 음악치료 경험은 기술을 한층 더 깊이 연습하게 하고, 교실에서 성공적으로 생활하기 위해 요구되는 행동을 할 수 있도록 한다. 이것은 기술의 일반화를 돕는다.

3) 운 동

음악치료는 단순한 것에서부터 복잡한 것에 이르기까지 동작을 위한 여러 가능성을 제공한다. 한 가지 예로, 드럼부에서의 행진은 복잡한 활동 중의 하나인데, 이것은 발을 맞추어 행진하고 가로줄과 세로줄을 맞추면서, 드럼 지휘자의 방향 전환을 위한 신호를 따르고, 1초에 1/100의 정확도 내에서 드럼 박자를 맞추도록 요구하기 때문이다. 중등도의 장애 아동이 이것을 배울 수 있을지 몰라도 대부분은 대체로 불가능하다. 그렇지만 이러한 학생들은 간단한 포크댄스, 동작 노래와 게임을 비롯해 음악의 분위기, 리듬과 악구의 구조를 이해하는 다른 동작들을 배울 수 있다.

(1) 자극과 힘의 원천으로서의 리듬

리듬은 동작을 시작하고 멈추게 하는 자극과 힘을 제공한다. 또한 운동기술을 배우는 중요한 방법이기 때문에 모방이 촉진될 수 있다. 서기, 앉기, 흔들기, 걷기, 뛰기, 점프하기, 깡총 뛰기, 행진하기, 도약하기, 박수 치기, 팔과 머리 움직이기는 발달단계에서 필요한 매우 일상적인 동작들이다. 첫째로, 참여하는 것은 정확한 리듬보다 더 중요하다. 이후에 아동이 운동 조절 능력을 더 많이 습득했을 때, 치료사는 아동으로 하여금 동작과 리듬을 협응시키도록 격려할 수 있다. 또한 동작활동은 근육의 힘을 증진시키고 혈액순환을 자극할 것이며, 음악의 리듬은 아동을 움직이게 할 수 있다. 리듬과 멜로디는 의사소통, 지시, 조직화에서 비언어적인 수단을 제공한다. 손과 발의 협응적인 사용, 민첩성(조절과 용이성을 갖춘 동작), 이동기술(한 장소에서 다른 장소로의 이동)과 같은 대근육 운동은 음악치료에서 초점을 맞추는 일반적인 영역이다. 동작의 유형이 다른 사람과 함께 음악에 맞추어서 이루어질 때, 그 동작들은 지루한 운동이 아니라 흥미 있는 게임이 된다. 더 미세한 근육과 더 큰 정확성에 관련 있는 미세근육 운동은 키보드 악기 연주, 기타나 우쿨렐레 연주, 오토하프의 피크 쥐기, 핑거 심벌즈를 연주하는 동작을 포함한다.

(2) 눈-손 협응

사물을 잡는 것과 마찬가지로 박수를 치는 것은 눈-손 협응을 요구한다. 사물을 향해 손을 뻗는 것은 보통 4개월에 시작하지만, 이때는 협응이 거의 안 되는 상태다. 자신의 두 눈이 협응되고 더욱 의도적으로 '보는 것'이 가능할 때, 아동은 사물을 향해 다가가서 탐색을 한다. 3세까지 사물과의 거리, 크기, 무게를 판단하는 능력이 발달한다.

많은 음악치료 활동에서 실로 만들어진 공 또는 다른 부드러운 공을 사용한다. 한 손으로 잡기에 너무 크지 않은 공을 선택하도록 하고, 잡기에 어려울 만큼의 작은 공은 선택하지 않도록 한다.

드럼을 치거나, 피아노에서 특별한 조성을 연주하거나, 종을 쥐기 위한 능력은 손이 움직이는 대로 눈을 맞추어야 하므로 눈과 팔-손 동작의 협응을 요구한다. 이것은 학교에서 '책상에서의 공부'를 위해 필수적인 것이다. 아동은 음악 소리를 만들기를 원하기 때문에 스스로 이러한 동작을 계속 반복할 것이다. 아동은 매번 성공을 하게 되고, 음악 소리는 즉각적인 강화를 제공한다. 눈과 손 근육의 협응적인 사용은 눈과 손 근육을 강하게 하고 협응력을 증진시킨다. 이것은 다른 과제로까지 확장될 수 있다(예, 음악의 리듬에 맞추어 공 굴리기, 음악의 강한 음에 맞추어 던진 팥주머니 잡기 또는 악기 연주하기). 맬럿으로 징이나 톤 블록을 두드리거나 코드를 변화시키기 위해서 건반을 누르면서 오토하프를 연주하는 것과 같은 활동은

아동을 참여하도록 촉진시키는 기분 좋은 소리를 낸다. 아동이 과제를 수행하기 위해서 눈과 손의 움직임에 초점을 맞추는 연습을 함으로써 협응력을 증진시킬 수 있다.

(3) 이동기술

이동기술은 환경 속에서 동작을 하게 하는 것이다. 이러한 복잡한 기술은 대근육과 미세근육 협응을 사용한다. 이것은 아동을 움직이도록 하는 리드미컬한 음악과 게임을 통해 촉진된다.

만일 기술이 잘 발달되지 않는다면 치료사는 더 연습하도록 권유하고, 그 아동의 IEP에 적절하게 기록하도록 한다. 음악치료에서의 목적은 대체로 음악에 맞춘 대근육 운동(좌우로 몸 흔들기, 팔이나 다리 흔들기, 행진하기 또는 음악에 맞춘 다른 이동 동작)에서부터 미세근육 기술(오토하프를 연주하거나 드럼을 두드리기 위한 손의 사용, 손가락을 개별적으로 사용하고 채나 맬럿을 조절하는 것의 향상)에 이르기까지 발달한다. 우리는 운동기술 능력의 여러 수준에 따라서 음악을 연주할 수 있기 때문에 다양한 기술의 단계에 있는 아동들이 성공적으로 음악 만들기 집단에 포함될 수 있다.

(4) 발달적 고려 사항

중도/최중도의 장애 아동과 함께 일할 때, 정상 아동이 2개월 정도에 보이는 초기 발달적 행동이 장애 아동에게는 몇 해가 지나도 여전히 주의를 필요로 함을 알 수 있다. 음악치료사는 아동이 머리를 바로 세우고, 소리 나는 물체에 눈을 맞추고, 움직이는 소리를 따라서 머리의 방향을 바꾸도록 하기 위해서 흥미로운 자극으로 음악을 제공하도록 한다. 음악치료사는 간단한 노래를 부르면서 마라카스, 탬버린이나 그 밖의 다른 타악기를 사용할 수 있다. 2개월이라는 발달연령에서는 소리 나는 물체를 따라 수평과 원형으로 시선을 좇을 수 있어야 한다.

3~5개월의 발달연령에서는 적어도 짧은 시간 동안에 악기를 향해 손을 뻗어서 잡기 시작해야 한다. 이것은 눈-손 협응과 잡기 반사를 요구한다. 또한 이 발달연

령의 아기들은 악기를 한 손에서 다른 손으로 옮길 수도 있다. 소리뿐만 아니라 시각적으로도 흥미로운 악기는 이러한 발달 과제를 수행하는 데 유익하다.

6~8개월의 발달연령에서는 약간의 도움을 받아서 앉거나 설 수 있어야 한다. 이 시기에는 집게처럼 쥐기가 가능하고, 작은 타악기를 흔들 수 있다(예, 종, 딸랑이).

9~11개월의 발달연령에서는 가구나 사람을 잡고서 걸을 수 있고, 혼자 설 수 있다. 악기를 주었을 때 악기를 가지고 있을 수 있으며, 악기를 일부러 던지거나 놓음으로써 즐거움을 느낀다. 이것은 잠시 동안 집중을 유지할 수 있는 게임이다. 이 시기에는 집게 쥐기를 능숙하게 해서 작은 악기도 집어 올릴 수 있다. 이 시기에는 아동이 대부분의 물건을 자신의 입으로 곧바로 넣어 버리기 때문에 음악치료사는 매우 민첩해야 한다.

혼자서 걷기, 균형을 잘 잡아 출발하고 멈추기, 의지대로 방향 바꾸기는 12~15개월 사이에 발달된다. 나중에까지 '원'이나 '선'이 익숙하지 않은 공간적인 개념이 될 수도 있기는 하나, 이 시기의 아동은 간단한 동작 게임에 참여할 수 있다. 그들은 두 손의 협응 과제를 시작할 수 있다(예, 두 개의 두들기는 도구로 드럼을 연주하거나 손과 팔을 음악에 맞추어 움직이는 것).

아동이 성장함에 따라 이동기술은 더욱 좋아진다. 5~6세가 되면 대부분의 아동은 걷고, 뛰고, 점프할 수 있다. 그들은 더 좋은 균형감과 민첩성을 발달시킨다. 따라서 그들은 자신의 의지대로 출발하고 멈출 수 있고, 넘어지지 않고 방향을 바꿀 수도 있다. 이것은 음악에 맞추어 더 복잡한 동작활동에 참여할 수 있도록 한다. 이러한 활동들은 대상 영속성과 공간(선, 원, 위, 너머, 주위, 사이, 가운데, 위로, 아래로와 같은 단어의 사용)에 대한 개념을 증가시키도록 구성되어야 한다. 이 시기의 아동들은 인과관계와 시간에 대해 더 잘 이해하게 되는데, 이러한 개념은 여전히 음악에서 필요한 작업이다.

아동이 7~8세가 되면 대개 이동기술(예, 건너뛰기, 깡총 뛰기, 점프하기)을 습득하고, 음악에 맞추어 움직이기 위해 교차 편측성을 사용한다. 그들은 또한 눈-손 협응력이 좋으며, 미세운동 기술(예, 키보드 연주 또는 더 좋은 조절력으로 맬럿 사용하기)을 위하여 손동작을 조절할 수 있다. 그들은 기본 박을 연주할 수 있어야 하

며, 많은 아동들이 그 기본 박을 균등한 리듬으로 분할하기 시작한다(온음표와 이분음표뿐만 아니라 사분음표와 팔분음표를 포함한다).

9세 또는 그 이상의 아동을 위한 운동활동에는 더욱 복잡한 리듬, 더욱 광범위한 동작 레퍼토리, 당김음을 포함시킬 수 있다. 10세와 10대 후반 사이의 운동 발달 범위는 매우 넓은데, 그 이유는 아동이 각기 다른 비율로 성장하기 때문이다. 따라서 아동 집단은 다양한 수준의 기술들을 보일 것이다. 다행히도 음악적 참여는 많은 기술 수준을 동시에 조절시킬 수 있다.

음악치료의 목적은 운동기술을 포함하여 아동에 대한 진단평가에 기초를 두고 있다. 새로운 기술은 음악에 참여함으로써 배울 수 있고, 또한 새롭게 습득된 기술에 대한 의미 있는 연습이 될 수 있을 것이다. 아동의 운동기술이 발달되기 위해서는 이러한 2가지 능력이 요구된다. 가장 일반적인 활동은 음악에 맞춘 동작, 음악 게임에의 참여, 악기 연주다.

4) 정 서

정서적 반응을 이끌어 내기 위한 음악의 가능성은 매우 뛰어나므로, 음악치료사는 다양한 감정 상태와 관련 있는 음악을 사용해야 한다. Hevner(1935, 1936)의 연구는 고려해 볼 만한 몇 가지의 항목들을 제안하였다. Farnsworth(1954)는 Hevner의 항목을 수정하였다. Bonny와 Savary(1990)는 눈에 띄는 감정-의사소통의 8가지 항목, 즉 '영적인, 슬픈, 꿈같은, 서정적인, 쾌활한, 즐거운, 흥분시키는, 힘찬'을 제안하였다(p. 167). 그들은 또한 이러한 항목과 자주 관련되는 고전음악의 예들을 보여 주었다. 다른 많은 연구들은 형용사 체크리스트 또는 컴퓨터 디지털 인터페이스 기술을 사용하였다. 이러한 접근들은 다양한 감정을 이끌어 내기 위해 음악을 선택할 때 도움이 될 것이다. 감정은 비언어적인 경험들이다. 비록 감정 상태를 기술하기 위해서 미묘한 차이와 단어의 뉘앙스를 포함한 풍부한 어휘가 있다고 하더라도, 우리가 어떻게 느끼는지에 대해 누군가에게 말하는 것은 어려운 일이다. 우리가 고도로 세련된 언어기술을 구사한다고 하더라도, 결코 비언어적인 어떠한 것을 언어화시킬 수는 없다.

정서적인 행동에서 변화를 위한 몇 가지 목적들은 아동의 진단, 즉 그 당시에 음악치료사에게 소개된 진단과 관련이 있다. 이것은 우울하고, 불안하고, 폭력으로부터 괴로워하는 것으로 진단된 아동을 위한 매우 일반적인 것이다. 폭력을 경험한 아동은 매우 두려워하고, 부끄러워하며, 새로운 일을 시도하는 것을 꺼릴 것이다. 그들은 활동에 집중하는 것에 어려움을 겪을 수 있다. 임상가는 이러한 상태에 대한 『정신장애의 진단 및 통계편람(제4판)(DSM-IV)』(1994)의 묘사에 대해 잘 알고 있어야 한다. 하지만 DSM-IV를 통해 명명하거나 상태를 종합하기보다는 관찰된 행동을 기술하는 것이 타당하다(예, 불안한, 우울한, 조증의). 만일 다른 팀원들이 동의한다면, 이러한 진단 항목들은 아동의 기록에 사용될 것이다. 하지만 치료 계획에는 아무런 도움을 주지 못한다. 그보다는 특별한 행동 묘사가 훨씬 더 유용하다.

(1) 이완 훈련

음악치료의 목적은 종종 불안한 아동을 위한 이완(relaxation) 훈련을 포함한다. 아동으로 하여금 불안한 감정을 확인하게 하고, 깊게 숨을 쉬어 천천히 가라앉히고, 잠시 휴식을 취하도록 가르치는 것은 불안을 동반한 불유쾌한 생리적인 상태를 경감시키는 데 매우 유용할 수 있다. 활동적인 것에서부터 매우 수동적인 분위기까지의 음악 감상은 불안에 대한 신체적 감각을 무디게 하는 좋은 방법이 될 수 있다. 노래 부르기 또는 챈트(특히 길게 유지되는 톤으로)는 심호흡을 촉진시킬 수 있다. 또한 감정에 대한 언어적 · 비언어적 표현은 불안을 경감시키도록 도울 수 있다.

(2) 우 울

우울한 아동은 음악치료에 의뢰될 수 있다. 음악이 그들의 낮은 에너지 수준과 연결될 때, 많은 아동이 참여하기 시작할 것이다. 그렇지만 아동이 할 수 있는 것보다 더 많은 것을 요구하지 않는 것이 중요하다. 아동으로 하여금 선택을 하게 하

고, 이러한 면에서 그들의 생활을 조절하는 감각을 길러 주어야 한다. 왜냐하면 우울한 아동은 종종 자신이 조절할 수 있는 것이 없다고 느끼기 때문이다. 음악은 언어적 표현을 이끌어 낼 수 있으며, 이것은 우울한 아동을 도울 것이다. 억압된 분노는 가끔 우울과 관련이 있는데, 이것 역시 음악을 통해 표출될 수 있다.

감정이 각 개인의 생물학적인 구조의 일부분이기는 하지만, 그러한 감정이 표현되는 방법은 문화와 관련이 있다. 모든 아동은 분노를 경험한다. 일부 문화권에서는 소리치고, 물건을 던지고, 발을 구르고, 발로 차는 등 분노를 외부로 표현하는 것이 허용된다. 그러나 다른 문화권에서는 그러한 아동의 감정을 억압하도록 제재를 받는다. 많은 문화권에서 슬픔을 비롯한 비통한 감정을 솔직하게 드러내는(예, 울거나 심지어 통곡하는 것이 어떤 집단에서는 허용되고 심지어 기대될 수도 있다.) 반면에, 어떤 문화권에서는 감정 표현을 남몰래 해야 한다고 배운다. 예를 들면, 사람들 앞에서는 '어떠한 어려움에도 끄떡하지 않도록' 기대된다. 기쁨과 흥분은 인간의 또 다른 감정이다. 이러한 감정 표현은 즐거운 축하에서부터 매우 제한적이고 의식적이며 조절된 행동에 이르기까지 다양하다. 감정 표현을 하게 할 때, 음악치료사들은 항상 아동이 소속된 문화를 고려해야만 한다.

아동은 감정을 확인하는 법과 다른 사람의 감정과 자신의 감정을 분리시키는 법을 배워야 한다. 아동은 경험을 통해 '나는 어떠한 감정(예, 슬픈, 행복한, 화난, 패배적인)을 느낀다.' 고 말할 수 있어야 한다. 이것은 '그 음악은 어떻게(예, 슬픈, 행복한, 화난, 흥분된) 들린다.' 는 것과는 구별되어야 한다. 이러한 것은 중요한 사람을 관찰하거나, 다른 사람에게서 피드백을 받음으로써 배운다. 환경적이고 대인관계적인 사건들을 사적인 감정과 관련시키는 학습은 이후에 일어나지만 매우 중요한 것이다. 결국 아동은 '당신이 ○○할 때, 나는 어떠한 감정(예, 외로운, 행복한, 평화로운)을 느낀다.' 고 말할 수 있어야 한다.

음악치료는 아동이 개인적인 감정을 확인하고, 다른 사람의 감정을 이해하고, 음악에 대한 정서적인 느낌을 표현하는 기회를 허용한다. 아동은 표현적인 동작, 개인적으로 또는 집단적으로 음악 만들기, 음악을 듣고 토론하기를 통해서 다양한 감정을 느낄 수 있다. 가사는 음악 소리뿐만 아니라 감정을 전달할 수 있다. 이

2가지는 감정과 그 감정들이 표현될(표현되지 않을 수도 있는) 방법에 대해 토론하는 것으로 이끌 수 있다.

음악은 비언어적인 표현이다. 아동들에게 무엇을 느끼는지 또는 음악이 표현하고 있는 것이 어떠한 감정인지에 대해 질문했을 때, 그들은 대부분 어떠하다고 대답할 것이다. 그렇지만 그 대답은 감정과는 별 상관이 없을 수 있다. 아동들은 단순히 상대방의 질문을 만족시킬 만한 어떤 것을 말할 수 있다. 그것은 비언어적인 자극이기 때문에 비언어적인 반응(예, 동작, 악기 연주)이 훨씬 더 의사소통을 잘 이끌 것이다. 아동이 글을 읽을 수 있을 때, 일련의 형용사(예, 행복한, 슬픈, 평화로운, 격앙된, 즐거운, 화난)에 대한 선택은 자유롭다. 대부분의 사람들은 설령 그들 자신이 느낀 감정을 언어적으로 말할 수 없다고 하더라도, 그 음악이 ○○보다 더 ○○처럼 들린다고 표현할 수는 있다.

(3) 발달적 목표

1세 이하의 영아들은 이미 즐거운 노랫소리를 내는 것을 좋아하고, 만족스러울 때는 허밍을 한다. 그들은 다양한 소리의 모방을 시도하며, 그것은 표현 어휘의 시작이 된다. 물론 그들은 부정적인 감정을 표현하기 위해 소리를 사용하는 것을 배우기도 한다. 2세가량이 되면 아동은 게임에서 음성적인 반응을 할 수 있고, 간단한 리듬 패턴을 박수 치는 것으로 시작할 수도 있다. 3세 정도에는 많은 어휘와 더 넓은 음조의 범위를 보유하고, 동작과 악기를 이용한 탐구적 놀이에서 리드미컬한 패턴을 더 많이 사용할 수 있다. 연속적인 소리에 대한 아동 스스로의 창작에 기반을 둔 자발적인 노래는 2~3세에 시작되는 것이 일반적이다. 4세에는 자발적인 노래가 학습된 노래로 대체되고, 아동은 다른 아동과 함께 노래 부르는 게임을 즐기고, 자신이 집중적으로 관심을 받을 때 매우 기뻐하게 된다. 반대로 그들이 관심을 받지 못하고 있다고 느끼면, 참지 못하고 분노하게 된다. 대부분의 5세 아동들은 잘 알려진 동요(예, '생일 축하합니다' 노래, 축제 노래, 텔레비전의 반복된 소리)[1]에 대한 레퍼토리를 가지고 있다. 그들의 음성 범위와 억양은 폭넓지 않지만 음악에 맞추어 노래를 부르고 율동하는 것은 감정, 특히 즐거움을 표현하

는 것이다. 6세쯤에는 학교 음악교육, 즉 기존의 기술을 다듬고 더욱 복잡한 기술을 습득하는 교육을 받을 준비가 되어 있다.

매우 어린 아기일 때는 아기를 달래거나 편안하게 하기 위해서 자장가가 사용된다. 그러한 자장가는 아기와 양육자 사이의 애착 관계를 형성하도록 돕는다. 이처럼 음악은 안전감과 편안함의 정서를 전달한다. 아기들은 흔들어서 움직여 주고 반복적인 음악 소리를 들려주면 조용해진다. 아기들은 눈 맞춤을 하기 시작하는데, 이러한 눈 맞춤은 이후의 다른 사람으로부터의 학습에 중요하다. 음악은 아기들을 쳐다보게 하고, 발성하게 하며, 양육자에게 반응하도록 촉진시키는 자극제다. 이러한 것은 사회적 · 감정적 반응의 시작이다. 3~5개월에는 친근한 사람을 인식하고 음악을 발성하는 것에 참여함으로써 이러한 것이 더욱 다듬어진다. 발달연령이 더 높은 아동(6~8개월)은 소리 나는 장난감을 가지고 노는 것을 좋아하고, 음악과 잡음을 구별한다. 9~11개월에는 만일 음악을 소거시키면 울거나 소리를 지르지만, 친근한 음악에 대한 자신의 선호를 표현할 수 있다. 15개월에는 흉내 내는 음악 게임과 노래를 즐기고, 다른 아동과의 병행놀이를 즐긴다. 그들의 집중 시간은 짧지만, 대부분 아동의 노래 또한 매우 짧다. 노래와 게임은 활동하는 것에서 약간의 변화를 가진 채 여러 번 반복될 수 있다. 음악과 함께한 최초 경험에서는 대체로 음악을 긍정적인 감정과 연관시킨다. 따라서 감정을 표현하기 위해서 음악을 사용하는 것은 매우 자연스러운 일이다.

진단평가에서 음악치료사는 아동의 감상 수준, 동작 수준, 악기 연주 수준, 노래 부르는 기능 수준 등을 기록해야 한다. 이러한 것이 아동으로 하여금 감정을 확인하고 표현하게 하는 활동을 발달시키도록 이용될 수 있다. 이후에 이러한 것이 다른 사람의 감정을 이해하고, 적응적이며 문화적으로 적합한 방법으로 반응하기 위한 기초가 될 것이다.

---

1) 아동의 정상적 발달에 대한 자세한 정리는 Radocy(1994), Radocy와 Boyle(1997, pp. 353-357)를 참고하시오. 유아, 학령전기 아동, 학령기 아동의 음악적 발달에 대한 포괄적 설명은 Deliege와 Sloboda(1996)의 연구를 참고하시오.

5) 조직화

아동이 구조 안에서 기능하도록 돕는 것은 음악치료사의 매우 중요한 역할 중 하나다. 아동이 이러한 서비스를 받게 되는 일반적인 이유는 바로 구조 안에서 기능하지 못하기 때문이다. 정의에 따르면, 음악은 하나의 조직화된 경험이다. 각각의 연속적인 소리의 사건(예, 소리가 있거나 없는, 음이 있거나 쉼이 있는)은 시작과 끝을 가지고 있으며, 음악을 포함하는 다른 것들(예, 악구, 멜로디, 합창, 독창, 동작, 노래 시리즈)도 마찬가지다. 사건들은 시작부터 끝까지 시간 내에서 질서를 가지고 발생한다. 음의 생성에서부터 쇠퇴에 이르기까지 각 음은 주어진 스펙트럼적인 구성이 존재한다. 멜로디는 예측 가능하고 반복되는 일련의 음들을 가지고 있다. 리듬은 시간을 세세한 부분으로 나눈다. 화성은 예측 가능한 순서를 따른다. 따라서 음악을 만드는 것에 참여하는 것은 일시적인 것보다는 질서 정연한 반응들을 포함한다.

음악치료의 선구자 중 한 사람인 Gaston(1964)은 '인간'에 대하여 다음과 같이 설명한다.

> 모든 인간은 조직적이어야 하고, 원인과 결과를 추구해야만 한다. 인간은 다양한 종교와 철학을 빌려 사물이 어떻게 존재하게 되었고, 또 앞으로 그것이 어떻게 될 것인지에 대해서 설명하려고 한다. 이러한 것을 할 수 없는 인류, 종족, 사람은 없다. 모든 인류, 종족, 사람들 각 개인은 감각자극을 받음으로써 이러한 추상의 과정을 시작하였다(p. 4).

1968년에 그는 "리듬은 조직자이며, 에너지의 원천이다."(p. 17)라고 하였다. 이것은 모든 연령대의 사람들이 즐기는 음악에서 발견될 수 있다. 한 가지 예로, 많은 청소년들이 좋아하는 음악은 박력 있고 비트가 정렬적이다. 심지어 대부분의 감상 능력이 좋은 청중은 당김 리듬을 들었을 때 집중해서 들으며, 그것에는 그들을 새로운 방식으로 조직화시키는 예측 불가능한 측면이 있다.

음악치료 전문 분야의 초기 지도자인 Sears(1968)는 시간적 순서에 대해 다음과 같이 이야기하였다.

> 시간적 순서는…… 리듬보다는 넓은 개념이다. 가장 기본적 단계에서 그것은 소리 유무에 대한 연속을 포함한다. 그다음 단계에서 정확한 시간에 소리를 만드는 것(리듬)뿐만 아니라 정확한 소리(음높이), 소리의 정확한 강약(다이내믹), 여러 소리를 만드는 것에서의 정확성(화성과 전체적 조화), 다른 소리들과의 조직성(음색) 또한 관련된다. 음악에서의 조직성과 관계없이 가장 중요한 요소는 시간적 순서다(p. 35).

음악치료에서 조직화의 목적은 대개 구조 안에서의 기능에 대한 경험을 포함한다. 이것은 음악치료실로 들어오는 것, 세션에서 조직화된 사건들에 참여하는 것, 순차적이고 조절된 방법으로 나아가는 것을 포함한다. 아동은 자기통제를 해야 하고, 또한 자신의 차례를 기다리는 동안 참여하지 않는 것과 같은 참여에 대한 능력을 이용해야 하며, 사회적 · 환경적 · 음악적 신호에 반응해야 한다. 아동은 주의 집중을 하고, 이것을 유지해야 한다.

1965년 Glasser는 책임감을 '자신의 필요를 충족시키는 능력으로서, 다른 사람으로부터 그들의 필요를 충족시키는 능력을 빼앗지 않는 방법으로 행하는 것'으로 정의하였다(p. 13). 이렇게 하기 위해서 아동은 자기통제와 집단의 일부로서 기여하겠다는 개인적인 원칙을 가져야만 한다. 음악치료는 음악을 만드는 과제에 기여하고, 다른 사람의 기여를 존중하는 것을 통해서 아동이 자신의 필요를 충족시킬 장소와 시간을 제공한다. 음악치료사는 집단 안에서 책임감에 대한 역할 모델을 제공한다. 이것은 의미 있는 방법으로 악기를 사용하는 것, 치료실의 물리적인 경계와 치료실 내에 있는 집단의 형태 안에 있는 것(예, '원으로 앉으세요.' '드럼 연주하는 사람과 함께 앉으세요.' '직선으로 행진하세요.'), 바로 그 시간에 음악 소리를 만드는 것(예, '연주할 시간이 될 때까지 어깨에 막대기를 올려놓고 있으세요.')을 포함한다.

그러한 환경 안에서 수행되는 과제와 마찬가지로 구조에 환경도 포함된다. 대부분 음악치료사는 의자나 매트에 대한 위치의 조직화, 악기 배치에 대한 조직화(예, 피아노, 기타 또는 다른 악기), 세션에서 사용되는 사물에 대한 조직화를 제안한다. 아동이 친근한 환경으로 들어갈 때 대체로 더욱 유순하게 행동할 것이다. 만일 질서가 전혀 없는 환경이라면(예, 음악과 악기가 방에 널려 있고, 좌석이 정렬되어 있지 않으며, 산만한 시각적인 자극들이 산재해 있다면), 아동은 덜 협력적일 것이다.

이것들을 모두 종합해 보면, 음악치료사는 조직화에 대한 여러 수준에 대해 고려해야만 하는데, 그것은 ① 환경(자극적이거나 평화로운, 조직적이거나 혼란스러운, 산만하거나 집중적인), ② 치료사를 포함한 집단 내 개인(모든 사람이 동성이거나 혼성, 여러 연령대거나 동일 연령대, 능력 수준), ③ 집단 안에서의 음악 자극(집단을 조용히 진정시키거나 달래는 음악 또는 집단에 에너지가 넘치게 하는 자극적이고 활동적인 음악), ④ 능동적인 참여를 위한 특별한 기대(감상, 음악에 맞춘 동작, 악기 연주, 토론 또는 이야기하기, 노래 부르기, 배경음악과 함께하는 다른 창의적인 활동)를 포함한다. 물론 세션의 전체적인 구조는 세심한 계획이 필요하다. 아마 집단은 각각의 사람들을 반기는 노래를 부르는 것으로 시작할 것이다. 다음으로 다른 아동이 따라 하도록 동작을 이끄는 것을 각 아동이 차례대로 해 보는 동작활동이 이어질 것이다. 마지막으로 집단은 높은 수준의 자극(그들이 움직이는 동안)으로부터 그들의 다음 수업으로 이동하게 하는 낮은 수준의 자극(그들을 조용하게 하는)으로 전환되는 음악을 듣게 될 것이다.

아동이 음악에 참여할 때 그들은 지시 따르기, 집단원에게 주의를 전환하기, 교대로 하기, 다른 사람의 차례 동안 기다리기 등 많은 경험을 하게 된다. 그들은 구조적이고 조직화된 경험에의 참여와 관련 있는 사회기술을 배우게 된다. 그들은 악기를 교환하거나, 연주해야 할지 말아야 할지 혹은 어떻게 연주해야 하는지(빠르게/느리게, 세게/부드럽게, 높게/낮게) 등 지시를 따르기 위해서 주의 집중을 유지해야 한다.

음악의 순서는 아동으로 하여금 참여하도록 하는 동기가 된다. 음악의 리듬은 비언어적으로 아동을 집단활동의 일부분이 되도록 하는 조직화를 제공한다.

6) 사회성

교실에서 아동은 다른 아동뿐만 아니라 성인과도 관계를 형성해야 한다. 대부분의 음악 수업은 집단으로 이루어지기 때문에, 음악치료사는 아동이 다른 사람에게 자신이 필요하고, 기여하고 있으며, 집단의 다른 사람으로부터 수용된다는 느낌의 경험을 제공함으로써 긍정적인 대인 교류적 행동을 강화시킬 수 있다. 대부분의 아동은 음악 집단의 일부분이 되기를 원하고, 집단 안에 남거나 함께하기 위해 부적절한 행동을 수정할 것이다. 음악활동은 재미있기 때문에, 아동은 음악적 효과를 만들기 위하여 집단 안에서 다른 사람들과 함께 협동할 것이다. 음악치료사는 아동이 원하는 행동을 정확히 인지하게 함으로써, 아동으로부터 협조를 이끌어 낼 수 있다. 그 예로써, 음악치료사는 '수지, 나는 네가 종을 연주할 시간까지 기다리는 것이 마음에 들었어. 정말 잘했어!' 라고 말할 수 있다. 긍정적인 행동에 대한 강화는 바람직하지 않은 행동을 꾸짖는 것보다 집단에서의 협동성을 더 촉진시킨다. 음악활동이 완벽하게 계획되고, 아동이 도착하자마자 음악치료사가 준비한 대로 진행된다면, 행동을 '실행할' 기회는 거의 없다. 음악치료사로부터의 즉시성(언어적 또는 비언어적인)을 가진 음악의 구조는 제한이 있을 것이고, 기대되는 행동을 한정시킬 것이다. 아동은 음악을 만드는 일을 즐기기 때문에, 그들의 협조를 얻는 것은 그리 어려운 일이 아니며, 음악 세션 동안 그러한 협조를 계속 이끌어 낼 수 있을 것이다. 만일 집단이 협조하는 것에 어려움을 보이고, 비구조적인 시간 동안 소란스러운 경향이 있다면, 음악치료사는 빠르고 부드럽게 한 활동에서 다른 활동으로의 이동을 준비해야만 한다. 최종적인 목적은 음악치료사 중심에서 집단 중심으로의 세션으로 이동하는 것이다.

아동이 음악활동에 참여할 때 비로소 지시 따르기, 집단의 다른 사람에게 주의를 기울이기, 교대로 하기, 다른 사람의 차례 동안 기다리기와 같은 경험을 하게 되는 것이다. 이러한 것들은 구조적이고 조직화된 사회적 경험에 참여하는 것과 관련 있는 사회기술이다.

Glasser(1965)는 2가지 기본적인 심리학적 욕구, 즉 사랑하고 사랑받고 싶은 욕구와 우리가 스스로에게 혹은 다른 사람들에게 가치를 인정받고 싶은 욕구에 관심을 가졌다(p. 9). 그가 이에 대하여 기술한 후, 연구를 통해 아동이 이러한 욕구들을 충족시킬 수 없을 때 발생할 수 있는 심각한 결과들을 확인하였다. 우리가 사회적인 존재가 되는 것을 배우는 것은 오랜 시간에 걸쳐 유지되는 애정 어린 관계성을 통해서다. 우리는 우리의 삶에서 의미 있는 사람의 행동을 본받고, 다양한 연령대의 사람들과 관계를 맺기 위하여 새로운 방법들을 '시도'한다. 음악치료에서 아동은 집단의 일원이 되는 시간을 가지고, 사회적으로 허용되는 행동을 연습한다. 즉, 집단과 자신을 비교함으로써 각 개인들로 하여금 자신의 정체성과 성취감을 인식하도록 한다(Sears, 1968, p. 41).

우리 각각은 다른 사람이 우리와 함께 있기를 원하는 방식으로 행동하는 것을 필요로 한다. 아동은 어떤 행동이 집단에게 받아들여질 만한 행동인지, 어떤 행동이 묵인되지 않을지를 배운다. 이러한 것은 여러 상황에서의 연습과 시간을 필요로 한다.

집단과 양육자의 피드백에 따른 자기개념은 시간이 지나면서 발전되어야 한다. 자기개념은 기술과 지식을 획득할 때 변화한다. 아동은 의존적인 것으로부터 결정을 내릴 수 있고, 독립적인 행동을 수행할 수 있는 정도로 변화해야 한다. 이것은 기나긴 진보의 과정이다. 음악치료에서 이것은 치료사가 제공하는 구조로부터 집단에 따라 결정되는 구조에 이르기까지, 마지막으로 자신이 결정하고 조직화된 행동에 이르기까지 진행된다.

아동은 다른 아동과의 병행놀이를 통해서 사회화가 시작된다. 최초의 목적은 아동이 많은 변화 없이 다른 사람의 가까운 곳에서 자신의 놀이에 참여하는 것이다. 다른 사람과 구별되는 자기 정체성과 '나는 누구인가'에 대한 초기 개념은 이러한 단계에서 형성된다. 음악이 있고 음악이 없는 것에 대한 구별, 최초의 자기개념(예, 신체 부분을 가리키고, 연결시키고, 이름을 부르는 것을 통해 신체 부분을 확인하는 것), 지금 소리를 내는 것과 지금 소리를 내지 않는 것들을 배워야 한다. 이후에, 집단의 모든 사람들이 똑같이 흉내 내는 것과 반복적인 활동에 참여하는 것이 가능하게 된다. 아동은 악기를 공유하고, 음악치료사에게 집중하기 시작한다.

그렇지만 정상적인 발달단계의 아동들도 학교 초기 단계에는 여전히 자기중심적이다.

아동이 경험이 많아짐에 따라 더욱 복잡한 음악 게임, 노래, 악기 연주, 창의적인 활동들이 가능해진다. 아동은 순서를 지키고, 다른 사람의 선택과 기여를 존중하며, 집단의 결정에 기여한다는 자신감을 가질 수 있어야 한다. 그들은 음악치료사가 제공하는 구조에 덜 의존하게 된다. 행동은 더욱 자발적이고 자기 만족적이 된다.

청소년 초기에는 동료 집단의 인정이 주요한 초점이 된다. 대화하는 것에 대한 지나친 의무감 없이 다른 사람과 함께 집단에 공존하기 위한 방법을 찾는 것이 매우 유용할 수 있다. 그중 비언어적인 활동인 음악치료가 가장 유용할 것이다. 이 단계에서 책임을 지는 것과 같은 중요한 능력을 보이기 위하여 새로운 행동이 습득되어야 한다. 더 초기 단계에 적합한 행동은 이제 수정되어야 하는데, 특히 자신과 다른 성(性)을 가진 어른과 동료와의 관계에서는 더욱 그러하다. 좀 더 추상적인 사고와 추론은 어떻게 행동할지에 대한 선택을 하는 것에 이용될 수 있다. 사회적으로 더 성숙될 것으로 기대되지만, 이것은 무엇을 해야 하는지 그리고 무엇을 해서는 안 되는지에 대한 판단을 하기 위해서 연습과 피드백을 요구한다. 약간의 경쟁을 포함하는 음악활동은 청소년이 다른 동료와 비교해서 자신의 숙련됨과 기술을 시험할 수 있으므로 흥미로울 수 있다. 이것은 '여러 사람들 중에서 나는 과연 누구인가'를 생각하는 과정의 일부분이다. 우리 모두는 모든 것을 할 수는 없지만 어떤 일에서는 성공할 수 있다는 사실을 경험을 통해 배워야 한다.

Gaston(1968)은 사회적 행동의 수정에서의 음악의 강력한 역할에 대해 다음과 같이 설명하였다.

> 음악치료의 가장 우선적인 목적은 개인으로 하여금 사회에서 자신의 최선을 다해서 기능할 수 있도록 하는 것이다. 장애가 있는 아동은 사회에서 자신의 완전한 참여가 인정되는 방식으로 행동하는 것을 배울 필요가 있다. ……음악은 그것의 본성에 따라서, 사람들을 친밀하게 하는 기능을 가지고 서로 모이도록 한

> 다. 집단적인 위세와 음악의 특유한 미세한 부분들이 지배적인 요소다. 음악은 감각, 운동, 정서, 참여자들이 서로 돕는 사회적 구성요소에 대한 형태를 제공한다. 음악은 공통의 활동을 위하여 집단을 통합하고, 많은 음악 외적 활동들을 이끌어 내거나 변화시키는 환경이 된다. 집단 음악은 언어적 지시를 최소화한 상태에서 바라는 결과로 이끈다.

음악치료에서 최상의 목적은 의사소통 기술, 즉 수업에서 필요한 행동과 학습 기술의 증진, 운동기술의 증진, 정서적 표현과 다른 사람의 감정에 대한 이해, 자기통제감을 가진 상태에서 구조적이고 조직화된 환경에 작용하기 위한 능력의 증진, 환경에서 다른 사람들과 상호작용하기 위한 적절한 사회기술의 발달 등을 포함한다. 이러한 것들은 CAMEOS로 줄여서 말할 수 있다. 다른 목적들도 거론되지만, 아동에게 중요한 것은 이들 영역 안에 있다. 물론 그 목적은 아동의 발달 수준과 문화적 배경과 연관되어야 한다.

참고문헌

American Association of Colleges for Teacher Education, Commission on Multicultural Education. (1973). No one model America. *Journal of Teacher Education, 4*, 264.

American Psychiatric Association. (1994). *Diagnostic and statistical manual of mental disorders* (4th ed.). Washington, DC: Author.

Bonny, H. L., & Savary, L. M. (1990). *Music and your mind* (Rev. ed.). Barrytown, NY: Station Hill Press.

Deliege, I., & Sloboda, J. (Eds.). (1996). *Musical beginnings: Origins and development of musical competence*. Oxford, UK: Oxford University Press.

Education for All Handicapped Children Act of 1975, Pub. L. No. 94-142, Part II, *Federal Register*, August 23, 1977.

Farnsworth, P. R. (1954). A study of the Hevner adjective list. *Journal of Aesthetics and Art Criticism, 13*, 97-103.

Gaston, E. T. (1964). The esthetic experience and biological man. *Journal of Music Therapy, 1*, 1-7.

Gaston, E. T. (1968). Foundations of music therapy. In E. T. Gaston (Ed.), *Music in therapy* (pp. 7-29). New York: Macmillan.

Glasser, W. (1965). *Reality therapy*. New York: Harper and Row.

Hevner, K. (1935). Expression in music: A discussion of experimental studies and theories. *Psychological Review, 42*, 186-204.

Hevner, K. (1936). Experimental studies of the elements of expression in music. *American Journal of Psychology, 48*, 246-268.

Individuals with Disabilities Education Act (IDEA) of 1990, Pub. L. 101-476, 20 U. S. C., 1400 et seq.

McCormick, L. (1990). Cultural diversity and exceptionality. In N. G. Haring & L. McCormick (5th ed.) (pp. 47-75). Columbus, OH: Charles E. Merrill.

Poplin, M. S., & Wright, P. (1983). The concept of cultural pluralism: Issues in special education. *Learning Disability Quarterly, 6*, 367-371.

Radocy, R. E. (1994). Musical ability. In V. S. Ramachandran (Ed.), *Encyclopedia of human behavior* (Vol. 3, pp. 257-263). San Diego, CA: Academic Press.

Radocy, R. E,. & Boyle, J. D. (1997). *Psychological foundations of musical behavior* (3rd ed.). Springfield, IL: Charles C Thomas.

Sears, W. W. (1968). Foundation of music therapy: Processes in music therapy. In E. T. Gaston (Ed.), *Music in therapy* (pp. 30-44). New York: Macmillan.

제 3 장

정신지체 아동

1. 정신지체의 정도와 음악치료의 목적
2. 발병 원인과 정신지체 관련 증후군
3. 정신지체 아동과 음악치료: CAMEOS

03 정신지체 아동

'정신지체'는 『정신장애의 진단 및 통계편람(제4판)(Diagnostic and Statistical Manual on Mental Disorders(4th ed.)』(1994)에 포함된다.

> 정신지체는 평균 이하의 낮은 지적 기능(대략 IQ 70 혹은 그 이하)과 적응 기능의 결함이 동시에 나타나며, 18세 이전에 나타나는 장애다. 결함의 심각성에 따라 경도, 중등도, 중도, 최중도로 나뉘며, 정도를 엄격하게 나눌 수 없는 경우도 있다.

1) 지적 기능과 지능지수

지적 기능은 대개 지능지수(Intelligence Quotient: IQ = MA/CA × 100)를 산출하는 검사 결과에 따라 정의된다. 지능은 개인의 경험에 관한 견해와 문제해결을 위한 추상적 사고를 다루는 총체적인 능력을 말한다. 또한 이것은 학습을 통해 이미 저장되어 있는 정보와 그 외의 다양한 정보를 바탕으로 새로운 상황에 적응하기 위한 인지 행동을 의미한다. 그리고 IQ는 이러한 행동을 측정하기 위해 고안된 표준화 검사의 점수를 말한다. IQ를 측정하기 위해 흔히 사용되는 2가지 방법은 아동용 웩슬러 지능검사(Wechsler Intelligence Scale for Children-Revised: WISC-R)와 스탠퍼드-비네검사(Stanford-Binet Scale)다. 두 검사 모두 산술적 평균은 100이다. '표준 이하'라는 것은 평균 아래 2 표준편차를 말한다(DSM-IV, 1994, p. 39). 따라서 DSM-IV에서는 측정 오류를 감안하여 IQ 70보다는 65~75가 유의미한 표준 이하에 해당한다고 보고 있다(p. 39).[1] 지체 정도를 구분하는 15~16 표준편차에 따른 IQ의 결함 정도는 다음과 같다.

- 경도(정신지체 인구의 약 85%)
- 중등도(약 10%)
- 중도(3~4%)
- 최중도(1~2%)(DSM-IV, p. 41).

위의 범주 내에서 행동 특징이 묘사된다. 독립적인 생활 가능성에 대한 장기적 기대치는 증상에 따라 다소 지체된다. 일반적으로 경도 정신지체인들은 공동체 안에서 생활하는 능력이 있고, 궁극적으로는 독립적인 생활을 하거나 지도하의 그룹홈에서 생활이 가능할 것으로 기대된다. 중등도 정신지체인들 역시 공동체 안에서 생활할 수는 있지만 더 많은 지도를 필요로 한다. 그리고 중도나 최중도의 정신지체인들은 가족과 함께 지내거나 지도하의 그룹홈에서 생활하는 것이 필요하며, 일부는 적절한 보호시설 생활이 요구된다. 최중도 정신지체인들은 신경학적 그리고 감각과 운동 조건에 따라 자기관리 기술의 정도가 제한되기 때문에 보다 폭넓은 지원을 받을 수 있는 환경에서 생활해야 한다. 대부분 정신지체인들의 장기적인 목표는 최소한의 지도하에서 공동체 생활을 하는 것이다. 가능하다면 각

---

1) 오차 구성의 의미는 측정오차로 생기는 점수 상승 혹은 진점수의 저하다(Boyle & Radocy, 1987, p. 61). 즉, 측정 시 순수한 변동보다 다른 어떤 것에 따른 점수의 변동비율이다.

개인은 동료들과의 관계, 여가 활용, 자기관리 등에서 스스로 선택할 수 있을 만큼 목표를 확장해야 한다. Neumayer, Smith와 Lundegren(1993)은 다운증후군을 가진 19~53세의 21명의 피실험자 중 15명이 다운증후군의 다른 사람들과 어울리기를 원한다는 것을 알아냈다. 그런데 만약 분리되거나 또는 통합된 활동들이 정신지체인들에게 허락되지 않는다면, 자유롭게 선택한 여가활동의 기회 또한 거부될 것이다(p. 396). 대부분의 경도와 일부 중등도 정신지체인은 대체적으로 지도가 필요하고, 유급으로 고용되기도 한다. 중도 정신지체인도 긴밀한 지도가 있을 경우는 일을 할 수 있다.

2) 적응행동

Stone, Ousley, Hepburn, Hogan과 Brown(1999)은 적응행동을 '개인적 독립과 사회적 기술을 달성하기 위해 필요한 능력의 발달과 적용'으로 정의하였다(p. 187). 적응 기능은 검사, 예를 들면 바인랜드 적응행동 검사(Vineland Adaptive Behavior Scales)(Sparrow, Balla, & Cicchetti, 1984)와 적응행동 척도(Adaptive Behavior Scale: ABS)(Nihira, Foster, Shellhaus, & Leland, 1969)로 정의할 수 있다. 두 척도 모두 평균과 표준편차를 산출하며, 적응행동의 정도는 표준편차 단위에 따라서 분류된다. AB level II는 적응행동 척도 평균에서 2 표준편차만큼 낮은 수치를 나타낸다.

Grossman(1983)은 적응행동을 '그들의 연령 수준과 문화 집단에 부합하는 사회적 책임감, 학습, 개인적 독립과 성숙의 기준을 충족시키는 개인의 유효성에 대한 유의한 제한성'이라고 정의하였다(p. 11). 동시에 미국 정신지체협회는 정신지체를 진단하기 위해 적응행동을 포함시켰다. 이것은 IQ뿐만 아니라 적응행동의 정식 검사와 행동관찰로 정신지체를 진단하도록 했다.

포괄적 적응행동 검사(Comprehensive Test of Adaptive Behavior: CTAB)(Adams, 1984)는 6개의 하위검사 항목— 자조기술, 가정생활 기술, 독립생활 기술, 사회기술, 감각과 운동기술, 언어 개념과 학습기술 —을 포함한다. 이러한 하위검사를 통해 전체 총점이 산출된다. 이 척도의 목적은 교육 계획을 용이하게 하기 위함이다. IEP는 하위척도와 관련된 자료를 토대로 만들어질 수 있다. 그러나 Thackrey (1991)는 "여섯 가지의 뚜렷한 CTAB 범주 점수 사용을 뒷받침할 만한 정신 측정학적 근거는 없으며, 오히려 6개의 모든 항목이 하나의 공통된 일반 요인을 측정한다."라고 결론지었다(p. 215). DSM-IV(1994)는 적응 기능의 결함이 다음의 최소 2가지 기술 영역, 즉 의사소통, 자기 돌봄, 가정생활, 사회적 · 대인적 기술, 지역사회 자원의 활용, 자기관리, 기능적 학습기술, 직업, 여가, 건강 및 안전의 한계를 의미한다고 정의한다(p. 39).

적응 기능의 또 다른 정의는 '자신의 개인적 필요를 스스로 돌보고, 사회적인 능력을 보이며, 문제행동들을 자제할 수 있는 정도'라는 것이다(Bruininks, McGrew, & Maruyama, 1988, p. 265). 음악치료는 이 정의에 포함된 세 가지 분야에 역점을 두고 다룰 수 있다. IQ에 초점을 맞추는 것보다 적응 기능의 결함을 찾아내어 필요로 하는 기술을 집중적으로 가르치고 훈련시키는 것이 훨씬 더 유용하다. 그러므로 적응행동 척도에서 얻은 정보는 아동의 IEP에서 목적과 목표를 설정하는 데 쓰일 수 있다.

음악치료는 치료 대상 아동들이 통합적인 학습과 생활환경에서 적절한 기술과 행동을 필요로 함을 가정해야 한다. 또한 장기적 목적은 가능한 한 높은 독립성을 가지는 공동체 생활과 연관되어야 한다. 현재 극소수의 정신지체인들만이 제도권 내의 환경에 있다. 그러므로 일반적인 프로그램은 다른 사람들과 함께하는 공동체 안에서 개인의 삶, 직업과 여가 생활을 도와주는 데 초점을 두어 계획해야 한다. 음악치료는 정신지체인들이 여가 시간의 활용을 위한 기술, 의사소통, 사회기술에 관련된 목적을 이루는 데 매우 유용하다. 건설적이고 만족스러운 방법으로 여가 시간을 보내는 요령을 습득하는 것은 공동체 생활에서 필수적이다. 많은 정신지체인들은 지도를 받고 예측 가능한 구조적 환경에서는 기능할 수 있으나, 이에 비해 덜 구조적인 여가 시간에는 상당한 어려움을 겪을 수 있다. 여가 시간의 활용을 위한 기술과 다른 사람과 함께 여가 시간을 즐기기 위한 사회기술을 갖추는 것은 공동체 생활에의 적응 가능성을 높여 준다. 적절한 기술을 배우지 않은

상태에서는 상대적으로 비구조적인 여가 시간 동안 부적절한 행동이 더 많이 발생할 수 있다.

3) 연 령

정신지체를 정의하는 세 번째 기준은 연령이다. 정신지체로 진단되려면 18세 이전에 지체가 시작되어야 한다. 18세 이후에 일어나는 비슷한 증상은 치매로서 진단된다. 몇몇 종류의 지체 증상은 출생 이후로 뚜렷하게 나타나지만 아동에게 중요한 발달단계(첫 단어, 첫 걸음마, 음식을 먹는 기술 등)에서 지연되기 전까지 종종 지체가 명확하게 드러나지 않기도 한다. 발달의 지체는 유치원 입학 무렵에 더욱 뚜렷하게 나타나며, 이 시기에 정식 검사가 처음으로 시행된다. 교직원은 학부모과 함께 검사 결과와 행동관찰을 토대로 아동의 학급 배치에 대해 의논하며, 특수교육과 이에 관련된 서비스가 필요하다고 결정될 때는 IEP를 시작해야 한다. 만일 IEP에 음악치료가 포함되어 시행될 경우는 목적과 목표가 명확히 진술되어야 한다. 이러한 것들이 의의를 가지기 위해서는 IEP 회의 전에 시행되는 진단평가에 음악치료가 포함되어야 한다.

1. 정신지체의 정도와 음악치료의 목적

1) 경도 정신지체

경도 정신지체 아동의 대부분은 공립학교나 사립학교에서 일반 아동과 함께 음악 수업을 받는다. 그러므로 음악치료사는 정규 음악교사의 상담자일 것이다. 때때로 음악치료사는 아동이 일반 학급에서 성공적으로 적응할 수 있도록 특별한 행동수정 작업을 요청받을 수도 있다.

'통합' 이라는 용어는 특수한 요구를 가진 아동이 일반 학급에서 생활하는 경우 필요로 하는 상담이나 도움을 받는 경우에 사용된다. 만일 정신지체 아동이 통합 프로그램에 속해 있을 경우는 일반 학급의 음악 수업을 듣는다. 이러한 경우 음악치료사는 상담자부터 음악교사의 역할까지 담당해야 할 것이다. 이것은 일반 아동과 함께 생활하는 것을 돕기 위해 특별한 요소를 제공하거나 행동 중재를 계획하는 것이다. 통합 프로그램의 가장 근본적인 장점은 정신지체 아동이 일반 아동을 모방하고 행동에 대한 적절한 모델을 제시해 줄 수 있다는 점이다. 그러나 이 프로그램의 가장 큰 단점은 특수한 요구를 가진 정신지체 아동이 너무 많은 배려를 필요로 하기 때문에 정상적인 발달 상태의 아동들이 적절한 교육을 받기 어려우며, 일반 교사들이 장애 아동의 특수한 요구를 충족시키는 데 훈련과 흥미가 부족할 수 있다는 점이다. 그러나 법적으로 요구되는 것처럼 '정상화'를 위한 노력과 함께 최소제한 환경이 추구되어야 할 것이다.

(1) 사 례

마크는 IQ가 72이며, AB 레벨 II에 해당하는 9세 아동이다. 그는 공립학교의 정규 4학년 과정에서 독해와 수학 분야의 특별지도를 받기 위해 특수반으로 옮겼다. 적절한 예의범절 교육을 받은 상태였지만, 다른 친구들과 지내는 동안 그들의 사회적인 신호를 제대로 이해하지 못하는 경우가 잦았다. 마크는 친구들의 공격적인 장난을 분노나 거부의 행위로 보았으며, 친구들이 서로 밀고 당기는 것이 장난을 치면서 노는 것이라는 사실을 알아채지 못했다. 그들의 행동은 거부하는 것이 아닌 함께 노는 것이었고, 분노가 아닌 우정을 뜻하는 행동이었다. 마크는 우는 것으로 반응하였고 그들을 강하게 밀어냈다. 이러한 행동은 운동장에서나 스쿨버스로 오갈 때나 지도하는 사람이 없을 경우에 싸움으로 발전할 수 있다. 만일 이러한 행동이 단시간 안에 고쳐지지 않는다면 이 아동은 사회적인 거부를 겪고 있는 것으로 판정된다. 마크는 사회적인 신호를 해석하고, 적절하게 반응할 수 있도록 음악치료를 받았다. 사회적인 반응을 연습하기 위해서는 친구들과 함께하는 집단활동이 필요했기 때문에 학급에서 각각 두 명의 남아와 여아가 이 치료에 참여하였다. 치료에 참여하는 모든 아동들은 ① 그림이 6가지 감정(행복, 슬픔, 화남,

무서움, 놀람, 무관심) 중 어떻게 보이는지 가리키기, ② 검사 그림에서와 같은 표정을 짓고 있는 사람을 지목하여 여섯 명 중에서 한 명과 연결시키기, ③ 그림 속의 사람이 무엇을 느끼고 있는지에 대해 대답하는 사전검사를 받았다. 여기에서는 두 개의 비언어적 응답과 한 개의 언어적 응답이 허용되었다. 올바른 응답에 대해서는 각각 1점이 매겨졌다.

(2) 음악치료의 목적과 목표 및 과정

목 적 사람들에게 적절하게 반응하기 위해 얼굴에 나타난 감정을 올바르게 해석하기

목표 1 행복, 슬픔, 화남, 무서움, 놀람, 무관심 등 그림에 언어적으로 이름 붙이기

목표 2 그림 속의 감정을 나타내기 위해 리듬악기를 연주하여 표현하기

과 정 치료에 참여할 아동들이 도착하는 대로 각각의 이름을 부른 후, 둥글게 의자에 앉도록 한다. 실험자와 대상자 사이에 친밀감을 형성하기 위해 '다른 사람과 악수해요'라는 곡을 통해 서로 인사하도록 한다. 노래의 1절이 연주되는 동안 모든 아동은 다른 아동과 악수를 한다. 노래의 2절이 시작되면, '여러분이 느끼는 것을 얼굴 표정으로 나타내 보세요. 그리고 또 다른 표정을 지어 보세요.' 등의 지시 사항이 주어진다. 각각의 아동은 차례대로 표정을 짓는다.

다음으로, 각 아동은 테이블에 준비된 리듬악기를 하나씩 선택한다. 그들이 악기를 집으러 가기 전에 다른 사람들의 선택을 존중해 줄 것을 제안하고 여러 차례에 걸쳐 악기를 바꾸어 연주하면서 모든 아동이 여러 가지 악기를 연주해 볼 기회를 갖는다. 악기를 집은 후에는 자신의 자리로 조용히 돌아가서 다른 지시를 받기 전까지 악기를 어깨에 올려놓도록 한다(넓은 공간이라면 바닥에 내려놓도록 지시하여도 무방함). 치료사는 피아노 즉흥연주를 하고 아동들은 여기에 맞추어 차례대로 자유롭게 연주하도록 한다. 그 후 음악을 통해 표현된 감정에 대해 이야기하

고, 집단의 일치된 의견을 칠판에 적는다. 아동들은 악기를 바꾸어 가면서 개별적이기보다는 전체 집단이 반응하는 것으로 이 과정을 반복한다.

다음으로 그림을 보여 준다. 각 아동이 차례대로 감정을 구별하고, 그 감정을 나타내기 위해 즉흥연주를 한다. 목표 감정을 그림에서 정확히 판별하고 모두가 즉흥연주와 언어적 응답을 마치면, 아동은 언제 그러한 감정을 느꼈고, 그들이 감정을 표현하기 위해 어떤 행동을 하였는지 이야기해 보도록 한다. 악기를 제자리에 가져다 놓은 후 다시 자리에 앉게 한다. 그들이 교실로 돌아가기 전에 안정을 위해 음악 수업 시간 동안 배웠던 조용한 분위기의 음악을 부르거나 듣게 한다. 모든 아동이 훌륭한 조절 능력을 보일 때 교실로 돌아가도록 한다.

이러한 과정은 일주일에 두 번씩 6주에 걸쳐서 진행되었으며, 각각의 세션마다 다른 종류의 그림(여섯 가지 목표 감정은 같은 것으로 함)을 사용하였다. 그다음 주에는 모든 아동이 사전검사와 같은 과정으로 사후검사를 받았고 같은 수의 사진을 사용하였다.

일반 아동은 사전검사에서 꽤 높은 점수를 받았기 때문에 점수의 상승이 적었다. 그러나 마크는 상당한 점수의 상승을 보였다. 그의 사후검사 결과는 일반 아동의 낮은 점수만큼의 높은 점수를 보였다. 담임교사는 이 훈련이 지속되는 몇 주 동안 교실에서 싸움이 일어나는 횟수가 줄어들었다고 보고했다. 마크는 감정을 보다 정확하게 구별할 수 있게 되었을 뿐만 아니라, 휴식 시간, 점심시간, 버스에서 통학하는 시간 동안 음악치료 집단 친구들과 더 잘 어울리는 모습을 보였다.

2) 중등도 정신지체

대부분의 중등도 정신지체 아동은 취학 시 적절한 사회기술, 의사소통 기술을 가지고 있다. 하지만 학습 문제 때문에 자아존중감을 상실하게 된다. 학습적 결함은 3~4학년이 되면서 더욱 두드러지게 나타난다. 이 시기에 사회적인 문제가 일어나기도 한다. 이 시기의 음악치료는 적절한 사회적 상호작용을 촉진하고, 자신감과 자아존중감을 키우는 데 지지와 성공 경험을 제공하기 위한 관련 서비스가

될 수 있다. 중등도 정신지체 아동은 언어를 구사하는 능력은 좋으나 적절한 사회기술이 부족한 경우가 많다. 의사소통에서 소소한 부분을 간파해 내지 못하거나 제대로 이해하지 못할 수 있다. 이것은 결국 사회기술의 결핍으로 이어진다. 또한 사고 능력이 종합적으로 발달하지 못하고 경직되는 상태에 머물게 된다. 행동과 결과의 관계는 자주 간과된다. 이러한 아동들 대부분이 운동기술 역시 부족하기 때문에 주류화 프로그램에 참여하는 것이 더 어렵다. 그리고 특수교육 프로그램에 참여하면서 동시에 음악, 미술, 체육 등의 과목에서는 일반 수업에 참여하기 때문에 음악치료사가 자문교사부터 음악교사 또는 특수 프로그램을 운영하는 정신지체 관련 서비스 직원의 역할까지 도맡게 된다. 음악치료의 목적은 CAMEOS (의사소통, 학습, 운동, 정서, 조직화, 사회화)와 관련된다.

(1) 사 례

수잔은 중등도 정신지체를 겪고 있는 4세 아동이다. 그녀는 IQ가 50, AB level II에 해당하며, 다운증후군으로 진단되었다. 수잔은 유치원에 다닌 적이 없으며 생후 4년 동안 어머니가 양육해 왔다. 다른 정신지체 아동에 비해 언어기술과 학습기술은 뛰어나지만 사회기술이 부족하다. 따라서 사회적인 기술을 습득하지 못하면 유치원 생활에 어려움을 겪을 수 있다. 수잔은 시간제로 음악치료와 다른 특수 서비스(작업치료, 물리치료, 언어치료)가 포함된 취학 전 프로그램에 등록하였다.

(2) 음악치료의 목적과 목표 및 과정

목 적 사회적 상호작용 증가시키기

목표 1 집단의 친구들과 악기나 장난감 공유하기

목표 2 치료사의 주의 집중을 방해하거나 과도하게 요구하지 않고 자신의 차례 기다리기

과 정 수잔은 4세인 7명의 다른 아동들과 함께 매일 20분씩 치료를 받았다. 집단에서 수잔만 지체 아동이었고, 다른 아동들은 유치원이나 놀이방 등에서 일년 이상 생활한 경험이 있다.

집단원들은 방의 입구에서 만난 후, 원 모양으로 배열된 자리 가운데 이전에 앉았던 자리를 찾도록 요구된다. 치료사도 원 안에 자리를 잡고 인사를 시키기 위해 기타를 연주하면서 '안녕, 잘 지냈니?'를 각 아동에게 불러 준다. 이때 자신의 차례를 기다리는 행동이 요구되며, 노래를 중단시키는 행동은 무시한다. 아동 모두에게 집중하게 한 뒤 악기가 담긴 상자를 아동들이 앉아 있는 원 안에 가져다 놓는다. 아동들은 자기 차례가 올 때까지 기다려서 악기 선택을 해야 하며, 그 후에 악기를 가지고 자리로 돌아와서 자기 자리 앞에 내려놓도록 지시받는다. 또한 아동들에게 악기를 바꾸어 가질 수 있는 기회가 있다는 사실을 다시 한 번 알려 준다. 모든 아동이 악기를 가지면, 카세트에서 흘러나오는 간단한 행진곡에 맞추어 함께 악기를 연주한다. 다음으로, 악기를 서로 바꾼 후 다른 아동들이 악기를 연주하고 있는 동안에 한 명의 아동이 교실 끝까지 행진한 뒤 되돌아오도록 한다. 그리고 다시 한 번 '기다리기'가 강조된다. 각 아동이 자신의 차례를 끝내고 나면, 다시 차례대로 악기를 상자에 넣는다. 아동이 악기를 제자리에 놓고 나면, 작은 낙하산을 펼친 후 일어나 줄로 된 손잡이를 찾아 낙하산을 허리 높이까지 올리도록 한다. 미리 준비한 음악에 맞추어 아동들은 '위로' '아래로' '머리 위로' '아래로 달리기' '원의 주위를 걸어요'와 같은 공간 용어를 사용하는 것을 연습한다.

낙하산을 접어서 정리한 후 아동들은 원래의 자리로 돌아오고, 집단을 안정시키기 위해 조용하고 부드러운 노래인 '나와 함께 걸어요'를 부른다. 아동들은 차례대로 파트너와 원을 그리면서 걷다가 다른 두 명의 아동을 지목한다. 이 세션은 각 아동이 교실의 반대편에 있는 아동에게 손을 흔들면서 '안녕, 모두들'이라는 노래를 아동들의 이름을 넣어 불러 주면서('모두들' 부분을 아동 각각의 이름으로 바꾼다.) 마무리하고 아동들은 줄을 지어 밖으로 나간다.

처음에 수잔은 기다리고, 시간을 쪼개어 쓰고, 집중하고, 악기를 다루는 것에

많은 어려움을 겪었다. 그러나 그녀가 적절한 행동을 할 때마다 다른 아동의 주목을 받고 다시 다른 아동들의 행동을 모방하면서, 사회적인 강화에 즉시 반응을 보였다. 또한 다른 아동들과 함께 있는 것을 즐기는 듯하였다. 음악치료는 사람들과의 관계에서 성공적인 경험을 할 수 있는 구조와 시간을 제공하였다.

3) 중도 정신지체

중도 정신지체 아동은 취학 전부터 각 기술의 결함이 더욱 두드러지게 나타난다. 말은 몇 개의 단어 사용과 의미 있는 몸짓을 하는 수준으로 제한된다. 중도 정신지체 아동들을 양육하는 데 많은 시간을 할애하는 양육자들은 비언어적 발성으로 약간의 의사소통을 한다. 중도 정신지체 아동은 운동 발달도 매우 지체되며, 제한된 단계에 머물게 된다. 또한 많은 아동이 보행 단계에는 이르지만 조절기술은 부족하기 때문에 이들의 학습은 일상생활과 자기 돌봄에 대해 배우는 것(예, 먹는 것, 배변 훈련, 기본적인 위생 관리, 옷 입는 방법)이 대부분이다.

음악치료사는 종종 소집단이나 개별 치료에서 이러한 아동들과 만난다. 악기의 사용과 음악 게임은 아동의 사회기술과 운동기술을 향상시킬 수 있는데, 무엇보다 중요한 것은 음악시간 동안 아동이 진정한 즐거움과 기쁨을 보인다는 것이다. 이러한 정서적인 표현은 사람들과 사회적으로 통합되도록 하는 교화 효과를 가지기 때문에 총체적인 프로그램에서 매우 중요하다.

사 례

매년 열리는 크리스마스 프로그램 기간에 연구가 행해졌으며, 중서부의 기숙시설에 있는 모든 아동이 참가하였다. 중도 정신지체 남자 청소년들은 기술을 거의 갖지 못하였다. 음악치료사는 그들이 할 수 있는 일—바닥에 붙여 놓은 테이프를 따라 걷기, 신호에 맞추어 동작을 시작하거나 중단하기, 작은 종을 울리기, 각 항목의 색깔을 맞추기 등—을 목록으로 작성하였다. 여덟 명의 청소년이 무대 위의 테이프를 따라 걷고, 신호에 맞추어 걸음을 멈추고, 얼굴을 돌려 관객을 바라보는 동작을 하기로 하였다. 색조명이 들어 있는 상자가 무대 앞의 장식 안에 숨겨져 있었고, 각각의 조명은 초인종 버튼이 들어 있는 상자와 연결되어 있었으며, 치료사가 초인종 버튼을 누를 경우 조명이 켜졌다. 테이프의 색깔과 맞는 조명이 켜지면, 해당 청소년이 자신의 벨을 울린다. 아동들은 '세상의 기쁨'을 연주하고 많은 박수를 받았다. 한 청소년의 부모는 치료사에게 감사의 뜻을 전하며 "아들이 프로그램에 참여하고, 내가 다른 아이들에게 그랬던 것처럼 내 아들에게 박수를 쳐 줄 수 있게 되어 매우 기쁘다."라고 말했다. 아동들이 아주 작은 향상을 보이더라도 그들이 성공적으로 참여하는 장면을 보는 것은 부모 및 양육자들에게 중요하다.

4) 최중도 정신지체

최중도 정신지체 아동들은 감각을 비롯하여 다른 신체 문제들을 가지고 있는 경우가 종종 있기 때문에, 일상생활— 먹기, 옷 입기, 화장실 사용 등— 에서 보호가 필요하다. 일부는 보행이 가능하기도 하지만, 대개 휠체어를 이용하거나 주변을 관찰하기 위한 보조기구를 사용한다. 이들은 운동기술이 매우 낮으며 의사소통의 결함이 심각하다. 음악치료사는 이러한 아동을 위해 특수교육 수업, 공립학교와 사립학교, 기숙사뿐만 아니라 아동의 가정에서도 일할 수 있다.

음악치료의 목적

음악치료의 첫 번째 목적은 아동들로부터 반응을 얻어 내는 것이다. 아동이 소리가 나는 방향으로 눈과 머리를 돌리거나 악기를 만지작거리는 것, 감정적인 반응(예, 미소 짓거나 웃기, 박수 치기, 울기, 음악이 멈추었을 때 긴장하는 등의 반응)을 보이는 것이 최초의 목적에 해당된다. 이러한 반응들은 상호작용의 초기 형태이며, 감정적이고 의미 있는 행동이다. 최중도 정신지체 아동의 치료 목적은 다른 모든 정신지체 아동의 치료 목적과 다르지 않으며, 아동이 해낼 수 있는 만큼의 가능성을 이끌어 내는 것이다. 그러기 위해서 치료사는 오랜 기간 동안 꾸준한 인

내심을 가지고 작은 변화에도 기뻐할 수 있어야 하며, 능력이 제한된 아동이 할 수 있는 일을 고안해 내는 독창성이 필요하다.

2. 발병 원인과 정신지체 관련 증후군

1) 사회적 · 문화적 · 가족적 요소

정신지체의 가장 큰 원인은 문화적 · 가족적 요소다. 비정상적인 가정에서 태어났거나, 정신지체 부모 혹은 형제가 있는 아동들은 역시 경도 정신지체의 다소 단순한 양상을 보이는 경향이 있다(Robinson & Robinson, 1965, p. 208). 이러한 아동들의 경우 특수한 학습장애에 대한 약간의 보조를 받으면서 대개 일반 수업에 참여하며, 일반 집단에 통합되어 생활한다. 또한 근육의 조절이 둔하고 운동 패턴이 다소 어색하지만, 신체 발달은 정상적이다. 이들이 음악치료에 의뢰되면, 대개 단기간에 특정한 행동을 바꾸거나 사회화와 관련된 목적을 달성할 수 있다. 스스로가 학습 부족을 느낄 수 있기 때문에 자아존중감이 낮은 경우가 많으며, 그러한 이유로 성취감을 경험하는 것이 필요하다. 아동의 성공을 친구나 선생님, 부모 그리고 다른 집단원들이 알게 되는 경우에 더욱 큰 효과를 보인다. 경도 정신지체 아동은 음악 수업에 참여하여 종종 악기를 연주하며, 약간의 보조가 있다면 다른 수업에도 참여할 수 있다. 그러나 다른 수업에 참여할 때 성공적인 결과가 보장되어야 하는데, 왜냐하면 공동체 안에서 실패를 할 경우 상처받을 수 있기 때문이다.

음악활동은 삶에서 반드시 필요한 사회적 상호작용과 협동 그리고 다른 사람에 대한 배려를 확립하고 강화하는 역할을 한다. 일반적으로 문화적, 가족적으로 지체된 아동들은 공동체 안에 남아서 생활한다. 일부 아동은 학교에 진학하기도 하지만 다수가 탈락한다. 이들은 직업을 가질 만한 기술을 제대로 습득하지 못하며, 결혼하여 가족을 부양하기 위한 기술이 부족하다. 따라서 공동체 안에서 직업을 갖고 사람들과 어울려 살아가는 데 필요한 사회적 행동을 습득하는 것이 필요하다.

이러한 집단에 속한 많은 아동들은 빈곤의 희생자다. 아동을 학교에 보내기를 원하고 직업을 가진 부모에게서 양육되는 아동들과는 다르게, 이 아동들은 방치되어 있다. 가난 속에서 살아가는 아동들에게 아동학대는 매우 흔한 일이다. 가난은 부모의 낮은 지능과도 연관되며, 이것이 교육과 직업기술의 부족으로 이어진다. 이들의 어머니는 태아기에 부주의했을 수도 있고, 임신 중 식생활이 적절치 않은 경우도 있다. 이러한 정신지체 아동들의 어머니들은 임신 전과 임신 기간 동안 스스로를 어떻게 돌봐야 하는지 제대로 배우지 못했기 때문에 조산이나 출생 시의 체중 미달 등에 영향을 줄 수 있는 알코올과 마약의 복용, 흡연 등을 빈번하게 행한다. 정신지체와 관련된 생물학적 요인들은 유아기 교육 및 지적 자극의 부족과 연관된다. 가난한 환경에서 태어난 아동들의 문제를 더욱더 가중시키는 것은 영양 부족, 불우한 주거 환경, 비위생적인 생활환경 등이다. 전체적으로 이러한 아동들은 더 많은 건강상의 문제를 가지는 경향을 보인다. 이것은 환경적 요인뿐만 아니라 생물학적인 요인과도 관련이 있고, 의료적인 대처의 부족으로 더욱더 심해진다. 이렇게 빈약한 환경에서 자란 아동들은 중산층이나 상류층 아동들과 함께 지내게 될 때 자신들이 부적합한 사람이라는 것을 느낄 수 있다. 이러한 감정의 일부분은 적절한 유치원 프로그램을 통해 완화될 수 있는데, 이 프로그램은 지능적, 사회적인 자극을 주는 것 외에도 영양적으로 균형 잡힌 식단을 최소 하루에 1~2번 제공하게 된다. 음악치료는 빈곤층의 아동들이 유치원 교육을 받는 동안에 감각적인 자극을 제공해 주는 매우 효과적인 방법이다. 이 서비스가 계속될 경우, 특히 학령기의 아동들이 일반 수업에 잘 적응하도록 도움을 준다.

마약의 사용도 빈곤한 계층의 사람들에게서 자주 일어난다. 마약의 사용을 뒷받침해 주는 경제적 능력은 빈곤의 조건과 직접적으로 관련된다. 게다가 임신 기간 중에 약을 복용한 임산부의 아기들은 의학적으로 문제를 가지는 경향을 보인다. 이들 중 많은 수의 태아가 체중 미달과 발달지체 등 미성숙한 상태로 태어난다. 임산부가 특정한 약물(예, 코카인)을 복용한 경우 아기는 출생 시부터 약물에 중독되어 있을 수도 있다. 출생과 동시에 빈곤함을 경험하고 유년기에 경시당한 아이들은

학교생활에 어려움을 겪는다. Robinson과 Robinson(1965)은 문화적 · 가족적 정신지체를 정의하기 위한 진단상의 기준을 다음과 같이 제시하였다.

> 첫째, 아동은 경도의 지체를 가지고 있어야 한다. ……둘째, 대뇌 병리학적 조건의 징후를 보이지 않아야 한다. ……마지막으로, 부모나 형제자매 중 최소 한 명 이상이 지체된 지적 기능을 가진다는 증거가 있어야 한다. 이와 같이 문화적 · 가족적 지체는 신경학적 증상의 부재와 가족의 배경과 주로 연관되나, 이것은 명확한 진단이라기보다는 추정에 따른 진단이다(p. 217).

2) 정신지체의 유전적 요인

(1) 다운증후군

다운증후군(Down syndrome: DS)은 1866년에 이 증세를 보고하고 설명한 Langdon Down의 이름을 본떠서 지어졌으며, 신체적 특징이 다소 쉽게 발견되기 때문에 '정신지체'라는 개념을 생각할 때 사람들이 가장 흔하게 떠올리는 증후군이다. 이 증후군은 핵형(核型)[2]에 따라 구별된다. 다운증후군은 세포의 분열이 정상적인 인간의 세포 수인 46개보다 더 많거나 적은 염색체를 가질 때 발생한다. 2개의 염색체가 붙어 있는 경우(세포의 전위)에 45개의 염색체가 생겨난다. 그렇지만 염색체가 46개인 경우(모자이크 현상, 상동염색체의 비분리 현상)에 더 흔하게 나타난다. 한 쌍을 넘는 3개의 염색체는 3염색체성이라고 불린다. 완벽한 3염색체성이 다운증후군의 95%를 차지하며, 2%는 모자이크 현상, 3%는 전위라고 보고되었다(Alman & Goldberg, 2001, p. 18). 다운증후군은 21번 염색체에서 가장 흔하게 발견되지만, 때에 따라 15번, 16번, 18번, 22번 염색체에서 나타나기도

---

2) **역주** 세포의 핵분열 중의 중기 또는 후기에 나타나는 염색체의 형태, 크기, 수의 특징을 말하는데, 핵형 분석에 따라서 생물 간의 계통, 분류나 유연 관계를 어느 정도 알 수 있다. 사람의 핵형 표기법은 국제적으로 통일되어 있는데, 처음에 염색체의 총수를 쓰고 성염색체의 구성을 표시하여 남자는 '44+XY', 여자는 '44+XY'로 나타낸다.

한다. 1959년이 돼서야 세 번째 염색체가 작은 쌍을 이루는 염색체 중의 하나와 짝을 이룬다는 것이 발견되었으며, 협정을 통하여 이 한 쌍을 21번 염색체로 지정하였다(Brugge et al., 1994). 3염색체성 21번을 발견한 것은 프랑스의 유전학자인 Lejeune, Gautier와 Turpin(1959)이었다. 이 시기 이후로 염색체 구조에 대한 연구가 활발해졌고, 여러 증후군에 대한 이해를 돕게 되었다. 현재는 양수천자 염색체 분석을 통하여 임신 중에 다운증후군을 발견하는 것이 가능해졌다(Rosenhan & Seligman, 1984). 검사는 임신 13주 정도에 시행되지만, 염색체 이상에 대해서는 3기의 첫 번째 시기에 검사가 있었다. 그렇지만 결과는 혼합적이었다(Aitken et al., 1993; Bryndorf et al., 1994; Pertl et al., 1994; Van Lith, 1994). 다운증후군의 정확한 원인은 밝혀지지 않았지만, 35~40세 이상의 여성이 아이를 낳을 경우 젊은 여성의 경우에 비해 염색체 변형 발생률이 더 높다는 사실은 오래전부터 알려져 왔다. 그러나 대부분의 산모들이 젊은 편이기 때문에 젊은 여성에게서 태어난 다운증후군 아동의 수치가 매우 높을 수밖에 없다. 산모가 30세 이하인 경우는 태아가 다운증후군일 확률이 1/5,000이며, 산모가 35세 이상일 경우 다운증후군일 확률은 1/250이다(Alman & Goldberg, 2001, p. 305).

태아가 다운증후군을 가지고 있는 경우 산모의 림프액 AFP(alphafetoprotein) 농축 수치는 대체로 더 낮게 기록된다(Merkatz, Nitowsky, Macri, & Johnson, 1984). 그래서 태아기 림프액 검사는 3기의 두 번째 시기에 선별 측정으로 사용되기도 한다. 양수천자법은 다운증후군의 위험이 증가함에 따라 35세 이상의 산모들을 위해 만들어졌다. 하지만 Haddow와 그의 동료들(1994)은 림프액 검사가 35세 이상의 여성들뿐만 아니라 젊은 임산부들에게도 효과적으로 이용될 수 있다는 결론을 내렸다. 검사에 사용된 다른 림프액들은 인간 융모막 성선 자극 호르몬(human chorionic gonadotropin: hCG)(Bogart, Pandian & Jones, 1987)과 비접합 에스테리올(unconjugated esteriol: UE)을 포함하고 있다(Canick et al., 1988). 이러한 방법들은 알파페토프로테인 선별검사와 함께 사용되기도 한다. 태아가 다운증후군을 가질 확률은 인간 융모막 성선 자극 호르몬의 림프액 농축이 증가할수록 그리고 비접합 에스테리올의 림프액 농축이 감소할수록 커진다(Haddow et

al., 1994). 네 번째 생화학적 표시인 PAPP-A(임신기의 혈장 단백질)는 또한 Wald, Kennard와 Smith(1994)가 관찰하였으며, 그들은 3기의 첫 번째 시기 선별 검사에 대해 연구하였다. 이들은 "3기의 첫 번째 시기 생화학적 선별은 임신 9~10주 전에 시행되는 것이 적절하지 않다."(p. 26)라고 주장한다. 일반적으로 3기의 첫 번째 시기의 선별검사가 시행되기 이전에 더 많은 자료가 필요하다.

(2) 다운증후군의 신체적 특징

얼굴과 머리 작고 납작한 두개골의 모양과 납작한 콧날(단두증), 안와(眼窩)의 형태로 기울어져 보이는 눈, 둥그런 얼굴이 특징적이다. 귀는 더 작은 융기를 가지고 있으며, 얼굴 전체에서 입과 턱이 차지하는 비중이 적으며, 작고 고르지 못한 치아를 가지는 특징을 보인다. 혀는 입의 크기에 비해 크기 때문에 튀어나오기도 한다. 이러한 이유로 아동들이 입을 통해 숨을 쉬게 되며, 코로 숨 쉴 때와는 달리 미세한 먼지 같은 것을 걸러 내지 못하게 된다. 혀를 절제하는 수술이 가능하기는 하나 이것은 건강상의 이유보다는 미용의 목적으로 시행되는 경우가 많아 논란이 되고 있다.

Allanson, O'Hara, Farkas와 Nair(1993)는 생후 6개월에서 61세까지의 다운증후군 환자 199명을 대상으로 인체측정학의 두개안면 검사를 실시하였다. 이들은 자주 언급되는 얼굴 특성을 확인하였으며 하악골과 비교하여 상악골이 덜 발달하고 나이가 들어 감에 따라 이 현상이 더욱더 두드러져서 얼굴이 타원 모양으로 변하는 것을 발견하였다(p. 752).

손과 발 가로로 그어진 한 줄의 손금을 보이는 것이 특징이다(정상인은 보통 두 줄의 손금을 가진다). 엄지와 검지 사이, 엄지발가락과 두 번째 발가락 사이가 벌어져 있으며, 손과 발이 짧고 넓다.

몸 키가 작고, 근육 상태가 빈약하기 때문에 튀어나온 복부 형태를 가진다. 근육에 힘이 없고, 빈약한 근긴장 때문에 넓은 보폭의 걸음걸이를 보이고 조절이 부자연스럽다. 또한 피부가 푸석푸석하며 탄력성이 없다.

(3) 건강과 관련된 문제들

다운증후군 아동들은 다음과 같이 많은 건강 관련 문제들을 일으킬 위험이 높다.

> 선천적 심장 질환(50%), 백혈병(1% 미만), 청력 손실(75%), 심각한 중이염(50~70%), 선천성 거대 결장증(1% 미만), 위장 폐쇄증(12%), 안구 질환(60%), 백내장(15%), 심각한 난치성 질환(50%), 후천적 골반 변위(6%), 갑상선 질환(15%)(유전학 위원회, 1994, p. 855).

알츠하이머(AS)와의 연관성 35세 이상의 다운증후군 환자들은 알츠하이머 질병에서 일어나는 변화와 비슷하게 뇌의 반점의 수와 뇌 문제가 심각하게 증가하는(80% 이상) 증상을 보인다(Kesslak, Nagata, Lott, & Nalcioglu, 1994, p. 1039). 실제로 Brugge와 그의 동료들(1994)은 "사후연구 결과를 통해 다운증후군을 가진 대부분의 환자들이 40세가 되었을 때, 그들의 뇌에 초로성 반점과 다발성 병변(정상인들이 알츠하이머를 앓게 되는 경우도 비슷한 변화가 나타남)이 나타난다." (p. 232)라고 보고하였다. 이것은 다운증후군을 가진 성인들이 왜 나이에 비해 미성숙하고 행동이 우둔한지를 설명해 준다(Mann, 1988; Ball & Nuttall, 1980). 알츠하이머의 발생 위험과 관련된 요인들에는 연령, 가족력, 뇌 부분의 외상 등이 있다(Van Duijn et al., 1994). 그리고 아폴리포프로테인 E(apo E) 유전자와 알츠하이머 질병 사이에 어떤 연관이 있을 수도 있다. Prasher, Chowdhury, Rowe와 Bain (1997)은 이에 대해 다운증후군을 가진 성인들을 대상으로 연구하였다.

Brugge, Grove, Clopton, Grove와 Placquadio(1993)는 다운증후군에게 가속된 연령을 측정하기 위한 연구의 일환으로 피부 주름을 연구하였다. 그들은 발달장애인 집단과 정상적인 통제집단을 참여시켰다. 다운증후군 아동들은 골격, 중추신경계, 생식기 성숙 등의 발달이 느린 반면, 노화는 빠르게 진행되는 듯하다. 그들은 유전적인 장애나 정신지체가 없는 일반 사람들에 비해 다운증후군 또는 발달장애를 가진 사람들이 피부 주름에 햇빛 노출의 영향을 더 많이 받는다는 것과 피부 노화가 가속화된 증거를 발견하였다(p. 213). 다운증후군 성인들의 노화 현상으로는 머리가 회색으로 세는 것, 탈모, 이른 폐경기와 골다공증, 관절염 그리고 노화와 관련된 백내장 등이 있다.

시각적 예민함 특정한 시각 체계의 변형은 시력을 잠정적으로 저하시킬 수 있다. Courage, Adams, Reyno와 Kwa(1994)는 생후 2개월에서 18세까지 51명의 피실험자를 대상으로 텔러시력표(Teller acuity cards)(McDonald et al., 1985)를 이용하였는데, 이것은 방향감각, 집중 그리고 일반적 반응을 보이는 데 어려움이 있어 다른 검사 방법을 사용할 수 없는 사람들을 위한 방법이다. 이 방법을 사용하여 피실험자들에게서 92%의 시력을 측정해 낼 수 있었다. 연구자들의 결론은 다운증후군을 가진 유아나 아동들은 그렇지 않은 유아나 아동들과 비교했을 때, 현저히 낮은 시력을 보인다는 것이었다(p. 590). 이러한 아동들이 적절한 검사를 받고 시력교정을 받을지라도, 안경이나 콘택트렌즈의 착용은 거부할 수 있다. 시각의 문제는 굴절 오류, 조정력 저하뿐만 아니라 중추신경계의 장애와도 관련이 있는 듯하다. 중추신경계의 결함은 생후 약 6개월이 될 때까지는 잘 나타나지 않는다. 연구자들은 다운증후군을 가진 유아들에게 적응성이 있는 초기 기간 동안 중추신경계를 최대한 자극해 줄 수 있는 환경을 제공해 주는 것이 매우 중요하다고 말한다(p. 591).

심장 질환 다운증후군 아동들은 선천성 심장 질환(congenital heart defects: CHD)에 걸릴 확률이 높다. Wells, Barker, Finley, Colvin과 Finley(1994)의 연구에 따르면, 102명의 다운증후군 환자 중에서 49명(48%)이 심장 문제를 가지고 있었으며, 53명(52%)은 그렇지 않다는 것을 발견했다. 연구진들은 모든 다운증후군 아동들이 초음파 심장검진을 받을 것을 권유했다. 이러한 결함은 수술을 통하여 어느 정도 회복될 수 있다. 선천성 심장 질환을 갖지 않고 살아남는 다운증후군 환자의 비율은 5세까지는 87%, 30세까지는 79%지만, 선천성 심장 질환이 있는 경우의 생존율은 5세까지 62%, 30세까지는 50%로 줄어들었다(Baird & Sadovnick,

1987; Wells et al., 1994, p. 724).

백혈병 Zihni(1994)는 다운증후군 아동의 인터페론이 증가되는 민감성의 결과로 다운증후군과 백혈병의 관계를 보고하였다. 모든 형태의 암에 대해 더 학습할수록 이 질병 사이의 관계에 대한 이해도 용이하다. 또한 Zihni는 발육 이상 항원의 출현과 자기면역 질환 사이의 관계에 대한 가설을 제시하였다. 21번 염색체 안에 있는 유전자는 인터페론-알파의 수용성 유전자가 있는 곳에 위치한다는 것이다. 이러한 일련의 연구 결과가 확정될 경우, 다운증후군 아동들에게 발견되는 자기면역 질환과도 관련이 있을 수 있기 때문에 더 많은 연구가 필요하다.

기 질 다운증후군 아동들은 대부분 유순하고 상냥하며 목표 의식이 강하고 쾌활하며 열정적인 모습을 종종 보인다. 어떤 다운증후군 아동들은 고집이 세고 무뚝뚝하며 시무룩하고 반항적이기도 하다. 다운증후군 아동의 전형적 특성은 통제된 연구를 통해 더욱 신중히 분석되어야 한다. 이러한 조사는 결과가 여러 갈래로 나타나기 때문에 생활연령(chronological age: CA)을 기본으로 하는 것보다는 정신연령(mental age: MA)이나 발달연령(developmental age: DA)을 기본으로 하는 것이 더 정확할 수 있다. 또한 특정 기간의 기질을 측정하는 연구보다는 장기적인 자료를 모으는 것이 더 유용할 것이다. 비슷한 다운증후군을 가졌지만 정상적으로 발달한 아동들로 이루어진 적절한 대조군 없이는 자료를 해석하는 것이 쉽지 않다.

Pueschel과 Myers(1994)는 브라운 의과대학 로드 아일랜드 병원의 아동발달센터에서 진행하는 연구의 일부분으로 가족사와 기질의 관계를 조사하였다. 부모들은 가족환경척도(Family Environment Scale: FES)(Moss & Moss, 1984)와 아동용 기질진단 배터리(Temperament Assessment Battery for Children: TABC)(Martin, 1988) 등을 완성했다. 교사들도 TABC와 비슷한 형태를 완성했다. 다운증후군을 가진 40명의 아동(24명의 남아와 16명의 여아)과 그들의 형제자매(14명의 형제와 9명의 자매)로 이루어진 통제집단이 연구에 참가하였다. 남아와 여아를 비교했을 때, 아동의 기질적 특징에는 차이점이 발견되지 않았다. 다운증후군 아동

은 그들의 형제자매에 비해 새로운 활동에 참여하려는 강한 의욕을 보였으나 문제를 풀거나 계속해서 집중하는 것에는 어려움을 겪었다. 다운증후군 아동들은 사회적으로 더 외향적이며 수줍음이 덜하다(p. 200). 장애를 가지지 않은 그들의 형제자매들은 더 오랫동안 집중력을 보였고, 인내심 영역의 결과에서 보여 주는 것처럼 어려운 문제에 대해 꾸준한 관심을 보이는 경향이 있었다(p. 201). 아동들의 부모는 좋은 인간관계와 적절한 정서 표현, 명료한 가치 체계 그리고 어려움을 극복할 수 있는 능력을 가진 사람들이었다.

종단 연구를 통해 Vaughn, Contreras와 Seifer(1994)는 다운증후군을 가진 32명의 아동과 정상적인 발달을 보이는 44명의 아동들을 비교하였다(아동들의 발달적 특성에 대한 대규모 연구의 일환이었다). 기질적 측면은 아동들의 어머니가 작성한 유아기질검사(Toddler Temperament Scales: TTS)(Fullard, McDevitt, & Carey, 1984)를 사용하여 측정하였다. 발달연령은 Gesell Schedules의 점수를 통해 결정되었다(Knobloch, Stevens, & Malone, 1980). 그리고 6개월, 13개월, 24개월의 아동들을 대상으로 하는 Bates 척도(Bates, Freelund, & Lounsbury, 1979)는 기질의 또 다른 면을 평가하는 데 사용되었다. 다운증후군 아동들은 유아기질검사의 9가지 부문(활동성, 적응성, 접근성, 주의분산도, 규칙성, 기분, 지속성, 반응 강도, 반응력)에서 보통 아동들과 크게 다르지 않은 결과를 보였다. 이 표본 안에 속한 다운증후군 아동들은 발달연령과 비교하였을 때, 측정한 비교 대상의 아동들보다 덜하지도 더하지도 않은 결과를 보였다(양쪽 검사에서 보두 비슷한 결과가 나타남)(p. 614). 그러나 한 가지 중요한 사실은 비교집단의 어머니들이 보고하는 것에 비해서 다운증후군 아동들의 어머니들이 아동들의 반응을 유도해 내려면 더 많은 자극을 주어야 한다고 보고했다는 점이다. 생활연령보다는 발달연령을 기준으로 집단을 구성하는 것이 중요하다는 점은 통합교육이나 주류 교육을 어떤 식으로 운영해야 할지 지침을 제공한다. 연구자들은 다음과 같은 결론을 내렸다.

> 다운증후군 아동의 감수성과 기분의 변덕스러움에 대해 부모와 보호자들의 이해를 돕고 용기를 준다면, 기질적인 측면은 발달 과정을 통해 긍정적으로 바뀌

> 는 것을 기대할 수 있다. 교육자들이나 다른 중재 전문가들이 일시적으로 나타나는 발달상의 적절한 반응성과 기분 등의 증상에서 다운증후군 아동들의 부모나 보호자들에게 긍정적인 효과에 대한 확신을 줄 수 있다(p. 618).

언어 문제 언어 이해력은 공동체 안에서 생활하는 다운증후군 아동들과 성인들에게 주요한 문제다. 이것에 대해 연구해 온 Kumin(1994)은 937명의 부모를 대상으로 설문조사를 한 뒤 "28%가 혀를 내미는 기능에 어려움을 겪고 있으며, 16%가 약한 근육에 따른 문제가 있고, 16%가 씹는 기능상의 문제를 보이며, 14%는 삼키는 데 어려움을 겪고 있다."(p. 309)라고 지적했다. 이러한 신체적 문제들은 95%의 아동들이 이해력에 문제를 가지고 있다는 보고와 직접적으로 관련이 있다. 아동이 이해를 잘하지 못할 경우에 다른 사람들이 그러한 아동의 의사소통을 무시할 수 있으며, 이로 인하여 공동체 안에서의 통합에 문제가 생기게 된다. 발음, 말의 속도, 말더듬, 발성 등의 특정한 언어기술에 대한 연구는 활발히 이루어져 왔다. 이러한 연구를 통해 다음과 같은 사실이 밝혀졌다.

> 48~72%의 부모들은 그들의 자녀들이 연속적으로 소리를 내는 것에 어려움을 겪고 있으며, 발성의 오류를 가지고 있다고 하였다. 54~66%의 부모들은 단어의 길이가 길어질수록 아동들이 어려움을 느낀다고 하였으며, 58~77%에 달하는 부모들은 문장과 대화를 이해하는 데 아동이 어려움을 겪는다고 보고하였다(p. 310).

음악치료는 이와 같은 문제를 해결하는 데 도움이 된다. 언어치료사와 교사, 부모 등과 함께 노력할 경우 발전 속도는 느릴 수 있으나 상당한 진보가 가능하다. 다운증후군 아동들에 대한 일반적인 견해는 상당히 개선되었다. 이들이 공동체 안에서 장기간 생활하고 일할 것이라는 가정이 필요하며, 이들의 삶의 질을 향상시키는 데 관심이 집중되어야 한다. Alman과 Goldberg(2001)는 다음과 같이 보고했다.

다운증후군의 선천적인 병력이 최근 몇 년 동안 바뀌었으며, 선천성 심장 질환에 대한 외과적인 접근과 백혈병에 대한 화학치료 요법, 감염에 대한 항생치료 등을 통해 다운증후군 환자들의 수명이 연장되었다. 그래서 이들이 60세에 이르기까지 생존하는 것은 매우 흔한 일이다(p. 310).

3) 정신지체의 다른 유전적 발병 요인

(1) 결절성 경화증

결절성 경화증(tuberous sclerosis)은 우성 인자 때문에 나타난다. 일부는 정상적인 지능을 가지고 있지만, 일부는 심각한 정신지체를 보인다. 작은 종양이 피부에 나타나는 특성을 보이며, 내장이나 뇌 기관에 종양이 발생하는 경우도 있다. 간질성 발작이 유년기 초기에 시작된다. 피부 색소의 변화와 나비 모양의 뾰루지, 신경 종말의 급격한 증가, 등과 볼에 모세혈관이 관찰된다(Robinson & Robinson, 1965, p. 107).

(2) 클라인펠터 증후군

클라인펠터 증후군(Klinefelter syndrome)은 정상의 남성이 47번째 염색체가 XY인 데 반해 X 염색체가 하나 더 있는 경우에 나타난다(47번이 XXY 염색체가 되는 것이다). 다른 유전적 배열도 가능하지만, 세포핵에서 여성 성염색체의 잉여가 나타난다. 사춘기 시절에도 여성적인 특성이 나타나는데, 예를 들면 가슴이 발달하거나 얼굴에 수염이 거의 나지 않는 등의 증상이 나타나며, 고환의 크기가 작고, 불임에 걸린다. 이것은 성에 관련된 열성 장애의 예시다. 전부는 아니지만 많은 경우에 정신지체가 나타난다.

(3) 터너 증후군

터너 증후군(Terner syndrome)은 정상 여성이 XX 염색체를 가지는 것에 반해 여성이 X 염색체를 하나만 가지고 있는 경우에 나타난다. 3염색체성 X(47, XXX)

는 클라인펠터 증후군이 여성에게서 나타나는 것으로 상당히 키가 크며 45, X와 이의 변형(예, 터너 증후군)이 나타나며 키가 작은 특징을 보인다(Cole, 2001, p. 163). 또한 사춘기에 월경이 시작되지 않으며, 2차 성징이 발달하지 않는다. 이 밖에 자주 나타나는 증상에는 왜소한 신장, 팔이 정상인보다 더 많이 젖혀지는 현상, 물갈퀴가 달린 것 같은 모양의 목, 내반슬(內反膝) 그리고 때때로 주로 남성에게서 나타나는 대동맥 협착 등이 있다(Robinson & Robinson, 1965, p. 96). 이 증후군의 정신지체 발생 빈도는 낮은 편이다.

4) 대사 및 저장 장애

(1) 페닐케톤뇨증

페닐케톤뇨증(phenylketonuria)은 Folling이 1934년에 처음 발견하였다. 과다 페닐알라닌의 결과로 이러한 장애가 발생하며 심각한 뇌 손상, 운동 능력 결함과 정신지체를 일으킨다(Potocnik & Widhalm, 1994, p. 232). 페닐케톤뇨증은 일반적으로 신생아의 혈액검사를 통해 진단된다. 자동화 효소 방법들로 검사를 하더라도, 대부분 Guthrie 미생물학적 억제 측정법(Guthrie & Susi, 1963)을 사용한다(Keffler, Denmeade, & Green, 1994; McCaman & Robins, 1962; Tagliaro et al., 1994). 페닐알라닌 장애아들은 보통 수산화 효소(Phe)의 결함으로 손상된다(Costello, Beasley, Tillotson, & Smith, 1994, p. 260). 만약 신생아 검사에서 질병이 발견되면 단백질의 제한과 유아식의 적절한 식이요법을 실시해야 하며, 장액 페닐알라닌이 낮은 단계로 유지된다면(<600mol/L) 경미한 뇌 손상이 우려된다. Cleary와 그의 동료들(1994)은 "6주 동안 페닐알라닌의 식이요법을 실시하였는데, 대부분의 아동이 적절한 phe 단계로 제어될 수 있었으며, 정상적인 지능을 기대할 수 있게 되었다."(p. 87)라고 보고하였다. IQ는 생후 4년 동안에 부족한 조절로 대부분 심각한 영향을 받지만(Smith, Beasley, & Ades, 1990), 많은 연구자들은 식이요법을 삶의 오랜 기간 동안 유지할 것을 추천한다(Allen et al., 1994; Potocnik & Widhalm, 1994). 또한 혈액의 phe를 반드시 체크해 나가야 한다. 특

히 아동은 사춘기에 이르면 또래 친구들을 통해 음식을 먹는 즐거움과 같은 사회적 압력에 부딪치기 때문에 식이요법을 잘 따를 수 있는 것이 중요하다. 초기에 Guthrie 검사가 요구되며, 항생제 치료는 신생아에게 부정적인 결과를 초래할 수도 있다(Keffler, Denmeade, & Green, 1994, p. 134). 또한 다른 병원으로 옮기는 과정에서 몇몇 아기들은 검사를 받지 않을 수 있으며, 집에서 태어난 아이도 병원에서 받았어야 할 의학적인 검사를 받지 못할 수 있다. 가정이 없거나 자주 이동하는 가족의 아이 또한 처음에 검사를 받았다 하더라도 곧 병원을 퇴원하여 의학적인 검사를 받지 못한다. 페닐케톤뇨증을 치료하지 않으면, 선천적인 Phe 대사 장애를 가져오며 심각한 정신지체를 초래한다(Koch, Schmidt, Wagstaff, Ng, & Packman, 1993). 검사가 시행된 이후 25년이 지나도록 식이요법이 효과적이라는 것이 널리 알려졌으므로, 더 이상의 페닐케톤뇨증 환자는 없어야 할 것이다. 그러나 페닐케톤뇨증을 가지고 있는 여성의 아이는 이 질병에 걸릴 위험이 아직도 크기 때문에 식이요법을 꾸준히 해야 한다. Koch와 그의 동료들(1993)은 산모의 페닐케톤뇨증에 대하여 공동 연구를 하였는데, 그 내용은 다음과 같다.

> 이 연구 자료는 임산부의 혈액 phe 수준을 엄격히 통제하기 전에 phe를 조절하는 식이요법을 시작하는 것은 건강한 아이를 낳을 확률을 높일 것이라는 사실을 지지하였다. 임산부의 혈액 phe 수치가 600mol/L 이상이면, 태아에게 손상의 위험이 있다. 임신 20주까지 조절되지 않는다면 부정적인 영향을 줄 것이다(pp. 1229-1230).

이것이 일생 동안의 식이요법을 추천하는 중요한 이유 중 하나이며, 페닐케톤뇨증이 있는 여성에게는 특히 권유된다. 미국 공법건강협회(1990)와 미국 소아과학회(1993)는 페닐케톤뇨증 환자의 식이요법 치료에 대한 해결책 및 공공 성명을 발표했다(Koch et al., 1993, p. 1230). 유아선별검사에 대한 강경한 입장은 다음과 같다.

미국 가정의협회(1993)와 미국 예방진료특별심의회(1989)는 모든 유아가 태어난 후 7일 이내에 적기의 페닐케톤뇨증 검진을 받을 것을 추천하였다. 유아는 24시간 이내에 검사를 받고, 3주 안에 다시 검사를 받아야 한다.

캐나다 질병예방특별위원회(1979)는 이와 유사한 권고를 하였는데, 신생아가 태어난 지 4일 이내에 두 번째 검사를 해야 한다고 발표하였다(미국 가정의협회, 1994, p. 356). 페닐케톤뇨증으로 진단받은 아동의 지체 정도는 아주 심각한 정도(검사를 하지 않았거나, 식이요법이 유지되지 않았을 때)에서 지체가 없는(검사를 마치고 유아기에 식이요법을 하였을 때) 경우까지 다양한 수준으로 나타난다. 치료받지 않은 아동은 지체의 단계가 다양하게 나타난다. 이것은 흔한 장애는 아니지만 발생하였을 경우 신경학적 · 행동적 문제를 보인다. 1957년 초기에 Leland는 심각한 영향을 받은 몇몇 아동에 대한 증상을 보고하였다. 페닐케톤뇨증 아동은 종종 금발에 푸른 눈이며, 깨끗한 피부와 작은 머리를 가지고 있고, 치아는 띄엄띄엄 난다. 또한 머리와 몸통이 살짝 구부러져 있고, 팔다리의 일부분이 유연하다. 그리고 자세 때문에 걸음의 보폭이 짧다. Phe와 갑상선 기능 저하증의 초기 치료는 정신지체와 다른 장애의 치료에 효과적이다(Cole, 2001, p. 174). 그러나 문제의 빠른 진단과 계속적인 치료가 시행되어야 한다.

(2) 갈락토스 혈증

갈락토스 혈증(galactosemia)은 상염색체 열성으로 유전되는 선천성 대사 이상 질환으로 효소(galactose-1-phosphate uridytranserase[GALT], 갈락토키나아제 혹은 에피머라제)가 부족하다. 이러한 효소가 부족하기 때문에 우유 등의 음식을 섭취하면 문제를 일으킬 수 있다. 탯줄의 혈액에서 갈락토스-1-포스핀(galactose-1-phosphene)의 축적으로 선천적인 장애를 가지게 되며, 형제자매와 비교하여 저체중과 백내장 등의 증상을 일으킨다. 식이요법을 하지 않을 경우는 작은 증상에서부터 심각한 정신지체까지 보인다. 그러나 많은 아동들이 지체되는 것은 아니다. Hsia(1965)는 "비록 소수만이 갈락토스 혈증에 따른 정신적인 장애를 가지고 있더라도, 그 빈도는 질병이 없는 그들의 형제자매보다는 더 유의미하게 크다." (p. 603)라고 보고한다. 보통 갈락토스 혈증이 있는 아동은 간질환, 황달, 구토 및 설사에 따른 영양실조를 보이기 때문에 많은 경우 튼튼하게 자라기 어렵다. Koch, Schmidt, Wagstaff, Ng와 Packman(1992)은 출생 시에 진단받은 27세의 남성과 24세의 여성인 남매를 검사하고, 락토스를 금지하는 식이요법을 실시했다. 그 결과, 두 사람 모두 정신지체이며 근육긴장 저하, 과다반사, 말더듬, 몸떨림 증상이 신경학적으로 명백히 나타났다(p. 217). 또한 자기공명영상(MRI)에서 백질 이상을 보였다. Waggoner, Buist와 Donnell (1990)은 갈락토스 혈증에 대한 350가지의 국제조사 결과를 보고하였다. 이 질환을 진단받고 적절한 식이요법을 장기간 따르는 경우는 적었다. 그러나 제한된 락토스 식이요법을 따랐다면, 다수가 지체를 보이지 않았을 것이다. 문제를 초기에 발견하고 갈락토스 식이요법을 통해(Beutler, 1991) 갈락토스 혈증의 유아를 회복시키는 것은 중요하다. 페닐케톤뇨증과 같이 갈락토스 혈증은 Guthrie 방법의 혈액검사로 식별할 수 있다. Fryers(1984)는 갈락토스 혈증이 신생아의 0.02/ 1000 수준으로 나타난다고 보고하였다.

(3) 후를러 증후군(뮤코다당증)

후를러 증후군(Hurler syndrome)은 alpha-L-iduronidase(IDUA) 효소 결핍으로 발생하는 유전대사 질환이다(Iavanainen, 1985). 이 질병의 다른 형태로는 경증인 샤이에와 중증인 후를러/샤이에가 있다. 뮤코다당증 1형(MPS-I)은 퇴행된 유전자 상염색체의 돌연변이에 따른 하위 유형이다(Scott et al., 1993). Fryers(1984)는 신생아의 0.03/1000이 MPS-I이 결핍되어 태어나며, 이들은 심각한 지적 손상을 가진다고 보고되었다. 그러나 몇몇 예외가 보고되었는데(Lorincz, 1965) 이러한 질병은 심각한 다른 증상들과 함께 가고일리즘(gargoylism)으로 알려졌으며, Henderson이 1990년 초에 처음 보고하였다(Henderson, 1940). 이들은 신진대사 활성화에 문제가 발생하며 간, 심장, 비장 및 폐에 뮤코다당이 축적되어 손상을 일으킨다. 이것은 특히 사지와 몸체의 성장을 저해하고, 정신지체와 다음의 특징이 나타나는 얼굴을 가지게 된다.

> …… 이마가 돌출된 큰 머리와 발육되지 않은 몸, 숱이 많은 눈썹, 말안장과 비슷한 생김새의 코 그리고 두꺼운 입술과 큰 혀, 짧은 목과 이중 턱을 가지고 있다(Heber, 1959, p. 29-30).

다른 특성으로는 시력의 점진적인 손상에 따른 각막의 흐려짐(Scheie, Humbrick, & Barness, 1962), 팔다리의 굴절, 심장 손상, 어느 정도의 청력 손실이 있다. 현재 명확한 치료 방법이 없기 때문에, 효소의 대체 치료는 미래에 도움이 될 것이다. 후르러 증후군의 증상은 한 살까지는 종종 발견되지 않지만 지체와 신체적 증상은 아동이 성장할수록 뚜렷하게 나타난다.

5) 내분비 질환

크레틴병

크레틴병(cretinism)은 갑상선호르몬의 부재나 부족으로 나타나는 질병이다. 요오드는 갑상선호르몬의 기본적인 구성성분이기 때문에, 이것이 부족하면 태아가 발달하는 동안 갑상선 기능 저하증 및 회복 불가능한 정신지체를 일으킨다(Dunn, 1994). 이것은 갑상선 확대(갑상선종)를 나타나게 한 퇴행한 상염색체의 유전자적 문제 때문이거나, 요오드 부족 및 어머니의 항체 부족 때문에 나타날 수도 있다. 후자의 경우는 갑상선의 부재를 이끈다. 이러한 요소들은 내분비선 기능 장애와 같이 심각한 손상의 원인이 된다. 크레틴병은 많은 사람들에게 악영향을 미치는 질병으로, 특히 해산물이나 요오드염이 들어 있는 음식을 잘 섭취하지 않는 국가의 국민들에게 다음의 일반적인 요오드 결핍 현상(IDD)이 나타난다. 이것은 태아기 또는 출생 후에 크레틴병의 원인이 된다.

- 태아기 때의 갑상선호르몬의 부족은 임신 중에 문제를 일으켜 뇌 발달에 결

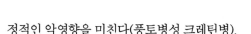

정적인 악영향을 미친다(풍토병성 크레틴병).

- 출생 후 갑상선호르몬의 부족 역시 뇌 발달에 부정적인 결과를 초래한다 (Boyeges & Halpern, 1993).

요오드 결핍은 지적 손상의 원인이며, 이것은 신경학적인 스펙트럼과 발달적 병변에 연관된다(Maberly, 1994, p. 1473s). 신경학적 장애들은 과다반사, 과도한 근육 긴장, 보행 장애, 바빈스키 반사와 청각 감퇴증을 포함한다(Doneti et al., 1992). 태아와 신생아에게 요오드 결핍에 따른 갑상선 쇠약은 걷잡을 수 없는 정신지체의 원인이 되는 뇌 손상을 일으킨다(Delange, 1994). 다른 특징들은 성장 지연, 골격 성장 지연(Rivkees & Hardin, 1994), 농아, 경련(Dunn, 1994)과 기형, 사시, 성적 미성숙, 미발달된 반사작용(Halperin et al., 1991)과 같은 성장 저하를 꼽을 수 있다. 적당한 양의 요오드 성분이 들어 있는 음식을 섭취하는 것이 문제를 감소시킬 수 있는 좋은 방법이다. 그러나 아직은 전 세계적으로 식이요법이 잘 행해지지 않고 있으며, 심지어는 올바르게 음식을 섭취하더라도 유전적인 요인으로 이 질병이 발생하기도 한다.

6) 두개골 기형

(1) 소두증

소두증(microcephaly)은 두개골의 둘레가 몸체와 비교하였을 때, 작은 형태를 가지는 것을 말한다. Dobyns(1992)는 소두증은 머리 둘레가 평균 이하로 3 표준편차일 때 진단된다고 하였다. 이것이 열성 유전자로 전해지더라도 출산 시의 어떤 손상, 산소 부족 또는 임산부의 감염과 연관되어 나타날 수도 있다. 이것은 때때로 임신 1기(3개월) 동안에 풍진이 있었던 어머니의 자녀들에게서도 발견된다. 이러한 경우, 백내장, 심장병, 청각장애와 같은 여러 문제들이 나타난다(Rubinstein, 1965). 소두증의 유전적 형태는 알아볼 수 있는 특징을 가지고 있는데, Robinson과 Robinson(1965)은 다음과 같이 묘사하였다.

> 두개골이 작을 뿐만 아니라 원뿔형이며 얼굴과 귀는 보통 크기인 데 반해, 이마가 현저하게 들어간 것이 특징이다. 또한 뒤통수가 평평하고 낮은 턱은 쑥 들어가 있으며 머리 표면이 머리에 비해 너무 크기 때문에 주름이 있다. 소두증의 아동은 단신이며, 굽은 척추와 웅크린 자세…… 구부러진 무릎과 긴 팔다리를 가진다……(p. 165).

Dobyns(1992)는 "경련은 추체로 징후, 사시 그리고 발작과 연관되어 있으며 성장 및 성적 성숙에 종종 장애가 있다."(p. 246)라고 덧붙였다.

후천적인 소두증은 임상적으로 더욱 다양하며, 정신지체까지 일으킨다. 정신지체의 정도는 중도에서 경도까지 다양하다. 두개골 이상은 X선 CT 촬영과 자기공명영상(MRI)으로 연구되고 있다. 태아알코올 증후군(fetal alcoholism syndrome: FAS)에 노출된 아동들의 약 90%가 소두증을 가지고 있다(Ladda, 1992). 그 밖에도 소두증의 원인은 다양하다.

(2) 뇌수종

뇌수종(hydrocephalus)은 과다한 뇌수액의 분비로 뇌실 안에 수액이 괴는 것을 말한다(Grossman, 1983). 만약 분비된 뇌척수액이 뇌실에서 배출관으로 배출되지 않거나(폐쇄성 수두증) 과다 분비된다면, 거대 두개골(큰뇌증)이 생길 수 있다. 또한 뇌척수액의 과도한 압력은 손상을 일으킬 수 있을 정도로 뇌에 압력을 준다. 뇌수종의 어떤 경우는 대뇌 척수액의 압력 증가와 뇌 손상 때문에 X 유전자와 연결된 심실 시스템의 변형(협착증)을 일으킨다(Fryers, 1984, p. 28). 다른 원인으로는 매독이나 톡소플라즈마 곤디, 사이토메갈로 바이러스와 같은 임신 중의 모체 감염 등이 있다(Grossman, 1983).

만약 척수액이 막히면, 외과적인 이식을 통하여 척수액을 아래로 배수하도록 해야 한다. Anti-Siphon Device(ASD)는 과다 배출을 막는 데 유용하다(Tokoro et al., 1994). 만약 이러한 진단을 받자마자 곧바로 수술을 시행한다면 지체의 발생을 막을 수 있다. 그러나 치료가 지연되면 경도에서 최중도까지의 지체를 나타내기도 한다.

(3) 아퍼트 증후군(첨두합지증)

선천적인 장애를 가진 아퍼트 증후군(Apert syndrome) 아동들은 첨탑 모양의 두개골과 돌출된 이마를 가지고 있다. 양쪽 눈은 서로 멀리 떨어져 있으며, 손가락과 발가락이 붙어 있는 손과 발의 변형(합지증)이 있다. 골격 이상이 어깨, 팔꿈치, 엉덩이, 무릎, 갈비뼈 및 척추(목뼈 제외)에 나타난다(Cohen & Kreiborg, 1993b, p. 624). Kasser와 Upton (1991)은 어깨의 움직임이 매우 제한되어 있는 것을 관찰하였다. 몇몇 관절, 특히 팔꿈치 관절에서 제한된 움직임을 볼 수 있다.

많은 아퍼트 증후군 아동들은 특징적인 사다리꼴형의 구강 때문에 치과적 문제를 가지게 된다(Kreiborg & Cohen, 1992). 한 살이 되는 해에 천문이 닫히는 것이 보통이며, 수면 무호흡증은 이러한 호흡 곤란과 연관된다(McGill, 1991). 눈에도 문제가 있는데 치료를 받지 않으면 시력을 잃을 수도 있다. Buncic(1991)은 안면 수술팀에 안과 의사를 합류시킬 것을 권유하였다. 그들은 옆구리에 좌창이 있으며, 특히 팔 위쪽에서 발견된다(Parker, Roth, & Esterly, 1992).

아퍼트 증후군은 두개골유합증의 단 4%에만 해당하는 유전적 상염색체 장애이며 많은 수가 지체를 보인다. 그러나 IQ는 정상부터 지체되는 수준까지 다양하다(Cohen & Kreiborg, 1993a). 지체는 중추신경의 이상과 관련이 있는 것으로 보인다(Cohen & Kreiborg, 1990). 이것은 뇌량과 변연계의 결함, 큰뇌증, 기형뇌 뇌실 확장, 대뇌회전 이상 등을 포함한다(Cohen & Kreiborg, 1991, p. 565). Murovic과 그의 동료들(1993)은 웩슬러 지능검사를 사용하여 15명의 아퍼트 증후군 환자의 지능을 검사하였다. 그들은 평균 IQ 72.5의 경도 지체였으나 유감스럽게도 그들의 외모 때문에 사회적으로 무시당하고 있었다. 손과 발의 교정을 위한 현대적 성형의 혁신으로 그들은 지적 성장, 신체적 능력 향상 및 사회에 수용될 수 있는 큰 기회를 가지게 되었다(Campis, 1991; Grayhack & Wedge, 1991).

7) 정신지체를 일으킬 수 있는 감염

세균성 뇌막염 및 뇌염

뇌막의 염증(뇌의 표면과 척수)은 세균성 감염으로 발생한다. 이것은 바이러스성 뇌염과 비교된다. 둘 다 정신지체의 원인이 될 수 있으며, 어떤 종류의 감염은 뇌를 손상시키는 부적합한 피의 흐름을 일으킨다. 뇌막염은 대부분 출생 첫 달에 발생하며, 패혈증에 걸린 갓난아기 중 약 1/4에서 발견할 수 있다(Klein & Marcy, 1990). 갓난아이에게 오는 뇌막염의 결과는 매우 심각한데, 정신과 운동 능력의 지체, 소두증, 뇌수종, 발작, 시각장애, 청력 손실 등의 후유증이 있다. 안타깝게도 그람음성균 혹은 B군 구균에 따른 뇌막염에서 생존한 30~50%의 갓난아기가 후유증으로 고통받는다(Baley & Fanaroff, 1992, p. 483).

신생아 뇌막염 치료인 수용적인 항생제 치료는 암피실린이 더해진 아미노글리코사이드계 항생 물질과 3세대 세팔로스포린을 포함하며, 현재까지 한층 조절된 시도는 안전과 효능을 결정할 것이 요구된다(Baley & Fanaroff, 1992, p. 499). 뇌막염과 뇌염은 다양한 형태를 가진다. 비록 초기 발견과 치료가 뇌 손상을 억제하는 데 효과적이라 하더라도 대부분은 감염되어 있다. 유감스럽게도 초기 증상이 덜 심각한 질병들과 비슷하기 때문에 의학적 치료가 지연되기도 한다.

8) 정신적 외상성 두부 외상

정신지체는 뇌에 손상을 입히는 강한 두개골의 외부 충격으로도 발생할 수 있다. 이것은 일반적으로 충격 때문에 의식불명이 되는 뇌진탕과 관련되며 혼수상태가 뒤따른다. 처음에 압박, 정신적 상해, 타박상 혹은 뇌출혈로 뇌가 손상된다. 더 나아가 정신적 외상 후 뇌가 부어오르거나 두개골의 골절과 손상으로 출혈이 계속될 때 손상이 발생한다. 만약 충격을 받던 순간에 호흡이 멈췄다면, 무산소증으로 뇌세포가 죽게 되고 부가적인 손상을 입는다. 뇌 손상은 총이나 곤봉 등의 어떤 자극을 받아 머리가 관통되는 관통성 뇌 손상과 정신적 외상 때문에 두개골

안에 생기는 손상인 폐쇄성 뇌 손상으로 분류된다. 만약 두개골이 열린다면, 두개골 골절에 따른 문제뿐만 아니라 감염의 위험성도 커진다.

모든 두부 외상이 정신지체를 일으키지는 않지만, 지적 기능은 종종 손상되며 심지어는 심각한 정도까지 지체되기도 한다. 이것은 뇌의 손상 위치와 정도에 따라 다르다. 인지적 교정은 두부 외상자의 의료 치료 후에 반드시 시행되어야 한다. Swiercinsky, Price와 Leaf(1987)는 "인지적 교정은 문제해결을 위한 전략, 학습 기억력 증진 기술, 산술적 시행의 정확성 검사, 집중기술, 인지기술 등의 향상을 위한 방법들을 포함한다."(p. 25)라고 설명했다.

음악치료는 뇌 손상을 입은 아동에게 많은 도움을 준다. 음악치료는 멜로디와 하모니의 구조뿐만 아니라 리듬으로 구성된 정보들을 서열화하여 기억하도록 돕는다. 악기 연주를 할 때, 아동은 음악 과제를 지속하기 위해 집중력을 발휘하고, 언제 연주하고 얼마나 빨리할 것인지 그리고 언제 멈출 것인지를 결정하는 일을 해야 한다. 또한 음악치료는 음악을 만들 때 다른 아동들과의 협동을 위해 음악감상을 사용한다. 아동들은 음악활동이 재미있기 때문에 결과에 만족할 때까지 시도를 반복하고 노력을 계속하며, 다른 아동들과 함께함으로써 감상기술도 발달시킨다. 이것은 기억, 서열화, 집중을 요구하는 정신적 과제들로 이어질 수 있다.

3. 정신지체 아동과 음악치료: CAMEOS

정신지체 아동을 위한 치료를 할 때는 짧은 집중 시간 동안에 최대의 학습 효과를 얻기 위해 활동을 짧게 구성해야 한다. 그러나 구조와 예측에 대한 감각을 만들기 위해서 한 세션과 다음 세션까지 많은 반복이 필요하다. 또한 항상 간단한 문장으로 말하고 장황한 문장은 최소화한다. 음악활동은 많은 구조와 지시를 제공한다.

만약 일정한 시작 노래와 활동을 사용한다면, 아동은 친숙한 환경으로 쉽게 들어올 수 있을 것이다. 이것은 아동들이 후속으로 제시되는 활동에 대한 기대와 지시에 대한 감각을 가지도록 할 수 있으며, 성취가 가능하다고 느끼게 할 수 있다.

고려 사항

- 치료사는 원하는 반응을 이끌기 위해 무엇인가를 하고, 말하고, 모델링한다.
- 아동이 하는 것과 말하는 것 또는 아동의 반응이 무엇을 의미하는지를 생각한다.
- 아동의 반응을 허락 또는 제한하거나 환경 요인들을 촉진한다.
- 사회적 요인들을 격려하거나 반응을 제한한다.
- 일시적 또는 지속된 반응과 언제 시작하고 끝낼지를 고려한다.

만약 이 사항들을 치료사가 항상 인지한다면, 더 나은 지시를 내릴 수 있을 것이다. 그러나 충분히 고려하지 않는다면, 집단에서 특정 훈련을 위해 노력하는 많은 시간이 무의미하다고 볼 수 있다. 아동이 반응하지 않는다면, 자리 이동을 고려해 볼 수 있다. 처음에 치료사는 아동의 주의를 끌어야 하며, 그런 후에야 행동의 변화를 기대해 볼 수 있다.

집단에서는 자극의 정도를 고려하도록 한다. 치료사는 집단에 자극을 제공할지 혹은 집단에 존재하는 힘을 이용할지를 생각해야 한다. 어떤 특별한 시간 동안에는 좀 더 안정적이고 차분한 접근이 필요할 수도 있다. 목표는 아동들에게 과도한 자극 없이 적극적인 참여를 유도하는 것이다. 정신지체 아동들을 위해 일하는 몇몇 유능한 음악치료사들은 꽤 조용하고 차분하면서 잘 조직화되고 일관적인 사람들이다. '치어리더식' 접근은 활동을 빠르게 전환하지 못하는 아동들에게 효과적이지 않다. 음악치료사는 자극을 위한 노래뿐만 아니라 조용하고 차분한 노래의 레퍼토리가 준비되어 있어야 하며, 집단을 지속적으로 관찰하여야 한다. 그러한 관찰을 통해 아동의 정서 상태와 안정 수준을 고려할 수 있고, 그날과 그때의 반응 수준에 맞게 조절해 가면서 계획된 활동을 해 나갈 수 있다. 다시 말해, 최상의 계획은 음악치료사가 세션 중에 관찰된 집단의 필요들을 감각적으로 대처할 때 만들어진다.

1) 의사소통(C)

정신지체 아동에게 가능한 한 언어 의사소통을 최대 수준으로 촉진해야 한다. 만약 아동이 복잡한 문장을 말할 수 있다면, 한 단어로 대답하는 것에 만족하지 말아야 하며, 음악치료사는 모델을 제공하고 모방을 장려해야 한다. 또한 음악치료사는 아동의 언어치료 목적에 익숙해지고 목적을 달성할 수 있도록 도와야 한다. 많은 지체 아동들은 심각한 발음 문제를 가지고 있으므로 치료사는 가능한 한 명확한 반응을 유도해야 한다. 음악활동은 의사소통의 명확함, 단어 습득을 할 수 있는 좋은 기회와 적절한 타이밍을 제공한다(예, 다른 사람들이 말할 때, 자신의 차례가 돌아올 때까지 기다리는 것).

치료사는 아동의 비언어적 반응과 치료사 자신의 언어적 의사소통도 고려해야 하며, 이것은 얼굴 표정, 몸짓을 포함한다. 치료사 스스로가 비언어적 신호들을 깨닫기 위해 세션을 녹화하고, 거울 앞에서 시도해 보는 것도 유익하다. 이것은 치료사가 언어적 의사소통과 비언어적 의사소통에 종종 모순이 있다는 것을 느낄 수 있는 실질적인 기회가 될 것이다.

2) 학습(A)

목표는 공동체 통합이다. 음악치료사는 교사와 함께 아동의 학습 목적을 강화시켜 나가야 한다. 모든 영역은 '정상화'를 위해서이며, 이것은 타인과 함께하기를 원하는 정신지체 아동이 일반 사회에 통합될 수 있게 하기 위해서다.

음악치료는 아동이 공동체 안에서 또래 친구들과 즐기고 어울릴 수 있도록 흔히 알려져 있는 음악을 선택해야 한다. 아동이 몇 년 후에 표준 연령의 기능을 한다면 그에 맞는 음악을 선택해야 한다. 그러나 이것은 성공적인 공동체 통합을 이끌지는 않는다. 아동의 능력에 적당한 수준의 음악을 찾는 것은 어려운 일이지만, 이것은 치료사에게 중요한 일이다. 다행히도 음악은 다양한 기술 수준으로 시행될 수 있다. 정신지체 아동은 반응을 할 수 있고, 그 반응은 치료사 또는 다양성에 따라 더욱 지지될 것이다. 음악은 멜로디, 리듬 패턴 그리고 형식의 반복을 제공하여 반응을 반복하고 응답하기 위한 복합적인 기회를 만들어 준다. 아동은 이러한 기회를 통해 기술을 습득하게 된다. 제한된 노래 음역, 이해 가능한 주제, 연습을 가능하게 하는 충분한 반복 그리고 예견된 리듬 또는 박자의 패턴을 가진 음악이 적합하다.

아동은 모든 학습 프로그램에서 가치 있는 음악치료에 참여함으로써 지각 경험을 하게 된다. 음악치료는 자연히 청각적인 경험을 하게 하며, 감각을 자극하는 복합적인 방법을 이용한다. 또한 잘 계획된 세션은 시각적, 촉각적, 운동감각적으로 아동을 자극해 줄 것이다.

3) 운동(M)

정신지체 아동은 대체적으로 운동 발달이 느리다. 이것은 종종 운동 부족과 연결된다. 그러나 이들 역시 충분한 운동으로 지구력과 협응이 향상될 수 있다. 대부분의 사람들은 리드미컬한 음악에 반응할 때 좀 더 힘든 운동을 찾는다. 많은 운동 단체에서 이용하는 에어로빅과 재즈댄스는 지체 아동들에게 필요한 신체활동을 위해 매우 좋다. 라인 혹은 서클댄스 그리고 음악이 커지면 멈추고 가만히 있는 동기부여 활동을 통해 모방이 가능할 수 있다.

신체활동에서 고려해야 할 특별한 기술들은 다음과 같다.

협응 몸통의 큰 움직임 및 손과 손가락의 미세한 움직임의 협응은 악기 연주를 포함한 음악 게임과 율동 노래를 통해 촉진될 수 있다.

민첩성 아동이 균형을 잃지 않고 방향을 바꿀 수 있는 민첩성은 한 움직임에서 다른 움직임으로 바꾸는 것을 말한다(예, 합창에 맞춰 행진하기와 노래의 한 절마다 흔들기).

유연성 아동이 무릎을 구부리고, 뻗고, 관절을 회전하기 위해서는 휨과 뻗음이 필요하다. 치료에서 모든 관절을 고려해야 하며, 관절과 근육 손상 없이 유연성

을 증가시키기 위해서는 오랜 시간이 필요하기 때문에 불편함의 신호를 주의 깊게 살펴야 한다.

힘과 지구력 힘과 지구력은 고통을 느끼지 않고 장기간 동안 활동이 가능하게 한다. 만약 아동이 많은 시간을 수동적으로 보낸다면, 힘과 지구력을 증가시킬 수 있도록 프로그램을 조정하여야 한다. 즉, 다양한 근육군의 힘을 고려해야 한다. 많은 지체 아동들이 심장, 폐 또는 순환상의 문제가 있기 때문에 지구력을 증가시키기 위해서는 활동이 몸에 피로를 주는지 등의 피로 신호를 주의 깊게 관찰해야 한다. 만약 아동이 피곤하다고 말하면 휴식 시간을 준다. 시간이 흐를수록 활동은 증가하며 진행 과정은 천천히 나아갈 것이다.

균형 균형은 종종 민첩함뿐만 아니라 힘과 관련된다. 만약 아동의 균형 능력이 너무 낮다면, 다른 아동의 도움을 받을 수 있다. 각 아동이 손을 잡고 하는 원 활동은 다른 아동과 접촉하지 않고 움직이는 것보다 더 쉽게 움직일 수 있을 것이다. 심지어는 밧줄이나 낙하산을 잡거나 실크 스카프를 나누어 잡는 등의 행동으로 균형감을 촉진하고, 안정감을 제공할 수 있다.

리드미컬한 음악은 부드럽게 이동하도록 돕는다. 이것은 정돈되고 통제되는 운동 반응이다. 또한 음악의 사용은 운동 기능을 자연스럽게 향상시킨다. 만약 아동의 협응이 좋지 않다면, 음악치료사는 그들이 선호하는 빠르기의 음악을 우선적으로 고려하여 선택해야 한다. 아동의 기능이 향상된 후에는 음악의 빠르기에 따라 수행할 수 있을 것이다. 감각적인 음악치료사가 자연스럽게 생음악을 사용하는 것은 이와 같은 이유 때문이다. 그리고 후에 협응과 힘이 증진될 때 녹음 음악이 사용될 수 있다.

4) 정서(E)

성공을 이끄는 활동은 자존감과 자신감을 높이는 데 도움을 준다. 음악치료에서는 성공의 경험을 위한 많은 기회가 제공된다. 교사, 부모, 형제자매 및 공동체 사람들을 위한 음악활동은 아동에게 '잘했어!'라는 말을 하는 시간을 준다. 우리는 모두 상을 받는다. 그러나 이러한 강화를 줄 때는 적절하고 자연스럽게 해야 하며, 거짓으로 하지 말아야 한다. 그래야만 아동은 진행 과정에서 자존감을 갖게 되고, 타인을 진실하게 수용할 수 있다.

지체 아동은 감정적 행동과 필요들로 가득 차 있다. 그러나 일반 공동체 안에서 적절한 방법으로 자신의 감정과 필요를 표현하는 데 어려움을 갖고 있다. 예를 들어, 애정은 포옹으로 표현될 수도 있지만 잘 모르는 사람에게는 그러한 행동이 오히려 두려움을 이끌어 내거나 과도하게 공격적으로 보일 수 있다. 따라서 감정 표현의 일반화는 반드시 이루어져야 한다. 음악치료는 아동에게 감정 표현을 할 수 있는 특별한 방법을 가르치기 위해 많은 기회들을 제공한다.

자기감정과 타인의 감정을 인식하는 것은 매우 중요하며, 음악치료에서 신중히 고려된다. 왜냐하면 음악적 표현은 감정과 긴밀하게 연관되어 있으며, 느낌에 대해 토론하고 확인하기 위한 기회를 주기 때문이다.

5) 조직화(O)

음악치료의 목표 중의 하나는 감각의 통합을 제공하는 것이다. 이것은 중추신경계의 손상에 따른 기능장애에 효과적이다. 그러나 뇌 손상에 따른 지체에는 덜 효과적이다. 근육 긴장의 저하, 낮은 균형과 운동기술을 보이는 아동에게 감각통합 방법은 도움을 줄 것이다. 음악활동은 아동이 운동활동을 조직하도록 하며, 조직적 기술을 향상시키기 위해 중요한 서열화를 제공한다. 자극은 조직을 가지고 있기 때문에 음악에서의 청각 입력이 중요하다. 그러나 아동의 조직화된 운동 결과를 만들어 내기 위한 음악활동에서는 인지적 과정과 통합이 요구된다. 이것은 경험을 필요로 한다. 아동에게 시간, 계획, 통합을 위한 기회 그리고 반응을 허용하면 향상될 것이다. 물리치료사와 작업치료사가 한 팀에 속해 있다면 서로 협력하여 이루어야 한다. 물리치료와 작업치료에서 보통 시행되는 총체적인 감각통합 검사는 감각통합훈련검사(Sensory Integration and Praxis Test: SIPT)(Ayres, 1989)다.

6) 사회성(S)

음악치료는 보통 집단으로 진행되기 때문에 타인과 상호작용할 수 있는 기회를 제공하며, 지체 아동이 타인의 욕구에 대해 감각적으로 느낄 수 있도록 훈련시킨다. 이것은 수행의 차례를 기다리고, 듣고, 타인에게 반응하고 나누는 것을 포함한다. 이러한 기술들은 음악치료 세션을 통해 촉진될 수 있다. 사회기술은 공동체 안에서 살아가고 타인과 적절하게 교류하기 위해 필요하다.

> 발달장애를 연구하는 사람들이 '정상화'라는 압력을 강하게 느끼고 있었을 때, 부분적으로 정신지체인이 사회 주류에 들어가는 것을 방해하는 것을 특별하다거나 이상하게 여기는 사회적 시각들이 개인 내적 행동이다(Sprafkin, Gershaw, & Goldstein, 1993, p. 10).

사회적 결과에 확신이 없고 사회에서 거부될 것을 스스로 예상하는 아동은 고립될 수 있고 위축된 것처럼 보일 수 있다. 음악활동은 집단활동에서 상호작용을 하도록 안전한 환경을 제공한다. 만약 아동이 고립되어 보이면, 직접적인 상호작용보다 아동과 좀 더 유사하고 구조적인 활동을 먼저 사용한다. 악기 연주, 노래, 움직임과 같은 활동은 또래와의 직접적인 상호작용 없이도 수행할 수 있다. 그들은 합주에 참여함으로써 타인을 모방하고 관찰하는 의미 있는 시간을 갖게 된다. 음악활동에 대해 반응하는 것은 아마도 상호작용의 다음 단계일 것이다. 경우에 따라서는 고립된 아동이 대부분의 음악시간 동안 집단에 잘 참여하고, 음악 만들기 과제 중에 기꺼이 리더 역할을 받아들이기도 한다. 또한 강화기술은 이러한 아동들과의 활동을 위해 가치 있는 것이다. 종종 음악은 강화제가 되며 결과적으로 사회에 참여하도록 이끌 것이다. Bellack과 Hersen(1979)은 사회기술에 대해 다음과 같이 정의하였다.

> 표현 능력은 강화의 손상에 대한 고통 없이 상호작용 상황에서 긍정적이거나

부정적인 감정을 표출하는 것이다. 이러한 기술은 다양한 상호 교류를 통해 나타나며, 적절한 언어적 반응과 비언어적 반응을 조절하는 것을 포함한다.

지체 아동의 사회 훈련에서 오랫동안 중점을 두었던 것은 바람직하지 못한 행동(때리기, 밀기, 침 뱉기 등)을 없애는 것이었다. 최근에는 바람직하지 못한 행동을 통해 주의 집중을 강화하기보다는 바람직한 행동을 가르치고 더 강화된 결과를 가져오는 것에 중점을 둔다. 특별히 사회 교류를 필요로 하는 사람들에게 다음의 3가지 상호작용 과정, 즉 ① 우리의 존재가 안정과 안정감을 보여 준다는 것, ② 우리의 말과 만남(예, 쳐다보기, 웃기, 포옹하기, 만지기)은 가치 있는 본성이라는 것, ③ 참여가 보상을 가져온다는 것(McGee, Menolascino, Hobbs, & Menousek, 1987, p. 39)을 가르쳐야 한다. 음악은 보통 위협적이지 않기 때문에, 음악으로 연결된 사람들은 서로를 이해하며 아동들과의 관계를 촉진하는 것을 돕는다.

지체 아동을 위한 음악치료의 목적과 목표는 CAMEOS를 포함한다. 특수한 목적과 목표는 면밀한 진단평가와 치료/교육 IEP 팀과 함께 의논하여 이끌어 낸다. 일관성 있는 프로그램을 위해 음악치료사가 다른 팀원들과 좋은 관계를 맺는 것은 매우 중요하다. 이를 통해 아동이 최상의 상태가 되도록 모두 함께 도와야 한다.

참고문헌

Adams, G. L. (1984). *Technical manual: Comprehensive test of adaptive behavior (CTAB): Normative adaptive behavior checklist (NABC).* Columbus, OH: Charles E. Merrill.

Aitken, D. A. McCaw, G., Crossley, J. A., Berry, E., Connor, J. M., Spencer, K., & Macri, J. N. (1993). First trimester biochemical screening for fetal chromosome abnormalities and neural tube defects. *Prenatal Diagnosis, 13,* 681-689.

Allanson, J. E., O'Hara, P., Farkas, L. G., & Nair, R. C. (1993). Anthropometric craniofacial pattern profiles in Down syndrome. *American Journal of Medical Genetics, 47,* 748-752.

Allen, J. R., Humphries, I. R. J., Waters, D. L., Roberts, D. C. K., Lipson, A. H., Howman-Giles, R. G., & Gaskin, K. J. (1994). Decreased bone mineral density in children with phenylketonuria. *American Journal of Clinical Nutrition, 59,* 419-422.

Alman, B. A., & Goldberg, M. J. (2001). Syndromes of orthopaedic importance. In R. T. Morrissy & S. L. Weinstein (Eds.), *Pediatric orthopaedics* (Vol. 1) (pp. 287-338). Philadelphia: Lippincott Williams and Wilkins.

American Academy of Family Physicians. (1993). Commissions on Public Health and Scientific Affairs. *Age charts for periodic health examination.* Kansas City, MO: American Academy of Family Physicians.

American Academy of Pediatrics. (1991). *News,* October 7, 17.

American Family Physician. (1994). *Newborn Screening* (author), *50*(2), 356-358.

American Psychiatric Association. (1994). *Diagnostic and statistical manual of mental disorders* (4th ed.). Washington, DC: Author.

American Public Health Association. (1990). Preventing birth defects from maternal phenylketonuria. *American Journal of Public Health, 80,* 228. Policy Statement 8907.

Ayres, A. J. (1989). *Sensory integration and praxis tests.* Los Angeles: Western Psychological Services.

Baird, P. A., & Sadovnick, A. D. (1987). Life expectancy in Down syndrome. *Journal of Pediatrics, 110,* 849-854.

Baley, J. E., & Fanaroff, A. F. (1992). Neonatal infections, part 2: Specific infectious diseases and therapies. In J. C. Sinclair & M. B. Bracken (Eds.), *Effective care of the newborn infant* (pp. 477-506). New York: Oxford University Press.

Ball, M. J., & Nuttall, K. (1980). Neurofibrillary tangles, granulovacuolar degeneration, and neuron loss in Down syndrome: Quantitative comparison with Alzheimer dementia. *Annals of Neurology, 7,* 462-465.

Bates, J. E., Freeland, C. A. B., & Lounsbury, M. L. (1979). Measurement of infant difficultness. *Child Development, 50,* 794-803.

Bellack, A. S., & Hersen, M. (1979). *Research and practice in social training.* New York: Plenum Press.

Beutler, E. (1991). Galactosemia: Screening and diagnosis. *Clinical Biochemistry, 24,* 293-300.

Bogart, M. H., Pandian, M. R., & Jones, O. W. (1987). Abnormal maternal serum chorionic gonadotropin levels in pregnancies with fetal chromosome abnormalities. *Prenatal Diagnosis, 7,* 623-630.

Boyages, S. C., & Halpern, J. P. (1993). Endemic cretinism: Toward a unifying hypothesis. *Thyroid, 3,* 59-69.

Boyle, J. D., & Radocy, R. E. (1987). *Measurement and evaluation of musical experiences.* New York: Schirmer Books.

Brugge, K. L., Grove, G. L., Clopton, P., Grove, M. J., & Placquadio, D. J. (1993). Evidence for accelerated skin wrinkling among developmentally delayed individuals with Down's syndrome. *Mechanisms of Aging and Development, 70,* 213-225.

Brugge, K. L., Nichols, S. L., Salmon, D. P., Hill, L. R., Delis, D. C., Aaron, L., & Trauner, D. A. (1994). Cognitive impairment in adults with Down's syndrome: Similarities to early cognitive changes in Alzheimer's disease. *Neurology, 44,* 232-238.

Bruininks, R., McGrew, K., & Maruyama, G. (1988). Structure of adaptive behavior in samples with and without mental retardation. *American Journal on Mental Retardation, 93,* 265-272.

Bryndorf, T., Sundberg, K., Christensen, B., Phillip, J., Yokobata, K., & Gaiser, C. (1994). Early and rapid prenatal exclusion of Down's syndrome. *The Lancet, 343,* (8900), 802.

Buncic, J. R. (1991). Ocular aspects of Apert syndrome. *Clinical Plastic Surgery, 18,* 315-319.

Campis, L. B. (1991). Children with Apert syndrome: Developmental and psychologic consideration. *Clinical Plastic Surgery, 18,* 409-416.

Canadian Task Force on the Periodic Health Examination. (1979). The periodic health examination. *Canadian Medical Association Journal, 121,* 1193-1254.

Canick, J. A., Knight, G. J., Palomaki, G. E., Haddow, J. E., Cuckle, H. S., & Wald, N. J. (1988). Low second trimester maternal serum unconjugated oestriol in pregnancies with Down syndrome. *British Journal of Obstetrics and Gynecology, 95,* 330-333.

Cleary, M. A., Walter, J. H., Wraith, J. E., Jenkins, J. P. R., Alani, S. M., Tyler, K., & Whittle, D. (1994). Magnetic resonance imaging in the brain in phenylketounuria. *The Lancet, 344,* 87-90.

Cohen, M. M., Jr., & Kreiborg, S. (1990). The central nervous system in the Apert syndrome. *American Journal of Medical Genetics, 35,* 36-45.

Cohen, M. M., Jr., & Kreiborg, S. (1991). Agenesis of the corpus callosum. Its associated anomalies and syndromes with special reference to the Apert syndrome. *Neurosurgery Clinics of North America, 2,* 565-568.

Cohen, M. M., Jr., & Kreiborg, S. (1993a). An updated pediatric perspective on the Apert syndrome. *American Journal of Diseases of Children, 147,* 989-993.

Cohen, M. M., Jr., & Kreiborg, S. (1993). Skeletal abnormalities in the Apert syndrome. *American Journal of Medical Genetics, 47,* 624-632.

Cole, W. G. (2001). Genetic aspects of orthopaedic conditions. In R. T. Morrissy & S. L. Weinstein (Eds.), *Pediatric orthopaedics* (5th ed.) (pp. 157-176). Philadelphia:

Lippincott, Williams & Wilkins.

Committee on Genetics. (1994). Health supervision for children with Down syndrome. *Pediatrics, 93,* 855-859.

Costello, P. M., Beasley, M. G., Tillotson, S. L., & Smith, I. (1994). Intelligence in mild atypical phenylketonuria. *European Journal of Pediatrics, 153,* 260-263.

Courage, M. L., Adams, R. J., Reyno, S., & Kwa, P. G. (1994). Visual acuity in infants and children with Down syndrome. *Developmental Medicine and Child Neurology, 36,* 586-593.

Delange, F. (1994). The disorders induced by iodine deficiency. *Thyroid, 4,* 107-128.

Dobyns, W. B. (1992). Cerebral dysgenesis: Causes and consequences. In G. Miller & J. C. Ramer (Eds.), *Static encephalopathies of infancy and childhood* (pp. 235-247). New York: Raven Press.

Donati, L., Antonelli, A., Bertoni, F., Moscogiuri, D., Anreani, M., Venturi, S., Filippi, T., Gasperini, L., Neri, S., & Baschieri, L. (1992). Clinical picture of endemic cretinism in central Apennines. *Thyroid, 2,* 283-290.

Down, J. L. (1866). Observation of the ethnic classification of idiots. *London Hospital Reports, 3,* 259-263.

Dunn, J. T. (1994). Iodine supplementation and the prevention of cretinism. *Annals of the New York Academy of Science, 678,* 158-168.

Fryers, T. (1984). *The epidemiology of severe intellectual impairment.* New York: Academic Press.

Fullard, W., McDevitt, S., & Carey, W. (1984). *Toddler temperament scales.* Unpublished instrument. Philadelphia: Temple University Press.

Grayhack, J. J., & Wedge, J. H. (1991). Anatomy and management of the leg and foot in Apert syndrome. *Clinical Plastic Surgery, 18,* 399-405.

Grossman, H. (Ed.). (1983). *Classification in mental retardation.* Washington, DC: American Association on Mental Deficiency.

Guthrie, R., & Susi, A. (1963). A simple phenylalanine method for detecting phenylketonuria in large populations of newborn infants. *Pediatrics, 32,* 338-343.

Haddow, J. E., Palomaki, G. E., Knight, G. J., Cunningham, G. C., Lustig, L. S., &

Boyd, P. A. (1994). Reducing the need for amniocentesis in women 35 years of age or older with serum markers for screening. *The New England Journal of Medicine,* April 21, 1114-1118.

Halpern, J. P., Boyages, S. C., Maberly, G. F., Collins, J. K., Eastman, C. J., & Morris, J. G. (1991). The neurology of endemic cretinism. A study of two endemias. *Brain, 114* (pt. 2), 825-841.

Heber, R. F. (1959). A manual on terminology and classification in mental retardation. *American Journal of Mental Deficiency, 64,* Monograph Supplement. (Rev. ed. 1961).

Henderson, J. L. (1940). Gargoylism: A review of the principal features, with report of five cases. *Archives of Diseases in Childhood, 15,* 201.

Hsia, D. Y. (1965). Galactosemia. In C. H. Carter (Ed.), Medical aspects of mental retardation (pp. 596-627). Springfield, IL: Charles C Thomas.

Iivanainen, M. (1985). *Brain developmental disorders leading to mental retardation.* Springfield, IL: Charles C Thomas.

Kasser, J., & Upton, J. (1991). The shoulder, elbow, and forearm in Apert syndrome. *Clinical Plastic Surgery, 18,* 381-389.

Keffler, S., Denmeade, R., & Green, A. (1994). Neonatal screening for phenylketonuria: Evaluation of an automated enzymatic method. *Annals of Clinical Biochemistry, 31,* 134-139.

Kesslak, J. P., Nagata, S. F., Lott, I., & Nalcioglu, O. (1994). Magnetic resonance imaging analysis of age-related changes in the brains of individuals with Down's syndrome. *Neurology, 44,* 1039-1045.

Klein, J. O., & Marcy, S. M. (1990). Bacterial sepsis and meningitis. In J. S. Remington & J. O. Klein (Eds.), *Infectious diseases of the fetus and newborn infant* (3rd ed.) (pp. 601-656). Philadelphia: W. B. Saunders.

Knobloch, H., Stevens, F., & Malone, A. (1980). *Manual of developmental diagnosis.* Hagerstown, MD: Harper and Row.

Koch, T. K., Schmidt, K. A., Wagstaff, J. E., Ng, W. G., & Packmsn, S. (1992). Neurologic complications in galactosemia. *Pediatric Neurology, 8,* 217-220.

Kreiborg, S., & Cohen, M. M., Jr. (1992). The oral manifestations of Apert syndrome. *Journal of Craniofacial and Genetic Developmental Biology, 12,* 41-48.

Kumin, L. (1994). Intelligibility of speech in children with Down syndrome in natural settings: Parents perspective. *Perceptual and Motor Skills, 98,* 307-313.

Ladda, R. L. (1992). Phenotypic effects of fetal alcohol exposure. In G. Miller & J. C. Ramer (Eds.), *Static encephalopathies of infancy and childhood* (pp. 319-323). New York: Raven Press.

Lejeune, J., Gautier, M., & Turpin, R. (1959). Lemengolisme: Primier exemple d'aberration autosomique humaine. *Annals de Genetique, 1,* 41.

Leland, H. (1957). Some psychological characteristics of phenylketonuria. *Psychological Reports, 3,* 373-376.

Lorincz, A. E. (1965). Hurler's syndrome. In C. H. Carter (Ed.), *Medical aspects of mental retardation.* Springfield: Charles C Thomas.

Maberly, G. F. (1994). Iodine deficiency disorders: Contemporary scientific issues. *Journal of Nutrition, 124,* (8 Suppl.), 1473s-1478s.

McCaman, M. W., & Robins, E. (1962). Fluorimetric method for the determination of phenylalanine in serum. *Journal of Laboratory Clinical Medicine, 59,* 885-890.

McDonald, M., Dobson, Vo., Sebris, S. L., Baitch, L., Varner, D., & Teller, D. Y. (1985). The acuity card procedure: A rapid test of infant acuity. *Investigative Ophthalmology and Visual Science, 26,* 1158-1162.

McGee, J. J., Menolascino, F. J., Hobbs, D. C., & Menousek, P. E. (1987). *Gentle Teaching.* New York: Human Sciences Press.

McGill, T. (1991). Otolaryngologic aspects of Apert syndrome. *Clinical Plastic Surgery, 18,* 309-313.

Mann, D. M. A. (1988). The pathological association between Down syndrome and Alzheimer's disease. *Mechanisms of Ageing and Development, 43,* 99-136.

Martin, R. P. (1988). *Temperament assessment battery for children.* Brandon, VT: Clinical Psychology Publishing Co.

Merkatz, I. R., Nitowsky, H. M., Macri, J. N., & Johnson, E. (1984). An association between low maternal serum a-fetoprotein and fetal chromosomal abnormalities.

American Journal of Obstetrics and Gynecology, 148, 886-894.

Moss, R. H., & Moss, B. S. (1984). *Family environment scale manual.* Palo Alto, CA: Consulting Psychologists Press.

Murovic, J. A., Posnick, J. C., Drake, J. M., Humphreys, R. P., Hoffman, H. J., & Hendricks, E. B. (1993). Hydrocephalus in Apert syndrome: A retrospective review. *Pediatric Neurosurgery, 19*(3), 151-155.

Neumayer, R., Smith, R. W., & Lundegren, H. M. (1993). Leisure-related peer preference choices of individuals with Down syndrome. *Mental Retardation, 31,* 396-402.

Nihira, K., Foster, R., Shellhaus, M., & Leland, H. (1969). *AAMD adaptive behavior scale.* Washington, DC: American Association on Mental Deficiency.

Parker, T. L., Roth, J. G., & Esterly, N. B. (1992). Isotretinoin for acne in Apert syndrome. *Pediatric Dermatology, 9,* 298-300.

Pertl, B., Yau, S. C., Sherlock, J., Davies, A. F., Matthew, C. G., & Adinofi, M. (1994). Rapid molecular method for prenatal detection of Down's syndrome. *The Lancet, 343,* (8907), 1197-1198.

Potocnik, U., & Widhalm, K. (1994). Long-term follow-up of children with classical phenylketonuria after diet discontinuation: A review. *Journal of the American College of Nutrition, 13,* 232-236.

Prasher, V. P., Chowdhury, T. A., Rowe, B. R., & Bain, S. C. (1997). Apo E genotype and Alzheimer's Disease in adults with Down syndrome: Meta analysis. *American Journal on Mental Retardation, 102,* 103-110.

Pueschel, S. M., & Myers, B. A. (1994). Environmental and temperament assessment of children with Down's syndrome. *Journal of Intellectual Disability Research, 38,* 195-202.

Rivkees, S. A., & Hardin, D. S. (1994). Cretinism after weekly dosing with levothyroxine for treatment of congenital hypothyroidism. *Journal of Pediatrics, 125,* 147-149.

Robinson, H. B., & Robinson, N. M. (1965). *The mentally retarded child: A psychological approach.* New York: McGraw-Hill.

Rosenhan, D. L., & Seligman, M. E. P. (1984). *Abnormal psychology.* New York: W. W. Norton.

Rubinstein, J. H. (1965). Cranial abnormalities: Microcephaly. In C. H. Carter (Ed.), *Medical aspects of mental retardation* (pp. 464-472). Springfield, IL: Charles C Thomas.

Scheie, H. G., Humbrick, G. W., Jr., & Barness, L. A. (1962). A newly recognized forme fruste of Hurler's disease (gargoylism). *American Journal of Ophthalmology, 53,* 753-769.

Scott, H. W., Litjens, T., Nelson, P. V., Thompson, P. R., Brooks, D. A., Hopwood, J. J., & Morris, C. P. (1993). Identifications of mutations in the alpha-L-iduronidase gene (IDUA) that cause Hurler and Scheie syndromes. *American Journal of Human Genetics, 53,* 973-986.

Smith, I., Beasley, M. G., & Ades, A. E. (1990). Intelligence and quality of dietary treatment in phenylketonuria. *Archives of Disease in Childhood, 65,* 472-478.

Sparrow, S. S., Balla, D. A., & Cicchetti, D. V. (1984). *The Vineland adaptive behavior scales: Classroom edition manual.* Circle Pines, MN: American Guidance Service.

Sprafkin, R. P., Gershaw, N. J., & Goldstein, A. P. (1993). *Social skills for mental health.* Boston: Allyn & Bacon.

Stone, W. L., Ousley, O. Y., Hepburn, S. L., Hogan, K. L., & Brown, C. S. (1999). Patterns of Adaptive Behavior in very young children with autism. *American Journal on Mental Retardation, 104,* 187-199.

Swiercinsky, D. P., Price, T. L., & Leaf, L. E. (1987). *Traumatic head injury.* Shawnee Mission, KS: The Kansas Head Injury Association, Inc.

Tagliaro, F., Moretto, S., Valentini, R., Gambaro, G., Antonioli, C., Moffa, M., & Tato, L. (1994). Capillary zone electrophoresis determination of phenylalanine in serum: A rapid, inexpensive and simple method for the diagnosis of phenylketonuria. *Electrophoresis, 15,* 94-97.

Thackrey, M. (1991). A principal components analysis of the comprehensive test of adaptive behavior. *American Journal on Mental Retardation, 96,* 213-215.

Tokoro, K., Chiba, Y., Abe, H., Tanaka, N., Yamataki, A., & Kanno, H. (1994). Importance of anti-siphon devices in the treatment of pediatric hydrocephalus. *Child's Nervous System, 10,* 236-238.

U. S. Preventive Services Task Force. (1989). Screening for phenylketonuria. In: *Guide to clinical preventive services* (Chp. 19). Baltimore: Williams & Wilkins.

van Duijn, C. M., Clayton, D. G., Chandra, C., Fratiglioni, L., Graves, A. B., Heyman, A., Jorm, A. F., Kokmen, E., Kondo, K., Mortimer, J. A., Rocca, W. A., Sholat, H., Soininin, H., & Hofman, A. (1994). Interaction between genetic and environmental risk factors for Alzheimer's disease: A reanalysis of case-control studies. EURODEM Risk Factors Research Group. *Genetic Epidemiology, 11,* 539-551.

Van Lith, J. M. M. (1994). First-trimester maternal serum alpha-fetoprotein as a marker for fetal chromosomal disorders. *Prenatal Diagnosis, 14,* 963-971.

Vaughn, B. E., Contreros, J., & Seifer, R. (1994). Short-term longitudinal study of maternal ratings of temperament in samples of children with Down syndrome and children who are developing normally. *American Journal on Mental Retardation, 98,* 607-618.

Waggoner, D. D., Buist, N. R. M., & Donnell, G. N. (1990). Long-term prognosis in Galactosaemia: Results of a survey of 350 cases. *Journal of Inherited Metabolic Diseases, 13,* 802-818.

Wald, N. J., Kennard, A., & Smith, D. (1994). First trimester biochemical screening for Down's syndrome. *Annals of Medicine, 26,* 23-29.

Wells, G. L., Barker, S. E., Finley, S. C., Colvine, E. V., & Finley, W. H. (1994). Congenital heart disease in infants with Down's syndrome. *Southern Medical Journal, 87,* 724-727.

Zihni, L. (1994). Commentary: Down's syndrome, interferon sensitivity and the development of leukaemia. *Leukemia Research, 18,* 1-6.

제 4 장

정서 · 행동장애 아동

1. 전반적 발달장애
2. 기분장애
3. 아동기 발병 정신분열증
4. 행동장애
5. 약물 관련 장애
6. 섭식장애
7. 아동학대와 방임

04 정서 · 행동장애 아동

1. 전반적 발달장애

1) 자폐증

Kanner는 1943년에 '정서적인 접촉의 자폐적 혼란'을 언급하여 '자폐(autistic)'라는 용어를 만들어 냈다. 나중에 그는 그리스어로 자신을 의미하는 단어인 'autos'를 사용하여 '초기 유아의 자폐증(autism)'을 설명했다. 1944년에 Hans Asperger는 오스트리아 비엔나에서 아동 연구의 일환으로 '자폐적 정신병질'을 설명했다(Gillberg, 1995). 일반적으로 자폐 아동은 지적 능력이 있으나 그들의 무의지 또는 무능력 때문에 검사에 참여하여 그 능력을 측정하기가 어렵다. 행동관찰을 통하여 그들의 IQ를 측정해 보면 보통 50점대 범위 안에 있다(Brimer, 1990). Mitchell과 Burkhardt(1996)는 자폐 진단을 받은 남아보다 여아에게서 중증 정신지체가 좀 더 자주 발견된다고 보고하였다. 그러나 자폐증 발생률은 여성보다 남성에게 더 많다(DSM-IV, 1994).

Gillberg(1995)는 자폐증 진단의 3가지 주요 기준을 다음과 같이 제시했다.

① 사회적 상호작용의 결함
② 의사소통의 결함(수용언어와 표현언어를 포함하여)
③ 행동과 상상의 활동들에 대한 정상적인 변화의 제한은 행동 레퍼토리의 극심한 제한을 초래한다(pp. 54-55).

이 3가지 기준들은 자폐증에만 특별히 해당되는 것은 아니다. 뇌 손상 또는 다른 정신장애를 갖고 있는 아동들도 이와 같은 증상을 보일 수 있다. 이 기준에 따라 다른 DSM-IV 범주로 진단되었던 아동들이 자폐증으로 분류되었다. Ousley, Hepburn, Hogan과 Brown(1999)은 다른 유사한 발달지체 아동으로부터 자폐 아동을 구별하는 데 적합한 행동 기준을 설정했다. 그들은 "자폐 아동의 강점과 취약점을 확인하는 데 중요하게 작용하는 적응행동에 대한 진단이 자폐 아동을 위하여 발달적으로 적당한 치료 목표를 설정할 수 있도록 돕는다." (p. 197)라고 언급했다. '자폐성' 이라는 용어의 광범위한 사용은 일반인, 임상가 그리고 연구자들 사이에서 상당한 혼란을 초래했다. 그 이유 중의 하나는 이 대상에 대한 정확한 발생률을 얻기 어렵기 때문이다. 이 진단의 매개변수에 대하여 많은 논쟁이 있어 왔다. Brimer(1990)는 여성보다 남성에게 자폐증이 3~8배 더 많이 발생한다고 주장했다. 대부분의 연구자들은 자폐증이 남성에게 더 일반적이라는 의견에 동의하는데, 이것은 유전학적인 관계를 시사한다. Maxmen과 Ward(1995)는 일반 인구의 .04~.05%의 발생률을 보고했다. DSM-IV(1994)에서는 10,000명당 2~5명의 발생 수치를 나타냈다(p. 69).

자폐 성향의 아동은 사람들과 거의 상호작용을 하지 않고 무관심한 경향을 보인다. 초기 유아기에는 양육자에게 안기지 않고 몸이 경직되고 우는 경향을 보인다. 또한 일반 유아들과는 달리 포옹을 해도 진정이 되지 않고, 사람들과 관계 맺는 것을 싫어한다. 자폐증 진단은 보통 2.5~3세에 받을 수 있다(Gillberg, 1995). 그들

은 특히 움직이는 물체에 대단히 큰 관심을 보인다. 자폐 아동은 물체의 움직임을 잘 조작할 수 있는 미세한 운동기술을 지니는 것으로 보아 손 운동 협응은 잘 발달된 것으로 보인다. 그들은 상당한 시간 동안 이 움직임을 유지할 수 있다.

자폐 아동은 대인 교류보다는 무생물인 물체를 더 선호한다. 그들은 자신의 환경에 대하여 일관성 혹은 동일성의 욕구가 커서 매우 작은 변화도 싫어한다. 가구나 물건을 옮기거나 음악치료에서 피아노를 정확하게 치는 것에 대한 강박적인 특성이 그것이다. 이것은 짜증과 분노에 의한 강한 방어적 성격의 확고한 표현이다(Solomon, 1985, p. 145).

사회적 철퇴는 어른과의 관계에서뿐만 아니라 또래와의 관계, 심지어 부모와 형제 관계에서도 나타난다. 따라서 아동은 원하는 것을 얻기 위해 사람을 찾는 것을 제외하고는 사회 환경에서 상호작용을 거의 하지 않거나, 무관심 혹은 철퇴를 보인다. Dennis와 그의 동료들(1999)은 자폐 아동의 IQ 검사에서 발견될 수 있는 패턴에 대하여 "자폐증의 IQ 하위검사 점수의 패턴은 사회적 인식이 추상적인 문제해결보다 지체되어 있다."(p. 6)라고 보고했다. 많은 연구들은 자폐증의 사회적 측면으로 얼굴 인식을 중요한 요소 중의 하나로 보고 있다. Klin과 그의 동료들(1999)은 "자폐증의 어린 아동들이 K-ABC의 얼굴 인식 과제(Kaufman & Kaufman, 1983)에서 어려움을 보이는데, 이것은 비언어적이거나 언어적인 부분에서의 결핍, 일반적인 과제 요구나 시각적 기억력의 결손 때문이 아니다."(p. 506)라고 결론 내렸다. 이것은 앞으로 연구되어야 할 영역이다. 왜냐하면 성인 자폐증 환자는 얼굴 인식을 대체하는 도구를 사용하는 것을 배우기 때문이다. 어렸을 때 얼굴 인식을 가르치는 전략이 가능하다는 것은 자폐증의 사회적 결핍 측면 중의 하나를 발달시킬 수 있다는 것을 시사한다. 이것과 관련해서 더욱더 많은 연구가 필요하다.

대부분의 자폐 아동이 일반적인 신체적 외모와 크기에서 정상적으로 보이더라도 앉기와 걷기에서 정상 아동보다 발달이 지연되는 경향을 보인다. 또한 언어는 후천적으로 습득되더라도 시간이 지나면 잃어버리게 되거나 발달하지 않을 수도 있다. 일부 자폐 아동은 실제 의사소통의 의미가 없는 반향어가 발달한다. 언어는 아동이 함께 살고 있는 사람과만 의사소통하는 소리를 일관되게 사용하거나 독특하게 변형하여 사용하곤 한다. 일부 자폐 아동은 적당한 언어기술이 발달되었더라도 사회적 상호작용의 결핍으로 대화를 회피할 수 있다. 이들의 언어 기능은 항상 지연되고 언어에 대한 이해가 부족하다. 나아가 의사소통 문제들은 비언어적인 기능에서 더 확실하게 나타난다. 그들은 눈 맞춤을 회피하고, 비언어적인 제스처를 사용한다. 예를 들어, 손으로 지적하거나, '예' 혹은 '아니요'의 표현으로 고개를 끄덕이거나, 만족이나 불만족을 표현하기 위해 얼굴 표정을 짓는 등의 의사소통적 제스처의 사용은 회피한다. 만약 언어를 사용한다면 조음상의 문제를 보일 가능성이 높다.

발달장애인 자폐증은 예전에는 심리사회적 원인으로 간주했으나 요즘은 생리학적인 측면에 더 근거를 둔다. 자폐증에 대한 유전학적인 연구들은 Rutter, Silberg, O'Connor와 Simanoff(1999), Bailey, Phillips와 Rutter(1996)가 정리하였다. 그들은 사람들의 이해를 돕기 위해 자폐증의 원인으로 분자유전학의 가능성을 지적했다. 방대한 증거들은 유전적인 요소의 이론을 지지하지만, 유전자 반응을 일으킬 수 있는 특정한 위치는 아직 정확하게 확인되지 않았다. Rutter(1999)는 자폐증의 취약성을 증가시키는 것은 하나의 유전자이기보다는 복합적인 유전자에 기인한다는 점(p. 181)과 대부분의 자폐적인 사람들의 바람직하지 않은 행동을 확연하게 완화시킬 수 있는 약이 현재로서는 없다는 점을 지적했다(p. 183). 초기 연구의 대부분은 신경유전자들을 확인하는 데 집중되었다. 기능적 뇌영상의 연구들(Filipak, 1999; Fletcher et al., 1995; Rugg, 1957)은 과제 처리에 사용되는 뇌의 부분을 관찰하였으나 정상적인 아동의 뇌 기능의 변화와 자폐증이나 다른 발달장애 아동의 뇌 기능을 구별하지는 못했다. Rutter(1999)는 기능적 영상이 '비정상적인 뇌의 부분들에 대한 직접적인 정보를 제공하지는 않는다.'는 것에주목한다(p. 182). 뇌 기능 연구의 다양한 방법들(예, 분자유전학, 약학적인 연구, 뇌영상)은 자폐증과 다른 발달장애에 대한 미래의 해석의 가능성을 제공한다. 임상 연구를 통한 결과물은 21세기 안에 많은 이해를 명확하게 이끌어 낼 것이다. 그러나 아직은 처음 관찰에서부터 치료를 마칠 때까지 각각의 사례를 기술하고

문서화하는 것을 대체할 방법이 없다. 평가와 진단 목적으로 사용될 수 있는 검사는 아동기 자폐증 평정척도(Childhood Autism Rating Scale: CARS)(Schopler, Reichler, Devellis, & Daly, 1980; Schopler, Reichler, & Renner, 1988)다. CARS는 5개의 진단 시스템 — Kanner(1943)의 기준, Creak(1964) 점수, Rutter에 따른 자폐증 정의(1978), 자폐 아동을 위한 국립협회(Ritvo & Freeman, 1978) 그리고 DSM-III-R(미국 정신의학회, 1987) — 을 통합하여 발전시켰다(Nordin, Gillberg, & Nyden, 1998, p. 69). 요즘은 자폐를 위한 의학적인 실험은 하지 않고, CARS 등과 같은 진단도구를 사용한다. 자폐증의 진단은 결국 임상가의 판단에 기초한다(Volkmar, 1999, p. 509).

평가자인 정신과 의사 또는 심리학자는 '자폐'로 아동을 진단하기 전에 발달력을 완벽하게 파악해야만 한다. 또한 자폐 아동은 다양하고 광범위하기 때문에 개인적 차이를 고려해야 한다. 자폐증은 정상적인 발달과 비교되므로, 아동의 발달력은 필수적이다. 많은 자폐 아동은 '용모가 준수'하게 보이고, 신체 외형이 정상적으로 보인다. 이들은 자학적 행동에 몰두하여 자신의 몸에 상처를 남기거나 과도한 몸짓을 보이는데, 일반적으로 몸을 흔들거나 종종걸음을 하거나 반복적인 행동을 보인다.

이 아동들은 종종 보통의 아동들보다 더 음악적인 것으로 보인다. 적은 비율이지만 악기 연주 능력을 가지고 있는 서번트 증후군(savant syndrome)이 있다. 하지만 보통의 아동들보다 더 음악적이란 증거는 거의 없다. 이 기능은 다른 적응기술이 거의 없다는 것과 비교하면 주목할 만하다.[1)] 일부 아동은 음악 감상을 좋아하는 것으로 보인다. 레코드를 작동했을 때 음악을 듣는 것을 좋아하는 것처럼 보일 것이다. 그러나 조심스럽게 관찰해 보면, 그들의 관심은 동그랗게 돌고 있는 상표의 반복적인 움직임을 보는 데 있다. 전축의 회전판에 덮개를 덮거나 상표를 제거하면, 더 이상 음악에 관심을 보이지 않는다. 움직임이 보이지 않는 콤팩트디

1) 심오한 음악적 능력은 다양한 본성의 지적 결함을 수반할 수 있다. Miller(1989)는 구체적인 문서(증거)를 보였다. 어쨌든 '바보 천재'는 음악적 능력과 지능의 밀접한 관계에 대한 논쟁거리다(Radocy & Boyle, 1997, pp. 341-342).

스크에 음악을 재생시키면 더 이상 흥미를 보이지 않는다.

이 아동들은 주변에 있는 사람을 모방하거나 환경을 탐색하는 것에 거의 관심을 보이지 않는다. 모방의 결여는 많은 사회기술과 행동기술 습득의 부족과 지연으로 이어진다. 눈 맞춤을 지속적으로 못하는 것은 다른 것을 학습하는 데 방해가 된다. 이들은 사람들을 마치 사물처럼 여긴다. 심지어 가족 구성원들조차도 안락함을 느끼거나 상호작용을 하기 위해 찾지 않는다.

행동은 자기중심적이며, 물체 조작을 필요로 할 때만 사람을 찾는데, 예를 들면 높은 곳에 있는 무엇인가를 꺼낸다거나 마지막으로 본 장소나 위치를 조정하기 위해서다. 시간이 지나면 이러한 행동들은 감소될 수도 있다. 그리고 특정한 사회적 행동이나 간단한 의사소통이 가능할 수도 있다. 상호 간의 놀이는 발달하지 않을 수도 있지만, 다른 아동들을 사물처럼 다루는 것 같은 놀이는 가능할 수도 있다. 자폐 아동들은 감정이 없거나, 거의 없다. 그리고 사회적인 상호작용을 하는 것을 보기가 어렵다. 음악치료 환경에서 자폐 아동들은 일관되게 간단한 지시에 반응하여 학습할 수도 있으나, 보통 가정이나 학교에서 동일한 지시를 내렸을 때 일반화되거나 따라 하는 경우는 거의 없다. 또한 종종 지시를 작은 소리로 속삭이는 것처럼 반향어로 말할 수도 있다. 그리고 적당히 반응할 수도, 반응하지 않을 수도 있다. 심지어 그들이 반응했다고 하더라도 그것은 의사소통이 결여된, 습관적으로 학습된 반응이다. 필자가 만난 한 아동은 백과사전 읽기를 좋아했다. 모든 국가의 수도와 꽃 그리고 산타페 철도의 모든 캔자스 정거장들의 이름을 알고 있었다. 그렇지만 담벼락에 오줌을 누는 것을 멈추지 않는다면, 음악치료에 참여할 수 없을 것이다. 그 아동은 의사소통적인 것보다 습관적인 노랫소리로 반복적인 정보를 줄 뿐이었다. 공동체에서 성공적으로 생활하기 위해 필요한 행동들은 거의 보이지 않았다.

이와 같은 아동들은 정상인처럼 보이기 때문에, 언어적 표현의 결함이 자폐증의 근본적인 부분이라는 것을 잊기 쉽게 만든다. 사실 그 아동들이 어떤 것을 요구했을 때 이해하지 못한다면 '고집이 센' 혹은 '비협조적인' 것처럼 보일 수도 있다. 자폐 아동의 안전은 항상 고려되어야 하는데, '운동장에 있어라.' '차도로

건너가지 마라.' '뜨거운 것을 만지지 마라.'와 같은 지시를 따르지 못하기 때문이다. 게다가 자폐 아동들은 치료사나 다른 보호자에게 거의 호감을 갖지 않기 때문에 사회적인 강화제가 행동으로 확실하게 연결되기 전까지 상당한 시간 동안 효과적이지 못하다.

일부 자폐 아동은 읽는 것을 배운다. 하지만 그 아동들은 목록이나 점수 또는 통계적인 정보와 같은 선호하는 것만 읽는 고정적인 특성을 보일 수 있다.

2) 레트 증후군

1966년 Rett가 처음 레트 증후군(Rett syndrome: RS 혹은 RD)에 대해 설명했다(Tsai, 1994). 이 증후군은 사회성과 의사소통 행동이 결여된 자폐증과 유사하지만, 몇 가지 다른 점이 있다. 자폐증은 남아에게서 주로 발생하는데, 레트 증후군은 여아에게서 발생한다. 남아에게서 발생되는지 아닌지에 대한 몇 가지 의문이 있으며, 진단상으로는 자폐증과 혼동이 될 수 있다. 아동기 정신장애도 진단적인 범주에서 혼동이 있을 수 있다. 자폐증과 레트 증후군의 결과적인 증상은 유사하다. Hagberg, Goutieres, Hanefeld, Rett와 Wilson(1985)은 레트 증후군의 진단 기준을 제시했는데, 3가지의 행동 증상, 즉 ① 박수 치기나 손 흔들기 같은 상동적인 손의 움직임, ② 의사소통 기술의 결여, ③ 정서적 분리를 포함한다. 레트 증후군의 일부 여아들은 흥분 발작, 불안, 혼란 그리고 혼동 상태의 과도한 움직임을 보인다(Gillberg, 1995, p. 236). 레트 증후군을 정의하는 데 명확한 방법은 없기 때문에 진단은 처음 발병한 나이와 증상을 기술하는 것에 근거를 둔다. 대부분의 레트 증후군 아동들은 정상적인 성장과 발달로 삶을 시작했더라도 이후에 심각하게 지연된다. 레트 증후군과 아동기 붕괴성 장애는 보통 정신지체의 중도에서 최중도 정도의 기능을 한다(Oswald, 1998, p. 23). 처음에는 머리둘레가 정상이지만 나이가 들수록 작아지며, 의도적인 손의 사용이 감소하고 손 상동행동이 나타난다. 만약 아동의 보행이 가능하다면 걸음걸이는 비정상일 것이다.

레트 증후군은 특성이 뚜렷하지 않기 때문에, 자폐증이나 아동기 정신분열증과 쉽게 혼동될 수 있다. 중요한 차이점은 자폐증은 보통 태어나서 처음 몇 달 안에 분명하게 드러난다는 것이다. 반면에 레트 증후군은 보통 여아에게서 발생하고, 약 30개월에서 5세가 될 때까지 손 사용기술이 비정상적으로 발달하며, 점차 의사소통과 사회적 기술을 잃어 가고, 머리둘레는 정상 크기로 발달하지 못하고 작아진다(DSM-IV, 1994). Mitchell과 Burkhardt(1996)는 자폐증에 대하여 "발달의 초기 단계에서 학습과 그 외에 관계된 다른 것들의 진행이 붕괴되면서 자폐 유아는 정상 발달을 하지 못한다."(p. 100)라고 하였다. 이와는 대조적으로 레트 증후군 아동은 초기에 외형상으로 정상적으로 발달한다. 물론 자폐증은 주로 남아에게서 발견되고, 레트 증후군은 여아에게서 발견된다.

레트 증후군의 모든 여아들이 언어적 결함이 있는 것은 아니지만, 많은 지체 아동들처럼 말보다 눈을 응시하는 것을 통해 의사소통을 한다. 또한 표현적이고 수용적인 의사소통의 문제점들이 통상적으로 나타난다. 밤에 이를 갈거나 웃는 것은 공통적으로 나타나는 증상이다. 일부는 과환기(과호흡)를 보이는데, 이것은 불안과 관련되어 있을 수도 있고, 아닐 수도 있다. 진단에서 크게 변화하는 증상들은 이 진단의 다양한 변화성을 가리킨다. 자폐적인 것처럼 보이는 성향은 청소년기에 좀 더 사회적인 행동으로 변화할 수도 있다. 이 증후군의 과정 또한 다양하다. 레트 증후군 아기들은 보통 매우 정상적으로 보이고 '양호한 아기'로 묘사되는 경향이 있다. 그러나 16개월에서 6세 사이에 변화가 있을 수 있고, 미소 짓기와 같은 사회적 기술과 약간의 단어 사용을 잃어버릴 수 있다(Gillberg, 1995). 레트 증후군을 가진 일부 아동은 사회적인 관심을 유지하고 그들이 성장함에 따라 사회적인 상호작용 기술이 발달할 가능성도 있다(Oswald, 1998, p. 23).

음악치료사들은 자극에 반응하는 시간 지연에 주의해야 한다. 이것은 치료사가 아동의 반응을 얻기 전에 기꺼이 '기다리는 시간'을 인내해야 함을 의미한다. 이 기간 동안에는 레트 증후군 아동과 일대일로 작업하는 것(집단보다는 개별)이 최선일 것이다. 손동작은 허리 정도의 위치에서 박수 치기 또는 손 흔들기를 포함하는데, 이것은 손을 사용하는 활동을 방해한다. 심지어 상동행동이 조절되지 않을 때는 그들의 손을 사용하는 조절기술이 서툴러진다.

일부 레트 증후군 아동들은 호흡하는 데 어려움(예, 숨 고르기, 무호흡 혹은 과환기)이 있다. 만약 이러한 어려움이 일반적이고 음악치료사가 세션에서 호흡 문제가 발생하는 것에 대한 과정을 알기 원한다면 아동의 차트를 확인하는 것이 중요하다. 위탁 기관에서는 치료사가 확인해야 하고, 그렇지 않다면 아동의 의사나 보호자가 확인해야 한다. 공통적이지는 않지만, 아동기 초기에 일부 발작 증세도 보인다. 이들은 EEG 결과, 신경 기능장애를 보이는 것처럼 종종 비정상적이었다. 부모들은 레트 증후군 아동이 심한 감염이나 후천적 뇌 손상을 일으키는 두부 외상을 동반한다고 주장했다. 그러나 Gillberg(1995)는 "레트 증후군은 실질적이고 불가피한 진행성 신경계 퇴화 뇌장애가 아닌 신경계 발달의 유전병이라는 것이 일반적인 믿음이다."(p. 239)라고 주장했다. 이것은 Armstrong(1992)의 연구로 뒷받침되었다. 뇌 발달은 출생 후 1~3개월에 변한다.

척추 측만증은 레트 증후군에게 공통적으로 나타난다. 특히 하부 사지 기능장애는 증후군의 마지막 단계에서 종종 나타나지만, 몇 년이 지나도 뚜렷이 나타나지 않을 수도 있다.

음악치료의 목적은 사회기술, 의사소통(특히 비언어적인 의사소통) 그리고 운동기술의 향상을 중점으로 한다. 정신지체 및 신체적 문제가 일반적으로 지속되지만, 행동이나 의사소통에 문제가 있더라도 청소년기에는 향상되는 경향이 있다.

Hagberg와 Witt-Engerstrom(1986)은 레트 증후군을 네 단계로 설명하였다. 1단계는 영아기에 발생한다. 아이는 정상적이며 '양호'한 것으로 보인다. 10개월 후에 운동 기능에서 문제가 발생한다. 2단계는 기존에 습득한 운동 능력과 사회성 및 의사소통 기술을 상실하는 퇴행 시기이며, 일반적으로 22~25개월에 나타난다. 20~50개월에 3단계가 발생하는데 몇몇 사회적 행동이 다시 명백하게 나타나며, 손 상동행동이 분명하게 드러난다. 4단계는 이로부터 몇 년 후에 발생하며, 하부 사지와 관련한 장애가 기존의 보행 기능의 쇠퇴와 함께 나타난다. 중년 여성에게 발생할 수 있는 이 단계에서는 의사소통 기술이 향상될 수도 있다. 전반적 발달장애(pervasive developmental disorders: PDDs)에 포함되는 자폐와 레트 증후군은 사회적 상호작용 기술의 결함이 공통적인 행동 특성으로 나타난다. 아스

퍼거 장애와 아동기 붕괴성 장애도 전반적인 발달장애에 속한다(Oswald, 1998).

3) 아동기 붕괴성 장애

Theodor Heller(1908)가 처음 발표한 이 증상은 헬러 증후군(Heller's syndrome)이라고도 부르는데, 과거에는 유아기 치매, 붕괴성 정신증이라고 불렸다. DSM-IV(1994)에서는 '아동기 붕괴성 장애'라고 명명하였다.

이것은 매우 희귀한 질병으로 대부분 남아에게서 발생한다. 아동의 초기 발달은 정상적이며, 신경 기능장애나 의학적 문제가 보이지 않는다. 그러나 2세(DSM-IV) 혹은 3~4세(Gillberg, 1995)에 아동은 심하게 퇴행하기 시작한다. 임상 결과는 심각한 언어 손상, 사회적 기술의 결함, 운동기술의 퇴보와 조절(대소변 조절을 포함한), 과잉행동, 상동행동 등 자폐증과 비슷하다. 이들은 자폐 아동들처럼 환경 변화에 저항하고, 화난 상태 혹은 좌절한 것처럼 보이는 행동으로 반응한다. 한 번 퇴행한 아동들이 사회성과 의사소통 또는 적응 행동력에 약간의 향상을 보일 수도 있다. 이 질병은 살면서 계속 남아 있으며, 기능은 보통 자폐증의 특성과 함께 심한 정신지체를 보인다. 어떤 아동들은 발작 증세를 가지고 있으며, 어떤 아동은 환각 증세를 보인다. 일반적인 외상은 없고 퇴행 이전의 질병이기 때문에 아동기 치매와는 다르다. 자폐증과 같은 증상을 보이는 동시에, 정상적인 발달기술 습득 시기에 발병한다(일반적으로 3세 혹은 4~10세). 레트 증후군은 여아에게만 발생하나, 이것은 일반적으로 남아에게 발생하기 때문에 레트 증후군과 차이가 있다. 자폐와 레트 증후군은 종종 사춘기에 사회성 및 의사소통 능력이 향상되는 좋은 예후를 보인다.

이 증후군은 대부분 남아에게서 나타나기 때문에 유전적 요인을 의심해 봐야 한다. 또한 때로 신경학적인 기능장애를 이끄는 것처럼 보인다. 그러나 이것은 아직 확증된 것이 아니다. 생화학적 연구는 신뢰성을 가진다. Ahlsen과 그의 동료들(1993)은 일부 아동의 대뇌 척수액에서 높은 야교세동 산성 단백질(GFA-단백질)을 발견했다. 이것은 자폐증에서도 발견되었으나, 레트 증후군은 아니었다

(Gillberg, 1995). 신경학과 생화학에서 많은 연구가 이루어질수록 이 희귀 질병에 관해 더 잘 이해할 수 있을 것이다.

2. 기분장애

1) 우울증

미국의 「장애인교육법(IDEA)」은 '불행감이나 우울감이 일반화된 상태'(42 Fed. Reg. 478, 1977)를 '심각한 정서장애'의 정의에 포함한다. 모든 아동(그리고 어른)은 슬픔의 시기가 있지만, 지속되지는 않는다. 대체로 그들은 동일시할 수 있는 사건에 반응한다. 아동은 '나는 ○○ 때문에 슬퍼요.'와 같이 말한다. 만약 슬픔의 상태가 2주 이상 지속된다면, 아동의 우울증을 의심해 봐야 한다.

아동의 우울증은 항상 슬픈 것으로 표현되지는 않는다. 이것은 과민성, 집중(학업에 영향을 주는)에 대한 무력감, 주의를 기울이거나 유지하기가 어려운 정도의 생각의 몰두 그리고 친구들로부터의 회피 현상 등으로 나타난다. Meyen(1990)은 정서적으로 불안한 아동들은 학업에서 개인의 능력보다 낮은 성적을 받는 경향이 있다고 언급했다. 이것은 다른 요인, 즉 지능적 · 감각적 결함 혹은 다른 건강 문제 등의 요인에 기인할 수 없다. 모든 아동들은 때때로 과민해지고, 이러한 분위기가 과하게 지속될 때 주로 불안해진다. 일반적으로 친구들과 잘 어울리고 학교 과제도 잘하던 아동이 갑자기 이런 것들을 회피하거나 혹은 민감해한다면 우울증 때문일 확률이 높다. 행동 변화 차트는 지속 시간이 중요시되기 때문에 신중하게 살펴야 한다.

부모들은 아동의 우울증 증상으로 수면 패턴의 변화와 식사 거부에 대해 언급하였다. 대부분의 우울증은 피로감을 동반하며, 아동은 안절부절못하거나 충분한 휴식을 위한 숙면을 취하지 못해 무력감을 느낀다. 우울증의 증상은 주로 특별한 상황에서 발생하기보다는 학교와 가정에서 나타난다.

우울증이 있는 아동은 일반적으로 낮은 자존감과 자신감의 결여가 동반된다. 이들에게는 안정감을 주기 위한 지지가 필요하지만, 아동기 이전 단계의 안락함이나 안정감을 이끌어 내는 퇴행 행동처럼 적절치 못한 행동을 강화하는 것은 좋지 않다. 개인적 · 사회적 책임의 수준은 아동의 현재 연령에서 매우 중요한 것처럼 보인다. 하지만 책임감에 대한 모든 기대를 덜어 주는 것이 아동에게 가장 중요한 것은 아니다. 사실 이것은 아동의 무능감을 단지 굳힐 뿐이고, 이 무능감은 낮은 자존감과 관련이 있다는 것에 불과하다.

음악치료에서는 아동이 이전에 성공적으로 경험했던 친근한 활동이 아동을 가장 지지해 줄 수 있을 것이다. 또한 아동이 참여할 수 있도록 격려하고 용기를 주어야 하지만, 우울증 상태에 있는 아동에게 음악 만들기에서 활발한 참여를 기대하기란 어렵다. 간단한 활동은 그 시간에 적어도 얼마 동안 참여하도록 격려할 수 있다. 감상적이고 규칙적이고 안정적인 리드미컬한 움직임 혹은 음악극은 이보다 활동적인 세션보다 받아들이기 쉬운 환경을 제공할 수도 있다. 행동이 예측 가능한 구조 또한 안정감을 제공한다.

의사소통은 우울증 아동을 위한 음악치료의 주요한 목적이 된다. 음악치료에서는 언어적이거나 비언어적인 단계에서 의사소통을 할 수 있도록 기회를 제공한다. 동질성의 원리 — 아동이 있는 곳에서 아동을 만나라. — 는 중요하다. 이것은 대화에 참여하고 싶은 에너지 수준과 정서 수준이 연관되는 것이다. 많은 음악이 박자와 구조를 예견할 수 있다. 만약 당신이 이 단계를 시작한다면 좀 더 정력적인 활동으로 이끌고, 아동이 참여하도록 유도할 수 있을 것이다.

(1) 사 별

가족 중 누군가가 사망했거나 애완동물을 잃어버렸을 때, 친구를 잃은 후의 슬픔과 분노는 아동에게 일어날 수 있는 정상적인 반응이다. 이때의 증상은 우울증 증상 — 과민증, 낮은 집중력, 수면과 식습관의 변화 그리고 사회적 철퇴 — 과 비슷하다. 또한 아동은 분리불안을 경험하며, 특히 부모가 죽거나 그들의 다른 보호자가 함께할 수 없을 것이라는 공포를 가지게 된다.

사별(bereavement)의 증상은 상실감에 가깝고 두 달 이상 지속되지 않는다(DSM-IV, 1994). 가족구조의 변화는 장기간의 적응과 관련된다. 퇴행 행동은 흔하게 나타나며, 아동은 죄책감을 갖거나 자기 비난을 하게 된다. 이 경우, 아동에게 사랑하는 사람의 죽음의 '원인'이 자신 때문이 아니라는 확신을 주어야 한다. 청소년들에게 우울증 혹은 사별은 모두 자살 충동을 이끌 수 있다. 이러한 생각이 음악치료에서 언급되었다면, 가족 및 다른 치료/교육 팀과 함께 이에 대해서 다루어야 한다. 무엇보다도 개인의 안정성이 가장 우선시되는 목표이며, 모든 개개인의 활동이나 보호가 신중하게 고려되어야 한다.

장례식 혹은 기일과 같은 의식은 감정의 차단 및 표현에서 중요하다. 물론 음악은 인간의 의식에 거의 항상 포함된다. 계획을 세우고 아동을 돕는 것은 통제력을 길러 줄 것이다.

의사소통은 중요한 목적이다. 음악은 의사소통을 이끌어 내기 위한 좋은 방법으로, 정화가 필요한 강력한 감정의 표출을 지지할 수 있다.

(2) 경조증 삽화

경조증 삽화(hypomanic episodes)는 아동에게 드문 진단적 분류다. 만약 이것이 발생하면, 행동장애로 불리기 쉽다. 경조증 삽화는 예민한 기분과 감정의 흥분성 장애로 특징짓는다. 아동은 지나친 자신감을 나타내며 과도한 위험 행동을 택한다. 친구나 가족으로부터 관심을 얻기 위해 하는 행동들이 '바보스럽고', 그 시간이나 상황과 관계없어 보이는 의사소통을 하거나 과도한 행동을 하는 것으로 나타난다. DSM-IV(1994)에서는 이러한 삽화가 '학교 무단결석, 반사회적 행동, 학업 실패 혹은 약물 사용'(p. 336)과 관련되어 있다고 지적한다.

만약 경조증 삽화와 우울증의 기준을 모두 충족시킨다면, 이것은 혼재성 삽화로 불린다. 이 경우, 흥분과 우울의 변동이 최소한 일주일 이상 지속된다. 주요 우울 삽화가 재발하는 청소년의 10~15%는 양극성 장애 I으로 발전될 가능성이 높다(DSM-IV, 1994, p. 353).

2) 불안장애

과도한 고통을 경험한 아동들은 가족 관계, 학교생활 및 사회적 상호작용에서 심각한 장애를 보인다. 이것은 새 학기의 시작 혹은 친밀한 양육자와의 분리와 같은 사건들과 관계 있을 확률이 높다. 만약 특정한 상황에서 불안을 느낀다면, 그것은 '공포'라고 할 수 있다. 아동이 학교에 가는 것을 매우 불안하게 생각하고 어떤 방법으로든 회피하려고 할 때 학교 공포증이 발생한다. Dalton(1996)은 전체 학생의 1~2%가 학교 공포증이라고 추정했다. 이것은 종종 우울증 혹은 분리불안과 연관된다(Bernstein & Garfinkel, 1986). 불안장애 아동은 불안, 공포감, 긴장, 소심함, 수줍음, 위축, 우울감, 슬픔, 산란함, 활동 참여에서의 적극성 결여, 쉽게 눈물을 흘림, 말 없음, 친구나 어른과의 관계 둔화를 보인다(Dunlap, 1997). 사실 이러한 증상은 다른 장애와 중복된다. 게다가 모든 아동이 아동기에 각 증상들을 경험한다. 복합적인 증상과 고통의 지속 시간에는 차이가 있다. 공포를 경험했을 때 아동은 '나는 ○○해서 두려워요.' 와 같이 말할 수 있다. 아동은 고통이나 염려하는 것에 대한 원인을 알지 못하지만, 관계나 상황의 변화로 책임을 돌리려고 할 것이다. '원인'은 항상 명확하지 않지만, 초기 아동기의 경험을 통해 발생했을 확률이 높다. 불안은 거의 모든 아동의 진단 분류에서 일반적이지만, 일부 아동들에게는 일차적인 진단이다.

분리불안장애

분리불안장애(separation anxiety disorder: SAD)는 아동이 부모 혹은 다른 최초의 양육자가 자신의 시야 밖에 있을 때 극도의 불안함을 보이는 특징이 있다. 아동은 양육자에게 어떤 문제가 생겨 돌아오지 않을 것이라는 과도한 불안감을 갖는다. 수면장애는 이러한 아동들이 갖고 있는 공통적인 증상이다. 부모가 그들의 방에서 나가는 것을 싫어하거나 악몽과 신체의 고통에 대한 표현도 포함된다. 이것이 간혹 부모의 관심을 얻기 위한 행동이라고 볼 수도 있지만, 부모와 가까워지려는 정상적인 욕구와는 거리가 있다.

아동이 낯선 곳을 모험하면 불안을 느낄 수 있다. 그러나 용기를 북돋워 주어 아동을 안심시킬 수 있으며, 아동은 노력을 통해 불안을 경감시킬 수도 있을 것이다. 불안장애 아동들은 새로운 장소를 그들에게 익숙하고 좀 더 안전한 환경으로 받아들이려 할 때 불안감에 압도된다. 모든 아동들은 약간의 공포심을 가지고 있다. 이것은 침실에서 괴물의 이미지, 위해를 가할 수 있는 상상의 상황 그리고 동물이나 동물의 털, 벌레에 대한 공포와 같은 특수한 공포의 형태를 띤다. 이것은 일반적으로 '성장', 즉 경험을 통해 공포의 근원이 타당하지 않은 것을 발견하면서 아동은 점차 성숙해진다. DSM-IV(1994)는 '아동은 울음, 짜증, 몸이 경직되거나 타인에게 의존하는 것 등으로 불안을 표현한다. 아동은 공포가 과도하거나 비합리적이라는 것을 인지하지 못하며, 공포에 따른 고통에 대해 말하지 않는다.' 고 밝히고 있다(pp. 407-408).

부모는 아동에게 낯선 사람과 대화하지 말고 낯선 차에 타지 말며 음식을 받아먹지 말도록 가르쳐야 하며, 이상하게 보이는 사람이나 누군가가 불편하게 한다면 이러한 사실을 부모에게 말하도록 반드시 지도해야 한다. 아동에게 세상은 위험하지 않다고 인지시키면서 그들의 안전에 대해 지도하는 것은 쉽지 않다. 안정적인 가족 관계 속의 아동은 가족 외에도 친구들이 있으며, 학교에 갈 때 혹은 부모와 떨어져 있을 때도 공포를 느끼지 않는다. 또한 예측할 수 없는 상황에서 대처할 수 있는 자신감을 갖고 있다.

성장하는 아동들에게 예측할 수 없는 가정 상황은 과도한 불안을 경험하게 한다. 어떤 아동들은 거의 매일 변화가 있는 가정에서 살고 있으며, 가족들과 따로 음식을 먹어야 하고, 최초의 양육자가 동일하지 않은 경우도 있다. 그것들은 일상적인 상황(예, 일정한 시간에 일어나고, 학교를 가고 돌아오며, 음식을 먹고, 잠을 자는 것)이 아니다. 아동들은 일상적인 상황을 예측할 수 있는 환경에서 자신이 안전하다고 느낀다. 이러한 일상적인 상황에서는 다른 변화가 가능하며, 이러한 것들이 삶을 결정하는 데 절대적이지 않다고 느낀다. 정돈된 삶에서는 점차 유연성이 증대된다. 그러나 만약 가정이 끊임없이 혼란스럽다면, 아동이 안정감을 가지기 어렵다.

아기가 부모인지 아닌지를 구별할 수 있는 시점에 부모를 구별하게 되면, 7~8개월에 낯선 사람들을 따라가는 일이 적을 것이다. 낯선 것에 대한 근심은 불안을 경험하게 한다. 그러나 보호자가 함께 있다는 확신이 있는 아동은 일반적으로 불안을 조절할 수 있다.

10대들은 새로운 사회 역할을 하게 되면서 과도한 불안감을 느껴 특히 상처를 입기가 쉽다. 학교와 가정 및 친구들은 더 큰 독립심과 더 큰 책임감을 기대한다. 이전 방식을 따르는 것이 항상 적합한 것이 아닐 수도 있으며 그것은 다른 사람들에게 받아들여지지 않을 수도 있다. 또한 아동들은 초등학교에서 중학교로 진학할 때와 중학교에서 고등학교로 진학할 때 좀 더 자신감을 갖게 된다. 그러나 각 단계의 그 시점에서는 불안감을 갖는다. 일반적으로 이것은 단기간의 적응 후에 통제된다. 만약 그렇게 되지 않는다면 치료가 필요하다. 사회적 불안은 사춘기에 특히 현저하게 나타난다. 불안은 사회적 상황에서 도피의 원인이 되기에 충분하다.

성인 불안장애의 치료에서는 이완기술에 대한 교육과 체계적 둔감법이 필요하다. 이것은 아동들도 불안 증상을 인지하여 습득하게 하는 것이다. 또한 고통을 극복하도록 자신을 도울 수 있는 초기 이완법을 배울 수 있다.

음악치료는 공포 및 근심에 대해 논의될 수 있는 상황에서 제공할 수 있으며, 다른 치료법들과 함께 불안의 근원을 실제로 확인할 수 있도록 돕는다. 불안의 원인이 되는 상황을 극복하는 방법은 앞서 논의된 것과 같이 연습하는 것이다. 음악치료사가 제공하는 모델은 일반적으로 불안을 유발할 수 있는 상황을 극복하는 강력한 방법이 될 것이다.

유능감은 불안을 극복하는 최선의 방어책이다. 음악치료는 아동 자신의 유능감과 타인에게 주목받고 있다는 성취감 그리고 긍정적인 사고를 경험하도록 한다. 자존감의 증진은 불안이 발생하는 상황에서도 앞에서 언급한 기능들을 가능하도록 만든다.

불안감을 가지고 있는 아동에게 예측 가능하고, 정돈되고, 안정적인 환경은 기본적으로 반드시 필요하다. 물리적 환경이나 음악치료사의 행동뿐 아니라 세션의 많은 요소들, 예를 들면 사용하는 음악, 집단 구성원 그리고 세션 안에서의 활동

과정 등을 아동이 예측할 수 있어야 한다. 이 구조는 안전하고 믿을 수 있는 장소에서 의사소통하는 것을 포함한다.

불안이 장기간 지속되면 심각한 정신생리학적 영향을 미칠 수 있다. 그것은 과도한 활동의 특징을 보이며, 신경화학적 결과와 연관된 것으로 추측된다. 중추 조절계는 '감소' 반응에서 일반적으로 발견된 신체적 기능— 운동활동의 변화, 불규칙한 호흡, 혈압 상승 및 심장박동 변화— 을 촉진한다. 이 기능은 자율신경계에 따라 통제된다. 이 활동이 유지될 때 혹은 맥박 수가 증가할 때 아동은 일정한 신호에 따라 과잉반응을 한다(Bachrach, 1980). 불안의 신체적 불편감은 생리적 반응의 복합적인 것에서부터 시작되며 과도한 각성에 따른 것이라는 특성이 있다(Cullinan & Epstein, 1990).

3. 아동기 발병 정신분열증

아동기 발병 정신분열증의 아동들은 증상 발병 전의 몇 년 동안 정상적으로 발달한다. 증상으로는 망상 및 환각 증상이 최소 한 달 이상 나타나며, 낮은 사회적 기술과 비뚤어진 언어와 의사소통의 결핍이 수반된다. 정서 표현 역시 정상적인 범위에서 둔감해지거나 부족하게 나타난다. 행동은 의지력 부족과 함께 불안정하다.

이러한 아동들에게 환청이 공통적인 증상이더라도, 음악에서 수용자극에 대한 왜곡은 일어나지 않는다. 만약 아동들이 관심을 가지면 보통 음악으로 반응하게 된다. 음악은 왜곡된 사실(예, 목소리가 들림, 외계인에게 명령을 받았다는 생각, 아무도 없을 때 자신의 행동에 대해 비판받는 소리를 들음)에 대한 사고 처리를 '방해'하는 것처럼 보일 것이다. 환청은 오감에 포함된다. 음악은 실제를 기본으로 하는 자극의 형식이며, 구조 혹은 사고 과정 조직을 제공하는 자극 형태다. 또한 분노 혹은 예상치 않은 행동장애가 발생한다. 이것은 특정한 증상이 없으므로 방심하지 않기 위해서 아동을 세심하게 관찰해야 한다.

사 례

로이는 아동기 정신분열증 진단에 따르면 중간 정도의 지체 아동이다. 어느 날 로이는 음악치료사와 피아노 앞에 앉아서 'Home on the Range'라는 노래를 불렀고, 악보를 보며 색칠하기를 하고 있었다. 그는 갑자기 소리를 지르고 일어나 피아노 의자를 두드리고, 레코드플레이어를 틀고, 테이블을 두드리고, 방에서 뛰쳐나갔다. 로이는 현관에서 안정을 되찾는 것처럼 보였는데, 바깥이 매우 추웠기 때문에 음악치료사는 로이에게 코트를 주었다. 그러자 로이는 음악치료사를 때렸고, 그러고 나서 화장실로 뛰어 들어가서 거울을 깨뜨렸다. 누군가가 화장실로 들어가려고 했을 때, 그는 이번에는 유리컵을 깨뜨렸다. 두 명의 보조자가 그의 주거 생활실로부터 왔다. 두 명의 성인 남성은 그가 적절한 중재를 받을 수 있는 생활실로 돌려보내려고 했다. 나중에 로이는 음악치료사에게 태풍이 그에게 불어닥쳤기 때문이라고 말했다. 분명히 그는 놀라운 환시를 경험했던 것이다.

이러한 증상은 적응 행동의 모든 부분을 방해하는 경향이 있다. 자조기술이 습득되지 않았거나 기존 활동에서 저하되었을 것이다. 이러한 아동들에게 학교생활의 발달은 매우 한정적이다. 친구들과의 놀이와 사회적 상호작용에서 아동이 습득할 수 있는 다른 과제들이 수반되지 않는다. 만약 그가 특이한 정신운동적 행동(예, 흔들기, 왔다 갔다 하기, 사람이나 그 밖의 것에 관심이 없음, 사소한 것에 대한 속임수)을 한다면, 친구들에게 받아들여지기가 쉽지 않을 것이다. 정신분열증을 가진 대부분의 아동들은 타인에게서 지시받은 행동을 하기 싫어한다. 만약 그들이 이러한 행동을 한다면, 그것은 망상이나 환각의 반응이기 쉽다.

음악치료에서 아동은 예측할 수 있는 환경이 만족스럽게 구축되었을 때, 최고의 반응을 한다. '잘 갖추어진' 반복적인 활동은 아동들에게 집중력과 체계적인 반응을 유도하기 때문에 효과적이다. 따라서 이들을 다루기 위해서는 일관성과 인내가 필요하다. 박자가 갑자기 변하는 음악, 너무 큰 소리, 복잡한 음악은 효과적이지 않다.

이 장애에 대한 진단 혹은 정의를 내리기 위한 실험적 검사는 없다. 그러나 뇌 구조 및 기능에 대한 철저한 연구는 몇몇 구조적인 비정상성을 보여 주고 있다.

또한 비정상적인 혈류 및 포도당 사용의 특성을 보인다(DSM-IV, 1994).

아동기에 발병하는 것은 일반적이지 않다. 정신분열증을 가진 대부분의 사람들은 10대 후반 또는 이른 성인기에 발병했다. 증상의 기본적인 특징은 아동들에게도 동일하지만, 이 연령 집단에서 특이한 진단이 내려질 수도 있다(DSM-IV, 1994, p. 281). Spencer, Kafantaris, Padron-Gayol, Rosenberg와 Campbell (1992)은 유전 요인이 아동기 정신분열증의 이른 발병과 관계가 있을 것이라고 보고했다. 정신분열증의 어머니가 발병이 이른 정신분열증 아동을 낳는다는 다수의 연구들도 보고됐다. DSM-IV(1994)에서는 '정신분열증이 있는 사람과 1촌 관계에 있는 사람들은 일반적인 사람들보다 10배가 넘는 정신분열증의 위험을 가지고 있다.' 고 언급한다(p. 283).

Brimer(1990)는 자폐증으로부터 특징적인 아동기 정신분열증을 일으키는 것에 대해 다음과 같은 기준을 제시했다(Rimland, 1964의 연구를 기초로 함; Rutter, 1978; Wing, 1972).

① 발병과 진행: 자폐 아동은 태어날 때부터 장애가 있다. 정신분열증 아동은 정상이거나 정상에 가까운 발달 시기를 보내며 그 후에 퇴행을 한다.

② 건강과 외형: 자폐 아동은 신체적으로 건강할 뿐만 아니라, '아름다운' 외형을 지닌다. 그러나 정신분열증 아동은 건강상의 문제가 있을 수도, 없을 수도 있으며, 일반적인 사람들보다 외모가 눈에 띄지 않는다.

③ 신체적 반응: 자폐 아동은 회피하는 습성이 있다. 정신분열증 아동은 사회적 접촉에 신체적으로 반응할 수도 있다.

④ 고립: 자폐 아동은 과도하게 혼자 있으려고 한다. 정신분열증 아동은 가끔씩 사회적 환경에 반응한다.

⑤ 동일성의 보존: 정신분열증 아동은 자폐 아동과 같이 물리적 환경을 그대로 보존하여 동일하게 만들려는 습성이 없다.

⑥ 지남력: 정신분열증 아동은 환경에 대한 지각을 한다. 자폐 아동은 환경에 대한 지각이 부족하다.

⑦ 환각: 환각은 정신분열증 아동에게는 나타나지만, 자폐 아동에게는 나타나

지 않는다.

⑧ 운동 수행: 정신분열증 아동은 운동 능력에 어려움을 가지고 있다. 자폐 아동은 복잡한 운동도 잘 수행하는 능력이 있다.

⑨ 언어: 자폐 아동은 비의사소통적인 방법으로 말을 한다. 정신분열증 아동은 대화를 할 수는 있으나, 기괴한 사고를 동반하여 말을 한다.

⑩ 지적 능력: 자폐 아동이 정신분열증 아동에 비해 높은 지적 능력을 가졌다는 것에 대한 논란이 있다. 왜냐하면 IQ는 개인마다 다르고, 자폐 아동은 일반적으로 IQ가 50 정도이거나 그보다 낮으며, 정신분열증 아동은 일반적으로 IQ가 60~70보다 낮기 때문이다. 또한 아동의 협조와 의사소통의 결여 때문에 검사의 정확성은 신뢰 수준이 낮다.

⑪ 서번트 증후군 수행: 서번트 증후군은 자폐 아동에게서 적은 비율로 나타나지만, 정신분열증 아동에게는 나타나지 않는다. 이것은 격리된 영역에서 두드러진 능력, 예를 들면 처음 들은 노래를 피아노로 연주하거나, 동물 형상을 솜씨 좋게 조각하거나, 과거 혹은 현재의 특정한 날짜를 가리키는 등의 행동을 보이는 것이다.

⑫ 가족 배경: 자폐 아동의 부모는 높은 사회경제적 계급으로 정신분열증 아동의 부모보다 높은 지적 능력을 가지고 있다.

⑬ 정신장애 가족력: 부모와 조부모의 정신적 질병 발생률은 자폐 아동들의 평균보다 낮고, 정신분열증 아동들의 평균보다 높다.

⑭ 성비: 자폐 발생률은 남자가 여자보다 3~8배 정도 높다. 정신분열증의 발생률은 특별한 성비의 차이가 없다(pp. 61-62).

아동기 정신분열증의 진단을 위한 DSM-IV의 기준의 모든 증상을 가지고 있는 아동들의 발병률은 매우 낮다. Gillberg(1995)는 10만 명당 2~3명의 아동들에게서 나타난다고 보고했다. 그렇지만 특정한 다른 상황에서 증상(자폐증, 사회적 결핍, 학습장애, 정서장애와 그 밖의 것들)을 보인다. 따라서 음악치료사는 항시 아동의 장애의 명칭보다는 아동들 각각의 행동을 주의 깊게 살펴야 한다.

Kliewer와 Biklen(1996)은 장애의 명칭 사용에 대해 반대 의견을 보였다.

특수교육과 재활에서 다양한 영역의 전문가가 장애 명칭을 사용하여 개인의 취약한 부분을 강조한다. 종종 이러한 실행으로 낙인찍힌 사람들의 복잡하고 독특한 개성이 감춰진다. 개인이 가지고 있는 재능과 능력에 대한 인식은 낙인찍은 장소와 환경에서 일어나야 함에도 불구하고 그들이 유도한 상동행동은 외면되는 일이 발생한다(p. 94).

4. 행동장애

1) 주의력 결핍 및 과잉행동 장애

과잉행동과 반응 억제를 수반한 주의력 결핍은 신경정신 장애의 공통적인 부분이다. 그것은 뇌 손상과 연관된다. 신경계 하부조직은 이러한 행동을 유발시킨다. 그렇지만 특정한 병변이 항상 같은 행동 특성을 수반하지는 않는다. Castellanos와 그의 동료들(2001)은 자기공명영상을 사용하여 주의력 결핍 및 과잉행동 장애(attention-deficit/hyperactivity disorder: 이하 ADHD로 칭함)를 앓고 있는 여아의 뇌 용량을 연구하였다. 남아를 대상으로 한 기존 연구 결과를 확인했을 때, 소뇌 중간 부분의 후측저부 소엽에서 차이점을 발견하였다. 이것은 소뇌 인지정서 증후군(Schmahmann & Sherman, 1998)과 연관되어 있는 신경 조절과 관련된 뇌의 한 부분이다. 이 증후군은 실행 기능의 결함, 공간적 · 시각적 인식의 어려움과 기억장애 혹은 언어장애가 특징이다(Castellanos et al., 2001, p. 293). ADHD는 해부학 및 신경화학적 기능이 모두 고려되어야 한다. ADHD가 외상 없이 나타나는 경우는 신경화학적 분열이 발생할 수 있다. 신경전달물질의 기능을 변화시키는 약물치료는 ADHD 치료에 효과적이다. ADHD의 유전적 기초에 대한 많은 연구가 주의 깊게 재고된 후에, Rutter, Silberg, O'Connor와 Simonoff(1999)는 "과잉행동/주의력 결핍에 대한 유전적인 요소가 정신병리학의 다른 형태를 비교한 것처럼 두드러지게 강하다."(p. 31)라고 보고하였다. 이러한 고찰은 많은 가변성이 있고 더 많은 연구가 필요하다. 그렇지만 가족 연구와 쌍둥이 연구에서 이러한 결론을 지지하는 경향이 있다.

한편, '주의력'은 쉽게 정의되지 않는다. 주의력과 관련해 대부분의 연구가들은 첫째로, 자극에 반응하기 위한 생리적인 '준비'의 필요성에 대해 언급한다. 이것은 보통 '각성'이라 불린다. 둘째로, 집중력을 유지하는 능력인데 이것은 종종 방심하지 않고 경계하는 것으로 언급되기도 한다. 주의력은 자극이 주어지는 동안의 정보를 충분히 받아들일 수 있을 만큼 길게 유지되어야 한다. 셋째로, 주의력은 새로운 자극을 감지했을 때 발생하는 반응에 따라 판단된다.

주의력 결핍은 과잉행동 혹은 학습 문제가 수반된다. 이러한 행동 특성은 종종 최소 뇌기능장애(minimal brain dysfunction: MBD)의 진단 영역과 함께 일률적으로 다루어진다. 그렇지만 이 증상은 뇌 손상 없이 발생하고, 뇌 손상이 있는 아동은 과잉행동을 하지 않기 때문에(Rutter, 1982) 평이하게 구별할 수 있다. 또한 주의력 결핍은 과잉행동 없이 발생할 수도 있다(DSM-IV, 1994).

최근 사용되는 전문용어는 '주의력 결핍 및 과잉행동 장애'다. DSM-IV(1994)에서는 '부주의는 학습, 직장 혹은 사회적 상황에서 나타날 것' (p. 78)이라고 기록하고 있다. 음악치료에서 이 진단을 받은 아동들에게는 주의력을 증대시키기 위한 치료가 필요하다. 이것은 초기 집중을 지속시키기 위해 작은 범위 내에서 음악 및 활동의 변화를 주어 치료할 수 있다. 동일한 노래는 아동에게 행동을 수행하도록 하며(뛰어난 운동기술), 리듬악기 연주, 움직임(총체적 운동기술), 가사의 변화 혹은 운율의 한 마디를 추가하여 노래 부르고 답하는 활동 등을 통하여 아동에게 동기부여를 하도록 한다. 또한 소리, 음색, 멜로디의 변화 등을 수반한 변주를 할 수 있도록 한다. 동일한 노래에서의 작은 변화는 아동에게 동기를 부여하여 참여를 유도한다. 왜냐하면 음악은 참여를 강화하여 기쁨을 주기 때문이다. 세션 전체가 아닌 짧은 시간 동안의 수행을 통하여 총체적인 세션 기간 동안에 대부분의 아동을 참여시키도록 한다. 이것의 목적은 아동이 일정 기간 동안 과제 수행이 향상되도록 유지시키는 것이다.

주의력 결핍 때문에 과잉행동이 수반될 때는 한계에 도달했을 때 조금씩 움직

일 수 있도록 시간을 주어야 한다. 한계가 명확하지 않으면 아동이 신속히 통제를 벗어날 수 있으므로, 시작하기 전에 움직일 수 있는 시간을 주어야 한다. 이 아동이 집중력을 충분히 발휘하도록 모든 참여에 대한 규칙 혹은 한계를 이해시켜야 한다. 행동을 쉽게 예상할 수 있다면, 많은 아동들이 편안한 마음을 가질 수 있을 것이다. 스스로 경계선을 찾는 것처럼 구조가 명백할 때 더 잘 기능할 수 있다. 너무 많은 자극 혹은 확실치 않은 기대는 통제의 상실로 이끈다. 이 경우, 행동은 자주 충동적이게 되며 상당한 위험을 내포한다. 음악치료사는 ADHD 아동에게 안전한 환경과 정해진 시간 내에 선택할 수 있는 소재를 반드시 제공해야 한다.

환경 자극의 단계는 과잉행동의 표현과 연관되어 있다는 연구 결과가 있다 (Zentall & Meyer, 1987; Zentall & Zentall, 1983). ADHD 아동들은 자극을 찾는 경향이 있으며, 자극이 부족할 때 통제하는 것에 대한 문제를 가지고 있다. Antrop, Rooyers, Van Oost와 Buysse(2000)는 행동의 기다림과 지연에 대한 반감을 가진 자극-추구 행동을 연구하여 발표했다. 그들은 "ADHD 아동들은 인식 지연을 변경하기 위해 비일시적인 자극을 만들어 통제력이 있는 아동보다 좀 더 다양한 행동을 하는 것처럼 보인다."(p. 229)라고 주장했다. 그들이 연구한 행동은 물체 접촉하기, 몸통 혹은 다리의 움직임, 뛰기, 문 열기 및 말하기다. 통제집단과 ADHD 집단 모두는 기다리는 시간을 통계적으로 예측해 보았는데, ADHD 아동에게서 높은 비율의 활동량이 나타났다. 연구자들은 그들이 '각성 단계를 정상화할 수 있게'(p. 229) 자극의 단계를 찾아내도록 제안하였다. 이것은 이러한 아동들이 만족할 수 있도록 집단 내에서 사용할 수 있는 신체적 활동 단계를 음악이 연결해 준다는 것을 나타낸다. 앞으로 이에 대한 좀 더 많은 연구가 필요하다.

ADHD는 남아에게 좀 더 일반적으로 나타난다. Szatmari(1992)는 ADHD가 남성에게서 더 많이 발병된다고 언급하였다. DSM-IV(1994)는 4:1에서 9:1의 비율을 언급하였고, 학교생활을 하는 아동의 3~5%의 비율을 제시하였다(p. 82). 진단은 취학 전 아동들에게는 이루어지지 않는다. 모든 아동이 움직이고 시끄럽게 하고 싶어 하기 때문에, 주의력이 과제를 완성할 정도로 충분히 길게 유지되어야 할 때만이 결함이 명백해진다.

부모와 교사들은 이러한 장애가 있는 아동들을 지도하면서 자주 실망하고 지친다. 부모의 몇 가지 양육 행동은 아동의 통제를 지속하는 데 도움을 줄 수 있으며, 이러한 문제 발생에 대해서는 신경화학적 기능을 반드시 이해해야 한다. 아동들의 충동, 산만함 그리고 과잉행동으로 나타나는 부끄러움이나 죄책감을 경감시켜야 한다. 이것은 부족한 양육기술 때문이 아니며, 어떤 부분은 부모, 교사 그리고 치료사들이 주의와 관련해 다음과 같은 일관된 지시를 할 필요가 있다.

- 지시를 내릴 때 아동이 잘 듣고 집중하고 있는지를 확인한다.
- 복잡한 지시는 피한다. 모든 아동들이 과정을 확실히 이해했는지 물어본다.
- 과제를 완성하도록 용기를 준다. 음악치료는 매우 짧은 시간 안에 과제를 수행할 수 있도록 많은 기회를 줄 수 있다.
- 환경, 재료 및 과제 구조를 질서 정연하게 제공한다. 아동 스스로가 체계화하기 어렵기 때문에 쉽게 지칠 수 있다. 작업을 하는 동안에 일관성을 유지하며, 아동이 통제감의 향상을 느낄 수 있도록 계획을 세운다.
- 세션에 무엇을 가지고 왔는지 확인하고(예, 외투, 장난감, 학교 물품) 모든 소유물을 남겨 놓을 수 있도록 도와준다.
- 아동이 확실한 예상을 할 수 있도록 '방에 있어야 해요.' '차례가 될 때까지 기다려요.' '차례가 되면 가질 수 있어요.' '카페트나 의자에 앉으세요.' '다음 차례에서 가지고 놀 때까지 하나만 가지세요.' 와 같은 지시 문구로 충동행동의 통제를 돕는다.
- 정리 정돈하는 것(예, 단추를 잘 채우고, 바지의 지퍼를 올리며, 코트에 양쪽 팔을 모두 넣기)과 위생적인 행동(예, 화장실에 다녀온 후에 손을 씻고 말리기, 코를 풀 때는 티슈로 닦아서 바닥이 아닌 쓰레기통에 버리기)을 할 수 있도록 도와준다.

ADHD는 종종 행동장애 혹은 학습장애와 연관된다. 타인의 요구에 대한 배려와 함께 지시를 '듣고' 따르는 능력과 행동을 조절하는 능력이 연관되어 있더라도 모든 ADHD 아동이 분열 행동을 하지는 않는다. 또한 대부분이 학습장애의

기준에 부합하지 않는다. 다시 말하면, 분류된 기준에 따르기보다는 개인 특성에 대한 고려가 중요하다. ADHD 아동은 개별적인 차이가 존재한다. 따라서 개개인에 따라 강점과 약점이 평가되고, 개인의 성향에 따라 계획을 세워야 한다.

이 증상을 가지는 많은 아동들은 자존감이 낮기 때문에 그들이 성공적인 경험을 할 수 있도록 해야 하며, 그에 대한 보상을 받도록 해야 한다. 음악활동은 이러한 기회를 제공한다. 만약 아동이 오랫동안 집중할 수 없고 지시 사항에 대해 듣지 않는다면, 학교생활의 성공은 불투명하다. 집중력 증진을 돕고, 듣는 능력을 향상시키고, 과제를 완성하게 하는 것은 아동의 자존감을 증가시켜 학교생활을 향상시킬 수 있다. 부모는 아동이 어려운 과제를 맡고도 그것을 성공적으로 완수한 것에 대해 보고를 받았을 때 뿌듯함을 느낄 것이다. 일반적으로 아동은 성장할수록 통제력을 유지하는 것을 배운다. 그러나 학교생활에서의 부정적인 상호작용은 10대의 반항과 같은 가족 관계의 불신을 일으킨다. 보호자, 교사 그리고 치료사와의 의사소통이 훌륭하게 조화를 이루기가 쉽지는 않지만, 성공적인 발전에 대한 가능성은 있다.

2) 간헐적 폭발성 장애

간헐적 폭발성 장애(intermittent explosive disorder)는 재산 또는 인명 부상을 초래하거나 또래 집단이나 심지어 어른들에게 과격 행동을 반복하는 행동 특성을 보인다. 이러한 행동은 폭발 전에 쌓였던 긴장을 이완하기 위한 것으로, 억제하기 힘든 충동 행동을 갑작스럽게 실행하는 것으로 보인다. 그것은 계획되거나 목표 성취(예, 복수 혹은 누군가에게 해를 입히기 위한 것)를 위한 것이 아닌, 충동적인 행동이다.

이 장애는 발병률이 낮은 편이며 ADHD와 혼동하면 안 된다. 이것은 좀 더 파괴적이고 격정적이다. 카바마제핀(carbamazepine)과 같은 항간질제로 치료하는 경우도 가끔 있다.

3) 품행장애

품행장애(conduct disorder) 아동들은 연령에 맞지 않는 부적합한 행동을 보이며 구조적 기능의 어려움을 가지고 있어 일반 아동들과 좋은 관계를 유지하는 것이 어렵다. DSM-IV(1994)에서는 '이러한 행동은 4가지 주된 행동군, 즉 다른 사람이나 동물에게 신체적인 해를 가하거나 위협을 가하는 공격적 행동, 재산상의 손실이나 손상을 가하는 비공격적 행동, 사기나 도둑질, 심한 규칙 위반으로 분류한다.' 고 기술하고 있다(p. 85).

이러한 아동들은 매우 심각한 행동을 일삼으며, 강간이나 성적 학대, 절도 혹은 폭력을 위해 무기류를 소지하기도 한다. 또한 그들보다 약한 아동들을 괴롭히거나 위협하고 모욕을 준다. 이들의 공통적인 특성은 타인의 기능적인(사회적, 학습적, 직업적) 부분을 손상시키는 과격한 행동을 한다는 점이다. 위협은 종종 약한 아동이나 동물을 대상으로 하며, 심지어는 어른에게도 과격한 행동을 한다. '폭발적인' 아동은 타인의 소유물을 하찮게 생각하며, 불을 지르거나 공공시설을 파괴하거나 도둑질을 한다. 이들은 규칙을 무시하기 때문에 무단결석하거나 학습이나 과제를 하지 않기도 한다. 진단이나 평가 정보는 치료와 교육을 목적으로 해야 하며, IEP를 작성하는 사람이 아닌 다른 사람이 평가하였을 때는 이것이 반드시 필요한 것은 아니다(Fiedler & Knight, 1986; Reiher, 1992; Smith & Simpson, 1989).

이 장애를 가진 대부분의 아동들과 청소년들의 치료 목표는 자존감의 증진과 충동 통제다. 또래 친구와 함께하는 음악 집단의 참여는 타인이 수용할 수 있는 행동, 적절한 행동과 생산적인 에너지를 산출할 수 있도록 하는 데 매우 효과적이다. 소집단 활동, 예를 들면 합주 혹은 연주 집단은 종종 구조적인 것이 요구된다. 이들 대부분이 음악을 연주하는 데 필요한 기술이 없으므로, 그들이 음악기호를 배우고 싶어 할 때까지 글씨, 색깔 혹은 숫자의 지도가 필요하다. 이 경우에 빠르게 배울 수 있는 악기가 추천된다. 지도하기 어려운 악기는 그들이 자신감을 찾은 후에야 가능하다. 일반적인 목적을 위해 타인과 함께 작업하는 경험은 큰 가치가 있다.

Reiher(1992)는 Iowa에서 행동장애 학생의 진단평가 보고서와 IEP를 검토했다.

> 행동의 결함은 학습 행동(예, 과제하기, 숙제 완성)에서 가장 자주 나타난다. 사회적 · 정서적 결함은 친구와의 대인관계에서 가장 많이 확인된다. 이 두 영역은 대부분 자주 발견되는 결함이며, 확인된 학습 행동 혹은 친구와의 관계에 결함을 가지고 있는 학생들은 전체의 60%다(pp. 171-172).

이러한 문제들은 음악치료에서 다루어지며, 과제분석 행동의 증진, 과제 완성 그리고 적절한 사회적 상호작용의 증진이 이 치료의 공통적인 목적이다(학습적 · 사회적 CAMEOS). 이러한 목표는 아동의 IEP에서 명확히 제시되어야 한다.

아동기 발병 품행장애를 가진 많은 청소년들은 경도 정신지체의 범위로 검사될 것이다. 이것은 부분적으로는 그들의 행동이 붕괴되었기 때문에 청소년기에 이루어졌어야 할 학습에 실패한 것이다. 많은 아동들이 학교에서 퇴학당한 경험이 있으며, 소년원에 갔다가 돌아온 경험이 있거나 아동기에 습득해야만 하는 능력을 기르지 못하게 한 방해물이 있었을 수 있다. 이것은 IQ 검사에도 영향을 미친다. 오랜 기간 동안 학교생활에 실패한 경우는 과제 실행이나 새로운 과업을 배우는 것을 매우 달갑지 않게 생각한다. 이러한 아동이나 청소년들은 많은 성공을 경험할 수 있도록 충분한 지지와 기회가 필요하다. 만약 신중하게 구조화되어 실행할 수 있다면, 음악 집단에서 이러한 것을 제공할 수 있다.

때때로 폭력단 활동, 약물과 마약의 남용 혹은 다른 반사회적인 행동이 발생한다. ADHD는 이 집단 사이에서 공통적이지만, 여기에는 일반적으로 2개의 분리된 진단 범주가 있다. 종종 이러한 구별은 문헌의 많은 부분에서 명확하지 않다. 다른 관련된 진단으로는 '품행장애를 동반한 적응장애'가 있다. 우선적인 차이점으로 이 진단은 그 행동이 알려진 정신사회적인 스트레스 인자에 반응할 때 만들어졌다는 것이다(DSM-IV, 1994). 행동 유형은 이러한 품행장애와 비슷하다. 반사회적인 행동이 다른 행동의 유형보다 단독으로 발생했을 때, '아동이나 청소년의 반사회적 행동'(DSM-IV, 1994, p. 684)으로 진단된다.

5. 약물 관련 장애

청소년들은 새로운 역할과 권위적인 형태로부터 더 많은 독립을 시험하면서 좀 더 위험한 행동에 참여하려고 한다. 이것은 약물 남용과 피임을 하지 않는 성행위, 자동차 운행과 관련된 위험을 포함한다. 이 세 가지 모두 10대와 20대의 높은 사망률과 관련되어 있다. 많은 10대들이 알코올중독 혹은 법에 위배되는 약물 사용으로 발생하는 폭력과 연관되어 사망한다. Irwin과 Ryan(1996)은 여성보다 남성의 높은 사망률과 10대에서 300%의 사망률 증가를 지적했다. 그들은 10대(10~19세) 사망 원인의 75%가 사고, 자살 및 살인과 관련되어 있다고 보고했다. 알코올중독은 자동차 사고에만 연관된 것은 아니며, 다른 오락 관련 사고로 이어진다(예, 수영, 뱃놀이, 자전거 타기). 이것은 '강력한 약물'을 사용하고 있다는 증거인데, 예를 들어 헤로인이나 코카인은 청소년들 사이에서 사용률이 낮지만 알코올은 여전히 높은 상태다. 사실 알코올은 1990년대부터 지금까지 가장 많이 남용되고 있다. Litt(1996)는 93%의 고등학생이 술을 마신다고 보고했다. 이것은 과도하게 취한 상태(다섯 병 혹은 그 이상을 마시는)와 알코올중독을 동반한다. 마리화나의 사용 역시 증가했다. 1991~1995년에 8학년의 경우 6~16%, 12학년의 경우 24~35%의 증가율을 보였다(Stevens-Simon, 1999).

헤로인 같은 아편은 흡입, 주사 혹은 정맥에 바로 주사하여 사용한다. 기본적으로 사용자는 마약 사용량을 정확하게 측정할 수 없어서 과잉 투여가 가능하다. 이러한 약물의 사용은 신경근육, 심장혈관 및 호흡기 이상을 일으키고, 이에 따른 혼수상태, 발작, 호흡 기능의 실패로 사망에 이른다. Rinfret(1997)은 1991~1995년에 미국 연방법집행국에서 80만kg의 코카인을 압수했다고 보고했으나, 가격 하락과 순도의 증가로 사용 가능성이 높다. 따라서 사용자들은 가격이 비싸기는 하지만, 그들의 습관을 즐기기 위해서 공급해 오는 데는 어려움이 거의 없다. Halpern

과 Mechem(2001)은 7년 동안 도시의 응급실에서 12,904명의 정신과 환자들의 주기적 영향을 조사하였다. 그 결과, 2,403명의 환자가 약물장애로 최초 진단을 받은 것으로 확인됐다. 그들의 약물 사용량은 매달 처음에는 높은 비율이고 그런 후에 감소하므로, 매달 검사와 약물 사용 수준의 관계를 시사한다. 비슷한 결과가 다른 곳에서도 나타났다(Cataleno & McConnell, 1999; Phillips, Christenfeld, & Ryan, 1999; Rosencheck, 1997; Shaner, Eckman, & Roberts, 1995). 이 연구자들의 대부분은 정부 검사와 약물 소비자의 능력에 대한 상관관계를 보았다. 하지만 Halpern과 Mechem(2001)은 그들의 연구 기간 종료의 결과로, 보충보장소득(supplementary security income)과 사회보장장애보험(social security disability insurance)이 약물과 관련된 질병으로 무력해진 사람들에게 시행 불가능한 연방 법안[PL 104-121, 1996]이 제정되었다고 지적했다. 그래서 이러한 연구를 반복할 필요가 있으며, 다른 정기적인 소득의 원천을 고려할 필요가 있다. 약물중독자들은 약물이 떨어지면 견디지 못하기 때문에 코카인을 사는 데 필요한 돈을 충당하려 할 것이며, 값싼 농축 코카인을 피우고 더 빨리 '중독'될 것이다. 이것은 6초 안에 혈뇌장벽[2]을 지나게 된다(Inciardi, 1997). 값싼 농축 코카인 사용자는 빠르게 고착되어 매우 의존적이 되며, 마약을 손에 넣기 위해 어떠한 행동도 감수한다.

LSD(리세르그산 디에틸아미드) 같은 환각제의 사용은 청소년들 사이에서 감소했지만, 다른 물질—PCP, 몇몇 환각 버섯 그리고 독말풀(악마의 풀, 로코초 혹은 악취가 나는 풀)—의 사용은 여전하다. 이것들은 유독성이기 때문에 사망에 이를 수 있다. 어린 청소년들은 일반적으로 집에서 약물을 찾는데, 예를 들면 본드, 프레온가스, 페인트 시너, 부탄가스 그리고 휘발유를 사용한다(Litt, 1996, p. 546). 이러한 것들은 숨을 들이쉬면서 제품을 사용하여 환각 상태에 빠지게 되며, 중추신경계에 되돌릴 수 없는 뇌 손상을 일으키고 화학 중독을 일으킨다. 흡입기는 이용하기 쉽기 때문에 그 사용이 세계적인 문제이기도 하다. 이때 사용된 화학약품은

2) 역주　뇌실질 조직과 혈액 사이의 생리적 장벽으로 뇌의 화학적 환경을 일정하게 유지시킨다.

탄화수소의 전체적인 집합이기에 약물 사용자보다 조사하기가 어렵다. 화학약품의 사용은 심각한 질병이나 사망으로 이끈다(Tenenbein, 1997).

흡연은 니코틴이 약이기 때문에 물질 사용으로 간주된다. 니코틴 중독은 남아보다 여아에게서 높게 나타난다. 흡연에 따른 건강의 위협에 대한 주의가 필요하다. 알코올의 사용은 남아에게 좀 더 일반적이다. 두 가지 모두 청소년기의 많은 10대가 좀 더 어른스럽게 느끼기 위한 방법으로 사용하기 시작한다. 하지만 알코올과 관련된 오토바이 사고는 10대들에게 죽음을 면할 수 없는 큰 사고를 초래한다. 약물 사용은 또한 실제적으로 성행위를 일찍 접하는 것과 관련된다(Irwin & Ryan, 1996, p. 41). 이러한 악순환적인 약물 사용은 미래의 태아에게도 영향을 미친다. 코카인을 사용한 어머니에게서 태어난 신생아는 키와 몸무게, 머리 크기가 임신 연령에 비해 작다고 보고되었다(Zuckerman, 1996, p. 192). 알코올을 섭취하였거나 담배 혹은 마리화나(코카인과 함께 또는 코카인 없이)를 흡연한 어머니의 아이는 3세를 지나면서 IQ가 낮은 것을 볼 수 있다. 아편과 관련된 약물(모르핀, 코카인, 헤로인 그리고 데메롤)을 사용한 어머니의 아이는 태어난 후에 약물 금단 증상을 가지며, 출생 시 혹은 후에 뇌 손상의 위험이 증가하고, 작게 태어난다. 장기간 약물을 사용한 어머니에게서 태어난 아이는 출산 전에 약물중독의 특성을 보이기도 한다. 어머니는 약물을 얻는 데 관심을 기울이고 유아를 돌보는 데는 거의 관심을 기울이지 않는다. 이것은 어머니의 약물 남용 혹은 아동에 대한 방치로 이어질 수 있다. 또한 모든 돈이 약물의 사용으로 소비된다면, 경제생활이 빈곤해질 것이다. 약물에 중독된 모든 어머니들은 중독이 아이에게 심각한 위험을 준다는 것을 반드시 인지해야 한다.

태아알코올 증후군은 분리된 범주에서 특수한 형식을 가진다. 이것은 여러 가지 발달적 결과—아동기 발달 지연, 정신지체, ADHD, 선택적 학습장애, 운동실조증, 학령기 및 청소년기에 나타나는 행동장애(Zuckerman, 1996, p. 193)—와 관련된다.

신생아의 체중 미달은 임산부의 마리화나 혹은 담배 사용과 연관이 있다. 또한 자연유산, 조산 시 태반의 분리와 연관된다. 낮은 인지적 기능은 이러한 아동 발

달에서 나타나지만, 환경 요인과도 연관된다. 최근에는 간접흡연에 대한 연구가 행해지고 있다. 이것은 행동 문제와 관련 있을 수도 있다.

임신을 원하는 여성은 약물, 알코올 및 담배의 사용에 관련되어서는 안 된다. 불행히도, 많은 10대 어머니들이 임신을 원치 않기 때문에 그 위험에 대해 알지 못한다. 게다가 대부분의 10대는 이러한 일이 '나에게는 일어나지 않을 상황'이라고 생각하기 때문에 더욱더 많은 위험 요소를 가지고 있다. 손상의 많은 부분이 3기 중 1기 때 발생하기 때문에 만약 임신 사실을 알아차리고 곧바로 중절수술을 하려고 해도 너무 늦는다(보통 임신 몇 주 후에 중절 가능 기간을 넘긴다).

몇몇 약물의 사용은 스트레스를 완화하기 위해 사용된다. 특히 알코올, 니코틴, 진정제의 사용이 그렇다. Stevens-Simon(1999)은 '기분 전환을 위한 약물의 사용은 1993년부터 증가했다.'고 보고했다(p. 149). 이것은 10대의 우울증과 자살 혹은 다른 자해 행동과 관련된 것처럼 보인다. 일부 10대는 낮은 자존감 때문에 알코올을 섭취하거나 약물을 시도한다. 그러나 이러한 약물은 실질적으로 더 많은 위험 요소, 판단 능력의 결핍, 능력의 손상을 가져온다. 다행히도 기분 전환을 위한 약물 사용은 일반적이지 않다.

청소년이 사용하는 다른 약물로는 흥분제, 다이어트 약, 수면을 돕는 약물 등이 있다. 여자 청소년들은 남자들에 비해 다이어트 약을 더 많이 오용하며, 남자들은 힘을 증강시키기 위해 잘못 알려진 정보를 믿고 근육 증강제를 많이 사용한다.

약물의 증상을 실험해 본 일부 청소년은 약물을 계속한다. 이들은 집이나 학교 또는 또래 집단이 모여 있는 곳에서 약물을 사용하며, 가족과의 마찰 혹은 기능장애, 가족 내 어른의 사용 그리고 학교나 사회에서의 성공 결여 등이 약물 사용의 원인으로 작용한다. 청소년의 약물 오용 문헌에 보고된 평가 도구들이 있다. 몇몇은 Farrow, Smith와 Hurst(1993)가 검토하였다. 다른 검사는 개별경험표(Personal Experience Inventory: PEI)(Winters & Henly, 1989)다. PEI는 청소년 약물 오용의 심각성, 약물의 사용 주기, 심리사회적·환경적 상호관계를 측정한다(Stinchfield & Winters, 1997).

학교, 교회 혹은 다른 공동체에 속해 있는 청소년은 집 밖에서 역할 모델을 찾고 싶어 한다. 많은 연구에서 깊은 신앙심과 부정한 약물을 사용하는 것 사이에 부적 상관이 나타났다(Amey, Albrecht, & Miller, 1996; Cochran, 1993; Cochran & Akers, 1989). 그들은 책임감, 권위와 법의 존중, 성취에 대한 기대를 포함하는 가치 체계를 심어 주는 가족을 가지고 있는 경향이 있다. 가족은 아동과 청소년의 삶과 관련이 있으며, 보상을 제공하고 성취에 대한 배려를 한다. 이것은 청소년기에 또래들이 행하는 실험에 대한 압력에 저항할 수 있는 자존감을 키워 준다.

약물 사용은 행동장애, 우울증 및 사회 통념에서 벗어난 행동들을 하게 한다. 교육적 · 건강적 · 관리적 차원에서 초기 단계의 약물 오용을 경계하는 관리가 중요하다.

무단결석, 학습 부진, 대인관계 문제, 학습 태만, 우울감, 습관적 피로, 잦은 복통, 가슴 통증 혹은 두근거림, 두통, 잦은 기침, 지속적인 콧물과 목의 염증 (Stevens-Simon, 1999, p. 155)

치료는 매일의 프로그램, 거주 프로그램 혹은 방과 후 공동체 프로그램이 있다. Klingemann(1991, 1992)은 알코올 및 헤로인 사용자의 자기 회복에 대한 연구를 통해 3단계, 즉 ① 동기부여, ② 행동, ③ 유지로 설명하였다. 이것은 자신감을 증진시키며, 새로운 사회의 내면화와 새로운 삶의 가치를 인정하게 한다. 이 연구는 형식적인 치료가 아닌 새로운 인생을 찾아가는 단계로 치료에서 나타난다. 이 단계들은 음악치료를 통해 다루어질 수 있다.

치료는 클라이언트에게 언제나 변화의 가능성을 보여 주고, 클라이언트가 하는 선택에 대해 충분히 책임질 수 있도록 한다. 약물 남용자를 위한 지지적인 영역이 포함되며, 신체치료 및 약물 오용을 끊을 수 있도록 하는 프로그램으로 이루어져 있다. 이것은 장기적인 치료 결과를 측정하기 위한 것은 아니다. 그들에게는 짧은 기간의 치료가 더욱 필요하지만, 행동 패턴이 변하지 않는다면 장기간의 치료가 필요하다. 치료의 다양한 방법에 대한 효과를 연구하는 것은 어렵다. '치료' 뿐만 아니라 약물 사용의 유형, 지속 시간, 클라이언트의 나이 등 그 밖의 다양한 요인

을 비교하는 일은 어렵다. 게다가 어떤 사람은 치료 없이 자발적으로 회복되기도 한다. Blomquist(1996)는 "빈곤한 사회경제적인 환경의 클라이언트는 사회적으로 안정되고 정신건강이 일반적인 사람들보다 치료 결과가 좋지 않다."(p. 1823) 라고 지적했다. 치료 효과를 측정하는 데는 매우 다양한 방법이 있다. 가장 성공적인 프로그램 중 몇몇은 치료와 알코올중독자 자조모임(Alcoholics Anonymous: AA)을 통합적으로 이용하는 것이다.

음악치료에서는 예방 프로그램으로 이완활동을 통해 스트레스를 경감시킬 수 있다. 청소년들은 스트레스와 불안을 떨쳐 버리기 위한 더 나은 방법을 습득하고 약물에 대한 저항 훈련을 하게 된다(예, '안 된다고 말해!'). 지식과 저항을 기본으로 한 프로그램이 학생들의 이해를 증진시킬 때, 변화된 행동을 보이고 오용률은 낮아질 것이다(Stevens-Simon, 1999, p. 154). 대화 및 사회적 기술을 향상시키기 위해 실습을 포함하는 프로그램은 중요하다. 프로그램에 참여한 청소년이 소속감을 갖고 건전한 또래 집단에 수용된다면 효과적이라고 할 수 있다. 낮은 자존감을 보이는 청소년은 친구 및 가족으로부터의 소외감과 학교에서의 성취 불능, 상처받기 쉬운 경향을 보이며, 특히 또래 집단에서 '멋있다'고 인정받기 위해 약물을 사용한다. 약물 오용은 종종 비행 행동, 무단결석, 학교생활의 실패 및 다른 행동 문제들을 수반한다. 청소년기에는 약물이나 알코올을 사기 위한 돈을 충당하기 위해서 도둑질, 강도, 약물 판매 혹은 매춘을 하는 경우도 있다(Litt, 1996, p. 544).

그러므로 음악치료의 초기 목적은 청소년 약물 사용자의 욕구—대화 증진, 학습에 대한 성취 가능성, 정서적인 지원 및 표현 분출, 세상에 대한 구조적인 환경 제공, 사회적 상호작용 특히 또래 관계를 증진시키기 위한 지지—를 충족시켜 주는 것이다. CAMEOS에서 필요로 하지 않는 유일한 것이 운동기술이다. 만약 약물의 장기 복용에 따른 뇌 손상이 운동 기능에 영향을 주지 않는다면, 운동기술은 굳이 필요하지 않을 것이다. 음악치료는 청소년에게 많은 것을 제공한다. 대중음악은 청소년과 대화를 시작할 수 있는 좋은 방법 중 하나이므로 음악치료사는 음악으로 치료를 시작할 수 있으며, 치료에서 필요하다면 토론을 위해 제공할 수도 있다.

6. 섭식장애

10대의 자아개념은 일반적으로 친구를 사귀는 능력과 연관되어 있다. 10대들은 친구들과 집단에서 함께하는 것들로부터 큰 변화를 경험한다. 그들의 주요 관심사는 또래들에게 수용된다. 10대들은 대중매체에 등장하는 연예인의 모습처럼 매력적으로 보이기를 바라며, 매력적인 몸매와 유행하는 머리 스타일을 한 10대가 인기 있다. 그들에게 매력적인 몸매란 일반적으로 날씬한 여자아이와 근육질의 남자아이를 의미한다. 불행히도 패스트푸드를 향한 욕구는 이러한 몸매의 유지를 어렵게 하고, 근육을 지방으로 바꾸어 버린다. 10대가 신체적 변화에 지나치게 집착하면, 거울에 비춰진 자신을 보면서 '실패한 아이', '인기가 없는 아이', '행복하지 않은 아이'로 받아들이게 된다. 이처럼 '고착된' 문제의 결과로 섭식장애를 일으킨다는 것은 놀랄 만한 일이 아니다.

이것은 10대 남자아이보다 여자아이에게 좀 더 일반적으로 발생한다. 남자들의 경우 이보다는 덜한 섭식장애를 보인다. 그러나 남자들도 몸무게 조절을 위한 거식증이나 폭식증이 있을 수 있다. 미국 거식증 · 폭식증 협회(American Anorexia Bulimia Association: AABA)는 5백만의 미국인이 섭식장애로 고통받고 있다고 지적했으며(Vollstadt, 1999, p. 50), 다른 기관에서는 8백만의 미국인이 이 장애로 고통받고 있다고 발표했다. 이 중에서 단지 10%만 남자라고 하지만, 50~80만의 남자들이 여전히 고통받고 있다. 남자들은 날씬해지기보다는 강한 근육, 탄탄한 배와 지방이 적은 육체를 만들기 위해 운동에 집착하는 경우가 많다. 이것은 특히 몇몇 운동에서 조장한다. 예를 들어, 레슬링 종목에서는 승리를 위해 체중을 빼는 것이 좋다고 생각하여 시합 전에 오랫동안 계단을 빨리 오르내리는 선수들이 많다. 코치가 이를 조장한다면, 그 팀은 승리할 것이다. 체중 조절은 강박적 행동을 일으키기도 한다.

섭식장애는 성인기에도 계속되며, 신체적 건강에 매우 심각한 영향을 미칠 수 있다. 섭식장애를 겪는 경우는 외형적인 매력을 내적 가치, 예를 들면 정직, 친절,

다른 이에 대한 배려, 가족이나 친구에 대한 성실 등의 가치보다 더 중요시함으로써 정신건강을 해치게 된다. 자기 수용과 만족감은 겉모습보다 더 관련이 있다.

1) 거식증

거식증(anorexia nervosa)은 살이 찌는 것에 대한 극도의 공포로 발생한다. 이러한 장애를 가지고 있는 사람은 식욕 감퇴 혹은 그와 비슷한 거식증을 보인다. 그들은 다이어트에 따른 심각한 질병 혹은 사망에까지 이른다. AABA는 5%의 청소년과 성인 여성 그리고 1%의 성인 남성을 포함한 5백만 미국인이 섭식장애로 고통받고 있다고 보고했다(Vollstadt, 1999, p. 9). 게다가 정신건강의 고통에 따른 거식증은 높은 사망률을 보인다. 많은 미국인이 몇 파운드라도 줄이려고 노력하는 동안 알 수 없는 공포와 거식증에 대한 불안감을 경험한다. 이러한 강박증으로 사람들은 자신의 몸에 살이 붙는 것을 알아채고, 날씬해지기 위해 심하게 집착한다. 몸의 체형을 심하게 조절하는 것은 거식증에 관한 많은 연구에서 나타난 주요 요인이다(Button, 1986; Casper, Halmi, Goldberg, Eckert, & Davis, 1979; Garfinkel, Moldofsky, & Garner, 1977; Leon, Lucas, Colligan, Ferdinande, & Kamp, 1985).

신체 사이즈에 대한 과대평가가 빈번하게 일어나며, 이는 치료의 성공을 예측할 수 있게 한다. 신체 사이즈에 과도하게 집착하는 사람들은 건강하게 보이는 적당한 체중에 만족하지 않는다. 실제로 많은 사람들이 과도하게 날씬해 보이는 것에 대해 기쁨을 느낀다(Vandereycken, Probst, & Meerman, 1988). 이것은 날씬한 몸매의 패션모델 포스터 때문일 것이다. 댄서들 역시 유혹에 빠지기 쉬운데, 댄스 스튜디오에서는 학생들에게 말라야 한다고 주장하기 때문이다. 하지만 건강을 유지할 필요가 있으며, 거식증에 걸려 직업을 잃는 일이 없어야 한다. 불균형한 영양 섭취는 내부 장기, 특히 피로뿐만 아니라 신장과 심장에 손상을 일으킨다. 어떤 10대들은 피겨 스케이팅, 트랙 및 필드 스케이트 선수 그리고 체조선수들의 체형을 따라야 한다고 생각한다. 금메달을 획득한 선수는 일반적으로 매우 날씬한데, 이러한 분야에서의 성공과 동일시된다. Rosen(1990)은 신체 이미지는 거식증

치료에서 중요한 요소라고 했으나, 예측 요소로서 사이즈 조절에 대한 연구는 일관적이지 않다. 그러나 이것은 분명 관련 요소 중 하나다. 다른 공통적인 특성으로는 다른 사람은 멋있어 보이지만 자신은 시시하게 보는 완벽주의적인 성향이 있다. 낮은 자존감과 함께 다른 사람들에게 호감을 사고 싶은 욕구 또한 공통적이다.

2) 폭식증

폭식증(bulimia)의 어원은 2개의 그리스어에서 파생되었는데, 소를 의미하는 bous와 배고픔을 의미하는 limos가 그것이다. 그러므로 폭식증의 문자적 의미는 소의 배고픔을 뜻한다(Vollstadt, 1999, p. 21). 폭식증은 마구잡이로 방대한 음식을 먹으며, 살이 찌지 않기 위해 설사약을 복용하거나 구토하는 특징을 보인다(폭식 행동은 한마디로 하면 '많이 먹고 먹은 것을 토하는' 것이다). 소화기 계통의 이러한 학대는 분명히 심각한 건강상의 문제를 일으킨다. 많이 먹고 구토를 반복하는 것은 잉여의 지방과 칼로리를 제거하기 위한 강한 운동을 수반할 것이다.

이것은 강제적인 행동이며, 다른 강제적인 행동을 동반할 것이다. 폭식증은 몸무게가 정상적인 범위에 머무르기 때문에 거식증과는 다르게 나타난다. 그러나 신체적 · 정신적 결함이 심각하게 나타난다. 폭식하는 청소년은 낮은 자존감을 보이고, 식욕이 감퇴하며, 타인에게 호감을 사고 싶어 하고, 유능한 사람처럼 보이기를 열망한다. 또한 결핍감 때문에 불안감과 초조함을 느끼며 많은 양의 음식을 먹는다. 많이 먹고 다시 토하는 것은 강박적인 행동으로 이어지며, 음식을 정상적으로 섭취하는 제어 능력을 잃게 된다. 폭식증 환자에게 음식은 위로의 기능을 하여 배가 고프지 않더라도 계속 먹도록 만든다. 하지만 그들은 날씬해지기를 원하기 때문에 과도한 음식 섭취를 줄이기 위한 방법을 고안한다. 그들의 행동이나 주위 세계를 통제할 수 없다고 느낄 때 불안을 줄이고자 강박적 행동을 보이는데, 조절을 위한 노력이 필요하다.

10대들은 그들의 주변 상황을 예측할 수 없거나 가족에게서 스트레스를 받거나 문제투성이라고 느낄 때 성취 조절을 위해 음식을 먹게 된다. 이것은 부모의 이혼 및 심각한 질병, 가족 구성원으로부터의 분리 혹은 가족 구성원의 알코올이나 약물 사용이 원인이 된다. 10대가 이러한 혼란에 대해 준비되지 못하면, 그들은 무가치감이나 좌절감을 느낄 것이다. 이러한 비실제적인 기대감으로 그들은 혼돈을 없애기 위해 음식을 먹거나 책임감과 관련해 가족 내에서 문제를 일으킨다. 많은 폭식증 환자는 날씬하고 매력적인 외모를 갖고 있기 때문에 친구들에게 지지와 사랑을 받을 수 있다. 그러나 불행히도 그들은 모든 사람의 성공이나 실패가 외모와 관련 있다고 생각한다.

또한 섭식장애는 부모, 교사 혹은 권위적인 존재가 자신의 성취에 대한 높은 기대감을 가질 때 죄책감을 느끼는 것과 관련된다. 그들이 스스로를 불충분하다고 느낄 때 안정을 찾기 위해 먹게 되는 것이다. 이러한 기대가 주로 다른 사람들의 기준이나 믿음에서 비롯되든지 간에 그들은 완벽에 대한 높은 기대로 제어할 수 없는 죄책감을 느낀다.

무능력은 만족감을 추구하게 하고, 많이 먹고 구토하는 느낌을 갖게 행동하도록 한다. Vollsadt(1999)는 슬프고 외롭고 불확실하며 능력의 부족함을 느끼는 10대가 안정감을 느끼기 위해 음식을 먹고 구토함으로써 이러한 느낌을 조절한다고 설명했다(p. 40).

젊은 사람은 또한 오용이나 외상을 통제할 수 있다는 성취감을 얻기 위해 섭식함으로써 자신을 혹사시킨다. 어떤 강력한 것이나 외상으로부터의 고통을 섭식과 배출 행위를 함으로써 개인적 통제의 부족을 보상받는다. 이러한 행위에 대한 다양한 오용의 방법들이 발생한다. 아동기의 성적 오용은 이러한 사람들 사이에서 주로 유행한다. 먹고 토하는 것이 오랜 기간 지속되면 위산이 치아의 에나멜을 파괴시킬 수 있다. 만약 설사약을 사용하면 간과 결장에 심각한 기능적인 문제가 생길 것이며, 강한 탈수의 위험에 처할 것이다. 다이어트 약은 종종 신경에너지를 유발하는 흥분제를 포함하고, 육체적으로 피로하고 극도로 쇠약해지게 한다. 젊은 여성은 생리 주기에 문제가 생긴다. 한마디로 폭식증이 건강한 상태를 이끌어 내는 것은 없다. 실제로 폭식증 환자는 매우 초췌하고 건강해 보이지 않는다. 그들은 머리카락의 색이 선명하지 않고, 더욱더 가늘어진다. 이러한 상태가 오래 지속되면 돌이킬 수 없는 신체적 타격 혹은 사망에까지 이를 수 있다. 게다가 폭식증 환자는 종종 우울하고 슬픔에 잠기며, 에너지의 부족으로 의기소침한 사람으로 보인다. 우울증에 대한 치료로 약물치료가 포함된다.

사 례

카렌은 수행에서 DMA를 받은 성취감이 높은 음악가다. 그녀는 자신이 행하는 모든 일에서 완벽주의자다. 그녀의 몸무게는 80파운드(40kg), 키는 5ß9(157cm)였다. 그녀는 친구들에게 맛좋은 쿠키를 만들어 나누어 주기도 했다. 하지만 그녀는 단 하나의 쿠키도 먹지 못했다. 그녀는 집주인의 고양이에게 밥을 주고 고양이가 먹는 것을 지켜보는 것을 좋아했지만, 정작 그녀 자신은 아무것도 먹지 못했다. 그녀는 식료품 쇼핑을 하며 많은 것을 사고 싱크대 선반에 잘 정리해 놓았지만, 자신은 대체로 약간의 땅콩버터와 빵을 먹을 뿐이었다. 그녀의 방에는 음식의 잔여물이 쌓여 있었으나, 그녀는 재빨리 치워 버렸다. 그녀의 치아는 구토로 다 망가져 있어서, 음대 학장은 그녀가 졸업 후에 직장 면접을 보러 가기 전에 그녀를 치대 학장에게 보냈다. 그녀의 전해질과 심장 기능은 매우 불규칙했고 신장 기능이 멈춰 버렸기 때문에 졸업 전에 그녀는 잠깐 동안 병원에 입원해 있었다. 강제적 유동식과 의학적인 치료로 그녀의 생명은 구했으나, 극도의 완하제 사용으로 결장에 영구적인 손상을 입었다. 그녀는 사실 전문 직업인이었지만, 그녀의 높은 성취욕으로 인해 기쁘거나 자기만족이 되지 않았다.

3) 강박적인 섭식장애

토하지 않는 강박적인 섭식은 섭식장애의 세 번째 유형으로, 불안감 해소와 안정감을 갖기 위해 대량의 음식을 짧은 시간 동안 먹는다. 이것은 고혈압과 심장 및 관절에 문제가 되는 비만을 불러일으킨다. 더구나 음식은 자주 영양소가 없는 것으로 선택된다. 단맛의 음식은 췌장의 손상과 당뇨를 일으킨다. 많은 패스트푸드는 높은 콜레스테롤과 나트륨을 함유하고 있다. 강박적인 섭식은 다른 유형의

섭식장애와 마찬가지로 매우 위험하며, 유사한 심리적 특성을 나타낸다. 낮은 자존감, 섭식에 따른 죄책감 그리고 우울증은 두드러지는 공통된 증상이다. 관절 통증, 호흡 곤란 및 심장 문제는 운동을 회피하고 정신적인 위험까지 초래하므로 과체중을 막기 위해 충분한 운동으로 예방해야 한다. 운동 부족은 근긴장의 부족과 심각한 골다공증의 위험으로 이어질 수 있기 때문이다.

4) 심리적인 문제와 관련된 섭식장애

(1) 회 피

섭식장애와 다이어트는 불안이라는 실제적인 문제에 대한 도피 수단으로 음식을 사용하는 것이다. '만약 내가 더 혹은 덜 먹는다면, 모든 것이 괜찮을 것이다.'와 같은 고착된 생각은 만족감을 얻기 위한 실제적인 방법의 발견과 현실 문제에 대한 분노감을 회피하기 위하여 음식을 이용함으로써 안정감을 찾기 위한 불안정한 시도일 뿐이다.

(2) 강박적인 행동

폭식형 섭식처럼 과다한 섭식 혹은 부적절한 섭식은 모두 강박적인 행동이다. 이때 개인은 저항할 수 없고, 극도의 불안감을 느끼는 등의 강한 충동을 경험하게 된다.

(3) 우울증

섭식 패턴이 원하는 결과로 이어지지 않을 때 과도한 슬픔과 실망감으로 지나치게 많이 먹는다. 이에 따라 피로, 영양 결핍, 우울증 증상이 동반된다.

(4) 비정상적(강박적) 행동

인생의 초점이 섭식 패턴에 집중되어 있다. 즉, 음식을 위해 삶의 모든 것을 건 사람처럼 섭식에 지나치게 몰두한다.

(5) 낮은 자존감

자부심 또는 자존감이 결여되어 있다. 성취 혹은 내적 가치보다 신체적 외형에만 집착한다.

(6) 통제 문제

통제가 가능한 상태에서 먹거나 먹지 않는 것은 일반적인 현상이다. 그럼에도 불구하고 많은 사람들이 그렇지 않은 삶을 살고 있다. 여성은 다른 사람들의 기대를 지나치게 많이 의식하고, 적어도 삶의 일부를 통제한다고 느끼기 위해 음식을 사용한다.

(7) 대 체

섭식장애가 있는 일부 여성들은 대량의 음식을 요리하여 타인에게 준다. 그들은 타인이 음식을 먹는 것을 보면서 대리 만족을 느낀다. 이들은 심지어 동물에게 음식을 주고, 먹는 것을 바라보면서 같은 기분을 느낀다. 하지만 그러는 동안에도 자신들은 금식한다.

연구 결과에 따르면, 섭식장애가 있는 사람들은 타인의 다이어트 혹은 섭식을 통하여 문제를 해결하려 한다. 또한 스트레스가 있는 조건에서는 섭식장애가 과도해지고, 신체적 질병을 일으킬 수 있다. 이들의 많은 에너지가 배고픔을 조절하고 금식하는 데 사용된다.

5) 치 료

치료에서 사람의 생명을 구해야 할 필요가 있으면 입원 기간이 포함되어야 할 것이다. 그러나 보통 정신적인 문제를 해결하기 위한 장기간의 치료는 공동체 환경에서 할 수 있다. 개인이 공동체 안에서 지내고 식습관을 형성하고 공동체에 남기를 선호할 때부터 이것이 가능할 것이다. 가족치료는 종종 문제에 대한 전체 가족의 이해를 필요로 하고 섭식장애를 가진 사람을 어떻게 지지하는지 알아야 할 때 권유한다.

6) 섭식장애가 있는 10대를 위한 음악치료

음식이 아닌 다른 방법으로 감정을 확인하고 표현하는 것이 음악치료의 주요한 목적이다. 음악과 치료사의 지지로 이끌어 낸 대화를 통하여 무능감, 외로움, 고립감, 분노와 슬픔 등의 감정을 표현하도록 돕는다. 이들은 타인의 수용에 대한 욕구가 가장 크기 때문에 비슷한 문제를 가진 집단에서의 성취가 최선이다. 집단은 부정 혹은 이해할 수 없는 감정에 직면한다. 음악은 비언어적 표현과 단어로 설명할 수 없는 깊은 감정을 표현하도록 돕는다. 그들이 준비되었다면, 다른 사람에게 언어적으로 표현할 수 있다. 그들이 사회화되는 정도로 적절한 사회적 기술도 발달한다. 집단은 각각의 구성원들이 건강한 선택을 하도록 지지할 수 있다. 치료사는 집단 구성원 간에 서로를 수용하는 것을 통해 고립감을 감소시키도록 한다.

또한 음악은 신체적 외형(예, 날씬함)에 대해 자신을 인지시키는 것이 아니라, 자존감을 강화시킨다. 이들 개개인의 자기평가에 대한 사고 유형이 매우 확고하고 다른 모든 생각을 통제하는 것처럼 보이기 때문에 이것은 쉽게 성취되지 않는다. 음악치료는 이 행동을 변화시키기 위한 팀 접근 방법 중의 하나다. 또한 우울증을 완화시킬 수 있는 약물치료와 인지/행동치료 등 다양한 접근이 필요하다. 섭식장애는 강박적 행동의 한 형태로서 이 분류 내에 있다.

10대가 성공하였을 때 혹은 또래 집단에게 인정받았을 때 이들의 자존감에 변화가 일어나지만, 그 정도가 미약할 수 있으며 어른들을 통해서 나타날 수도 있다. 그들이 스스로에 대해 유능감을 가질 수 있도록 상황을 제공하고 관심을 갖는 것은 매우 효과적이다.

음악치료는 적절한 목표를 설정하고 그것의 성취에 초점을 둔다. 작은 목표의 설정은 장기 목표에 초점을 두는 것보다 짧은 시간 안에 만족감을 얻게 한다. 이것은 음악활동에서 발생할 수 있다. 자신의 역할을 책임지고 집단에 기여하는 것은 어떤 단위의 음악 앙상블에서든 나타날 수 있는 일반적인 상황이다. 이렇게 타인에게서 인정받았다는 느낌을 받게 하는 활동은 자신감을 강화시킨다.

반면, 문제 행동에 대한 직접적인 직면은 유용하지 않으며, 자기방어와 부정을 이끌어 낼 뿐이다. 그 대신 무조건적인 수용과 행복에 대한 참된 개념을 일깨우게 하는 것이 더욱 많은 도움을 줄 수 있다.

조절은 섭식장애 치료의 초기 쟁점이다. 많은 10대가 이러한 문제를 가지고 있으므로 그들의 삶에서 제어할 수 있도록 도와주어야 한다. 그들에게 선택의 기회를 제공하여 음식을 수용하고 선택할 수 있도록 해야 한다. 그들은 시간과 돈, 에너지 사용에 대해 좀 더 책임감 있게 행동해야 한다. 개인의 건강과 관련된 모든 요소가 고려되어야 하며, 몸무게는 단지 몸의 일부분에 속한다는 것을 자각시켜야 한다. 음악에 대한 것과 음악을 하는 것에 대한 선택은 중요한 기여를 한다. 왜냐하면 음악은 청소년의 삶에 매우 중요한 일부분이기 때문에 그들이 수용하고 결정한 음악은 그들의 감정과 통제에 대한 선택이 된다.

7. 아동학대와 방임

아동학대의 보고를 요구하는 법률은 20세기 후반에서 21세기 초에 나타난 현상이다. 이전의 아동들은 사회의 일원이 아닌, 부모님의 결정에 따른 범위에 있었다. 1966년에 법이 제정(미국 연방 대심원)되기 전까지 아동은 다른 시민들처럼 법률 안에서 보호받을 수 있는 상황이 아니었다.

> 의무적 아동학대 신고법과 강제 수사권이 동원되었을 때 우리는 판도라 상자를 열고 나서야, 그 안에 20년 전에 상상할 수 있었던 것보다 더 광범위하고 더 파괴적인 아동학대와 가족 폭력을 발견하였다(Roberts, 1991, p. 25).

Stevenson(1999)은 아동의 성적 학대와 신체적 학대에 대해 장기간 연속된 연

구를 재고했다. 이러한 주제는 오랜 기간 동안 연구되지 않았기 때문에 다양한 치료 제도의 효과를 알아보기가 어렵다. 대부분의 연구는 1980년대 초부터 시작되었다. 그들의 일반적인 결론은 '입증할 수 있는 증거로, 심리적인 치료가 학대받은 아동의 정신건강 증진에 효과가 있다는 것을 보여 주었다. 그러나 장기간 학대받은 후유증의 치료 효과에 대한 증거는 거의 없다.' 는 것이었다(p. 105).

법률이 상황별로 다양하더라도, 아동 전문가들은 학대 아동으로 의심되는 아동에 대해 보고하도록 법적으로 요구받았다. 아동이 정상적인 아동에 비해 상처와 타박상이 많다면, 놀이에 따른 사고인지 아닌지 세심한 관찰과 판단이 필요할 것이다. 또한 학대의 다양한 유형—신체적 학대, 성적 학대, 정서적 학대, 신체적 방임—이 고려되어야 한다. 음악치료사는 반드시 이러한 상황의 학대를 의심해 보아야 한다. 각 도시, 나라 그리고 주에서는 특정 종류의 아동보호 기관이 있다. 만약 프로토콜(계획안)이 설립되지 않았다면, 음악치료사는 아동학대 보호를 위한 지침과 개발을 위한 작업을 해야 한다. 학대와 방임에 대한 정의와 절차에 대한 보고뿐만 아니라 전 상황에 걸쳐 아동에 대한 보고를 해야 한다. 아동학대로 의심되는 아동에 대한 보고를 하지 않으면 형벌을 받을 수도 있다. 또한 보호를 하지 못한 결과에 따른 부당한 치료 손해배상 청구의 결과를 가져올 것이고, 그것을 통해 더 큰 상처로부터 아동을 보호할 수 있다(Johnson, 1996, p. 113).

1) 신체적 학대

신체적 학대는 다양한 형태로 존재하며 종종 옷으로 증거가 가려지기도 한다. 대부분의 공통된 표시는 타박상, 화상, 골절, 두부 외상 그리고 복부 손상을 포함한다(Krugman & Sirotnak, 1999, p. 195). 아동은 맞고 꼬집히고 발로 차이거나 심지어 도구를 사용해 구타당하는데, 예를 들면 벨트, 머리빗, 방망이나 다른 딱딱한 물건으로 맞는다. 치료 기관은 반드시 유아기에 경험한 모든 아동의 사고가 외상인지, 학대에 따른 것(예, 벨트로 맞은 자국, 담뱃불로 생긴 화상)인지를 구별하여야 하며, 타박상이 계속 반복되는지를 고려하여야 한다. 4세 이하의 아동은 한 부위만 반복해서 학대를 받지 않기 때문에 이러한 빈도를 조사하는 것이 어렵다. 그렇지만 일 년에 수백만의 아동들이 미국 내에서 학대를 받고 있다. Gorey와 Leslie(1997)는 아동학대에 대한 불충분한 보급률을 지적했다.

신체적 학대는 약물 및 독성물질을 아동에게 주어서 질병을 얻게 하거나 중독되게 하는 것을 포함한다. 다른 약품이나 약물, 즉 정신안정제나 진정제는 아기 혹은 아동이 계속 울거나 지나친 집중이 요구될 때 투여되었을 것이다.

특수아동들은 정상 발달을 한 아동보다 더 학대받았을 것이다. 이것은 아동의 행동에 대한 부모의 비현실적인 기대와 아동이 부모의 특별한 요구를 이해하지 못하는 경우에 발생하곤 한다. 학대를 하는 많은 부모들은 그들의 어린 시절에 학대를 받았다. 그들은 아동을 돌보는 것에 대한 좋은 모델을 갖고 있지 않고, 학대하는 것이 훈육을 위해 필요하다고 생각한다. 학대는 한부모 아래에서 양육되거나 혹은 부모가 약물을 남용하는 경우에 보다 빈번히 발생한다. 이와 관련해 Johnson(1996)은 다음과 같이 언급했다.

> 학대하는 부모의 90% 이상은 정신 이상자 혹은 범죄자다. 그들이 외롭고, 불행하고, 화가 나고, 젊은 나이에 이혼했을 때 학대하는 경향을 보이며, 계획하지 않은 임신으로 아이를 출산했을 때, 아동 발달에 무지할 때, 아동의 행동에 대해 실질적이지 않은 기대를 했을 때 아동을 학대한다(p. 113).

우리는 약물 남용과 조산아 혹은 고위험 아동[3]의 관계에 대해 연구하였다. 충동 조절의 결핍 혹은 문제 행동을 갖고 있는 아동들은 부모들의 포용력을 이용할 것이다. 이러한 어려움을 가진 아동의 부모는 그들의 충동적인 행동을 통제하기 위한 나름의 교육 방법을 가지고 있을 수 있다. 그러나 부모가 자제력을 잃었을 때 의도하지 않은 상해로 이어질 수 있다. 따라서 부모를 위한 지원 시스템이 제공되어야 하고, 특히 마약류를 복용한 부모, 가정 폭력의 병력이 있거나 우울증이

---

3) 역주 어렸을 때 상당한 수준의 물리적 · 성적 학대를 당했거나 이에 따른 정신적 · 신체적 해를 입은 아동

있는 부모들에게 알려야 한다. 그들은 적당한 거주지 또는 식량과 의료적인 치료를 위한 돈이 없기 때문에 아동은 부모에게서 학대의 표적이 될 수 있다. 부모가 미래에 대한 약간의 희망을 가지고 있다면 학대는 덜할 것이다. 이것은 종종 학대 발생 전에 이러한 요소들을 확인하고 도움을 주기 위한 프로그램을 제공하여 예방할 수 있다. 다음은 아동학대의 요소들에 포함되는 것이다.

- 양육 방식(Greenwald, Bank, Reid, & Knutson, 1997)
- 가족 상호작용의 기능장애
- 어머니의 나이, 어머니가 19세 이하이면 학대가 더 많이 발생한다(Stier, Leventhal, Berg, Johnson, & Mezger, 1993).
- 사회적인 불이익
- 가족 구성원 내 정신질환자
- 아동의 문제 행동, 예를 들면 과잉행동(Accordo, Blondis, & Whitman, 1990; Belsky, 1993)
- 부부 폭력

2) 성적 학대

이것은 명백한 성적 행동뿐만 아니라 쉽게 발견되지 않는 행동들, 예를 들면 포르노, 귀여워하는 것, 구강적인 접촉과 노출 행위 등을 포함하는 성적 행위의 폭넓은 범위를 갖는다. Krugman과 Sirotnak(1999)은 성적 학대를 '성적 활동에 발달적으로 미성숙한 아동을 그들이 충분히 이해하지 못한 사회의 법과 금기 사항을 따르도록 하거나 행동하지 못하는 활동에 개입시키는 것'(p. 195)이라고 정의하였다.

아동의 성적 학대 사건에 대한 정확한 범위를 가려내는 것은 어렵다. 성적 학대의 가해자들은 아동에게 학대에 대해 말하지 말라고 하며, 말을 했을 경우에 위협적인 폭력을 가한다. 가족은 이러한 학대가 알려지거나 아동에게 의료적 치료를 하는 것을 달가워하지 않을 수 있다. 학대가 의심된다고 보고하는 위탁자들이 있으며, 그 사례의 수도 매년 증가하는 추세다.

아동들 자신이 학대를 알리고 싶어도 언어 표현의 제한으로 매우 어렵다. 미술치료와 놀이치료는 아동이 사건의 경위를 말할 수 있는 상황을 제공하는 데 사용될 수 있다.

대부분은 남성 범죄자들이 보고되지만, 보모 혹은 아동을 돌보는 여성들도 포함된다. 양부로부터의 성적 학대는 친부로부터의 성적 학대보다 5배가 더 높다(Johnson, 1996, p. 147). 낯선 사람이 성적 학대를 가하는 경우에는 폭력도 수반된다.

3) 방 임

방임은 어머니의 지속적인 약물 사용 혹은 형편없는 섭식 습관, 태아기의 관리 소홀, 출생 이전부터 발생할 수 있다. 출생 후 유아는 자신을 양육하는 어른에게 전적으로 의존한다. 그러나 아동을 제대로 돌볼 수 없는 부모는 유아에게 적절한 양육을 제공하지 못한다.

방임은 정서적으로 아동의 불안정을 유발한다. 아동은 취학 전에 배워야 할 것을 배우지 못하며, 배움에 대한 기대도 없다. 학교에 입학을 하더라도 방임은 더욱 심해질 수 있다. 아동은 이러한 위험으로부터 보호되어야 한다. 의료적인 관리의 결핍은 질병의 악화로 이어질 수 있다. 방임은 신체적 학대보다 더 큰 사망의 원인이 된다(Johnson, 1996, p. 112).

4) 치 료

신체적 혹은 성적 학대를 받은 아동의 치료는 여러 전문 분야에 걸친 접근이 요구된다. 아동은 성취—가족의 지지와 심리적 치료—에 따른 자존감과 자신감의 증진이 필요하다. 성적인 범죄는 위법행위이므로 경찰에 연루된다. 사법제도

는 아동이 가정에 남을 수 있는지 또는 보호 관리가 필요한지에 대해 결정해야 한다. 적절한 치료를 받지 않은 아동은 나중에 정서적 문제, 무단결석, 낮은 학업 수행 그리고 약물 남용에 취약해진다. 때때로 성적 학대의 피해자는 섭식장애와 정신 문제가 수반될 수 있다. 또한 어른이 된 후에도 건강한 관계를 지속하기 위한 성적인 기능에 결함을 갖게 되거나 어려움을 겪게 된다.

1975년에 「공법」 94-142인 「장애아교육법」은 3~21세의 연령층을 포함한다. 그렇지만 3~5세의 아동은 국가 법률 혹은 관습법으로 처리한다. 「공법」 93-112, 504항(「재활법」) 또한 장애 학생의 교육을 위한 나이를 명시하였다. 일반적으로 취학 전 프로그램은 정상적인 아동들도 참여 가능하며, 장애 아동들은 반드시 참여해야 한다고 명시하였다(Edmister & Ekstrand, 1987). 또한 국가는 '교육 통합과 향상을 위한 국가 운영 프로그램(ECIA-SOP)의 1장을 통해 출생부터 20세까지 아동을 위한 서비스를 제공해야 한다.' 고 명기하고 있다(Algozzine, 1991, p. 271).

5) 개체로서의 가족 재고

「장애아교육법」의 개정안인 「공법」 99-457은 1990년에 3~5세의 아동에 대한 특별 서비스를 확장시켰다. 이 법의 H 부분에는 아동을 위한 것만이 아니라, 가족 전체에 대한 개별화 가족 서비스 계획(Individualized Family Service Plan: IFSP)을 요구했다(Krauss, 1990). 개체로서의 가족에 대한 재고는 아동의 고립된 상황을 다루기보다는 오히려 학대받은 아동을 중요시하였다. 가족 전체가 서로 돕지 않으면 실제적으로 아동에 대한 변화가 발생할 수 없다. 치료자와 교육자는 아동이 가족의 일원으로서 그들이 함께하지 않으면 변화가 일어나지 않는다는 것을 인지해야 한다. 이러한 문제가 인식되었을 때 서비스는 반드시 취학연령의 아동만이 아닌, 전 유아기와 취학 전 아동들에게 가능해진다.

Bailey, Simeonsson, Yoder와 Huntington(1990)은 취학 전 아동에게 제공되는 8개 훈련 프로그램으로부터 입학 단계 — 교육, 심리, 의학, 보건, 공중위생 그리고 사회사업 — 의 사람들을 연구하였다. 그들은 '보통 수준의 학생들만이 가족 중재와 유아와 관련된 적은 양의 정보를 제공받는다. 이러한 정보를 제공할 때 실제적인 지식 혹은 임상전문가의 지식보다 이론적이고 개념적인 지식에 초점을 두었다.'는 것을 발견했다(p. 32). 그들은 10가지 내용— 정상적인 유아 발달, 비정형적 유아 발달, 유아 진단평가, 유아 중재, 가족 진단평가, 가족 중재, 사례관리, 다중적인 팀 접근, 전문가의 가치관, 전문가의 윤리(p. 27)— 을 고려하였다. 이와 관련해 음악치료사가 모든 책임을 지고 있지 않더라도, 음악치료를 받는 학생에게 포함되는 영역의 목록은 다른 치료/교육 팀과 함께 충분히 상호작용할 수 있는 정보를 얻도록 해야 한다. 유아와 아동의 정상 및 비정상적인 발달에 대한 정보는 모든 아동들에게 음악치료를 적용하기 위해 반드시 요구된다.

참고문헌

Accardo, P. J., Blondis, T. A., & Whitman, B. Y. (1990). Disorders of attention and activity level in a referred population. *Pediatrics, 85,* 426-431.

Ahlsen, G., Rosengren, L., Belfrage, M., Palm, A., Haglid, K., Hamberger, A., & Gillberg, C. (1993). Glial fibrillary acidic protein in the cerebrospinal fluid of children with autism and other neuropsychiatric disorders. *Biological Psychiatry, 33,* 734-743.

Algozzine, B. (1991). Observations to accompany analyses of the *Tenth Annual Report to Congress. Excetional Child, 57*(3), 271-275.

American Psychiatric Association. (1987). *Diagnostic and statistical manual of mental disorders* (3rd ed., Rev.). Washington, DC: Author.

American Psychiatric Association. (1994). *Diagnostic and statistical manual of mental disorders* (4th ed.). Washington, DC: Author.

Amey, C. H., Albrecht, S. L., & Miller, M. K. (1996). Racial differences in adolescent drug use: The impact of religion. *Substance Use and Misuse, 31,* 1311-1332.

Antrop, I., Roeyers, H., Van Oost, P., & Buysse, A. (2000). Stimulation seeking and hyperactivity in children with ADHD. *The Journal of Child Psychology and Psychiatry, 41,* 225-231.

Armstrong, D. D. (1992). The neuropathology of the Rett syndrome. *Brain and Development, 14* (Suppl.), 589-598.

Bachrach, A. J. (1980). Learning theory. In H. I. Kaplan & B. J. Sadock (Eds.), *Comprehensive textbook of psychiatry/IV* (pp. 184-198). Baltimore: Williams and Wilkins.

Bailey, A., Phillips, W., & Rutter, M. (1996). Autism: Towards an integration of clinical, genetic, neuropsychological, and neurobiological perspectives. *Journal of Child Psychology and Psychiatry, 37,* 89-126.

Bailey, D. B., Simeonsson, R. J., Yoder, D. E., & Huntington, G. S. (1990). Preparing professionals to serve infants and toddlers with handicaps and their families: An integrative analysis across eight disciplines. *Exceptional Children, 57*(1), 26-34.

Belsky, J. (1993). Etiology of child maltreatments. A developmental-ecological analysis. *Psychological Bulletin, 114,* 413-434.

Bernstein, G. A., & Garfinkel, B. (1986). School phobia: The overlap of affective and anxiety disorders. *Journal of the American Academy of Child and Adolescent Psychiatry, 25,* 235.

Blomquist, J. (1996). Paths to recovery from substance misuse: Changes in lifestyle and the role of treatment. *Substance Use and Misuse, 31,* 1807-1852.

Brimer, R. W. (1990). *Students with severe disabilities: Current perspectives and practices.* Mountain View, CA: Mayfield.

Button, E. (1986). Body size perception and response to in-patient treatment in anorexia nervosa. *International Journal of Eating Disorders, 5,* 617-629.

Casper, R. C., Halmi, K., Goldberg, S. C., Eckert, E. D., & Davis, J. M. (1979). Disturbances in body image estimation as related to other characteristics and outcomes in anorexia nervosa. *British Journal of Psychiatry, 134,* 60-66.

Castellanos, F. X., Giedd, J. N., Berquin, P. C., Walter, J. M., Sharp, W., Tran, T., Vuituzis, A. C., Blumenthal, J. D., Nelson, J., Bastain, T. M., Zijdenbos, A., Evans, A. C., & Rapoport, J. L. (2001). Quantitative brain magnetic resonance imaging in girls with attention-deficit/hyperactivity disorder. *Archives of General Psychiatry, 58,* 289-295.

Catalano, R., & McConnell, W. (1999). Psychiatric emergencies: The check effect revisited. *Journal of Health and Social Behavior, 40,* 79-86.

Cochran, J. K. (1993). The variable effects of religiosity and denomination on adolescent self-reported alcohol use by beverage type. *Journal of Drug Issues, 22,* 91-104.

Cochran, J. K., & Akers, R. L. (1989). Beyond hellfire: An exploration of the variable effects of religiosity on adolescent marijuana and alcohol use. *Journal of Research on Crime and Delinquency, 26,* 198-225.

Creak, M. (1964). Schizophrenic syndrome in childhood: Further progress report of a working party (April 1964). *Developmental Medicine and Child Neurology, 6,* 530-535.

Cullinan, D., & Epstein, M. H. (1990). In N. G. Haring & L. McCormick (Eds.), *Exce-*

ptional children and youth (5th ed.) (pp. 154-192). Columbus, OH: Merrill Publishing Co.

Dalton, R. (1996). Anxiety disorders. In Berman, R. E., Kliegman, R. M., & Alvin, A. M. (Eds.), *Nelson textbook of pediatrics* (15th ed.) (pp. 82-84). Philadelphia: W. B. Saunders.

Dennis, M., Locker, L., Lazenby, A. L., Donnelly, R. E., Wilkinson, M., & Schoonhey, W. (1999). Intelligence patterns among children with high-functioning autism, phenylketonuria, and childhood head injury. *Journal of Autism and Developmental Disorders, 29,* 5-17.

Dunlap, L. L. (1997). Infants, toddlers, and preschoolers with developmental delays. In L. L. Dunlap (Ed.), *An introduction to early childhood special education* (pp. 50-72), Boston: Allyn and Bacon.

Edmister, P., & Ekstrand, R. E. (1987). Preschool programming: Legal and educational issues. *Exceptional Children, 54*(2), 130-136.

Farrow, F. A., Smith, W. R., & Hurst, M. D. (1993). *Adolescent drug and alcohol assessment instruments in current use: A critical comparison.* Seattle, WA: University of Washington, Dept. of Pediatrics.

Fiedler, J. F., & Knight, R. R. (1986). Congruence between assessed needs and IEP goals of identified behaviorally disabled students. *Behavioral Disorders, 12,* 22-27.

Filipek, P. A. (1999). Neuroimaging in the developmental disorders: The state of the science. *Journal of Child Psychology and Psychiatry, 40,* 113-128.

Fletcher, P., Happe, F., Frith, U., Baker, S., Dolan, R., Frackowiak, R., & Frith, C. (1995). Other minds in the brain: A functional imaging study of "theory of mind" in story comprehension. *Cognition, 57,* 109-128.

Garfinkel, P. E., Moldofsky, H., & Garner, D. M. (1977). The outcome of anorexia nervosa: Significance of clinical features, body image, and behavior modification. In R. Vigersky (Ed.), *Anorexia nervosa* (pp. 315-330). New York: Raven Press.

Gillberg, C. (1995). *Clinical child neuropsychiatry.* Cambridge, UK: Cambridge University Press.

Gorey, K. M., & Leslie, D. R. (1997). The prevalence of child sexual abuse: Integrative review adjustment for potential response and measurement biases. *Child Abuse and Neglect, 21,* 391-398.

Greenwald, R. L., Bank, L., Reid, J. B., & Knutson, J. F. (1997). A discipline-mediated model of excessively punitive parenting. *Aggressive Behavior, 23,* 259-280.

Hagberg, B., Goutieres, F., Hanefeld, F., Rett, A., & Wilson, J. (1985). Rett syndrome: Critieria for inclusion and exclusion. *Brain and Development, 7*(3), 372-373.

Hagberg, B., & Witt-Engerstrom, I. (1986). Rett syndrome: A suggested staging system for describing impairment profile with increasing age towards adolescence. *American Journal of Medical Genetics, 24*(Supple. 1), 47-59.

Halpern, S. D., & Mechem, C. C. (2001). Declining rate of substance abuse throughout the month. *The American Journal of Medicine, 110,* 347-351.

Inciardi, J. A. (1997). The emergence of crack-cocaine in Miami. *Substance Use and Misuse, 32,* 1787-1792.

Irwin, C. E., & Ryan, S. A. (1996). Health problems of adolescents. In A. M. Rudolph, J. I. E. Hoffman, & C. D. Rudolph (Eds.), *Rudolph's pediatrics* (20th ed.) (pp. 40-45). Stamford, CT: Appleton and Lange.

Johnson, C. F. (1996). Abuse and neglect of children. In W. E. Nelson, R. E. Berman, R. M. Kliegman, & A. M. Alvin (Eds.), *Nelson textbook of pediatrics* (15th ed.) (pp. 112-120). Philadelphia: W. B. Saunders.

Kanner, L. (1943). Autistic disturbance of affective contact. *Nervous Child, 2,* 217-250.

Kaufman, A. S., & Kaufman, N. L. (1983). K-ABC: *Kaufman assessment battery for children, interpretive manual.* Circle Pines, MN: American Guidance Service.

Kliewer, C., & Biklen, D. (1996). Labeling: Who wants to be called retarded? In W. Stainback & S. Stainback (Eds.), *Controversial issues confronting special education: Divergent perspectives* (2nd ed.) (pp. 83-95). Boston: Allyn and Bacon.

Klin, A., Sparrow, S. S., deBildt, A., Cichetti, D. V., Cohen, D. J., & Volkmar, F. R. (1999). *Journal of Autism and Developmental Disorders, 29,* 499-508.

Klingemann, H. (1991). The motivation for change from problem alcohol and heroin use. *British Journal of Addictions, 86,* 727-744.

Klingemann, H. (1992). Coping and maintenance strategies of spontaneous remitters from problem use of alcohol and heroin in Switzerland. *International Journal of Addiction, 27,* 1359-1388.

Krauss, M. W. (1990). New precedent in family policy: Individualized Family Service Plan. *Exceptional Children, 56*(5), 388-395.

Krugman, R. D., & Sirotnak, A. P. (1999). Child abuse and neglect. In W. W. Hay, A. R. Hayward, M. J. Levin, & J. M. Sondheimer (Eds.), *Current pediatric diagnosis and treatment* (14th ed.) (pp. 195-200). Stamford, CT: Appleton and Lange.

Leon, G. R., Lucas, A. R., Colligan, R. C., Ferdinande, R. J., & Kamp, J. (1985). Sexual, body-image, and personality attitudes in anorexia nervosa. *Journal of Abnormal Child Psychology, 13,* 345-358.

Litt, I. F. (1996). Special health problems during adolescence. In R. E. Berman, R. M. Kliegman, & A. M. Alvin (Eds.), Nelson textbook of pediatrics (15th ed.) (pp. 541-560). Philadelphia: W. B. Saunders.

Maxmen, J. S., & Ward, N. G. (1995). *Essential psychopathology and its treatment.* New York: W. W. Norton.

Meyen, F. L. (1990). *Exceptional children in today's schools* (2nd ed.). Denver, CO: Love.

Miller, L. K. (1989). *Musical savants: Exceptional skill in the mentally retarded.* Hillsdale, NJ: Lawrence Erlbaum Associates.

Mitchell, K., & Burkhardt, S. A. (1996). The developmental course of autistic disorder in males. In A. F. Rotatori, J. O. Schwenn, & S. Burkhardt (Eds.), *Advances in special education* (pp. 97-107). Greenwich, CT: JAI Press.

Nordin, V., Gillberg, C., & Nyden, A. (1998). The Swedish version of the Childhood Autism Rating Scale in a clinical setting. *Journal of Autism and Developmental Disorders, 28,* 69-75.

Oswald, D. P. (1998). Pervasive developmental disorders. In A. S. Bellock & M. Hersen (Eds.), *Comprehensive Clinical Psychology* (Vol. 9) (pp. 19-35). New York: Elsevier Science.

Phillips, D. P., Christenfeld, N., & Ryan, N. M. (1999). An increase in the number of deaths in the United States in the first week of the month: An association with substance abuse and other causes of death. *New England Journal of Medicine,*

48, 796-799.

Public Law 104-121, 1996.

Radocy, R. E., & Boyle, J. D. (1997). *Psychological foundations of musical behavior* (3rd ed.). Springfield, IL: Charles C Thomas.

Reiher, T. C. (1992). Identified deficits and their congruence to the IEP for behaviorally disordered students. *Behavioral Disorders, 17*(3), 167-177.

Rimland, B. (1964). *Infantile autism*. New York: Appleton-Century-Crofts.

Rinfret, M. (1997). Cocaine, price, purity, and trafficking trends. *Substance Use and Misuse, 32,* 1799-1804.

Ritvo, E. R., & Freeman, B. J. (1978). Current research on the syndrome of autism: Introduction. The National Society for Autistic Children's definition of the syndrome of autism. *Journal of the American Academy of Child Psychiatry, 17,* 565-575.

Roberts, D. (1991). Child protection in the 21st century. *Child Abuse and Neglect, 15*(Suppl. 1), 25-30.

Rosen, J. C. (1990). Body-image disturbances in eating disorders. In T. F. Cash & T. Pruzinsky (Eds.), *Body images: Development, deviance, and change* (pp. 190-214). New York: The Guilford Press.

Rosencheck, R. (1997). Disability payments and chemical dependence: Conflicting values and uncertain effects. *Psychiatric Services, 48,* 789-791.

Rugg, M. D. (Ed.) (1997). *Cognitive neuroscience*. Hove, UK: Psychology Press.

Rutter, M. (1978). Diagnosis and definition of childhood autism. *Journal of Autism and Childhood Schizophrenia, 8,* 139-161.

Rutter, M. (1982). Syndromes attributed to minimal brain dysfunction in childhood. *American Journal of Psychiatry, 139,* 21-33.

Rutter, M. (1999). The Emanuel Miller Memorial Lecture 1998. Autism: Two-way interplay between research and clinical work. *Journal of Child Psychology and Psychiatry, 40,* 169-188.

Rutter, M., Silberg, J., O'Connor, T., & Simonoff, E. (1999). Genetics and child psychiatry: II. Empirical research findings. *Journal of Child Psychology and Psychiatry, 40,* 19-55.

Schmahmann, J. D., & Sherman, J. C. (1998). The cerebellar cognitive affective syndrome. *Brain, 121,* 561-579.

Schopler, E., Reichler, R. J., DeVellis, R. F., & Daly, K. (1980). Toward objective classifications of childhood autism: Childhood Autism Rating Scale (CARS). *Journal of Autism and Developmental Disorders, 10,* 91-103.

Schopler, E., Reichler, R. J., & Renner, B. R. (1988). *The childhood autism rating scale (rev.).* Los Angeles: Western Psychological Services.

Shaner, A., Eckman, T. A., & Roberts, L. J. (1995). Disability income, cocaine use, and repeated hospitalizations among schizophrenic cocaine abusers: A government-sponsored revolving door. *New England Journal of Medicine, 333,* 7777-7783.

Smith, S. W., & Simpson, R. L. (1989). An analysis of individualized education programs (IEPs) for students with behavioral disorders. *Behavioral Disorders, 14,* 107-116.

Solomon, S. (1985). Clinical neurology and pathophysiology. In H. I. Kaplan & B. J. Sadock (Eds.), *Comprehensive textbook of psychiatry/IV* (4th ed.) (pp. 131-145). Baltimore: Williams and Wilkins.

Spencer, E. K., Kafantaris, V., Padron-Gayol, M. V., Rosenberg, C. R., & Campbell, M. (1992). Haloperidol in schizophrenic children: Early findings from a study in progress. *Psychopharmacology Bulletin, 28,* 183-186.

Stevens-Simon, C. (1999). Substance abuse in pediatrics. In W. W. Hay, Jr., A. R. Howard, M. J. Levin, & J. M. Sondheimer (Eds.), *Current pediatric diagnosis and treatment* (14th ed.) (pp. 146-160). Stamford, CT: Appleton and Lange.

Stevenson, J. (1999). The treatment of the long-term sequelae of child abuse. *Journal of Child Psychology and Psychiatry, 40,* 89-111.

Stier, D. M., Leventhal, J. M., Berg, A. T., Johnson, L., & Mezger, J. (1993). Are children born to young mothers at increased risk of maltreatment. *Pediatrics, 91,* 642-648.

Stinchfield, R., & Winters, K. C. (1997). Measuring change in adolescent drug misuse with the Personal Experience Inventory (PEI). *Substance Use and Misuse, 32,* 63-76.

Stone, W. L., Ousley, O. Y., Hepburn, S. L., Hogan, K. L., & Brown, C. S. (1999). Patterns of adaptive behavior in very young children with autism. *American Journal of Mental Retardation, 104,* 187-199.

Szatmari, P. (1992). The epidemiology of attention-deficit hyperactivity disorder. *Child and Adolescent Psychiatric Clinics of North America, 1,* 361-371.

Tenenbein, M. (1997). Clinical/biophysiologic aspects of inhalant abuse. *Substance Use and Misuse, 32,* 1865-1870.

Tsai, L. Y. (1994). Rett syndrome. *Child and Adolescent Psychiatric Clinics of North America, 3,* 105-118.

Vandereycken, W., Probst, M., & Meerman, R. (1988). An experimental video-confrontation procedure as a therapeutic technique and a research tool in the treatment of eating disorders. In K. M. Pirke, W. Vandereycken, & D. Ploog (Eds.), *The psychobiology of bulimia nervosa* (pp. 172-178). Heidelberg: Springer-Verlag.

Volkmar, F. R. (1999). Ask the editor. *Journal of Autism and Developmental Disorders, 29,* 509.

Vollstadt, E. W. (1999). *Teen eating disorders.* San Diego, CA: Lucent Books.

Wing, L. (1972). *Autistic children: A guide for parents and professionals.* New York: Brunner/Mazel.

Winters, K. C., & Henly, G. A. (1989). *Personal experience inventory test manual.* Los Angeles: Western Psychological Services.

Zentall, A., & Zentall, T. R. (1983). Optimal stimulation: A model of disordered activity and performance in normal and deviant children. *Psychological Bulletin, 94,* 446-471.

Zentall, S. S., & Meyer, M. J. (1987). Self-regulation of stimulation for ADDH children during reading and vigilance task performance. *Journal of Abnormal Child Psychology, 16,* 519-536.

Zuckerman, B. S. (1996). Parental substance abuse. In A. M. Rudolph, J. I. E. Hoffman, & C. D. Rudolph (Eds.), *Rudolph's pediatrics* (20th ed.) (pp. 192-193). Stanford, CT: Appleton & Lange.

제 5 장

말-언어장애 아동

1. 언어 습득과 언어장애
2. 말-언어장애
3. 음악치료 과정

05 말-언어장애 아동

언어학습을 위한 최소한의 조건은 언어의 입력 경험, 그 정보를 인지하기 위한 적절한 감각기관들 그리고 입력에 드러난 언어의 내적 구조를 파악하고 학습할 수 있는 능력을 지닌 뇌다. 언어를 이해할 뿐만 아니라 말을 하기 위해서는 빠르고 매끄럽게 말소리를 산출할 수 있도록 프로그램화하는 조음기관이 필요하다 (Bishop, 1992, p. 2).

1. 언어 습득과 언어장애

언어 습득은 내재된 생리적 · 신경학적 기능을 바탕으로 하는 적응 능력이다. 그것은 자극(언어를 사용하고 모델을 제공하는 주변 사람)을 필요로 한다. 즉, 말의 범위 안에 있는 소리를 들을 수 있는 능력, 언어로 조직화하는 어떤 소리의 처리, 축적 그리고 기억하는 인지 능력이다. 그리고 언어를 사용하기 위해서 정신적 조직화와 말하기 위한 복합적인 물리적 측면이 갖추어져야 한다. 언어를 위한 유전학적인 근거가 있을까? 듣고, 무엇을 들었는지 머릿속으로 조직하고, 타인과 의사소통하는 소리를 산출하기 위한 호흡, 인두, 혀, 입술 조절 등 유전적이고 생리학적인 면들이 확실히 있다. 언어를 습득하려는 경향은 아마도 유전적일 것이다. Chomsky는 '심층 구조(deep structure)'에 대해 설명하고 있다(1957, 1965, 1972). 언어장애는 또 다른 쟁점이다. 그러나 언어를 위한 유전적인 토대를 주장하기 위해 더 많은 연구가 필요하다. 이러한 주장을 입증하기 위해 그리고 유전적인 언어장애와 비언어장애의 특성을 완벽하게 이해하기 위해 더 많은 유전적 · 언어적 증거가 반드시 필요하다(Crago & Gopnik, 1994, p. 49). 자극과 함께 이 학설은 광범위하게 다른 상황에 이용될 수 있다. Skuse(1988)는 학대받고 소외당한 아동들의 언어 행동에 관한 연구에서 "언어 발달은 오랜 기간과 다양한 교육으로 이루어지는 것으로 추측된다."(p. 31)라고 발표했다. Lahey(1988) 역시 이와 유사한 결론을 내렸으며, "증거들을 고려해 보면……. 언어장애 아동들의 환경은 비언어장애 아동들의 환경과 크게 다르지 않다."(p. 45)라고 진술했다. 미국은 많은 지역적인 특징이 있고 방언을 쓰는 사람들이 있지만, 대부분 각자의 상황에서 같은 언어학적 규칙을 따르고 이것이 서로 간의 이해를 가능하게 한다. 만약 방언을 쓰는 데 규칙이 없다면 의사소통은 힘들고 불가능할 것이다. 방언은 말의 리듬, 강세, 조음 그리고 단어 선택의 차이로 말하는 사람들의 집단을 구분한다. 미국의 어떤 지역은 매우 독특한 지역적인 말의 패턴을 가지고 있는데, 보통 방언이라고 한다.

장애 아동의 언어 문제는 기본적으로 부모의 일차적 관심사이고, 종종 도움을 구하게 되는 첫 번째 자극이다. 부모들은 초기 진단 검사를 받기 위해 자녀를 처음으로 전문가에게 데리고 올 때, "이 아이는 말만 할 수 있다면 정상이다."라는 말을 종종 한다. 미국 언어청각협회(American Speech-Language Hearing Association: ASHA)는 대략 2,600만 미국인이 말장애 또는 언어장애를 가지고 있다고 발표했다. 이 결과는 헤드 스타트 정책(head start programs)[1]에 등록된 모든 장애 아동의 50% 이상이다. 조음장애가 말장애 및 언어장애의 60% 정도를 차지한다(Crary,

1993, p. xii). DSM-IV는 표현성 언어장애, 혼재 수용/표현 언어장애, 음성장애, 말더듬, 의사소통 장애, 달리 분류되지 않는 장애 그리고 선택적 함묵증으로 의사소통 장애를 정의한다.

1) 언 어

언어는 '의사소통을 위한 관습적인 임의의 기호 체계를 통해서 세상에 대한 지식과 생각을 표현하는 부호(code)' (Bloom, 1988, p. 2)라고 정의할 수 있다. 이 상징은 의미와 관련하여 서로 간의 동의가 요구된다. 아동이 문화를 통해 사회화되려면, 반드시 문화권에 속하는 많은 사람들에게 알려진 상징의 의미와 사용 규칙을 배워야 한다. 상위 개념인 의사소통은 '다른 사람과 함께 필요, 경험, 생각, 사고 그리고 느낌을 공유하는 것' (Nelson, 1993, p. 29)으로 정의 내릴 수 있다. 의사소통은 말이나 언어 없이 발생할 수 있다. 의사소통의 보완적인 방법에는 어떤 대상에 대한 신체적 조작, 파트너의 신체적 조작, 제스처, 신호 등이 있다. 두 아동이 말없이 그들이 의사를 전달하기 위해서는 매우 다른 수단을 가질 것이다(Owens, 1995, p. 195).

2) 말

말은 언어와는 다르다. 이것은 의사소통에서 사용되는 소리의 실제 산물이다. 언어가 뇌에서 부호화하는 상징을 연결시키는 동안, 말은 이 상징들을 생각해 내는 신경학적인 기능과 의도된 소리를 산출하기 위한 운동 기능 협응의 생리학적 과정과 관련이 있다. 언어는 부호 체계이고, 말은 부호 체계의 산출을 위한 감각

---

1) 역주 빈민이나 이혼 등에 따른 결손가정의 아동을 대상으로 적절한 교육, 보육서비스를 제공하기 위한 제도인데, 이 프로그램을 통하여 빈곤으로부터 벗어나게 하고 빈곤의 세습화를 방지하기 위하여 1965년부터 도입하여 추진하였다. 이 과정을 이수한 아동이 성장한 후 대학 진학률이나 취업률이 높은 것으로 평가되고 있다.

운동이다(Reed, 1994, p. 5). 아동들이 반드시 습득해야 하는 5개의 언어학적 범주는 다음과 같다.

음운론 음운(음소)은 그것의 존재나 결여에 따라 단어의 의미를 다르게 만들 수 있는 최소의 단위다(Nelson, 1993, p. 36). 그것은 단어의 부분을 만드는 개개의 소리다.

형태론 단어 형성에 대한 연구로서 형태소는 '의미 있는 언어 가운데 가장 작은 단위'다(Nelson, 1993, p. 39; Parker, 1986).

통사론 이것은 문법과 비슷하지만, 같은 의미는 아니다. 문장 안에서 단어 사용을 지배하는 법칙을 포함한다.

의미론 단어, 구 그리고 문장의 의미와 관련된 것을 포함한다.

화용론 사회적 의사소통을 지배하는 규칙의 종류들을 설명하고, 화행, 담화 처리 그리고 문맥상의 변화를 포함한다(Nelson, 1993, p. 46).

다른 언어학적 범주에 형식, 문맥과 사용이 포함된다. 이 모든 것들은 개인이 의도한 의미를 전달하기 위해 어떻게 단어 선택을 하는지에 영향을 미친다.

모음은 성대가 운동할 때 공기의 안정된 흐름으로 산출된다. 특정한 모음의 형성은 입의 크기와 형태에 따라 결정된다. 그렇지만 자음은 부분적으로나 전체적으로 입술 혹은 혀의 운동에 따른 공기의 폐쇄가 필요하다. 대부분의 자음은 입에서 산출하지만, m과 n 소리는 입만큼이나 비강을 사용한다.

이와 더불어 특정한 소리의 산출, 강세, 리듬과 억양은 의사소통을 위해 적절하게 조절되어야 한다. 일부의 의미는 모음, 자음과 음절에서만 나오는 것이 아니라 분절음의 고저, 세기, 속도 그리고 리듬에서 나온다. 이러한 것들은 '초분절음소'라고 한다. Crystal(1979)은 '소리의 모음 · 자음 · 음절 체계를 연구한 후에 남아 있는 잔재'로 정의했다(p. 33). 이것은 문화 속에서 다른 사람들과의 의사소통 경험으로부터 배운다. 음소(의미를 전달하는 모음 또는 자음)의 배열은 단어를 형성하기 위해 결합한다(Reed, 1994, p. 7). 이것은 조음할 수 있는 말을 만들기 위해 혀,

입술, 턱 그리고 성대가 조화롭게 조절된 움직임을 필요로 한다. 다른 양상으로 문어, 관례화된 제스처 그리고 신호언어가 있다.

3) 의사소통 이론

(1) 의미론

단어는 참조와 의미를 가지고 있고, 의미론으로 정의된다. 의미론 이론가들은 초기의 말이 의미의 전달과 의미와 관련된 첫 번째 수용적인 언어를 시도하는 것으로 가정한다.

(2) 의사소통 화용론

두 번째 이론적 접근법은 의사소통 화용론이다. 같은 단어 혹은 발화(utterance)가 항상 같은 의미를 지니는 것은 아니다. 언어 사용은 종종 화용론으로 언급된다(Fey, 1986, p. 17). Charles Peirce(1932)는 화용론이라는 것을 만든 미국 철학자였다. 그리고 Charles Morris(1946)는 '신호와 그것들을 사용하는 사람 사이의 관계'를 나타내기 위해 화용론을 사용했다(Bates, 1976, p. 412). 그는 "화용론적 규칙은 기호 매체(sign vehicle)가 하나의 신호인 상황하에서 해석자의 상태다."라고 진술했다(Morris, 1938, p. 35). 그는 통사론, 의미론 그리고 화용론을 구분했으며, 그것들을 언어를 위해 필요한 범위로 언급하였다(Rees, 1978). 의사소통 화용론에 대한 대부분의 연구는 1970년대 초반과 중반에 이루어졌다(Bates, 1976; Bloom & Lahey, 1978; Dore, 1975; Halliday, 1977; Rees, 1978).

(3) 심리언어학

심리언어학은 언어와 마음에 대한 연구다(Aitchison, 1989). 심리언어학자는 일반적으로 그들 자신을 개인의 범위에서 과정을 연구하는 것으로 한정한다(Nelson, 1993, p. 26). 또한 신경언어학자들은 개인의 언어처리 과정에 관계하지만, 언어의 생성 혹은 처리에 내재하는 주요 신경 체계의 기능을 조사한다.

(4) 사회학습 이론

사회학습 이론은 아동들이 다른 사람들의 행동의 효과를 관찰함으로써 그리고 바람직하거나 바람직하지 못한 결과를 이끄는 공통적인 관찰 결과로부터 추상화함으로써 학습할 수 있다는 개념을 소개하였다(Reed, 1994, p. 97). 이것은 대리적 조건 형성이라고도 불린다. 이것은 또한 상호작용주의 이론으로 언급될 수도 있다. 이것은 의사소통에서 상호작용의 역할에 주목하여 화용론의 개념을 확장시켰다. 상호작용은 무작위로 일어나는 것이 아니라 규칙을 따른다. 화맥(speech context)은 의미에 영향을 미친다. 무엇을 말하는지 이해하고, 자신의 의도를 전달하기 위해서 말하는 것은 규칙에 대한 이해와 이 규칙이 상황에서 어떻게 이용되는지에 대한 이해를 필요로 한다(Duchan, 1986). Owens(1995)는 "문맥은 형식과 내용에 영향을 주고, 차례로 그것들의 영향을 받을 수 있다."(p. 9)라고 했다. 그는 문맥의 8가지 요소 — 목적, 내용, 담화 형태, 참여자의 특성, 환경, 활동, 언어 공동체, 담화 양식 — 를 포함시켰다.

(5) 사회적 상호작용 이론

이 이론은 선행하는 모든 이론의 관점을 통합시킨다. Vygotsky(1934)는 언어를 아동의 행동과 자아개념에 관련되어 있는 사회적 상호작용의 도구로 보았다. 이것은 이후 많은 연구의 기초가 되었다.

4) 언어학

언어학은 '모국어에서 발화를 형성하고 이해하도록 하는 내재적인 인간의 능력에 대한 무의식적인 지식의 연구'로 정의된다(Nelson, 1993, p. 26; Parker, 1986). 이것은 사회언어학과 관련되어 있는데, 아동이 특정한 사회적 배경에서 언어를 사용하는 방법에 대한 연구다(Cazden, 1972, p. vii). 인류언어학자와 마찬가지로 사회언어학자는 문화와 문화 사이뿐만 아니라 특정 문화 내에서 언어의 실제와 변이에 대해 관심을 가지고 있다. 화용론은 '사회적 맥락에서 개인의 언어 사용'

을 지칭하는 반면, 사회언어학은 '사회적 집단에 의한 문맥 안에서의 언어 사용'을 말한다(Bates, 1976, p. 411). 둘 다 의사소통에서 상호작용과 관련되어 있고 따라서 상호작용주의 이론과 연관된다. 상호작용주의 이론 속에서 언어는 마찬가지로, 언어가 기여하는 사회 작용 및 논의되는 화제와 특정 발화 상태에서 화자가 취사선택하는 형태에 대한 사회 맥락의 고려 없이 생각될 수도, 이해될 수도 없다(Fey, 1986, p. 17). Nelson(1993)은 맥락의 중요성에 대해 다음과 같이 언급했다.

> 문맥의 다양성과 의사소통이 어떻게 계속될 것인가에 대한 결정에서 이 문맥이 중요한 역할을 하기 때문에, 사회언어학의 민속 방법론적인 수단은 특히 다문화 기대의 내용이 관계될 때 언어 전문가들이 언어 평가를 하고 중재를 함에 따라 중요해진다(p. 52).

1980년대에는 메타언어학이 관심을 끌었다(Simon, 1985; Nippold, 1988). 아동은 언어의 비문자적 사용과 사용된 단어의 의미가 정확하지 않을 때 암시된 의미를 배워야 한다. 이 개념은 단어가 일반적으로 의미하는 것과 다른 의미를 지니는 말을 잘못 해석할 수도 있는 외국인 학생들에게도 똑같이 어렵다. 이것은 때때로 비꼬는 말, 떠보는 것 혹은 한 집단의 구성원이 대화에서 비형식적 방법으로 가정한 것 그리고 구성원이 알고 있는 중요한 정보를 제외시키는 것이다. 메타언어학적 기술은 우리가 언어에 대해 말하도록 하고, 분석하고, 생각하고, 맥락으로부터 분리하고 판단하도록 해 준다(Owens, 1994, p. 4). 의미의 부분은 제스처, 신체 자세, 얼굴 표정, 눈 맞춤, 머리와 신체의 움직임 그리고 물리적인 거리 혹은 비언어적인 단서로도 전달될 수 있다(Owens, 1994, p. 41). 이러한 비언어적 행동은 의사소통 능력에서 중요한 부분이고, 언어의 구어적 측면과 더불어 학습되어야 한다. 이러한 행위들은 의미를 첨가하고 보완하며, 구두 메시지의 의미에 거슬리거나(예, 비꼬는 말) 또는 어떤 경우는 구두 메시지를 대신할 수 있다(Reed, 1994, p. 16).

의사소통의 다른 유형은 다른 사회적 상황에서 사용된다. 가족 또는 가까운 친구에게, 우리는 낯선 사람에게는 사용할 수 없는 가정된 의미들을 사용한다. 음악치료 영역에 있는 동료와의 대화와 비교하여, 클라이언트의 중요 문서를 작성할 때 사용하는 것과 같이 어떤 상황은 좀 더 공식적인 단어의 사용을 필요로 한다. Joos(1976)는 의사소통의 5가지 유형을 다음과 같이 열거했다.

- 고정된
- 공식적인
- 상담의
- 일상적인
- 친밀한

단어가 각각의 맥락에서 다른 의미를 지니고 있기 때문에 의사소통의 유형은 의사소통의 메타언어학적 연구와 관련되어 있다.

어떤 단어는 그 자체로 지시적인 의미를 지니며, 어떤 단어들은 상대적인 의미인 문장구조 내에서 어떠한 관련성을 필요로 한다. 문법 규칙, 단어 사용 그리고 순서 학습은 동일한 언어문화에 속한 사람들과 의사소통할 수 있도록 한다.

체계 이론은 '아동기 언어장애는 오직 복잡한 외부와 내부 관계의 네트워크에서 이해될 수 있다.' 고 보았다(Nelson, 1993, p. 18). 고려되어야 하는 관련성 중 몇몇은 언어 형태의 내부적 조직, 신경학적인 조직, 감각운동 기능 그리고 인지 능력을 반드시 포함해야 한다. 또한 아동의 언어 환경은 가족, 친구 그리고 다른 사회적 관계를 포함해 고려되어야 한다. 텔레비전, 영화, 그 밖의 다른 매체들은 의사소통 모델을 제공하는 자극과 유형을 포함할 것이다.

> 이러한 능력과 더불어 더 수월하거나 덜 수월하게 새롭고 독자적으로 탐지 가능한 자극을 확인할 수 있음에도 불구하고, 적절한 경우에 그와 같은 표현을 가능하게 하고, 여전히 이러한 신비스러운 능력을 공유하는 타인이 이해할 수 있도록 해 준다. 이 개념에서 일반적인 언어 사용은 하나의 창조적인 활동이다. 이 일

> 반적인 언어 사용의 창조적인 면은 동물의 의사소통 체계와 인간의 언어를 구별하는 근본적인 요인이다(Chomsky, 1972, p. 100).

의사소통에 대한 관심은 말보다 더 크다. 그것은 읽기, 쓰기, 듣기 그리고 상징 체계(신호, 그림문자 그리고 의사소통의 다른 형태들)를 포함한다. 언어적 비정상은 이러한 영역의 한 부분에서 발생할 수 있으나, 이번 장은 첫째로 말에 초점을 두고 있다. 발화 문제가 있는 아동을 연구하는 팀에는 언어치료사, 병리학자, 청각장애 교사, 치료언어 교사 그리고 특수교육가가 포함된다. 이러한 직업의 역할을 이해하고, 관련 분야의 이론적 원리와 지식을 아는 것은 중요하다. 관심 대상의 특수아동에게 작용하는 것은 무엇을 사용하더라도 한 가지 이론을 고집하지 않을 것을 권고한다. 임상가는 여러 가지 이론과 치료에 직접적인 영향을 미치는 지식의 영역을 이해하고, 판단하고, 알아볼 필요가 있다(Kamhi, 1993, p. 59).

5) 언어 습득

아기가 막 태어났을 때는 말의 유형을 배우기 위한 신체적인 준비가 되어 있지 않다. 신경조직의 표면인 수초화(myelination)는 출생 시에 불완전해서 아기는 복잡한 인지 기능이 발달되어 있지 않다. 일반적 수초화 청사진은 언어와 같은 복잡한 정신활동을 통제하기 전에 기본적인 생리적 욕구를 충족시키는 것과 관련된 경로처럼 보인다(Nelson, 1993, p. 60). 그 이상의 식별은 시냅스 연결과 신경조직의 변화를 통해 일어난다.

(1) 행동주의

행동주의는 언어에 내재하는 신경학적인 과정의 이해와 관련 있는 것이 아니라, 관찰할 수 있는 행동에 초점을 둔다. 행동주의자들은 언어 습득의 영역에 대해 많은 연구를 했다. Skinner(1957)의 선구적인 연구는 특정한 모집단에 대한 연구뿐만 아니라 일반적인 언어 습득에 관한 체계적인 조사를 이끌었다. 행동주의자들은 학습된 행동과 그 행동에 영향을 주는 변수에 관심을 가졌다. 그들은 말에 대한 자극, 모방의 역할, 말의 발생으로 생기는 결과를 연구한다. 강화된 행동은 강화되지 않은 행동에 비해 좀 더 자주 일어난다. 이와 같이 행동은 뒤따르는 결과에 따라 재형성된다. 이것이 언어치료에 성공적으로 사용되어 온 조작적 조건화다.

(2) 인지 이론

인지 이론은 환경 자극에 대한 반응과 적응뿐만 아니라 인지 발달의 순서에 기초한다. Piaget와 Gardner 같은 이론가들은 기본적으로 언어 습득에 관심을 가지지 않고, 의사소통의 연구에 중요한 관계가 있는 인지 이론을 전개시켰다. Chomsky(1957)의 언어 습득에 있어서 선구적인 연구는 '심층 구조'의 개념뿐만 아니라 인종의 타고난 특정 현상으로서의 언어 습득에 대한 인지 이론에 상당한 자극을 주었다.

언어가 습득되는 순서는 많은 연구의 대상이었다. 습득 순서 가설에 따르면, '일반적으로 아동은 어떤 단계에서 언어적 범주를 동일한 순서(동시는 아니지만)로 습득한다.' 고 본다(Crystal, 1992, p. 7). 어떤 연구는 이 사실을 뒷받침하지 않지만, 일반적으로 정상적인 언어 습득의 순서를 언급하는 데 이 가설은 중요하다. 아동의 언어 분석을 말 전문가가 집계한다 하더라도, 음악치료사는 특정 범주를 위해 주의 깊게 관찰함으로써 이 정보를 보완해 나가야 한다. 반응을 분명하게 기술하는 것뿐만 아니라 어떤 자극이 아동의 말을 이끌어 내는지 인식하는 것이 중요하다. 비언어적인 음악 자극을 사용하여 아동이 반응하도록 동기부여를 할 수 있기 때문에, 다른 많은 영역에서 분석을 위한 더 많은 자료를 도출할 수 있을 것이다. 소리의 사용은 아동으로 하여금 종종 말의 형태로 소리에 반응하도록 고무시킨다. 이 정보는 아동의 최적 능력의 프로파일을 만들기 위해 사용될 것이다. 한편 행동이 어떤 영역에서 발생하였다면, 다른 영역에서도 발생할 수 있는 잠재 능력이 존재한다고 가정할 수 있다.

정확한 전사(transcription)는 상당한 훈련과 시간을 필요로 한다. 그러므로 음

악치료 세션 혹은 세션의 부분 그리고 말 전문가와 함께 프로파일을 만들기 위해 비디오테이프를 사용하는 것은 중요하다. 작은 양의 잘 기술된 자료는 많은 자료의 일반적인 기술보다 훨씬 더 가치가 있다(Crystal, 1992, p. 10). 각각의 문장은 분석되고 맥락은 진술되어야 한다. 이것은 문장구조의 조직, 문법 그리고 문법적 상호작용의 양식에 대한 정보를 제공한다. Crystal(1992, 2-5장)은 몇 가지 수준의 유형을 기술하고 있다. 이 유형의 주요 목적은 진단, 진단평가, 선별 그리고 중재다. 음악치료사는 최초의 선별이 진행된 후에 아동을 만날 수도 있다. 음악치료사의 역할은 주로 중재 단계에 있다. 하지만 진단평가는 진행되는 과정이다. 또한 최초의 선별에서 기술된 것과 다른 행동을 기록할 수도 있다. 이것은 종종 적절한 반응을 위한 즉각적인 강화를 제공하고, 참여를 이끌어 내기 위해 특정 환경을 조성하는 음악의 영향에 기인한다. 만약 이러한 일이 발생하면, 말 전문가는 음악치료 세션에 참여하거나 비디오테이프를 보려고 할 것이다. 프로파일은 치료사의 관찰과 비교하는 것처럼, 기준 행동을 확인하고 목표를 결정하기 위해 좀 더 정확하고 세부적인 분석이 필요하다. 그것은 치료 전략의 효과를 평가하는 데 참고로 사용될 수 있다.

언어적 프로파일은 특정 말 문제를 정의하는 데 사용할 수 있다. 프로파일은 자료의 조직화된 수집을 포함하는데, 이 수집은 언어에서 이용 가능한 다양한 소리, 문법 형태, 어휘 항목 등의 구조적 대조를 나타낸다(Crystal, 1992, p. 5). 한편 포함시킬 수 있는 특정 범주는 임의적인 것이고, 그 프로파일의 의도된 사용과 관련이 있어야 한다. 문제를 정의하기 위해 충분한 범주가 포함되어야 하지만, 정보를 다루기 힘들 정도로 많아서는 안 된다.

프로파일 기준의 한 가지 중요한 측면은 치료사가 아동의 말 산출 단계를 인식하는 것이다. 의사소통은 다음 단계로 발전하기 위한 도전 과제와 더불어 기존의 능력을 이용해야 한다.

(3) 정보 이론

정보 이론은 부호화(신호의 생성, 발산, 전이 또는 전송)와 해독(신호를 받아들이고 해석함)의 용어를 사용한다. 의사소통상의 실수는 특정 단계에서 발생할 수 있다. 아동은 인지적 영역을 형성할 수 없고, 그들의 말을 타인에게 전달하는 운동 기능에서 그것들을 현실화하지 못할 수도 있다. 전달의 실수는 그 신호를 방해하는 특정 환경에서 발생한다. 예를 들어, 헬스클럽 혹은 식당에서의 소음이 의사소통이 불가능할 정도로 강할 수 있다. 해독의 실수는 의사소통되고 있는 소리의 수용과 마음의 해석을 포함한다. 말을 인지적으로 이해하는 것뿐만 아니라 소리를 듣고 집중하는 것의 문제는 해독과 관련해 실수를 유발한다. 부호화는 표현적인 말과 관련이 있고, 해독은 수용적인 말과 관련이 있다. 물론 2가지 모두 의사소통을 하는 데 필수적이다.

표현적 또는 수용적 언어기술 중 한 가지라도 곤란을 겪는 아동은 읽기와 쓰기에서 어려움을 갖기 때문에 이후의 학교생활에 문제가 생길 수 있다. 따라서 초기 의사소통 능력의 중요성은 아무리 강조해도 지나치지 않다. 우리는 말을 할 때 상황, 제스처 그리고 비언어적인 면에 토대를 둔 단서를 청자에게 제공한다. 이러한 것들은 읽기를 할 때는 사용할 수 없다. 문자로 된 상징물을 인지하고 해석할 수 있는 시각적인 능력은 의사소통의 청각/구두 형태보다 더 적은 단서를 제공한다.

읽기와 쓰기 능력은 아동이 말하는 것을 배우고, 타인의 말에 반응하는 것을 배우고 나서 한참 후에 발달한다. 하지만 이러한 의사소통 능력은 직계가족이나 친구가 아닌 다른 사람에게서 배우기 위해서는 필수적인 것이다. 심지어 복잡한 사고 형태에 따른 능력조차도 언어 능력에 기초한다. 만약 말에 대한 이해와 표현의 기능이 기본적으로 형성되어 있다면, 읽기와 쓰기는 내재적 언어의 통합된 기초와 더불어 적절하게 발달한다(McGrady, 1968, p. 200).

6) 비언어적 의사소통

많은 사회적 의미는 비언어적 의사소통을 통해 전달된다. 비언어적 의사소통은 제스처, 얼굴 표정 그리고 신체언어(body language)의 형태로 대부분 시각적이다. 이것은 문화적 통합으로 결속되어 있다. 사람은 사회적 집단의 구성원이 되기

위해 비언어적 의사소통을 적절하게 해석하고 전달하는 것을 배워야만 한다. 이것은 사회적 관계를 형성하고 유지하는 데 필수적이다.

비언어적 의사소통은 언어적 의사소통을 보완하는 데 사용될 수 있다. 하지만 언어적 의사소통이 불가능한 사람에게 이것은 손을 사용해 다양한 형태를 구현해 내는 하나의 완벽한 의사소통 체계일 것이다.

- 필수 영어수화(Seeing Essential English: SEE)(Anthony, 1971)
- 정확한 영어수화(Singing Exact English: SEE)(Gustason, Pfetzing, & Zawolkow, 1972)
- 미국 수화(American Sign Language: ASL)

ASL은 제스처를 부호화하는 체계를 사용한다. ASL은 영어와 다른 어휘를 사용하므로 다른 언어로 생각해야 한다. ASL은 결코 말을 하거나 글을 쓰려는 의도가 아닌, 구어 발화를 배우는 데 적합한 청력을 갖지 못한 사람들이 사용하기 위한 하나의 대안으로 제시된 것이다. 많은 청각장애인들에게 수화는 그들의 모국어로, 말을 사용하지 않고 습득될 수 있는 것이다.

한때 오직 구어로만 이루어지는 수업은 말을 하지 못하는 청각장애인들에게 일반적인 것이었다. 하지만 이러한 상황은 1960년대에 말과 동시에 손으로 하는 의사소통이 증가함에 따라 더불어 변화하였다. 말과 결합된 의사소통의 몇몇 형태는 오늘날 청각장애인을 위한 대다수의 프로그램에서 사용된다(Moores, 1977, p. 98).

언어의 여러 하위 구성요소(음운론, 형태론, 통사론, 화용론, 의미론)를 고려하는 것은 물론, 평가 또는 중재에 대한 단편적인 접근 방식을 피하기 위해 언어를 전체적으로 보는 것 또한 중요하다. 그리고 '의사소통의 보다 큰 맥락에서 각각의 구성요소들이 상호작용하는 방식'에 대한 고려가 있어야 한다(Damico, 1988, p. 56). Nelson(1993)은 언어 습득에 대한 이론적 연구를 다음과 같이 요약하였다.

언어 평가와 중재의 맥락에서 최상의 이론은 해당 전문가가 아동이 유전적인 면을 지니고 있고, 세상을 인지적으로 인식하도록, 사회적으로 상호작용하도록 그리고 언어 규칙을 습득하도록 하는 생물학적 기제를 지닌다고 생각하도록 허용하는 것일지도 모른다. 그러나 그 이론은 아동들이 그들의 필요를 용이하게 하려고 계획된 외부 환경과의 상호작용을 통하여 형성하는 것일 수 있다(p. 76).

2. 말-언어장애

언어장애는 언어 능력이 결핍된 아동들을 설명하기 위한 하나의 단순한 범주가 아니다. 이때 장애라는 용어와 관련해서는 때때로 손상(impairment)이라는 용어가 사용되고, 어떤 저자는 장애(disability)라는 용어를 사용한다. 1980년 세계보건기구(World Health Organization: WHO)는 손상을 '심리적 · 생리적 · 해부학적 구조 혹은 기능의 손실 또는 비정상'이라고 정의 내렸다(Wood, 1980, p. 4). 그리고 장애는 '일상생활을 하는 데 필요한 능력의 결핍'이라고 정의된다(Nelson, 1993, p. 10; Wood, 1980). 사회적 불리(handicap)는 종종 사용되는 세 번째 용어다. 세계보건기구는 사회적 불리에 대하여 '손상 또는 장애의 결과에 따른 사회적 불이익이다. 그것의 범위는 손상, 장애와 타인과의 관계에서 경험하는 불이익과 편견이다.'라고 정의하고 있다(Frey, 1984; Nelson, 1993, p. 13; Wood, 1980). 「장애인교육법(Education of the Handicapped Act)」 개정안이 1990년에 통과되면서 이 명칭은 「장애인교육법(Individuals with Disabilities Education Act: IDEA)」 혹은 「공법」 101-476이 되었다. 분명한 변화는 불능(handicapped)이란 말을 장애(disabilities)로 대치한 의미 변화와 관련이 있다. 다른 저자들은 다른 하위 집단화를 제안했다. 분류하는 데 어려운 점은 기능, 예를 들어 청각인지, 청각기억, 시각기억, 인지 그리고 운동 수행 능력 등과 관련된 영역에서 장애의 중복이다. 임상적으로 언어장애를 가진 아동은 뚜렷한 범주로 분류되지 않는 반면에 그 원인과 결과는 범주의 중복을 이끈다. 따라서 각 아동의 행동을 기술(묘사)할 것을 권고

한다. 아동의 행동을 기술하는 데 포함되는 수많은 요인들이 있다. 그중 하나는 아동의 말 기제에 관련된 관찰—발화를 방해하는 치아 문제, 조음과 관련되어 있는 안면근육 장애, 혀 절제와 다른 관찰 가능한 구강/인두강의 비정상 등—이다. 즉, 잠재적으로 관련되어 있는 신경학적인 문제—의료적 치료가 필요한 경우, 발달적 운동신경 장애의 문제, 외상성 뇌 손상—를 인식해야 한다. 감각 입력에 영향을 미치는 요인으로 청력 손상과 중이염, 문화적 요인도 고려되어야 한다. 즉, 아동의 언어적 문화를 반영하는 발화의 차이, 문화적 차이 내에서 존재하는 음운장애, 방언 차이는 이후 교육적 · 경제적 이동 혹은 일반적 문화 내에서 허용될 것이다.

언어장애는 언어의 이해, 표현 그리고 사용에서 다양한 수준과 결손의 유형에 따라 특징지어지는 문제가 있는 이질적인 집단을 명명하는 총체적 용어다. 이 장애는 발달 문제와 의학 조건의 다양한 집단과 관련이 있다(Bashir, Kuban, Kleinman, & Scavuzzo, 1983, p. 92). 인지적 · 지각적 · 운동적 · 언어적 행동의 완벽한 평가를 위한 검사는 여러 다른 분야의 전문가들과의 상호 협력을 요한다. 게다가 심리적 · 사회적 · 환경적 요인도 고려되어야 한다. 그러므로 아동은 인지 능력을 기술하기 위해서 종합 검사를 해야만 한다. 시각과 청각은 적절하게 검사되어야 한다. 운동기술은 걷기, 달리기 또는 오르기와 같은 대근육의 움직임을 뜻하는(Wiig & Semel, 1984, p. 663) 큰 움직임(대근육 운동기술)과 작은 움직임, 즉 소근육 운동인 말하기, 쓰기, 그리기와 학습된 동작활동을 하는 것과 같은 작은 근육 기관의 숙달되고 구별된 연속 동작(Wiig & Semel, 1984, p. 663) 그리고 감각적 · 지각적 기술을 함께 평가하여야 한다. 물론 발화 능력도 반드시 평가되어야 한다. 이와 같이 언어치료사뿐만 아니라 심리학자, 사회복지사, 청각 전문가, 안과 의사, 물리치료사 그리고 작업치료사가 행하는 포괄적인 검사의 결과를 참고해야 한다. 공립학교에서는 이러한 포괄적인 검사가 불가능할 수도 있다. 이것은 교육 환경에서 이용 가능한 전문가가 가장 포괄적인 기술(묘사)을 제공하도록 하는 것의 중요성을 더욱 부각시킨다.

언어장애 아동을 확인하는 것은 완벽하게 명확하지는 않다. 어떤 접근 방식도 언어장애 아동과 함께하는 전문가가 부딪히게 되는 모든 변화를 설명할 수 없고, 발생하는 모든 문제에 대한 해답을 제공할 수 없다(Kamhi, 1993; Reed, 1994).

언어기술은 더 나아가 사회적 · 인지적 · 정서적 성장의 기초가 된다. 학교에서의 성공은 언어기술과 상당한 관련이 있다. Lahey(1988)는 후속 연구 문헌들을 통해 언어장애가 있다고 진단된 취학 전 아동의 40~75%가 학교생활에서도 학습 혹은 의사소통의 문제를 계속해서 지닌다는 것을 발견했다(p. 45). 의사소통의 결함은 사회에서의 성공적인 적응에 필요한 능력에 심각한 결과를 초래한다. 최근의 연구는 언어학습에서의 어려움이 아동기 이후에도 지속될 수 있고, 이 어려움은 읽기 또는 학업 문제와 사회적 편견으로 연결된다고 제안한다(Watkins & Rice, 1994, p. 5). 아동이 해당 기준에 이르기 전까지는 그 문제의 확인과 처리가 충분하지 않을 수도 있다.

> 더욱이 일반적으로 의사소통 기능에서 앞으로 장애가 예상되는 생물학적 혹은 행동적으로 조건화(예, 다운증후군, 중증 청각장애, 자폐 증후군)되어 있는 유아는 언어 형태가 전형적으로 나타나기 시작하는 나이가 되기 전에 언어장애가 있는 것으로 볼 수 있다(Lahey, 1990, p. 42).

이러한 아동 중 몇몇은 언어를 습득하는 데 어떤 지체 현상이 발견되었을 때 처음으로 확인된다. Pueschel(1987)은 1970년대의 연구 · 보고에 따르면, 검사를 받은 다운증후군 아동의 2/3는 중이 질환과 관련된 경도에서 중등도의 청력 손상을 갖는다고 보고했다.

> 하인두(hypopharynx)의 불충분한 근육 조절은 유스타키오관 기능에 영향을 주고, 중이의 압력을 불균등하게 한다. ……게다가 다운증후군 아동의 비정상적인 면역 반응은 관찰된 중이 병리에 영향을 줄 수도 있다(p. 22).

출생 요인들(예, 무산소증, 고빌리루빈 혈증, 핵황달)과 염색체 증후군(예, 다운증

후군) 그리고 잘 알려져 있는 신경학적 혹은 신체적 조건화(예, 뇌성마비, 청력 상실, 구개 파열)는 잠재적으로 언어 문제와 연관되어 있다(Reed, 1994, p. 102). 따라서 잠재적으로 말과 언어 문제가 있는 아동은 종종 출생 시에 확인될 수 있는데, 저체중 혹은 조산과 관계가 있을 수 있다. Menyuk, Liebergott, Schultz, Chesnike와 Ferrier(1991)는 일반적으로 조산한 아이와 반대로, 매우 저체중으로 태어난 유아만이 어떤 초기 어휘적 · 인지적 발달기술에 좀 더 어려움이 있다는 것을 발견했다. 다른 학자들은 출생 시에 정상 체중으로 태어난 아동과 비교하여 저체중으로 태어난 아동에게 발달 문제가 있는 것을 발견했다(Aram, Hack, Hawkins, Weissman, & Borawski-Clark, 1991). 특정 언어장애와 관련되는 태아기의 발생 요인에 대한 감식은 현재 가능하지 않으나 출생 시에 저체중 혹은 유아기에 발달적 · 의학적 문제가 있었던 아동은 언어장애 발생률이 상당히 높다.

유아의 언어 발달에서 결정적 시기의 개념은 초기 아동기 발달 연구로부터 제시되었다. 발화 시작 전에 옹알이 시기가 있으며, 첫 단어는 보통 생후 8개월경에 말하며, 2~3세에 빠른 성장이 이루어진다. 확실한 중요 발화 시기는 고정된 순서로 상대적으로 일정한 생활연령에 나타난다(Lenneberg, 1972, p. 64). 그렇지만 어떤 아동은 의사소통의 중요한 과업을 성취하지 못한 채 취학 전 시기를 보낸다. 만약 아동이 효과적으로 목소리를 내지 못하거나 그들의 청각 입력이 정확하게 인지되지 않거나 통찰력 있게 해석하지 못하면 그들은 말을 습득하지 못한다(Schiefelbusch & Hollis, 1980, p. 7).

이 결정적인 시기에 지연을 일으키는 요인들 중 청력의 일시적 손상은 가장 빈번한 요인 중 하나다. 심지어 가벼운 청력의 결함도 언어 발달의 감소 비율과 상호간의 부차적인 문제를 이끌 수 있다는 사실이 보고되었다(Pueschel, 1987, p. 123). 이것은 보통의 발화 발달을 위해 필요한 귀의 인식 체계 발달에 영향을 미칠 수 있다. 중이염에 대한 단순언어장애 발생의 연구에서 혼합된 결과가 도출되었다. 지속적인 가벼운 청력 손실이 유아기 이후로 존재한다면, 아동의 언어에 부정적인 결과를 가져오게 된다(Bleustone & Klein, 1995; Rapin, 1979). 특수한 결정적 시기에 중이염 혹은 귀에 영향을 미치는 다른 질병의 발생은 중요하다. Bishop(1992)

은 '신경 체계가 출생 시에 덜 성숙하기 때문에 조산된 아기는 중이염의 부정적인 영향에 취약하다.'(p. 9)고 추정했다. 이 가설에 대한 더 진척된 검사가 필요하다. 일시적인 또는 가벼운 청력 손실만이 발화를 습득하지 못하는 이유로 보이지는 않는다. 두 아동의 청력 손실에 대한 윤곽이 매우 유사해도 아동 각각의 언어 습득은 다른 속도로 진행될 수 있다.

언어 문제가 언어 발달의 첫 번째 단계에서 나타날 때 '발달적 언어장애'라는 용어가 사용된다(Ozanne & Murdoch, 1990). '후천적 실어증'은 아동기의 뇌 손상에 기인하여 일어나는 말장애를 지칭하기 위해 사용되는 용어다. 뇌 손상의 원인에는 두부 외상(head trauma), 뇌혈관 질환, 뇌종양, 감염, 경련장애(간질), 뇌 산소 결핍증, 신경관 감염 그리고 신진대사 장애가 포함된다. 후천적인 말장애 혹은 언어장애 아동은 종종 뇌손상에 따른 함묵증의 시기를 갖게 된다. 또한 발화 손상이 뒤따를 수 있지만 다른 사람의 발화를 이해하는 능력은 포함되지 않을 수도 있다. 어떤 뇌 손상은 몇 주 후에 기능이 빠르게 회복된다. 손상의 다른 유형은 일생에 걸친 언어 손상을 이끈다. 아동의 후천적인 실어증의 가장 빈번한 원인에는 추락 또는 자동차 사고로 일어날 수 있는 외상성 뇌 손상이 있다. 고속의 사고는 전단병변(shearing lesions)을 일으켜 뇌의 회전운동을 야기할 수 있다. 쇼핑카트 혹은 운동장에서의 추락과 같은 저속의 사고는 출혈에 따른 세포조직의 찢김이 덜하거나, 두개골의 다른 쪽으로 뇌를 밀어내는 것이 덜할 수 있고 따라서 세포조직이 찢어진 경우보다는 회복이 빠르고 완벽한 경향이 있다(Ozanne & Murdoch, 1990).

아동은 성인보다는 뇌졸중을 일으킬 확률이 적지만, 어떤 아동들은 위험에 빠질 정도로 약한 혈관을 가지고 있다. 뇌혈관 사고 혹은 뇌졸중은 뇌혈관의 차단(국소 뇌졸중) 때문이거나 뇌혈관의 파열(혈관 뇌졸중)로 발생하는 혈액이 뇌로 공급되는 것이 자동적으로 방해되는 현상이다(Ozanne & Murdoch, 1990, p. 7). 혈관 문제는 선천적인 심장 질환, 동맥경화, 겸상적혈구 빈혈증 그리고 뇌의 혈액 공급에 영향을 미치는 다른 질병들과 연관되어 발생한다. 마찬가지로 뇌종양은 혈관 구조 내에서의 위치와 종양의 치료에 따라 언어 기능에 영향을 미칠 수 있다.

종양의 증식을 막기 위한 수술 또는 방사선 치료 중 하나가 지속적으로 행해진다면 언어 기능에 지속적인 손상을 남길 수도 있다. 뇌의 감염(뇌염) 혹은 뇌척수막의 감염(수막염) 혹은 2가지가 모두 동반되는(뇌수막염) 경우는 다양한 바이러스나 세균 때문에 발생할 수 있다(Smyth, Ozanne, & Woodhouse, 1990). 또한 이것들도 언어 기능에 영향을 줄 수 있다.

후천적인 언어장애는 쓰기의 문제를 수반하고 수용적 문어기술보다는 표현적 문어기술에서 더 자주 발생한다(Alajouanine & Lhermitte, 1965; Hécaen, 1976; Hécaen, 1983). 문어(written language)의 문제는 학교에서의 성취에 영향을 미치며 장기간의 어려움을 가져올 수 있다. Cooper와 Flowers(1987)는 후천적인 언어장애를 가진 일부 아동들이 산술에서도 어려움을 겪는다는 것을 알았다. 그들이 검사한 아동들 중의 일부는 철자와 독서에서도 어려움을 가지고 있었다.

어떤 아동이 겉으로는 언어 기능이 완전히 회복된 것처럼 보이더라도, 많은 뇌손상 아동들에게 미묘하게 지속되는 결과의 증거가 있다. 이 결과는 학습 문제로 일어날 수도 있다. Ozanne와 Murdoch(1990)는 예후와 관련된 요인으로 '병변의 위치, 병변의 크기, 원인, 연관되는 신경학적 장애, 발병 나이, 실어증의 유형과 증상 정도 그리고 EEG 이상의 유무' (p. 33)를 제시했다.

1) 실행증

'실행증'은 결핍된 말 운동신경의 통제와 관련된 아동들의 장애를 설명하기 위해 사용된 용어다. Crary(1993)는 "검사 임상가에 따른 결핍된 말 운동신경의 몇몇 유형의 인식에서 이 용어의 적용에 적절하게 혹은 부적절하게 불일치가 있었다."(p. ix)라고 언급했다. 이것은 행동의 분명한 기술이 각각의 임상가 혹은 연구자들에게 다른 의미를 가지는 명칭보다도 더 유용하다는 사실을 설명한다.

어떤 아동은 발달적 실행증의 원인이 되는 선천적인 뇌 손상을 가지고 있다(Aram & Glasson, 1979; Morley, Count, Miller, & Garside, 1955; Rosenbek & Wertz, 1972; Worster-Drought, 1974). 중추신경계에서의 기능장애는 실행증의 주

요 증상을 초래하는 것으로 보인다. 운동 기능장애는 말 기능뿐만 아니라 미흡한 협응 혹은 동작 능력과 관련된다. 어떤 아동은 정상적인 인지 능력을 가지지만 발화를 하지 못할 수도 있다. 하지만 그 아동은 수용언어 기술에는 아무 문제가 없을 수 있다. 말 운동기술의 결함이 있는 아동들은 침을 조절하고, 씹고, 삼키는 것 같은 섭식 문제와 관련해 어려움을 보인다. 그 밖의 것으로는 운동 미숙과 전반적인 운동기술 발달의 지체를 보인다. Crary(1993)는 가족력과 학습장애(특히 읽기에서의 어려움)의 높은 발병 간에 상관이 있음을 발견했다(p. 28).

어떤 아동은 적어도 어느 정도 실행증을 보상하는 방법을 학습한다. 따라서 이들이 향상되는 것처럼 보이기는 하지만 여전히 말 생성에 문제가 있다. 그들의 언어 발달은 처음 단어를 말하는 것으로부터 유창한 산출로의 안정적인 향상을 보이지 않는다. 오히려 불균일한 발달과 수차례의 퇴행이 있을 것이다. 어떤 중재 프로그램은 운동기술이 향상됨에 따라 말 또한 향상될 것이라는 희망으로 운동학습에 초점을 맞춘다. Lahey(1988)는 다음과 같이 진술한다.

> 운동 발달과 언어 발달 사이에는 강력한 상관관계가 있으나, 이것은 또한 운동장애의 정도가 언어기술과 직접적인 관련이 없다는 증거다. ……운동 훈련만이 언어 표현 혹은 이해를 향상시킬 수 있다는 가정을 지지하는 증거는 없다(p. 120).

실행증의 아동은 발화 오류의 여러 유형을 만들어 낸다. 그러므로 '실행증'이라는 하나의 명칭을 사용하는 것보다는 이러한 진단을 받은 아동 개개인의 특정 오류 유형을 기술하는 것이 중요하다. 오류에는 음의 생략, 특히 자음의 생략이 있다. 또한 음의 군집이 생략될 수도 있다. 조음 오류는 /r/과 /l/의 산출의 어려움과 마찰음의 생략을 들 수 있다. 비음과 폐쇄음의 생략은 덜하다(Crary, 1993). 음의 대치는 단어에서는 나타나지 않고 군집 오류에서 발생할 것이다. 모음의 소리를 내는 데 오류 혹은 모음의 생략이 있을 수 있다.

언어 결함에는 많은 원인이 있는데, 이 원인은 중복될 수 있다. 감각통로(청력 상실과 시력 상실 같은), 운동기술, 인지기술(일반적으로 낮은 지적 수준, 청각적 처리

문제 그리고 상징적인 사고 혹은 유형 추상화에서의 어려움 같은) 그리고 사회적 관계(관계, 철회 그리고 적대를 형성하는 능력이 없는 것 같은)가 결함의 영역에 포함된다(Lahey, 1988, p. 44). Nelson(1993)은 아동기 언어장애와 관련된 아동 발달의 양상을 "문어를 상자 안에 넣는 것과 같다. 문어를 상자에 담았다고 생각했을 때 다른 다리가 튀어나온다."(p. 6)라고 기술하였다. 실제로 아동기 언어장애 분야에서 많은 조사와 연구가 이루어졌다. 그래서 이용 가능한 정보는 상당하다. 따라서 음악치료에 기본적으로 관련된 책에서는 단지 기본 틀만을 제공받고 독자로 하여금 더 많은 독서, 교과 학습 그리고 관찰을 통해 좀 더 세분화된 정보를 얻기 바란다.

2) 단순언어장애

1980년에 아동기 실어증 협회(Institute on Childhood Aphasia)는 조사와 이론적 연구에서 지속적으로 사용되고 있는 단순언어장애(specific language impairment: SLI)에 대해 'SLI는 지적 · 사회적 · 정서적 · 청각적 영역에서 일반적인 기능과 결합하여 일어나는 언어기술의 습득 지연으로 정의된다.' 고 정의를 내렸다(Watkins & Rice, 1994, p. 1). 또 다른 후속 연구는 종종 정서적 혹은 행동상의 문제, 경도 정신지체, 신경상의 결함 또는 심한 조음/음운상의 결함과 결합된 SLI에 대한 조작적 정의를 내렸다(Stark & Tallal, 1981). 이와 같이 SLI는 개별적인 모집단을 지칭하는 것이 아니라, 이질적인 집단을 지칭하는 것이다. SLI 아동은 보통의 원인들과 관련되지 않은 말장애로 보인다. 이러한 아동들은 성공적인 언어 발달을 위해 충분히 듣고, 표준화된 지능검사를 통하여 측정될 수 있는 보편적인 비언어적 지적 기능을 가지고 있으며, 성인 보호자로부터 언어를 충분하게 접할 수 있는 수용적인 환경을 갖는다(Tomblin & Buckwalter, 1994, p. 17).

이러한 아동들이 언어 습득이 지체되어 있는지는 분명하지 않지만, 예상되는 발달 순서를 따르거나 언어 습득의 발달 순서에서 실제로 벗어나 있다(Curtiss, Katz, & Tallal, 1992). 이와 같은 명료함의 결여는 연구 중에 있는 발화의 속성과 관련되어 있는 것으로 보인다. 많은 연구들은 문법 형태소에 중점을 두었고, 일반적으로 SLI인 아동은 이 영역에서 어려움을 지닌다는 것을 밝혔다. 다른 연구는 주요 동사 어휘의 습득에 중점을 두었고, 유사한 결여 상태를 밝혀냈다. 이러한 연구가 해당 아동이 지연되어 있는가 혹은 벗어나 있는가에 대한 논쟁의 결론을 내리지는 않지만 SLI의 성격과 특성에 한계를 짓는 데 일조하였고, 지연/일탈의 문제를 넘어 이 장애에 대한 이해를 도왔다(Watkins & Rice, 1994, p. 4).

SLI의 원인론에 대한 여러 이론이 있지만, 연구를 통해 이 원인을 분명하게 밝혀내는 데는 실패했다. 하지만 원인 요소에 대한 연구는 계속되고 있으며(Aram, 1991; Tomblin, 1991), 단 하나의 요인이기보다는 여러 요인이 결합되어 있는 것으로 보인다.

3) 환경적 요인

아동은 모방을 통하여 그들 문화의 언어를 학습한다. 아동은 단어에 가까운 것을 만들고 중요한 타인이 여기에 반응한다. 곧이어 아동은 어떤 소리의 사용에 따른 사건을 넘어선 통제력을 학습한다. 또한 모방을 통하여 문장 형성의 규칙과 다양한 발화 맥락에서의 적응을 학습한다. 특정 문화 집단에서 선택된 상징물은 임의적이지만, 동일한 신호를 사용하는 타인과 소통하기 위하여 구성원들은 합의를 이룬다. 대부분의 아동은 특정 언어에 대한 훈련이 없어도 그들 문화의 언어를 습득한다. 하지만 아동의 발화 환경에서 특정 문화 집단의 대다수와 다른 아동들이 고려 대상이 되어야 한다. 듣지 못하는 부모에게서 양육되는 아동은 주로 수화를 통해 의사소통하지만, 여전히 말하는 법을 학습한다. 이러한 아동에게는 학교와 같은 발화 환경 혹은 이웃의 다른 아동들과 놀이할 수 있는 시간이 제공되어야 한다. 언어 발달은 놀라울 정도로 탄력성이 있으며, 부모가 매우 한정된 구어를 산출하는 아동(왜냐하면, 부모들이 심한 청각장애이므로)도 보통 사람들의 말을 들으면서 일주일에 5~10시간 정도의 발화 시간을 얻는다면, 상당한 진보를 보일 것이다(Schiff-Myers, 1988, p. 10).

많은 아동들은 영어가 제2의 언어인 부모 혹은 영어를 말할 수 없는 부모에게서

양육되고 있다. 취학 전에 영어에 노출되는 환경에서 양육되는 아동들은 2개 국어를 구사할 수 있도록 학습된다.

> 대부분의 아동들은 부모의 의사소통 행동에서 광범위한 다양성에도 불구하고 일상의 언어를 발달시킨다. 언어적 자극의 결여는 아동이 심하게 소홀히 다루어지거나 격리되는 상황을 제외하고, 아동들에게 주된 언어적 어려움을 야기할 정도는 아니다(Bishop, 1992, p. 3; Mogford & Bishop, 1988).

아동은 언어 사용의 규칙을 대부분 5세경에 학습한다. 언어를 학습하는 과정은 발달연령이 증가할수록 더욱더 어려워진다. 따라서 취학 전에 풍부한 언어 환경에 노출되는 것이 중요하다. 언어학습의 일반적인 과업은 모든 문화에서 동일하다. 의사소통적 상호작용과 언어 규칙에서 문화적 차이가 있을 수 있지만, 기본적인 유사성은 학습되는 체계, 습득 전략 그리고 습득에 영향을 미치는 요인들— 원인과 상관없이 상호 언어, 문화 그리고 언어장애— 내에서 발견될 수 있다(Nelson, 1993, p. 80).

언어장애와 언어 차이(language difference)를 구별하는 것은 중요하다. 구별은 아동이 단지 언어 차이 때문에 학습이 지연된다고 인식될 때 일어날 수 있다. 소수 집단에서 사용되는 방언에 대한 상당한 편견이 있을 수도 있다. 이에 따라 단지 언어적으로 다른 하위문화 출신인 경우에 특수교육 프로그램에서 부적절하게 배치될 수도 있다.

생물학적 구성(말소리를 산출하고, 이 소리를 사고로 조직하고, 타인과 의사소통할 수 있는 소리를 형성하도록 하기 위해 필요한 생리적 · 신경적 체계)의 상호작용과 일반적인 언어 발달에서 환경의 영향은 분명히 있다. 그러나 주요언어장애에 대한 유전적인 근거가 존재하는가? 이것은 1980년대와 1990년대의 많은 연구 주제였다. 그 결과는 혼합된 결론을 이끌었다. 모든 아동은 환경적 영향과 상호작용할 수 있는 생물학적인 체계를 지니고 있기 때문에 요인을 구분하기가 어렵다는 것이다. 유전되는 생리적인 체계가 언어 습득을 위해 적절하더라도, 환경은 이것이 발생하도록 자극을 제공해야만 한다. 아동에게 말하는 환경이 허용되지 않는다면 말을 배우지 못할 것이다. 언어를 학습하는 것은 결정적 시기에 아동이 생활하고 있는 문화에 의존한다. 그런데 어떤 아동들은 심한 발화 문제를 가지지만, 왜 동일한 가족의 다른 아동들은 적절한 발화 능력을 보이는가에 대해서는 의문을 가질 필요가 있다. 몇몇 연구는 우연히 예측될 수 있는 것보다 가족 구성원의 영향을 받는 것이 더 크다는 사실을 발견했다(Bishop & Edmundson, 1986; Haynes & Naidov, 1991; Hurst, Baraitser, Auger, Graham, & Norell, 1990; Neils & Aram, 1986; Robinson, 1987; Tallal, Ross, & Curtiss, 1989; Tomblin, 1989). 분명한 것은 언어 습득에 유전적인 요인과 환경적인 요인이 모두 작용한다는 사실이다. 모든 문화 집단에 속한 아동은 의사소통하는 것을 배우는 반면, 특정 언어는 학습된 문화적 경험에 의존한다. 이것은 학습에서 환경 자극의 중요성을 지지한다.

말장애의 원인은 많은 상호작용과 함께 매우 복잡한 주제다. Lahey(1988)는 언어장애를 '아동의 생활연령에서 기대되는 것과 다른(보다 우수하지는 않지만) 언어 행위를 통해 증명되는 것으로 모국어 사용 혹은 학습에서 어떤 붕괴된 상태' (p. 21)라고 정의한다. 언어는 아동의 연령, 신체 발달 그리고 다양한 상황에 따라 변하는 체계다. 치료의 유형은 손상의 유형과 아동의 발달단계와의 관계에 따라 달라진다.

아동은 모방 발화로부터 이전의 화자로서 동일한 주제를 공유하고, 선행 발화에 정보를 더하는 조건적인 발화로 진행되는 경향을 보인다.

3. 음악치료 과정

말과 언어가 손상된 아동은 음악치료의 기본 영역(CAMEOS)에서 도움을 필요로 한다. 따라서 이 영역의 각각의 사항에 대해 제시할 것이다. 다음에서 언급된 각 경우의 아동은 완벽하게 평가를 받고 IEP 팀은 이 영역들에서 명확한 목적을 가지고 있다.

1) 의사소통

이 클라이언트의 기본적인 문제는 의사소통의 영역에 있기 때문에, 이들의 목표는 모집단에 있는 모든 아동을 위한 것이라고 생각할 수 있다. 하지만 의사소통의 특정 영역이 고려되어야만 한다.

(1) 표현언어

함구증(muteness)은 발화 초기의 지연이나 뇌 손상에 따른 실어증에 기인하여 발생할 수 있다. 아동이 침묵한다면, 첫 번째로 아동이 소리를 내도록 해야 한다. 연속적인 근접 과정을 통하여 이러한 소리들은 단어가 될 수 있다. 아동을 소리 환경에 두고 모방을 이끌면, 구구 소리나 깩깩거리는 소리를 내거나 투덜거리거나 흥분 상태의 소리를 낼 수 있다. 음악치료사는 이러한 소리를 반복하여 행동을 강화시켜야 한다. 대부분의 아동은 얼마 지나지 않아 모방놀이와 같은 것에 참여한다. 소리 환경을 만들기 위해 사람의 목소리뿐만 아니라 다양한 악기를 사용하라. 노래, 대화 그리고 아동의 노래에서 보이는 반복적인 의미 없는 음절(예, '두두두', '라라라')을 포함하라. 더 많은 게임을 만들고 활동하는 데 흥미를 느끼도록 동작을 추가하라. 아동이 웃도록 도와주라! 이것 또한 소리다. 아동이 높고/낮은, 크고/작은, 짧은/긴 소리를 내고, 소리를 지속하고 놀이할 수 있도록 격려하라. 이러한 것은 단어는 아니지만 이후에 단어에 가까운 혹은 의사소통적 가치를 지닌 소리에 기쁨과 흥분을 느끼고 단어로 만들 수 있는 재료가 된다. 아동이 어떤 악기를 가리키며 '어'라고 말한다면, 그것은 의사소통의 시작이 된다. 소리와 제스처는 타인으로부터 반응을 유도하기 위해 사용된다. 이후에 아동에게 그것을 주기 위해 '벨' '북' 등의 단어에 근접하는 모방 행동을 필요로 할 수도 있다. 오랜 시간 후에 '북을 주세요.' 혹은 '벨을 연주하고 싶어요.'라고 표현할 수도 있다. 또한 프로그램의 모든 영역을 참아 내고 지속하는 아동이 소리를 낼 수 있다면, 이들 중 대부분이 말하는 것을 배울 수 있다. 소리를 내는 것으로 환경에 대한 통제력을 경험하는 것은 대부분의 아동에게 시도할 용기를 북돋울 것이다.

바람직한 표현적 의사소통은 말뿐만 아니라 비언어적 내용을 포함한다. 음악치료는 단순한 동요를 부르거나 모방 게임을 하면서 눈 맞춤, 제스처, 얼굴 표정 그리고 신체 언어를 포함하여 비언어적 내용을 강화시키는 행동을 격려할 수 있다. 소리는 주의를 끌고 아동이 의사소통에서 향상될 수 있도록 충분한 관심을 제공한다.

아동이 말할 수 있을 때, ① 조음(소리의 대치, 첨가, 생략, 왜곡), ② 속도 조절의 문제(말 리듬과 강세가 부적절하고, 말 표현의 속도가 너무 느리거나 너무 빠른 경우), ③ 발성 위치 문제(크기-너무 작거나 너무 큰, 높이-너무 높거나 너무 낮은 그리고 질-귀에 거슬리는, 비음 혹은 불쾌한), ④ 상징화의 어려움(단어, 구 그리고 문장에 담긴 의미 표현의 어려움) 등 각각의 장애 영역에 대해 음악치료가 효과적이다. 만약 아동이 언어치료 중이라면 두 치료사는 긴밀하게 협력해야 한다.

조음을 위해서 치료사는 아동이 필요로 하는 특정 소리를 연습하도록 하는 반복적인 소리를 전개하는 노래를 선택해야 한다. 코러스는 '라라라~'로 부를 수 있고 '타타타~' '바바바~' 등으로 바뀔 수 있다. 어떤 악기는 도움이 될 수 있는 텅잉 패턴(tonguing pattern)을 필요로 한다. 예를 들면, 아동이 'th'를 'd'로('this'가 아니라 'dis') 대치한다면 금관악기를 연주하면서, 혀로 공기를 막는 것을 학습하여 효과를 볼 수 있다. 노래 가사는 연습이 필요한 소리를 많이 반복할 수 있도록 이루어진 곡으로 선택하거나 만들 수 있다. 정확한 소리가 산출될 때, 정확한 소리와 부정확한 소리를 구별할 수 있는 아동의 능력을 길러 주기 위해 피드백을 제공하라.

속도 조절의 문제는 다양한 리듬활동을 통해 해결할 수 있을 것이다. 리듬이 있는 게임을 시작하고 이후에 악보, 노래 그리고 리듬악기로 바꾸면 아동은 소리의 구성에 대한 감각을 익힐 수 있다. 큰 동작(예, 휘두르기, 팔다리 흔들기, 깃발 날리기, 음악에 맞춰 낙하산을 올렸다 내리기)으로 시작하고, 이동기술(예, 걷기, 행진하기, 두 다리로 점프하기, 한 발로 깡충 뛰기, 뛰기)로 전환하며, 마지막으로 악기를 연주하는 데 사용되는 세부적인 운동기술을 연습하라. 적절한 강세와 속도로 챈트(chant)와 노래를 더하라. 아동이 타인을 모방하는 것을 격려하고 집단을 모방하

기 위한 리듬을 만들도록 하라.

발성 위치는 높고 낮은 소리에 대한 이해를 넓히는 것으로 설명할 수 있다. 높고 낮음의 차이를 구별하는 게임을 하라. 예를 들어, 아동이 자신의 눈을 가리고 있는 동안 방 안에 있는 벨을 감춰라. 아동이 벨에 접근함에 따라 악기를 낮은 소리로 연주하라. 만약 먼 곳으로 간다면 찾을 때까지 높은 소리로 연주하라. 그 후에 치료사가 목소리를 사용하여 소리를 내고, 아동이 리더가 되어 높고 낮은 목소리를 낼 수 있도록 하라. 결국에 각 아동은 자신의 목소리로 게임을 통제할 수 있게 된다. 또한 아동이 소리를 모방할 수 있는 게임을 하거나 소리(예, 소방차 소리, 경찰차 소리, 문 삐걱대는 소리)를 내라. 아동이 크고 부드러운 그리고 길고 짧은 소리뿐만 아니라 높고 낮은 소리를 내며 놀이할 수 있도록 격려하라. 이러한 탐험놀이를 통하여 아동은 발성 위치를 학습하고 목소리로 만들 수 있는 다양한 소리를 인식하게 된다.

가능한 한 아동이 가장 완벽한 문장을 사용하도록 그리고 적절한 문법을 사용하도록 격려하라. 의미의 상당 부분이 비언어적이거나 가장된 속어 혹은 말의 줄임 형태로 표현되기보다는 스스로 완벽한 문장을 사용하도록 모델을 제공하라. 아동이 하루 종일 적절한 모델에 노출된다면, 모방 가능성이 높아질 수 있다. 원하는 대상을 지시하거나 제스처를 사용하기보다는 아동이 질문하고 말로 요구할 수 있도록 격려하라. 가능하다면 아동이 흥미를 보이고, 당신의 말과 질문으로 대화가 진행될 수 있도록 강화하라. 어떤 아동은 실패의 경험 때문에 대화와 주제를 스스로 시작하지 못한다. 이때 치료사는 촉진자로서 아동이 시작하고 행할 때 아동에게 충분한 관심을 두는 것이 중요하다(Owens, 1995, p. 318). 치료사는 눈 맞춤과 얼굴 표정으로 단서를 제공하거나 질문을 하여 언제, 어떻게 대화에 참여해야 하는지를 아동이 알 수 있도록 도움을 주어야 한다. 차례를 기다리는 것, 다른 사람의 생각과 요구와 주제의 중요성을 인정하는 것 그리고 언제 말을 해야 하는지와 말을 하기에 부적절한 상황을 구분하는 것 등 대화의 사회적 측면을 가르쳐라. 아동은 대화를 유지하기 위해 치료사에게 도움을 구할 수도 있다. 자극을 제공하고 질문을 하라(Williams, 1989).

말로 표현하는 것을 격려하기 위해 장벽 게임을 하라(Bunce, 1989). 아동에게 장벽 뒤에 숨겨진 악기를 말로 설명할 수 있도록 하라. 집단이 악기를 식별할 수 있을까? 만약 그렇지 않다면, 부가적인 신호로 악기 소리를 낼 수 있도록 하라. 마지막으로 아동이 집단에게 악기를 보여 주고 이름을 말하도록 하라.

(2) 수용언어

많은 노래는 아동이 행동할 수 있는 지시를 제공해 성취 경험을 갖게 한다. 이것은 아동이 주의 깊게 듣고(예, '창문과 문을 가리키세요.' '빨강은 일어서고, 파랑은 앉으세요.', '원의 주변을 걸으세요.') 대답할 수 있도록 한다. 주목을 끌기 위해 눈맞춤과 신체 언어를 사용하는 치료사의 지시보다 기록된 지시 사항을 듣고 따라 하는 것은 더 어렵다. 집단 내의 다른 아동도 지시를 줄 수 있을 것이다. 관심의 대상이 되는 것은 보통의 아동에게는 재미지만, 수줍음이 많거나 불안한 아동에게는 매우 부담이 될 수 있으므로 주의해서 사용되어야 한다.

수용언어의 가장 중요한 점은 적극적인 듣기다. 호출-반응 음악 게임을 하면서 아동이 목소리 혹은 악기 소리를 듣도록 격려하라. 아동이 반복되는 한 소절을 부르고, 그런 후에 노래 전체를 부를 수 있을 때까지 다음 소절을 더하면서 치료사가 무의미한 노래를 가르치는 것은 대화에서 요구되는 청각기억 능력을 기르는 데 좋은 연습이다. 악기는 리더가 리듬 또는 단어 형태를 시작하는 연속적인 게임에서 사용될 수 있다. 모든 사람이 연주할 때까지 다음 주자가 반복하고, 그런 다음 자신의 패턴을 만들어 더하는 등의 게임에서 짧고 간결한 패턴을 장려하라.

또한 음향 효과가 있는 이야기는 지속적인 관심과 주의 깊은 듣기를 고무시킨다. 예를 들어, 한 아동이 바람 소리를, 다른 아동은 발자국 소리를, 또 다른 아동은 개가 짖는 소리를 내도록 한다. 각 아동에게 이야기가 진행되는 동안 자신의 소리를 낼 수 있는 여러 번의 기회가 주어져야 한다.

2) 학 습

개념적 정보를 기술하는 적절한 어휘는 학업의 성공을 위해 필요하다. 글자, 색깔, 수 또는 모형으로 표시된 악기를 연주하면서 아동은 상징물을 학습한다. 하지만 그 상징물의 이름을 말할 수 있는 능력은 누군가가 그것의 이름을 말할 때 매칭하거나 가리키는 것보다 더 나중에 나타난다. 이름을 사용한 상징 범주화는 아동이 글자, 색깔, 수, 모형 또는 악기를 사용함에 따라 격려할 필요가 있다. 음악치료 영역은 미래 학습에의 성공을 위해 필요한 개념에 대한 다양하고 의미 있는 체험을 반복할 수 있는 하나의 장을 제공한다. 가장 성공적인 전략은 경험상의 혹은 선행 지식의 토대에 기초하여 새로운 단어와 연결고리를 형성하고, 의미 있는 맥락으로 가르치고, 다양한 경험을 제공하는 것이다(Owens, 1995, p. 327).

시간개념, 공간개념 그리고 자아개념은 음악을 통해 발달시킬 수 있다. '_____에 대한 시간' '첫째 _____, 그리고 난 후 _____' '어제, 오늘, 내일' 혹은 '오랜 시간, 곧, 결코 ~않다' 등이 포함된 노래 가사, 활동 게임 그리고 악기 연주를 통해 발달시킬 수 있다. '지금, 다음, 후에'는 다른 시간개념이다. 더 나아가 진보와 제한은 '그러고 나서 _____' '_____까지' 그리고 '_____하지 않는다면' 등을 통해 알 수 있다. '전, 후, 마지막' 같은 순서를 나타내는 용어는 '동시에' '언제'와 같은 동시성에 대한 용어 이전에 학습된다. '오랜 시간'과 같은 지속 용어는 일반적으로 마지막에 습득된다(Owens, 1995, p. 335). 시와 분을 나타내는 시침과 분침이 있는 시계를 사용하여 시간을 말하는 것 또한 음악을 통해 가르칠 수 있다. 집에 디지털시계만 있는 아동은 '9시에서 1/4이 지난 시간(9시 15분)' 또는 '7시에서 반이 지난 시간(7시 30분)'을 이해하지 못할 수 있다. 아동은 시계를 사용하여 노래에 나오는 시간을 손으로 직접 조정할 수 있다.

공간개념은 동작 노래와 게임에서 깃발, 공 혹은 작은 악기를 사용해 가르칠 수 있다. 가사는 '~의 앞에' '~의 뒤' '위/아래' '꼭대기/바닥' '주변' '사이'와 같은 개념을 가르치기 위해 수정될 수 있다. 일반적으로 수직은 수평보다 먼저 학습된다. '~의 앞에'와 '~의 뒤' 같은 용어는 '~옆에'와 '~와 나란히' 같은 수평적인 단계보다 먼저 학습된다(Owens, 1995, p. 335). 화려한 낙하산은 '위/아래' '주변' '~보다 높이/~보다 낮게' 그리고 '~위에/떨어져'의 의미를 가르치기 위한 수단으로 유용하다. 아동이 음악에 맞춰 낙하산을 움직이고, 그 아래로 달리고, 물결을 만들고, 그 위에 공을 튀기도록 하라.

자아개념은 가족과 사회의 다른 집단 내에서의 정체성뿐만 아니라 신체 부분, 자아상 그리고 자기평가에 대한 정체성을 포함한다. 많은 노래가 아동을 움직이거나 또는 신체의 한 부분을 가리키도록 한다. 'Looby Loo' 'Hokey Pokey' 'Clap, Clap, Clap Your Hands' 'Point to the Front of Your Body' 그리고 'Put Your Finger in the Air'는 아동에게 흔한 노래이고 게임이다. 이러한 노래를 통하여 어휘를 계획적으로 가르칠 수 있다.

자아상은 성 정체성, 나이에 대한 개념, 크기, 그리고 옷에 대한 인식(여아는 스커트를 입고, 남아는 입지 않는다.)을 포함한다. 아동에게 노래를 통해 적절한 대명사와 형용사를 알려 주는 것은 이러한 묘사에 대한 인식을 향상시킬 수 있다.

자기평가와 집단 내의 소속감은 집단 내에서의 성공과 정체성으로부터 비롯된다. 아동의 성공적인 참여에 대해서는 칭찬과 인정을 확실하게 하라. 음악활동의 참여를 통해, 특히 집단 구성원 모두에게 행동이 부여될 때 자연적으로 소속과 수용을 경험할 수 있다. 활동의 대화와 기술에서 '나'보다는 '우리'의 사용을 통해 공동체 의식을 고무시켜라.

3) 운 동

말은 인두를 통한 공기의 통제뿐만 아니라 목, 혀 그리고 입술에서 근육의 매우 섬세한 운동 조정을 필요로 한다. 말-언어 병리학자가 조음의 운동적 측면에 관련된 특정 문제를 연구하고 있다면, 음악치료는 연습을 위한 부가적인 기회를 제공할 수도 있다. 음악에 따라 노래를 반복해서 부르고 움직인다면, 특정 근육군은 반복하여 연습될 수 있다. 특정 소리의 발화보다 전반적인 의사소통에 좀 더 주의를 기울여야 할 때 음악치료는 특정 조음 오류를 처리하는 데 언어치료 서비스를

증대시킬 수 있다.

> 조음장애의 원인에는 정확한 소리 또는 모방해야 하는 소리를 아동이 듣지 못하거나, 적절한 움직임을 만들지 못하는 혀의 장애, 혀, 입술 그리고 입의 움직임과 연관된 숨 조절의 부족, 입천장(구개) 혹은 치아 배열의 기형이 포함된다 (Curran & Cratty, 1978, p. 93).

합창 경험은 주의 깊게 듣고, 그 후에 공기의 흐름을 통제하는 동안 특정 소리를 모방할 수 있는 많은 기회를 제공한다. 이것은 지속적인 교정의 수단이기보다는 합창 리허설의 한 부분으로서 자연적으로 일어난다. 오류는 가사의 처음, 중간 혹은 끝에 있을 수 있다. 적절한 강조(강세)와 집단화(리듬)는 종종 조음 오류가 향상되도록 돕는다.

음악에 맞춘 움직임을 사용할 때 치료사는 어휘 습득을 강조할 수 있다. 아동이 '어떤 일이 일어나고 있지?' '한 소년이 걷고 있어.' 또는 '두 소년이 걷고 있어.'와 같이 행위를 교대로 말로 표현하도록 하라. 이것은 명사와 동사 일치, 명사의 복수형 그리고 동사 시제(ing를 부가하는 것은 동사 walk의 현재진행 시제에 사용된다.)에 효과가 있는 방법이다. 또한 동사 시제도 '네 자리로 돌아가라.' '존이 무엇을 했지?' '그는 의자에 앉았다.' 혹은 '그는 그의 자리로 걸어갔다.'와 같이 설명될 수 있다. 많은 행위 동사는 음악에 맞춰 움직이는 동안 각 아동에게 다음 지시 사항을 제시할 수 있다(예, '내게 공을 굴리세요.' '공을 토스하세요.' '공을 튀기세요.'). 더 나아가 부사 또는 형용사 연습은 부가적인 지시로 제시할 수 있다(예, '나에게 공을 천천히 굴리세요.' '빨간 공을 굴리세요.'). 어휘의 사용은 아동이 실제로 참여하는 음악 게임의 자연스러운 부분이기 때문에 어휘 습득을 보다 쉽게 할 수 있다.

4) 정서/사회성

언어 중재는 아동을 열등하거나 해당 집단으로부터 소외감을 느끼지 않도록 하는 것이 중요하다. 정답 반응의 정적강화는 말 문제의 지속적인 치료보다 훨씬 더 효과적이다. 치료의 대부분은 게임을 하고, 노래를 부르고, 움직이고, 악기 연주를 하는 것이어야 한다.

수줍음을 타는 아동은 말로 반응을 하기 전에 관찰할 수 있는 시간이 필요하다. 음악은 비언어적인 활동이기 때문에 말을 하기 전에 상당한 시간 동안 '즐기는 것'이 가능하다. 아동이 좀 더 긴장을 풀고, 두려움을 덜 느끼고, 더 쉽게 참여를 시작할 때 짧은 대답과 질문 또는 기술하는 것이 포함될 것이다. Nelson(1991)은 "점진적으로 진행하고, 편안한 거리를 유지하고, 호기심을 자극함으로써 아동의 두려움을 줄인다면 성공의 기회는 더 크다."(p. 26)라고 권고했다.

비순응적 아동은 도구를 부수거나 타인을 위협하면서 저항할 수도 있고 협력하기를 거부할 수도 있다. 분명하고 직접적이며 간단한 명령(예, '들어오세요.' '이 의자에 앉으세요.')을 함으로써 치료자가 통제를 하고 책임을 지고 있다는 것을 확실히 하라. 가능한 한 빨리 음악을 시작하라. 음악은 조직화와 예측 가능성을 더할 수 있기 때문이다. 아동이 참여하도록 하면서 사물을 선택하도록 허용하라. 아동이 편안할 때 더 적극적인 참여가 가능할 것이다. 웃음, 눈 맞춤 그리고 필요한 경우에 도움을 주어 참여하는 것을 강화하라.

아동이 행동의 속도를 정하게 하고 편안함을 느낄 정도의 속도로 진행하라. 이것은 아동의 참여에 대한 기대감과 적극적인 참여에 들어가기 앞서 관찰을 위한 시간을 허락하면서 관심을 보이는 것에 따라 정할 수 있다. 아동이 흥미를 가지는 것을 관찰하고, 당신의 계획을 주장하기보다는 아동의 계획을 따르라. 이 단계에서 정확한 발화 형식에 지나치게 관여하는 것보다는 듣는 것이 더 중요하다. 바꾸어 말하면, 요구 사항은 형식이 잘못되고 명칭이 잘못 명명되는 등의 문제가 있을 수 있다(Owens, 1995, p. 270).

음악치료는 아동이 안전하고 수용적이고 소속되었다고 느낄 수 있는, 편안하고

예측 가능하며 구조화된 영역을 제공할 수 있다. 또한 흥미를 줄 수 있다. 이것은 참여하고자 하는 아동의 자발성을 지지하고, 오랜 시간에 걸쳐 동기부여를 지속시킨다.

아동의 소리는 듣는 사람에게 정서적 상태와 그가 그 자신에 대해 어떻게 생각하는지를 말해 준다(Curran & Cratty, 1978, p. 135). 아동이 고저, 억양 그리고 단어 선택에서 스트레스를 받고 있다는 것을 알려 준다면, 음악치료에서 긴장 이완을 제공할 수 있다. 집단과 함께 비언어적인 과제를 하고, 과제를 달성한 것을 칭찬받는 것은 말 산출에 대한 강조를 덜 수 있다. 음악치료는 이러한 방법으로 지지와 격려를 제공할 수 있다. 말 산출은 모든 아동의 오직 한 측면이다. 아동은 해당 집단의 일원으로서 가치를 인정받고 있다고 느낄 필요가 있다. 음악치료에서 말과 언어 목적에 대한 작업을 할 때, 이것은 아동의 정서적이고 사회적인 욕구에 대하여 구체적으로 초점을 두는 치료의 유일한 영역일 것이다.

Owens(1995)는 학습장애 아동의 75%가 상징물의 사용에 어려움을 지니고, 언어학습장애(language learning disability: LLD)를 가지고 있을 것이라고 보았다. 그는 다음과 같은 근거를 제시했다.

> 정서적인 문제는 아동 자신이 발견하는 좌절 상황에 대한 반응이거나 그 상황에 수반되는 것이다. 학습장애를 지닌 아동은 공격적이고, 충동적이고, 예측 불가능하고, 철퇴와 참을성이 없는 것으로 묘사된다. 어떤 아동은 불충분한 판단을 하고, 유별나게 두려움을 가지고, 변화에 서툴게 대응할 수 있다(p. 35).

따라서 학습장애 아동과 말-언어 문제 사이에는 강한 관련성이 있다. 이 집단의 정서적인 필요는 명확하게 확인되는 발화의 어려움을 가진 아이보다 더 분명할 수도 있다. 음악치료는 이러한 아동이 긴장을 풀고 차분하게 정돈된 방식으로 음악 과제를 수행할 때, 다른 학습 영역의 성공을 보장한다.

음악치료는 ① 일정 활동 시간의 증가에 관심을 갖고, ② 눈 맞춤을 유지하고, 그것을 대화에서 차례를 따르는 것에 대한 단서로 사용하고, ③ 타인의 말을 듣고, 타인이 그의 말을 들을 때 시간을 가지고, ④ 신체적 긴장을 확인하고 긴장을 해소하는 방법을 학습하려는 요구를 다루어야 한다. 진보가 정서적으로 안정되어 있고 사회적 발달에서 이루어질 때 아동은 다른 수업 과제에서 기능할 수 있다.

Wiig와 Semel(1984)은 감정을 표현하기 위한 적절한 어휘 습득과 말하기 능력의 필요성에 대해 언급했다. 아동은 감정(화, 만족과 불만족, 기쁨, 즐거움 등)을 표현할 수 있는 시간을 갖게 되고, 상황에 긍정적으로 또는 부정적으로 반응하고, 기대되는 사건이 진행되는 동안 변화 혹은 적응에 관해 개인적 반응과 의견을 표현하고 타인에 대한 동정심이 생기거나 감정이입이 되어야 한다. 의사소통에서 감정은 어떤 상황이나 변화에 대한 우리의 감정과 태도를 타인이 알 수 있도록 해준다(Wiig & Semel, 1984, p. 501). 음악은 감정을 이끌 수 있기에 언어적 및 비언어적인 표현을 위한 자극으로써 유용하게 사용된다. 또한 음악활동은 개인이 말하거나 관찰하는 시간과 기회를 제공하도록 구성될 수 있다.

정서적 문제를 일으키는 한 가지 특정한 발화 문제는 말더듬이다. 아마 어떠한 발화 문제도 말더듬 현상처럼 정서적 측면에 심하게 부담이 되지는 않을 것이다(Curran & Cratty, 1978, p. 127). 불행히도 노래를 부르는 것은 좀처럼 발화 사용으로 전이되지는 않는다. 하지만 음악치료는 말더듬 아동에게 긴장 완화의 절차를 가르칠 수 있다.

5) 조직화

시간적 · 공간적 경계에서 기능을 발휘할 수 있는 능력은 많은 LLD 아동에게 필요한 것이다. 음악치료는 ① 과제 완성, ② 과제 지속하기, ③ 공간과 시간의 사용을 통한 과제의 조직화, ④ 차례 지키기 또는 음악에 참여하기 위해 기다리기 등 자기통제와 같은 목표를 다룰 수 있다.

음악은 명확한 시작, 분명하게 한계가 정해진 부분(예, A-B-A 형식 혹은 독창/합창) 그리고 명확한 끝맺음으로 구성되어 있기 때문에 구조와 조직화를 경험할 수 있는 좋은 기회가 된다. 짧고 간단한 노래로 시작하여 점차 긴 노래에 참여하면서

아동은 과제를 지속하는 것과 음악이 끝날 때까지 참여하는 것을 배울 수 있다. 음악은 주파수, 세기, 음색 그리고 박자의 구조를 필요로 하기에 음악의 조직화에 대한 관심 없이는 음악을 만들지 못한다. 언어는 아동이 공간과 시간에 대한 특징적인 경험을 하여 그 환경을 조직하도록 도움을 주는 데 사용할 수 있다(Owens, 1995, p. 335). 또한 그림, 도표 그리고 음악과 같은 시각적인 보조 도구도 처음, 마지막, 언제, 전/후, 다음과 같은 단어의 사용을 위한 단서를 제공한다.

음악치료에서 조직화 과제는 말-언어장애 아동의 발화를 향상시키기 위해 필요한 사고 과정을 진전시킨다. 이 과제들에 범주화, 인식, 시간과 공간을 나타내기 위한 어휘의 사용, 수량 그리고 대상관계성이 포함된다. 이러한 모든 개념은 학교에서 더 나은 발전을 위한 준비를 돕기 때문에 말-언어장애 아동을 위한 관련 서비스로서의 음악치료는 중요하다.

참고문헌

Aitchison, J. (1989). *The articulate mammal: An introduction to psycholinguistics* (3rd ed.). New York: Universe Books.

Alajouanine, T., & Lhermitte, F. (1965). Acquired aphasia in children. *Brain, 88,* 653-662.

American Psychiatric Association (1994). *Diagnostic and statistical manual of mental disorders* (4th ed.). Washington, DC: Author.

Anthony, D. (1971). *Seeing essential English.* Anaheim, CA: Anaheim School District, Educational Services Division.

Aram, D. M. (1991). Comments on specific language impairments as a clinical category. *Language, Speech and Hearing Services in the Schools, 22,* 84-87.

Aram, D., & Glassen, C. (1979, November). Developmental apraxia of speech. Mini-seminar presentation at the American Speech-Language-Hearing Association Convention, Atlanta, GA.

Aram, D., Hack, M., Hawkins, S., Weissman, B., & Borawski-Clark, E. (1991). Very-low-birth-weight children and speech and language development. *Journal of Speech and Hearing Research, 34,* 1169-1179.

Bandura, A. (1971). *Psychological modeling.* Chicago: Aldine-Atherton.

Bandura, A. (1977). *Social learning theory.* Englewood Cliffs, NJ: Prentice-Hall.

Bashir, A., Kuban, K., Kleinman, S., & Scavuzzo, A. (1983). Issues in language disorders: Considerations of cause, maintenance, and change. In J. Miller, D. Yoder, & R. Schiefelbusch (Eds.), *Contemporary issues in language intervention* (pp. 92-106). Rockville, MD: American Speech-Language-Hearing Association.

Bates, E. (1976). Pragmatics and sociolinguistics in child language. In D. M. Morehead & A. E. Morehead (Eds.), *Normal and deficient child language* (pp. 411-463). Baltimore: University Park Press.

Bishop, D. V. M., & Edmundson, A. (1986). Is otitis media a major cause of specific developmental language disorders? *British Journal of Disorders of Communi-*

cation, 21, 321-338.

Bishop, D. V. M. (1992). Biological basis of developmental language disorders. In P. Fletcher & D. Hall (Eds.), *Specific speech and language disorders in children* (pp. 2-17). San Diego, CA: Singular Publishing Group, Inc.

Bloom, L. (1988). What is language? In M. Lahey, *Language disorders and language development.* (pp. 1-19). New York: Macmillan.

Bloom, L., & Lahey, M. (1978). *Language development and language disorders.* New York: John Wiley and Sons.

Bluestone, C. D., & Klein, J. O. (1995). *Otitis media in infants and children* (2nd ed.). Philadelphia: W. B. Saunders.

Bunce, B. (1989). Using a barrier game format to improve children's referential communication skills. *Journal of Speech and Hearing Disorders, 54,* 33-43.

Cazdin, C. B. (1972). Preface. In C. Cazdin, V. John, & D. Hymes (Eds.), *Functions of language in the classroom.* New York: Teachers College Press, Columbia University.

Chomsky, N. (1957). *Syntactic structures.* The Hague, The Netherlands: Moutin.

Chomsky, N. (1965). *Aspects of the theory of syntax.* Cambridge, MA: MIT Press.

Chomsky, N. (1972). *Language and mind.* New York: Harcout, Brac, Jovanovich.

Cooper, J. A., & Flowers, C. R. (1987). Children with a history of acquired aphasia: Residual language and academic impairments. *Journal of Speech and Hearing Disorders, 52,* 251-262.

Crago, M. B., & Gopnik, M. (1994). From families to phenotypes. In R. V. Watkins & M. L. Rice (Eds.), *Specific language impairments* (pp. 35-51). Baltimore: Paul H. Brookes.

Crary, M. A. (1993). *Developmental motor speech disorders.* San Diego, CA: Singular Publishing Group.

Crystal, D. (1979). Prosodic development. In P. Fletcher & M. Garman (Eds.), *Language acquisition* (pp. 33-48). New York: Cambridge University Press.

Crystal, D. (1992). *Profiling linguistic disability* (2nd ed.). San Diego, CA: Singular Publishing Group.

Curran, J. S., & Cratty, B. J. (1978). *Speech and language problems in children.* Denver, CO: Love.

Curitss, S., Katz, W., & Tallal, P. (1992). Delay versus deviance in the language acquisition of language-impaired children. *Journal of Speech and Hearing Research, 35,* 373-383.

Damico, J. S. (1988). The lack of efficacy in language therapy: A case study. *Language, Speech, and Hearing Services in Schools, 19,* 51-66.

Dore, J. (1975). Holophase, speech acts, and language universals. *Journal of Child Language, 2,* 21-40.

Dunchan, J. F. (1986). Language intervention through sensemaking and fine tuning. In R. L. Schiefelbusch (Ed.), *Language competence: Assessment and intervention* (pp. 187-212). San Diego, CA: College-Hill Press.

Fey, M. E. (1986). *Language intervention with young children.* San Diego, CA: College-Hill Press.

Frey, W. D. (1984). Functional assessment in the '80s. In A. S. Halpern & M. J. Fuhrer (Eds.), *Functional assessment in rehabilitation* (pp. 11-43). Baltimore: Paul H. Brookes.

Gustason, G., Pfetzing, D., & Zawalkow, E. (1972). *Singing exact English.* Roosmoor, CA: Modern Signs Press.

Halliday, M. A. K. (1977). *Learning how to mean: Explorations in the development of language.* New York: Elsevier North-Holland.

Haynes, C., & Naidov, C. (1991). Children with specific speech and language impairment. *Clinics in Developmental Medicine, 119.* London: MacKeith Press.

Hécaen, H. (1976). Acquired aphasia in children and the otogenesis of hemispheric functional specialization. *Brain and Language, 3,* 114-134.

Hécaen, H. (1983). Acquired aphasia in children: Revisited. *Neuropsychologia, 21,* 581-587.

Hurst, J. A., Baraitser, M., Auger, E., Graham, F., & Norell, S. (1990). An extended family with a dominantly inherited speech disorder. *Developmental Medicine and Child Neurology, 32,* 352-355.

Individuals with Disabilities Education Act (IDEA) of 1990, Pub. L. 101-476, 20 U. S. C., 1400 et seq.

Joos, M. (1976). The style of the five clocks. In N. A. Johnson (Ed.), *Current topics in language: Introductory reading* (pp. 152-157). Cambridge, MA: Winthrop.

Kamhi, A. G. (1993). Research into practice: Some problem with the marriage between theory and clinical practice. *Language, Speech, and Hearing Services in Schools, 24,* 57-60.

Lahey, M. (1988). *Language disorders and language development.* New York: Macmillan.

Lahey, M. (1990). Who shall be called language disordered? Some reflections and one perspective. *Journal of Speech and Hearing Disorders, 55,* 612-620.

Lenneberg, E. H. (1972). The regularity of onset of speech and language. In R. C. Smart & M. S. Smart, *Readings in child development and relationships* (pp. 64-72). New York: Macmillan.

McGrady, H. J. (1968). Language pathology and learning disabilities. In H. R. Myklebust (Ed.), *Progress in learning disabilities* (Vol. 1, pp. 199-233). New York: Grune and Stratton.

Menyuk, P., Liebergott, J., Schultz, M., Chesnick, M., & Ferrier, L. (1991). Patterns of early lexical and cognitive development in premature and full-time infants. *Journal of Speech and Hearing Research, 34,* 88-94.

Mogford, K., & Bishop, D. (1988). Five questions about language acquisition considered in the light of exceptional circumstances. In D. Bishop & K. Mogford (Eds.), *Language development in exceptional circumstances* (pp. 239-260). New York: Churchill Livingstone.

Morley, M. Court, D., Miller, H., & Garside, R. F. (1955). Delayed speech and developmental aphasia. *British Medical Journal, 2,* 463-467.

Morris, C. W. (1938). Foundations of the theory of signs. *International Encyclopedia of Unified Science, 1*(2). Chicago: University of Chicago Press.

Morris, C. (1946). *Signs, language and behavior.* Englewood Cliffs, NJ: Prentice-Hall.

Moores, D. F. (1977). American sign language. In R. L. Schiefelbusch (Ed.), *Non-*

speech language and communication: Analysis and intervention (pp. 95-100). Baltimore: University Park Press.

Neils, J., & Aram, D. (1986). Family history of children with developmental language disorders. *Perceptual and Motor Skills, 63,* 655-658.

Nelson, C. D. (1991). *Practical procedures for children with language disorders.* Austin, TX: Pro-ed.

Nelson, N. W. (1993). *Childhood language disorders in context: Infancy through adolescence.* New York: Merrill.

Nippold, M. A. (Ed.) (1988). *Later language development: Ages 9 through 19.* Boston: Little, Brown.

Owens, R. E. Jr. (1994). Development of communication, language, and speech. In G. S. Shames, E. H. Wiig, & W. A. Secord, *Human communication disorders: An introduction* (4th ed.) (pp. 37-81). New York: Merrill.

Owens, R. E., Jr. (1995). *Language disorders* (2nd ed.). Boston: Allyn and Bacon.

Ozanne, A. E., & Murdock, B. E. (1990). Acquired childhood aphasia: Neuropathology, linguistic characteristics and prognosis. In B. E. Murdoch (Ed.), *Acquired neurological speech/language disorders in childhood.* London: Taylor and Francis.

Parker, F. (1986). *Linguistics for non-linguists.* Austin, TX: Pro-ed.

Peirce, C. S. (1932). *Collected papers.* C. Hartshorne & P. Weiss (Eds.). Cambridge, MA: Harvard University Press.

Pueschel, S. M. (1987). Health concerns in persons with Down syndrome. In S. M. Pueschel, C. Tingey, J. E. Rynders, A. C. Crocker, & D. M. Crutcher (Eds.), *New perspectives on Down syndrome* (pp. 113-148). Baltimore: Paul H. Brookes.

Rapin, I. (1979). Conductive hearing loss effects on children's language and scholastic skills: A review of the literature. *Annals of Otology, Rhinology and Laryngology, 5*(2), 3-12.

Reed, V. A. (1994). *An introduction to children with language disorders* (2nd ed.). New York: Merrill.

Rees, N. S. (1978). Pragmatics of language: Applications to normal and disordered language development. In R. L. Schiefelbusch (Ed.), *Basis of language intervention* (pp. 191-268). Baltimore: University Park Press.

Robinson, R. J. (1987). Introduction and overview. In *Proceedings of the First International Symposium of Specific Speech and Language Disorders in Children.* London: AFASIC.

Rosenbek, J. c., & Wertz, R. T. (1972). A review of fifty cases of developmental apraxia of speech. *Journal of Language, Speech, and Hearing Services in Schools, 3,* 23-33.

Schiefelbusch, R. L., & Hollis, J. H. (1980). A general system for nonspeech language. In R. L. Schiefelbusch (Ed.), *Nonspeech language and communication* (pp. 7-23). Baltimore: University Park Press.

Schiff-Myers, N. (1988). Hearing children of deaf parents. In D. Bishop & K. Mogford (Eds.), *Language development in exceptional circumstances* (pp. 47-61). New York: Churchill-Livingstone.

Simon, C. S. (1985). *Communication skills and classroom success: Therapy methodologies for language-learning disabled students.* San Diego, CA: College-Hill Press.

Skinner, B. F. (1957). *Verbal behavior.* Norwalk, CT: Appleton-Century-Crofts.

Skuse, D. H. (1988). Extreme deprivation in early childhood. In D. Bishop & K. Mogford (Eds.), *Language development in exceptional circumstances* (pp. 29-46). New York: Churchill Livingstone.

Smyth, V., Ozanne, A. E., & Woodhouse, L. M. (1990). Communicative disorders in childhood infectious diseases. In B. E. Murdoch (Ed.), *Acquired neurological speech/language disorders in childhood* (pp. 148-176). London: Taylor and Francis.

Stark, R. E., & Tallal, P. (1981). Selection of children with specific language deficits. *Journal of Speech and Hearing Disorders, 46,* 114-122.

Tallal, P., Ross, R., & Curtiss, S. (1989). Familial aggregation in specific language impairment. *Journal of Speech and Hearing Disorders, 54,* 167-173.

Tomblin, J. B. (1989). Familial concentration of developmental language impairments.

Journal of Speech and Hearing Disorders, 54, 287-295.

Tomblin, J. B. (1991). Examining the cause of specific language impairment. *Language, Speech, and Hearing Services in the Schools, 22,* 69-74.

Tomblin, J. B., & Buckwalter, P. F. (1994). Studies of genetics of specific language impairment. In R. V. Watkins & M. L. Rice (Eds.), *Specific language impairments in children* (pp. 17-34). Baltimore: Paul H. Brookes.

Vygotsky, L. S. (1934). *Thought and language.* In E. Hanfmann & G. Vakar (Eds. and Trans.). Cambridge, MA: MIT Press.

Watkins, R. V., & Rice, M. L. (Eds.) (1994). *Specific language impairments in children.* Baltimore: Paul H. Brookes.

Wiig, E. H., & Semel, E. (1984). *Language assessment and intervention for the learning disabled* (2nd ed.). Columbus, OH: Charles E. Merrill.

Williams, T. (1989). A social skills group for autistic children. *Journal of Autism and Developmental Disorder, 19,* 143-156.

Wood, P. H. N. (1980). Appreciating the consequences of disease: The international classification of impairments, disabilities, and handicaps. *WHO Chronicle,* 376.

Worcester-Drought, C. (1974). Suprabulbar paresis: Congenital suprabulbar paresis and its differential diagnosis with special reference to acquired suprabulbar paresis. *Developmental Medicine and Child Neurology, 16* (Suppl. 30), 1-33.

제 6 장

농아 또는 난청 아동

1. 인구통계와 가족 지원
2. 성장과 발달
3. 청각장애의 원인
4. 감각의 보조
5. 편측성 난청
6. 경도에서 중등도의 청각장애
7. 의사소통
8. 음악치료
9. 규 정

06 농아 또는 난청 아동

최근에 체계적으로 조직된 농아들(deaf people)은 법률에도 영향을 미쳤고, 이전에 거부된 법률과 교육적 권리를 갖게 되었다. 수세기 동안 농아들은 세상과 의사소통하는 방법 그리고 적절한 교육의 결여에 따른 사회적 고립과 법률적인 소외를 경험했다. 자막이 나오는 텔레비전, 경기장, 연설, 교회에서의 수화 번역, 특수교육의 이용 가능성은 20세기에 주요한 돌파구가 되었다. 그러나 아직도 농아에 대한 많은 차별과 편견이 존재한다. 주류(主流) 혹은 통합, 대중적인 정보 그리고 법률상의 더 많은 관심이 이러한 차별을 줄여 주는 방법이 되었다.

농아의 능력과 지능에 대한 잘못된 판단은 수세기 전으로 거슬러 올라갈 수 있다. Gallaudet 대학교의 교수인 Jan Hafer(1997)는 다음과 같이 말했다.

> 인간의 타고난 지식은 말하기를 통해 표현될 수 있다는 아리스토텔레스의 잘못된 신념은 수세기 동안 농아들에게 유해한 것으로 증명되었다. 왜냐하면 그의 견해는 유대교의 학설에 국한된 것이었기 때문이다. 아이러니하게도 Daniels

> (1977)가 지적한 것처럼, 농아의 첫 번째 알려진 교사는 종교 사회의 일원이거나 혹은 농아 자신이었다(p. Xiii).

기원 후 농아는 지능이 부족하고 심지어 독립된 성인이 될 수 없다고 간주되었다. 그들은 땅을 물려받을 수도, 스스로 소유할 수도 없었고, 교육을 받을 수도 없었으며, 교회의 성찬도 받을 수 없었다(Daniels, 1997, p. 3). 그들은 신앙고백을 말로 할 수 없었기 때문에 교회에서는 의사소통을 할 수 없었다. 해부학이 시작된 르네상스 시대에는 농아에 대한 태도가 변화하기 시작하였다. 이때 베네딕트 수도사들은 책과 학습에 가치를 두었는데, 최초로 모든 사람들이 이용할 수 있는 유럽 대중 도서관을 창설하였다(Daniels, 1997; Zimmer, 1962). 스페인의 베네딕트 수도사인 Pedro Ponce de Leon(c. 1510~1584)은 농아를 위한 첫 번째 교사가 되었다(Winefield, 1987). 그는 농학생들과 의사소통하기 위한 손 기호 시스템을 사용하였고, 그들에게 성서를 '듣는 것'을 허락하였다. Pedro Ponce는 아마도 베네딕트 수도사들이 침묵의 시간 동안 사용하기 위해 개발한 이전의 신호를 기본으로 하였을 것이다. 농아동의 부유한 부모들은 자녀들이 말을 할 수 없으면 재산을 물려받을 수 없었기 때문에 어떻게 하면 아이들에게 말을 가르칠 수 있을까 고민하였다. Pedro Ponce는 스페인 Burgos 지방에 San Salvadore de Oxa 수도원에서 농아동을 위한 첫 번째 학교의 설립을 승인받았다(Daniels, 1997; Labarta de Chaves & Soler, 1974).

1620년 Juan Pablo Bonet은 『알파벳의 단순화와 청각장애아의 언어교수 방법(Simplification of the Letters of the Alphabet and Method Teaching Deaf Mutes to Speak)』을 스페인어로 번역 출판하였다. 이것은 농아의 학습을 위한 지침을 제공하는 첫 번째 교과서로 간주된다. 그러나 이것이 정말로 Pedro Ponce의 작업인지에 대해서는 상당한 추측이 있었다. 이 책에서 Bonet은 스스로를 Ramirez(de Carrion)로부터 습득된 방법의 설명으로 제한한다. Ramirez는 Pedro Ponce로부터 기법을 학습해 왔다(Danieals, 1997, p. 23). 이 방법은 손으로 알파벳을 가르치기 위한 매뉴얼을 포함한다.

이 방법은 젊은 사제 Abbe' Charles Michael de l'Epee(1712-1789)가 농아동인 쌍둥이 여자아이에게 종교적인 가르침을 주고자 프랑스어로 전파했다. 그는 우연히 Bonet 책의 복사본을 발견하여 매우 성공적으로 소녀들을 가르쳤다. 다른 사람들도 그와 함께 공부하기 위해 모여들었는데, 그는 그들이 자신의 서비스에 대한 대가를 지불할 수 있는지와 상관없이 모두 받아들였다. 이렇게 1755년 최초로 농아들을 위한 대중적인 학습이 파리의 몽마르트르 언덕에서 시작되었다. Epee의 작업은 문어의 프랑스어를 바꾸는 방법에서 기호를 결합하였다. 이와 같이 방법적인 문장의 사용에서 프랑스어와 관련되었고, 때때로 '방법적인 기호' 라고 불렸다(Stedt & Moores, 1990). 1776년 그는 방법적인 신호의 사용을 설명하기 위해 『방법적 신호의 의미에 의한 청각장애인의 교육(The Instruction of the Deaf and Dumb by Means of Methodical Signs)』을 출판하였다. 그가 죽은 후에 학교는 Abbe' Roch-Ambroise Cucurran Sicard를 교장으로 하는 농아를 위한 프랑스 국립학교로 불리게 되었다(Daniels, 1997; Winefield, 1987).

미국에서는 Tomas Hopkins Gallaudet이 농아를 위한 첫 번째 학교를 설립하였다. 그는 Bonet의 책에서 Sicard로부터 학습된 문자와 del'Epee의 가르침을 받은 Pedro Ponce가 개발한 과정을 학습하기 위해 프랑스에서 공부하였다(Daniels, 1997). 그곳에서 Gallaudet은 어릴 적부터 국립농학교의 교사인 Laurent Clerc을 만났다. 매우 지적인 Clerc은 Gallaudet과 함께 미국으로 가는 것에 동의했으며, 그곳에서 그의 성취는 Gallaudet과 함께 설립한 학교의 농학생들에게 영감을 주었다(Scouton, 1984). 두 사람은 농아 교육의 필요성을 주창하기 위해, 동부 해안을 따라 여행을 하였고 학교를 위해 돈을 벌었다. 사람들은 미국의 아동을 위한 교육이 유럽에 비해 뒤처진 것을 알고 놀랐다. 그 결과 1800년대 초 미국에서 농아를 위한 학교가 설립되었다.

1817년 하트퍼드의 코네티컷에 농아를 위한 교육과 가르침을 위한 코네티컷 보호시설이 설립되었다. 이 학교는 오늘날 농아를 위한 미국의 학교(American School for the Deaf)로 알려진, 미국에서 가장 오래된 학교다(Hafer & Wilson,

1996, p. 6).

Clerc과 Gallaudet은 파리에서 개발된 프랑스 수화를 기본으로 미국식 수화(American Sign Language: ASL)를 개발했다(Costello, 1995, p. xi). 하지만 이것은 완전하게 인정되지 않았다. 구어적 접근은 수화의 사용을 금하였고, 19세기 후반에 매사추세츠의 농아를 위한 Clarke 학교에서 소개되었다.

Edward Miner Gallaudet은 Thomas Hopkins Gallaudet과 Sophia Fowler Gallaudet의 8명의 자녀 중 막내였으며, 농학교의 설립자였다. 의회의 보조와 사적인 기부로 그는 워싱턴에 컬럼비아 학교(Kendall School)를 설립하였다. 1864년 4월 에이브러햄 링컨 대통령은 컬럼비아 학교에 학위과정 개설을 허락하는 법안에 사인하였다(Gannon, 1981). 의회의 일차적인 관심은 남북전쟁(1861-1865)이었기 때문에 법안이 통과된 것은 매우 놀라운 일이었다. 컬럼비아 학교는 첫 번째 이름의 변경 후에 국립대학으로 허가를 받았다. 이것은 지금까지 운영되고 있으며, 세계에서 유일하게 농아를 위한 자유로운 예술대학이다(Daniels, 1997, p. 73). 이 대학은 1864년에 문을 열었지만, 여성들은 1887년 이후에 입학을 허가받았다. 1894년 5월에 이름이 Gallaudet 대학으로 바뀌었고, 1956년에 Gallaudet 종합대학이 되었다(Jacobs, 1989). 학생들을 위한 질 좋은 교육을 제공하는 것에 더하여, 이 대학은 농아들과 관련된 정보를 대규모로 다루는 출판사의 역할도 하고 있다.

청각장애인은 상당히 많다. 이들은 자신의 성취를 돕기 위해 필요한 서비스를 받아야 하며, 성공적이고 만족할 만한 삶을 위한 방법을 찾아야 한다. 농아와의 교류는 부모와 청각장애 아동 모두에게 중요하다. 성공적 삶을 사는 농아들은 역할 모델로 여겨지며, 두려움을 극복하는 데 도움을 준다. 아동들은 ASL 또는 선택적인 의사소통 방법에 익숙한 성인들과 의사소통할 필요가 있다. 수화를 능숙하게 해석하는 사람은 정상 아동과 청각장애 아동 사이의 사회적 교류를 촉진할 수 있다. 교사, 보조 그리고 자원봉사자는 사회적 교류를 위해 필요한 의사소통을 돕고 해석을 위해 활동한다(Luetke-Stahlman, 1994).

1. 인구통계와 가족 지원

Costello(1995)는 미국에서 약 3천 2백만 명이 지정된 기준에 해당할 만큼의 심각한 청력 손실을 가지고 있다고 보고했다. 장애의 정도는 다양하며, 농인은 약 2백만 명으로 추정된다. 그는 '농아(deaf)'를 '일상생활에서, 심지어 보청기의 도움을 받아도 대부분의 소리나 말을 알아들을 수 없을 정도의 청력을 지닌 사람'(p. ix)으로 정의했다. 2백만 명은 특별한 배려가 요구되지만, 청력 손실을 가진 대부분의 사람들은 덜 심각한 범주에 속하며, 보청기나 다른 의사소통 장치가 도움이 될 수 있다.

청각장애 아기의 대다수는 정상 부모로부터 태어나기 때문에 가족의 특별한 배려가 필요하다. 부모는 그들이 사회적이고 발달적인 지체를 피할 수 있도록 수화를 가르치기 위한 서비스를 훈련받아야 한다. 또한 성인이 되어서도 성공적인 삶이 가능하다는 재확신과 역할 모델이 되어 줄 수 있는 성공한 농아 부모와의 교류로 초기 두려움과 근심을 덜어 주는 지지적인 서비스의 혜택을 받을 수 있다.

개별화가족지원계획(Individual Family Service Plans: IFSPs)은 1986년의 「장애아교육법」 실행 개정에 따른 「공법」 99-457를 근거로 장애를 가진 모든 아동에게 의무적으로 시행된다. 이것은 1990년 「공법」 101-478, 「장애인교육법」(IDEA)까지 계속되었다. 이것은 농아동들에게 조기에 더 많은 서비스를 받도록 하였다(Craig, 1992). 이러한 계획들은 아동을 위해 다양한 서비스를 선택해야 하는 가족들을 위한 지지적인 서비스를 제공한다. 대부분의 부모들에게 이것은 완전하게 친숙한 영역은 아니기 때문에 그들의 자녀들과 의사소통 학습을 시도하기 위해 프로그램을 평가하고 어떤 장비가 좋은지를 결정하기 위한 노력을 도울 수 있다. 이러한 모든 결정은 재정적인 문제와 관련이 있다. Meadow-Orlans와 Sass-Lehrer(1995)는 여기에 더하여 "D/HH(농아 혹은 난청) 아동이 있는 가정은 의사소통 방법, 보청기, 말하기 훈련, 미래의 학교 선택에 영향을 미치는 모든 것을 결정해야 한다."(p. 315)라고 언급했다.

가족 지원을 제공할 때, 전문가로부터의 편견 없이 모든 대안을 배제하지 않는 것이 필수적이다. 부모는 자녀들을 위해 최선이라고 생각되는 것을 결정해야 한다. 그들에게 무엇을 해야 할지를 '말해 주는 것'보다, 의사결정 과정에서 그들의 관심을 주의 듣고 지지해 줄 수 있는 전문가가 필요하다. 가족 지원의 목적은 부모들이 가능성을 느끼고 확실하고 신뢰할 만한 정보를 바탕으로 의사결정할 수 있도록 하는 것이다. 이것은 전문가에게 의존하기보다는 부모들이 미래의 의사결정을 하도록 힘을 실어 준다. 질문의 답을 찾는 방법과 관련된 지식과 통제에 대한 감각은 부모에게 달려 있다.

부모의 청력 상태는 중요한 요소가 될 수 있다. Israel, Cunningham, Thumann과 Arnos(1992)는 농아 사례의 절반은 유전적인 원인에 따른 것이라고 보았다. 그러나 농아의 90%는 부모가 정상 청력을 가지고 있다고 한다(Meadow-Orlans & Sass-Lehrer, 1995).

처음부터 농학생을 가르칠 때 가장 좋은 의사소통 방법에 대한 많은 논란이 있었다. 이러한 논란은 결코 끝나지 않았다. 몇 가지 논란의 쟁점은 다음을 포함한다.

- 매뉴얼의 의사소통과 구두적 의사소통 방법의 비교
- 미국식 수화(ASL)와 영어를 기본으로 하는 신호체계의 비교
- 특수교육이나 기숙학교와 일반학급(통합)에서의 교육 비교(Christensen & Luckner, 1995)

2. 성장과 발달

출생 시부터 외이도는 연골로 되어 있고 약하지만, 뼈의 내측 부분과 얇은 연골은 3세까지 발달된다. 귀의 발달은 대부분 임신 20주에 완성되는데, 성장은 성인 크기에 도달하는 9세까지 지속된다(Cotton, 1996, p. 941). 반면 내이와 청각 신경 시스템은 출생 시 발달되며 수년 동안 지속적으로 성숙한다.

또한 생후 4개월에 소리에 대한 반응을 관찰할 수 있다. 아기는 양육자의 목소리에 집중하고, 갑작스러운 큰 소리에 놀라며, 소리 나는 곳을 보기 위해 놀이를 멈춘다. 아기는 소리의 위치를 알고, 자신의 이름과 '안녕' '안 돼!'와 같이 간단한 단어에 반응하기 시작한다. 생후 일 년 무렵의 아기들은 소리의 위치를 알 수 있어야 한다. 한두 살의 아동은 정상적으로 소리가 나는 곳을 가리킬 수 있고, 단순한 언어적인 명령(시각적 신호 없이)을 따를 수 있으며, 소리 나는 장난감을 찾을 수 있다. 일반적으로 15~18개월에 몇 가지 말하기가 시작된다. 2세까지 아동은 여러 번 명명된 적이 있는 자신의 신체 부위, 예를 들면 손, 발, 머리, 귀, 눈, 코 등을 가리킬 수 있어야 하지만, 아마도 이름이 덜 불리는 팔꿈치, 무릎, 등, 목구멍과 같은 신체 부위는 지적하기 어려울 것이다.

아동이 이러한 과제가 지연되거나 소리에 반응하지 않는 것처럼 보이면, 검증된 전문가가 아동의 청각검사를 해야 한다. 아동이 짧은 기간 동안이라도 감각적인 자극을 받으면, 더 정상적인 청각 발달이 가능하다. 임상적 경험과 실험적 증거에 따르면, 생후 3세가 청각과 언어 발달에 매우 중요하다(Gravel & Ruben, 1996, p. 90; Menyuk, 1986).[1] 그리고 아동이 발달연령에 따라 기대되는 소리에 반응하지 않는 경우, 양육자가 주의를 기울이는 것이 매우 중요하다. Flexer(1994)는 "발달과정에서 청각장애가 빨리 발생할수록, 아동이 효과적인 중재를 받지 못한다면 청각장애가 더 심해져 언어와 학습을 방해한다."(p. 34)라고 설명한다.

청력검사

소아과 의사는 귀 구조의 생리적인 형태를 확인하지만, 이비인후과 의사와 청각사는 청력 손실에 대한 의혹을 조사해야 한다. Cotton(1996)은 청력검사는 아주 어린 아동도 정확하게 검사할 수 있도록 충분히 발달되었다고 보았다(p. 942).

1) Kagan(1998)과 Bruer(1999)는 생후 3세까지가 굉장히 중요한 시기라는 것을 강조했다. 물론 연령도 중요하지만, 아동은 이후 많은 시간 동안 계속해서 발전하고 배울 수 있다.

매우 어린 아기는 청각사가 유아 발달과 검사를 위한 특별한 방법을 훈련받았을 때 검사할 수 있다. 6개월 이상의 영아에게 소리가 나는 방향으로 머리를 돌리고, 소리가 나는 근원지를 보고, 소리를 내고, 소리에 대한 반응으로 동작을 만드는 등의 행동 반응이 검사에 사용된다. 소리의 강도와 주파수의 다양성이 청력도의 기준이 될 수 있다. 검사는 일반적으로 양쪽 귀가 함께 작용하는지를 관찰하기 위한 소리 영역을 제고하고, 다음에 각 귀의 반응의 시초를 알기 위해 헤드폰을 쓰고, 한 번에 한쪽 귀만 검사한다. 골전도 검사는 6개월 이상의 아기를 대상으로 하며, 중이의 기능에 대한 정보를 제공한다. 순음청력검사는 이보다 나이가 더 많은 아동에게 사용될 수 있다. 더욱 정확한 평가를 위해 청력도 결과는 250Hz를 시작으로, 8000Hz까지 제시된다(Cotton, 1996, p. 943).

검사는 아동의 어음청취역치(Speech Recognition Threshold: SRT)를 발견하는 것을 포함하는데, 이것은 아동이 강강격 낱말의 약 50%를 인식하는 가장 낮은 수준의 소리를 말한다(강강격 낱말은 2음절 단어 혹은 표준 발음에서 각 음절에 거의 동일한 강세를 가지는 어구다. 예를 들면, baseball, hot dog, pancake 등이다). 검사의 타당도는 청취자가 모든 자극 단어에 친숙할 것을 요구한다(Arnold, 1996).

청력 선별은 흔히 다양한 놀이 과제 시에 아동의 행동 관찰로부터 이루어진다. 이것은 청력검사와는 구별되며, 청력도에서 더 구체적이고 일반적인 결과가 치료와 교육에 대한 결정을 위해 사용될 수 있다.

3. 청각장애의 원인

임상에서 고려되는 첫 번째 요인은 청력 손실의 특성과 심각성이다. 이것은 손실의 종류(감각신경성, 전음성, 혼합성), 손실의 패턴과 정도, 식별 능력, 발생 연령, 진행 속도(즉, 갑자기 시작되었는지, 점점 진행되었는지), 손실의 원인, 손실의 경과를 포함한다. 다른 관련된 양상은 신체장애를 포함한다(Pray, 1996, p. 129).

소리는 청각신경에 전달되기 전에 외이, 중이, 내이를 통과해야 하기 때문에 많

은 방해가 있다. 외이에서는 외이염, 귀지가 꽉 참, 이도에 이물질이 들어감, 이도의 불안정성(이도의 폐쇄, 협착, 개방 등)과 쇠약함을 포함한다. 중이에서는 중이염이 손상의 일차적 원인이지만, 적절하게 형성되지 못한 이소골 또는 이소골에서의 손상이 있다. 진주종(cholesteatoma)은 중이에서 형성되고 가끔 중이염 이후에 형성되는 덩어리다. 이것은 유양돌기로 확대될 수 있다. 유양돌기염은 중이 주변의 뼈에서 공기 주머니 염증의 다른 형태다. 내이에서도 염증이 있을 수 있고, 손상 혹은 기형으로부터 오는 기능의 결핍이 있을 수 있다.

게다가 이통(귀앓이)은 다른 질병과 함께 발생할 수 있다. 머리와 목에 있는 다른 부위로부터의 감각이 귀 또는 귀 주변의 신경으로 전달될 수 있다. 따라서 검사에서 귀에는 아무런 이상이 없다고 나와도, 아동은 귀가 아프다고 호소할 수 있다. 아동이 다른 질병으로 귀의 고통을 호소하기 때문에, 부모가 조기에 의료적인 관심을 기울이는 데 태만할 수도 있다. 이것이 여러 번 발생하였을 때, 귀에 문제가 없다면 작은 불평은 무시하기 쉽다. 그러나 이통은 또 다른 부분에서의 문제를 암시하므로 아동을 내과 의사에게 진단받도록 해야 한다.

1) 농아의 유전적 원인

Steel과 Kimberling(1996)은 출생 후 거의 수년 내에 약 1,000명당 1명이 언어발달에 영향을 미치는 심각한 청각장애를 가지고 있다고 보고하였다(p. 10). 이 중 절반이 단일 유전자 변이를 가지고 있다고 추정하였다. 이것은 흔히 복합 증상의 일부분이지만, 증상이 없는 농은 유전적인 변이로 발생할 수 있다. Konigsmark와 Gorlin(1976)은 160가지 증상이 농을 포함한다고 추정하였다. 유전자의 확인을 위해 더 많은 연구가 필요하며, 그것은 궁극적으로 유전자 상담과 청각적 기능에 대한 더 많은 이해를 가져올 수 있다. 귀의 손상을 막기 위한 전략은 농의 유전적 원인이 설명될 때까지 고안될 수 없다. 특정한 유전자를 확인하고 위치를 아는 것은 이제 시작일 뿐이다. 그보다 증상으로서 농에 대한 더 많은 것이 알려지고 있다. 최근에 들어서야 증상이 없는 농과 관련된 유전자의 확인과 위치가 알려지기 시작하였다.

출생 시 결함의 한 가지 형태는 중이뼈의 소골 이상으로 역할대로 형성되지 못한 것이다. 수술이 가능하더라도, 수술에서 안면신경에 대한 손상 가능성이 있고 안면마비를 야기할 수 있기 때문에 보청기로 교정하는 것이 더욱 선호된다(Flexer, 1994).

2) 감 염

(1) 외 이

세균 감염은 이 부분에서 중요한 문제다. 이도에서 약한 흐름이 수분 보유를 야기하고, 미생물이 성장할 수 있는 환경을 만든다(John & Hawke, 1993, p. 2788). 이것은 종종 수영자 귀(swimmer's ear)로 불리지만, 이도에 결점이 있는 비수영자도 감염될 수 있다. 피부의 작은 상처, 예를 들면 귀에 이물질이 들어가거나 긁히는 등의 상처는 감염성 세균의 침입을 야기한다. 몇 가지 보청기 또는 부적절한 보조 장치가 귀에서 공기의 흐름을 방해하고, 아동을 감염에 쉽게 노출시킨다. 아동에게 귀의 가려움이 있거나, 귀가 움직이거나, 이도를 통과할 때 불편해 한다면 의사에게 보여야 한다.

외이 통증의 또 다른 원인은 이도에서의 이물질 또는 꽉 찬 귀지 때문일 수 있다. 이물질이 남아 있다면 감염될 수 있다. 이비인후과 의사는 이도 또는 고막의 손상을 막기 위해 이물질을 제거해야 한다.

(2) 중 이

중이염(otitis media: OM)은 아동에게 가장 흔한 질병 중 하나이며, 청력 손실의 중요한 원인이 되고, 아동에게 수술 또는 항균 치료를 위한 가장 흔한 지표가 된다(Gates, 1993, p. 2808). 중이염에 대한 논의는 일반적으로 다음과 같이 구분된다. 첫째로, 급성 중이염(acute otitis media: AOM)은 열, 통증, 붉은색의 팽창된 고막이 관찰된다. 둘째로, 만성 중이염(chronic otitis media: COM)은 심한 통증은

없지만 동일한 과정이 반복된다. 중이염은 흔히 손상으로부터 청력을 약하게 또는 중간 정도 잃게 되는 결과를 초래한다. 이것은 고실도(tympanogram)의 모양, 고막의 움직임 측정으로 진단된다. 정상적인 고실도는 날카로운 정점이 있다. 중이에 문제를 가진 아동은 더 둥근 정점을 가진 고실도를 만든다. 유출이 있는 중이염(otitis media with effusion: OME)은 중이에 감염이 있고 통증, 발진 또는 고막의 팽창이 없이 발생할 수도 있다(Gates, 1993). 급성 중이염은 바이러스 감염이 간혹 보이더라도, 일차적으로 세균 감염에 의해 발생한다. 급성 중이염인 아동은 귀의 통증이 있다. 유아는 감염된 귀를 잡아당기고 요란을 떤다.

유출이 있는 중이염은 급성 중이염이 계속될 때 발생한다. 유출이 있는 중이염의 정확한 원인은 분명하지 않다. 유스타키오관의 기능 이상만이 유출을 야기하지만, 더 많은 증거들이 급성 염증 또는 최소한 유사한 원인에 따른 염증의 결과로 발생하는 유출이 있는 중이염의 원인으로 제시된다(Chole, 1993, p. 2823). 만성 중이염은 종종 유스타키오관에 장애물이 있을 때 발생한다. 장애물의 예를 들면, 아데노이드(adenoid), 감염 또는 알레르기 같은 것이다. 유스타키오관은 유아기와 아동기에 성인이나 나이 많은 아동들보다 더 짧기 때문에 어릴수록 급성 중이염으로 발전될 수 있는 중이의 공간으로 비강인두(nasopharyngeal)의 분비물 유입이 더 쉽다(Arnold, 1996, p. 1815). 만성 중이염은 또한 상부 호흡기 감염으로 발생할 수 있고, 아동이 감기나 독감에 노출되기 쉬운 이른 봄이나 겨울에 흔하며, 특히 병균이 쉽게 퍼질 수 있는 제한된 공간에서 놀거나 다른 아동들과 함께 있을 때 흔하게 발생한다. 특히 다운증후군 아동은 상부 호흡기 통로 감염이 되기 쉽다. 따라서 이 집단에서 유출이 있는 중이염이 흔하다. Flexer(1994)에 따르면, 이러한 아동의 최소 88%가 유출이 있는 중이염과 다른 전염병으로 발전된다(p. 47).

중이염을 앓고 있는 많은 아동들은 열과 귀의 통증을 동반하지만, 항상 이러한 증상이 있는 것은 아니다. 다른 감기 또는 독감 같은 증상을 가진 아동은 고막을 보기 위해 가압형 이경(pneumatic otoscope)을 사용할 수 있는 의사에게 검사를 받아야 한다.

몇 가지 종류의 세균이 중이염을 야기한다. 치료는 일반적으로 항생제를 사용한다. Tympano centisis(고막의 천공 혹은 천자)와 고막절개술(흐름 또는 고름의 압력을 완화시키기 위해 고막을 절개)은 항세균 치료가 효과적이지 않을 때 사용될 수 있다. 치료되지 않으면 감염을 야기할 수 있다(Arnold, 1996, p. 1814). 만성 중이염의 징조는 초기 아동기(출생에서 3세까지)에 가장 많이 나타난다(Gravel & Ruben, 1996; Teele, Klein, & Rosner, 1980).

만성 중이염에 따른 난청의 빈번한 출현의 장기 영향에 대한 각각의 연구 결과들은 일치하지 않는다.

> 발달에서 유출이 있는 중이염의 영향에 대한 모델은 생의 초기에 제한된 청각적 입력이 의사소통의 장애(수용언어와 표현언어), 상위(중앙) 청각 과정의 결핍, 집중의 결여, 행동 문제 그리고 궁극적으로 평균 이하의 학업 성취를 가져온다는 가설을 제안한다(Gravel & Ruben, 1996, pp. 104-105).

이러한 모든 영역은 연구되어 왔지만 반복적인 연구가 필요하며, 현재의 결론은 확실하지 않을 수 있다. 그러나 만성 중이염은 분명히 심각한 상태인데, 특히 자주 그리고 한쪽 청각의 폐쇄(완전한 부재 혹은 외이도의 폐쇄)가 발생할 경우 더욱 그렇다.

(3) 내 이

바이러스 항원은 외림프액, 그리고 수술과 해부를 할 때 귀 조직에서 발견되어 왔지만, 내이에서는 감염이 내이의 특정 기능부전의 원인이 된다면 그것이 무엇인지 결정하기 어렵다. 광학현미경 또는 전자현미경은 이러한 세균 또는 균류 같은 감염성 병원체의 발견을 도와준다(Davis, 1993, p. 2795). 내이의 기능과 관련된 많은 감염들은 질병 시 혹은 질병 이후에 발견되는 농 증상이 된다는 것이 임상 보고서로 나왔다. 한 가지 예는 홍역인데, 이것은 선천적인 농과 관련이 있다고 추측된다. 그러나 Davis(1993)는 "바이러스는 내이의 조직에서 확인되는 바이러

스 항원과 전혀 분리된 것이 아니며, 관자놀이 뼈의 조직병리적인 변화는 홍역의 특별한 현상은 아니다."(p. 2796)라고 설명했다. 하지만 관련 가능성이 여전히 의문으로 남아 있다.

(4) 유양돌기염

유양돌기염은 유양돌기에 대한 감염의 확산에 따른 것이며, 급성 유양돌기염은 종종 중이염에서 발전된다(Bluestone & Klein, 1996, p. 618). 만성 중이염의 의료적 치료가 발전되었기 때문에 수술은 흔하지 않다.

(5) 뇌막염

뇌막은 뇌와 척수를 덮고 있는 것 중 하나다. 이 부분의 감염은 이차적으로 유양돌기염 또는 만성 중이염으로 발생할 수 있다. 세균성 뇌막염의 약 90%는 1개월에서 5세 사이에 발생하며, 동일 연령의 약 86%는 최소한 한 차례 화농성(고름을 형성함) 급성 중이염을 앓은 적이 있다(Neely, 1993, p. 2858). 이것은 심각한 청력 손실을 일으킬 수 있다. 몇몇 아동은 이러한 형태의 후천성 청력 손실로부터 자유롭게 하기 위해 달팽이관 이식(와우이식)을 하기도 한다. 특히 손실 이전에 정상 청력을 가진 경험이 있으면 청각적 기억을 확립할 수 있다(Boothroyd, 1982; Gravel & Rubin, 1996; Tyler, 1993).

(6) 바이러스 감염

매년 어림잡아 청력 손실과 전정기관 기능장애의 약 40,000개의 사례는 바이러스 감염으로 발생한다(Davis, Johnson, & Kornfield, 1981; Woolf, 1996). 특정 바이러스와 청력 손실의 원인의 관계는 분리하기 매우 어렵다. 현재 분명한 바이러스 원인은 유행성 이하선염 바이러스, 사이토메갈로 바이러스(CMV), 홍역 바이러스에 따른 장애를 들 수 있다(Woolf, 1996, p. 157). 내이는 혈액 공급으로 영양분을 받기 때문에 바이러스는 혈액을 따라 내이로 이동할 수 있다. 또한 중이가 감염될 때 난원창, 정원창을 통해 혹은 뇌척수액을 통해 들어갈 수도 있다.

홍역 백신이 소개된 이후로 홍역에 따른 청력 손실은 매우 감소하였다(Woolf (1996)에 따르면 1/1,000로 줄었다). 그러나 1960년대 후반 홍역의 유행이 청각장애 아동의 수를 증가시켰다. 백신의 중요성은 분명했다. 유행성 이하선염의 발병(1/2300)은 더 낮았다(Evenberg, 1957). CMV는 헤르페스 바이러스과(herpesviridae)에 속한다. 선천적으로 아동기 CMV 감염의 약 15%는 청력 손실과 출생 시 또는 아동 후기의 중앙신경 시스템 손상의 정도를 분명하게 보여 준다(Woolf, 1996, p. 163; Davis, 1979; Stagno et al., 1977). CMV는 육아기에 매우 큰 문제이고, 이제 선천적인 청각장애의 비유전성 원인으로 인식된다(Woolf, 1996, p. 163).

3) 종 양

종양도 귀에서 발생할 수 있다. 한 가지 종류는 진주종인데, 중이에서 형성된다. 이것은 만성 중이염으로 발전될 수 있다. 포낭 또는 덩어리가 비늘 모양의 상피와 콜레스테롤로부터 형성된다.

4) 손 상

(1) 약

어떤 손상은 산업 용제, 화학물질 또는 약물에 노출됨으로써 야기되는 내이 신경 독성물질 때문에 발생한다. 많은 약들은 독약과 치료 약제 사이의 아슬아슬한 경계선에 있다. 약이 얼마나 빠르게 흡수되는가 혹은 배설되는가가 신체에서 활성화되는 물질의 양에 영향을 미친다. 약의 내부 작용 혹은 약과 환경적인 요인은 독성의 수준을 정의하는 데 고려된다. 플라스마 속에서 약의 농도와 내이 림프액 그리고 조직은 여러 가지 요소의 상호작용에 의존한다. 내이 림프액의 표본은 얻기 어렵기 때문에 이 부분의 약의 농도에 대한 연구가 어렵다. 그러나 몇 가지 연구 방법이 존재한다.

> 인간에 대한 관찰과 동물에 대한 연구는 우리에게 잠재적인 내이 신경 독성물질에 대한 정보와 활동 메커니즘, 해당 집단에서의 상대적인 독성, 약의 내부 작용, 청각 또는 전정기관의 파괴에 대한 외생변수의 역할에 대한 정보를 풍성하게 제공한다(Garetz & Schacht, 1996, pp. 124-125).

청각과 전정기관 시스템을 파괴하는 일부 약은 잠재적인 위험성보다 잠재적인 이득이 중요하기 때문에 혹은 삶을 위협하는 질병을 다루는 유일한 약일 수 있어 계속 사용되고 있다.

(2) 외 상

아동의 머리를 때리는 아동학대는 여전히 발생하고 있다. 외상 때문에 고막 뒤의 이소골뿐만 아니라 고막에 구멍이 나거나 찢어질 수 있다(Flexer, 1994). 귓바퀴, 특히 앞부분은 외상과 열 손상에 매우 취약하다(Cotton, 1996, p. 939). 화상을 입은 아동은 심한 화상으로 외이를 잃을 수도 있다. 그리고 열에 따른 상처는 청력 손실을 야기할 수도 있다.

소음은 노출이 매우 큰 데시벨(dB) 수준이면 외상의 원인으로 고려된다. 이것은 일시적인 역치변화(temporary threshold shift: TTS)와 이명을 야기하고 만약 계속되거나 빈번하게 나타난다면 영구적인 역치변화를 초래할 수 있다. 몇몇 아동과 청소년이 이어폰을 통해 음악을 듣는데, 이것은 소리가 직접 내이로 통하는 통로이기 때문에 높은 수준의 dB이 우려된다.

또한 외상은 이도에 강제로 이물질이 들어갔을 때 발생할 수도 있다. 어린 아동들은 놀면서 작은 물체를 입이나 귀에 넣기 쉽다. 만약 이도에 이것이 박히면, 고막에 손상 또는 감염을 초래할 수 있다.

물론 아동의 청력 손실에는 한 가지 이상의 원인이 있다. 예를 들어, 다운증후군 아동은 귀의 구조 등에 유전적인 결함이 있지만, 이것은 귀에 퍼질 수 있는 상부 호흡기 감염에 따른 것이기 쉽다. 이것은 혼합된 청각장애라고 부른다.

모든 청력 손실이 고정적인 것은 아니며, 더욱 악화되고 점진적일 수 있다. 이것은 상대적으로 아동 발달의 후반부까지 나타나지 않는 유전적인 청력 손실뿐만 아니라, 감염의 다양한 형태와 관련될 수 있다.

5) 중추성 청각장애

'듣기'는 단지 귀의 기능만을 의미하는 것이 아니고, 입력되는 신호를 해석해야 하는 대뇌의 기능도 반드시 포함된다. 8번째 신경 또는 청각신경이 끊어지거나 피질의 청각 영역이 손상되면, 소리를 받거나 해석할 가능성이 없다. 선천적인 뇌 손상, 두부 외상, 뇌졸중은 심지어 감각신경과 전도성 청력이 정상이더라도 말하는 것이 무엇인지 이해하는 데 문제를 야기할 수 있다(Flexer, 1994, p. 62).

소리의 지각, 식별, 확인은 이해보다 먼저다. Flexer(1994)는 "청각적인 이해가 궁극적인 목적이더라도 개별 소리의 초기 감지 없이는 더 높은 수준의 청각적 과정이 발생할 수 없다."(p. 167)라고 말했다. 또한 8번째 신경이 끊어지거나 대뇌의 청각 중추가 손상을 받으면, 듣기가 가능하더라도 소리를 정확하게 해석하고 받아들일 가능성이 없을 수 있다.

4. 감각의 보조

많은 시스템들이 소리를 증폭시킬 수 있다. 여기에는 보청기, 전화나 텔레비전 사용을 위해 활용될 수 있는 청각보조장치, 알림장치, 전화장치, TV 장치, 달팽이관 이식(와우이식)이 포함된다. 이것들 각각은 여기서 좀 더 구체적으로 논의될 것이다. 그러나 기술은 빠르게 변화하고 있으며, 소리 증폭에 대한 어떤 논의도 곧 시대에 뒤떨어지는 것이 될 수 있다. 트랜지스터의 사용은 불과 몇 년 전에 사용했던 모델을 매우 발전시켜 왔다. 부가적인 시스템을 사용하면 시각과 촉각적인 정보를 얻을 수 있다.

의사소통이 되지 않는 사람들을 위해 소리 증폭을 통해서 메시지를 시각적으로

제시해 주는 장치들이 있다. 이것들은 종이에 인쇄되거나 화면에 메시지를 산출하는 키보드를 가진다. 새로운 컴퓨터 시스템은 심지어 심각한 청력 손실을 가진 사람과도 다른 컴퓨터, 다른 문자다중 방송장치, 누름단추 방식 전화기를 사용하여 정상 청력의 사람들과 의사소통이 가능하도록 확장되었다(Slager, 1995, p. 61).

1) 보청기

어음 스펙트럼(speech spectrum)의 형태는 현대 보청기를 설계하는 데 중요한 고려 사항이다. 소리의 강도와 시간적인 성격은 진폭압축을 하는 보조장치에서 또 다른 고려 사항이다. 보청기는 기본적으로 마이크, 증폭기, 수신기, 배터리가 있다(Kaplan, 1996, p. 150).

2) 청각보조장치

청각보조장치는 식약청(Food and Drug Administration: FDA)의 규제를 받는다. 16명의 패널 가운데 한 명은 귀, 코, 목과 관여되는 의료장치에 대한 특별 책임이 있다. 그들의 정의와 규정은 효과가 없는 장치(예, 부정확한 검사, 부적절한 선택, 맞춤, 장치의 시행)로부터 소비자를 보호하기 위해 주기적으로 변화가 있었다.

어떤 보청기는 전자기적인 신호를 감지하는 방법으로 마이크(M)에서 전화 스위치(T)로 변환하기 위한 스위치를 가지고 있다(예, 전화로부터). 전자기적 신호와 환경적인 소리 사이의 감지를 위해 MT 스위치가 활성화된다.

대부분의 보청기는 아날로그 회로를 사용하지만, 디지털 회로가 몇몇의 보청기 사용자를 위해 유용하게 사용되고 있다. 몇몇은 청각사가 각 개인의 청력도에 따라서 장치를 프로그램하게 한다. 디지털 장치는 특별한 청력도를 사용하여 맞춤화될 수 있기 때문에 일부 사용자에게 더 유용하며 장치는 아날로그 장치보다 더 간단할 수 있다. 아날로그 장치와 디지털 장치 모두 잡음감소회로를 사용할 수 있으며 저주파수 이득 감소의 원칙에 따라 작동하는데, 이것은 협대역 감소, 저주파의 소음 차폐를 할 수 있지만 높은 주파수의 잡음은 감소시킬 수 없다(Van Tasell, 1993).

보청기 유형 중 하나는 귀 뒤에 착용하는(behind-the-ear: BTE) 것이다. 이것은 기본적으로 귀의 형태에 맞춘 모양을 통해 소리 진동을 받고, 그것을 증폭시키고, 음향적 신호를 귀로 전달한다. 방향적인 마이크가 듣는 사람의 앞에서 소리를 더 많이 증폭하고 뒤에서는 덜 증폭되도록 한다. 이것들이 일반적으로 선호된다(Mueller & Grimes, 1987).

귀 뒤에 착용하는 장치는 뼈의 전도를 사용할 수도 있다. 유양돌기는 증폭된 소리를 받는다. 측두골(관자놀이 뼈)은 다음에 진동을 달팽이관으로 전달한다. 유양돌기 진동자는 덜 효과적이지만, 외이도에 맞춘 장치를 통해 또는 공기 전도로 소리를 받을 수 없는 사람들에게 대안을 제공한다.

귀 안의 장치(in-the-ear: ITE) 또는 이도 안의 장치(in-the-canal: ITC)는 이차적인 범주다. ITE는 귀 안에 맞는 작은 조개 모양이고 소리 수신, 증폭, 전달을 위한 모든 구성요소를 포함한다. 심지어 전기장치를 포함한 것들도 있다. ITC는 이도에 직접적으로 맞지만 본질적으로는 동일한 기능을 한다. BTE가 더 큰 청력 손실자에게 적합한 반면, ITE 또는 ITC는 손상이 약하거나 약간 심한 정도의 사람에게 더 적합하다. 몇몇 사용자는 이런 형태의 장치를 좋아하는데, 그 이유는 겉으로 보이지 않아서 착용자가 외모에 민감할 경우 미용적인 효과가 있을 수 있기 때문이다.

어떤 아동은 신체에 착용하는 보청기를 해야 한다. 외이는 ITE 또는 ITC 보청기를 하기에 너무 작을 수 있기 때문이다. 또한 아동은 다른 장치에 적응하기 위해 필요한 세부적인 손 조작이 부족할 수도 있다. 만약 신체에 착용하는 보청기가 켜져 있으면 방해받기 쉽다. 아동은 '듣기'를 피곤해 할 수도 있고, 간단하게 꺼 버릴 수도 있다. 보청기의 한 가지 문제는 신호와 잡음 등 모든 소리를 증폭하는 것이다. 많은 방해가 있을 때 신호를 해석하기 위한 시도는 쉽지 않고 사용자를 지치게 한다. 우리 대부분은 전파 방해를 받는 라디오를 들을 때 이것을 경험한다. 우리는 곧 꺼 버린다. 만약 보청기가 꺼지지 않으면, 아동이 소리에 완전하게

집중할 수 있는 시간은 상대적으로 짧아질 수 있다. 듣기 과제로부터 잠시 쉬기 위해 '과제가 없는' 시간을 허락하는 것이 필요하다. 다양한 종류의 보청기마다 다른 신호 대 잡음 비(S/N)는 의도된 메시지를 잠재적으로 간섭하는 배경 잡음에 대한 소리 입력 비율이다. 이러한 감각에서의 잡음은 유사한 소리에 제한되지 않는다. 잡음은 의미 있는 대화를 나누는 경우에 환기 시스템, 집, 교실 혹은 교통의 잡음, 내면의 소리, 운동장에서의 소리, 라디오 혹은 텔레비전 소리처럼 집중해야만 하는 청각 자극이 아닌 다른 소리를 포함한다(Flexer, 1994, p. 94). 모든 배경 소리가 증폭되고 말 또는 음악 소리(신호)와 섞일 때, 그들은 상당한 방해를 받고 바람직한 입력 메시지에 집중할 수 있는 능력이 감소된다.

3) 알림장치

몇 가지 시스템은 청각장애인에게 전화벨 소리나 기타 다른 신호를 알려 주고 메시지를 받을 수 있도록 해 준다. 어떤 것은 불빛이나 다른 시각적인 장치를 사용하기도 한다.

4) 전화장치

어떤 전화장치는 송수화기를 통해 소리를 증폭하거나 또는 전화기 안에 설치된다. 또 다른 어떤 것은 소리의 강도를 조절한다. 소리 조절 스피커 전화기는 보청기를 한 사람에게 더욱 효과적일 수 있다. 이러한 장치는 집이나 사무실에서 사용하기에 적합한 전화기에 작동하는 반면, 가끔 집으로부터 멀리 떨어진 동안에는 변형되지 않는 전화기를 사용할 필요가 있다. 이동성을 위해 부착하는 증폭기는 이동 가능하며 어떤 전화기에도 사용할 수 있다. 휴대전화, 심지어 유비쿼터스는 기술적으로 라디오이기 때문에 문제가 있어서 보청기와 겸용하지 않는다(Slager, 1995, p. 55). 전화기술이 변화함에 따라 적응장치를 변형할 필요가 있다. 고체기술이 많은 전화기의 편리성을 가능하게 했으나, 기계 교체를 위한 구조인 많은 의사소통 장치들과 오래된 전화기는 고체기술 전화기와 함께 작동되지 않는다.

TDD는 농아를 위한 의사소통 장치를 말한다. 만일 전화기의 말 전달의 증폭이 이해될 수 없다면, 문어를 통한 의사소통이 필요하다. 또한 키보드와 화면으로 구성된 말단 장치가 양쪽 사람을 위해 필요하다. 다이얼을 돌린 후 전화기 송수화기는 모뎀 구실을 하는 받침대에 놓는다. 메시지는 송신기와 수신기 사이에서 왔다 갔다 하며 피드백되면서 검은색으로 타이핑된다. 또한 텍스트 전화(TT)로도 불린다. 이것은 공공장소뿐 아니라 가정이나 사무실에서도 사용할 수 있다. 텍스트 전화는 다소 기본적일 수 있지만 프린터, 메모리, 점자 출력, 응답 기계, 재다이얼 기능, 컴퓨터 호환성이 포함될 수 있다(Kaplan, 1996, p. 172). 1993년 이후로 ADA는 말하는 사람이 메시지를 TT로 교체할 교환원에게 말하도록 하거나 또는 그 반대의 경우를 하게 하는 대중적인 양방향 교체 시스템을 모든 주에서 공급하도록 해 왔다. 이것은 전화 사용의 유용성을 확대하였다.

전화 의사소통은 특히 청각장애를 가진 사람에게는 어려울 수도 있다. 전화 증폭기나 전화 어댑터를 권하기 전에, 청각사는 그 사람을 다시 검사하고 발신음, 통화 중, 호출음, 부재중 신호, 교환원과의 응답기 메시지, 침묵(Tye-Murray & Shum, 1995, p. 71) 등을 각 개인이 인식하는 능력에 따라 권장한다.

5) 텔레비전 장치

텔레비전을 보는 것은 현대 문화의 많은 부분을 차지하는 또 다른 관심 영역이다. 단지 소리를 크게 키우는 것이 효과적인 것은 아니며, 더 큰 청력 손실을 입은 사람에게는 소용이 없다. 배경음악과 다른 소리 효과에 따른 신호 손상뿐만 아니라 대부분의 프로그램에서 정상적인 잡음은 신호 감지를 더욱 어렵게 만든다. 만약 보청기를 착용한다면 모든 소리는 증폭된다(Van Tasell, 1993). 한 가지 해결 방법은 텔레비전 장치에서 귀로 소리를 전자기적으로 전달하는 것이다(Schum & Crum, 1995, p. 125). 유도회로, FM, 적외선 시스템을 포함한 다양한 시스템이 직접적인 전달을 가능하게 하였다. 이러한 장치들 중 몇몇은 ADA 지침에 따라

극장, 교회, 라이브 극장에서 이용 가능하다.

증폭된 신호를 수신할 수 없는 경우는 자막 같은 시각적인 장치가 도움이 될 수 있다. 해독기는 정상적인 시력을 가진 사람에게는 보이지 않는 자막을 만들기 위해 필요하다(Schum & Crum, 1995, pp. 136-137). 1993년에 「자막수신장치법」이 통과되어, 13인치 이상의 화면이 있는 텔레비전 장치에 자막해독기의 설치가 요구된다. 이것은 주요 네트워크와 케이블 텔레비전 프로그램의 대부분을 이용 가능하게 만든다. 심지어 가정에서 사용하는 비디오테이프로 확대된다.

6) 달팽이관 이식

달팽이관 신경구조의 어떤 부분이 손상되면, 달팽이관 이식(와우이식)을 하여 파괴된 구조 혹은 장애에 따른 청각 신호를 의식으로 가져오게 할 수 있다(Jackler, 1993, p. 2769). 연구자들은 이식이 유독 달팽이관 손상을 가진 사람에게 도움을 주는 이유에 대해 연구해 왔다. 1960년대 후반에 달팽이관 이식에 대한 연구가 단일채널 자극과 함께 시작되었는데, 거기에서 내이의 한 부분만이 자극되고 한 부분 이상을 자극하는 현대 다채널 시스템이 비교되었다. '채널'은 독립적으로 자극하는 전극의 수를 말하는데, 이들 각각은 서로 다른 목표의 뉴런을 갖는다(Kaplan, 1996, p. 176). 이것은 다른 사람들뿐만 아니라, 1960년대의 House(1976)도 시행하였다. 최초의 임상 시도는 1980년대 초반에 있었다. Pickett(1995)은 이러한 초기 시도에 관한 열정이 없었던 Gallaudet 청각부서의 연구원 중 한 사람이었다. 그는 다음과 같이 기록하였다.

> 나에게 더 단순한 이식은 달팽이관의 기능을 통한 음향 분석에 대한 원칙을 기본으로 하지 않으며, 단순히 '많은 이익'을 주는 연구로부터 도출되는 과학적인 결론은 없을지도 모른다. 긍정적인 결과는 단지 잘 알려진 열의와 진보된 개념을 동반하는 새로운 희망에 따른 것일 수 있다(p. 19).

이후 연구는 농아에게 이식된 촉각적 보청기와 비교되었다. 연구는 신경 요소의 기능 손상에 대한 두려움을 가지고 천천히 진행되었다. Clark(1995)는 "귀를 연구하는 학자들은 달팽이관을 주의하여 다루며, 가능하다면 어떤 것이라도 삽입하는 것을 금지한다."(p. 172)라고 주장했다. Simmons(1967)의 동물 연구는 이식이 더 많은 손상 없이 가능하다는 것을 보여 주었다.

Berliner와 Eisenberg(1985)는 아동기 달팽이관 이식에 대한 개관을 선보였으며, 첫 번째 임상 시도가 그 당시에 이루어졌다. Osberger(1995)는 "현재 기술로 아동의 시술은 이식을 한 아동의 부모뿐만 아니라 이 분야에 관여된 전문가들의 기대를 능가한다."(p. 231)라고 보고하였다.

달팽이관 이식은 전기 신호를 청각 신경섬유로 보낸다. 신호를 처리하는 장치는 신체에 착용되고, 마이크가 귀 주변에 위치한다. 처리장치는 내이에 수술로 이식된 장치의 부분에 연결한다. 다채널 이식은 청각장애 아동의 말의 산출과 지각 모두에 가장 유용하다(Staller, Beiter, Brimacombe, Meclenburg, & Arndt, 1991; Tobey et al., 1991). 다채널 이식은 초기의 단일채널 시스템을 교체해 왔다. 이는 특히 5세 이후에 청력을 잃은 아동(언어 습득 후 농아가 됨)에게 효과적인데, 이들은 청력 손실 전에 기본적인 말을 할 수 있었다. 심지어 3세 이전에 청력 손실을 당한 아동(언어 습득 전 농아가 됨)도 4~8세에 이식이 이루어지면, 확장된 기간 이상으로 향상될 수 있다. 그러나 10대까지 이식이 이루어지지 않으면, 향상의 가능성은 적다. 이식은 이제 소리에 반응이 없는 아동뿐만 아니라, 낮은 주파수(100~105dB HL)에서 약간의 청력이 있는 아동에게 사용된다. 낮은 주파수 반응에 도움을 받지 못한 아동은 조화로운 소리를 전달하는 높은 주파수에 초점을 맞추어 이식할 수 있으며, 그리하여 독순술 없이도 말하기를 이해할 수 있다(Osberger, 1995, p. 256).

농을 장애라고 생각하지 않는 많은 사람들이 달팽이관 이식을 반대한다는 것에 주목해야 한다. 특히 수술 전에 동의서를 스스로 작성할 수 없는 어린 아동에 대해서는 더욱 그렇다. 농 문화(deaf culture)의 구성원들은 이것이 다수(정상 청력)가 소수(농)를 변화시키려는 방법으로 본다(Harris, 1995). 농 문화의 구성원들은

의사소통 수단으로 ASL을 사용하고 구어를 사용하지 않는다. 왜냐하면 어순을 비롯한 문법이 다르기 때문이다. Nevins와 Chute(1996)는 "침묵의 의사소통 환경에서 이식의 가치는 매우 의심스럽다."(p. 8)라고 지적했다. 따라서 농 문화의 구성원에게 이것은 합리적인 과정이 아니며, 구어로 의사소통을 하지 않고 ASL만을 사용한다.[2] 이 의료 모델은 농을 종종 변화될 수 있는 상태로 본다. 이것의 의미는 아동이 이후에 정상 청력을 가질 수 있다는 것이다. Harris는 연구에서 농이란 분명한 문화적인 의미를 가지는 사회문화적인 현상이라고 하였다.

핵 22채널 달팽이관 이식은 아동과 성인 모두에게 널리 사용되는 것인데, 다채널 장치의 예다. 또한 3M/House 장치는 미국에서 아동들을 위해 사용된다. Nevins와 Chute(1996)는 클라리온이 현재 이 집단을 위해 임상실험되는 세 번째 장치라고 보고한다. 미국 식약청은 이식을 받으려는 아동이 말하기와 듣기기술을 강조하는 교육 프로그램에 등록할 것을 요구한다. 아동이 소리를 들을 수 있을 때 이런 소리들이 의미가 있는 것이다. 음악은 순서, 리듬, 반복을 가지기 때문에 이식 후 후속 프로그램으로서 매우 가치가 있을 것이다. 또한 음악치료사는 이식장치, 기능 방법, 필요한 장비 검토에 관한 정보를 얻기 위해 교육 자문가와 가까이에서 일해야 한다. 음악 소리에 대한 아동의 반응은 교육팀의 팀원들과 신중하게 공유되고 평가되어야 한다. Nevins와 Chute(1996)는 "달팽이관 이식은 단순히 농을 위한 치료가 아니라 과정이다. 이것은 장치를 받은 아동의 장기적인 보호를 위한 전문적인 팀을 요구한다."(p. 21)라고 하였다.

모든 농아동들이 이식을 받을 수 있는 것은 아니다. FDA의 기준은 다음과 같다.

- 양쪽 모두 심각한 감각신경적인 농
- 2~17세
- 보청기로 혜택을 받지 못했거나 혜택이 거의 없는 경우

---

2) 이러한 관점은 '청각 문화'와 의사소통하는 강화된 능력을 무시한다. 아마도 개최국에서 '외국' 말을 사용하는 시민들이나 여행자의 작은 질문 같은 것 아닐까?

아동은 이식을 하고 난 후 단시간 내에 듣기 활동을 접해야 한다. 부모, 교사, 치료사는 듣기기술에 대한 훈련을 제공하기 위해 게임을 사용할 수 있다. 소리의 유무를 식별하는 활동은 소리의 지각을 향상시키기 위해 사용한다. 식별 과제는 높고/낮음, 크고/부드러움, 길고/짧음 또는 음색 변화의 구별을 요구하는 게임을 포함한다. 식별은 비언어적일 수 있으며, 아동은 참여하기 위한 신호로 특정한 음악 신호를 들으며 거기서 소리는 구별되고 명명된다. 소리의 이해는 후속되는 언어 지침 또는 가사에서 지시하는 소리의 악절을 포함한다. 듣기 훈련의 궁극적인 목적은 청각적 이해 또는 듣기를 통한 이해다(Nevins & Chute, 1996, p. 97).

달팽이관 이식에 대한 연구는 1950년대 후반으로 거슬러 올라가지만(Djourno & Eyries, 1957), 여전히 진보가 느리고 장기적인 자료가 필요하다.

7) 촉각적 보조

보청기의 기능이 만족스럽지 않을 때 촉각적 자극이 도움을 줄 수 있다(Kaplan, 1996, p. 183). 촉각적 보조는 이식을 할 수 없는 사람들을 위해 선택권을 제공한다. 그들의 소리 발생 신호의 신경적 수용체인 손목, 손바닥, 흉골, 손가락, 배 등의 신체 부위를 촉각적으로 자극하는 것이다(Kaplan, 1996, p. 183).

기술적인 진보는 특히 고등학생 또는 대학생 같은 일부 학생들의 의사소통에 대한 요구를 만족시키는 데 도움을 줄 수 있다. 1980년대에 개발된 것은(Stinson, Stuckless, Henderson, & Minor, 1988; Struckless, 1983) 실시간 그래픽 디스플레이(RTGD)다. RTGD는 말하는 것을 음극선관(CRT)으로 전환시킨다. 전통적인 강의에 참여하는 학생들은 개별 화면 속의 단어를 따라갈 수 있다(Saur, 1992, p. 108). RTGD는 몇 가지 약점이 있다. 이것은 사람이 강의와 입력 정보를 따라야 할 것을 요구하고 비싸며 번거롭다. 그렇지만 가까운 미래에 기술이 발전되기 위한 표본이 될 수 있다.

5. 편측성 난청

사람들은 편측성 난청이 있는 아동들이 '잘 들리는 귀'를 스피커 앞으로 해서 앉는 것 이상의 학습 환경에 대한 특별한 고려가 거의 필요하지 않다고 추측해 왔다. 그러나 Oyler, Oyler와 Matkin(1988)은 학군에서 54,090의 학생을 모집단으로 하여 그중 편측성 난청인 106명의 아동과 청소년의 학업 수행을 연구하였다. 이들은 학문적으로 '위험'에 처해 있었으며, 특히 손상이 심각하거나 혹은 오른쪽 귀가 난청인 경우는 더욱 그렇다는 것을 확인하였다. 연구자는 또한 편측성 난청 아동의 인구통계학적 자료를 조사하였는데, 결론은 이러한 장애는 상대적으로 흔치 않고, 성별과 상관이 없으며, 왼쪽 귀보다 오른쪽 귀가 2배 더 많고, 일반적으로 중도/최중도라는 것이다. 학업적 성취를 위해 편측성 난청에 대한 특별한 서비스가 필요할 수 있다.

이 집단은 음악치료에서 거의 특별한 고려가 없었다. 그들은 난청 아동들과 관련되는 경향이 있다. 하지만 그들의 요구는 약간 다르다. 그들은 한쪽의 좋은 귀를 가지고 있기 때문에 소리를 만들거나 반응하고 음악을 듣는 데 더 큰 능력을 가진다. 그러나 그들의 잔존하는 청각 능력의 최대 사용을 장려하는 특별한 고려가 필요하다. 음악은 주파수, 강도, 음색, 시간에서 다양한 변형을 가지는 복잡한 소리원이기 때문에 주의 깊은 듣기기술의 훈련을 위한 유용한 매체를 제공한다. 음악은 많은 방법으로 참여를 유도할 수 있기 때문에 지속적인 집중이 가능하다.

한쪽 귀에 주기적 난청의 원인이 되는 질병이 간헐적으로 나타나면 교육적인 면에 부정적인 영향을 미칠 수 있다. 중이염은 주기적 난청의 원인이 될 수 있으며, 아동의 언어적 · 지적 발달에 장기적으로 부정적인 영향을 미칠 수 있다(Christensen & Luckner, 1995). 이러한 손상은 그 자체로 일정하다기보다 장기적인 영향을 변동시킨다. 또한 중이염 증상을 가진 아동은 질병을 앓는 동안 제공받는 정보를 잃을 수 있다.

6. 경도에서 중등도의 청각장애

청각장애 아동의 학업 수행과 관련된 많은 문헌들은 경도나 중등도의 장애보다는 중도와 최중도 청력 손실에 초점을 맞추어 왔다. 연구자들은 청력 손실이 클수록 학업 수행과 언어 습득에서 크게 뒤떨어진다고 가정해 왔다. Davis, Effenbein, Schum과 Bentler(1986)는 오랫동안 청력 손실을 앓고 있는 40명의 선택된 대상의 수행을 연구해 왔다. 그들은 모두 정상적인 지능을 가지며, 5~18세로, 어린 집단과 나이 많은 집단으로 구별하였다. 순음 식별 또는 어음 인식과 수행을 통해 측정되었는데, 청력 손실만으로는 대상자의 언어적 · 교육적 성과를 예상할 수 없었다. 또한 이전의 연구에서 보고되었더라도 연령 기능에 따른 검사 규준과 비교하여 검사 대상의 성취에서 차이가 늘어나는 것은 발견되지 않았다(Davis, 1974; Gentile, 1972; Trybus & Karchmer, 1977). Davis와 그의 동료들(1986)은 실험 대상을 위한 이용 가능한 서비스의 지원이 나이에 따른 학업 성취에서의 향상을 방해할 수도 있다고 제시하였다(p. 60).

언어와 교육 수행의 예측에서 학교에서의 특별한 서비스와 여기에 기꺼이 참여하려는 부모들은 청력 손실의 정도와 나이보다 더욱 결정적인 변수로 보인다. 그러나 연구자는 모든 청각장애 아동이 적절한 청력 보조, 특별한 서비스 그리고 부모, 교사, 치료사로부터 상당한 지원을 받지 못한다면 가능한 지연 혹은 지체에 상처받기 쉽다고 주장했다. 경도 혹은 중등도의 청력 손실이 있는 아동의 학급 배치에 대해서는 논쟁의 여지가 있다. 상당수가 특별한 서비스가 없는 일반 교실에 배치된다. 그렇지만 Vernon과 Andrews(1990)는 이러한 조치를 인정하지 않는다.

> 분명하게 증폭기로 교정 가능한 30dB 손실 아동이 농아동을 위한 프로그램에 잘못 배치된다. 손실이 60dB이며 공공학교에 적절한 프로그램이 없을 때, 농아동을 위한 특수학급 또는 학교가 40명의 정상 아동과 함께 불충분한 서비스가 제공되는 교실에 배치하는 것보다 훨씬 더 좋다(p. 257).

따라서 배치의 결정은 청력 손실 정도, 증폭기를 통한 교정 가능성, 지원 서비스(부모 참여 포함), 지역에서 이용 가능한 프로그램과 서비스 등을 고려해야 한다. 불행히도 금전상의 문제가 때때로 다른 고려 사항을 앞선다. 다른 고려 사항은 비록 규정이 이것에 반하여 보호를 시도하는 입장이더라도 아동의 가장 큰 관심사는 아니다.

7. 의사소통

Bornstein(1990)에 따르면, 아동의 청각장애 정도와 발생 나이는 의사소통 요구를 결정하기 위한 중요한 요인이다(p. 21). 손실의 정도는 학과 배치와 관련된다. 중도 혹은 최중도 손실 아동은 기숙학교에 더 많이 있게 된다. 교정용 보청기를 한 아동 또는 경도나 중등도 손실 아동은 일반적으로 지역학교에 다니고, 주간에 학교를 다니는 학생은 이러한 극단 사이의 아동들이지만 기숙학교에 있는 학생들과 더 비슷하다(Allen & Karchmer, 1990). 음악치료사는 치료사로서 또는 자문가로서 이러한 환경 모두에서 일한다.

학교와 부모는 의사소통 체계를 결정한다. 결정은 아동의 취학 전 경험과 수용 · 표현 의사소통 모두를 위한 최선의 방법을 반영해야 한다. 이용 가능한 선택은 일반적으로 2가지 언어(미국식 수화와 영어)와 2가지 의사소통 방법(구두 또는 손으로)의 조합을 통해 결정된다. 결과적으로 접근에서 3가지 범주—구두 영어, 신호 시스템 혹은 손짓기호 영어, 미국식 수화(Paul & Quigley, 1990, p. 9)—를 제시한다.

1) 구두 영어

손짓기호 영어(ASL 또는 영어를 기본으로 하는 신호 시스템)의 형식과 비교하여 구두로 하는 의사소통의 장점에 대해서는 여러 가지 논쟁이 있어 왔다. 구두 영어는

'영어로 말하는 수용과 표현' 으로 불린다(Paul & Quigley, 1990, p. 272). 농아동은 일반인의 세상에서 살고 정상 청력을 가진 사람들과 의사소통해야 할 필요가 있다고 믿는 사람들은 자연적으로 구두 영어를 배우는 것이 결정적이고, 실험적이며, 철학적이라고 믿는다. 이것은 다양한 종류의 언어 습득 프로그램을 고안한다. 또한 언어 이해 프로그램을 포함하며, 이것은 일반적으로 말하기/읽기 기술과 나머지 청력을 사용할 가능성을 포함한다. 음성 지각(speech perception)은 '말하는 사람이 표현하는 언어 패턴(음절, 단어, 구, 문장)에 대해 추론하는 것' 이다(Boothroyd, 1995, p. 345). 내용과 감각적인 증거(독순술과 지각될 수 있는 다른 소리)는 음성 지각에 사용된다. 그러나 Gustason(1990)은 한 연구에서 "현명하고 능력 있는 많은 농아동은 독화술을 통해 말하는 것의 단 5%만을 이해했다."라고 주장하였다(p. 109). 구두와 말하기만이 1900~1965년에 학교의 농아동들을 위해 사용되는 기본적인 지시 방법이었다(Vernon & Andrews, 1990). 그러나 후속 연구를 통해 유치원에서 수화를 배운 아동은 다양한 학업성취검사에서 구두만을 사용한 아동보다 더 높은 점수를 얻었다는 결과가 도출되었다. 이러한 논쟁은 아직 끝나지 않았다. 이러한 체계를 사용하는 아동은 말하기를 통해 스스로를 표현하고, 또한 교사는 학생들이 독순술을 할 수 있을 것이라는 기대감을 가지고 말하기를 사용해야 한다.

2) 이중 언어

이중 언어(2개 언어의 병용)는 수화(ASL)를 통해 의사소통을 배우고, 영어 읽기를 학습하는 것을 말한다. Anderson(1994)은 "심지어 미국에서도 정확한 그리고 정치적인 정의가 매우 다르기 때문에 농아동에 대한 정부의 지원은 「특수교육법(Special Education Act)」으로부터 「이중언어교육법(Bilingual Education Act)」으로 전이될 수 없다"(p. 10)라고 주장한다. 일반적으로 「이중언어교육법」은 영어가 일차 언어가 아닌 사람들을 위해 영어와 문화를 가르치려는 의도다. 이것은 수화를 인식하는 것은 아니다. 따라서 이 조항은 서비스를 받거나 농아동을 위한 기금을 지원받는 관점에서는 이득이 되지 않을 수도 있다.

3) 신호 시스템

신호 시스템은 신호 기호의 몇 가지 형태에서 언어를 표현하는 다양한 방법을 말한다. Paul과 Quigley(1990)는 신호 시스템이 신호언어를 말하는 것은 아니라고 하였다(p. 153). 시스템은 그들이 표현하는 언어와 문법에 의존한다. 이 시스템은 자연적으로 진화되는 것이 아니며, 문장 또는 의미를 분리하기에는 부족하다. 여기서 시스템은 영어의 어순을 사용하고 말하기와 함께 사용될 의도로 흥미롭게 만들어졌다. 몇 가지 신호 시스템은 다음을 포함한다.

- 손가락으로 철자를 쓰면서 말하는(지화술) 로체스터 방법(Scouten, 1967)
- 말하는 대로 신호화되고 각 신호는 한 가지 의미를 갖는, 필수 영어 수화(SEE I)(Anthony, 1966)
- 정확한 영어 수화(SEE II)(Gustason, Pfetzing, & Zawolkow, 1972), 이것은 SEE I을 능가하며 SEE I과 SEE II의 중요한 차이는 근원이 되는 단어가 무엇으로 구성되었는가에 초점이 맞춰진다(Paul & Quigley, 1990, p. 157).
- SEE II, ASL 그리고 몇 가지 자체적인 규칙을 조합한 손짓 영어(Manual English: ME)(워싱턴 주립청각장애학교, 1972)
- 미국식 수화(Signed English: SE)(Bornstein, Saulnier, & Hamilton, 1983)는 문장에서 여러 가지 의미로 사용되나(필요하면 이것은 손가락 철자 쓰기로 접두모음자를 붙이거나 혹은 복수, 음성, 소유, 비교, 부사, 형용사 같은 것으로 나타내기 위한 표시다.) 어디서나 대표하는 영어 단어 시스템에서 취학 전 아동들이 현재 영어 문장과 어휘를 표현하는 것이다.
- 문법 수화(혼합영어 수화, Pidgin Sign English: PSE)는 문어의 자연스러운 표현이며, 어순을 비롯한 문법을 유지하면서 ASL로부터 일반적인 신호를 더한다. 영어의 어순이 노래에서 사용될 때 이것은 혼합영어 수화 또는 접촉 노래라고 불린다. 이것은 청각장애 아동이 정상 청력의 아동과 함께 교실에 배치될 때 사용될 수 있다. 학생들은 스스로를 표현하기 위해 신호와 말하기 모두

를 사용하며, 교사들은 독순술과 신호 또는 말하기로 동시적인 의사소통을 한다. 만약 교사들이 신호를 사용할 수 없다면 수화 통역사가 고용될 수 있다.

미국식 수화

미국식 수화(American Sign Language: ASL)는 미국의 농아 집단에서 사용하는 기본적인 혹은 '본래의' 언어다. 이것은 청각적-음성적인 구어와는 달리 시각적-몸짓의 언어다(Hafer & Wilson, 1996, p. 1). ASL은 전세계에서 사용되는 수화 중의 하나다. 많은 구어가 있는 것처럼 많은 수화들이 있다. 그러나 농아의 언어는 없다(Bergman, 1994, p. 15). 수화는 구어를 기본으로 하기보다는 자신만의 어휘 목록을 가진 완전한 언어이기 때문에 영국의 영어와 미국의 영어 사이에서 발견되는 것 같은 유사성이 부족하다. 앞에서 설명된 시스템과 달리 ASL은 어휘뿐만 아니라 문법을 갖는 '실제' 언어다. 문법은 화용론(언어의 기능), 의미론(의미), 통사론(문장의 구조와 조직), 음운론(소리 혹은 음운 체계)을 포함한다(Paul & Quigley, 1990, p. 128). ASL은 종종 교사, 사회사업가, 다양한 치료 서비스를 준비하는 학생이 배운다. 몇몇 대학에서는 이것이 교과목에서 외국어 과목을 대치할 수 있다. ASL은 미국에서 네 번째로 일반적인 언어이기 때문에 이 시스템은 매우 공정하게 여겨진다(영어, 스페인어, 이탈리아어가 더 흔하다.)(Hafer & Wilson, 1996).

ASL 문법은 영어와는 다르다. 수화 사용자는 의사소통을 위해 신체 언어뿐만 아니라 손을 사용한다. ASL은 동작처럼 표현되는 신호를 기본으로 한다. 수화를 공부한 언어학자는 개별 신호가 3가지 성격 — 모양(손으로 모양 만들기), 위치(손의 모양이 위치하는 곳), 동작(어디서, 어떻게 움직이는가) — 을 지닌다고 하였다(Hafer & Wilson, 1996, p. 2).

ASL은 문어의 형식이 없다. 몇 가지 신호는 대상에 대한 시각적·촉각적 정보와 관련되더라도(예를 들어, 고양이는 수염을 표시하는 것처럼 입술 옆을 치면서 신호화한다.) 많은 신호들은 언어라는 것을 제외하고는 관련이 없다. 다시 말하면, 그것들은 아이콘 또는 그림이 아니다. ASL 사용자는 읽고, 쓰기를 배울 때, 어순을 비롯한 문법을 배우는 것이 어려울 수 있다. 이것이 ASL에서는 다르며, 직접 문어

와 조합할 수 없다. Woodward(1990)는 다양한 검토 후 농아동 교사의 95%는 교수를 위해 말을 약간 사용한다는 것을 알아냈다. 따라서 말하기와 ASL의 신호를 가진 신호화된 영어는 폭넓게 사용될 수 있을 것으로 보인다. 이로부터 아동은 ASL도, 영어도 유창할 수 없을 것이다. 그러나 신호화된 영어는 이 둘 사이의 다리 역할을 한다.

Ahlgren(1994)은 스웨덴의 수화를 일차적인 언어로 사용하는 농아동을 연구하였는데, 그들의 수화 발달은 정상 청력을 가진 아동의 구어 발달과 동일한 단계를 밟는 것을 밝혀냈다(p. 56). 정상 청력을 가진 가족 환경에서 양육되는 농아동은 나이에 적절하게 언어가 발달할 수 있다. 즉, 나이가 동일한 경우, 정상 청력을 가진 아동의 구어처럼 표현하고 수용하는 똑같은 능력을 가진다. Ahlgren의 결론은 다음과 같다.

> 정상 청력을 가진 부모가 수화를 배우고 농아와 사회적 접촉을 하고 어린 농아동이 성인 농아와 시간을 함께 보낼 수 있으면, 수화는 정상 청력을 가진 부모에게는 이차적 언어로, 농아동에게는 모국어로 발달될 수 있다(p. 60).

가족들이 수화에 좀 능숙하다면, 아동은 가족의 일반적인 의사소통에 참여할 수 있고 소속감을 느낄 것이다. 이것은 물론 정상 청력을 가진 가족원이 수화를 배우기 위해 시간과 노력을 투자하고, 좋은 역할 모델이 되어 줄 수 있는 농아와 교류하고, 필요한 지원을 해 주고, 아동과 교류하기 위해 새로운 기술을 사용하여야 한다. 모든 아동들은 바람직한 결과를 이끌기 위해 말하기를 배운다. 그들은 또한 바람직한 결과를 이끌어 내는 방법에 반응하기 위한 정보가 필요하기 때문에 다른 사람의 말에 반응한다. 이것은 구어가 그러한 것처럼 수화도 마찬가지다. 그러나 부모, 형제자매, 교사, 놀이 친구가 모두 아동이 학습하지 않은 언어를 사용한다면 소외감을 느낄 것이며, 놀이를 통해 교류하기보다는 개인적인 놀이로 퇴보할 것이다. 그렇게 되면 유치원 시기에 학습되어야 할 많은 정보가 손실된다. 수화의 조기 사용은 발달적인 손상을 막을 수 있다.

북미의 약 5천만에 달하는 사람들이 ASL을 사용한다. 비록 몇몇 아동은 그들의 부모로부터 ASL을 배우지만, 농아동 학령기 집단의 90%는 수화 지식이 거의 없는 부모에게서 양육되기 때문에 많은 아동들이 ASL에 대한 능력, 농 문화에서의 경험 또는 영어기술 없이 학교에 들어간다(Vernon & Andrews, 1990). 분명히 부모들을 위한 ASL 수업과 잘 계획된 유치원 경험과 훈련이 필요하다. 한때 학령기는 언어 습득의 결정적인 단계로는 매우 늦은 것으로 간주되었지만, Vernon과 Andrews(1990)는 결정적인 언어 이론은 비청각적인 언어에는 적용되지 않을 수 있음을 주목하였다(p. 82). 많은 농아동들은 청소년기 후반까지 농아와의 접촉이 없거나 체험이 부족함에도 불구하고 유창한 ASL을 발달시킨다는 것이다.

청각장애 아동을 위한 사용에 더하여 지체 아동, 언어장애 아동, 언어지연 아동, 영어가 제2의 언어이며 영어 학습에 어려움이 있는 가정의 아동들에게 유용할 수 있다. 이 모든 사례들은 이러한 아동들이 학교에서 성공하기 위해 필요한 의사소통을 증진시키는 잠재적인 방법이다.

4) 토털 커뮤니케이션

앞에서 언급한 것처럼 수화는 흔히 말하기와 결합된다. 이것은 종종 토털 커뮤니케이션이라고 불린다. Hafer와 Wilson(1996)은 이 접근법에 대해 설명하였다(p. 7).

> 토털 커뮤니케이션은 농아동의 교육에 혁명을 일으켰다. 간단히 말해서, 이 철학의 기본은 농아동도 그들이 요구하는 의사소통 방법이 무엇이든 상관없이 의사소통, 동작, 수화, 말하기, 독화술, 증폭기 등을 사용할 권리가 있다는 것이다. 오늘날 미국에서 농아동을 위한 교육 프로그램의 70%는 토털 커뮤니케이션의 철학을 반영한다.

5) 농 문화 대 일반 사회로의 통합

최근에 미국과 기타 지역에서 농아의 다수가 언어적인 소수로서 정체성을 주장하기 시작했다. 분리된 언어를 가진 하위문화 집단으로서의 농아에 대한 시각은 농아를 장애인으로 만들지 않는다. 이는 농아동과 청각장애 아동의 교육, 장애 기금, 연구, 사회 적응 등 여러 가지 양상의 결과다. 농아들이 다른 장애가 없고, 단지 비청각적인 언어 사용에서만 일반 집단과 구별된다면 장애, 손상, 결손 등 부정적인 용어의 사용은 더 이상 적용하지 않고 이들을 위해 제공되는 서비스도 잘못된 것이다. Harris(1995)는 '농(deaf)'은 부정적인 낙인이라고 주장했다(p. 191). 이 용어는 청각적인 상태로, 집단의 정체성을 뜻한다.

농아들의 몇몇은 의사소통 수단으로 ASL만을 사용하여 구두 언어 사용자를 피해 일하는 등 사회적 기회가 제한될 수 있다. 청각장애인의 문제에 대한 이러한 해결 방식은 많은 농아를 만족시키는 반면, 교육자와 치료사는 거의 인정하지 않는다. 수화의 사용이 확실히 장점을 가지는 반면, '이것이 의사소통을 위해 사용될 수 있는 유일한 방법이 되어야 하는가?' 하는 의문점이 남는다. 수화가 기본적이거나 의사소통을 위한 유일한 수단이라고 주장하는 집단의 반대편은 '구두'로 말하는 농아로 설명되는 집단이다. 이들은 수화를 거부하고 단지 다른 사람을 이해하고 말하기 위해 구두적인 방법을 사용하려고 노력한다. Vernon과 Andrews (1990)는 이러한 집단은 비합리적인 소수이며, 이들은 그들의 청각장애를 거부하고 듣기 위해 잘못된 시도를 한다고 주장하였다(p. 139). 그들의 말하기는 흔히 다른 사람과 의사소통하기에 부적절하고 많은 오해를 불러오기 때문에, 그들은 거부되고 고립된 삶을 살 수도 있다.

들을 수 없는 사람들은 들을 수 있는 사람들과 동일한 세상에서 살고, 일하고, 놀아야 한다. 사회에서 가능한 교류와 완전한 참여를 위해 아동들이 준비하지 않는 것이 옳은 일인가? 이것이 모든 인간의 가치와 권위에 대한 인정과 존중을 하는 주류(主流) 방법이 될 수 있는가? 문제는 명칭과 관련된다. 범주화된 명칭의 사용에 따라 어떤 개인도 낮은 지위를 나타내지 않도록 주의할 필요가 있다. 이것은 개인

의 필요뿐만 아니라 아동의 능력을 함께 기술했기 때문에 명칭을 사용하는 것보다 진단평가가 더 바람직한 것이다. 그러나 특별한 필요가 인정되고 계획되고 희망적으로 만나지 않는다면, 이러한 집단의 교육적 필요와 치료를 접하게 하는 것은 매우 어렵다.

8. 음악치료

1) 의사소통

농아는 특별히 다른 장애가 없고 단순히 다른 언어를 사용할 뿐이라는 철학적 입장을 가진 사람이라면 아무것도 변화될 필요가 없기 때문에 음악치료가 필요하지 않다고 본다. 그들에 따르면 농아는 새로운 행동의 습득이나 기존 행동에 대한 변화가 필요하지 않다.

반대의 철학적 접근은 청각장애 아동과 농아동이 정상 청력을 가진 사람들의 세상에서 살고, 개인적 만족과 성공을 달성할 수 있도록 가능한 한 모든 방법으로 의사소통하기 위한 접근이 제공되어야 한다는 것이다. 이것은 토털 커뮤니케이션의 철학이다. 이러한 경우 음악치료사의 역할이 있다. 음악치료사는 소리를 생성하는 데 넓은 청각 스펙트럼을 사용한다. 아동은 청각과 촉각의 조합을 통한 낮은 주파수의 메탈로폰이 사용된 큰 금속 막대기의 소리 또는 오르간에서 생성되는 매우 낮은 소리를 지각할 수 있다. 아동이 자신의 손으로 소리의 근원지를 진동으로 지각할 수 있으면(즉, 진동하는 상자 옆에서) 혹은 바닥을 통해 소리의 이동을 지각할 수 있으면, 반응하는 것을 배울 수 있다. 몇몇의 치료사들은 나무 바닥을 선호하는데, 소리가 더욱 효과적으로 전달될 수 있기 때문이다. 그것은 신경 말단 부분에 많이 있기 때문에 발의 감각을 건드리는 것을 통해 지각될 수 있다. 이것은 음성의 리듬이 의사소통으로 연결될 수 있는 방법이다. 단순한 명령, 적합한 명사, 치료사에 대한 집중을 위한 시간이 이러한 방법에서 의사소통으로 연결된다.

만약 아동이 잔존하는 청력 혹은 터치를 통해 주파수를 식별할 수 있으면 몇 가지 음성 모방이 가능하다. 치료사는 적절한 강화를 사용하여 이러한 반응을 단어로 만들 수 있다. 음악치료사는 언어치료사와 함께 효과적으로 일할 수 있는데, 왜냐하면 아동은 소리가 의사소통의 상징으로 형성되기 전에 몇 가지 소리를 만들어 내야 하기 때문이다. 말 없는 아동은 언어치료사에 따른 체계적인 모양의 요소를 산출하지 못한다. 음악치료에서는 아동 자신의 소리를 생성하고 모방을 격려하는 소리의 요소를 만들기 위한 흥겨운 리듬과 음악적 주파수의 전체적인 스펙트럼을 사용할 수 있다. 이것은 다음에 치료사가 요구하는 소리를 만들기 위한 요소를 제공한다.

청각적으로 어려움이 있는 아동은 다른 아동이 그러하는 것처럼, 정서적인 면을 의사소통하기 위한 수단으로 음악이 필요하다. 그들은 또한 사랑과 확신을 알려 주는 소리(혹은 진동)에 반응하는 것을 배운다. 또한 흥분과 동요를 알려 주는 소리를 구별할 수 있다. 조성악기뿐만 아니라 타악기는 아동이 소리를 들을 수 있는 능력이 있다면 의사소통을 위한 유용한 수단이 될 수 있다. 아동은 다른 사람이 만드는 소리를 이해할 뿐만 아니라, 느낌을 표현하기 위해 소리를 만드는 것을 학습할 수 있다. 노래 부르기는 좋은 청각적 모델이 없을 경우 소리 만들기를 학습하는 것이 어렵다. 그러나 각 개별 아동은 능력과 요구가 다르고, 표현을 위한 모든 수단은 노래 부르기가 불가능하다는 것이 결정되기 전에 시도되어야 한다. 일반적으로 높은 강도, 지속적인 시간, 촉각을 통해 지각될 수 있는 진동을 만들어 내는 악기는 더욱 바람직하다. 그러나 보편성이 있고 각 아동의 몇몇 제한점뿐만 아니라 개개인의 장점이 고려되어야 한다.

2) 학 습

가장 많이 논의되는 이슈 중 하나는 교실에서 의사소통하는 방법이다. 학생들이 읽고 쓰는 기술을 가진 지식인이 되는 것이 목적이라면, 노래와 언어를 포함하는 토털 커뮤니케이션 접근법이 가장 적절할 수 있다. 그러나 이것은 흔히 ASL을 위해 유치원과 저학년에서 선행된다. ASL의 사용과 이해를 위해 지시 따르기, 질문에 대답하기, 문제해결하기, 사고 조직화하기, 추론하기는 토털 커뮤니케이션의 기초 기술이 된다(Bowan, Madsen, & Hilferty, 1985; Paul & Quigley, 1990).

많은 과제들이 음악치료 세션에 통합될 수 있다. 지시를 따르는 능력은 한 가지 지시에서 연속적인 지시를 따르는 것으로 확대될 수 있다. 집중, 정보 조직, 지시 보유/기억 등에 초점을 맞춘 의사소통 기술은 다양한 환경에서 훈련을 요구한다. 어린 아동을 위한 많은 노래와 게임은 질문에 답하는 것을 요구한다. 과제는 한 단어(신호) 반응부터 문장으로, 마침내 토의로 발전될 수 있다. 문제해결 기술은 음악에서 창조적인 활동의 형태가 될 수 있는데, 예를 들면 실제 음악 작곡에서 리듬악기를 위한 단순한 그림악보, 작곡 같은 것이 있다. 이것은 또한 연주의 결정 사항— 크게/부드럽게, 높게/낮게, 음색, 템포, 솔로/집단 등— 과 관계된다. 모든 음악 연주는 시간에 따라 진행되기 때문에 조직화가 요구된다. 조직화는 여러 수준— 앞에서 언급한 음악 요소뿐만 아니라 반복 진행, 구, 부분, 전체 곡 등— 에서 발생한다. 추론하기는 색색의 스카프, 깃발, 인형 등의 소품, 움직임, 반주 등을 추가할 때 사용될 수 있다.

ASL을 가지고 학습 경험을 시작한 이후, 토털 커뮤니케이션을 사용하는 학생들은 영어로 읽기와 쓰기를 배우기 시작하는데 이것은 자체적인 문법을 갖는다. 이것은 2차 언어를 학습하는 과제에도 해당되며 종종 이중 언어/이중 문화 접근이라고 불린다. Luckner(1996)는 좋은 글쓰기는 어렵지만 청각장애 아동이 21세기 삶이 요구하는 수준을 맞추기 위한 핵심이라고 주장하였다(p. 5). 음악치료에서 글쓰기는 음악 소리 효과로 확대된 작사 또는 이야기 쓰기로 이루어질 수 있다. 이것은 반복을 비롯한 연습과 함께 세련될 수 있다. 물론 치료사는 일관성 있는 교육 방법에 관심이 있는 아동의 학급 교사와 이 과제를 조정하여야 한다. 연구에 따르면, 농아동은 정상적으로 듣는 아동과 유사한 단계와 나이에 스토리텔링 기술이 발달되고, 관련된 이야기를 형성한다고 보고된다(Yoshinaga-Itano, Snyder, & Mayberry, 1996, p. 32). 음악치료 활동은 항상 나이에 적합해야 한다. 그러나 아동의 어휘가 제한된 경우는 이것이 쉽지 않을 수 있다. 이는 표현하는 단어와 생

각뿐만 아니라 이해 가능한 단어와 생각도 포함한다.

식자(literacy)는 사회문화적인 맥락 내에서 연습이 없다면 습득될 수 없다. 사회에서 사용되는 정보가 어떻게 기록되는가? 문화 내에서 전체 참여와 어떻게 연관되는가? 이것은 Street(1984)가 제안한 지식 모델의 이념과 관련된다. 다양한 사회적 맥락에서 식자의 성격은 연구자들에게 단지 한 가지 문화에서 개인의 경험을 기본으로 하는 것에 더 많은 주의를 기울여야 하는 이유가 되었다. 식자의 연구는 결론에 이르는 데 많은 이론과 방법들을 고려해야 한다(Street, 1993; Stroud, 1994).

식자는 의사소통과 마찬가지로 농아에게 매우 중요하다. 한 가지 예제는 전기통신장치를 사용하는 것인데, 여기서 의사소통은 모니터를 통한다. 이들은 말하는 이와의 눈 맞춤이 없기 때문에 Stroud(1994)는 'TTY (전신타자기)[3] 대화는 정교화된 논의를 준언어로 암호화하고 신호화된 유머, 풍자 등을 주고받는 것을 조직화하는 것으로 발전되어 왔다.' 고 주장한다(p. 211). 친구 또는 사업을 위해 교신하는 능력은 읽기와 쓰기 기술 모두가 요구된다. 우리 대부분은 메모를 참조하고, 일람표의 사용을 통해 조직화하고, 기억을 잊지 않도록 달력에 메모하는 것이 필요하다. 이러한 모든 과제는 일상적인 계획에 대처하도록 도와주며, 모두 읽고 쓸 줄 아는 능력을 요구한다. 물론 책, 신문 또는 자막이 있는 텔레비전을 통해 동일한 문화권에 속한 사람들이 정보를 공유할 것도 요구한다. 읽기 없이, 쓰기만으로는 인쇄가 가능한 이래로 수 세기 동안 공유되고 기록되어 온 위대한 생각에 접근할 수 없다.

학생들은 항상 가능한 한 독립적으로 되도록 기대되고 허용되어야 한다. 이것의 의미는 교실과 활동에서 완전히 참여할 수 있는 기회를 제공하는 것뿐만 아니라 스스로 결정하는 선택의 기회를 가능한 한 많이 허락하는 것이다. 이것은 심지어 농아동에게 이용 가능한 서비스를 위한 용어의 사용에서도 적용된다. '자료(resources)' 라는 용어는 서비스 제공자로부터 학생에게 책임감과 통제의 지각을 변화시키는 경향이 있다. 다시 말해 학생들은 자료를 사용하지만 그것은 지지

3) 역주　전신 인쇄기 형태의 키보드와 인쇄기로 구성되는 전자기계장치

와 함께 제공된다(Saur, 1992, p. 97). 물론 '지원 서비스'라는 용어가 사용된다. 자료실 또는 서비스는 자료 획득을 위해 다른 사람에게 의존하는 것보다 오히려 의사결정에서 학생들의 독립성과 관련이 있기 때문에 더욱 바람직할 수 있다.

많은 자료는 잠재적으로 농학생들에게 혜택을 줄 수 있다. 이 자료의 선택은 제한된 예산의 범위 내에서 합리적으로 이루어져야 한다. 각 학교 시스템은 이용 가능한 자료가 다르며, 게다가 사람들은 한 지역에서 다른 지역으로 이동할 수 있다.

따라서 아동의 필요를 알고, 가능할 때 언제든지 다른 것을 추가할 수 있는 기본적인 자료를 만드는 것 역시 필요하다. 아동이 교육적인 혜택을 통해 정상 성인과 지역사회에서 어울리고, 일하며, 살아갈 수 있는 독립적인 성인이 될 수 있도록 최소한 교실에서 수용적이고 표현적인 의사소통을 하기 위해 필요한 자료가 제공되어야 한다.

'해석(interpreting)'은 '음역(transliterating)'과는 달라야 한다. 해석의 의미는 구어를 농학생이 이해할 수 있는 형태로 바꾸는 것인데, 이것은 ASL, 미국식 수화 또는 독순술이 될 수 있다. 음역은 수화 통역사가 가능한 한 독순술을 참조하고 영어로 말하는 것에 더하여 미국식 수화(ASL을 기본으로 하는 신호이지만 영어 단어 순)를 사용할 때 이용된다. 1965년에 공인수화통역사협회(Registry of Interpreters for the Deaf: RID)가 창립됨으로써 통역사는 특정 훈련 프로그램과 기준을 가진 전문가가 되었다. 음악치료사가 수화 통역사로부터의 도움 없이 농학생들과 함께 하기 위해서는 그들을 위해 잘 훈련되어야 한다. 그들은 독립적으로 일하기 위해 적절한 기술을 가진 치료사 또는 교사를 위한 자격과정에 참여해야 한다. 수화는 음악치료사를 위한 일반적인 과목에서 요구되는 것은 아니다. 따라서 이러한 집단과 독립적으로 일하기 위해 추가적인 훈련이 있어야 한다.

음악치료사는 일반적으로 통합교실, 주류학급 또는 일반 학생과 농학생이 함께 있는 교실에서 농학생들과 일하게 된다. 그들은 전문인으로서 직접적인 서비스를 제공하거나 교실의 교사와 다른 사람에게 자문을 해 줄 수도 있다. 의사소통 체계의 형태는 다양하겠지만 항상 아동에게 최선의 발달을 촉진하기 위해 선택되어야 한다. Allen과 Karchmer(1990)는 다음과 같이 주장하였다.

> 자료는 손을 사용하지 않는 방법이 흔히 중증보다는 경한 청력 손실을 가지고 지적으로 말하는 학생을 통해 그리고 학생과 함께 통합된(주류화된) 환경에서 사용된다는 것을 보여 준다. 손으로 하는 의사소통은 심한 청력 손실을 가진 학생을 도와주는 통합되지 않은 프로그램에서 압도적으로 사용된다(p. 45).

또한 수화 통역사 외에 대필자(notetakers)가 필요할 수 있다. Saur(1992)는 "농아동은 일반적으로 공책 필기가 필요하지만, 수화 통역사를 보는 동안에는 거의 필기를 할 수 없다고 느낀다."(p. 112)라고 하였다. 이것은 과정을 이수하기 위해 필기된 자료를 보고 공부해야 하는 상급 학생들에게는 매우 중요하다. 심지어 대필자가 있어도 학생들은 가능한 수준에서 무엇이든 스스로 기록하도록 격려되어야 한다. 이것은 교실의 과제에 대한 집중을 유지하고, 생각을 조직화하는 과정이다. 동급생의 공책으로 공부하려는 학생은 또래 친구들의 기록 능력이 매우 뛰어나다는 것을 알 것이다. 대필자가 과목의 내용을 잘 알고 중요한 내용을 기록할 수 있고 확실하고 체계적으로 정리할 수 있다면, 그것은 바람직하다. 과정 중에 있는 학생은 이것을 할 수 없을 텐데, 특히 그들이 과정의 주요 개념을 학습하는 중이라면 더욱 그러할 것이다.

(1) 주류학급

교사와 치료사가 개별 지도교사 또는 수화 통역사와 의사소통하는 것보다 직접적으로 농학생과 접촉하는 것이 필수적이다. 시각적인 자료, 예를 들면 포스터, OHT, 개요 기록 또는 칠판에 중요한 개념을 기록하는 것은 교실에서의 의사소통을 보완할 수 있다.

교실의 음향 시설이 좋고 소리 증폭이 적절하면 잔존 청력이 있거나 보청기를 통해 혜택을 받을 수 있는 학생들에게 도움이 된다. 보청기는 모든 소리를 증폭하기 때문에 환경 소음을 가능한 한 줄여야 한다는 사실을 기억하는 것이 중요하다.

배치 결정은 청각 손실의 시작 연령, 청각장애의 정도(그리고 만약 알 수 있다면, 유형), 현재 듣기 능력, 관련 장애, 현재 능력(인지적, 신체적, 사회적, 정서적)의 평가 정보를 요구한다.

Bullis, Bull, Johnson과 Peters(1995)는 고등교육과 청각장애인의 고용, 정상인과 함께 거주하는 농집단을 비교하였다. 결과는 청각장애인의 약 60%는 중등교육 이후 교육을 받고 있었다. 고용에 관해서는 청각장애인이 현재 직업에서 단기로 일하는 경향이 있고, 보수가 낮으며, 더 많은 시간 동안 일한다는 것을 발견하였다. 또한 중등과정 이후 훈련을 마친 청각장애 청년은 정상 동료들만큼 고용에서 성공적일 수 있음을 발견하였다(Brown, 1987; DeCaro & Arenson, 1983; Welsh, 1986; Welsh & Palmer, 1982). 더 효과적인 프로그램이 중등교육 이후 교육을 수행하지 않을 학생들의 직업 준비를 위해 필요하지만, 이것이 농아동에게 특별한 것은 아니다. 고등학교는 중등교육 이후 교육의 계획과 상관없이 모든 학생들을 위한 직업적인 기술을 제공할 필요가 있다는 것이 인식되었다. 왜냐하면 많은 사람들이 계속할 수 없을 것이며, 심지어 대학에 다니는 동안 파트타임 고용을 위해 이러한 기술이 필요할 것이기 때문이다.

(2) 통 합

1970년대 이후의 추세는 일반 교실에서 농아동과 난청아동을 함께 교육하는 것이다(NICD, 1991). 이것은 일반 교사와 일반 교실에서 '통합된' 아동을 포함하고, 특수교육이나 자료로부터의 지지가 없거나 또는 거의 없는 것이다. 또한 일반 수업에 참석하는 특수교육 대상 아동이 언제라도 이러한 프로그램(주류화)의 혜택을 받을 수 있도록 하는 것을 포함한다. 1991~1992년에 Galludet 대학 연구소의 진단과 인구학적 연구센터(CADS)는 대다수의 청각장애 아동들은 지역 공립학교에서 일차적으로 그리고 이차적으로 특수교육 서비스를 받는다고 주장했다. 약 54%는 교실에서 정상 청력을 가진 아동과 통합되었다. 단, 2,600명의 아동만이 정규적인 교육 프로그램에 참여하였고, 44,543명은 파트타임 혹은 풀타임으로 특수교육을 받았다(Schildroth & Hotto, 1993).

3) 운 동

이 집단의 운동기술은 일반적인 집단의 아동들과 구별될 필요가 없다. 모든 아동들은 운동기술을 발달시키기 위한 움직임의 기회가 필요하다. 음악치료는 음악에 반응하면서 움직일 수 있는 많은 기회를 제공한다. 만약 아동이 음악을 들을 수 없다면, 손이나 발을 큰 드럼에 놓고서 박자를 치고 지각하고 기억할 때까지 박수 치는 것을 격려한다. 다음에 이것을 춤추고 모방하고 행진하는 등의 대근육 움직임으로 통합한다. 시각 신호는 멈추거나 동작을 바꾸기 위한 신호 시간이다. 방이 나무 바닥으로 되어 있다면, 신발을 벗고 바닥에 직접 리듬 패턴을 두드리거나 타악기에 반응하면서 진동이 전해지도록 한다. 큰 오르프 톤블록은 높고 낮음의 구별과 리듬 의사소통을 위한 좋은 방법이다. 아동은 악기를 연주하면서 반복할 수 있고, 리듬에 따라 움직일 수 있고, 결국 높고/낮은, 길고/짧은, 크고 /부드러운 신호에 따라 움직일 수 있다. 이것은 말하기의 악센트, 어법, 속도를 향상시키기 위해 언어치료사와 연합하여 사용될 수 있다.

음악활동은 또한 소근육 동작기술의 발달을 촉진할 수 있다. 예를 들어, 소리가 증폭된 오토하프 또는 기타를 채로 긁는 것은 소근육 기술을 요구하고, 잔존 청력과 접촉을 통해 지각될 수 있는 진동을 제공할 수 있다. 키보드는 일반적으로 소리의 즉각적인 감소로 듣기 어렵기 때문에 적절하지 않다. 그러나 오르간처럼 지속되는 음은 지각될 수 있고 소근육 기술 훈련에 유용할 것이다. 작은 타악기는 보통 소리가 충분히 크지 않지만, 헤드가 있는 악기(예, 드럼, 탬버린)는 한 손이 소리를 지각하기 위해 헤드를 가볍게 만지는 동안 다른 한 손이 리듬활동을 할 수 있다.

4) 정서/사회성

농아동은 분리된 문화(정상인을 포함하는 넓은 문화 내에 농아가 포함되기보다는 그들만의 문화를 따로 가짐)를 가지는 언어적 약자라는 철학적 입장을 가진 사람이라면, 그 문화 내에서 성공적으로 상호작용하기 위해 필요한 행동을 하는 데 사회기술이 제한된다. 그러나 공교육을 위한 기금은 「공법」 94-142와 「장애인교육법」(IDEA, 「공법」 101-476)이 통과된 후, 분리보다는 통합이나 주류화의 개념을 기본으로 한다.

> 몇몇 문화 변증자들은 농아에 대해 정상 청력을 지닌 사람들과 동일한 방법으로 사회화를 기대해서는 안 되고, 사회기술을 가르치기 위한 시도는 단순히 농아의 거부를 조장하는 것으로 보고, 소수의 지배적인 문화의 주장을 위한 장치를 제시할 것이다(Stoker, 1990, p. vii).

'Deaf Power Now'의 철학을 존중하고 완전히 인정하는 것은 음악치료에서 일반적으로 사용되는 철학은 아니다. 음악치료사는 일반적으로 학교, 농학생 혹은 청각장애 학생이 결국 지역사회에서 다른 사람들과 함께 일하고 생활하는 환경에서 일하게 된다. 사회기술은 의사소통 기술과 관련이 있는데, 성공적이며 독립적인 삶의 중요한 요인이다. 사실 연구 문헌은 사회적 수행이 성인의 삶에서 성공을 위한 가장 중요한 요소라고 제안한다(Schloss, 1984; Schloss & Smith, 1990).

사회기술은 수용적이며 표현적인 행동 모두의 양상을 띤다. 다른 사람의 사회적 신호에 반응하고 다른 사람으로부터 시작된 교류를 지속하는 것은 수용적 행동이다. 한편, 도움을 요청하고 관계를 먼저 시작하고 사회적 선택을 표현하는 것은 표현적인 사회 행동이다. 양쪽 기술 모두 배우고 연습해야 한다. 음악치료는 나이에 적절한 행동을 하고 사회적 상호작용 기술을 연습하기 위한 많은 기회를 구조화한다.

모든 학생들은 여러 가지 사회기술을 배우고, 다양한 상황에서 선택을 해야 한다. 예를 들어, 가족이나 친구와 교류하는 친밀한 방법은 교사 또는 다른 성인과의 관계에서는 적절하지 않을 수 있다. 친숙하고 믿음직한 사람들은 낯선 사람들과는 다른 범주다. 때문에 아동은 자신의 안전을 위해 낯선 사람에게 반응하는 다른 행동을 학습해야 한다. 또한 기대되는 것은 나이에 따라 다르다. 학교를 떠나 지역사회로의 삶을 준비하는 학생은 이전보다 더 많은 독립성이 기대된다.

Blum(1985), Borden(1985) 그리고 Zindler(1990)의 연구는 Smith(1990)의 연구에서 인용되어 사용되었는데, 다양한 상황에서 청각장애 학생들의 성공적인 참여를 보장하기 위한 사회기술 훈련 프로그램에서 통합을 위한 기술을 확인하고 타당화하였다. 학생들의 나이, 역할, 상호작용하는 상대, 사회 환경, 기술 수준을 고려하는 한편, 사회적 상호작용의 4가지 기본적인 전제는 칭찬하기, 비평하기, 질문하기, 가벼운 대화에 참여하기다. 성공적인 사회기술의 발달을 위한 잠재성은 정상 청력을 가진 사람의 그것과 다르지 않다. 모두 긍정적인 사회 행동의 발달을 위해 발달적으로 적절한 사회 경험을 필요로 한다. 신중하게 구조화된 학습 환경에서 청각장애인을 위한 사회적 발달의 역할은 비장애인의 그것과 유사할 것이다(Schloss & Smith, 1990, p. 4). 집단 음악치료에 참여하는 것은 사회적 발달을 위해 Schloss가 권장한 몇 가지 요소—집단에서 타인의 신호에 반응하는 사회 행동, 적절한 행동의 강화, 긍정적 사회 역할 모델의 모방—를 제공할 수 있다. 이것은 사회적 '규칙'에 대한 설명이 동반되어야 한다. 가까운 친구나 가족과의 적절한 사회 행동은 낯선 사람 또는 권위자에게는 부적절할 수 있으므로 이에 대한 논의가 요구되고, 모델링에 추가된다. 이러한 개념이 유지되고 사용되기 위해서는 사회적 행동을 연습할 수 있는 더 많은 기회가 필요하다.

부모나 다른 보호자와 교류하고 어린 아동들과 의사소통하는 청각장애 아동은 사회적 발달에 많은 영향을 받는다. 보호자가 의사소통을 위한 선택적 수단이 필요하다고 인정하고 기꺼이 참여하면, 사회적 발달에서 거의 지체가 없다. 사회적 성숙을 구성하는 사회기술은 자조, 자기 지시, 의사소통, 정서적 성숙, 사회적 적응, 사회적 관계를 포함한다. 손상이 있는 청각장애 개인을 위한 검사로 오랫동안 사용된 바인랜드 사회성숙 척도(Vineland Social Maturity Scale: VSMS)(Doll, 1965)는 영어를 기준으로 반응하도록 되어 있다. 이러한 이유로 결과의 타당성과 신뢰성에서 의문이 제기된다. 또 한 가지 널리 사용되는 것은 Meadow와 Kendall의 사회적 정서적 진단검사(Social Emotional Assessment Inventory: SEAI)다(Meadow, Karchmer, Peterson, & Rudner, 1980). Greenberg(1980, 1983)의 연구는 Alpern과 Boll의 발달 파일(1972)을 사용하였는데, 동일한 연령의 취학 전

청각장애 아동과 정상 청력을 가진 아동 사이에 사회기술의 발달적인 차이가 없다고 보고하였다. 차이를 결정하는 요소는 생애 처음 몇 년 동안 보호자와의 의사소통의 질에 있는 것으로 보인다.

Toranzo(1996)는 만족스러운 사회적 상호작용에 대한 본질적인 기술로서 공감에 대한 연구를 하였다. 그녀는 공감을 '자신을 다른 사람의 신발에 두는 능력'으로 정의하였다. 그녀는 8~9세의 농아동 8명을 대상으로 연구한 결과, "아동은 교실 활동, 프로젝트, 사회적 상호작용과 관점을 강조하는 토의를 통해 공감을 배울 수 있다." (p. 121)라고 하였다. 이러한 활동은 아동이 음악 이야기에서 여러 가지 역할을 하거나 음악치료를 통해 가능하다. '솔로 연주자'가 되고 '반주자' '별' 그리고 '관객'이 되어 보는 것, 주고받기, 음악을 만들기 위해 타인과 협력하는 것은 공감과 사회적 인식을 증진시킬 수 있다.

매우 정서적이고 사회적인 맥락에서 어머니와의 대화를 통해 아동이 자연스럽게 언어를 배우는 것처럼 교사(그리고 치료사)는 이러한 과정을 반복할 수 있는 교실 상황을 만들 필요가 있다(Vernon & Andrews, 1990, p. 241). 편안하고 지지적인 환경에서 언어 이상의 많은 것이 학습되기 때문이다. 이는 주고받기, 다른 사람의 차례를 방해하지 않고 기다리기, 감사 표현하기, 바람직한 칭찬을 인정하기뿐만 아니라 타인에게 관심 갖기 등을 포함한다. 모든 아동은 공격성의 표현 또는 수줍음 없이 다른 사람과 교류하는 방법을 배워야 한다. 아동이 자기중심적인 존재에서 교실, 집, 이웃, 지역사회의 집단 구성원으로 살아가기 위해서는 친절과 배려가 모델이 되어야 하며 여러 번 논의되어야 한다.

음악치료는 사회 경험을 위한 기회를 제공할 수 있다. 심지어 음악은 일반적으로 듣기를 요구하는데, 조직자에 따라 리드미컬한 진동으로 많은 활동을 즐길 수 있다. 인정하고 격려하는 환경에서 다른 사람과 교류하는 긍정적인 경험은 파괴적인 사회 태도를 예방할 수 있다. Vernon과 Andrews(1990)는 농아들은 정상 청력을 가진 사람들이 자신들을 이용할 것이라는 두려움을 가지고 있다고 하였다. 이것은 아동기에 시작되고 학교, 직장, 지역사회의 일원으로 기능하는 데 불공정한 활동으로 경험하게 된다. 사람들이 불공정하게 취급되고 오해받았을 때 사회적

으로 고립되는 것은 일반적인 결과다. 사회적 고립은 청각장애인이 종종 경험하는 많은 정서적인 어려움과 관련되며, 특히 의사소통 기술의 부족 또는 의사소통 기술을 공유할 수 있는 정상 청력을 가진 친구나 농아 친구가 부족할 경우 더욱 그렇다.

농아는 특별한 성격을 가지거나 DSM-IV에 설명된 정신과적 장애가 있을 수도 있다. 게다가 농의 원인이 기질적인 두뇌장애와 관련이 있을 수도 있다. Vernon과 Andrews(1990)는 다음과 같이 주장한다.

> 아동기 농의 주된 원인은 또한 두뇌 손상의 주된 원인이 된다. 예를 들면, 뇌막염, 저체중 출산, 유전적인 증상, RH 요인의 합병증, 태아 홍역, 성적으로 전달되는 질병 등이다. 따라서 만연적인 정신장애와 신경증적 대뇌의 증상이 정상 청력을 가진 사람들보다 농인들 사이에서 더 많이 나타난다. 그중 자폐가 하나의 예다(p. 174).

(1) 자기정체성

Harris(1995)는 가족의 몇몇 일원이 농아이고 역할을 제공할 때의 농아동에 대해 정체성과 모든 가족이 정상 청력을 가진 가족의 아동을 비교하여 연구하였다. 그녀는 부정적인 용어(손실, 수치, 결함 등)로 청력 손실을 보는 관점이 아동의 정체성에 내면화된다는 것을 발견하였다. 아동이 농아라는 정체성을 확립하기 위해 역할 모델과 ASL을 사용하는 의미 있는 의사소통이 다른 농아들과의 조기 경험을 통해 촉진되어야 한다.

Harris(1995)는 또한 농아동과의 인터뷰를 통해 농에 대한 가족의 관점은 흔히 '유감'을 포함한다는 것을 발견하였다. 이것은 전문가와 특수교사 또는 학교를 위해 많은 돈을 소비해야 하는 것, 농아동이 정상 청력을 가진 형제자매만큼의 성취를 할 수 없다는 가족의 느낌, 농은 어머니 또는 아동의 질병으로부터 기인될 수도 있다는 많은 요소와 관련된다. '이러한 일이 우리에게 일어나다니 얼마나 수치스러운가' 라는 태도는 낮은 자아개념과 죄의식을 야기할 수도 있다. 이것은 종종 성취에 대한 기대의 부족과 관련되며, 학교에서는 이들을 더 낮은 수준으로 평가하려고 한다. 농아의 대부분은 적절한 의사소통 기술을 가지면 성취할 수 있다. 또한 가족과 교사로부터 인정과 격려를 받고 사랑을 느껴야 한다. 모든 아동들에게는 성취가 기대되고, 그들이 한 일에 대한 보상을 받을 수 있는 자연스러운 환경이 필요하다.

몇몇 연구자들은 농아 부모 또는 ASL에 능숙한 정상 청력을 가진 부모에게서 양육된 농아동은 사회적 발달에 지체를 보이지 않는다고 주장한다(Luetke-Stahlman, 1991; Meadow, Greenberg, Erting, & Carmichael, 1981; Spencer, Deyo, & Grindstaff, 1990).

Greenberg와 Kusche(1993)는 학령기 농아동의 사회적 · 정서적 발달을 촉진하기 위한 연구를 기본으로 하는 과목을 개발하였다. 이 과정은 새로운 사고방식의 추진(promoting alternative thinking strategies: PATHS)이라고 불리며, 세 영역 — 자기통제, 정서적 이해, 사회적 문제해결 — 을 포함한다. 이 프로젝트에 참여하는 아동은 모든 것이 갖추어진 교실에서 학습하고 토털 커뮤니케이션을 사용한다(수화와 말하기 의사소통 체계의 동시 사용). 연구자는 관찰과 문헌 조사를 통해 농아동이 정상 청력의 아동보다 행동 문제가 상당히 높게 나타난다고 주장하였다. 이러한 형태의 문제는 정신과적 행동보다는 의사소통의 어려움이나 고립과 관련된다. 사회적 · 인지적 행동에서 부분적인 발달적 어려움은 낮은 자아존중감, 충동조절의 결여, 공감의 부족, 얼굴 표정의 부적절한 해석에서 기인한다. 그들이 말하는 특별한 영역은 '사회인지적인 발달은 정서적 이해, 역할 바꾸기, 공감, 사회적 문제해결, 귀인과정, 이해의 평가, 통제의 중심을 포함하는' (pp. 9-10) 것이다.

음악치료는 Greenberg와 Kusche가 제안한 영역의 많은 부분을 처리할 수 있다. 아동은 음악활동의 참여를 통해 자아존중감을 증진시킬 수 있다. 아동이 음악과 활동의 구조에 따라 지시된 수행을 할 때, 성공에 대한 인정이 강화될 것이다. 우리 모두는 다른 사람과 교류하고 수행함으로써 동료를 포함한 의미 있는 다른 사람의 반응을 통해 성공을 평가하는 것을 배운다. 성공이 확실하고 칭찬을 받을 때, 우리는 긍정적인 결과를 야기하는 행동을 반복하는 경향이 있다. 바람직하지

않은 결과를 야기하는 수행과 교류 또는 반응이 없는 것은 반복되기 쉽지 않다. 따라서 우리는 일반적으로 다른 사람과 관련하여 긍정적인 것을 야기하는 행동의 레퍼토리를 얻는데, 이것은 긍정적인 자아상에 반영되거나 자아존중감을 증가시킨다. 새로운 노래를 가르치고 음악에 참여하는 새로운 방법 또는 새로운 기술을 배우는 것은 이미 습득된 기술의 반복이 동반되므로, 학습된 기술을 사용하고 긍정적인 강화를 받는 기회가 있다. 새로운 재료는 작은 부분으로 세분화되어 빠르고 쉽게 습득될 수 있도록 연속적인 단계가 되어야 한다. 새로운 기술의 너무 많은 소개는 실패와 좌절을 야기할 수 있다. 다른 사람과 수행하기 위해 아동을 돕는 것은 고립감을 덜 느끼게 하고, 결국 혼자 노는 것에서 안정감을 찾기보다 다른 사람과 교류하는 것을 선택할 것이다.

음악치료는 또한 아동이 참여하기 위해 자신의 순서를 기다리고, 다른 사람과 관심의 초점을 공유하고, 다른 사람이 연주하지 않는 동안 자신의 부분을 연주함으로써 충동 조절을 증진시킬 수 있다. 악기의 사용은 이러한 훈련과 통제를 학습하기 위한 좋은 방법이다. 발달적으로 지체된 아동은 더 충동적이며 자기중심적인 행동을 보이기 쉽다. 아동이 생각하고 행동하기 전에 문장을 만드는 것을 도와주고, 다음에 이전 경험의 관점에서 덜 충동적인 행동을 하도록 한다. 아동은 또한 타인의 기여를 고려해야 한다는 것을 기억할 필요가 있다. 한 사람이 솔로와 반주 사이에 대조를 이루며 연주하는 것을 들을 때 이러한 고려는 매우 자연스러운 것이다. 아동은 음악 소리를 더 좋게 하기 위해 자신의 연주를 변형할 것이다.

또한 동료를 따르는 경험뿐만 아니라 리더가 되도록 하는 것은 아동이 통솔력을 기르도록 도와준다. 개인의 통제는 이후에 집단을 통제하는 것으로 만족을 느낄 수 있도록 일반화될 수 있다. 그러나 이것을 성취하기 위해서는 많은 시간과 경험이 필요하다. 교사, 부모, 치료사로부터의 느낌, 자기통제에 대한 느낌의 전이, 즉 내면화하기 위해서는 연속적 경험과 오랜 시간을 요구한다. 이것은 정상 청력을 가진 아동과 청소년에게도 적용되지만, 연구는 통제력을 내면화하기 위해서는 농아동에게 더 많은 시간이 필요함을 나타냈다.

음악은 감정 표현의 수단일 뿐만 아니라 다른 사람의 정서를 더 잘 이해할 수 있도록 돕는다. 다양한 얼굴 표정의 큰 그림과 그것과 일치되는 음악 표현을 사용하는 것은 타인의 얼굴 표정에 대해 더 잘 지각할 수 있게 해 준다. 바람직한 사회적 적응은 얼굴 표정, 동작, 신체언어를 통해 지각되는 것으로 다른 사람의 감정을 인식하고 반응하는 능력을 요구한다. 아동들은 얼굴 표정과 신체언어로 관찰된 표현을 모방하는 것을 좋아한다. 분명히 조기 훈련에서 동일한 정서의 미묘한 뉘앙스보다는 다른 표현을 사용해야 한다. 이러한 기술이 언어의 폭넓은 사용 없이 연습될 수 있다는 사실은 그나마 도움이 된다. 음악은 표현을 위한 비언어적 수단으로 참여자들에게 언어적 표현이 요구될 때 어려움 없이 참여할 수 있도록 한다.

많은 농아동은 발달적으로 미성숙하다. Greenberg와 Kusche(1993)는 미성숙을 '불완전함, 지체 또는 발달의 퇴행……. 이것은 2가지 요소—부족한 사회적 이해와 낮은 자아개념—를 갖는다.' (p. 20)고 정의했다. 음악치료의 경험은 성인과 아동의 교류뿐만 아니라 동료와의 교류 등 사회적 기대를 이해하는 데 도움이 되는 안정적이고 지속적인 기회를 제공한다. 성공적인 사회적 교류는 긍정적인 자기애와 많은 관련이 있다.

(2) 심리적 적응

Vernon과 Andrews(1990)는 농아동 간의 심리적 적응에 대한 문헌을 검토하였다. 부적응에 대한 기준과 방법상의 차이 때문에 비교가 어렵지만, 연구에서는 농아동의 8~22%가 일반적인 아동의 2~10%에 비해 약간 더 많은 부적응 행동을 보이는 것으로 나타났다(Meadow, 1980, p. 147). 기질적 요인과 의사소통의 어려움으로 생기는 고립은 이러한 높은 유병률과 관련이 있다.

농아동의 심리적인 문제를 다루기 위한 서비스는 이들과 의사소통할 수 있는 전문가의 훈련 부족으로 부적절했다. 따라서 다양한 치료사뿐만 아니라 상담가, 학교심리학자, 정신과 의사, 부모를 위한 지지적인 서비스가 요구된다. 그러나 이러한 전문가들 가운데는 ASL에 익숙한 사람이 거의 없거나 또는 이러한 특별한 집단과 일할 수 있는 특정 훈련을 받은 사람이 드물다. 지난 몇 년 동안 몇몇 음악

치료 전공 학생은 ASL을 배웠지만, 음악치료사가 고용되는 많은 직업에서는 필요가 없기 때문에 단 몇 명만이 특별 훈련을 받았다. 다양한 집단과의 노래 부르기 효과가 더욱 분명해짐에 따라 아마도 더 많은 치료사들이 ASL의 사용을 위해 훈련을 받거나 농아동과 지지적인 서비스에 대한 혜택을 받는 부모들에게 정신과적 서비스를 제공할 것이다. Vernon과 Andrews(1990)는 농아 43,000명의 단 2%만이 필요한 서비스를 받는데, 이는 부분적으로는 13개 주에만 적절한 정신과 병원 프로그램이 있기 때문이라고 지적했다(p. 151). 농아는 흔히 정신과 치료를 위한 허가가 거부된다. 왜냐하면 이러한 집단과 일할 수 있도록 훈련된 병원 직원이 부족하기 때문이다. 다른 선택은 일반 정신과 병원 치료인데, 여기서는 단지 보호만을 기대할 수 있으므로, 그들은 더 큰 고립감을 느끼게 된다. 또한 지역사회 정신건강 시설은 농아를 위한 프로그램이 부족하다.

농아는 정상 청력을 가진 사람에게 발생할 수 있는 동일한 정신과적 질병에 걸리기 쉽다. 더욱이 그들의 능력을 이해하지 못하고 단지 결핍으로만 보는 세상에 대처하기 위한 시도에 따라 발생하는 추가적인 심리적인 문제가 부가될 것이다. 심리적 문제는 필연적인 것이 아니며, 적절한 의사소통 훈련과 사회적 교류 경험이 있는 아동은 정상 청력을 가진 아동과 비교해 취약하지 않다.

5) 조직화

아동이 환경에 대해 방향성을 가지는 방법은 그의 감각 지각에 의존한다. 소리가 들리지 않거나 왜곡되어 들리면, 소리가 일반적으로 제공하는 환경적인 신호는 이용될 수 없다. 이것은 아동이 특히 시각, 촉각과 같은 다른 감각 신호를 통해 세상과의 관계를 형성해야 한다는 것을 의미한다. 또한 각 개인이 환경의 다른 부분에서 분리됨으로써 확인되는 감각과 관련이 있다.

우리는 세상에 대한 우리의 관계와 인지적 패턴을 정교화함으로써 관계를 인식한다. 이는 의미 있는 다른 사람의 목소리에 반응하고 다양한 소리를 통해 표현되는 메시지에 대한 민감성을 포함한다. 어머니가 자녀에게 "엄마는 너를 사랑해."

또는 "엄마가 너에게 지시하지 않은 것은 하면 안 돼!"라고 말할 때, 아동은 각 개별 단어의 의미 이전에 말하는 패턴, 음색, 강도, 주파수, 리듬에 반응한다. 즉, 소리가 언어로 조직되기 전에 감정(확신, 두려움, 분노 등)에 반응하고 의미를 식별하는 것이 가능하다. 그러나 듣지 못하는 아동은 다른 입력 방식을 통해 이러한 인지 패턴을 형성할 수 없다. 동작, 얼굴 표정, 접촉은 인지 패턴의 발달을 위해 필요한 자극을 제공하는 중요한 감각 신호다.

음악은 진동의 근원으로 이러한 조직화의 요소를 전달할 수 있다. 진동이 시작할 때 움직임을 시작하고, 진동이 멈출 때 움직임을 멈추는 것을 학습하는 것은 소리의 근원에 대한 일차적 사용의 예다. 리듬, 패턴에서 움직이는 것은 다른 사람과 함께 움직이는 것보다 더 이후에 발달하지만, 집단에서 다른 사람과 관련되어 환경적 신호와의 관계를 통해 자신을 조직화하는 것은 또 다른 형식이다.

아동에게 잔존 청력이 있다면, 음악 소리의 복잡성은 소리의 높고/낮음, 빠르고/느림, 크고/부드러움으로 조직화하는 것을 가르치기 위해 사용될 수 있다. 이것은 의미 있는 신호의 운반자로서 소리의 조기 인식이 아동에게 새로운 방법으로 환경을 조직하는 것을 도와준다.

음악치료에서 이것의 의미는 의사소통, 학습 준비, 운동적 · 사회적 표현, 현실적 검토의 기회와 정서적 지지를 제공하는 것이 중요한 고려 사항이라는 것이다. 리듬이 조직되기 때문에 타인에 대한 행동이 예측되고, 이것은 아동이 할 수 있는 것뿐만 아니라 기능을 향상시키는 훌륭한 기회가 된다. 또한 이러한 집단과 일하기를 원하는 음악치료사는 ASL에 능숙해야 한다.

9. 규 정

1973년 미국 「재활법」은 기본적으로 장애의 차별을 금지하고 있지만, 의사소통 장애를 가진 사람은 그 이행 대상에서 소외된다. 초점의 대부분은 신체적인 동작이며 이슈에 접근한다. 1990년 「미국장애인법(ADA)」이 통과되었다. 이는 미국 「재활법」과 밀접한 관련이 있지만, 의사소통에 문제를 가진 사람 역시 삶에 있어서 성공을 위한 모든 기회를 제공받아야 한다는 것을 더욱더 명확히 하였다. 현재 규정은 ADA와 IDEA, 미국 「재활법」을 포함하여 어떤 형태의 장애를 가진 사람에게도 동등한 기회와 완전한 접근을 제공한다. 청각 손실 또는 의사소통 문제가 있는 사람은 미국 사회의 모든 영역에서 참여를 위한 기회가 거부당하면 안 된다. 농아의 필요를 촉진하기 위한 지지적인 기술과 서비스 역시 제공되어야 한다. ADA 규정의 시행을 위한 법률이 1992년 효과를 발휘하였는데, 농인의 직업 지원 방법에 영향을 미쳤으며 현재 고용된 사람들을 다루었다. 합리적인 적응은 환경적인 고려를 포함하여 직업 인터뷰와 직업 수행, 과업 수행에서의 변형, 작업장에서의 필요한 의사소통이 요구된다. 그러한 적응은 의사소통을 위한 서비스와 장비의 제공, 잡음 감소, 시각 신호 장치를 포함한다. 요구 사항은 작업 환경을 넘어서 소비자 서비스를 제공하는 장소까지 확대되는데, 이것은 의사소통 장치, 극장, 음악회장, 법정을 포함한다. 모든 공공장소와 정부의 사무실은 그들의 서비스에 청각장애를 포함한 모든 사람들이 접근할 수 있도록 해야 한다. 미국 「재활법」에서 강조하는 많은 것들은 신체적 장벽의 해소였다. ADA는 이 개념을 의사소통 장벽을 포함하는 것으로 확대한다. ADA 규정의 다섯 영역은 I장: 고용, II장: 주와 지방정부 서비스, III장: 공공 숙박시설과 상업시설, IV장: 전기통신, V장: 기타 조항이다.

청각장애와 농아동을 위한 서비스는 향상되었다. 대중은 다양한 의사소통 환경에서 수화 사용의 필요를 이해하고 인정한다. 이에 따른 소득이 있었다. 하지만 많은 농아동은 그들이 생산력을 가진 성인으로 성장할 수 있도록 도울 수 있는 특별한 프로그램이 필요하다. 음악치료 서비스는 확실히 이러한 집단을 위해 서비스를 제공할 수 있는 중요한 기회다.

참고문헌

Ahlgren, I. (1994). Sign language as the first language. In I. Ahlgren & K. Hyltenstam (Eds.), *Bilingualism in deaf education* (pp. 55-60). Hamburg, Germany: Signum.

Allen, T. E., & Karchmer, M. A. (1990). Communication in classrooms for deaf students: Student, teacher, and program characteristics. In H. Bronstein (Ed.), *Manual communication: Implications for education* (pp. 43-66). Washington, DC: Gallaudet University Press.

Alpern, G., & Boll, T. (1972). *The development profile.* Indianapolis, IN: Psychological Development Publications.

American Psychiatric Association. (1994). *Diagnostic and statistical manual of mental disorders* (4th ed.). Washington, DC: Author.

Anderson, Y. (1994). Deaf people as a linguistic minority. In I. Ahlgren & K. Hyltenstam (Eds.), *Bilingualism in deaf education* (pp. 9-13). Hamburg, Germany: Signum.

Anthony, D. (1966). *Seeing essential English.* Unpublished master's thesis, Eastern Michigan University, Ypsilanti, MI.

Arnold, J. E. (1996). The ear. In R. E. Behrman, R. M. Lkiegman, & A. M. Arvin (Eds.), *Nelson textbook of pediatrics* (pp. 1804-1826). Philadelphia: W. B. Saunders.

Bergman, B. (1994). Signed languages. In I. Ahlgren & Hyltenstam (Eds.), *Bilingualism in deaf education* (pp. 15-30). Hamburg, Germany: Signum.

Berliner, K. I., & Eisenberg, L. S. (1985). Methods and issues in the cochlear implantation of children: An overview. *Ear and Hearing, 6* (Suppl.), 65-135.

Bluestone, C. D., & Klein, J. O. (1996). Intratemporal complications and sequelae of otitis media. In C. D. Bluestone, S. E. Stool, & M. A. Kenna (Eds.), *Pediatric Otolaryngology* (Vol. 1)(3rd ed.) (pp. 583-635). Philadelphia: W. B. Saunders.

Blum, L. (1985). *A survey of social skills in the work-place.* Unpublished honor's thesis, State College, PA: The Pennsylvania State University.

Boothroyd, A. (1982). Profound deafness. In R. Tyler (Ed.), *Cochlear implants* (pp. 1-34).

San Diego, CA: Singular.

Boothroyd, A. (1995). Speech perception tests and hearing-impaired children. In G. Plant & K. E. Spens (Eds.), *Profound deafness and speech communication* (pp. 345-371). London: Whurr Publishers, Ltd.

Borden, S. (1985). *Community referenced social skills.* Unpublished honor's thesis, State College, PA: The Pennsylvania State University.

Bornstein, H. (1990). A manual communication overview. In H. Bornstein (Ed.), *Manual communication: Implications for education* (pp. 21-44). Washington, DC: Gallaudet University Press.

Bornstein, H., Saulnier, K. L., & Hamilton, L. B. (1983). *The comprehensive signed English dictionary.* Washington, DC: Gallaudet College Press.

Bowen, J., Madsen, H., & Hilferty, A. (1985). *TESOL: Techniques and procedures.* Rawley, MA: Newbury House.

Brown, S. (1987). Predictors of income variance among a group of deaf former college students. *Journal of Rehabilitation of the Deaf, 20*(4), 20-29.

Bryer, J. T. (1999). *The myth of the first three years.* New York: Free Press.

Bullis, M., Bull, B., Johnson, B., & Peters, D. (1995). The school-to-community transition experiences of hearing young adults and young adults who are deaf. *The Journal of Special Education, 28,* 405-423.

Chole, R. A. (1993). Chronic otitis media, mastoiditis, and petrositis. In C. W. Cummings & L. A. Harker (Eds.), *Otolarngology-head and neck surgery* (2nd ed.) (pp. 2823-2839). St. Louis, MO: Mosby Year Book.

Christensen, K. M., & Luckner, J. (1995). Teacher preparation in the 21st century: Meeting diverse needs. *Journal of Childhood Communication Disorders, 17,* 27-31.

Clark, G. M. (1995). Cochlear implants: Historical perspectives. In G. Plant & K. E. Spens (Eds.), *Profound deafness and speech communication* (pp. 165-218). London: Whurr Publishers, Ltd.

Costello, E. (1995). *Signing: How to speak with your hands* (Revised ed.). New York: Bantum Books.

Cotton, R. T. (1996). The ear, nose, oropharynx, and larynx. In A. M. Rudolph (Ed.),

J. I. E. Hoffman, & C. D. Rudolph (Co-Eds.), *Rudolph's pediatrics* (pp. 939-976). Stanford, CT: Appleton & Lange.

Craig, H. B. (1992). Parent-infant education in schools for deaf children before and after PL 99-457. *American Annals of the Deaf, 137,* 67-78.

Daniels, M. (1997). *Benedictine roots in the development of deaf education: Listening with the heart.* Westport, CT: Bergin & Garvey.

Davis, G. L. (1979). Congenital cytomegalovirus and hearing loss: Clinical and experimental observations. *Laryngoscope, 89,* 1681-1688.

Davis, J. (1974). Performance of young hearing-impaired children on a test of basic concepts. *Journal of Speech and Hearing Research, 17,* 342-351.

Davis, J. M., Elfenbein, J., Schum, R., & Bentler, R. A. (1986). Effects of mild and moderate hearing impairments on language, educational and psychosocial behavior of children. *Journal of Speech and Hearing Disorders, 51,* 53-62.

Davis, L. E. (1993). Infections of the labyrinth. In C. W. Cummings & L. A. Harker (Eds.), *Otolaryngology-head and neck surgery* (2nd ed.) (pp. 2795-2807). St. Louis, MO: Mosby Year Book.

Davis, L. E., Johnson, L. G., & Kornfeld, M. (1981). Cytomegalovirus labyrinthitis in an infant: Morphological, virological and immunofluorescent studies. *Journal of Neuro-pathological Experimental Neurology, 40,* 9-19.

DeCaro, J., & Arenson, A. (1983). Career assessment and advisement of the technical college student. In D. Watson, G. Anderson, P. Marut, S. Quellette, & N. Ford (Eds.), *Vocational evaluation of hearing-impaired persons: Research and practice* (pp. 77-92). Little Rock, AR: Rehabilitation Research and Training Center on Deafness and Hearing Impairment.

Djourrno, A., & Eyries, C. (1957). Prosthese auditive par excitation electrique a sistance du nerf sensoriel a l'aide d'un lpobinage inclus a demeure. *Press Med, 35,* 14-17.

Dolitsky, J. N. (1996). Otalgia. In C. D. Bluestone, S. E. Stool, & M. A. Kenna (Eds.), *Pediatric Otolaryngology* (Vol. 1)(3rd ed.) (pp. 235-241). Philadelphia: W. B. Saunders.

Doll, E. (1965). *Vineland social maturity scale: A condensed manual of directions.*

Circle Pines, MN: American Guidance Service.

Evenberg, G. (1957). Deafness following mumps. *Acta Otology, 48,* 397-403.

Flexer, C. (1994). *Facilitating hearing and listening in young children.* San Diego, CA: Singular.

Gannon, J. R. (1981). *Deaf heritage: A narrative history of deaf America.* Silver Spring, MD: National Association of the Deaf.

Garetz, S. L., & Schacht, J. (1996). Ototoxicity: Of mice and men. In T. R. Vand de Water, A. M. Popper, & R. R. Fay (Eds.), *Clinical aspects of hearing* (pp. 116-154). New York: Springer Verlog: New York.

Gates, G. A. (1993). Actue otitis media and otitis media with effusion. In C. W. Cummings & L. A. Harker (Eds.), *Otolaryngology-head and neck surgery* (2nd ed.) (pp. 2808-2822). St. Louis, MO: Mosby Year Book.

Gentile, A. (1972). Academic achievement test results of a national testing program for hearing impaired students: 1971. *Annual survey of hearing impaired children and youth* (Series D, No. 9). Washington, DC: Gallaudet College Office of Demographic Studies.

Gravel, J. S., & Ruben, R. J. (1996). Auditory deprivation and its consequences: From animal models to humans. In T. R. Van de Water, A. N. Popper, & R. R. Fay (Eds.), *Clinical aspects of hearing* (pp. 86-115). New York: Springer Verlag New York.

Greenberg, M. (1980). Social interaction between deaf preschoolers and their mothers: The effects of communication method and communication competence. *Developmental Psychology, 16,* 465-474.

Greenberg, M. (1983). Family stress and child competence: The effects of early intervention for families with deaf infants. *American Annals of the Deaf, 128,* 407-417.

Greenberg, M. T., & Kusche, C. A. (1993). *Promoting social and emotional development in deaf children: The PATHS project.* Seattle, WA: University of Washington Press.

Gustason, G. (1990). Signing exact English. In H. Bornstein (Ed.), *Manual com-*

munication: Implications for education (pp. 108-127). Washington, DC: Gallaudet University Press.

Gustason, G., Pfetzing, D., & Zawolkow, E. (1972). *Signing exact English.* Los Alamitos, CA: Modern Signs Press.

Hafer, J. (1997). Foreword. In M. Daniels (Ed.), *Benedictine roots in the development of deaf education: Listening with the heart.* Westport, CT: Bergin & Garvey.

Hafer, J. C., & Wilson, R. M. (1996). *Come sign with us* (2nd ed.). Washington, DC: Gallaudet University Press.

Harris, J. (1995). *The cultural meaning of deafness.* Brookfield, VT: Ashgate.

House, W. F. (1976). Cochlear implants. *Annals of Otology, Rhinology and Laryngology, 85* (Supplement 17, Part 3, No. 2), 3-93.

Israel, J., Cunningham, M., Thumann, H., & Arnos, K. S. (1992). Genetic Counseling for deaf adults: Communication/language and cultural considerations. *Journal of Genetic Counseling, 1,* 135-153.

Jackler, R. K. (1993). Congenital malformations of the inner ear. In C. W. Cummings & L. A. Harker (Eds.), *Otolaryngology-head and neck surgery* (2nd ed.) (pp. 2756-2771). St. Louis, MO: Mosby Year Book.

Jacobs, L. M. (1989). *A deaf adult speaks out* (3rd ed.). Washington, DC: Gallaudet University Press.

John, A. F., & Hawke, M. (1993). Infections of the external ear. In C. W. Cummings & L. A. Harker (Eds.), *Otolaryngology-head and neck surgery* (2nd ed.) (pp. 2787-2794). St. Louis, MO: Mosby Year Book.

Kagan, H. (1998). *Three seductive ideas.* Cambridge, MA: Harvard University Press.

Kaplan, J. (1996). Technology for aural rehabilitation. In M. J. Moseley & S. J. Bally (Eds.), *Communication therapy* (pp. 149-191). Washington, DC: Gallaudet University Press.

Konigsmark, B. W., & Gorlin, R. J. (1976). *Genetic and metabolic deafness.* Philadelphia: W. B. Saunders.

Labarta de Chaves, T., & Soler, J. L. (1974). Pedro Ponce deo Leon, first teacher of the deaf. *Sign Language Studies, 5.*

Luckner, J. L. (1996). Written-language assessment and intervention: Links to literacy. *The Volta Review, 98*(1) (monograph), v-vi.

Luetke-Stahlman, B. (1991). Hearing impaired students in integrate child care. *Perspectives, 9*(1), 8-11.

Luetke-Stahlman, B. (1994). Procedures for socially integrating preschoolers who are hearing, deaf, and hard-of-hearing. *Topics in Early Childhood Special Education, 14,* 472-485.

Meadow, K. P. (1980). *Deafness and child development.* Berkeley, CA: University of California Press.

Meadow, K., Greenberg, M., Erting, C., & Carmichael, H. (1981). Interactions of deaf pre-school children: Comparisons with three other groups of deaf and hearing dyads. *American Annals of the Deaf, 126,* 454-486.

Meadow, K., Karchmer, M., Peterson, L., & Rudner, L. (1980). *Meadow/Kendall social-emotional assessment inventory for deaf students: Manual.* Washington, DC: Gallaudet University, Pre-college Programs.

Meadow-Orlans, K. P., & Sass-Lehrer, M. (1995). Support services for families with children who are deaf: Challenges for professionals. *Topics for Early Childhood, 15,* 314-334.

Menyuk, P. (1986). Predicting speech and language problems with persistent otitis media. In J. F. Kavanagh (Ed.), *Otitis media and child development* (pp. 192-208). Parkton, MD: York Press.

Mueller, H. G., & Grimes, A. (1987). Amplification systems for the hearing impaired. In J. G. Alpiner & P. A. McCarthy (Eds.), *Rehabilitative audiology: Children and adults* (pp. 115-160). Baltimore: Williams and Wilkins.

National Information Center on Deafness. (1991). *Mainstreaming deaf and hard-of-hearing students: Questions and answers.* Washington, DC: Gallaudet University.

Neely, J. G. (1993). Complications of temporal bone infection. In C. W. Cummings & L. A. Harker (Eds.), *Otolaryngology-head and neck surgery* (2nd ed.). St. Louis, MO: Mosby Year Book.

Nevins, M. E., & Chute, P. M. (1996). *Children with cochlear implants in educational settings.* San Diego, CA: Singular.

Osberger, M. J. (1995). Speech perception and production skills in children with cochlear implants. In G. Plant & K. E. Spens (Eds.), *Profound deafness and speech communication* (pp. 231-261). London: Whurr Publishers Ltd.

Oyler, R. F., Oyler, A. L., & Matkin, N. D. (1988). Unilateral hearing loss: Demographics and educational impact. *Language, Speech, and Hearing Services in Schools, 14,* 201-209.

Paul, P. V., & Quigley, S. P. (1990). *Education and deafness.* New York: Longman.

Pickett, J. M. 91995). Tactile aids: A personal perspective. In G. Plant & K. E. Spans (Eds.), *Profound deafness and speech communication* (pp. 11-24). London: Whurr Publishers, Ltd.

Pray, J. L. (1996). Psychosocial aspects of adult aural rehabilitation. In M. J. Moseley & S. J. Bally (Eds.), *Communication therapy* (pp. 128-148). Washington, DC: Gallaudet University Press.

Saur, R. E. (1992). Resources for deaf students in the mainstreamed classroom. In S. B. Foster & G. G. Walter (Eds.), *Deaf students in postsecondary education* (pp. 96-117). New York: Routledge, Chapman and Hall.

Schildroth, A. N., & Hotto, S. A. (1993). Annual survey of hearing impaired children and youth; 1991-1992 school year. *American Annals of the Deaf, 138,* 163-171.

Schloss, P. J. (1984). *Social development of handicapped children and adolescents.* Rockville, MD: Aspen Systems.

Schloss, P. J., & Smith, M. A. (1990). *Teaching social skills to hearing-impaired students.* Washington, DC: Alexander Graham Bell Association for the Deaf.

Schum, D. J., & Crum, L. V. (1995). Television viewing for persons with hearing impairment. In R. S. Tyler & D. J. Schum (Eds.), *Assistive devices for persons with hearing impairments* (pp. 123-141). Boston: Allyn and Bacon.

Scouten, E. L. (1967). The Rochester method, an oral multisensory approach for instructing prelingual deaf children. *American Annals of the Deaf, 112,* 50-55.

Scouten, E. L. (1984). *Turning points in the education of deaf people.* Danville, IL:

Interstate Printers and Publishers.

Simmons, F. B. (1967). Permanent intracochlear electrodes in cats, tissue tolerance and cochlear microphonics. *Laryngoscope, 77,* 171-186.

Slager, R. D. (1995). Interfacing with the telephone system. In R. S. Tyler & D. J. Schum (Eds.), *Assistive devices for persons with hearing impairments* (pp. 24-65). Boston: Allyn and Bacon.

Smith, M. A. (1990). Community-referenced social skills. In P. J. Schloss & M. A. smith (Eds.), *Teaching social skills to hearing-impaired students* (pp. 9-26). Washington, DC: Alexander Graham Bell Association for the Deaf.

Spencer, P., Deyo, D., & Grindstaff, N. (1990). Symbolic play behavior of deaf and hearing toddlers. In D. F. Moores & K. P. Meadows-Orlans (Eds.), *Educational and developmental aspects of deafness* (pp. 390-406). Washington, DC: Gallaudet University Press.

Stagno, S., Reynolds, D. W., Amos, C. S., Dahle, A. J., & Thames, S. D. (1977). Auditory and visual defects resulting from symptomatic and visual defects resulting from symptomatic and subclinical congenital cytomegaloviral and toxoplasma infections. *Pediatrics, 59,* 669-678.

Staller, S. J., Beiter, A. L., Brimacombe, J. A., Meclenburg, D. J., & Arndt, P. (1991). Pediatric performance with the Nucleus 22-channel cochlear implant system. *American Journal of Otology, 12* (Suppl.), 126-136.

Stedt, J. D., & Moores, D. F. (1990). Manual codes of English and American Sign Language: Historical perspectives and current realities. In H. Bornstein (Ed.), *Manual communication: Implications for education* (pp. 1-20). Washington, DC: Gallaudet University Press.

Steel, K. P., & Kimberling, W. (1996). Approaches to understanding the molecular genetics of hearing and deafness. In T. R. Van de Water, A. N. Popper, & R. R. Fay (Eds.), *Clinical aspects of hearing* (pp. 10-40). New York: Springer Verlag New York.

Stinson, M., Stuckless, E. R., Henderson, J., & Minor, L. (1988). Perceptions of hearing-impaired college students toward real-time speech to print: RTGD and other educational support services. *Volta Review, 90,* 339-348.

Stoker, R. G. (1990). Foreword. In P. J. Schloss & M. A. Smith (Eds.), *Teaching social skills to hearing-impaired students* (pp. vii-viii). Washington, DC: Alexander Graham Bell Association for the Deaf.

Street, B. (1984). *Literacy in theory and practice.* Cambridge, UK: Cambridge University Press.

Street, B. (1993). *Cross-cultural approaches to literacy.* Cambridge, UK: Cambridge University Press.

Stroud, C. (1994). Literacies: Sociolinguistic and ethnographic perspectives on reading and writing. In I. Ahlgren & K. Hytenstam (Eds.), *Bilingualism in deaf education* (pp. 201-218). Hamburg, Germany: Signum.

Stuckless, E. R. (1983). Real-time transliteration of speech into print for hearing-imparied students in regular classes. *American Annals of the Deaf, 128*(5), 619-624.

Teele, D. W., Klein, J. O., & Rosner, B. A. (1980). Epidemiology of otitis media in children. *Annals of Otology, Rhinology, and Laryngology, 89,* 5-6.

Tobey, E. A. Angelette, S., Murchinson, C., Nicosia, J., Sprague, S., Staller, S., Brima-combe, J., & Beiter, A. L. (1991). Speech production performance in children with multi-channel cochlear implants. *American Journal of Otology, 12* (Suppl.), 165-173.

Toranzo, N. C. (1996). Empathy development: A critical classroom tool. *The Volta Review, 98,* 107-125.

Trybus, R., & Karchmer, M. (1977). School achievement scores of hearing impaired children: National data on achievement status growth patterns. *American Annals of the Deaf, 123,* 62-69.

Tye-Murray, N., & Schum, L. K. (1995). Clinical procedures for evaluating telephone use and need for related assistive devices. In R. S. Tyler & O. J. Schum (Eds.), *Assistive devices for persons with hearing impairments* (pp. 66-85). Boston: Allyn and Bacon.

Tyler, R. S. (1993). Speech perception by children. In R. Tyler (Ed.), *Cochlear implants* (pp. 191-256). San Diego, CA: Singular.

Van Tasell, D. J. (1993). Hearing loss, speech, and hearing aids. *Journal of Speech and Hearing Research, 36,* 228-244.

Vernon, M., & Andrews, J. F. (1990). *The psychology of deafness.* New York: Longman.

Washington State School for the Deaf (1972). *An introduction to manual English.* Vancouver, WA: Author.

Welsh, W. (1986). *The status of RIT graduates in the workplace: 1985.* Rochester, NY: National Technical Institute for the Deaf.

Welsh, W., & Palmer, C. (1982). *Employment and occupational accommodation: A longitudinal and comparative analysis of deaf graduates of the Rochester Institute of Technology* (Report No. 49). Rochester, NY: National Technical Institute for the Deaf.

Winefield, R. (1987). *Never the twain shall meet: Bell, Gallaudet, and the communications debate.* Washington, DC: Gallaudet University Press.

Woodward, J. (1990). Sign English in the education of deaf students. In H. Bornstein (Ed.), *Manual communication: Implications for education* (pp. 67-80). Washington, DC: Gallaudet University Press.

Woolf, N. K. (1996). Viral etiology of layrinthine disease. In T. R. Van de Water, A. N. Popper, & R. R. Fay (Eds.), *Clinical aspects of hearing* (pp. 155-198). New York: Springer Verlag New York.

Yoshinaga-Itano, C., Snyder, L. S., & Mayberry, R. (1996). How deaf and normally hearing students convey meaning within and between written sentences. *The Volta Review, 98*(1) (monograph), 9-38.

Zimmer, K. M. (1962). *Role of American Benedictine institutions of higher education for women.* Ph.D. dissertation, Catholic University. DAI-23/09, p. 3264, Feb. 1971.

Zindler, C. A. (1985). *Social skills in the secondary education setting.* Unpublished honor's thesis, State College, PA: The Pennsylvania State University.

제 7 장

시각장애 아동

07 시각장애 아동

청각장애가 청각적 감각이 완전히 없어진 것을 의미하는 것이 아닌 것처럼 시각장애도 반드시 시각적 감각이 모두 없어진 것을 의미하지는 않는다. Skaggs와 Hopper(1996)에 따르면, 시각적인 예민성이 20/200(정상적인 시력을 가진 사람이 200피트 거리에서 읽을 수 있는 것을 20피트 거리에서 읽을 수 있는 정도)이라는 것은 법적 맹인을 의미한다(p. 12). 그리고 전맹(total blindness)은 눈앞에서의 직접적인 빛도 인식하지 못하는 것을 의미한다. 더욱이 Getman(1992)이 말한 것처럼 시각적 예민함은 단지 도표가 보이지 않는 것으로 측정된다(p. 64). 시력은 지각되는 시각적 자극을 해석하는 것으로부터 야기된다.

입력되고 있는 자극은 망막으로부터 대뇌시각을 담당하는 영역까지 신경 시스템을 활성화하지만 해석은 이전에 저장된 정보를 회상하는 것이 필요하며, 이것은 새로운 정보를 평가하는 데 사용된다. 따라서 '시력이 좋다'는 것은 20/20 정도의 예민함 이상이다. Griffin과 Wehman(1996)은 "실제로 시각장애에는 여러 가지 형태와 요인이 있으며, 시각장애의 약 10%만이 전맹이다."(p. 305)라고 설명했다.

사회보장과 관련된 연방법뿐만 아니라 NSPB(The National Society to Prevent Blindness)에서도 판정 기준으로 시각적 예민함의 정도를 20/200으로 사용한다. 맹인에 대한 정의가 다르고 시각 문제가 있는 사람들이 여러 가지 중복장애를 가진 유병률 수치에 포함되기 때문에 유병률은 결정하기 어렵다. 다만, 미국 교육국의 수치에 따르면 감소하고 있는 것으로 보인다. 하지만 시각장애를 포함한 중복장애를 가진 학생들은 1970~1980년과 1991~1992년 사이에 극적으로 증가한 것으로 나타났다. 이것은 유병률의 변화가 아닌 범주화의 문제로 보인다.

Erin과 Corn(1994)은 32명의 부모들을 대상으로 자녀의 시력이 다른 아동들과 다르다는 것을 언제 알게 되었는지를 조사하였다. 그 결과는 2~9세까지였다. 맹인의 정도 또는 심지어 상태에 대한 의료적 진단도 부분적으로 보이는 아동과 전맹 아동들의 기능적 능력에 대한 차이를 설명하지 못한다. 부모, 교사, 치료사의 태도와 조기 훈련의 제공, 과제 성취에 대한 아동들의 폭넓은 동기부여는 모두 성공 요인이다. 따라서 Genensky, Berry, Bikson과 Bikson(1979)은 부분적으로 보이는 사람을 시각적인 적응 문제(VEAPs)로 언급하고, 이들을 '매우 큰 시각적 요인을 가지고 활동을 수행하는 데 문제가 있는 집단'(p. 1)으로 정의하였다. 그들의 연구는 Kalloniatis와 Johnston(1994)이 더 깊게 연구하였으며, 이들 또한 VEAPs의 개념을 사용하였다.

Colenbrander와 Fletcher(1995)는 "재활은 항상 팀의 노력이기 때문에 모든 전문가가 가장 정확한 용어를 사용하는 것이 중요하다."라고 강조했다(p. 865). 문헌상에서 완전히 일치하는 것은 아니더라도 다음의 정의는 도움이 될 것이다.

선천성 시각장애 아동은 시각적인 장애를 가지고 태어난 아동을 말하는 반면, 후천성 시각장애 아동은 출생 후 문제가 발생하는 아동을 말한다. 이 두 가지 범주는 전맹, 낮은 시력 또는 부분적인 시력을 가진 아동을 포함한다. 주마다 용어의 정의는 약간씩 다르지만 교육 목적을 위해 대부분 주는 이러한 명칭을 사용한다.

맹 인 시력 교정으로도 중심시력이 20/200 이하이거나 또는 주변시력의 최대 반경 각도가 20 이하의 범위로 제한된 경우(Vergason, 1990, p. 172)

시각장애 교육에서 특별한 제시가 필요한 정도에서 시야의 결핍이라고 정의함(p. 172)

대뇌시각 피질의 손상으로 시각 신호를 해석하는 데 어려움이 있는 시력 상실뿐만 아니라 시각적 예민함과 손상된 부분에 따라서 나타나는 다양한 형태의 시력 상실이 있다. 맹인의 의학적 정의는 완전히 시력을 상실한 것을 의미한다.

교육과 의학에서 내린 정의가 일치하지 않는 것은 분명하다. '색맹' 또는 '법적 맹인'의 용어는 실제적으로 전맹이 아닌 부분적인 시력을 가진 사람을 말한다. '맹인'이 사용될 때 교육적인 분야에서는 아동이 특수한 서비스를 받아야 한다고 알려 주는 지표로 정의될 수 있는데, 이는 매우 혼돈되고 있다.

Colenbrander와 Fletcher(1995)는 부분적으로 시력이 남아 있는 아동들을 위해 '법적 맹인'이라는 용어보다 '심각한 시각장애'가 좋다고 보았다. 음악치료사는 교육적이고 의료적인 팀의 일원으로 일한다. 따라서 용어 사용의 일치는 가장 중요하다. 재활에서 아동이 의학적 맹인인지, 약간의 잔존 시력을 사용하는지, 상태가 출생 후 꾸준히 진행되는 것인지, 어떤 순간에 시력을 잃은 것인지에 대해 아는 것이 중요하다. 또한 상태가 진행적인가? 더 나빠지는가? 안정적인가? 하는 등의 예후를 아는 것도 중요하다.

'낮은 시력(low vision)'은 약간은 보이지만 좋은 시력이 상실된 사람을 말하는 의학적인 용어다. '낮은'이라는 단어는 시력이 정상이 아님을 말하며, '시력'이라는 것은 맹인이 아님을 말한다. 낮은 시력의 상태는 최소한 실제 맹인 유병률보다 10배 정도 많다(Colenbrander & Fletcher, 1995, p. 866; Tielsch, 1994). 낮은 시력은 때때로 중등도(20/80～20/160) 혹은 중도(20/200～20/400) 혹은 최중도(20/500～20/1000)로 설명된다. '거의 맹인'이라는 용어는 시력이 20/ 1000 이하의 사람을 말한다(Colenbrander & Fletcher, 1995).

가난은 간접적으로 안과 문제의 원인이 된다. 어머니의 전체적인 건강과 임신 중의 관리가 조산 또는 저체중 출산의 위험 요소와 관련이 있다. 이는 다시 몇 가지 형태의 망막 손상과 관련된다. 가난 속에서 살고 있는 아동은 사람들이 밀집되고 비위생적인 곳에서 거주하면서 전염병에 걸리기 쉽다. 이것은 또한 눈의 손상과도 관련이 있다. 이것은 심각한 손상이 발생하기 전에 의료적인 처치 부족과도 혼합되어 있다.

맹인 교육에서 몇몇 선각자들은 가난과 맹인과의 관계를 알고 이러한 아동에게는 공적인 지원이 필요함을 강하게 주장하였다. 그들은 장애에 초점을 맞추기보다는 능력을 인식하였다. 따라서 1832년에 맹인을 위한 뉴잉글랜드 보호시설(New England Asylum for the Blind, 이후 맹인을 위한 Perkins Institution and Asylum for the Blind로 개명됨), 1832년에 뉴욕 학교(New York Institution for the Instruction of the Blind, 맹인을 교육하기 위한 학교), 1833년에 펜실베이니아 학교를 포함하여 맹인 교육을 위한 특수학교가 1820년대 이후 설립되었다(Safford & Safford, 1996). 오하이오 주를 시작으로 많은 주들이 1800년대에 맹인 아동 교육을 위한 기금을 제공하기 시작하였다. 또한 처음 3개 학교가 설립된 이후 250년이 지나서 최근 50년 동안 19개 주에서 학교가 설립되었다(Safford & Safford, 1996, p. 131). 기숙사 형태의 모델은 1950년까지 사용되었으며 몇몇 기숙사 형태의 학교는 여전히 서비스를 제공하고 있다. 현재 시각장애 아동의 20%가 기숙사 형태의 학교에서 교육을 받고 있으며 나머지 80%는 지역사회에서 교육을 받고 있다(Lowenfeld, 1986). McMahon(1994)은 맹인을 위한 기숙사 학교를 조사하였다. 33명의 반응을 기초로 그는 학생의 절반 정도(49%)가 8학년 이하고 30% 이상이 집에 거주하며 학교를 다닌다는 것을 확인하였다. 또한 그는 그들에게 주류화의 기회가 제공되고 고등학교 수준에서 가장 흔하다는 것을 발견하였다.

대부분의 시각장애 아동은 일반 교실에서 시각장애인을 위한 공인된 교사에게 특별한 지원을 받는데, 교사들은 순회하면서 몇몇 학교에서 봉사를 한다. Dote-Kwan과 Chen(1995)은 6~21세 아동의 42.1%는 일반 교실에서 수업을 받는다고 주장하였다. 시각장애 학생들을 위한 교육적인 배치는 모든 것이 갖추어진 교실(23.2%), 분리된 교실(19.9%), 분리된 학교(5.0%), 기숙사 시설(8.8%), 가정 또는 병원(1.0%)이었다(p. 210).

시각장애는 다른 감각이 더욱 예민하다는 것을 보장하지는 않는다. 아동이 몇 년 동안 시각을 사용하다 장애가 발생했을 경우, 그는 이미 시각적으로 적응되었을 것이다. 그러나 선천적으로 맹인이라면 세상을 이해하기 위해 다른 감각을 사용하는 것이 중요하다. 맹인에 대한 대중적 이미지는 Ray Charles와 Stevie Wonder가 제시하였을 수도 있다. 우리는 음악적 재능이 항상 맹인에게서 발견되는 것도, 유색인에게서 발견되는 것도 아님을 안다(Safford & Safford, 1996, p.123).

1. 안과 검사

굴 절

Leat, Shute와 Westall(1999)은 시력이란 아동이 움직이거나 대상에 손을 뻗치고 잡을 수 있기 전에 환경을 탐색하기 위해 사용되는 것이라고 설명한다. 감각 정보는 유아기에서도 통합될 수 있다. 그러므로 유아의 눈 기능을 조사하는 것은 중요하다. 조기 발견을 통해 많은 이상 상태가 치료될 수 있으며 긍정적인 예후를 가져올 수 있다. 눈의 굴절반응은 망막에 빛이 어떻게 모아지는가를 평가하는 것이다. 정상적인 눈에서 바람직한 굴절을 정시안(emmetropia)이라고 하며, 이는 빛이 망막에 분명하게 모아지는 것이다. 출생 후 눈의 성장에 따라 굴절(refraction)도 변한다. 가장 일반적인 발달은 원시에서 20/20 정도다. 그러나 소수의 아동들은 근시 또는 난시를 경험하며, 이는 각막, 수정체 또는 이 두 가지 모두에 불규칙한 굴절이 있는 것으로 시력 왜곡의 원인이 된다.

교사들과 치료사는 시력이 좋지 않은 신호를 알아챌 수 있어야 한다. 눈 가늘게 뜨기, 눈 비비기, 눈 찡그리기, 독서할 때 정상적인 시력으로 보는 것보다 더 가까이에서 보거나 또는 더 멀리서 보기, 얼굴 찌푸리기, 비정상적인 머리 자세, 한쪽 눈을 가리고 한쪽으로 보기 등이다. 아동들은 두통이나 피곤함을 호소할 수도 있으며 눈의 긴장감 때문에 읽기를 주저할 수도 있다. 이러한 아동들은 안경이나 콘택트렌즈가 도움을 줄 수 있기 때문에 검사받아야 한다.

Apt와 Miller(1996)에 따르면, 7세 이하 아동의 약 10%는 교정이 필요한 굴절 상태라고 한다(p. 2070). 근시는 빛이 망막에 도달하기 전에 모아지기 때문에 오목렌즈로 교정을 하며, 원시는 빛이 망막을 넘어서 모아지기 때문에 볼록렌즈로 교정을 한다. 초점은 눈의 앞뒤 반경 모두와 관계되며 수정체 또는 망막의 굴절력과도 관계된다. 난시를 교정하기 위해 안경이 필요하다면, 두 눈의 굴절력 차이에 따른 왜곡을 교정하기 위해 회전체적인 렌즈(cylindric 또는 spherocylindric)를 사용할 필요가 있다.

기타 굴절부동증(anisometropia)과 적응상의 장애가 있다. 굴절부동증은 두 눈의 굴절력에 차이가 있을 때 발생한다. 이것은 두 눈이 함께 작용하도록 교정될 필요가 있다.

2. 성장과 발달

출생 후 인간의 눈은 시력이 20/20까지 가능하기 전에 물리적 변화가 먼저 완성되어야 한다. 대부분의 성장은 생후 1년 내에 일어나지만 몇 가지 성장은 생후 3세까지 계속된다. 시각적 예민함은 생후 2~3년 사이에 완성되는 것인데, 이것은 매우 어린 시기의 교육적인 기대를 위해 중요하다. 읽기 같은 과제는 일반적으로 이 나이에 기대되어서는 안 된다. 눈의 초기 변화는 전체적인 것을 포함하며 이는 점점 구형화되고 각막의 굴절은 평평해지면서 적응에 대해 변화하는 능력을 가진 수정체로 성장한다.

이러한 변화는 모두 굴절에 영향을 미친다. 유아의 눈은 먼 곳을 잘 보는 원시적인 경향이 있다. Nelson(1996)은 출생 시 시각적 예민함을 약 20/400 정도로 추정하였다(p. 1764). 그러나 8~10주가 되면 아이는 움직이는 물체를 따라갈 수 있으며, 주 양육자를 인식할 수 있어야 한다. 눈의 움직임과 직선상의 배열은 처음 몇 주 동안 변하지 않고 일반적으로 협응은 6개월 후에 일어난다. 4년 후 눈의 크기는 성인의 70%에 달한다. 성장은 계속되며 성인 수준에 도달하는 10~12세

까지는 더욱 느리다(Ellis, 1995, p. 416).

소아 안과 검사

소아들을 위한 안과 검사는 권장되지만 많은 아동들이 학교에서 일상적인 검사를 할 때까지는 어떠한 검사도 받지 않는다. 미국 안과학회는 소아기에 4번(3개월, 6~12개월, 3세, 5세) 정도 검사하라고 제안한다(Catalano & Nelson, 1994). Allen (2000)은 출생 시 시각적인 검사를 주장하였다. 조기 검사에서 어떤 문제를 발견하면 많은 장애들이 초기에 치료될 수 있기 때문에 아동은 안과 의사에게 검사를 받아야 한다. 출생 시 2~3주 내에 20/400에서 20/200 정도의 예민함을 가졌더라도 아기들은 일반적으로 친숙한 얼굴을 보고 따를 수 있다. 20/40 정도의 예민함은 일반적으로 3세 이하의 아동에게 정상적인 것이다. 4세에는 20/30이 전형적이다. 5세 또는 6세에는 대부분의 아동들이 20/20 정도의 시력을 가진다(Nelson, 1996, p. 1765). 예민함 검사에 추가하여 시야 범위, 색맹, 눈의 움직임에 대한 검사가 학령기 아동 또는 과제를 수행할 수 있는 나이의 아동에게 실시되어야 한다. 대상에 대한 시각적인 고착은 유아기 검사에서 발견된다. 말을 아직 못하는 아동에게 사용되는 검사 중 하나는 선호하는 것을 보기(Preferential Looking: PL)인데, 이는 아동이 2가지 카드 중에서 선택하도록 하는 것이다. Allen 카드는 2~3.5세 정도의 아이들을 위한 것이며 친숙한 대상이 그려진 카드다. 크기를 눈금으로 표시한 것으로 아동에게 그림에 대해 질문한다. Snellen의 E 또는 Landott의 C 카드 또한 사용된다. 이것은 아동에게 어느 정도 거리에서 그림을 가리킬 수 있는지를 말하도록 하는 것이다. 아동이 언어로 말할 수 없으면 방향을 가리킬 수도 있다. Snellen 검사표는 글씨를 알고 협조적인 4세 이상의 아동에게 사용될 수 있다. Cardiff 예민성 검사는 걸음마기 유아를 대상으로 선호하는 것을 선택하도록 하는 검사인데, 좀 더 구체적으로 검은색 또는 흰색 선으로 구성된 사물을 말하거나 지시하도록 하는 것이다(Leat, Shute, & Westfall, 1999).

외안부 평가는 빛에 대한 동공의 반응, 눈꺼풀의 상태, 눈물샘, 망막과 홍채를 검사하는 것이다. 안과 의사는 대사 관련 질병뿐만 아니라 전염 또는 질병을 검사하기 위해 눈 안쪽을 현미경으로 볼 수 있다. 만약 망막검사가 필요하다면 눈을 팽창시킬 수도 있다. 안압계가 눈의 압력을 측정하기 위해 사용되고, 안경을 통해 도움을 받을 수 있다면 굴절검사를 한다. 눈 검사는 외부 눈의 세심한 관찰을 포함한다. 이것은 얼굴에서 눈 위치의 대칭, 전체적인 구조(돌출 또는 수축), 눈의 배열, 일반적인 눈의 크기 등을 관찰하는 것이다. 일반적으로 아동에게 발생하는 안과 질환은 유전적이다(Apt & Miller, 1996, p. 2068). 유전적인 질병과 증상의 일반적인 지표는 비정상적인 동공 간의 거리, 몽고주름, 눈꺼풀의 갈라짐(한쪽 또는 양쪽 눈꺼풀 모두)이다. 그 밖의 다른 문제나 어떤 유출이 있는지를 알아보기 위해 결막, 망막의 갈라짐이나 주름, 눈꺼풀, 속눈썹 등을 더 많이 검사한다. 홍채 확장과 수축에 대한 검사는 아동이 멀리 있는 대상을 보는 동안 밝은 빛을 사용하여 검사한다. 홍채는 눈으로 입력되는 빛의 양을 조절한다. 안과 의사는 비정상적인 눈의 움직임, 동일하지 않은 홍채의 크기, 시신경 질병과 관련된 많은 검사를 한다. 또한 펜라이트는 눈의 움직임 검사에서 사용될 수 있는데, 이는 6번째 외안신경 근육과 관련된다. 이 근육의 과대 반응과 과소 반응은 양 시신경 움직임 문제의 원인이 된다.

적응의 문제는 흔하지 않다. 수정체 근육의 움직임은 망막에 빛의 초점이 잘 모아지도록 요구한다. 노안은 나이가 들면 흔히 나타나는데, 렌즈에서 변화를 위해 사용되는 근육이 약해지고 부서지기 시작하는 것이다. 노안은 아동들에게는 드물지만 눈 조절 마비약(모양근을 마비시키는 약), 질병(예, 바이러스 감염, 당뇨, 디프테리아, 보툴리누스 중독증, 윌슨병, 매독), 시신경의 손상(3번째 뇌신경)과 관련이 있다.

3. 시력장애

굴절상의 문제가 일반적이지만 다른 범주의 장애도 있다. 그중 하나는 약시(amblyopia)인데 간혹 '졸린 눈'으로 설명된다. 이것은 굴절 문제가 교정된 후에

도 한쪽 눈의 예민함이 약하게 남아 있을 때 발생한다. 약시는 사고 또는 안과 질환과 관련되지만 어린 시절의 감각적인 박탈에 의한 것이 더 흔하다. 예를 들면, 한쪽 눈에 백내장이 생길 수 있는데, 이는 망막에 정상적인 자극을 방해하는 것이다. 이를 제거한 후에도 시력이 약하면, '좋은 눈'이 모든 일을 하는 경향이 있다. 다른 원인은 사시(strabismus) 또는 굴절부동증(anisometropia)이다. Apt와 Miller(1996)는 사시가 약시의 가장 큰 원인이 된다고 보았다. 치료는 패치, 불투명 렌즈로 시력이 좋은 눈은 차단하면서 약시를 가진 눈을 사용하도록 한다. 이것은 단지 짧은 시간에 적용되는 것이므로 더 좋은 시력을 가진 눈이 자극의 결핍으로 손실되지 않는다. Apt와 Miller(1996)는 6~7세 이후 치료하면 덜 효과적이기 때문에 어린 시절에 확인할 필요가 있음을 강조한다(p. 2064). 모든 아동들은 나이와 상관없이 안과 검사를 받을 수 있다(Gallin & Pardon, 2000, p. 1).

1) 눈 움직임 장애

안구진탕증(nystagmus)은 눈의 움직임과 자세를 조절하기 위한 한쪽 또는 양쪽 눈의 메커니즘의 리드미컬한 움직임을 만든다. Nelson(1996)은 눈의 고착, 교차로 응시 또는 전정기관 메커니즘이 비정상적인 리듬의 원인이 될 수 있다고 진단했다(pp. 1775-1776). 움직임(수평적, 순환적, 수직적, 혼합적)의 비율과 방향을 기본으로 하는 안구진탕증은 선천적인 진자 움직임, 선천적인 경련, 후천적 안구진탕 집중 혹은 수축, 점두경축을 포함한다. 안구진탕증의 분류에 사용된 기록은 '진폭, 빈도, 강도, 편측성, 영점(강도가 없는 지역)의 출현과 부재'를 포함한다(Butera, Plotnik, Bateman, Alcorn, & Maumence, 2000, pp. 89-90).

안구진탕증을 가진 아동은 눈에 관련된 문제뿐만 아니라 중추신경계 장애, 전정기관, 염증과 관계되었는가를 결정하기 위해 안과적이고 신경학적인 검사가 필요하다.

사시(strabismus)는 눈이 부적절하게 배열된 것으로부터 발생한다. 정위(orthophoria)는 시각적 균형의 이상적인 상태다. 이것은 동안신경기관이 완벽한 평형상태로 양쪽 눈의 위치가 정돈되어 직선 위치에 있는 것을 의미한다(Nelson, 1996, p. 1772). 그러나 대부분의 사람들은 약간 비직선적이며, 이것은 질병이 있거나 피곤하면 더 분명하다. 이는 홍채에서 적절한 위치에 빛이 돌아오는 크기를 프리즘을 사용하여 측정할 수 있다(Krimsky 프리즘 반사 검사)(Ciner, 1997). 비직선적인 경향을 사위(heterophoria)라 하며 일반적으로 융화 메커니즘으로 수정되었다. 어긋남이 큰 경우, 두통, 2개로 보임, 눈의 긴장 등의 증상이 있다. 만약 이러한 비정렬적인 배열이 항상 존재한다면 이러한 상태를 사위라고 부른다. 사시(tropia)는 융화 메커니즘으로 한쪽 눈 또는 양쪽 눈의 어긋남이 교정되지 않은 것을 의미한다. 눈의 위아래의 어긋남은 과잉(hyper) 또는 과소(hypo)라고 표시한다. 대부분 사시를 가진 아동들은 한쪽 눈만 고정된 이탈을 하며 이 눈은 전형적으로 안과 치료를 받지 않으면 약시로 발전된다(Apt & Miller, 1996, p. 2111). 안쪽으로 이탈되는 형태는 '내사위(esophoria)' 또는 '내사시(esotropia)'라고 부르며 바깥쪽으로 이탈되는 형태는 '외사위(exophoria)' 또는 '외사시(exotropia)'라고 부른다.

사시에는 여러 종류가 있으며 이에 따라 아동에게 패치, 외과적 조치, 약 처방을 통해 지배적인 눈을 차단하는 등의 치료를 한다(Olitsky & Nelson, 1998).

흑내장(amaurosis)은 출생 후 또는 정상적인 시각을 가진 아동이 발달하면서 발생할 수 있는 심각한 장애 상태다. 출생 시 나타나는 것은 감염이나 사고, 무산소증 또는 과소산소증, 눈 또는 시각통로의 질병으로 손상되는 기형이 있다.

눈, 신경통로 또는 시각적인 정보를 해석하는 대뇌 부분에도 문제가 있을 수 있다. 흑내장을 유발하는 안과 질병은 백내장(cataract), 망막아종(retinoblastoma), 색소성 망막염(retinitis pigmentosa)이 있다.

백내장은 선천적 또는 유아기에 있을 수 있는 수정체의 불투명성이다. Moore (2000)는 약 10,000명 중 1명 정도가 선천성 백내장일 것이라고 주장한다. 이것은 한 살까지 백내장으로 발전하는 추가적인 400~500명과 함께 매년 400~500명의 유아에게 발생하는 것을 의미한다. 따라서 아동기에 시각장애의 원인을 아는 것은 중요하다. 백내장은 발달상의 변형, 유전(흔히 상염색체), 임신 중 감염, 대사장애(glatosemia, 탄수화물, 아미노산, 지방 대사장애)를 포함하여 다양한 원인이 있

으며, 다른 증상이나 질병과 관계되어 발생하기도 한다. 백내장은 염색체 이상으로 발생하며 어떤 것은 정신지체를 야기하기도 한다. 사고 또한 백내장과 관련이 있다. 교사, 부모, 치료사는 시각적인 집중의 감소, 빛에 대한 민감성, 안구진탕증, 사시 또는 백색동공(수정체에서 흰 부분이 증가하는 것)에 주의하여야 한다. 발생 후 시력이 손실되는 것을 막기 위해 조기 발견, 수술, 적절한 교정이 중요하다.

맥락망막염(chorioretinitis)은 포도막 뒷부분에 염증이 있는 것으로 망막과 관계된다(Nelson, 1996, p. 1790). 여러 가지 유형의 감염 때문에 발생한다.

망막아세포종(retinoblastoma)은 미국에서 16,000명당 1명꼴로 발생한다(Pratt, 1996, p. 1470). 종양은 망막 또는 망막 뒤에서 성장하며, 양측 또는 편측에서 발생한다. 망막아세포종의 유전적인 소인이 존재하며, 흔히 13번 염색체에서 발견되어 왔다(Nelson, 1996, p. 1793). 이 경우 양쪽이 관련된 것이 더 흔하다. 두개골 사이로 퍼지거나 전이되지 않으면 생존율이 높다.

장애는 눈동자, 홍채, 눈꺼풀, 눈물기관, 결막, 각막, 수정체(백내장은 이미 언급했지만 다른 것도 있음), 포도막, 망막, 기타 시신경 등 눈의 모든 부분에서 발생할 수 있다.

2) 소아 녹내장

소아 녹내장(glaucoma)은 여러 가지로 분류된다(Khaw, Narita, Armas, Wells, & Papadopoulos, 2000, p. 93). 아동에게는 매우 드물지만 녹내장은 과도한 안압(intraocular pressure: IOP) 때문에 시신경에 손상을 입는다. 증가된 안압은 눈의 비정상적인 체액의 흐름 때문이다(Apt & Miller, 1996, p. 2110). 유아(선천성) 녹내장은 10,000명당 1명꼴로 발생하며(Khaw, Narita, Armas, Wells, & Papadopoulos, 2000) 3세 이하에서 나타나고, 소아 녹내장은 3~30세에 시작된다. 녹내장의 시작은 상승된 압력을 통해 알 수 있는데, 성인에게 흔하다. 일반적으로 양쪽 눈의 압력이 증가되지만 한쪽 눈이 다른 쪽 눈보다 더 영향을 받을 수도 있다. 이것은 대개 돌발적으로 일어나지만 우성유전과 열성유전 패턴이 제시되어 왔다(Nelson,

1996, p. 1800). 본태성 녹내장은 '시각통로에서 분리된 변형'을 말하며 (Nelson, 1996, p. 1799), 이차적 녹내장은 다른 비정상성을 말한다. 증상은 각막의 부종, 각막과 시각의 확장, 결막의 충혈, 시각장애를 포함한다(Nelson, 1996, p. 1799).

유아 녹내장은 유아가 극도로 빛에 민감할 때 인식된다. 증가된 압력으로부터 전체적이고 전반적인 벽의 확장이 '소의 눈'처럼 보이도록 할 수 있다. 수술은 섬유주(trabeculum)를 덮고 있는 막을 열고 한다.

이차적 녹내장은 다른 시스템적인 질병이나 눈의 질병과 관련되어 발생한다. 이러한 병리는 본태성 또는 소아 녹내장과는 구별된다. 또 다른 범주는 스테로이드에 따라 유도된 녹내장인데, 이는 작은 눈을 치료하기 위한 코르티코스테로이드계 약물의 사용으로 발생할 수 있다(Apt & Miller, 1996).

3) 눈의 감염

결막염(conjunctivitis)은 바이러스나 세균 또는 특정 알레르기원에 대한 민감성으로 결막이 감염될 때 발생한다. 보통은 세균 감염이 더 흔하다(Weiss, 1993, p. 164). 이것은 수두, 볼거리(이하선염), 풍진, 독감, 홍역 같은 아동기에 흔히 발생하는 질병을 포함하며 신체의 다른 부분의 감염과도 관련된다. 눈물, 가려움, 점액 생산 및 방출, 붉은 염증을 보이는 아동은 결막염을 검사해 보아야 한다. 몇 가지 형태, 특히 바이러스는 전염성이 매우 크다. 아데노바이러스는 가장 흔한 바이러스로, 손의 접촉이나 공기 등의 노출로 전파된다(Apt & Miller, 1996, p. 2077). 만약 음악치료 집단에서 감염된 아동이 가려운 눈을 비비고 음악 게임을 위해 손을 잡거나 악기 채를 다른 아동에게 넘겨준다면 바이러스가 전파될 수 있으며, 집단을 통해 퍼진다. 세균성 결막염은 덜 흔하지만, 신생아실에서는 여전히 문제가 된다. 이러한 이유로 17%의 질산은을 출생 후 바로 주입한다. 일차적인 관심은 임균(gonococcus)이지만 다른 형태의 세균 감염도 결막에 존재한다.

트라코마(trachoma)는 전 세계적으로 전염성 시력 상실의 주된 원인인데(Apt & Miller, 1996, p. 2081), 특히 순수 미국인과 멕시코계 미국인 사이의 관심사다. 파

리를 매개체로 눈에서 눈으로 또는 손에 묻은 전염물질에 의해 감염되고, 유행성 결막염과 관계가 있으며, 매년 계속된다.

각막염(keratitis)은 각막에 염증이 있는 것인데, 각막의 상처, 특히 사고와 관계된다. 이는 즉각적인 치료를 요하며 치료하지 않으면, 시력을 잃을 수 있으므로 안과 의사는 눈에 어떤 종류의 상처나 긁힘이 있는지 즉시 조사하여야 한다. 이것은 또한 시스템적인 질병 또는 다른 안과 질환, 예를 들면 앞에서 논의된 결막염 등으로 야기될 수 있다. 원생동물을 통해 야기된 가시아메바(acanthamoeba) 각막염뿐만 아니라 여러 형태의 바이러스와 세균 역시 원인이 된다. 또한 균류도 각막에 침입해서 궤양을 일으킬 수 있다.

4) 망막의 질병

망막색소변성증(retinites pigmentosa)은 망막 내의 간상체 또는 망막의 감광세포, 빛의 수용체의 쇠퇴와 관련된 질병으로 점진적으로 시력 손실을 야기한다. 망막색소변성증의 많은 형태는 유전적인 결함에 기인한다. 망막색소변성증은 성(gender)과 관련되어 있으며 열성 염색체와 우성 염색체에서 단발적으로 발생한다(Flynn, Flynn, & Chang, 2000, p. 277). 아동기에 시작되면 일반적으로 예후가 나쁘다. 현재까지 망막색소변성증을 위한 효과적인 치료법은 없다(Apt & Miller, 1996, p. 2101).

이 장애는 망막의 쇠퇴를 일으키며, 흔히 암 순응의 어려움을 인식하게 되면서 발견된다. 이것은 주변시력 또는 중심시력의 손실을 야기할 수 있으며, 열성유전, 우성유전, 반성유전과 관련될 수 있다(Nelson, 1996, p. 1793). 다른 망막의 장애도 발생한다. 몇몇은 색맹, 야맹증, 일반적인 시력 손실을 야기한다. 몇몇은 치료할 수 있지만, 특히 녹내장이나 백내장이 나타나면 조기 진단이 매우 중요하다. 몇몇은 작은 출혈이나 망막의 파열을 야기한다. 이것은 망막의 분리를 방지하기 위해 레이저로 치료할 수 있다. 분리가 발생하면 시력 상실을 가져오는 더 많은 손상을 방지하기 위해 공막압편을 배치하는 수술을 할 수 있다.

미숙아 망막증(retinopathy of prematurity)은 조산 시 발생한다. 조산은 일반적으로 37주 이전에 출산하는 것을 의미한다. 조산아는 특히 망막증에 걸리기 쉽다.

> 미국에 매년 약 40,000명이 조산으로 태어난다고 추정된다. 그 결과 2,100명의 유아가(5.3%)가 미숙아 망막증의 변화로 발달되고, 550명(1.4%)이 법적 맹인이 된다. 이것은 미국에서 소아 맹인의 주된 원인이 되고 있다(Apt & Miller, 1996, p. 2103).

망막증은 아기가 다른 건강 문제를 가지며 임신 기간이 8개월 이하이거나 저체중(1kg 미만)일 때 발생하기 쉽다(Dote-Kwan & Chen, 1995). 이것은 공급되는 산소의 양과 관련되는데, 과도한 산소가 공급되지 않은 조산아 또는 정상아에게도 이러한 장애가 발생할 수 있다. 몇 가지 조기 자극은 감각적이고 운동적인 발달을 야기하지만, Leat, Shute와 Westall(1999)은 미숙아에게 지나친 자극을 주는 것에 대해 경고한다. 이것은 음악치료에서 주의하여야 한다. 흔들기, 허밍, 심박과 같은 소리를 제공하는 것은 단시간 동안만 이루어져야 한다.

당뇨병성 망막증(diabetic retinopathy)은 청소년기에 당뇨(타입 I)가 발병한 이후 3~5년 사이에 흔하게 발생한다. 이것은 눈의 전정기관 시스템 또는 망막흑점에 영향을 미친다. 유리체로 흘러 들어간 출혈이 너무 많아서 혈액이 흡수되지 않는다. 이것은 유리체 절제수술로 제거될 수 있지만 망막 분리 또는 망막전 섬유증 같은 또 다른 망막 손상이 있을 수 있다.

망막에 다른 손상을 가하는 것은 대사성 질환, 감염(세균 또는 바이러스 같은), 악성종양으로부터 발생할 수 있다. 물론 외상은 망막박리(retinal detachment: RD) 또는 망막의 찢어짐을 야기할 수 있다. 아동이 눈에 물리적인 충격을 받았거나 머리에 사고를 당하면 아동이 시력 손실을 말하지 않아도 안과 의사는 눈을 검사하여야 한다. 망막박리는 적절한 시기에 발견되면 치료가 가능하다. 망막장애로 시력을 잃은 아동들이 시신경이나 피질 문제로 시력을 잃은 아동들보다 눈을 더 문지르는 경향이 있는 것은 임상적인 백내장이다(Apt & Miller, 1996, p. 2109).

5) 시신경의 비정상성

시신경 무형성(aplasia)은 시신경이 완전히 없거나 신경 구조와 관련될 때 발생한다. 시신경 형성부전(hypoplasia)은 시신경에 정상보다 축색돌기가 없을 때 발생하며, 무형성보다는 흔하지만 그렇다고 많이 나타나는 것은 아니다. 편측성 형성부전은 때때로 아동이 사시일 때 발견되며, 양측성은 안구진탕증과 관련된다. 모두 시력을 저하시킨다. 양측성 상태는 다른 신경 또는 내분비의 비정상성과 관련된다.

다른 신경 증상은 시신경 윤판, 시신경 파열 또는 신경핵 발달의 문제를 포함한다. 신경핵 또는 전반적인 염증은 시신경염(optic neuritis)이라고 부른다. 이는 홍역, 수두, 볼거리(이하선염), 풍진, 독감, 홍역 같은 감염성 질병으로부터 발생할 수 있다. 또한 일반적으로 완전하게 치료될 수 있지만 신경의 위축과 시력의 손실을 야기할 수 있다.

종양은 또한 시신경 또는 안와(눈의 궤도)로부터 형성될 수 있다. 가장 흔한 시신경 종양은 시신경 신경교종(optic nerve glioma)이다. 이것은 시신경을 따라 어느 부분에서도 발생할 수 있다. CT, MRI, 초음파검사를 통해 진단할 수 있다. 시력 손실의 진행과 동공의 비정상적인 돌출 정도는 치료를 결정하는 데 중요하다. 치료는 몇몇 종양이 퇴행하기 때문에 단지 시력 손실만 모니터링하거거나 방사선 치료로 이루어질 수 있다. 신경교종은 크기가 크지 않기 때문에(퍼지지 않음) 수술은 흔하지 않다.

다른 2가지 용어는 시각장애보다 대뇌 부분으로부터 발생하는 문제에 사용된다(이것은 눈과 망막으로부터 시상의 편측 부분까지 시각통로를 포함한다).

대뇌피질 시각장애(cortical visual impairment: CVI)는 시각통로의 후부와 관련이 있다(시상의 편측에서 17 또는 18 대뇌피질까지). Baker-Nobles와 Rutherford(1995)는 대뇌피질 시각장애 유아와 아동을 위한 주된 접근은 학습을 위한 기회를 강화하기 위해 잔존시력의 사용을 촉진하는 것이라고 주장한다.

피질성 맹증(cortical blindness)은 대뇌피질의 손상으로 감각적 반응을 방해하는 것이다. 대뇌피질 시각장애 아동은 시각 정보를 이해하는 것이 어려울 것이다 (Baker-Nobles & Rutherford, 1995; Jan & Groenveld, 1993).

6) 눈의 외상

아동은 일상의 놀이활동에서 사고를 당하기 쉽다. 눈의 외상은 이러한 사고 중 하나다. 가장 상처를 입기 쉬운 집단은 11~15세 남자이며 남여의 상처 비율은 4:1이다(Nelson, 1996, p. 1801). 대부분의 손상이 '멍'을 만드는데, 이는 눈 주변의 출혈 때문이다. 이것이 일반적으로 계속되는 것은 아니지만 눈의 내부가 상처를 입지 않았는지 진단받아야 한다. 눈꺼풀이 찢어지면 더 많은 합병증을 막기 위해 수술이 필요할 수도 있으므로 안과 의사에게 진단받아야 한다.

각막의 찰과상은 매우 고통스러우며 감염되기 쉽다. 이것은 애완동물에게 긁히거나 사고로 발생할 수 있다. 감염을 막기 위해 항생제가 사용되며 고통을 줄이기 위한 약이 사용된다. 상처가 치료될 때까지 잠시 눈을 깜박이지 말아야 한다.

운동을 하거나 다른 놀이를 하는 동안 먼지나 이물질이 들어갔을 때 눈에 사고가 많이 발생한다. 이물질에 각막이 긁힐 수도 있는데, 이때 앞에서 언급한 치료가 필요하다. 이물질은 눈에서 씻어 낼 수 있다. 그러나 이물질이 각막 또는 눈꺼풀에 있으면 안과 의사가 제거해야 한다. 금속성 이물질로 녹이 남을 수 있으며, 이를 제거하기 위해 특별한 치료가 필요하다. 이물질이 눈 안의 공동에 들어갈 수도 있다. 이는 큰 힘으로 물체를 움직일 때 발생한다. 잔디 깎는 기계 또는 다른 도구를 이용해 내던져진 물체가 들어가는 경우가 흔한 예다. BB 총은 눈의 손상을 가져오는 또 다른 원인이 된다.

기타 다른 손상은 찔려서 난 상처로, 전방출혈(hyphema, 눈물샘 안에 있는 혈액), 화학적 손상, 화상, 눈보다 큰 물체(예, 공, 자동차 계기판)로부터 입은 안저 파열 등이 있다.

스포츠 손상은 흔히 권투, 레슬링과 같은 격한 접촉이나 하키 스틱, 방망이, 화살 등의 투사물로부터 야기된다. 얼굴 마스크, 보안경, 고글 등을 사용하는 것은

스포츠로 인한 손상을 예방할 수 있다. 라켓볼과 스쿼시에서 눈을 보호하는 장치는 손상을 방지할 수 있는데, 가장 흔히 발생하는 심각한 손상은 라켓을 가지고 하는 운동과 관련된다(Baker, O'Neill, Ginsburg, & Li, 1992, p. 96; Karlsen, 1983).

눈 주변의 반복적인 타박상과 찢어짐은 아동학대의 지표 중 하나다. 의도적인 외상의 가능성은 눈꺼풀의 파열, 눈 안 또는 주변의 출혈, 백내장, 분리된 수정체, 망막박리, 안와 파열이 고려되어야 한다(Nelson, 1996, p. 1803). 이러한 아동들은 반드시 안과 의사에게 보여야 하며, 학대가 의심되면 보고해야 한다. 신체적으로 학대받는 아동의 약 40%는 눈에서 그 증거를 발견할 수 있다(Apt & Miller, 1996, p. 2125).

7) 의사소통

(1) 과제의 고려

시각장애인에게는 정보를 의사소통하기 위한 방법의 변화가 필요하다. 예를 들어, 칠판, 컴퓨터 모니터, 화면, 표 등에서 정보를 얻기 위해서는 시각적인 고착과 초점화 능력이 필요하다. 시각 추적(수직, 수평, 대각선 방향으로 움직이는 물체를 따라 움직이는 능력)과 스캐닝(배열에서 대상을 찾거나 또는 배열하는 것을 진단평가함)은 동작이나 포인터로 보여 주는 정보의 움직임을 따라가기 위해 사용된다. 따라서 아동이 학습 환경에서 이러한 영역들을 충분히 지각할 수 있는 시각 능력을 진단평가하는 것이 중요하다. 그렇지 않으면 정보는 청각적 · 촉각적 수단, 시각적 정보의 몇 가지 적용을 통해 전달되어야 한다.

아동이 안구진탕증이나 사시라면 시각 추적이 어려울 것이다. 아동이 움직이는 물체를 따라 볼 수 있다고 기대되면, 시력이 좋은 아동을 위한 것보다 더 천천히 사물을 움직여야 한다. 이러한 정보로부터 적절한 의사소통 체계를 선택할 수 있다(Johnson, Baumgart, Helmstetter, & Curry, 1996). 중심시력 손실이 있는 아동은 사물을 제시할 때 주변시력을 사용하지 않으면 사물을 볼 수 없다. 공식적인 검사와 치료사의 주의 깊은 관찰을 통해 제한된 시야를 사용하는 가장 적합한 위치에서 사물을 제시하여야 한다. 이것은 제한된 시력을 사용하기 위한 적절한 거리, 각도에서 물체를 움직이는 것이다.

시각 추적 또는 스캐닝을 요구하는 과제 수행 시 아동의 피곤함의 신호를 주의 깊게 살펴야 한다. 제한된 시력을 가지고 이러한 과제를 수행하는 것은 전적인 집중을 요구하기 때문에 매우 어렵다.

시각 추적을 위한 과제는 아동 앞에서 대상(예, 마라카스)을 수평으로 움직이고, 그것을 보라고 한다. 다음에 수직이나 대각선으로 움직이면서 다양한 위치에서 악기를 잡을 수 있는지 묻는다. 앞에서 제시할 때가 대부분 편안한가? 다른 장소에서 제시하는 것이 효과적인가? 사물을 보기 위해 머리를 돌리는지 살펴보라. 다양한 거리에서 제시했을 때 어느 경우가 가장 효과적인가?

스캐닝 검사를 위해 몇 가지 악기를 책상 위에 놓는다. 아동에게 보이는지 묻고 다음에 특정 악기를 잡을 수 있는지 묻는다. 책상 위의 다양한 위치에 악기를 놓는다. 눈의 움직임을 주의 깊게 살펴라. 아동이 물체를 빨리 그리고 효율적으로 보는가? 특정 위치에서 시작하여 다른 악기로 움직이는가? 연속적으로 스캐닝하는 패턴을 확인할 수 있는가? 하나의 작은 영역에서 스캐닝이 제한되는가? 더 분산하여 제시하면 물체를 찾을 수 있는가? 두세 개 정도의 사물을 시작으로 점차 8개 또는 10개로 움직인다. 다음에 물체의 크기를 다양하게 한다. 이것은 시각 추적에 대한 정보뿐만 아니라 제한된 시력을 최대한 사용하는 방법으로 사물을 제시하는 것이다(Johnson, Baumgart, Helmstetter, & Curry, 1996). Hyvarinen(1995)은 추적이 수평에서 수직의 순으로 발달하며, 결국 원형으로 움직이는 물체를 추적하는 능력에 이르게 됨을 주장하였다. 아동이 멈추어서 사물을 조사하는 능력은 스캐닝만큼 중요하다. 스캐닝은 움직임에 대한 속도와 정확성을 요구하는 기술인데, 멈추어서 보기 위해 통제된 비이동성에 따라 수량화되어야 한다(Getman, 1992). 교과서 또는 악보에 인쇄된 글자를 이해하기 위해서 눈은 수평적인 스캔을 해야 한다. 수학 문제 또는 악보의 코드를 읽는 것은 수직적인 스캔을 요구한다. 그래픽 정보, 예를 들면 그림이나 지도 등은 대각선적인 스캔을 요구한다. 이것들은 친숙하지 않은 자극에 대해서 더 많은 주의 집중을 위한 스캔과 멈춤 모두에 필요한 눈근육의 협응으로 통제된다.

의사소통은 항상 수용적 측면과 표현적 측면이 상호작용하는 과정이다. 이것은 시력을 잃은 아동에게도 마찬가지다. 정보는 수용되고 대뇌에서 처리되며 더 많은 사용을 위해 저장되어야 한다. 표현적인 기술은 저장된 정보, 표현 대상 선택하기, 표현 방법, 말하기와 쓰기를 위한 운동기술, 얼굴 표정, 상징, 제스처 만들기, 기타 생각이나 느낌을 소통하는 것뿐만 아니라 현재 환경에 대한 인식도 포함한다.

(2) 듣기기술

듣기기술은 대화, 강연, 환경적인 신호, 음악 같은 청각적인 입력으로부터 학습을 위해 필요하다. 이는 시력을 잃은 아동에게는 의사소통을 위한 중요한 방법이기 때문에 좋은 듣기기술을 발달시키는 것이 필요하다. 음악치료를 통해 청각적 식별기술의 증가, 청각적 기억의 증가, 기억을 통한 청각 정보의 회복을 이끌 수 있다. 음악 감상은 청각 정보를 연속적으로 처리하는 과정을 요구하며, 이는 교육 환경에서 청각 정보를 성공적으로 의사소통하기 위해 필요한 듣기기술의 발달에 중요하다(Heinze, 1986, p. 302). 모든 것은 음악을 통해 강화되고 배울 수 있다. 노래 부르기, 역할놀이, 행동 게임 등은 배우는 것의 의미가 무엇이든지 간에 읽기를 위한 유용한 경험을 제공한다. 청각적이고 운동적인 경험은 더 복잡한 사고와 학습을 위한 기본이 되고 관계를 인식하고 패턴을 형성하는 것을 도와준다.

녹음된 음악을 감상하는 것은 단지 여가 시간을 즐기기 위한 방법으로 제공되는 것이 아니라, 녹음된 교과서 또는 다른 정보를 가지고 작업하기 위해 중요한 장비 사용과 좋은 청각적 기술 내에서의 경험을 제공한다(Heinze, 1986, p. 308). 시각장애 아동이 흥미 있게 감상할 수 있는 녹음 곡뿐만 아니라 음악을 위한 책도 많이 있다. 아동은 인덱싱을 포함한 다양한 장비의 통제와 감상 방법의 사용에 대해 학습할 필요가 있다. 음악 감상을 위해 녹음 장치를 사용하는 것으로 동기부여됨에 따라 학생들은 다른 기계 장치의 사용에 대해 용기를 낼 수 있는 값진 경험을 얻는다. 압축 언어(compressed speech)는 몇몇의 교과서에 제공하기 위해 사용되지만 제시된 것으로부터 의미를 이해하기 위해서는 훈련이 요구된다. 합성 언어(synthetic speech)는 컴퓨터로 만들어지는데 최근에 매우 발달해 왔다. 이러한 방법은 학생들이 기계를 사용하는 것이 가능해지면서 의사소통 비율의 증가를 가져왔다.

(3) 인쇄자료 읽기

대부분의 시각장애 아동(70~80%)(Heinze, 1986)은 확대된 인쇄자료를 읽을 수 있다. 몇몇에게는 특별한 변형이 필요할 수도 있다. 악보를 크게 하고 배경과 숫자의 대조를 최대화하며 공간을 많이 두고 모양을 사용하면 분명하게 악보를 볼 수 있다. 컴퓨터로 만들어진 몇 가지 음악 기호는 바람직한 특성을 갖는다. 음악 기호를 만드는 컴퓨터 프로그램과 레이저프린터의 사용은 음악치료사가 적절하게 재료를 구성하고 조정하게 해 준다. 음악 기호를 읽을 수 있다 하더라도 지각적인 영역은 매우 작음을 알아야 한다. 전체적인 악구 또는 하나의 음표 이상을 지각하는 능력은 없을 수도 있다. 악보 읽기는 넓은 영역에 대한 스캔 능력과 주변시력을 광범위하게 사용하는 것을 필요로 한다.

(4) 표현적인 의사소통

맹인 아동에게 중요한 표현기술은 타자기 또는 컴퓨터 사용을 위한 키보드 기술과 점자를 만드는 기술을 포함한다. 타이핑을 위해서는 일정 수준의 손가락 능숙함과 협응 그리고 기본적인 집중(Heinze, 1986, p. 311)이 필요하다. 이것은 소근육 훈련을 위한 음악활동, 예를 들면 키보드, 몇몇 리듬악기, 우쿨렐레, 기타 연주를 통해 향상될 수 있다. 참여를 위한 방법상의 변형과 가사를 추가함으로써 아동은 상당한 집중력과 착석을 유지할 수 있다. 어휘와 언어기술은 노래를 통해 향상될 수 있으며, 읽기와 쓰기를 위한 준비에 추가된다.

또한 음악치료는 비언어적 의사소통 기술을 발달시킨다. 많은 게임에서는 비언어적으로 파트너를 선택하고 대면하는 기술이 필요하다. 표현을 위해 신체언어를 사용하는 것은 율동 노래와 게임에서 배울 수 있다. 특별히 맹인 아동이 의사소통

을 시도하는 상대방에게 얼굴과 눈을 돌리는 것을 배우는 것은 중요하다. 이는 듣는 사람을 집중하게 하고, 얼굴 표정이나 입술의 움직임으로부터 획득한 정보는 의사소통을 도울 뿐 아니라 정상 시력을 가진 사람에게 편안함을 주므로 도움이 된다. 당신에게 말하는 사람이 시선을 다른 곳에 두는 것은 집중하지 않고 있는 것이다. 시선을 두는 것은 의사소통을 배우기 위한 방법이다. 이것이 이루어지지 않으면 우리는 불편함을 느끼고 소통하고 싶지 않을 것이다. 듣는 사람은 우리가 일반적으로 보내는 비언어적인 신호를 해석할 책임이 있다. 그러나 이러한 신호를 볼 수 없다면 다른 수단을 제공하여야 한다. Hyvarinen(1995)은 치료사가 아동들에게 얼굴을 돌리고 아동들의 머리 또는 자세가 앞뒤로 기울어진다면 그가 말하고 있는 사람과 대면할 수 있도록 도와주어야 한다고 제안하였다. 그는 다음과 같이 주장한다.

> 서양 문화에서 눈 맞춤은 사회적인 결속을 위해 중요한 필수조건이다. …… 아동이 눈 맞춤을 할 수 없다면, 다른 아동과 의사소통하는 선택적인 방법을 보호자나 부모로부터 훈련받아야 하며, 그들이 의사소통에 다른 신체적인 반응을 사용하도록 도와주는 것이 중요하다(p. 892).

얼굴 표정이나 동작으로 만들어지는 비언어적 의사소통을 제공하기 위해 추가적으로 청각적 · 촉각적 정보가 필요하다. Huebner(1986)는 "비언어적인 신호를 관찰함으로써 우리는 흔히 청중들이 흥미가 있는지 혹은 지루한지, 동의하는지 혹은 그렇지 않은지, 화가 났는지 혹은 기쁜지 그리고 '자랑스럽다'는 의미의 미소뿐만 아니라 '아니야'라는 의미를 나타내는 부모의 눈길을 이해한다."라고 말했다. 우리는 사회 속에서 교사와 치료사로부터 배우면서 살아가고 있다. 예를 들면, '만지지 마세요.'라는 말은 비록 적절한 것이라도 잘못 이해될 수 있다. 촉각적 정보는 시력을 잃은 아동에게 매우 중요하다. 가장 좋은 지침은 만지는 것이 적절함을 증명하기 위해 어른들이 제시하며, 언제, 어떻게, 어디서 포옹하고, 서로 껴안고, 치고, 촉각적인 강화와 격려를 주는가에 대해 조심스럽게 고려하는 것이다. 모든 아동은 촉각적인 재확인이 필요하지만 부적절하다고 의심받을 수 있는 장소나 방법으로 제공하여서는 안 된다. Bradley-Johnson(1986)은 "신체적인 접촉은 인지 · 사회 · 언어 · 의사소통 기술의 발달을 촉진할 수 있다. 시각장애 아동과 맹인 아동은 그들의 부모가 보호하고 잡아 주는 추가적인 자극이 필요하다." (p. 7)라고 주장했다.

음악치료 활동을 이끄는 동안 언어적인 설명과 함께 활동을 묘사하라. 이는 시각적으로 관찰할 수 없는 아동의 개념 발달에 도움을 준다. 단, 어휘를 고려하라. 색깔 관련 단어와 만질 수 없는 사물의 이미지(예, 구름, 태양, 달)는 이해하기 어렵고 개념적인 가치를 왜곡할 수 있다. 그러나 대상의 이름, 행동의 묘사, 다른 사람들이 하고 있는 것에 대한 설명을 하는 것은 개념 형성뿐만 아니라 지남력에도 도움을 준다. 또한 상대방과 의사소통할 의도가 있다는 것을 알기 위해서는 이름을 사용한다. 아동의 질문을 듣고 완벽한 대답을 하도록 한다.

Dote-Kwan과 Chen(1995)은 시각장애 아동을 대상으로 연구를 하였다. 그는 관찰을 통해 "시각장애를 가진 아동을 도와주는 교사의 일차적인 과제는 시각장애 아동과 일반 아동 사이의 교류를 위해 동기를 부여하고 놀이에서 상호작용을 촉진하기 위한 전략을 사용하면서 흥미 있고 촉각적이며 청각적인 결과를 위한 적절한 장난감을 확인하는 것이다." (p. 215)라고 주장하였다. 이 목적은 음악치료에서 달성될 수 있다.

8) 학 습

(1) 시-운동 협응

시각장애 아동이 학교에서 부딪히는 어려움 중 하나는 시-운동 협응과 관련이 있다. 대상을 보고 소근육 기술과 협응하는 능력의 부재는 일반적인 학습뿐만 아니라 쓰기와 수학의 수행에 영향을 미친다. 컴퓨터는 종이에 쓰는 기술보다는 키보드를 치는 기술을 요하는데, 몇몇 아동이 쓰기와 수학 수업에 참여하는 데 사용되어 왔다. 인쇄된 글자를 보는 것이 어려운 아동도 모니터에 확대된 글자는 볼 수 있다. 또한 모양을 더욱 쉽게 구별하기 위해 배경색을 크게 대조되는 색깔로 바꿀 수 있다. 이때 화면의 번쩍임을 제거하는 것이 중요하다.

체육시간에 사용되는 대근육 기술은 약한 시-운동 협응에 영향을 받을 수 있다. 공간적인 특성 그리고 자신과 공간의 관계를 아는 것은 시각적 지각과 기억을 사용해야 하는 과제가 주어지는 체육시간에 필요하다. 이러한 입력이 없으면 과제는 촉각적이고 청각적인 피드백으로부터 학습되어야 한다. 2세 이후 시력을 잃은 아동이라면 시각적 기억은 여전히 소근육 활동과 대근육 활동에서 사용되는 중요한 정보를 제공한다. 일반적으로 시력 손실이 늦을수록 시각적 기억이 더 오랫동안 유지된다(Dunlap, 1997, p. 62).

(2) 환경적인 고려

맹인 아동과의 모든 활동에서 가구를 동일한 배열로 유지하고, 일정한 자리에서 만나고, 아동과의 관계 속에서 치료사의 위치를 정함으로써 예측 가능하고 일관성 있는 환경을 제공하는 것이 중요하다. 활동 순서에서의 몇 가지 일관성은 안전감을 제공할 수 있다. 예를 들어, 새로운 활동을 가르치기 전 몇 주 동안은 동일한 인사 노래로 시작한다. 다음에 소근육 기술의 발달을 위해 악기를 잡는 활동을 한다. 그다음에는 소리 특성(높고/낮음, 크고/부드러움, 빠르고/느림, 가깝고/멂, 앞/뒤 등)의 식별을 강조하는 감상활동을 한다. 이후에 청각적인 기억과 순서기술을 요구하는 활동을 할 수 있다. 촉각 정보는 대상, 예를 들면 인형, 소리 효과를 위한 악기, 깃발 등을 사용함으로써 획득될 수 있다. 다음에 대근육 기술의 발달을 위한 율동 노래를 한다. 이 세션은 다음 활동으로 이동함에 따라 순차적이고 조용하면서 이완 시간의 신호를 주기 위한 예측 가능한 노래로 끝낼 수 있다. 동일한 순서로 계속되면 아동은 더욱 안전감을 느낄 것이다. 우리 모두는 일상에 흥미를 더하는 놀라움뿐만 아니라 예측성과 순차적인 느낌도 좋아한다.

아동에게 말할 때는 잘 들릴 수 있도록 충분히 조용한 환경을 조성하라. 이것은 시각적 과정이나 모방으로 정보를 얻을 수 없는 상황에서 지침을 줄 때 특히 중요하다.

아동이 약간만 볼 수 있다면 기호나 큰 도표를 사용하도록 한다. 이때 색깔, 문자, 숫자, 모양, 그림 등으로 변화를 줄 수 있다. 이것은 이후 학교에서 읽기를 위해 필요한 정보이기 때문에 좌에서 우로, 위에서 아래로 도표를 읽도록 격려한다. 물론 이러한 기호나 도표가 모든 문화에서 일치하는 것은 아니다.

(3) 관련 장애

시각장애인의 절반 이상이 다른 장애도 함께 가지기 때문에(Bruns & Pate, 1997, p. 262) 보호자는 아동의 인지 능력이 평균 이하인지를 결정하여야 한다. 이 중 일부는 음악치료 초기 진단평가에서 기록될 수 있는데, 특수교육에서 수행되는 검사 점수는 아동의 파일에 기록되어야 한다. 흔히 사용되는 검사는 다음과 같다.

맹인학습 적성검사(Blind Learning Aptitude Test: BLAT) 촉각 자극을 사용하여 순서화, 일반화, 식별 능력을 측정하는 검사(Taylor, 1997, p. 531)

촉각 지능검사 촉각 자극을 사용하여 문제를 해결하도록 하는 6개의 하위검사를 포함한다. 하위검사는 웩슬러 척도(Wechsler Scale)에서와 유사하다(숫자 상징, 대상 조합, 구역 설계, 대상 완성, 무늬 판, 구슬 셈)(Taylor, 1997, p. 531).

Perkins-Binet 지능검사 스탠퍼드-비네 지능검사(Stanford-Binet Intelligence Scale)의 변형으로 N형과 U형의 2가지 형태를 포함한다. 검사는 모두 정신연령과 지능지수를 산출한다(Taylor, 1997, p. 532).

Gardner(1993)는 다양한 형태의 지능에 대해 언급했다(Hyerle, 1996). 아동이 모든 형태의 지능을 사용하기 위해서는 다른 표현 정보와 언어 체계의 패턴을 통합하는 것이 필요하다. 대뇌 영역과 관련된 시각적인 문제는 시각적 집중의 부족, 시각적 기억의 무시, 공간개념의 부족, 시-운동 협응 통제의 부족을 포함한다(Hyvarinen, 1995).

(4) 읽 기

읽기 능력은 다른 시간에 존재하거나 먼 곳에 있어서 전혀 만나지 못하는 사람 혹은 지식에 대한 학습을 가능하게 한다. 문어에 접근하는 것을 배우지 못한다면, 단지 현재 환경에 있는 정보를 통해서만 배우게 되므로 지식이 매우 제한적일 수 있다. 제한된 시력을 가진 아동은 글자를 크게 확대하거나 배경과 숫자가 대조를 이루도록 인쇄한다면 읽을 수 있을 것이다. 가까이에서 확대한 것이 필요한 시각적인 상태는 독자가 즉시 중요한 부분이나 전체를 인식하는 것을 방해할 수 있다 (Heinze, 1986, p. 309). 빛 또한 고려되어야 한다. 치료사는 아동이 가장 잘 읽을 수 있는 방법을 결정하기 위해 빛의 양과 거리를 조절하거나 각기 다른 각도에서 인쇄된 자료를 제시하여야 한다. 음악치료사가 아동의 교사, 부모 또는 전문가와 상의하는 것은 중요하다.

Warren(1995)은 읽기가 성인이 일상에서 사용하는 일상생활 기술(ADL)이라고 주장하였다(p. 880). 사람들은 여러 가지 음식과 약의 이름을 익히고, 다양한 지시를 학습하고, 정보를 조사하고, 청구서를 지불하고, 위치를 찾고, 다양한 상황과 환경에 적응하는 것이 필요하다. 아동은 상점을 비교하고, 청구서를 지불하고, 병원 치료를 스스로 시작하지 않는 경향이 있는 반면, 성인은 시각적인 세상에 살면서 대처하기 위해 많은 지침들을 읽는 것이 필요하다. 일상생활에서 이러한 과업을 성취하는 선택적인 방법은 나이가 들면서 점점 시력을 잃어 가거나 이미 시력을 잃은 아동에게 학습되어야 한다. 이러한 문제들은 특히 당뇨병성 망막증, 녹내장, 노화에 따른 시력 감퇴로 시력을 잃은 노인들에게 심각하며, 노인이 되기 이전에 시각적 문제에 관심을 가지는 것이 중요하다. Fletcher, Shindell, Hindman과 Schaffrath(1991)는 남자보다 여자에게서 저시력 문제가 더 많이 나타나고 이들 중 2/3 이상이 65세 이상의 노인이라고 주장했다. 이는 인구 증가와 더불어 부분적으로는 수명 연장 때문이다. Kirchner(1985)는 2000년까지 특별한 고려가 필요한 심각한 시력 문제를 가진 노인이 170만 명이 될 것으로 추정하였다.

읽기는 일반적으로 인쇄된 단어를 이해하는 것으로 여겨질 뿐만 아니라, 음악기호, 그림, 도형, 지도 등을 이해하는 것도 포함한다. 시력을 잃은 아동은 도드라진 상징 기호, 촉각 감각으로 변형된 단어, 전자장치로 인쇄된 단어, 녹음되거나 컴퓨터에 입력된 말하기를 통해 읽을 수 있다(Heinze, 1986, p. 301).

점자는 고등학교와 대학교에서 진보된 작업이나 복잡한 사고를 위한 가장 중요한 읽기 기법 중 하나로 남아 있다. Louse Braile은 3세 때 시력을 잃었는데, 파리의 Institution National de Jeunes Aveugles에서 학업을 마치고 후에 교사가 되었다. 교사 시절 동안 그는 군대에서 밤에 메시지를 전달할 때 사용하기 위해 Charles Barbier가 고안한 12개의 볼록한 점의 조합 시스템 시연에 참석하였다(Roberts, 1986). Braile은 이 12개의 점을 6개로 줄이고 63개의 가능한 조합을 만들었다. 그의 기호는 그가 죽은 후 2년이 지나서야 프랑스의 학교에서 사용되었으며, 그로부터 7년 후 이것은 Braile 시스템이라고 불리면서 O'Braile이 오르가니스트로 일했던 학교에서 사용되었는데, 이러한 시스템은 음악 기호로까지 확대되었다(Safford & Safford, 1996).

음악은 점자를 통해 학습될 수 있지만, 이는 매우 어렵고 지루한 과정이다. 점자판독기에서 지각되는 단위는 상징화된 음악 정보 조직을 형성하는 도드라진 점들의 집단이다. 시각적인 학습자는 악보를 잘 읽기 위해 2성부 또는 오케스트라나 합창 악보에 있는 전체 악구를 '보고' 배운다.

음악을 음 대 음으로 또는 코드 대 코드로 배우는 것은 매우 어렵다. 그러나 점자의 기본단위는 하나의 조직이다. 대부분의 맹인들은 듣거나 모방을 통해 학습하는 것을 더 좋아한다. 이를 위해 좋은 청각 기억뿐만 아니라 청각적 식별기술이 필요하다. 기억과 식별 모두 연습을 통해 향상될 수 있지만 과정은 매우 느리다. 보고 읽을 수 없으면 음악 연주는 알려진 음악이나 즉흥연주로 제한된다. 따라서 음악을 학습하는 맹인은 점자와 녹음기를 조합하여 사용하기를 원한다. 그러나 음악치료사를 위한 일반적인 훈련에는 점자기술을 학습하거나 사용하는 것은 포함되지 않는다. 따라서 치료사가 이러한 학생을 가르치기 위해서는 점자에 관한 특별한 훈련이 요구된다.

점자를 배우는 것은 많은 시간이 소요되며, 이 능력이 갖추어진 교사가 많지 않기 때문에 점점 쇠퇴해 왔다. 그러나 1990년대에는 시각 정보를 얻을 수 없는 학생

들에게 점자 읽기가 가장 좋은 방법 중 하나라고 생각하였다. 따라서 많은 주에서 점자교육을 요구하는 것과 관련된 규정이 통과되었다. 게다가 대부분의 주에서는 시각장애 아동의 교사들에게 점자 읽기와 쓰기 능력을 요구하였다. 심지어 점자는 기술적인 진보로 인해 인쇄물을 보지 못하는 학생들에게 좋은 도구로 남아 있다.

낮은 시력을 가진 아동들이 특수한 눈의 장치를 사용하려면 그들은 이 장치를 최대한 효과적으로 사용하도록 적절한 훈련을 받아야 한다(McIlwaine, Bell, & Dutton, 1991; Nilsson, 1990; Warren, 1995). 연구에 따르면, 훈련을 받지 않고 장치를 사용하는 성인은 그것을 효과적으로 사용하지 못하는 경향이 있고, 사용하여도 그 결과에 만족하지 못한다고 한다. 더 많은 학습이 의존할 수 있는 개념과 기본적인 기술을 습득하기 위해 읽기를 사용하는 아동에게 훈련이 더욱 필요하다.

컴퓨터 기술은 음악을 만들고 창조하는 데까지 확대되어 사용될 수 있다. 1988년 이후 DMP(The Drark Music Project)는 신체장애인이 기술을 사용하여 음악을 만드는 것을 목적으로 연구되었다(Anderson & Smith, 1996). DMP의 목적은 시스템의 독립적인 통제를 위해 필요한 변형이 무엇이든지 간에, 장애를 가진 사람이 음악을 학습하고 작곡할 수 있도록 해 주는 소프트웨어를 제공하는 것이다. 하나의 변형은 외부의 기계장치를 기본으로 말하기 조합기와 관련된 화면 리더다. 이것은 문장 시스템보다는 그래픽을 사용한다. 몇몇은 도스를 기본으로 하는 음악 프로그램이다. Bretton Hall에서 Cakewalk(음악 편집 프로그램)와 Voyetra 프로그램은 시각장애인이 가장 많이 사용하는 것임을 보여 준다(Anderson & Smith, 1996, p. 111).

부분적인 시력을 가진 사람은 화면의 한 부분만을 확대하는 화면확대장치를 사용한다. 음악 소프트웨어와 사용되는 것 중 매킨토시에서는 'InLarge', PC 윈도우에서는 'MUNAR'가 있다.

작곡을 위해 소비자가 만드는 소프트웨어 패키지는 'E-Scape'다(Anderson, 1993; Anderson & Smith, 1996). 이것은 작곡 또는 조 옮김 같은 작업을 위해 사용된다. 작동은 단지 키보드에서 만들어진 일련의 선택을 하면 된다. 이것이 피드백을 생성하고 다음에 변형될 수 있다. 부분적인 시력을 가진 학생은 악보에서 몇 가지 그림을 선택한다. 이것은 소리장치와 사용되며 E-Scape 통제장치에 연결된다. 사용자는 미디(MIDI)채널, 패치 숫자, 뱅크 체인저, 콘트롤러 숫자 같은 것에 관하여 알 필요가 없다(Anderson & Smith, 1996, p. 113).

학생들마다 선호하는 교육매체가 매우 다양할 것이다. 몇몇은 테이프를 선택할 것이며, 다른 학생은 점자판독기와 촉각 자료에 의존할 수도 있다. 치료사 또는 시각장애 학생과 일하는 사람들은 반드시 다양한 선택에 대해 논의하고 진단평가해야 한다(Griffin & Wehman, 1996, p. 308).

칠판이나 도표를 사용할 때 색깔 수용은 중요하다. 많은 아동들은 대조에 대한 낮은 민감성을 가지는데, Hyvarinen(1995)은 이를 '인접한 표면 사이의 빛에서 미묘한 차이를 지각하는 능력'이라고 정의하였다(p. 894). 가장 확연한 대조를 위해서는 흰 배경에 검은 글씨를 사용하는 것이다(Kalloniatis & Johnston, 1994). 이때 빛과 반짝임이 고려되어야 한다.

아동이 대상에 고정할 수 있으면 The Hiding Heidi Low Contrast Face Test (Presicion Vision, 1995)를 실시할 수 있다(Hyvarinen, 1995). 이러한 정보는 작업치료사, 특수교사 또는 읽기 전문가로부터 보고될 수 있으며, 낮은 시력을 가진 아동에게 자료를 제시할 때 고려되어야 한다.

(5) IEP와 ITP

개별화 교육 프로그램(Individual Education Plan: IEP)은 「공법」 94-142가 통과된 1975년 이후로 요구되었으며, 1990년대 IDEA가 통과된 이후 계속 요구되고 있다(IDEA 또는 PL 101-476). 게다가 IDEA는 개별화 전이 계획(Individual Transition Plan: ITP)을 권장한다.

> 전이 서비스는 학생을 위한 일련의 조정된 서비스를 의미하며 과정을 중심으로 결과 내에서 설계되고 학교로부터 학교 외부 활동으로 움직임을 촉진하는 것으로, 중등과정 후 교육, 직업 훈련, 통합적인 고용, 고용의 지원, 지속적인 성인 교육, 성인 서비스, 독립 생활 또는 지역사회의 참여를 포함한다(PL 101-476, 20 U.S.C., 140)([a][19]).

개별화 전이 계획은 개별화 교육 프로그램처럼 법적으로 요구되는 것은 아니지만, 매우 폭넓게 적용되어 왔다. 음악치료사의 공헌 중 하나는 지역사회의 경험과 참여를 제공한다는 것이다. 성공적인 전이를 위해 학생들은 지역사회에서 친구를 만들고 관계를 유지하는 데 필요한 사회기술과 여가기술을 습득해야 한다. 또한 이것은 음악치료에서 연습되고 학습된 기술로부터 발전될 수 있다. ITP는 일반적으로 여가의 목적을 포함한다. 음악치료사는 팀에서 이러한 목적을 달성하기 위해 가치 있는 제안을 한다. 분명히 전체 ITP는 실제 지역사회의 자원뿐만 아니라 가족과 각 개인의 요구에 대한 민감성을 가지고 기록되어야 한다. 사람들을 흥미가 없는 프로그램에 참여하도록 하는 것은 함께하고 싶은 사람들과 하고 싶은 것을 하는 여가활동의 기본적인 목적을 무시하는 것이다(West, Gibson, Unger, & Kane, 1996, p. 240).

9) 운 동

> 시력은 멀리서도 대상에 대한 지각을 가능하게 한다. 이것은 전체 안에서 대상을 보는 것뿐만 아니라 색깔의 해석, 대상의 차원적인 질, 거리에 대한 느낌, 신체가 안정적으로 동작을 경험할 수 있도록 감각을 제공한다(Dote-Kwan & Chen, 1995, pp. 205-206; Barraga, 1986).

볼 수 없는 아동은 흥미 있는 대상에 대해 시각적으로 자극받지 못하기 때문에 보행이 느리고 서툴다. Skaggs와 Hopper(1996)는 아동에게 안전한 환경에서 움직임을 유발하기 위해 청각 신호가 주어질 때, 아동의 탐색적인 행동이 증가한다고 주장하였다. 10명의 선천적인 맹인 아동과 그 가족에 관한 장기적 연구인 '맹인 유아와 취학 전 아동에 대한 조기 중재 및 가족상담에 대한 Bielefeld 프로젝트' (독일연구협회의 기금으로 Brambring(1996)이 보고함)에 따르면, 맹인 아동은 또래 아동에 비해 대근육 운동기술이 지체됨을 보고하였다. 조산일 경우의 지체는 정상아보다 매우 유의미하게 낮다. 조산아와 정상아의 시력에서 차이가 더 크다.

(1) 움직임을 위한 동기부여

Fraiberg(1977)와 Bigelow(1992)는 소리를 따라 걷거나 기는 아동을 격려하기 위해 소리 나는 물체를 사용하였다. 그러나 Bielefeld 프로젝트는 소리 나는 물체에 도달하는 것과 이동 동작의 수행 사이에서 원인과 시간적 관계를 발견하지 못했다. 그들은 어머니의 행동이 매우 중요한 요인임을 발견하였다.

어머니가 정서적으로 반응적이고 소리가 나는 방향으로 자극을 제공하면 운동발달이 조장되고 증가를 보인다. 음악치료사는 소리에 따른 움직임을 증가시키고, 흥미 있는 소리를 사용하여 이동성 동작을 자극할 수 있다. 대상을 얻기 위해 움직이거나 또는 그것을 추구하는 욕망을 자극하기 위해 대상에 대한 몇 가지 지식이 필요하다. 따라서 활동이 동작을 유발하는 것이 아닌 대상의 조작과 친숙함이 이동 동작기술을 요구하는 활동에 선행되어야 한다. 맹인 아동은 대상에 관한 것과 그 위치를 찾는 방법을 배움에 따라 이동 동작기술이 더욱 능숙해지고 움직임에 더 많은 동기가 부여된다(Bigelow, 1992, p. 187). 가까워질수록 소리가 커지고, 멀어질수록 소리가 작아지는 것(또는 높고/낮음, 음색 차이, 빠르고/느림)을 들으면서 아동은 물체의 위치를 찾는 것을 즐기게 된다.

(2) 방향감각과 운동성

방향성에 대한 연습은 소리 식별기술뿐만 아니라 이동성에서 확신을 준다. 이것은 공간에 대한 방향성, 이동과 관련된 공간적 관계의 학습을 위해 중요하다. 자유롭게 움직이면서 자세와 균형 또한 향상될 수 있다. 손을 잡고 원을 형성하여 진행되는 게임은 보이지 않는 공간을 자유롭게 움직이는 것보다 두렵지 않다. 이때 성공을 위해 위험이 없는 공간을 제공하는 것이 중요하다. 카펫은 예상치 못한 낙상의 충격을 완화시켜 주지만, 나무 바닥은 움직임에 대한 소리의 피드백을 주므로 방향성에 도움을 줄 수 있다.

아동이 항상 자신감과 유능감을 갖고 독립적으로 성장할 수 있도록 하는 것이 목적이기 때문에 자유로운 움직임의 성취를 통한 자존감의 증가, 공간에 대한 방향성이 활동 목적이 될 수 있다. 움직임에서 제한을 받는 아동은 독립성과 자신

있는 운동성을 위해 필요한 인지적 지도 또는 신체적 운동기술이 발달되지 않을 것이다. 더 많은 사회적 교류를 위한 기회도 제한된다. Skaggs와 Hopper(1996, p. 22)는 시각장애인은 비장애인보다 주로 낮은 수준의 운동 수행과 신체 건강을 보인다고 하였다. 신중하게 계획된 프로그램을 통해 운동 수행과 일반적인 신체 건강이 향상될 수 있다.

Hill(1986)에 따르면 O와 M(orientation and mobility)의 일반적으로 인정된 4가지 시스템은 안내인, 긴 지팡이, 안내견, 전자식 이동 보조장치(electronic traveling aids: ETAs)다(p. 316). 각 시스템은 각각 장단점이 있으며, 대부분 학생들은 서로 다른 상황에서 적용될 수 있는 시스템을 조합하여 사용한다. 예를 들어, 복잡한 도시를 걸을 때는 건물에서 나오는 메아리와 복잡한 교통에 따른 잡음이 방향성을 위한 청각 신호에 혼란을 줄 수 있기 때문에 안내인이 가장 안전하다. 그러나 이것은 다른 시스템이 사용될 수 있는 상황에서는 독립성을 기르기 위해 바람직하지 않다.

긴 지팡이는 피해야 하는 장애물 또는 표면에 대한 정보를 얻기 위해 걷기 전에 사용하는 것이다. 이것의 큰 단점은 상체가 대상(예, 나뭇가지, 낮게 걸린 고정물)으로부터 보호받지 못한다는 것이다. 다른 사람에게 시각장애인임을 나타내는 것도 장단점이 있다. 공항 같은 공간을 걸어갈 때 사람들은 맹인임을 확인하는 즉시 도움을 주거나 필요한 정보를 기꺼이 제공한다. 그러나 작은 시골 마을에서는 맹인들이 여행할 수 있는 능력에 대해 사람들이 존경할 필요도, 도움을 줄 필요도 없다.

1929년 이후 Seeing Eye 회사는 뉴저지 주의 모리스타운에 있었다. 그러나 시각장애인의 단 2%만이 안내견을 사용한다. 안내견을 데리고 있으면서 안내견이 제복을 입고 있는지, 어떤 형태의 방심을 주의해야 하는지를 기억하는 것이 중요하다. 또한 안내견에게 말하고 살짝 두드려 주도록 한다. 이것은 집단의 다른 사람, 즉 개를 애완견으로 다루고자 하는 사람들에게 설명되어야 한다. 이렇게 하는 것은 작업 파트너로서 동물의 경계심을 일깨우고 시각장애인을 위험에 빠뜨리지 않도록 해 준다.

전자식 이동 보조장치(ETAs)는 중심 범위 내에서 환경을 감지하는 신호를 발산하여 정보를 반영하고 사용자에게 적절한 자료를 제공한다. 이 장치는 흔히 다른 형태의 이동성 시스템을 사용하는 사람에게 제2의 보조장치로 사용된다. sonic guide 같은 몇몇 장치는 방해물을 감지하는 것뿐만 아니라 표면의 특성에 대한 정보를 주기 때문에 방향성과 이동성 훈련을 위해 사용된다(Hill, 1986). 몇몇은 소리 피드백뿐만 아니라 촉각 정보를 준다. Pathsounder와 Mowat Sensor, Sonic guide는 모두 공간을 감지하기 위해 음파를 사용한다. C-5 레이저 지팡이는 청각적이고 진동적인 피드백을 주기 위해 적외선을 사용한다. 몇 가지 다른 형태의 장치는 개발 중이지만 대부분 어린 아동이 사용하기에는 어렵다. 기본적인 사용은 이미 방향성을 가지고 있고 다른 시스템을 사용하는 사람에게 안전감과 이동기술을 증가시키기 위한 것이다.

음악치료사는 가깝고/먼, 높고/낮은, 위/아래, 주변/사이 등 공간적인 개념을 학습시키기 위해 소리를 사용할 수 있다. 대부분 아동들은 자기와 관련된 대상을 시각적으로 관찰하거나 놀이를 통해 이러한 용어를 배운다. 개념적인 이름 붙이기는 언어 발달로부터 발생한다(Hill, 1986, p. 321). 행동과 관련된 노랫말은 시각장애 아동에게 공간 속 대상에 대한 이해뿐만 아니라 적절한 언어 개념을 학습하는 데 도움을 준다. 공간에서의 더 많은 범주들은 모양(삼각형, 원, 사각형 등), 크기(크고/작음, 무겁고/가벼움 등)를 포함한다.

음악치료사는 방향성/이동성 전문가, 공간교육 교사, 부모와 좋은 협력 관계를 맺어야 한다. 또한 아동은 협응적이고 지속적인 훈련을 통해 움직임에 대한 자신감과 독립성을 기를 수 있다. 치료사가 안내인처럼 행동하는 경우는 학생에게 계속해서 신호를 주어야 한다. 일반적으로 학생의 팔꿈치 윗부분을 잡고 뒤에서 조심스럽게 걷도록 한다. 치료사의 신체적 움직임은 불규칙한 공간 또는 방해물에 대한 신호를 제공한다. 좁은 길을 지날 때는 팔을 뒤로 하여 잡도록 하고 치료사가 먼저 움직이면 뒤에서 바로 따라 움직일 것이다. 계단을 내려갈 때는 계단이 시작되고 끝나는 신호로 처음과 마지막 계단 전에 잠시 멈춘다. 의자를 제시할 때는 학생의 손을 의자 뒤에 두도록 한다. 그는 앉기 전에 장애물을 확인하고 의자

높이를 가늠할 것이다. 교사 또는 방향성/이동성 전문가를 통해 이러한 모든 것이 흥미를 유지하면서 복습되어야 한다.

부분적인 시각을 가진 아동은 빛의 양이 갑자기 달라질 때, 예를 들면 어두운 복도를 들어서거나 밝은 교실에 들어갈 때 어려움을 경험한다. Kalloniatis와 Johnsin(1994)은 아동은 계단을 오를 때보다 내려갈 때 더 어려워하는 것을 발견하였다. 계단이 페인트로 표시되거나 미끄럼 방지 재료로 되어 있거나 대조가 크게 되어 있으면 도움이 된다. 화장실, 출입구, 엘리베이터, 방 등을 표시하기 위해 큰 대조를 이루는 신호가 사용되어야 한다.

아동의 자세와 머리 위치를 확인하라. 흔히 제한된 시야 때문에 그들은 더 좋은 위치에서 움직임을 시도하려고 한다. 눈과 손의 협응을 요구하는 과제를 하는 동안 특별히 이것을 살필 수 있다.

10) 정서/사회성

Bielefeld 프로젝트에서 부모의 가장 큰 관심은 운동성이나 자조기술이 아닌, 아동의 사회성/정서의 발달임을 발견하였다. 가장 빈번하게 언급되는 문제는 두려움(소음, 동물, 새로운 자극 등에 의한), 다른 아동이나 성인과의 상호작용, 어머니에 대한 애착이었다(Brambring, 1996, p. 428). 이것 역시 청각적 환경에서 경험을 제공하는 음악치료사에게 중요하다. 시각 문제를 가진 아동에게는 음악 게임에의 참여, 합주, 나누기의 학습, 교대로 하기, 다른 사람과 협조함으로써 제공되는 사회적 상호작용이 필요하다.

환경에서 사건을 관찰하는 능력은 그것에 관한 정확한 결론을 내릴 수 있지만, 감각적 입력이 필요한 정보를 제공해 줄 수 없거나 입력이 왜곡될 때는 그것에 대한 의사결정을 제한하게 한다.

Dodds(1993)는 '대처'를 '인간이 그가 사용할 수 있는 자원과 그에게 부과되는 것 사이에 불일치를 감소시키는 능력'이라고 정의하였다(p. 33). 환경에 대한 대처기술의 감소는 불안과 우울을 야기한다. 이러한 증상은 함께 나타나며 특별히 최근에 시력을 잃은 사람에게는 더욱 그렇다. 일상생활의 가장 단순한 활동이라도 과거의 습관을 대신하는 행동 방식이 새로워짐에 따라 재학습되어야 한다. 이것은 두려움과 의존성 또는 부적절성의 느낌을 줄 수 있으며, 특히 새로운 학습이 발생하기 전에 그러하다. 아동이 내적인 힘과 능력을 인식하고 인정하도록 돕는 것이 중요하다. 이때는 지지가 필요하지만, 독립성 역시 격려되어야 한다. 또한 Dodds(1993)는 외부 자극을 위해 직접적으로 외부 세계에 집중할 필요가 있음을 주장하였다. 이것은 시각 자극을 통해 제공된다. 자극이 결여될 때 아동은 위축되고 외부 세계에 초점을 맞추기보다는 내면의 사고와 기억에 집중한다. 음악치료는 외부 세계에 집중할 수 있는 다양한 소리 자극과 흥미를 제공할 수 있다.

비록 잘못된 선택일지라도 시각장애 아동이 선택하고 결정하도록 허용하는 것은 중요하다. 이것은 아동이 다른 사람에게 의존하지 않고 통제력을 발휘하게 한다. 출생 이후 맹인이 된 사람은 이동 시 우연히 떨어지거나 약간 타박상을 입는 것이 더 유용하다고 한다. 이것은 사회적 상호작용에도 적용된다. Bradley-Johnson (1986)은 "아동이 환경을 적극적으로 탐색하는 데 실패한다면 운동 · 언어 · 인지 · 사회 기술에 장애를 입을 것이다."(p. 41)라고 주장하였다. 신호가 없거나 잘못 해석될 때 몇 가지 반응이 부적절할 수도 있다. 그러나 사회적 상호작용에 대한 경험만이 다른 사람에 대한 민감성을 재정비하는 기회를 제공할 수 있다. 지각될 수 없는 동작, 얼굴 표정, 신체 자세는 혼란을 증가시킨다. 따라서 아동에게 더 많은 청각적 · 촉각적 신호가 필요하다. 사회적 상호작용을 위한 빈번한 기대와 경험이 없으면 장기적인 사회적 고립으로 인해 사회적 문제가 발생할 것이다. Griffin과 Wehman(1996)은 잘 보고 잘 듣는 동료와 함께 상호작용하기를 요구한다(p. 307). 감각장애를 가진 아동은 유사한 장애를 가진 동료와 쉽게 교류하거나 혼자 남아 있는 것을 볼 수 있다. 여전히 거기 있고 여전히 듣고 있고 여전히 흥미가 있다고 확신을 주는 것은 사회적 상호작용에 도움을 준다. 재확신과 통합을 위한 많은 비언어적인 신호는 비효과적일 수 있으므로 치료사는 시각장애 아동이 집단의 일원이며 함께하기를 기대한다는 것을 명확히 하는 방법을 발견하여야 한다.

아동들은 시각적 관찰과 우연한 학습을 통해 일상생활의 많은 활동을 습득하기

때문에 시각장애 아동이 이러한 기술을 학습하기 위해서는 더 많은 주의가 필요하다. 이것은 또한 나이에 적절한 행동은 물론 독립성과도 관계가 있다. 사회학습이론은 행동과 환경과의 관계를 기본으로 한다. 특정 환경에서 사람들의 행동과 태도가 중요하다. 아동이 독립적으로 성장하기 위해서는 그와 함께하는 모든 사람들이 아동의 성공에 대한 기대감을 갖고 있어야 한다. 이것은 아동이 집단활동에 참여하고 역할을 수행하는 데 기대감의 지표인 행동을 통해 수반되어야 한다. 치료사가 아동의 수행 능력에 대해 의구심을 품는다면 이것이 아동에게 분명히 전해질 것이다. Schloss(1984)는 사회기술 그리고 학교와 지역사회에서의 아동의 적응에 어려움을 가져오는 과도하게 파괴적인 반응, 대인관계 반응의 결핍, 선택적인 친사회적 반응 등에 대해 지적하였다. 이것들은 사회기술 훈련과 경험을 통해 개선되어야 하는 부분으로, 학생들이 음악치료에 의뢰되는 주된 원인이기도 하다.

Huebner(1986)는 시각장애 아동의 사회기술의 진단평가는 안전, 균형, 독립성, 능력, 전통적 접근의 적용에 관한 과제를 수행하는 것으로 평가되어야 한다고 제안하였다(p. 341). 이러한 기술은 새로운 행동을 습득하는 데 더 많은 경험을 제공하면서 학습하거나, 새로운 행동의 학습에 요구되는 기간과 횟수를 바탕으로 더 많은 교육이 필요하다고 제안하였다. 분명히 모든 행동은 나이에 적절하여야 한다. 다시 말하면, 생활연령보다는 발달상의 나이, 능력, 흥미와 일치하여야 한다(Huebner, 1986, p. 342). 또한 부모와 교사에게는 아동의 사회기술을 향상시킬 의무가 있다. 주의 깊게 조정하고 의사소통하면서 몇 가지 영역에서 새로운 기술이 연습될 수 있다. 결국 이것은 지역사회 환경에서 이루어져야 한다.

시각장애 아동에게 종종 나타나는 상동행동은 눈 비비기나 파기, 몸 흔들기, 머리 흔들기 또는 기타 반복적인 행동이다. 이는 시각장애 아동에게만 나타나는 독특한 것은 아니지만 변화가 필요한 부적절한 행동이다. 이러한 행동은 부모나 다른 사람, 심지어는 스스로를 두렵게 하고 그들이 정서장애 혹은 발달지체라는 거짓된 믿음을 야기한다. 그들은 다른 아동들로부터 괴롭힘과 따돌림을 당할 수도 있다(Huebner, 1986, p. 349). 그들은 환경적인 자극과 피드백을 받기 위해 이러한 행동을 하는 것일 수도 있다. 따라서 감각 자극, 움직임, 목적적으로 적절한 행동을 제공하는 음악 프로그램은 부적절한 상동행동을 감소시키거나 금지하는 데 도움을 줄 수 있다.

시력 결핍이 사회 관계를 맺기 위한 행동의 학습에 지장을 주는 것처럼, 정서적인 표현에도 방해가 될 수 있다. 동작, 신체언어, 얼굴 표정은 우리가 상황에 대해 정서적으로 어떻게 반응하는지를 다른 사람에게 알려 준다. Bradley-Johnson (1986)은 관찰자는 시각장애 아동의 정서적인 표현을 이해하는 데 주의해야 한다고 강조하였다(p. 24). 특별히 새로운 학생을 진단평가하는 데 주의가 필요하다. 아동에게서 반응 결핍이 보인다는 이유만으로 정서 결핍으로 해석하여서는 안 된다. 아동은 매우 적절한 정서를 가지지만 관찰 가능한 정서적 행동은 부족할 수 있기 때문이다.

음악치료에서 일차적인 목적은 집단 아동들 간에 사회적인 상호작용을 증가시키는 것이다. Schneekloth(1989)는 맹인, 부분 시력을 가진 아동, 정상 시력 아동을 놀이에서 관찰하였다. 그 결과, 시각 문제가 심할수록 혼자 보내는 시간의 양이 많았다. 아동이 다른 아동을 볼 수 없으면, 모방을 하지 못하기 때문에 대등한 놀이가 이루어지기 어렵다. Erwin(1993)은 통합 환경 또는 특수 환경에서 혼자 놀이하는 것은 아동들에게 더 일상적임을 발견하였다. 따라서 사회적 상호작용을 자극할 수 있는 음악치료 활동은 아동이 다른 아동과 함께 놀이하고 따라서 학습하도록 가르치는 데 사용된다. Rettig(1994)는 리듬, 노래 그리고 인지적 발달과 언어를 촉진하는 이야기가 정상 시력 아동과 시각장애 아동 사이의 사회적 상호작용을 증가시킬 수 있다고 주장하였다.

사회적 상호작용을 시작하는 능력은 약간의 자신감 및 사회적 상황과 환경에 대한 통제감이 필요하다. Crocker와 Orr(1996)는 교사가 단지 참석하는 것보다 상호작용을 촉진할 때 오히려 접촉이 덜 빈번해짐을 발견하였다. 심지어 그들이 교류할 때도 접촉은 잠시 동안 유지될 뿐 안정적인 관계가 지속되지 않았다.

Sacks와 Gaylord-Ross(1989)의 연구를 기본으로 Dote-Kwan과 Chen(1995)은 사회적 행동, 예를 들면 관계의 시작, 집단 참여, 다른 사람과의 공유를 위해 동료가 중재하는 훈련을 사용할 것을 충고하였다. 이것은 청소년에게 더 중요한데, 이들은 많은 사회학습에서 성인보다 동료로부터 영향을 받기 때문이다. 일반 학생과 시각장애 학생이 함께하는 집단의 청소년은 대부분 공립학교의 음악 수업에서 가능하다. 치료사는 여전히 바람직한 사회적 행동이 발생할 수 있는 환경과 상황을 제공하는 데 집중할 필요가 있다.

개별 음악 감상과 음악 연주가 일반 학생과 시각장애 학생 모두에게 훌륭한 여가기술이 되더라도 그것들이 사회적 상호작용의 장벽이 되어서는 안 된다. 학생이 또래로부터 부적절하다거나 인정받지 못한다고 느낄 때, 이어폰이나 연습실은 '안전' 하며 사회적으로 용인된 후퇴의 수단이 된다. 이것은 잠시 동안 사회적 상호작용에서 벗어나고 이완을 위한 공간이 될 수 있지만, 궁극적인 목적은 사회적인 상호작용을 편안하게 유지하고 확립하는 것이다.

모든 청소년은 자아를 인식하는 시간을 겪고, 급격한 신체적 변화의 불편함을 경험한다. 이것은 모든 사람이 자신을 주시하고 있다고 생각하는 시각장애 청소년에게는 더욱 악화시키는 요인으로 작용할 수 있다. Tuttle(1984)은 자기 인식은 특성화된 대처기술과 시각장애 아동이 사용하는 보조장치가 그들을 집단에 섞이지 못하게 하고, 익명으로 남게 한다고 설명하였다. 음악치료는 이들에게 사회적 상호작용이 더욱 편안해질 수 있는 환경과 구조적인 활동을 제공할 수 있다. 모든 청소년은 새로운 사회적 행동을 시도하기 위한 시간과 장소가 필요하고, 집단의 일원으로 함께하는 것과 그렇게 하지 않는 것에 대한 피드백을 받는다. 일반 청소년과 시각장애 청소년이 함께 음악치료 집단에 참여할 때 강한 사회적 결속이 이루어질 수 있다. 그러나 치료사는 최종적으로 음악 수행보다는 사회적 상호작용에 더욱더 관심을 가져야 한다. 이것은 모두가 의사결정, 언어적 · 음악적 참여, 다른 사람에 대한 존중이 관계될 때 가능하다.

11) 지남력과 조직화

볼 수 없거나 시각이 제한되거나 왜곡된 아동에게 구조는 특별히 필요하다. 안정, 순서, 잘 조직된 환경의 제공이 이러한 집단과의 활동에서 성공을 위한 필수 조건이다. 조직화된 공간에 악기를 놓고 의자와 큰 장비, 예를 들면 피아노나 사운드 시스템을 항상 동일한 장소에 배치하고, 예측성과 안정성이 추가된 부속물과 코트를 걸어 두기 위해 동일한 장소를 제공한다(Bradley-Johnson, 1986). 위험을 제거하기 위해 미끄러운 유리문이나 화면이 보이도록 대조적으로 제공하고 바닥에서 물체를 제거하며 문을 부분적으로 열어 놓지 않는다. 환경의 혼란을 감소시키고 안전감을 제공하는 것이 중요하다. 이것은 스스로에 대해, 공간에 대해, 시간에 대해 지남력을 요구한다.

(1) 자신에 대한 지남력

자신을 다른 사람과 구별하고 심지어 환경과 구별하는 것은 출생 후 바로 시작되어야 한다. 자신이 무엇인지, 무엇이 아닌지는 아동의 최초 놀이에 따라 정의된다. 그러나 많은 과제는 촉각적이기보다는 시각적이므로 볼 수 없는 아동은 지체될 수 있다. 과제는 촉각적 · 청각적 자극을 통해 수행될 수 있다. 환경을 통제하기 위해 자신을 사용하는 학습은 이후에 발생한다.

또한 자기정체성은 정확한 대명사와 자율성을 의미하는 언어를 통해 나타날 수 있다. Rettig(1994)는 "상징 놀이에 가장 잘 참여하는 아동이 또한 대명사(예, '나'가 발달되고 '아니'라는 단어)의 사용을 통해 자기주장을 한다."(p. 413)라고 하였다. Erin(1990)은 정상, 맹인, 낮은 시력을 가진 취학 전 아동의 언어 사용을 연구하였다. 그녀는 몇 가지 차이점을 발견하였는데, 특히 대명사의 사용과 문장 형태의 변형(예, 반복적인 형식, 질문, 문장)에서였다. 그녀는 '이러한 아동들의 대명사 사용에서 불완전한 해결은 시각장애 아동이 자기표현을 하기 위한 시간이 필요함을 반영하는 것이며, 또한 단순히 사람들이 볼 수 없을 때 사람을 '나' 또는 '너'에 일치시키는 것에 도전받는 것을 반영할 수도 있다.' 고 결론을 내렸다(p. 190; Warren, 1984).

아동은 자신이 사건을 목적적으로 통제하는 데 영향을 미칠 수 있다고 느껴야 한다. 그리고 이러한 사건들은 예측 가능하다. 유아들은 '내가 이것을 하면 그것

은 발생할 것이다.'와 관련된 학습을 위해 많은 시간을 보낸다. 결과가 예측 불가능하거나 어른들이 모든 결과의 통제를 주장하면, 이러한 탐색적 놀이는 아동의 통제감을 발달시킬 수 없다. 행동이 사물을 변화시킬 수 있다고 믿는 사람들은 내면에 통제의 중심을 가지고 있다고 여겨지고 거의 '아니'라고 대답을 하지 않으며 반대의 입장에 남아 있는 사람이다(Dodds, 1993, p. 39). 통제의 위치는 아동이 선택하도록 허락하고 집중과 칭찬에 따른 결과를 격려함으로써 강화된다. 이것은 자기효능감과 매우 관련이 있는데, 과제에 대한 시도에 기대감을 갖는 것이다. 음악치료사는 자기효능감을 강화하기 위해 아동이 성공할 수 있는 능력 내에서 과제를 제시하여야 하며, 다음에 강화될 수 있는 작은 부분으로 새로운 학습을 소개한다. 새로운 과제가 너무 빠르고 지나치게 크게 제시되면 실패하게 되고 이것은 자기효능감과 통제감을 저하시킨다. 아동이 성공적으로 환경에 영향을 미침에 따라 그들은 행동과 사건의 관계에 대한 정신적인 지도를 형성한다. 이것은 항상 성공할 것이라는 과장된 기대감이 아니며, 실패가 계속될 것이라는 기대감 없이 정확해야 한다.

모든 사람들은 자신이 잘할 수 있는 것, 약간의 어려움이 있지만 잘할 수 있는 것, 능력 범위 내에서는 할 수 없는 것이 있음을 알아야 한다. 예를 들면, '나는 절대로 오페라에서 노래하지 않을 것이며 또한 스케이팅으로 올림픽 메달을 딸 수 없을 것이다.' '나는 교회 성가대에서 노래할 수 있고, 약간 조심하면 스케이트장에서 스케이트를 탈 수 있다.' 등의 인식을 할 수 있으며, 모든 것은 경험을 통해 그들의 능력과 재능에 감사하고 한계를 인정하는 것을 배워야 한다. 이것은 성인이 비현실적인 수준에서 기대감을 갖거나 탐구를 제한함으로써 문제를 만들지 않는다면, 시각 문제를 가진 아동에게도 다르지 않다. 반복적인 실패는 독립된 성인이 되기 위해 필요한 학습 의욕을 잃게 하고 도움이 제공되지 않는다고 느끼게 할 수 있다. 지나친 제한은 지지의 결핍을 경험하게 하며, 새로운 것에 대한 시도를 꺼리게 하는 원인이 된다.

(2) 공간에 대한 지남력

공간적 지남력은 대뇌가 환경과 사람들과의 관계에 대한 많은 정보를 저장할 수 있기 때문에 가능하다. 저장된 많은 정보는 시각을 통한 것이지만, 환경의 특성, 거리, 방향에 대한 감각과 운동 경험으로부터도 많은 것이 저장된다. 지남력과 운동성은 개인이 공간과 자신의 관계에 대한 지도를 형성하는 방법이다. 음악은 안전한 환경에서 운동성을 연습할 수 있는 기회뿐만 아니라 지남력을 위한 유용한 신호를 제공할 수 있다. 아동들이 게임과 율동 노래를 부르는 것은 공간에 대한 지남력을 위해 필요한 대뇌 지도를 창조하는 데 도움을 준다.

또한 아동이 조작기술과 대상의 상징적 사용을 위해 적절한 대상을 사용하는 것은 중요하다. 소근육 기술은 후에 발달되며 시각적으로 지각되어 물체의 사용(예, 인형, 장난감 트럭)이 제한되는 아동에게는 거의 의미가 없다. Tröster와 Brambring(1994)은 "맹인 아동에게 그들의 행동의 원인과 결과를 통제하는 것을 허락하고, 그들이 유발하는 청각적 · 촉각적 영향에서 동기를 부여받도록 설계된 놀이 재료는 그것을 가지고 노는 놀이를 자극할 것이다."(p. 430)라고 설명한다. 자기와 관계된 대상의 개념을 형성하는 것은 공간에 대한 지남력의 한 부분이다.

(3) 시간에 대한 지남력

시간에 대한 지남력은 밤과 낮이 빛의 변화에 따라 지각되지 않는다면 제한될 수 있다. 일상적인 스케줄을 따르고 '지금부터 오랜 시간 동안' 또는 '매우 빨리'를 추정하는 것은 시간에 대한 지남력의 일부분이다. 청각적인 신호, 예를 들면 일관성 있는 인사나 헤어지는 활동은 시간 사건에 대한 지남력을 기르는 데 도움을 준다. 모든 청각적인 사건은 시간을 기본으로 한다. 공간에서의 소리는 신호의 도착 시간의 지각을 통해 평가된다. 이것은 4채널 방식 또는 입체음 방식에서 중요하다. 이것은 다른 것보다 어떤 소리가 약간 후에 도착하는 원리를 이용한 것으로 환경에서 우리 경험의 재생과 유사하다. 시간 추정의 이러한 형식은 차폐(매스킹)와 메아리(에코)를 통한 왜곡이 지남력을 파괴할 수 있기 때문에 환경적인 지남력에 매우 중요하다.

아동이 자아, 공간, 시간에 대한 지남력이 증가됨에 따라 이러한 개념들이 다른 상황에서 일반화되는 것은 매우 중요해진다. 이것은 교사, 부모, 치료 관계자, 치료사 등 모두가 유사한 기대감을 공유하고 연습을 위한 다양한 기회를 제공할 때 발생할 수 있다. 아동은 문제해결 기술과 행동수정을 통해 성장할 수 있는 기회를 제공받아야 한다(Griffin & Wehman, 1996). 이것은 성인이 모든 결정을 내리는 환경에서는 불가능할 것이다. 아동은 반복적으로 실수를 하면서, 이를 수정하기 위한 전략을 발달시켜야 한다. 이러한 과정을 통해서만 아동이 과제를 시작하기 위한 능력을 발달시키고, 독립적이고 성공적으로 성취할 수 있다.

낮은 시력은 기본적인 자조, 여가, 의사소통, 지역사회의 참여로부터 개인의 삶의 모든 측면에 영향을 미친다(Warren, 1995, p. 859). 시각장애 아동이나 맹인 아동과 일하는 음악치료사는 아동 발달의 모든 면을 고려하여야 한다. 팀 구성원 간의 신중한 의사소통을 통해 아동은 독립된 성인이 되기 위한 모든 역량을 발달시키면서 포괄적인 프로그램을 제공받을 수 있다.

참고문헌

Allen, L. (2002). Paediatric eye examination. In A. Moore & S. Lightman (Eds.), *Paediatric ophthalmology* (pp. 14-25). London: BMJ Books.

Anderson, T. M. (1993). *E-Scape: An extendible sonic composition and performance environment*. Ph.D. Thesis, York University, UK. (As quoted in Anderson & Smith, 1996).

Anderson, T., & Smith, C. (1996), 'Composability': Widening participation in music making for people with disabilities via music software and controller solutions. *Assets '96, The Second Annual ACM Conference on Assistive Technologies*. New York: The Association for Computing Machinery.

Apt, L., & Miller, K. M. (Assoc. Eds.). (1996). The eyes. In A. M. Rudolph, J. I. E. Hoffman, & C. D. Rudolph (Eds.), *Rudolph's pediatrics* (20th ed.) (pp. 2063-2127). Stamford, CT: Appleton and Lange.

Baker, S. P., O'Neil, B., Ginsberg, M. J., & Li, G. (1992). *The injury fact book* (2nd ed.). New York: Oxford University Press.

Baker-Nobles, L., & Rutherford, A. (1995). Understanding cortical visual impairment in children. *The American Journal of Occupational Therapy, 49*, 899-903.

Barraga, N. (1986). Sensory perceptual development. In G. T. Scholl (Ed.), *Foundations of education for blind and visually handicapped children and youth: Theory and practice* (pp. 83-94). New York: American Foundation for the Blind.

Bigelow, A. E. (1992). Locomotion and search behavior in blind infants. *Infant Behavior and Development, 15*, 179-189.

Bradley-Johnson, S. (1986). *Psychoeducational assessment of visually impaired and blind students*. Austin, TX: Pro-ed

Brambring, M. (1996). Early intervention with blind children: Main findings of the Bielefeld Longitudinal Study. In M. Brambring, H. Rauh, & A. Beelmann (Eds.), *Early childhood intervention: Theory, evaluation, and practice* (pp. 419-435). Berlin: de Gruyter.

Burns. A., & Pate, N. M. (1997). Motor development and occupational therapy services. In L. L. Dunlap (Ed.), *An introduction to early childhood special education* (pp.197-215). Boston: Allyn and Bacon.

Butera, C., Plotnik, J., Bateman, J. B., Alcorn, D., & Maumenee, I. (2000). Ocular genetics. In P. F. Gallin (Ed.), *Pediatric ophthalmology* (pp. 78-91). New York: Thieme.

Catalano, R. A., & Nelson, L. B. (1994). *Pediatric ophthalmology. A text atlas.* Norwalk, CT: Appleton and Lange.

Ciner, E. B. (1997). Examination procedures for infants and young children. In B. D. Moore (Ed.), *Eye care for infants and young children* (pp. 75-88). Boston: Butterworth-Heinemann.

Colenbrander, A., & Fletcher, D. C. (1995). Basic concepts and terms for low vision rehabilitation. *The American Journal of Occupational Therapy, 49,* 865-869.

Crocker, A. D., & Orr, R. R. (1996). Social behaviors of children with visual impairments enrolled in preschool programs. *Exceptional Children, 62,* 451-462.

Davis, C. (1980). *Perkins-Binet intelligence scale.* Watertown, MA: Perkins School for the Blind.

Dodds, A. (1993). *Rehabilitating blind and visually impaired people: A Psychological approach.* New York: Chapman and Hall.

Dote-Kwan, J., & Chen, D. (1995). Learners with visual impairment and blindness. In M. C. Wang, M. C. Reynolds, & H. J. Walberg (Eds.), *Handbook of special and remedial education, research, and practice* (2nd ed.) (pp. 205-228). Tarrytown, NY: Elsevier Science.

Dunlap, L. L. (1997). *An introduction to early childhood special education.* Boston: Allyn and Bacon.

Ellis, P. P. (1995). Eye. In W. W. Hay, Jr., A. R. Hayward, J. R. Groothuis, & M. J. Levin (Eds.), *Current pediatric diagnosis and treatment,* (2nd ed.) (pp. 416-433), Norwalk, CT: Appleton and Lange.

Erin, J. N. (1990). Language samples from visually impaired four- and five year olds. *Journal of Childhood Communication Disorders, 13,* 181-191.

Erin, J. N., & Corn, A. L. (1994). A survey of children's first understanding of being visually impaired. *Journal of Visual Impairment and Blindness, 88*, 132-139.

Erwin, E. J. (1993). Social participation of young children with visual impairment in specialized and integrated environments. *Journal of Visual Impairment and Blindness, 87,* 138-142.

Fletcher, D. C., Shindell, S., Hindman, T., & Scheffrath, M. (1991). Low vision rehabilitation: Finding capable people behind damaged eyeballs. *Western Journal of Medicine, 154*, 554-556.

Flynn, T. E., Flynn, J. T., & Cheng, S. (2000). Pediatric retinal examination and diseases. In P. F. Gallin (Ed.), *Pediatric ophthalmology* (pp. 257-283). New York: Thieme.

Fraiberg, S. H. (1977). *Insights from th blind: Comparative studies of blind and sighted infants.* New York: Basic Books.

Gallin, P. F., & Pardon, I. (2000). Pediatric eye examination. In P. F. Gallin (Ed.), *Pediatric ophthalmology: A clinical guide* (pp. 1-13). New York: Thieme.

Gardner, H. (1993). *Frames of mind* (10th anniversary ed.). New York: Basic Books.

Genensky, S. M., Berry, S. H., Bikson, T. H., & Biksn, T. K. (1979). *Visual environmental adaptation problems of the partially sighted: Final report.* Santa Monica, CA: Santa Monica Hospital Medical Center, Center for the Partially Sighted.

Getman, G. N. (1992). *Smart in everything...except school.* Santa Ana, CA: Vision Extension, Inc.

Griffin, S. L., & Wehman, P. (1996). Applications for youth with sensory impairments. In P. Wehman (Ed.), *Life beyond the classroom: Transition strategies for young people with disabilities* (2nd ed.) (pp. 303-334). Baltimore: Paul H. Brookes.

Heinze, T. (1986). Communication Skills. In G. T. Scholl (Ed.), *Foundations of education for blind and visually handicapped children and youth: Theory and practice* (pp. 301-314). New York: American Foundation for the Blind, Inc.

Hill, E. W. (1986). Orientation and mobility. In G. T. Scholl (Ed), *Foundations of education for blind and visually handicapped children and youth: Theory and practice* (pp. 315-340). New York: American Foundation for the Blind, Inc.

Huebner, K. M. (1986). Social skjills. In G. T. Scholl (Ed.), *Foundation of education for blind and visually handicapped children and youth: Theory and practice* (pp. 341-362). New York: American Foundation for the Blind, Inc.

Hyerle, D. (1996). *Visual tools for constructing knowledge.* Alexandria, VA: Association for Supervision and Curriculum Development.

Hyvarinen, L. (1995). Considerations in evaluation and treatment of the child with low vision. *American Journal of Occupational Therapy, 49*, 891-897.

Jan, J. E., & Groenveld, M. (1993). Visual behaviors and adaptations associated with cortical and ocular impairment in children. *Journal of Visual Impairment and Blindness, 87,* 101-105.

Johnson, J. M., Baumgart, D., Helmstetter, E., & Curry, C. A. (1996). *Augmenting basic communication in natural contexts.* Baltimore: Paul H. Brookes.

Kalloniatis, M., & Johnston, A. W. (1994). Visual environmental adaptation problems of partially sighted children. *Journal of Visual Impairment and Blindness, 88*, 234-243.

Karlsen, T. A. (1983). *The incidence of hospital-treated facial injuries.* Madison, WI: University of Wisconsin.

Khaw, P. T., Narita, A., Armas, R. R., Wells. T., & Papadopoulos, M. (2000). The paediatric glaucomas. In A. Moore & S. Lightman (Eds.), *Fundamentals of clinical ophthalmology: Paediatric ophthalmology* (pp. 92-110). London: BMJ Books.

Kirchner, C. (1985). *Data on blindness and visual impairments in the U.S.: A resource manual on characteristics of education, employment, and service delivery.* New York: American Foundation for the Blind.

Leat, S, J., Shute, R. H., & Westall, C. A. (1999). *Assessing children's vision.* Boston: Butterworth & Heinemann.

Lowenfeld, B. (1986). Foreword. In G. T. Scholl (Ed.), *Foundations of education for blind and visually handicapped children and youth: Theory and Practice* (p. v). New York: American Foundation for the Blind.

McIlwaine, G. G., Bell. J. A., & Dutton, G. N. (1991). Low vision aids-Is our service cost effective? *Eye, 8*, 607-611.

McMahon, E. (1994). The role of residential schools for the blind in 1990. *RE:view, 25*(4), 63-72.

Moore, B. D. (2000). Diseases of the orbit and anterior segment. In B. D. Moore (Ed.),

Eye care for infants and young children (pp. 201-227). Boston: Butterworth-Heinemann.

Nelson, L. (1996). Disorders of the eye. In R. E. Behrman, R. M. Kliegman, & A. M. Arvin (Eds.), *Nelson textbook of pediatrics* (15th ed.), (pp. 1764-1803). Philadelphia: W. B. Saunders.

Newland, T. E. (1969). *Manual for the blind learning aptitude test: Experimental edition*. Urbana, IL: T. Ernest Newland.

Nilsson, U. L. (1990). Visual rehabilitation with and without educational training in the use of optical aides and residual vision: A prospective study of patients with advanced age-related macular degeneration. *Clinical Vision Science, 6,* 3-10.

Olitsky, S. E., & Nelson, L. B. (1998). Strabismus disorders. In L. B. Nelson (Ed.), *Harley's pediatric ophthalmology* (4th ed.) (pp. 146-198). Philadelphia: W. B. Saunders.

Pratt, C. B. (1996). Retinoblastoma. In W. E. Nelson, R. E. Behrman, R. M. Kliegman, & A. M. Arvin (Eds.), *Nelson textbook of pediatrics* (15th ed.) (pp. 1470-1471). Philadelphia: W. B. Saunders.

Precision Vision. (1995). *Vision testing manual*. Villa Park, IL: Author.

Public Law 101-476, 20 U.S.C., 140.

Rettig, M. (1994). The play of young children with visual impairments: Characteristics and interventions. *Journal of Visual Impairment and Blindness, 88,* 410-420.

Roberts, F. K. (1986). Education for the visually handicapped: A social and educational history. In G. T. Scholl (Ed.), *Foundations of education for the blind and visually handicapped children and youth* (pp. 1-18). New York: American Foundation for the Blind.

Sacks, S. Z., & Gaylord-Ross, R. J. (1989). Peer mediated and teacher-directed social skills training for visually impaired students. *Behavior Therapy, 20,* 619-638.

Safford, P. L., & Safford. E. J. (1996). *A history of childhood and disability*. New York: Teachers College Press.

Schloss, P. J. (1984). *Social development of handicapped children and adolescents*. Rockville, MD: Aspen.

Schneekloth, L. H. (1989). Play environments for visually impaired children. *Journal of Visual Impairment and Blindness, 83*, 196-201.

Sharrager, H., & Sharrager, P. (1964). *Haptic Intelligence scale.* Chicago, IL: Institute of Technology.

Skaggs, S., & Hopper, C. (1996). Individuals with visual impairments: A review of psychomotor behavior. *Adapted Physical Activity Quarterly, 13,* 16-36.

Stedman's Medical Dictionary (26th ed.). (1995). Marjory Spraycar (Ed.). Baltimore: Williams and Wilkins.

Taylor, R. L. (1997). *Assessment of exceptional students.* Boston: Allyn and Bacon.

Tielsch, J. M. (1994). *Vision problems in th U.S.* Schaumberg, IL: Prevent Blindness America.

Tröster, H., & Brambring, M. (1994). The play behavior and play materials of blind and sighted infants and preschoolers. *Journal of Visual Impairment and Blindness, 88*, 421-432.

Tuttle, D. W. (1984). *Self-esteem and adjusting with blindness.* Springfield, IL: Charles C. Thomas.

Vergason, G. A. (1990). *Dictionary of special education and rehabilitation* (3rd ed.). Denver, CO: Love.

Warren, D. H. (1984). *Blindness and early childhood development.* New York: American Foundation for the Blind.

Warren, M. (1995). Providing low vision rehabilitation services with occupational therapy and ophthalmology: A program description. *The American Journal of Occupational Therapy, 49,* 877-883.

Weiss, A. H. (1993). Acute Conjunctivitis in childhood. In G. W. Cibis, A. C. Tongue, & M. L. Stass-Isern (Eds.), *Decision making in pediatric ophthalmology* (pp. 164-165). St. Louis, MO: C. V. Mosby.

West, M. D., Gibson, K., Unger, D., & Kane, K. (1996). Independent living. In P. Wehman (Ed.), *Life beyond the classroom: Transition strategies for young people with disabilities* (2nd ed.) (pp. 231-245). Baltimore: Paul H. Brookes.

제 8 장

지체장애 아동

1. 성장과 발달
2. 산전 진단
3. 흔하며 심각한 장애
4. 지체장애 아동과 음악치료

08 지체장애 아동

지체장애는 영어로 'orthopedic impairment'다. 여기서 'orthopedic'은 우리말로 하면 '정형외과의(orthopedic)'라는 뜻이며, 그리스어의 '곧다'와 '아동'에서 기원한 것으로 근골격계, 사지, 척추 그리고 관련 구조와 관계된 의료 전문 분야를 말한다. 마취제와 멸균제의 발달, 외과수술의 진보(특히 제2차 세계대전 이후), 진단 장비의 재정비(즉, X선, 자기공명영상(MRI), CT 촬영장치)는 정형외과 문제에 대한 치료 접근법을 변화시켜 왔다. 과거에는 정형외과 수술이 절단, 탈구, 골절을 감소시키기 위한 치료로서 형태를 바로잡아 주기 위해 다양한 보조장치를 사용하는 것이 제한되었다(Adams, 1986, p. 2). 지금은 대체적인 수술로 몇 가지 정형외과 문제를 교정할 수 있다.

1. 성장과 발달

태아 근골격 시스템의 초기 발달은 신체의 중심에 위치한 구조(근위부 구조)가 말초에 위치한 구조(원위부 구조) 전에 발달한다(Skinner, 1996, p. 2129). 뼈는 살아가면서 상처를 입은 후에도 다시 회복될 수 있으나, 출생 후 전체적인 근골격근을 교체하는 것은 불가능하다. 임신 기간 동안 구조가 적절하게 형성되지 않거나 출생 후 손실될 경우 재생산은 불가능하다(Zaleske, 1997, p. 3).

임신 8주에 수정란 기간이 끝나면 태아 발달이 시작된다. 수정란 기간 15일에 척색이 형성된다. 척색 주변의 외배엽은 중추신경계와 내장 기관을 형성한다. 척색은 결국 척추가 된다. 임신 4주에 손발이 신체의 측면에서부터 형성된다. 이후 모세혈관을 통해 혈액이 공급된다. 더 많은 골구조의 발달은 혈액 공급과 호르몬의 복잡한 상호작용이 필요하다(특히 티록신, 파라티록신, 뇌하수체 분비 등).

임신 7주에 첫 번째와 두 번째 경추가 신경관을 위한 골화가 시작된다. 비록 척추의 골화조직이지만, 임신 7주와 8주에 골화가 되는 다른 신경관들은 처음 일 년 동안 계속된다. 척수는 출생 시 세 번째 요추에서부터 성인의 첫 번째와 두 번째 요추 사이의 공간까지 계속된다. 척추는 주로 직립 자세에서 중심을 지지하기 위해 존재하며 척수를 보호하는데, 이는 대뇌와 몸의 구조를 연결한다(Hussey & Ward, 1993, pp. 124-125).

임신 초기 3개월 내에는 약물 복용이나 어머니의 질병을 통해 발달이 손상되기 쉽다. 많은 여성들은 4주가 되면 임신을 의심하기 시작하는데, 이미 부적절한 음식과 해로운 약을 섭취했을 수도 있다. 이 시기에는 연골이 이미 뼈로 변화되고 있는 중이다. 골격의 형성은 정상적인 기능을 위해 매우 중요하다. 이것은 중요한 기관, 즉 대뇌, 심장, 폐 등을 보호하고 효과적이고 효율적인 운동을 촉진하는 것을 포함한다(Halsey, McLeod, & Rubin, 1997, p. 17).

정상적인 유아의 발달은 첫 12주경 목과 머리를 통제하는 것으로 시작된다. 그리고 상부부터 하부로의 통제가 발달된다. 태아의 자세는 엉덩이가 밖으로 회전

된 채로 굽어 있기 때문에 아기가 체중을 지지하기 위해서는 상당한 시간이 필요하다. 4개월에 상지 부분은 팔을 밀면서 공간에서 들릴 수 있지만, 하지는 6개월 후에야 체중을 견딜 수 있다. 대부분의 아동들이 잡지 않고 걸을 수 있는 것은 15개월 이후지만 자주 넘어진다. 소뇌(균형에 영향을 미침)에서 근육의 힘과 신경적인 발달 모두는 2세 정도에 균형을 잘 잡고 걸을 수 있을 때까지 계속된다. 팔과 다리의 상호적인 동작이 좋아지는 것은 3세 이후에 가능하다. Skinner(1996)는 연골의 골화에 영향을 미치는 혈관, 영양, 내분비, 기계적인 요소를 설명했다(p. 2130). 이것은 성장 속도, 크기, 발달하는 뼈의 모양을 결정한다. 결국 구조로서 뼈의 발달은 대부분 기계적 성질의 생산물이며, 얼마나 단단한지, 충격에 얼마나 탄력적인지, 신체활동에 얼마나 잘 견디는지를 말한다(Cowin, 1989, P. 313). 정상 발달을 위해서는 체중의 지지와 관절의 굴절 그리고 근육의 수축이 필요하기 때문에 정상적인 활동에 참여하지 못하는 아동은 뼈의 성장이 좋지 않을 수 있다. 아동은 일반적으로 정상적인 놀이를 통해 이것을 습득하지만 움직임이 제한된 아동은 성장과 발달을 자극하기 위한 치료가 필요하다. 골격의 크기와 모양은 비이동성, 퇴화, 관절 수축, 근육 마비, 경직 등 부정적인 영향을 받는다(Skinner, 1996, p. 2131). 게다가 근육의 성장, 결합조직, 힘줄은 활동에 의존하므로 놀이에서 움직일 수 없는 아동은 활발한 움직임에 필요한 섬유조직의 지지가 부족할 수 있다. 일단 뼈가 형성되면 환경에 대해 반응하는 결합조직이 변화된다. 뼈는 끊임없이 형성되고(모델링), 재형성된다(리모델링). 이것은 칼슘, 인, 마그네슘을 위한 신체의 주요 저장소다(Chesney, 2000, p. 2132).

2. 산전 진단

임신 기간 동안 많은 진단 과정이 가능하다. 태아의 유전자 기형이 의심되는 경우, 발달하는 태아의 유전적 구성을 분석하기 위한 유전자 검사를 실시한다. 또 다른 검사는 양수검사인데 임신 16주 이후에 할 수 있으며, 태아 주변의 양수를 추출하고 분석한다. 특히 다운증후군 또는 이분척추 같은 위험성이 있는 노산의 경우(일반적으로 35세 이상의 산모)에 도움이 된다. 또 다른 과정은 융모막융모생검법(chorionic villus sampling: CVS)으로 8주에 가능하며 태반의 표본을 분석한다. 태아의 비정상적인 발달을 알아보기 위해 초음파를 사용하여 이미지를 보여 주는 초음파 검사는 침투적이지 않은 과정이다.

제대검사(제대천자술, cordeocentisis)는 RH 용혈성 질환처럼 태아에게 수혈이 필요한 의료적인 상태를 감지하기 위해 탯줄에서 혈액을 검사한다(Haskell & Barrett, 1993). 알파단백질(AFP) 검사는 다운증후군과 척수수막류(myelomeningocele) 그리고 이분척추의 발견을 위해 유용하다. 이 단백질들은 일반적으로 임신 12~15주 사이에 만들어지지만 그 이후에 감소한다(Spraycar, 1995). 태아의 단백질은 양수검사에서 발견될 수 있으며, 신경관이 열려 있음을 알려 준다.

신생아 운동 반사와 자발성을 검사하는 것은 중요하다. 아기의 움직임은 하지에서 몇 가지 자발적인 움직임이 있지만 대부분은 반사적이며 특히 얼굴, 가슴, 어깨의 자극에 대해 반응한다(Garber, 1991, p. 181).

신경근육 문제의 생후 진단

대부분의 아기는 대칭적으로 동시에 움직이지만 정상아는 일반적으로 사지를 독립적으로 움직일 수 있다. 움직임의 결핍은 중추신경계(CNS) 문제나 근골격의 비정상성을 알려 주기 때문에 중요하다. 과도한 움직임 또한 문제가 되며 난산 후 하루 이틀 후에 발생할 수 있다.

근육긴장도를 위한 검사는 가벼운 압력에 대한 수동적인 저항을 포함한다. 정상아는 일반적으로 팔꿈치, 엉덩이, 무릎, 팔다리가 구부러져 있고, 목 근육과 머리 통제가 아직 수행되지 않더라도 한 방향으로 움직이면 머리가 중심으로 돌아오는 경향이 있다. 반사검사는 다음과 같다. 검사 대상이 유아인 경우에 이러한 반사의 부재는 중요하지만, 4개월 이후에는 나타나지 않는다는 것을 명심해야 한

다. 더 많은 근육 통제가 수행된 후에도 계속된다면 의심해 봐야 한다. 유아에게 자극을 제공하기 위한 프로그램을 진행하는 음악치료사는 정상적인 발달 순서를 알아야 한다.

(1) 대칭적인 목 반사

6~8개월 사이에 대칭적인 목 반사가 없으면 문제가 된다. 만약 이 문제가 계속된다면 기는 동작이 지체될 수 있다. 목에서의 구부러짐은 팔의 구부러짐과 다리의 뻗침을 야기한다. 반면, 목에서의 뻗침은 팔의 뻗침과 다리의 구부러짐을 야기한다(Gordon, 1993, p. 5).

(2) 비대칭 긴장성 경반사

1~3개월 사이에 머리를 한 방향으로 돌릴 때 이러한 반사를 보인다. 얼굴이 돌려지는 방향으로 팔다리의 뻗침이 있고, 반대 사지는 구부러진다. 아기는 이러한 반사에 저항할 수 있어야 하며 만약 할 수 없는 데다 지속되면 문제가 된다. 간혹 성장 이후에 뇌성마비와 관련이 된다.

(3) 긴장성 미로반사

긴장성 미로반사는 서 있는 자세에서 머리 자세를 도와준다. 뇌성마비도 의심된다. 굴절의 긴장은 아동이 엎드린 자세일 때 증가하고 뻗침의 긴장은 아동이 반듯하게 누울 때 증가한다(Gordon, 1993, p. 6).

(4) 모로반사

갑작스러운 머리와 목의 움직임이 모로반사를 야기하는데, 이것은 1918년 초기에 연구자가 처음으로 명명하였다. 예를 들어, 유아의 머리를 약간 들었다가 갑자기 떨어지면 팔이 확장되고 외전되며 정중선을 향해 껴안는다(Haskell & Barrett, 1993, p. 279).

양성 모로반사는 아동이 척추, 팔다리, 손가락, 발가락을 과도하게 뻗치고 다음에 구부러져서 스스로를 안은 것 같은 자세를 보인다. 그러나 큰 소리에 갑작스럽게 반사하는 것과 혼동해서는 안 된다(Tachdjian, 1997). 또한 사지와 목 근육의 수축이 나타날 수 있다. 신경학적 검사와 관련된 많은 반사들이 있지만, 음악치료사는 이후 운동 기능에 대해 의심이 되는 몇 가지 상태를 알아두어야 한다.

3. 흔하며 심각한 장애

1) 뇌성마비

뇌성마비(cerebral palsy)는 근골격계의 신경근육 질병으로 분류된다. 이것은 움직임, 자세, 근육긴장도와도 관련되어 어려움을 야기하는 비진행성으로 뇌 손상에 따라 야기되는 중요한 질병이다. 이것은 작은 협응의 문제에서부터 전체적인 치료가 요구되는 심각한 상태까지 나타난다. 마비, 약함, 좋지 않은 협응 또는 다른 운동의 비기능성이 포함된다.

비유전적인 뇌 손상이 발생하기 때문에 운동 영역 이상의 더 많은 영역이 관계될 수 있으며, 간질, 정신지체, 언어장애, 학습장애, 시청각 문제를 포함한 복합적인 장애를 야기한다. 호흡과 삼킴 문제 역시 양측성 침범이 있는 아동에게서 발생할 수 있다. Lerch와 Stopka(1992)는 뇌성마비 아동의 60%가 정신지체를 보이지만, 나머지 40%는 우수한 지능을 가진 정상아라고 보고하였다. 여기에는 뇌 손상과 계속되는 환경적 자극 모두가 관련된다. 이러한 아동들은 「공법」 94-142 또는 IDEA의 몇몇 범주에 따라 고려될 수 있다. 그러나 아동은 서로 다르기 때문에 개인의 특성을 고려하는 것이 중요하다.

뇌성마비에 대한 관심은 1827년 프랑스의 정형외과 의사인 Cazauvielh로 거슬러 올라가며 그는 이 상태를 묘사한 가장 최초의 논문을 썼다. Little(1853)은 영국의 정형외과 의사였는데, 그는 출생 과정에서의 사고와 관련된 무산소증과 뇌출혈의 영향을 알고 '리틀병(Little's disease)'이라고 묘사하였다(Scherzer &

Tscharnuter, 1990). 제2차 세계대전 이후에는 더 많은 과학적 연구들이 시작되었다. 1946년 '신체장애 아동과 성인을 위한 국제사회 뇌성마비부(후에 Easter Seal Society로 명명됨)'가 설립되었다. 다음 해에 미국뇌성마비학회(AACP)가 시카고에서 설립되었다(Wolf, 1969). 그들은 이러한 진단을 받은 아동의 치료와 연구에 팀 접근이 필수적이라고 보았다. 현재 연구자들도 이것을 여전히 강조한다.

뇌성마비의 유병률은 약 4/1,000로 추정된다(Haslem, 2000, p. 813). Root (1997)는 매년 25,000개의 사례가 확인된다고 주장한다.

뇌성마비는 두 가지 범주로 나눌 수 있다. 첫 번째는 관련 장애의 위치를 포함하는 것으로 단마비, 편마비, 양측마비, 삼지마비, 하반신마비, 사지마비다. 두 번째는 대뇌와 관련된 부분 장애로부터 야기되는 것으로, 경련성, 불수의운동형, 강직성, 운동실조형, 진전형, 이완형, 혼합형, 분류되지 않는 것을 포함한다(Haslem, 2000; Minear, 1956에서 인용). Scherzer와 Tscharnuter(1990)는 분류는 항상 논쟁되어 왔으며, 몇 가지 다른 시스템이 존재한다고 주장하였다. 이는 1893년 Rosenberg가 처음으로 시작하였다(Scherzer & Tscharnuter, 1990에서 재인용). 뇌 손상은 출산 전, 출산 시, 출산 후에 발생할 수 있다. 그러나 손상은 발달 초기와 관련되어 있다. 범주에 따라 제시된 것보다 손상은 더욱 다양하기 때문에 이러한 명명은 실제 치료에서는 거의 의미가 없다. 이보다는 각 개별의 기능과 관련된 운동의 특별한 문제를 보고하는 것이 더욱 유용하다. 이 정보는 교육 전략과 개인치료 설계를 위한 기본이 된다.

Dietz(1994)에 따르면, 이 집단의 약 60%는 경련성으로 분류되며, 20~30%는 경련성과 불수의운동형의 혼합형이고, 단 1% 미만만이 운동실조형으로 분류된다. Wollock와 Nichter(1996)는 5%가 운동실조형이라고 주장한다. Moe와 Seay (1997)는 15%라고 주장한다. 이러한 불일치는 장애의 모수(Parameter)를 정의하는 것뿐만 아니라 범주화하는 데 어려움이 있음을 의미한다. 정확하게 어떤 증상이 진단을 위해 포함되며 연령대는 어떠한가? 치료가 시작되기 전에 조기 진단이 바람직하지만 아동이 단순히 운동 발달과 언어에서의 지체인지 또는 이전의 손상이 성취를 방해하는지가 항상 분명하지 않다. 어떤 아기는 시작하는 것이 어렵기 때문에 도움 없이 호흡하기 위해서나 체중이 늘어날 때까지 인큐베이터에 있다. 아기가 집에 온 후에도 부모는 섭식하는 데 어려움이 있음을 알게 되고, 대부분 체중도 줄어든다. 아기는 보통의 아기들보다 더욱 '까다로워' 보일 수 있다. 이것은 간혹 '성장 실패 증후군'이라고 불리며, 부모들은 항상 아기가 잘못되고 있다고 인식하지만 왜 이것이 발생하는가를 설명하는 것이 어렵다. 정상적인 유아들은 단 몇 개만이 자발적 움직임이며 대부분은 뇌간 과정으로 생기는 기본 반사이기 때문에 초기 진단은 유아의 운동 통제 발달이 더 많이 지연될 때까지 미룬다. Scherzer와 Tscharnuter(1990)는 "매우 어린 신경계를 다룰 때, 발달 과정과 신체적 · 신경적 진단평가가 분명하게 뇌성마비인지 혹은 다른 특별히 인식될 수 있는 것인지를 확인하는 것이 흔히 가능한 것은 아니다." (p. 49)라고 하였다. 정상적인 유아와 아동의 발달에 대한 지식은 뇌성마비 아동의 진단과 계속적인 치료에서 필수적이다.

손상을 막기 위한 조치에 따라 미숙아의 생존율은 증가하고 있다. 그들은 뇌 손상의 위험이 더 크다. 저체중과 임신 기간의 감소가 뇌성마비 유병률 증가와 관련된다. 저체중과 미숙아의 약 15%는 뇌성마비를 야기할 수 있는 무산소증과 출혈에 따른 뇌 손상이 분명하다(Root, 1997, p. 371). 그러나 저체중 아기의 대부분이 뇌성마비로 발달되는 것은 아니고, 뇌성마비 아기 대부분이 저체중인 것도 아니다. 이것이 요인이 되지만 원인은 조산을 야기하는 출산 전에 있으며 이 아기는 여전히 약하고 출산 후에도 뇌 손상을 입기 쉽다.

심각한 저체중(500~1,500g) 신생아와 뇌성마비 발생률 간의 관련 변수 조사 후에 O'Shea, Klinepeter와 Dillard(1998)는 이러한 요인들로, 융모양막염(chorioamnionitis, 태아를 둘러싸고 있는 막의 염증), 4시간 이하의 지속적인 노동, 여러 번의 임신, 분만 전 질 출혈(이것들은 관련 요인일 뿐 원인은 아니다.) 등을 확인했다.

뇌성마비를 야기하는 뇌 손상은 임신 중 또는 출생 과정 동안 다양한 문제 때문에 발생된다. 질식(산소 결핍)은 뇌 손상과 관련이 있다고 여겨져 왔지만(특히 아테토시스 아동의 경우) 최근의 연구는 보수적으로 추정한다. Wollock과 Nichter(1996)는 "5명의 뇌성마비 중 1명 이하만이 출생 시 질식이 원인일 수 있다. 질식

된 유아 대다수가 뇌성마비로 발달되지 않는다."(p. 1893)라고 주장하였다. 기형은 뇌성마비와 관련이 있으며, 질식은 뇌 또는 뇌가 아닌 곳의 기형과 관련이 있을 수 있다. 기형은 몇몇 신경통로 수초의 초기 형성의 결핍(비록 수초가 완벽해지는 데는 2년이 소요되지만), 낭강, 출혈에 따른 괴사(세포나 조직의 죽음), 하행 운동신경로의 병변을 포함할 수 있다. 이러한 중추신경계(CNS)의 비정상적인 발달이 뇌성마비와 관련이 있을 수 있다.

연구자들은 출산 전 그리고 출산 시 뇌성마비의 기타 요인에 대해 연구해 왔다. 그러나 각 요인들은 단지 약간만 관련이 있으며 뇌성마비 아동들은 이러한 요인에 포함되지 않는 출생 전과 출생 시 경험을 가지고 있었다. 뇌 손상은 확실하게 설명하기 어렵지만, 교과서 설명이 한 가지 가능성을 야기한다. 뇌성마비 범주는 중복되는 경향이 있으며 진단은 가장 널리 알려진 특성을 기본으로 한다. 따라서 철저한 의료적 조사가 필수적이다. 신체적 문제가 너무나 분명해서 동반되는 시각·청각·언어·지능 문제는 각 아동들의 잠재력을 최대한 발달시키기 위해 필요한 집중을 받지 못할 수 있다. 따라서 Wollock과 Nichter(1996)는 "아마도 뇌성마비의 이전 사례를 통한 최근 연구에서 가장 중요한 발견은 그 수가 많다는 것이며, 그 원인은 알려지지 않았다는 것이다."(p. 1893)라고 주장한다.

(1) 임상적 분류

경련성 경련성(spastic) 아동들은 약한 근육긴장도와 반사, 간헐성 경련, 약함(특히 체중을 지탱하는 사지) 그리고 구축을 나타내는 경향이 있다. 팔꿈치, 손목, 손가락은 구부러져 있지만 팔뚝은 뻗어 있다(Wollock & Nichter, 1996). 일부는 바닥까지 발꿈치를 뻗지 못해 발끝으로 걷는다. 특히 발이 신체의 한 방향 또는 양 방향으로 돌려지는 것이 흔하다. 사지 경련성은 엉덩이가 어긋나고 보행이 어렵거나 불가능하다. 치료되지 않으면 경련성 사지마비 아동의 60%, 양측마비의 6%에서 엉덩이의 어긋남이 발생하며 이는 편마비에서는 흔하지 않다(Dietz, 1994, p. 220). 브레이스 또는 수술이 이러한 상태를 다룰 수 있으며, 특별히 서 있거나 보행 시에 고통스럽고 잘못된 자세나 불균형이 나타날 수 있다. 이러한 아동은 척추가 근육을 지지하지 못하기 때문에 척추측만이 흔하다. 아동들이 앉으려면 외부에서 지지를 제공할 필요가 있다. 뒤틀림이 심하면 아동은 누워 있게 되는데, 이는 욕창과 호흡 곤란 등 더 많은 문제가 추가로 발생하는 원인이 된다. Dietz(1994)는 사지마비 아동의 90%가 정신지체이며, 일반적으로 매우 심각함을 보고하였다. Moe와 Seay(1997)는 경련성 사지마비 또는 양측마비(신체의 양끝이 모두 마비됨)를 가진 25%의 아동에게 소두증(microcephaly)이 발생함을 주장하였다.

경련성 반신마비(spastic hemiparesis, 한쪽만 관련됨) 아동은 한쪽 다리와 한쪽 팔의 사용이 어렵다. 그들이 성장함에 따라 점점 비대칭성이 증가한다. 한쪽 다리가 다른 쪽 다리보다 매우 길다면, 척추의 문제가 커질 수 있다. 아동이 척추를 지지하기 위해 브레이스를 착용하는 것이 필요하다. 척추측만이 심하면 융합(fusion)이 필요할 수 있다. 편마비는 경련성 아동에게 흔하며 다리보다는 팔이 더 많이 관련된다. 상체와 얼굴 근육이 또한 관련되는데, 얼굴이 찌푸려지거나 통제하지 못하는 자세와 사지 움직임을 야기할 수 있다. 부드럽게 조정되기보다는 과도하게 흐르는 듯한 근육의 움직임은 동작을 시작하는 데 어려움을 야기한다. Haslem(2000)에 따르면, 경련성 반신마비 아동의 25%는 또한 정신지체를 포함한 인지적 결함을 경험한다고 한다(p. 1844).

또한 경련성 뇌성마비는 단마비, 삼지마비에 따라 발생할 수 있는데, 흔한 것은 아니다. 하반신마비(paraplegia)라는 용어는 다리와 관련 있을 때 사용되는데, 이것은 상체에는 거의 사용하지 않는다. 팔은 관련되지 않고 양 다리를 포함하여 신체의 절반이 관여될 때는 양측마비(diplegia)라고 한다.

몇몇 아동들은 가위처럼 걷는데, 이것은 엉덩이가 내전되어 있다는 것을 알려준다. 엉덩이나 무릎의 구부림이 나타날 수 있다. 뻣뻣한 보행은 무릎 뻗침의 기형성을 알려 줄 수 있다.

보행성 · 비보행성 뇌성마비 아동 모두에게 발목 기형은 매우 흔하다. 이것은 브레이스 또는 수술이 필요하다. 엉덩이나 무릎의 관절 수축을 방지하기 위해 조기 진단이 필요하다.

몇몇 아동은 발의 바깥쪽에 체중을 싣고 걷는다. 이것은 종종 내반첨족 기형(equinovarus deformity)이라고 불린다. 이것은 근육의 수축과 경골인대 후부의 정상적인 활동에 문제가 있는 것이다. 이러한 문제도 브레이스를 요구할 수 있다.

상체의 팔꿈치, 손목, 손가락에서 구축이 발견될 수 있다. 어깨에서 안으로 돌아가는 내전은 수술이 필요하다. 팔뚝의 뻗침은 어느 정도 교정될 수 있다. 그러나 Dietz(1994)는 상체 수술은 거의 기능적인 향상을 가져오지 못한다고 주장하였다. 그는 "치료에는 3가지 이유가 존재한다. 기능을 향상시키기 위해, 아름다움을 향상시키기 위해, 위생을 향상시키기 위해서다."라고 주장한다(p. 228).

이상 운동증 이상 운동증(dyskinesia, choreoathetosis)은 흔하지 않다. Moe와 Seay(1997)는 뇌성마비의 약 5%라고 주장한다. 아테토시스(athetosis)는 계속 움직이며 때때로 '몸을 뒤튼다'고 설명된다. 그들은 약하고 좋지 않은 협응을 야기하는 근육긴장도에서의 감소 또는 과소긴장을 가진다. 이러한 증상은 스스로 움직이려고 할 때, 특히 손에서 나타난다. 무도병(chorea)은 경련적이며 통제되지 않는 과도한 움직임이다. 이는 뇌성마비 아동이 손을 뻗어 잡으려고 시도할 때 많이 나타난다. 아동이 이러한 움직임을 통제하려고 시도할 때, 즉 반대 손으로 한 팔을 잡을 때, 긴장과 피곤함이 발생할 수 있다. 비대칭성 긴장성 반사와 모로반사는 흔히 아테토시스에 수반된다(Haskell & Barrett, 1993).

근긴장 이상(dystonia)은 몸통과 사지의 통제되지 않는 움직임이다. 목과 머리, 그리고 발의 비자발적인 자세가 또한 관련될 수 있다. 아동이 흥분할 때 증가하는 경향이 있으며 잠자는 동안은 대개 발생하지 않는다. 과다한 움직임 역시 말하기에 영향을 미친다(구음장애). 뇌 손상은 기저막에서 발생하는데, 이 부분은 운동피질로부터 퍼지는 많은 신경 활성화를 위한 '순서화'의 중심이 된다. 신경신호의 과도한 발생은 운동활동을 과도하게 자극하지만, 손상되지 않은 뇌를 가진 사람에게 기능하는 신경 억제는 이것을 방지한다. 경련성보다 뇌의 지적인 기능은 덜 관여되어 근긴장 이상 아동은 정상적인 지능을 가지는 경향이 있다.

Dietz(1994)는 "근육긴장도는 서 있을 때보다 앉아 있을 때 덜하고, 앉아 있을 때보다 누워 있을 때 덜하다."(p. 216)라고 주장한다. 보호자는 아동이 시각적인 접촉을 유지하고 최대한 참여할 수 있도록 자세를 결정하여야 한다. 브레이스나 휠체어를 사용하여 또는 기타 도구로 아동이 서 있도록 도와주는 것이 필요하다. 받침대로 지지를 하는 것이 좋다. 치료사는 진단평가하는 동안 운동의 범위, 근육의 힘과 지구력, 자발적으로 할 수 있는 능력, 움직임의 통제를 고려하여야 한다. 물리치료사, 작업치료사, 교사, 부모, 음악치료사는 아동이 기능하기 위한 최적의 방법을 함께 찾는 데 협조해야 한다. 나쁜 자세로 인해 생기는 더 많은 손상과 염증을 방지하기 위해 적절한 자세를 유지하는 것이 중요하다. 휠체어에서 앞으로 미끄러지거나 한 방향으로 기대는 경향이 있는데, 이러한 자세는 바른 척추 배열을 위해서는 좋지 않다.

운동실조증 운동실조증(ataxia)은 소뇌가 손상을 당했을 때 발생하며, 아동은 균형을 잡기 어렵고 종종 넘어진다. 이러한 이유로 많은 아동들이 더 많은 손상, 특히 뒤로 넘어져 머리를 다치는 것을 방지하기 위해 헬멧을 착용한다. 흔히 보행은 불규칙적이고 팔은 협응이 좋지 않다. 시각적 문제도 흔히 발생한다.

이 집단에는 많은 변형이 있다. 몇 가지 변수는 통제될 수 있으나 두뇌 손상은 통제할 수 없다. 아동이 성취하는 기능의 양은 단지 신경장애의 정도와 유형에 의존하는 것이 아닌, 아동의 지능, 재활 과정에서의 기질, 가족과 적용할 수 있는 학교에서의 수행 정도에 의존한다(Alderman, 2001, p. 220).

(2) 간질과 뇌성마비

Aicardi(1990)는 뇌성마비 환자에게 간질(epilepsy)이 발생하는 것에는 논쟁의 여지가 있다고 주장한다. 대부분의 보고서에서 발생률은 25~45%로 나타났다(Ingram, 1964; Aicardi, 1990; Aksu, 1990; Hosking, Miles, & Winstanley, 1990; Sussová , Seidl, & Faber, 1990; Mrabet, Bouteraa, & Gouider, 1993; Hadjipanayis, Hadjichristodoulou, & Youroukos, 1997). 그 변이는 관련된 요인, 즉 심각한 운동기능장애와 뇌성마비 정신지체의 출현뿐만 아니라 뇌성마비 범주화와 관련이 있

다. 일반적으로 경련성 뇌성마비 환자는 다른 형태의 뇌성마비보다 발작을 쉽게 일으킨다고 알려져 왔다. 이 장애가 심할수록 발작이 수반되는 경우가 많고 정신지체를 동반할 때 더 많이 발생한다. 그러나 이것은 일반적인 것일 뿐이고 아동은 항상 개별적으로 고려되어야 한다. 뇌 손상의 다양성 때문에 항상 뇌성마비 아동이라고 말하기 어렵고 치료에서도 유용하지 않다.

(3) 뇌성마비와 관련된 심리적인 문제

Haskell과 Barrett(1993)은 기질적인 행동 패턴에 "과잉행동, 정서적 불안정, 집중에서의 독특함(짧은 집중력 또는 집착), 좌절에 대한 낮은 인내심, 변덕 등이 있다."(p. 20)라고 언급했다. 뇌성마비 아동은 분명히 일반 아동과 유사한 행동적·심리적 문제를 가지지만, Gillberg(1995)는 뇌성마비 아동에게서 보이는 행동적·정신과적 장애와 관련된 지식이 부족하다고 말하며, 여기서 심리적인 문제가 증가한다고 보았다.

부적절한 자극을 걸러 내거나 집중하는 능력의 부족은 학교와 가정에서 학습문제의 원인이 된다. 따라서 산만하지 않은 환경을 제공하고 학습에서 많은 반복을 하는 것이 필요할 수 있다. 더 많은 정보를 처리하고 바람직한 반응을 조정하는 동안 인내심이 필요하다. 새로운 정보를 학습하기 위해 집중을 유지하는 것에 대한 능력 부족은 때때로 '산만함'으로 불린다. 이것은 피질의 손상과 관련된다. 학습에 필요한 자극을 적절한 시기에 제공하기 위해 주의 깊게 각 아동을 관찰해야 한다. 지나친 자극은 매우 심각한 과잉행동을 야기한다.

반대되는 기능 유형은 집착인데, 이는 오랜 시간 동안 동작을 수행하거나 한 대상에 집중하는 것이다. 집착하는 동안 아동은 정보의 흐름을 잃게 되고 따라서 적절하게 반응할 수 없다.

뇌 손상 아동에게 나타나는 과잉행동 형태는 과잉운동증(hyper-kinetic syndrome)이라고 불린다. 이것은 심각하고 비조직적인 과잉행동을 보인다. 이는 아동이 학교에서 어려움을 겪는 원인이 되며, 사회적 관계를 악화시킨다. 행동은 충동적이며 제한이 없고 공격적일 수 있다. 뇌성마비 아동은 다른 장애가 없는 형제자매보다 사회적으로 더 수동적이며 자기주장이 약하다고 묘사된다(Dallas, Stevenson, & McGurk, 1993a; 1993b; Gillberg, 1995). 그러나 역시 개별 아동을 고려하는 것이 중요하다. 일부 뇌성마비 아동은 지나치게 요구가 많으며 공격적인데, 특히 그들이 일차적인 관심의 대상이 되는 것에 익숙하면 더욱 그렇다.

또한 뇌 손상 아동은 정보를 서열화하고 일치화하고 구분하는 과제를 어려워한다. 이것은 음악치료에서 아동에게 색깔, 글자 또는 숫자와 일치하는 악기를 연주하게 하거나 음색, 강도, 빈도, 기간에 따라 집단을 나누거나 집단에서 연주하는 것을 요구할 때 나타날 수 있다. 일반적으로 훈련이 필요한 감각운동 기술이 있다. 음악치료에서 제공되는 경험은 교사가 제시하는 교실의 과제와 유사하므로 매우 가치가 있다.

2) 이분척추

골수이형성증(myelodysplasia)은 이분척추(spina bifida)보다 더 넓은 의미이며, 다양한 형태의 선천적인 척수와 신경원의 비정상성을 포함한다(Garber, 1991). Haskell과 Barrett(1993)은 이것을 '뇌막 돌출이 있는 척수를 둘러싸고 있는 부분의 선천적인 갈라짐'이라고 했다. 뇌막이 돌출되지 않으면 '잠재이분척추(spinal bifida occulta)'라고 정의한다(p. 283). 척추는 척수를 둘러싼 신경을 보호하는 신체의 구조다. 척추를 형성하는 뼈조직이 열려 있을 때 척수를 타고 대뇌로부터 상체와 하지까지 정보의 흐름이 파괴된다. 즉, 감각, 움직임, 지남력을 위한 정보가 차단되어 마비가 발생할 수 있다. 이러한 파괴 또는 척수 발달상의 결핍은 척추를 따라 어느 곳에서든 발생할 수 있는데, 아랫부분(요추 부분)에서 더 잘 발생한다.

신경관의 문제는 26~30일 전에 발생하는 잘못된 발달에서 야기된다(Alderman, 2001). 신경관은 자궁 내 발달에서 3주에 외배엽에서 분리된다. 신경관의 양끝이 열려 있으면 태아의 물질이 양수로 흘러 들어온다. 그 결과 신경관의 결함이 발생한다. 신경관의 상부는 정상적으로 23일째 되는 날에 닫히고 하부는 많은 여성들이 임신을 인식하기 전인 27일째 되는 날에 두 번째 신경화 과정에 따라 닫힌

다(Haslem, 1996, p. 1678).

임신 전과 임신 시 엽산 공급이 이분척추를 막아 준다(Alderman, 2001). 미국 질병 통제를 위한 소아과 학회(Tha American Academy of Pediatrics and Centers for Disease Control)는 임신부가 매일 0.4mg의 엽산을 섭취할 것을 권장한다. 부모에게 신경관의 결함이 있는 여성은 반드시 매일 4.0mg의 엽산을 섭취하여야 한다(Kiptak, 2001, p. 1840).

미국에서의 발생률은 코카서스인 어머니에게서 태어난 아기의 0.15%, 흑인 어머니에게서 태어난 아기의 0.04%다(Sarwick, 1997). 3가지 형태의 이분척추가 존재한다. 잠재이분척추는 결함이 척수나 뇌막의 돌출을 야기하지 않거나 피부로 덮이는 것이다. 수막류는 피부에 덮일 수도, 그렇지 않을 수도 있는 상위 척추의 돌출이 있는 상태다. 척수는 통로에 남아 있지만 돌출하고 있는 수막류가 된다. 척수류(myelocele)는 등 아랫부분(요추 부분)에서 발생하며 신경통로에서 신경이 노출되어 있다. 이것은 부적절한 대뇌척수액의 순환을 야기하는 척추 꼭대기 부분의 기형으로부터 야기되는 뇌수종에 따라 동반된다. 이분척추 아기의 85%를 특징짓는 다양한 척수와 척추의 결핍에 대한 일반적인 명칭은 열린 척수수막류다(Garber, 1991).

이분척추의 다른 특성은 특히 척수류의 경우에 다리의 마비, 대소변을 통제하는 근육의 손실, 엉덩이의 어긋남을 포함한다. Haskell과 Barrett(1993)은 척추를 따라 더 윗부분에서 병변이 발생하면서 신경장애가 증가한다고 주장한다(p. 23).

(1) 잠재이분척추

잠재이분척추(spina bifida occulta)는 척추 또는 하위 요추와 천추의 상부 수준에서 신경궁의 융합 실패와 관련된다. 이것은 신경적인 비정상성을 야기하지는 않는다(Lindseth, 2001, p. 601). 진단도구로는 척추 X선 사진이 있는데, 이것은 하위 척추의(요추 5번과 천추 1번이 전형적이다.) 경계에서 결손이 나타난다. 이것은 척수의 비정상적인 발달과 관련된다. 피부가 열려 있다면 감염될 수 있다. 신경학적인 조사는 다리의 마비 또는 약함과 힘줄반사의 변화를 보여 준다(Fishman,

1996, p. 1873).

(2) 수막류

척추뼈고리 뒷부분의 약한 곳을 통해 뇌척수막이 이탈해서 수막류(meningocele)를 형성한다(Haslem, 1996, p. 1678). 진단평가가 필요하지만 피부가 결손을 덮고 있다면 이탈이 바로 위험한 것은 아니다. 진단평가에는 신경과 의사가 하는 검사와 X선, 초음파, CT, MRI가 있다. CT는 뼈와 부드러운 섬유조직을 볼 수 있고 MRI는 척수를 볼 수 있기 때문에, CT 촬영과 MRI를 조합하는 것이 가장 유용하다(Hussey & Ward, 1993).

(3) 척수수막류

척수수막류(myelomeningocele)는 돌출부에서 신경조직이 있을 때 사용되는 용어다. 이것의 비정상 상태는 튀어나온 막주머니로 되어 있을 수 있으며, 이 막주머니는 뇌척수막, 뇌척수액, 신경원, 이형성 척수로 구성되어 있다(Fishman, 1996, p. 1874).

이것은 척수가 열려 있는 만성적인 장애 상태이며 돌출이 일어난다. 척추의 결손 위치에 따라 증상과 심각성이 결정된다. 약 75%는 요천골 부분에서 나타난다. 이 부분이 손상되면 소변과 대변을 적절하게 조절하지 못한다. 의학적으로 방광과 신장에 감염이 있을 수 있으며 방광 문제가 더 심각하다. 사회적으로는 대변을 참지 못하는 것이 학령기 아동에게 더욱 문제가 된다. 소변 조절을 위해 카테터(도뇨관)를 사용할 필요가 있다. 내과 의사의 지원으로 가족들은 요실금을 조절하기 위한 카테터를 제공받는다(Alderman, 2001). 이는 수술보다 장점이 있지만 아동이 주류화된 학급이나 일반 학급에 소속되어 있다면 수술이 적합할 수 있다. 몇몇 아동에게 더 성장했을 때 수술을 통한 인공적인 요도 괄약근을 이식해 주면 자제력을 길러 줄 수 있다(Haslem, 1996, p. 1679). 병리적인 원인이 방광과 괄약근 긴장에 영향을 미칠 수도 있다(Fishman, 1996).

운동 또는 감각 결손의 형태는 척추 기형의 위치에 따라 다르다. 대뇌로 올라가

는 구심성 통로가 기능하지 못하면 반사 움직임은 있지만 자발적인 움직임은 부족하다. 이것은 척추가 통제하는 감각의 감소 또는 부족이 동반된다. 고유수용감각은 근육, 힘줄, 관절, 전정기관으로부터 감각신경에서 제공하는 위치와 움직임에 대한 감각인데, 이것은 공간 또는 위치에 대한 감각을 위해 중요하다.

척수수막류는 수술이 필요한 엉덩이의 어긋남, 감각이 결핍되어 캐스팅이 필요한 다리의 기형, 수술이나 브레이스가 필요한 척추의 뒤틀림을 야기한다. 근육의 불균형이 성장의 기형을 가져올 수도, 그렇지 않을 수도 있다(Eilert & Georgopoulos, 1999). 그러나 대부분은 보행할 수 있으며 약 절반 정도가 브레이스나 지팡이를 사용한다.

Lindseth(2001)는 뇌수종은 척수수막류 아동의 약 90%에서 발생한다고 주장한다. 뇌수종이 수액을 흐르지 못하게 하면 대뇌와 척수에서 유압이 증가하고, 이는 뇌의 위축, 수척수증(hydro-myelia)의 원인이 되며 결국 척수공동증(syringo-myelia)이 된다(Lindseth, 2001, p. 603). 척수수막류와 뇌수종이 모두 나타나면 나머지 다른 중추신경계의 비정상성도 흔히 나타난다.

임신 3~4개월이면 산전 진단이 가능하다. 임신 16주와 18주에 어머니의 림프액뿐만 아니라 열려진 신경관 결손을 예측하기 위해 양수 내에서 알파태아단백의 상승이 조사되어 왔다(Garber, 1991, p. 170). 그 밖의 다른 많은 검사가 산전에 신경관의 결함을 진단하기 위해 사용되어 왔다(예, 양수검사, 아세틸콜린 에스테라아제 검출검사, 초음파 검사). 만약 장애가 산전에 발견되면 제왕절개 분만이 권장된다(Hussey & Ward, 1993). 그때 뇌척수액이 흘러나오면 분만 후 곧 수술이 진행되어야 하며, 그렇지 않으면 아기가 더 강해질 때까지, 특히 호흡 문제가 있으면 수술을 지연한다.

대부분의 이분척추 아동은 정상적인 지능을 갖지만, 뇌수종이 관련된다면 대뇌 손상이 있을 수 있다. 그러므로 대뇌 손상을 방지하고 압력을 감소시키기 위해 션트(shunt)[1]가 사용된다. 또한 학습 문제와 발작이 다른 아동보다 흔하다(Haslem,

---

1) **역주** 혈액을 한 혈관에서 다른 혈관으로 흐르게 하는 것

1996). 음악치료사는 감염 또는 션트 기능부전의 신호—두통, 신경질, 무기력, 구토 등(Garber, 1991, p. 182)—를 알아야 한다. 이러한 신호는 아동들에게서 흔히 나타나며 감기처럼 보인다. 그러나 아동이 션트를 가지고 있으면 의사에게 보고하여야 한다.

척수수막류의 원인은 비록 알려지지 않았지만 유전적 관계가 있는 것으로 보인다. 현재 1,000명당 1명꼴로 발생하지만(Haslem, 2000) 미래의 임산부의 유병률은 더욱 증가할 것으로 보인다. 남아보다 여아에게서 더 흔하다(Fishman, 1996). 신경관 결손은 영양 및 환경 요인과도 관련된다. 비정상적인 임신 위험에 노출된 여성은 세심한 지도감독과 사후관리가 필요하다.

음악치료사는 정형외과 관리 문제를 이해하기 위해 물리치료사와 의사소통하는 것이 중요하다. 음악치료에서의 동작은 계획에 따라 일관성이 있어야 하며, 계획에는 ROM(운동 범위) 훈련, 최대한 앉고, 서고, 걷기에 적응할 수 있는 자세 그리고 브레이스, 부목, 휠체어, 보행기 등 움직임을 지지하는 장치의 사용이 포함된다. 서 있는 채로 책상을 사용함으로써 많은 아동들이 브레이스를 한 채로 학습할 수 있다. Garber(1991)는 서기를 요구하는 세심하게 구조화되고 잘 고안된 활동이 상체 기능을 발달시킬 것이라고 주장하였다. 음악치료 활동은 적절하다. 아동이 브레이스나 부목을 사용하면 문지르는 데서 생기는 피부의 상처나 압력 때문에 붉어지는 신호를 주의 깊게 관찰하여야 한다. 또한 아동은 브레이스를 착용해야 하는 시간을 처방받아야 한다. 피부 문제가 발생하면 즉각적인 관심을 갖고 브레이스 착용 시간을 줄일 필요가 있다. 따라서 피부에 과민함이 관찰되면 기록되고 보고되어야 한다.

음악치료는 활동 참여에 동기부여를 할 수 있으며 운동기술을 연습할 수 있는 값진 기회를 제공한다. 그러나 기능적인 움직임의 패턴은 필수적이다. 부적절한 기술 때문에 더 많은 문제가 생기거나 잘못된 장비 사용이 습관화될 수 있다. 아동의 나이와 환경에 대한 요구도 고려되어야 한다. 브레이스를 착용하고 걷거나 목발을 사용하는 것이 목적이고, 분명히 많은 아동들에게 적절하더라도 어떤 경우는 휠체어로 이동하고, 프로운 스쿠터(prone scooter)를 사용하며, 때로는 기어

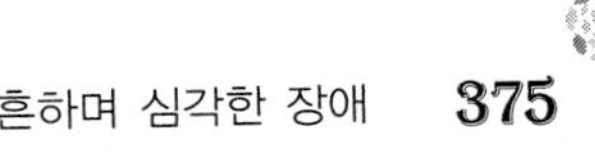

다니기가 더욱 기능적일 수도 있다.

3) 기타 척추장애

척추의 비정상성은 척추, 척추에 있는 신경, 말단 부분(운동신경섬유의 끝과 골격근섬유가 시작되는 부분), 추간원판이 관련되어 있다. 척추의 비정상성은 흔하다. 정상적인 척추는 성장과 함께 모양이 변형된다. 정상적인 아동은 성인이나 청소년보다 경추전만(척추가 앞으로 뒤틀림)이 적고 요추전만이 많다. 흉추후만(척추의 각진 뒤틀림)은 청소년기에 흔하다(Thompson & Scoles, 1996, p. 1943).

몇 가지 척추 문제는 자세를 바로잡으면 교정될 수 있지만 다른 것은 호흡에 영향을 미칠 수 있는 신체 기형을 만든다. 수술이나 브레이스로 교정되지 않으면 척추의 뒤틀림이 척추관절의 악화를 야기한다. 비록 척추가 균형을 잘 이루고 이동을 위해 구부러지더라도 지나친 뒤틀림 또한 심각한 문제를 야기한다.

(1) 척추측만

척추측만(scoliosis)은 척추에서 한쪽으로 10도 이상 뒤틀린 것을 말한다. 여아가 남아보다 치료를 요구하는 진행성 척추측만을 더 많이 가지고 있다(Thompson & Scoles, 1996). 호르몬과 유전적 요인 모두가 중요한 것으로 보인다. 흉부 수준에서 반신마비가 있는 대부분의 아동은 척추측만을 가진다(Lindseth, 2001).

특발성(근원이 알려지지 않은) 척추측만은 아기 때와 아동기에도 나타나지만 청소년기에 더 흔하게 나타난다(Weinstein, 1994a; Thompson & Scoles, 1996). 뒤틀림은 척추의 어느 부분에서도 있을 수 있다. 중요한 뒤틀림은 경추, 흉추, 천추, 요추 부분에서 확인된다. 움직임과 균형을 위해 초기 뒤틀림을 보완하면서 더욱 많은 뒤틀림이 발생한다. 한쪽 다리가 다른 한쪽 다리보다 짧은 것을 보완하기 위해 뒤틀림이 발생할 수도 있으며 또한 신경근육병 때문에 발생할 수도 있다(Skinner, 1996). 아동은 양쪽 어깨와 골반뼈의 차이 때문에 균형이 깨지는 것으로 보일 수도 있다. 더 악화되지 않는 뒤틀림도 있지만 뒤틀림은 골격계가 완성될 때까지 성장과 함께 진행된다.

임상적인 관찰과 방사선 정보를 통해 척추측만이 진단된다. 뒤틀림이 진행되지 않으면 치료가 필요없지만 진행된다면 브레이스 또는 수술이 필요하다.

척추후만 또는 척추전만뿐만 아니라 척추측만은 척추 발달에서 약간의 방해 때문에 선천적으로 발생할 수 있다. 이러한 경우 임신 첫 3개월의 비정상성이 관련된다. 이러한 형태의 척추측만은 비뇨생식기 기형과 문제를 수반할 수 있다. 선천적인 척추 비정상성을 가진 환자의 20~40%는 비뇨생식기 통로의 비정상성과 관련된다(Weinstein, 1994a, p. 462). 또한 선천적인 심장질환도 흔하다. 결국 선천적인 척추측만 환자의 25%는 뒤틀림의 진행을 보이지 않을 것이며, 치료를 요하지 않는다. 그러나 환자의 75%는 진행을 보이며 약 50%는 치료를 요할 것이다(Thompson & Scoles, 1996, p. 1945).

척추측만은 다른 신경근육 증후군, 즉 뇌성마비, 듀켄 근육실조, 척추 근육의 위축, 척수이형성증(myelodysplasia), 선천성 다발성 관절만곡증(arthrogryposis multiplex congenita), 소아마비, 척수소뇌퇴행증 종양 등과 함께 발생한다(Thompson & Scoles, 1996; Weinstein, 1994a). 8개 이하의 반척추가 영향을 받고 척추 구부러짐이 50% 이상일 경우 치료가 포함된다(Heldt, 1996, p. 1667). 척추의 수술적인 안정성은 특히 심폐 기능이 포함되고 가슴 부분에 뒤틀림이 있으면 더 많은 뒤틀림이 진행되는 것을 막기 위해 필요하다. 척추측만 치료의 목적은 아동이 정서적, 신체적으로 고통받지 않고 자신의 외모를 받아들이고 건강한 척추로 골격을 완성시키는 것이다(Skinner, 1996, p. 2154).

모든 척추측만이 고통스러운 것은 아니다(Weinstein, 1994a). 등뼈의 고통 정도는 일반적인 집단에서와 유사하다. 그러나 등뼈의 고통은 아동에게 흔한 일이 아니기 때문에 아동이 등의 고통을 호소하면 적절한 의료 전문가의 진단평가가 필요하다. 등 부분의 통증에는 많은 원인이 존재하며 약 85%는 원인이 분명하다(Weinstein, 1994a, p. 466).

(2) 척추후만

척추후만(kyphosis)은 척추가 뒤쪽으로 구부러졌을 때 발생한다. 뒤쪽은 흉추와 천추 부분을 말한다. 아동이나 청소년이 자세를 교정할 수 있으면 치료가 필요하지 않다. 그렇지만 유아 또는 아동 초기에 등이 구부러지고 서 있는 동안 또는 엎드린 자세에서 교정할 수 없다면 이것은 Scheuermann 병이라 불리는 선천적인 척추의 기형일 수 있다. 이것은 흉추 또는 흉요부에 영향을 미친다. Scheuermann 척추후만의 발생률은 0.4~8%로 여성에게 좀 더 많이 발생한다(Weinstein, 1994a, p. 467).

4) 대퇴골두 무혈성 괴사증

대퇴골두 무혈성 괴사증(legg-calve-perthes-disease: LCPD)은 엉덩이에 영향을 미치고 4~8세에 가장 흔한 특발성 장애다. 4:1의 비율로 소녀보다 소년에게서 더 흔하며 발생률은 10~12%다(Weinstein, 1994b, p. 495). 연골과 대퇴골의 시작 부분에서 괴사(조직이 죽은 것)가 발생한다. 이 병은 그 부위에 혈액 공급이 부족한 상태로, 그 부위는 죽지만 뼈의 성장으로 대체된다. 다행히 대퇴골두 무혈성 괴사증의 모든 경우에서 아동의 신체는 마디 부분으로 가는 혈관을 재확립하기 시작한다. 그래서 대퇴골이 천천히 재형성되고 단단해진다(Rosar, 1963, p. 4). 이것은 자기치유의 장애로 설명되어 왔다(Thompson & Scoles, 2000).

체액은 뼈의 건강에 중요한 역할을 한다. 혈액은 가장 확실한 체액이며 골수 역시 높은 점성의 체액으로 여겨진다. Piekarski(1981)는 다음과 같이 설명하였다.

> 뼈에 부담이 갈 때 체액은 혈액 흐름에 쓸모없는 산물을 짜내기 위해 압력을 전달한다. 점성의 제거는 혈관으로부터 산소와 영양분을 추출하여 세포에 전달하는 것을 도와준다(p. 185).

따라서 건강한 뼈는 혈액 공급이 잘되어야 한다. 또한 아동이 걷기 시작할 때 넘어지면 약한 엉덩이에 손상을 가져올 수 있으므로 넘어지는 것을 막기 위해 노력하는 것이 중요하다. 근육은 사용하지 않으면 약해질 수 있으므로 걷기 시작할 때 근육의 훈련이 필요하다. 이때 넘어지는 것을 막기 위해 지지대를 제공하는 것은 손상을 방지하기 위해 중요하다. 약한 발의 근육을 지지하기 위해 특수한 정형외과 신발이 처방되는데, 올바른 보행 자세와 보행을 도와준다. 결국 균형과 통제가 잘될 정도로 근육은 강해질 것이다.

에너지가 충만한 아동이 움직이지 못하는 것은 매우 힘든 일이다. 따라서 아동을 가족뿐만 아니라 동료 집단에 참여하게 함으로써 사회적 고립을 피해야 한다. 치료 구역의 제한에서 오는 분노나 지루함으로부터 발생할 수 있는 우울을 피하기 위해 오랜 기간 동안 집중을 유지할 수 있는 인지적인 도전과 활동을 찾아야 한다. 음악치료는 아동과 가족 모두를 위한 정서적 지지뿐만 아니라 사회적 · 인지적 자극 모두를 제공할 수 있다.

Weinstein(1994b)에 따르면, 대퇴골두 무혈성 괴사증은 중앙 유럽인, 일본인, 에스키모인들에게 더욱 흔하다(p. 495). 오스트레일리아 원주민, 폴리네시아인, 미국 원주민, 흑인에게는 흔하지 않다. 또한 비정상적인 출생이나 노산에 따른 저체중 출산 아기에게 가장 흔하게 발생하며, 사회적 지위가 낮을수록 더 흔하다. 여러 가지 원인이 의심되고 있으며, Skinner(1996)는 호르몬, 유전, 감염, 외상 등의 요인이 중요한 역할을 한다고 주장하였다(p. 2147).

일반적으로 부모들은 활동 시 그리고 활동 후의 절뚝거림과 고통을 알게 되면서 의사를 찾는다. 검사를 통해 운동 범위의 감소를 알 수 있다. 질병의 단계와 진단을 확인하기 위해 MRI 또는 X선 검사가 필요하다. 대퇴부가 덜 관여되는 어린 아동에게 대퇴골두 무혈성 괴사증이 발생할 때 예후는 더 좋다. Skinner(1996)는 병이 6세 이하의 아동에게서 발병한 경우 치료와 상관없이 예후가 좋다고 주장한다(p. 214). 시간이 지남에 따라 뼈는 재생될 것이기 때문에 치료는 일반적으로 고통 감소, 운동 범위의 유지(근육 당기기, 물리치료) 그리고 브레이스(관골구뼈 아래 골두 부분의 무혈관 부분을 유지하기 위한)의 '억제'에 초점을 맞추게 된다(Skinner, 1996, p. 2148). 수술을 통한 억제는 또 다른 가능성을 가진다. Weinstein(1994b)

은 대퇴부와 엉덩이 관절의 불일치의 기형 정도와 발병 나이는 예후를 결정하는 중요한 요인임을 주장하였다. 또한 관련된 골단 부분이 클수록 질병의 기간과 과정이 길어진다(Weinstein, 1994b, p. 504).

이러한 진단을 받은 아동과 함께하는 음악치료사는 관절 또는 뼈의 더 많은 손상을 막기 위해 움직임의 제한을 아는 것이 중요하다. 심지어 브레이스를 착용하면 걷기 위해 엉덩이가 충분히 구부러질 뿐만 아니라 엉덩이 무릎과 발목의 움직임이 가능하다. Weinstein(1994b)은 관절의 퇴행성 질병과 기형을 막고 성장의 방해를 막는 것이 일차적인 의료 목적이라고 주장하였다(p. 505).

5) 골형성부전증

골형성부전증(osteogenesis imperfecta: OI)은 일반적으로 아동의 뼈가 쉽게 부서지기 때문에 '부서지기 쉬운 뼈(brittle bones)'라고 불린다. Zaleske(2001)는 일반적인 특성으로, 약한 뼈, 작은 키, 척추측만, 상아질 또는 영구치의 시림, 중이의 난청, 약한 인대, 푸른 고막과 공막 등을 제시하였다(p. 205). 방사선 촬영으로 골다공증과 골형성의 불충분함을 알 수 있다. 골형성부전증은 아동기에 나타나는 골다공증 증상이며 골격 기형과 부서짐이 특징이다(Thompson & Scoles, 1996, p. 1978). 이것은 한 가지 질병이 아닌 결합조직에 영향을 미치는 장애들이 모인 것이다. 뼈는 특별한 형태의 결합조직이다. 결합조직은 결속시키는 조직이며 신체의 여러 구조를 지지한다. 메커니즘 용어로 뼈는 몇 가지 고체와 액체로 구성된 물질이다(Cowin, 1981, p. 1). Bassett(1994)은 "푸른 공막(눈을 덮은 부분), 청력 결핍, 치아의 비정상성, 성장장애, 불충분한 호흡, 지나친 땀 흘림, 쉽게 타박상을 입음 등의 증상이 있다."(p. 252)라고 언급하였다. 이것은 유전적인 장애다. 그러나 증상의 다양성과 출현 연령의 다양성 때문에 범주화하는 것이 어려웠다. 몇몇 아이는 골절된 채 태어나지만 신생아기 이후까지는 분명하지 않을 수 있다.

Sillence, Senn과 Danks(1979) 그리고 Sillence(1981)는 4가지 형태의 골형성부전증을 구분할 것을 제안하였는데, 2개는 우성유전으로, 2개는 열성유전으로 전달된다(Zaleske, 2001). 유전적인 범주는 임상적으로 더욱 많은 하위 유형을 포함한다. 다른 구분은 콜라겐 단백질과 콜라겐 유전자 변형을 기본으로 한다(Epstein, 1996).

이 장애는 유아기의 심각한 정도부터 아동기의 가벼운 정도까지인데, 유아기에는 복합적인 골절과 심각한 호흡 문제 때문에 일반적으로 생존하지 못하고, 아동기에는 사춘기가 지나면 증가하지만 치료될 수 있는 골절을 가지기 때문에 가볍다(Bassett, 1994). 다른 것은 사춘기 이후에 뚜렷하게 향상을 보인다(Epstein, 1996).

어떤 골절은 외상 때문에 발생한다. 심지어 걷기를 배울 때나 단순히 사물에 부딪힐 때 생기는 작은 낙상에도 어떤 아동에게는 타박상이나 골절이 발생할 수 있다. 다른 경우는 선행하는 외상을 확인할 수는 없으나, 골절이 있는 경우다. 골형성부전증은 진행성이며 척추와 말단 부분에 영향을 미친다. 이것은 성장장애를 동반한다.

비록 사춘기가 시작되면서 골절이 감소한다고 하더라도 어떤 아동은 휜 다리, 신장의 감소, 심지어 자궁에까지 골절이 일어난다. 중이뼈가 영향을 받기 때문에 많은 경우 청력 손실이 야기된다. 그러나 Thompson과 Scoles(1996)에 따르면, 청력장애는 40대가 될 때까지 환자들 사이에 흔하지만 10세 이하에서는 거의 없다고 주장한다(p. 1979).

비록 다양한 발견이 장애의 다양성을 반영하지만 연구자들은 콜라겐 타입 I에서 몇 가지 결손을 확인해 왔다. 그러나 생의학의 더 많은 연구에 따라 머지않아 이러한 장애를 더 잘 확인하고 치료할 수 있을 것이다. 분자 수준의 진보에도 불구하고 골형성부전증의 체계적인 치료는 현재 이용할 수 없다(Bassett, 1994, p. 253). 그러나 Zaleske(2001)는 "골형성부전증의 특별한 형태를 위한 분자학적 치료에 대한 이론적인 가능성이 높아지고 있다."(p. 209)라고 주장하였다.

일부 아동(특히 타입 III 또는 출생 시 골절과 함께 열성유전자를 가진 경우, 진행성 기형, 정상적인 공막과 청력)은 보행이 가능하지 않지만 대부분은 걸을 수 있다. 또한 낙상이나 외상이 발생할 수 있고 이에 따라 더 많은 기형이 야기된다. 움직이지 못하는 아동은 골절이 치료된 후에도 체중을 지지하는 것이 어렵기 때문에 더욱

심한 골절이 되기 쉽다. 브레이스 착용, 물리치료, 목발 혹은 기타 이동을 위한 보조장비가 아동의 움직이는 시간을 늘려 줄 것이다. 금속 또는 주입하는 수술은 외부적인 지지 시스템인데 아동의 보행을 유지시켜 준다. 척추뼈나 흉곽이 관계되기 때문에 척추 기형과 호흡 문제가 매우 빈번하게 발생한다. 또한 이러한 아동에게 호흡기 감염은 사망의 원인이 된다(Bassett, 1994). 치료사는 이런 아동들이 다른 아동들보다 땀을 더 많이 흘리는 것을 알아야 하며 물을 제때 마시게 하는 것이 중요하다. 그들은 열을 참을 수 없기 때문에 여름에는 실외에서 활동하지 못할 수 있다. 치과 문제가 흔히 나타나므로 치아 위생이 의무적이다.

이러한 아동과 일하는 음악치료사는 골절이 얼마나 쉽게 일어나는지를 계속 인식하여야 한다. 모든 아동에게 움직임을 포함하여 다양한 경험이 필요하지만 주의가 필요하다. 치료사 또는 다른 책임자는 장애물이 없는 환경을 유지하여야 한다. 어느 때라도 골절이 발생할 수 있기 때문에 의료적 지원이 항상 가능해야 한다. 한편, 아동을 지나치게 방어하지 않으면서 다른 성인이나 아동과 교류하도록 할 필요가 있는데, 그렇지 않으면 골절보다 더 심각한 심리적인 문제를 야기할 수도 있다. 야외활동의 경우 이러한 아동들이 얼마나 쉽게 화상을 입고 지나치게 열이 나는지를 기억하여야 한다. 적절한 수분과 휴식 시간을 주어야 하고 신체활동 후 시원하게 해 주어야 한다.

6) 근육실조

근육실조(muscular dystrophies: MDs)는 끊임없이 약해지는 진행성 근육 퇴화 성격을 지니는 유전적인 신경근육의 장애다. 많은 만성적인 장애가 '실조'라는 명칭하에 범주화된다. 심지어 근육이 적당하게 형성되어도 적절한 신경 전달 없이 기능할 수 없다. 근육실조는 근육에 연결되는 시냅스가 약하게 유지되는 운동신경 장애다(Gordon, 1993).

(1) 뒤시엔느형과 베커형 근육실조

뒤시엔느형과 베커형 근육실조(Duchenne and Becker muscular dystrophies) 모두 X 염색체와 관련된 장애지만 과정은 다르다. 베커형 근육실조의 증상은 뒤시엔느형보다 심하지 않다. 뒤시엔느형 근육실조는 만성적인 진행성 신경근육의 질병이다. 이것은 성과 관련되며 남성에게 영향을 주고 여성을 통해 전달된다. 일반적으로 6세 이전에 발병한다. 흉곽 벽의 근육조직이 약해지면 심각한 폐의 질병을 야기한다. 뒤시엔느형 근육실조는 전형적인 임상 과정— 즉, 가슴벽 아랫부분의 정형외과적 기형이 점진적으로 약해짐에 따라 점점 호흡이 불충분해진다. —을 따른다(Leshner & Teasley, 1993, p. 253). 더 이상 걸을 수 없는 대부분의 아동에게서 척추측만이 발생하는데, 이것은 심장이 관련된 것일 수 있다.

뒤시엔느형 근육실조는 남자 아기 출생 시 3,500명당 1명꼴로 발생하며, 베커형 근육실조는 남자 아기 출생 시 30,000명당 1명꼴로 발생한다(Thompson & Berenson, 2001). 분자유전학 및 생물학의 진보와 생화학의 연구로 변형되거나 부족한 단백질(디스트로핀)을 확인해 왔다. 디스트로핀(dystrophin)은 세포막 골격의 구성요소이며 골격근 단백질의 0.01%를 차지한다(Thompson & Berenson, 2001, p. 639). 이것은 치료에서의 진보와 예방이 뒤따르는 것처럼 보인다. 이제 근육실조가 의심되면 보균자를 확인할 수 있고 산전 진단이 가능하다. 근육실조의 증상이 없지만 보균자인 여성 중 몇몇의 경우는 이러한 장애 정도가 가볍다(Gillberg, 1995).

18개월까지 걷기가 지체되면 흔히 조기 진단의 신호로 본다. 이를 통해 진단검사가 필요함을 알 수 있지만 남아는 여아보다 걷기가 느린 경향이 있고 발달단계는 항상 범위 안에서 일어남을 기억하여야 한다.

엉덩이 근육이 약해서 3~4세가 되면 뒤뚱거리는 보행의 비정상성이 발생한다. 하지가 상지보다 훨씬 전에 약해지는 것이 분명하게 나타난다. 이러한 아동들은 바닥에 앉아서 놀다가 일어서려고 시도할 때나 계단을 오를 때 약함이 발견된다. 다른 특성은 발끝으로 걷기다. 바닥에 앉아 있다가 서려고 시도할 때 종아리의 근육이 크지만 약하다. 척추전만은 팔이 뒤로 움직이는 자세를 야기한다. 질병

이 느리게 진행되기 때문에 치료에 대한 거짓 희망을 갖게 하지만 몇 년이 지난 후 걷는 것이 어려울 때 환자와 가족은 다시 걱정과 두려움에 직면한다(Carroll, 1985; Gillberg, 1995).

가능한 한 오랫동안 독립적으로 걷는 것을 격려하는 것이 중요하다. 브레이스는 약한 사지를 지지하기 위해 사용된다. 그러나 대부분의 환자는 결국 휠체어를 사용할 필요가 있다. 근육 수축이 일어나면서 체중을 견디거나 이동을 위해 도움을 받을 수 있는 능력이 차차 없어진다. 발끝으로 걷는 것을 야기하는 아킬레스근의 수축을 지연하기 위해 스트레칭 훈련뿐만 아니라 야간 부목이 사용된다. 수술은 걷기를 어렵게 만드는 수축을 감소시켜 준다. 수술을 받은 아동은 가능한 한 빨리 체중을 견디고 걷기로 힘을 유지하는 것이 필요하다. 이것은 뼈뿐만 아니라 근육의 힘을 위해 중요하다. 이것은 팔이나 상체 근육이 약해짐에 따라 더 어려워지며 일반적으로 10대에 발생한다.

> 많은 연구는 운동 경기에서 광범위하게 사용되는 운동선수의 사지는 횡단면이 더 강하고 단단한 뼈를 가지고 있음을 보여 준다. 반대로 다른 연구들은 오랫동안 침대에 있고 움직임이 없거나 운동하지 못하는 것은 뼈가 다시 흡수되는 원인이 될 것이라고 한다. 결과적으로 이러한 뼈들은 덜 단단하고 약해지며 횡단면은 감소한다(Cowin, 1981, p. 5).

뼈 구조의 적응은 1870년 Wolff가 처음으로 설명하였기 때문에 '울프의 법칙'으로 불린다. 이것은 『스테드먼 의학사전』(Spraycar, 1995)에서 '뼈의 형태와 기능의 모든 변화 또는 기능 자체의 변화는 내부 구조의 어떤 명확한 변화와 외부 배치의 이차적 변형에 따른 것'(p. 943)이라고 정의한다.

근육실조를 가진 아동의 지능은 정상부터 심각한 지체(특히 후쿠야마 선천성 근육실조)까지 다양하다(Fukuyama, Kawazura, & Haruna, 1960; Gordon, 1993에서 재인용). 그중 경미한 지체가 가장 흔하다. 이것은 움직임의 제한 때문에 자극이 제한되는 것과 관련되며, 움직임이 제한되면 사회적 교류와 개념 형성에 필요한 정상적인 놀이활동이 제한된다. Gillberg(1995)는 우울뿐만 아니라 인지적 · 사회적 지체 모두가 이러한 집단에서 흔히 나타난다고 주장한다.

결국 대부분의 뒤시엔느형 근육실조 아동은 침대에만 누워 있다. 심장 또는 호흡 문제로 사망하는 것이 일반적인데, 보통 죽음에 이르는 평균연령은 18세이며, 약 25%만이 21세까지 생존한다(Dietz, 1994, p. 239).

베커형 근육실조의 원인도 뒤시엔느형과 유사하지만 심각하지 않으며 발병도 느리다. 이것 역시 X 염색체와 관련이 있지만 뒤시엔느형보다는 흔하지 않다. 비록 뒤시엔느형과 베커형 근육실조에서 디스트로핀이 없거나 구조적으로 변형되었다는 것이 알려졌지만 운동세포의 기능에 이러한 단백질이 관여되는지는 아직 명확하지 않다(Dietz, 1994; Gordon, 1993). 베커형 근육실조의 진행 과정은 뒤시엔느형보다 느리다. 결국 보행 능력이 없어지지만 10대 후반까지는 발생하지 않을 수 있으며, 약 50%는 40세까지 생존한다(Dietz, 1994, p. 239).

(2) 다른 형태의 근육실조

다른 형태의 근육실조에는 지대형 근육실조, 안면견갑상완형 근육실조, 강직성 근육실조, 안구 및 인두 근육실조, 선천성 근육실조, 말초신경 근육실조 등이 있다.

원인과 임상적 성격은 제각각 다르지만 모두 근육의 약화와 척추 기형을 야기한다. 대부분 약한 근육과 척추측만이 관련된 호흡 문제를 가지고 있다. 호흡 기능부전 때문에 기대 수명이 짧다.

지대형 근육실조(limb girdle muscular dystrophy)는 양성 모두에 영향을 미치는 염색체의 열성유전을 한다. 2가지 형태가 있으며, 하나는 5번 염색체에, 다른 하나는 15번 염색체에 위치한다. 이는 뒤시엔느형 근육실조의 다른 형태이며 이 둘 모두는 정상적인 지능을 가진 아동에게서 발생한다. 지대형 근육실조는 20대 또는 30대에 발병하지만(Dietz, 1994; Gordon, 1993) 진단은 더 빨리할 수 있다. 진단 방법에는 다리, 둔근, 엉덩이에서 나타나는 골반의 약함, 어깨의 경사진 부분에서 나타나는 어깨 환상골의 약화와 팔과 손의 약화가 있다. 이러한 형태의 근

육실조는 신체 한쪽 부분에서 더 약하다. 보행은 30세까지로 제한된다. 간혹 수술을 통해 발목 또는 발의 수축이 교정된다.

이러한 아동들과 일할 때, 음악치료사는 특히 아동이 감기나 독감에 노출되지 않도록 해야 한다. Heldt(1996)은 "약간의 호흡기 감염도 이산화탄소 보유의 원인이 된다. 이것은 일반적으로 간헐적이고 급성이다." (p. 1669)라고 설명했다.

안면견갑상완형 근육실조(facioscapulohumeral muscular dystrophy)는 4번 염색체에 영향을 미치는 근육실조의 염색체 우성유전을 한다. 발생 연령과 관련 정도가 가족 내에서 매우 다양하다. 청소년기 이전에는 확실하지 않고 이후에 느리게 진행된다(DiMauro, Hays, & Bonilla, 1996). 얼굴 표정의 부족 또는 콧소리로 인한 말하기의 방해가 확인될 수 있다(Gordon, 1993, p. 145). 그들은 일반적으로 정상적인 지능을 가지나 골반이 약해서 뒤뚱거리며 걸을 수 있다. 또한 얼굴 근육이 약하고 어깨 근의 약화로 팔을 드는 것이 어려우며(Thompson & Berenson, 2001) 손까지 약함이 확대될 수 있다. 일부 아동은 팔을 사용하기 위해 정형외과적 수술을 통해 능력을 키울 수 있다.

강직성 근육실조(myotonic muscular dystrophy, Steinert's disease)는 우성 염색체로 전달되며, 19번 염색체에 위치한다. 강직성 근육실조는 정상적인 시간 내에 수축된 근육을 이완할 수 없는 것이다(Dietz, 1994, p. 240). 발병률은 10만 명당 약 5명이다(DiMauro, Hays, & Bonilla, 1996). 발병 연령과 심각성은 매우 다양하지만 흔히 청소년기에 나타난다. 상지 약함보다 하지 약함을 더 쉽게 알 수 있다. 얼굴, 하악골, 눈, 목, 말초 부분이 또한 영향을 받는다(Thompson & Berenson, 2001, p. 648). 발 기형이 흔하며 약한 근육이 보행에 영향을 미친다. 이것은 다른 기관에 영향을 미치기 때문에 환자는 근육실조가 확인된 이후 내과 의사에게 의뢰되기도 한다. 아동에게 근육의 약함이 확연히 나타나기 이전에 심장, 내분비 기능 이상 등 다른 증상들이 있다. 또한 백내장이 발생할 수 있으며 슬리트-램프 검사는 사례의 90%에서 수정체 병변을 보여 준다(Gordon, 1993, p. 152). 그리고 아동은 얼굴 근육의 긴장도가 좋지 않아 축 늘어진 외모를 가지며, 비록 정상적인 지능을 가지지만 이후에 치매로 발달될 수 있다.

근육실조의 가장 흔한 몇 가지만이 포함됨을 알아야 한다. 많은 변형이 일어나는데, 진행성 근육 약화는 일반적인 증상이 되는 경향이 있다.

7) 선천성 다발성 관절만곡증

선천성 다발성 관절만곡증(arthrogryposis multiplex congenita: AMC)은 질병으로 분류되지 않으며, 신경근육 질병으로 인한 것이 아닌 다발성 수축의 특징을 가지는 증상을 설명하는 용어다(Sarnat, 1996). 이것은 선천적이며 비진행성의 근질환 또는 근육실조다. 일반적으로 유전적인 문제로 야기되는 것이 아니라 호르몬, 혈관, 기계적인 또는 감염적인 환경으로부터 발생된다(Gorden, 1993, p. 156; Wynne-Davies & Lloyd-Roberts, 1976). 그러나 Dietz(1994)는 이것이 유전적인 요소를 가지며 근육실조와 관련이 있다고 주장한다. 선천성 다발성 관절만곡증은 1841년 Adolf Wilhelm Otto가 처음으로 설명하였다. 그의 최초 논문은 역사적인 관심을 받아 1985년에 다시 인쇄되었다.

이 증상은 출생 시 나타난다. 아기에게 복합적인 관절 수축이 나타나지만 뼈나 관절연골 부분은 정상인 경향이 있다(Skinner, 1996). 증상은 척추측만, 약한 근육 긴장도, 경직된 외모, 엉덩이의 어긋남, 내반족 등이다(Gordon, 1993). 기형은 일반적으로 대칭적이며 움직임의 제한, 근육 위축, 주름이 없는 뺀질뺀질한 피부가 수반된다(Dietz, 1994, p. 235).

일반적으로 다리의 기형을 교정하기 위해 생후 첫 1년 동안 집중적인 물리치료가 처방되며 운동 범위가 증가한다. 대체로 유아기에 약해지는 사람은 계속 약해지고 반대로 유아기에 강해지는 사람은 강해진다(Alman & Goldbert, 2001, p. 297). 후에 수술은 내반족 치료에 약간의 도움을 줄 수 있다. 다음에는 브레이스를 한다. 대부분 AMC 아동은 결국 걸을 수 있게 되는데, 체중을 견딜 수 있는 자세로 보행하는 것이 중요하다. 무릎은 굽히거나 편 채 고정되기도 한다(Skinner, 1996). 이것 때문에 또한 걷기가 제한되며 수술과 수술 후 브레이스가 필요하다. 엉덩이의 어긋남이나 수축 때문에 생기는 문제도 많다. 이것이 한쪽에서만 나타나면 등

의 문제를 막기 위해 수술이 제안될 수 있다. 그러나 양쪽 엉덩이가 모두 어긋나거나 엉덩이에 굴절수축이 일어나면 치료하기 어렵다. 척추를 안정화하기 위해 더 많은 수술이 필요하다. 이 환자의 20% 정도에서 척추측만이 발생한다(Dietz, 1994, p. 237). 아동에게 후에 휠체어가 필요하거나 보행이 어려울 것으로 예상되면 하지 부분의 수술이 권장되지 않는다. 이런 집단의 환자들은 체중을 견디는 자세와 하지 관절의 위치가 앉는 것을 방해하기 때문에 보행 가능성을 확인하는 것이 중요하다(Dietz, 1994, p. 237).

또한 굴절수축이 팔꿈치, 손목, 손가락 등 상지 관절에서 발생할 수 있다. 일상생활의 활동을 위해 이것을 진단평가한다. 많은 아동들은 팔과 손을 사용하는 선택적인 방법을 학습한다. 수술이 기능을 더 좋게 하는 것은 아니지만 향상이 기대되면 수술과 브레이스를 사용할 수 있다.

이러한 아동들은 일반적으로 정상 지능을 가지며 비록 그들이 대근육 동작 기능을 어려워하더라도 정상 수명 정도로 살 수 있다. 다행히 이들 중 대부분이 대체기술을 학습할 만큼 좋은 능력을 가진다(Alman & Goldberg, 2001).

8) 소아 류머티스 관절염

소아 류머티스 관절염(juvenile rheumatoid arthritis: JRA)은 관절 염증으로 야기되는 질병이다(Gk 아르트론, 관절, 염증 등). 류머티스 관절염은 아동기의 면역 기관과 관련이 있다. 지금까지 류머티스 관절염의 원인은 알려져 있지 않다(Kredich, 1996; Schaller, 1996; Wright, 2001). 소아 류머티스 관절염의 임상적인 발병은 급성 전신성 감염 또는 관절의 신체적 외상에 따른 것이지만 이러한 요인과 직접적인 관련성이 밝혀지지는 않았다. 병의 악화에 따라 간헐적인 질병 또는 정신적 스트레스를 수반한다(Schaller, 1996, p. 662). 소아 류머티스 관절염은 질병의 가장 일반적인 형태다. 매우 어린 시기에 시작될 수 있지만 아동기 후반이나 초기 청소년기에 더 흔하다. Haskell과 Barrett(1993)은 이 질병에 여아가 남아보다 더 취약하다고 보고하였다. Cook(1999)은 "미국에 약 20만 명의 아동 또는 1,000명당 2.9명의 아동이 약간의 관절염을 앓고 있다." (p. 163)라고 주장하였다. 그러나 이 수치는 아동이 앓는 모든 관절염을 포함한다. 또 다른 형태의 관절염으로 전신성 루푸스 혈관종, 청소년성 피부근육염, 아동기 척수관절염이 있다(Cook, 1999).

영국에서는 이 증상을 처음으로 묘사한 내과 의사 George F. Still의 이름을 따서 스틸병(Still's disease)이라고 부른다. '스틸병'이라는 용어는 '관절염 시작 전에 고열과 전신성 질환의 신호가 수 개월 동안 존재하는 특성을 가지는 소아 만성 관절염의 한 형태'를 말한다(Spraycar, 1995). 미국에서는 '소아 류머티스 관절염', 유럽에서는 '소아 만성 관절염(juvenile chronic arthritis: JCA)', '소아 특발성 관절염(juvenile idiopathic arthritis: JIA)' 이 가장 통합적인 명칭이다(Wright, 2001). 미국 류머티즘 대학은 소아 류머티스 관절염으로, 유럽에서는 약간 다른 범주를 포함하는 소아 만성 관절염이라고 부른다.

이것은 관절이 제대로 기능하지 못하게 하는 염증성 질병이다. 이 질병은 불규칙한 성장 패턴(예, 한쪽 팔다리가 다른 쪽 팔다리보다 더 긴 경우), 염증과 싸우기 위한 에너지 사용에 따른 피곤함, 만성 질병을 치료하기 위한 약물 사용의 부작용을 야기하며 갑자기 심각한 증상이 생길 수 있다.

관절과 함께 비장과 간이 관련될 수 있다. 흔히 갑작스러운 발진과 고열이 동반되어 나타난다. 관절막이 감염될 때 관절 속 용액의 과도한 분비로 심폐관 파열이 있다. 이에 따라 관절이 부풀어 오르고 골다공증을 야기한다. 간혹 뼈가 실제로 물러진다. 그러나 많은 소아 류머티스 관절염 아동은 활액막염(관절, 근육에 흘러 들어가는 관절액의 염증)에도 불구하고 관절의 영구적인 손상이 발생하지 않는다는 의견도 제기된다(Schaller, 1996, p. 662).

다리가 길어짐과 함께 뼈가 자라나면서 아동은 흔히 '성장통'을 경험한다. 그러나 이러한 형태의 고통은 잠시 동안 지속되며 흔히 밤에 나타난다. Oslon과 Jones(1994)는 "심각한 고통, 변형된 보행, 아침에 뻣뻣함, 관절의 물러짐 같은 신체적 검사를 통한 비정상성이 나타날 경우 소아 류머티스 관절염을 포함하여 다른 대체적인 진단을 고려하여야 한다." (p. 177)라고 제안하였다. 관절의 염증은 고통을 수반할 수도, 그렇지 않을 수도 있지만 이러한 진단을 내리기 위해서는 최

소 6주 동안 진단검사에서 나타나야 한다.

소아 류머티스 관절염은 3가지 하위 형태의 질병을 포함한다. 첫 번째는 소수 관절형이며 발견된 사례의 절반 정도인데, 처음 6개월 동안 4~5개 이하의 관절에 영향을 미친다. 이 병은 관절, 특히 무릎이나 발목, 팔꿈치 등 구부러지는 부분에서 나타난다. 아동의 팔이나 다리 같은 작은 관절은 이 병의 영향을 거의 받지 않는다. 2세 여아에게서 가장 많이 시작된다. 여아들은 림프액에서 ANA(반핵성 항체 또는 세포핵에 영향을 미치는 항체)뿐만 아니라 염증성의 안과 질병이 동시에 발생한다(Olson & Jones, p. 178). 이러한 형태의 만성적인 포도막염 때문에 아동을 안과 의사에게 보이는 것이 중요하며, 이것은 슬리트-램프 검사를 통해서만 발견될 수 있고 치료하지 않은 채로 두면 실명할 수도 있다(Kredich, 1996). 3개월 간격으로 수년 동안 검사가 계속되어야 한다(Olson & Jones, 1994). 아동에게서 병이 발견되지 않아도 보호자가 특이한 보행이나 활동에 함께하는 것을 아동이 싫어하는 것을 발견했다면 소아과 의사에게 가야 한다. 소아 류머티스 관절염이 치료되지 않으면 정상적인 성장 패턴, 근육 위축, 무릎 같은 큰 관절 등의 수축이 야기된다. 이러한 형태의 관절염을 가진 아동은 결국 아동기에 더 많은 관절이 기능하지 못한 채로 성장할 것이다. 약 8%가 더 많은 관절의 기능 이상을 가져오고 복합적인 소아 류머티스 관절염으로 재분류된다.

두 번째 집단은 9세 이상의 대부분 남성에게서 소아 류머티스 관절염이 시작된다. 일반적으로 하지에서 관절의 기능 이상을 보이며 엉덩이가 관련될 수 있다. 일반적으로 관절에 고통이나 물러짐이 있다. 또한 빛에 지나치게 민감하고 피부가 붉어진다. 등 아랫부분에서 가끔 신체검사를 통해 나타난다. 후에 척추감염증(대뇌와 척추에 생기는 염증)으로 발달된다(Schaller, 1996).

(1) 다관절 발생 질환

다관절 발생 질환(polyarticular-onset disease)은 소아 류머티스 관절염의 두 번째 형태다. 이것은 2가지 형태, 즉 RF 양성과 RF 음성이 있다(Wright, 2001). 4개 이상의 관절이 관련되고 크고 작은 관절 모두에서 나타난다. 역시 남아보다 여아에게서 이러한 형태가 더 많이 나타난다. 아동기의 이러한 관절염은 성인기의 류머티스 관절염과 유사하며 작은 마디를 형성한다. 미열, 에너지 결핍, 입맛을 잃는 등의 감기와 유사한 증상이 진단 전에 나타날 수 있지만 JNA 증상은 신체활동의 감소를 포함하여 아침에 경직, 관절의 고통과 물러짐이 점점 나타난다(Olson & Jones, 1994, p. 178). 관절의 약함과 물러짐이 검사를 통해 발견되지만 많은 아동들은 X선 촬영으로 감염된 관절이 발견될 때조차도 고통을 호소하지 않는다. 결국 관절의 파괴와 부드러운 조직의 수축이 발생한 다음에 아동은 움직이기 싫어할 수 있다. 많은 아동에게 경추가 관련되기 때문에 목이 뻣뻣해진다. 나중에는 엉덩이가 관련된다. 대퇴부 파괴가 뒤이어 나타날 수 있으며, 심한 엉덩이 질병은 후에 소아 류머티스 관절염의 장애의 주된 원인이 된다(Schaller, 1996, p. 663). 또한 사용하지 않음에 따라 관절 부분의 수축이 발생할 수 있다. 성장장애가 발생하는데, 지나치게 성장하거나 성장하지 않는 형태가 된다. 질병이 활성화되는 시기에 성장은 지연되지만 고통이 진정되면서 다시 성장에 자극이 될 수 있다(Schaller, 1996). 이러한 성장은 대칭이 아닐 수도 있기 때문에 다리 길이의 차이가 발생할 수 있고, 이는 더 짧은 다리가 다른 다리의 움직임에 적응한 결과 더 많은 척추 기형이 나타날 것을 암시한다.

약물치료와 함께 충분한 운동, 스트레칭, 근육강화 운동을 하는 동작치료는 소아 류머티스 관절염 아동에게 매우 효과적이다(Kredich, 1996, p. 482). 음악치료는 이러한 동작 프로그램에 도움을 줄 수 있는데, 특히 또래 집단에서 흥미 있는 활동을 제시함으로써 음악이 움직임에 동기부여를 해 주기 때문이다. 그러나 음악치료사는 물리치료사, 내과 의사와 함께 아동에게 일관성 있는 목적의 동작을 적용시키는 것이 중요하다. 지나친 운동은 피로와 손상을 가져올 수 있으며 따라서 프로그램을 조정할 필요가 있다. Schaller(1996)는 아동이 관절의 통증과 지나친 피로를 피하기 위해 자신의 활동 수준을 결정하여야 한다고 제안한다(p. 670).

부모와 교사들이 통증이 있는 아동을 과보호하는 경향이 있기 때문에 치료사와 건강 전문가는 아동의 나이에 적절한 활동과 책임감을 격려하여야 한다. 소아 류머티스 관절염 아동을 돌보는 것은 어렵고 비용도 많이 들기 때문에 가족의 지지

가 중요하다. 음악치료사는 적절한 운동과 자기만족을 제공하는 재활 프로그램을 계획하기 위해 가족과 내과 의사뿐만 아니라 작업치료사, 물리치료사, 심리학자와도 협력하면서 일해야 한다.

(2) 소아 류머티스 관절염과 관계된 심리적인 문제

소아 류머티스 관절염을 가진 성인 환자의 심리적인 문제에 대한 문헌은 상당히 많지만 소아 류머티스 관절염 아동에 대한 연구는 부족한 것으로 보인다. 성인을 대상으로 한 연구문헌으로부터 우울, 병의 결과에 대한 불안, 고통에 대처하기 위한 비일상적인 방법, 활동의 제한, 동료와 함께 정상적인 활동에 참여하는 자유의 결핍 등이 증가함을 예상할 수 있다. 그러나 이것은 성인을 대상으로 한 연구문헌 조사에서 나온 결과다. 아동의 경우 이러한 결과를 확인 또는 부인하기 위한 더 많은 연구가 필요하다.

만성적인 상태에서 예후와 치료에 관련된 정보의 부족은 치료에 순응하지 않고 두려움을 증가시키는 경향이 있는데, 이러한 것들이 발견되지 않을 수 있으며, 이것은 소아 류머티스 관절염 아동에게도 해당된다. 그들은 정상 지능을 가지기 때문에 치료와 교육에 관련된 결정에 참여할 수 있다. 그들에게 적절한 용어로 설명하면 질병과 예후를 이해할 수 있다.

아동기와 성인에게 나타나는 모든 형태의 관절염은 비전통적인 치료 형식을 채택하는 경향이 있다. 의료적인 치료를 대체하기 위해 선택하기 전에 이것을 주의 깊게 평가할 필요가 있다. 흔히 처방된 약과 결합되어 사용된다. 이것은 재활 프로그램을 계획하는 팀에게 알릴 필요가 있다. Pritchard(1989)는 의료의 역할은 '삶의 방식'으로 정의될 수 있다고 보았으며, 더욱 전체적인 치료가 매우 강조된다(p. 175).

많은 치료들이 통증 조절과 관련된다. 대부분 통증 클리닉은 의료 처치와 함께 약 또는 적절한 휴식과 운동 프로그램을 결합한다. 음악치료는 질병과 치료에 관련된 두려움과 불안을 이야기할 수 있는 공간을 제공한다. 집단의 지지는 치료에 순응하도록 할 수 있다. 통증 조절에서 긴장 이완의 역할은 오랫동안 인정되어 왔으며 음악치료는 통증 조절을 위한 긴장 이완 기법을 가르치는 장소가 될 수 있다. 따라서 음악치료사는 통증 조절 팀의 일원이 될 가치가 있다.

4. 지체장애 아동과 음악치료

1) 의사소통

의사소통 발달에서 정상적인 순서를 아는 것은 중요하다. 이것은 혀, 입술, 후두를 통제하는 근육뿐만 아니라 상체, 머리, 목과 관련된 발달적인 순서를 포함한다. 아기는 효과적으로 소리를 듣기 위해 머리를 들고 얼굴을 소리가 나는 쪽으로 돌리며 소리의 위치를 찾을 수 있도록 충분히 오랫동안 균형을 유지할 수 있어야 한다. 따라서 근육긴장도와 통제가 약한 아기는 환경적인 자극에 집중하기 위한 움직임을 시작하는 데 지체될 수 있다.

아기가 6개월이 되면 언어 사용 이전의 의사소통을 위해 머리와 팔을 자발적으로 움직일 수 있어야 한다. 원하는 대상을 가리키고 팔을 뻗을 수 있고 '안녕'에 손을 흔들고 원하지 않는 것을 밀어내는 것을 포함한다.

심지어 출생 직후조차도 아기는 의사소통을 위해 울고 얼굴을 찌푸릴 수 있다. 부모는 아기의 울음에 따라 고통과 배고픔을 나타낼 때나 기저귀를 바꿀 필요가 있을 때, 또는 단순히 사람과 교류하고 싶을 때를 구별하는 것을 학습한다. 어르기, 옹알이, 재잘거림, 반향어뿐만 아니라 울음은 언어 사용 이전에 소리를 내는 형식이다(Mysak, 1980, p. 92). 언어 사용 이전의 소리는 이후 말하기 패턴의 시작에 통합된다. 부모나 다른 사람이 반응하거나 이러한 초기 시도를 격려할 때 그들은 더 반복하려 한다. 그러나 아기는 항상 소리를 내는 기쁨을 위해 소리를 만든다. 또한 그들은 나중에 이러한 소리가 바람직한 결과를 만들어 낼 수 있음을 알 때 소리를 반복하는 기쁨이 매우 증가한다.

소리 모방의 중요성은 오랫동안 인식되어 왔다. Piaget(1962)는 출생에서 약

18개월까지를 감각운동기 단계로 설명하였다.

재잘거림, 어르기, 반향어, 옹알이 등의 형식으로 소리를 만들면서 노는 동작은 자발적인 말하기 모방에 선행된다. 이것은 이후 말하기를 위해서 소리를 선택하는 데 필요한 재료가 되어 저장된다. 말하기를 위해서는 호흡의 조절이 필요한데, 말하는 호흡과 공기 압력을 조정하는 것을 포함한다. 상체, 목, 머리의 통제와 협응은 말하기를 위해 필요한 호흡 동작을 통제하는 능력과 관련된다. 따라서 뇌성마비 아동은 언어 생성에서 지체를 가져오는 이러한 영역에서 동작 통제가 약할 수 있다. 호흡, 소리 생성을 위한 동작, 발음을 위한 동작, 바람직한 소리를 투사하기 위한 동작의 통제는 충분한 협응이 요구된다. 따라서 뇌성마비 아동 또는 호흡에 영향을 받는 지체장애 아동은 언어장애를 가진다. 장애가 없는 경우부터 의사소통할 수 없는 경우까지 말하기의 범위는 다양하다. 언어 문제의 모든 형태는 이러한 아동에게서 발견되며 패턴은 일관성이 없다. 장애의 형태와 정도는 말하기와 호흡 메커니즘의 동작 통제뿐만 아니라 뇌 손상으로 야기된 문제와 관련된다.

이미 언급한 것처럼 청각장애는 이러한 집단에서 흔히 나타난다. 아동이 말하는것을 들을 수 없으면 모방 단계가 지연되고 왜곡되거나 생략된다. 이 때문에 다시 의사소통과 관련된 장애가 발생된다.

말하기에 심각한 장애를 가진 아동은 의사소통에서 '예/아니요' 형태를 사용하는 것이 필요하다. 블리스 상징 의사소통 또는 블리스 기호 체계(Blissymbolics)(Archer, 1977)와 의사소통 보드(McDonald & Schultz, 1973)가 성공적으로 사용될 수 있다.

지체장애 아동의 일상은 좌절, 고통, 불편함으로 가득 차 있다. 음악치료는 이러한 감정이 표현될 수 있는 공간을 제공할 수 있다. 근육 통제가 약한 많은 지체장애 아동의 말하기 패턴은 이해하기 어렵다. 음악치료는 이러한 강한 느낌을 비언어적으로 의사소통하는 유용한 방법을 제공할 수 있다.

이러한 많은 아동은 정상적인 지능을 가지기 때문에 표현언어 기술은 부족하더라도 좋은 수용언어 기술을 가지고 있다. 따라서 그들은 상대방이 말하는 것을 이해하지만 반응하기 어렵다.

언어를 사용하는 능력은 적절한 발음과 유창성을 가지고 말하는 능력 이상이다. 이것은 단어의 선택, 기억, 즉각적인 상황과 관련성, 적절한 문법 사용, 다른 사람과의 의사소통을 위한 정보 제공의 경험을 포함한다. Tew(1979)는 '칵테일 파티 신드롬'을 설명했는데, 이것은 아동이 단어나 주제를 거의 이해하지 않고 과도하게 말하는 것을 의미한다. Landry, Jordan과 Fletcher(1994)는 이러한 증상이 정신적 결핍과 관련된 이분척추 아동 중 일부에게서 나타난다고 주장한다. Dennis, Hendrick, Hoffman과 Humphreys(1987)는 이러한 용어가 유용한지 발견하지 못했고, 뇌수종 아동은 언어적 유창성을 가지지만 잠재적인 이분척추를 가진 아동은 언어적 유창성이 결핍됨을 주장하였다. 음악치료는 아동에게 다양한 경험을 제공할 수 있어 말하기의 내용이 증가될 수 있다. 게다가 세션에 다양한 어휘와 토의를 포함할 수 있다. 나이에 적절한 주제와 내용은 적절한 언어 사용을 위해 중요하다.

가능한 한 비장애 아동과 청소년이 집단에 함께하는 것이 적절한 대화를 자극할 수 있을 것이다. 그들은 현재 사용하는 언어의 모델을 제공한다. 이것은 흔히 속어를 사용하여 그들을 성인 집단과 구별되도록 하는 청소년들을 위해 가치가 있다. 치료사가 현재 속어를 모두 이해하고 있더라도 청소년을 통해 모델링하는 것은 더욱 효과적이다. Berk(1999)는 다음의 사례를 제시한다.

> 집단의 청소년들이 말하는 것을 가까이서 들어라. 그러면 다음과 같이 표현하는 것을 들을 것이다. 'That's dope(무섭다).' 'She's a real air-head(그녀는 멍청이다).' 'That music's really bad(그 음악은 정말 좋다).' 'That's a bummer(게으름뱅이다).' 'Chill out(진정해!)' (p. 578; Eble, 1996; Lighter, 1997)

아동에게는 또한 자신의 병과 관련하여 토의할 수 있는 안전하고 지지적인 환경이 필요하다. 특별히 병이 진행성이라면 그들의 두려움과 근심은 매우 당연하

다. Emery(1994)는 근육실조 아동은 일상생활 문제를 비롯한 여러 가지 불확실성과 관련하여 말할 수 있는 기회가 필요하다고 주장한다. 모든 가족에게 미치는 영향에 맞서고 있는 부모나 신체적인 기능에 주된 관심이 있는 의료 관계자들은 듣는 사람으로서는 가장 적절하지 않다. 비현실적인 희망 또는 두려움을 심어 주는 것 없이, 공감적인 듣기가 필요하다. 아동은 흔히 질병의 예후를 알고 있으므로 언어적 · 비언어적 표현의 통로가 필요하다.

2) 학 습

지체장애 아동 개개인의 정신 기능이 다양하기 때문에 학습 프로그램을 계획하는 데 개별화 프로그램이 필요하다. 음악치료는 아동에게 많은 학습기술의 사용을 일반화할 수 있는 기회를 제공한다. 교사와 음악치료사가 효과적으로 의사소통할 때 아동은 기술을 연습할 수 있고 개념은 반복적으로 강조되어 수용될 수 있다.

과제 수행, 즉 활동 시 집중의 유지, 집단에 참여하기 위해 적절한 시간 동안 기다리기, 지침의 순서 따르기 등은 대부분 학습을 위해 필수적이다. 음악활동은 아동에게 과제 관련 행동과 집단 참여 시간을 증가시킬 수 있다. 율동 노래와 음악 게임은 '듣고 행동하기'를 가르치는 자연스러운 방법이다. 뇌 손상을 가진 아동이 집중의 초점을 바꾸고 바람직한 반응을 하는 데는 오랜 시간이 걸린다. 따라서 반복적인 지침 또는 여유를 제공하는 노래나 활동이 유용하다.

움직임을 위한 동기부여로 리듬은 좋은 수단이 되지만, 운동 문제를 가진 아동은 부드럽게 리듬 패턴을 연주하거나 지속적인 박자를 만들기 위해 필요한 협응을 할 수 없음을 기억하여야 한다. 이것은 또한 개별화되어야 한다. 그러나 치료사는 리듬 패턴(챈트, 박수, 노래)으로 정보를 제공할 수 있고 정보의 집단화를 향상시키는 것처럼 보인다. 이것은 정보의 유지를 위한 정보의 조직화를 가능하게 한다.

운동장애에 대처해야 하는 아동은 쉽게 움직일 수 있는 아동보다 더 많이 피곤해 하는 경향이 있다. 치료사는 활동 참여 시간과 관찰 시간을 교체해 가면서 활동에 참여하도록 계획하여야 한다. 적극적인 활동 사이에 신체가 휴식을 취할 수 있도록 감상을 위한 시간 또는 토의를 위한 시간을 계획하여야 한다. 이러한 장애를 가진 많은 아동들은 휴식을 요하는 다른 의료장애를 가지고 있기 때문에 피곤의 신호를 주의 깊게 확인하여야 한다. 항상 필요한 경우, 휴식 시간을 제공할 수 있어야 한다.

어린 아동과 함께할 때 아동이 정보를 탐색함에 따라 환경 탐색에 초점을 맞추어야 한다. Cratty(1986)는 이것은 2가지 중요한 정신 과정, 즉 기억으로의 저장과 이전에 세상과의 접촉으로 이미 저장된 것과의 비교를 포함한다고 설명한다(p. 273).

현실적인 한계를 인식하면서 신체적인 기능에 대한 긍정적인 기대와 조언을 제공하는 것이 중요하다. 불가능한 참여를 요구함으로써 좌절하게 하는 것은 좋지 않은 반면, 아동에 대한 기대를 낮게 해서는 안 된다. 사회정서적 · 심리적 견해에 따르면, 아동의 신체는 '다른 사람들에게 어떻게 보일 것인가' 와 '스스로를 어떻게 믿는가' 로 구성된다(Cratty, 1986, p. 66). 음악치료사가 아동의 능력을 확인하고 그가 할 수 있는 것을 중심으로 활동을 계획할 때 더 긍정적인 자아상이 확립될 수 있다. 이러한 아동은 의료적인 치료 내에서의 한계와 가정과 학교에서 필요한 적응에 초점을 맞추기 때문에 이 같은 일들이 가능하지 않다고 생각할 수 있다. 음악치료의 일반적인 목적은 지체장애 또는 신경학적인 장애를 가진 아동을 위해 중요한 CAMEOS를 포함한다.

3) 운 동

운동 영역에서 일차적으로 강조하는 것은 공간을 통해 움직이는 이동기술이다. 이것이 음악치료에서 사회기술과 여가기술 훈련의 부분으로 통합될 때 더욱 적절하다. 이동기술은 휠체어, 브레이스, 워커, 지역사회 환경에서 독립적으로 움직일 수 있도록 가능하게 해 주는 장비의 사용을 요구한다. Bender, Valletutti와 Baglin (1996)은 계속되는 기술적인 진보가 이동기술의 향상을 위한 새로운 기회를 제공

하기 때문에 교사는 물리치료사, 작업치료사와 종종 관계를 유지하여야 한다고 주장한다. 이것은 음악치료사에게도 마찬가지다. 해부학, 생리학, 운동학, 특수교육 과목이 도움이 되며 이동을 위한 특별한 움직임 프로그램이 다른 영역에 방해가 되지 않도록 조정되어야 한다. 우리가 다른 영역의 관련자들과 협조하여 일할 때 전체적인 결과는 아동을 위한 더 효과적인 프로그램이 된다. 음악치료는 새로운 기술 또는 강함과 유연성을 위해 필요한 운동에 자연스러운 연습 방법을 제공할 수 있다.

1991년 영아와 유아 그리고 가족에게 조기 중재와 가족 서비스를 제공하기 위한 IDEA 규정(PL 102-119) 이후로 클라이언트는 출생에서 2세까지의 영아를 포함한다. 이 집단을 위해서는 이후 독립적으로 또는 보조장치를 통해 보행 발달이 가능하도록 하는 기술에 관심을 가져야 한다.

흥미 있는 소리 자극과 매력적인 시각 자극 사용을 통해 아기가 자극 쪽으로 머리를 들고 돌릴 수 있도록 동기부여할 수 있다. 음악은 이를 유발할 뿐만 아니라 증가시킬 수 있다. 이것은 아기가 환경을 관찰하는 것부터 학습하는 것까지 가능하게 한다. 또한 후에 보행하기 위해 노력하는 동안 머리의 통제 유지에 필요한 초점화와 힘을 발달시킨다.

머리 통제를 성취한 후 아동은 엎드려서 팔과 팔꿈치로 체중을 지지하고 뒤집을 수 있도록 격려될 수 있다. 아동이 도달할 수 없는 곳에서 흥미 있는 음악 소리나 물체를 제시하는 것은 이러한 노력을 이끌어 낼 수 있다. 아동이 대상을 잡고 그것으로 놀이할 수 있도록 허락하는 것은 보기, 뻗기, 잡기, 뒤집기 등의 행동을 증가시킨다.

이후에 아동은 더 많은 힘을 얻을 수 있고 처음에는 도움을 받아서, 다음에는 지지 없이 서기 시작한다. 이러한 자세에서 더 많은 환경을 관찰할 수 있고 모방적인 게임을 더욱 많이 결합한다. 단순한 율동 노래는 이러한 모방을 격려한다. 아동은 이제 박수를 칠 수 있고, 몇 가지 악기를 더 즐길 수 있을 것이다.

다음에는 기어 다니기를 하는데, 하지에 많은 장애를 가진 아동은 할 수 없다. 확장 가능한 것이 무엇이든지 간에, 심지어 대부분의 움직임이 팔과 손을 사용하지만 한 장소에서 다른 장소로 움직이는 것을 격려한다. 시각 자극과 리드미컬한 음악을 제공함으로써 아동에게 다른 장소로의 이동을 격려한다.

다음에는 다른 사람의 도움을 받거나 가구에 기대어 서 있다. 아동이 이렇게 할 수 있으면 한 장소에서의 동작, 예를 들면 행진 음악에 맞추어 걷는 것, 팔 또는 물체를 흔드는 것을 격려한다.

균형감이 생긴 이후에 이동성이 발생한다. 한 장소에서 다른 장소로 이동하기 위해 지체장애 아동에게 보조장비가 필요하다. 가능하면 독립성을 격려하여야 한다. Bender, Vallentutti와 Baglin(1996)은 지팡이의 사용과 관련해 다음과 같은 조언을 한다.

- 한발지팡이는 나무로 만들어지고 일반적으로 손잡이 부분이 구부러졌으며 36인치 정도다. 적절한 길이로 자를 수 있으며 신축성 있는 알루미늄으로 만든 것이 있다. 일반적으로 22~38인치까지 조정할 수 있다(아동의 성장에 따라서).
- 세발지팡이는 땅을 짚기 위해 발목 형태의 동작을 가능하게 하는 3개의 발을 가진 지팡이다(추가적인 지지를 제공한다).
- 네발지팡이는 땅과 접촉하는 4개의 점을 최대한 지지하기 위해 4개의 발을 가진 지팡이다.
- 로프트스트랜드 지팡이는 팔뚝으로 지지하는 한발지팡이다(p. 99).

아동이 휠체어를 사용하면 모든 교사와 치료사는 아동이 의자 또는 침대로 이동하도록 도와주고, 적절하다면 화장실을 오갈 때 도움주는 것을 훈련받아야 한다. 팔 부분이 제거될 수 있는 휠체어가 도움이 된다. 모든 사람이 동일한 방법으로 도와주어 아동이 일관성 있는 과정을 배울 수 있도록 하는 것이 중요하다.

율동 노래나 음악 게임의 환경 안에서 독립보행이 가능하면 대근육과 소근육의 목적적인 범위가 연습될 수 있을 것이다. 이러한 작업은 다른 팀의 전문가와 협조하는 것이 중요하다.

몇 가지 게임에서 발달적으로 적절한 동작활동의 순서가 연습될 수 있는데, 학

습을 위한 지각–운동의 스키마 형성이 필수적이다. 크기, 무게, 속도, 형태 같은 개념은 더 많은 인지적인 이해를 위한 기초를 형성한다. 이는 동작, 사물의 조작, 다양한 지각적인 비교(예, 크다/작다, 높다/낮다, 무겁다/가볍다, 거칠다/부드럽다, 같다/다르다)를 통해 얻어진다.

많은 지체장애 아동은 뇌 손상과 관련된 인지와 동작에 문제를 가진다. 오랜 치료와 제한된 탐구 능력과 환경으로부터의 학습이 문제를 추가한다. 인지 기능이 발달될 수도 있지만 이것이 동작활동의 일차적인 초점이 되는 것은 아니다. 연구는 적절한 운동 중재 프로그램이 운동기술의 의미 있는 향상을 야기할 수 있음을 제안한다(Lerch & Stopka, 1992, p. 34).

운동 프로그램에는 공간을 통해 균형, 협응, 유연성을 향상시키고 방향을 바꾸는 능력을 포함하여야 한다. 일반적으로 신체 이미지와 공간적인 과제(선, 원, 네모, 직선, 평행선 등)가 프로그램에 통합된다. 오랜 시간 동안 힘과 지구력을 증가시키기 위한 작업이 음악치료 프로그램에 통합되었다. 그러나 주된 관심은 대상을 조작하고 이동하는 대소근육 기술이다.

소근육 기술의 평가에서 치료사는 움직임의 범위, 속도, 유연함, 리듬 반응에서 일관성 있는 반복 유형을 알아야 한다. 특이한 움직임은 기록되어야 한다. 또한 이것이 쉽게 발생하는지, 긴장하면서 발생되는지도 알아야 한다. 상체가 기능하지 못하는 아동은 동작을 통제하는 시도에서 상당한 좌절을 경험한다.

이분척추를 가진 많은 아동은 지각적이지 못하거나 소근육 동작에 결핍이 있다. 나머지 아동들은 발달 수준에서 지체를 보이며 기능적 기술, 예를 들면 먹기, 버튼 채우기, 옷 입기 등 기타 일상생활 기술에서 문제를 보인다. 또한 그들은 기술을 수행할 수 있지만 약하거나 금방 지친다.

뇌성마비는 상체 사용에서 이분척추보다 더욱 분명하게 나타난다. 따라서 지각적 기술과 소근육 기술이 거의 불가능하다. 몇몇 뇌성마비 아동은 팔꿈치 아래부터 팔목까지 상체에 캐스트를 입고 프로그램에 참여할 수도 있다. 이것은 광섬유로 만들어졌으며 처방에 따라 하루에 몇 시간 동안 입는다. 목적은 손가락이 자유롭게 움직이도록 하면서 중심 또는 자연스러운 위치에서 손목 관절을 유지하는 것이다. 이것은 기능적인 자세에서 관절을 유지한다. 아동이 음악치료에서 캐스트나 다른 형태의 브레이스를 착용한다면, 운동 프로그램에 참여하는 물리치료사 또는 작업치료사와 의사소통하는 것이 필수적이다. 어떤 음악활동에서는 캐스트를 제거하는 것이 좋을 수 있지만 팀의 자문 없이 그렇게 해서는 안 된다.

뇌성마비 아동의 운동 기능을 평가하기 위해 몇 가지 검사가 사용된다. 피바디 운동발달 척도(Peabody Developmental Motor Scales)(Folio, Fewell, & DuBois, 1983)는 매우 어린 아동에게도 손의 기능적인 능력을 측정할 수 있는 검사다. 또 다른 검사는 QUEST(Quality of Upper-Extremity Skills Test)(DeMatteo et al., 1993)다. 특정 활동을 수행함에 있어서 아동의 수행에 대한 부모의 지각과 만족을 측정하는 척도는 캐나다 작업운동 수행척도(Canadian Occupational Motor Performance Measure: COPM)(Law et al., 1991)를 통해 제공되었다.

음악은 리듬과 구조를 통해 운동활동으로 초대한다. 음악은 학습에 선행되어야 하는 지각-운동 활동에 참여하도록 아동을 격려하는 데 사용되는 유용한 도구다. 물론 치료할 필요가 있는 영역은 초기 진단평가에서 분명히 나타나야 한다. 목적과 목표는 발달 순서와 관련된 아동의 필요와 수준을 반영하여야 한다.

4) 정 서

Gillberg, Gillberg와 Groth(1989)는 DAMP — 집중, 운동 통제 그리고 지각의 결핍 — 라고 명명된 사람들의 결핍에 대해 언급했다. 이들은 약간의 신경 발달적인 장애를 가진 취학 전 아동을 대상으로 작업했지만 이것은 운동 문제, 특히 뇌손상과 관련된 문제를 가진 아동에게서 흔히 나타난다. 음악은 아동의 집중을 사로잡는 새로운 자극을 제공한다. 따라서 집중 시간을 연장하고 아동이 활동 참여를 지속하는 데 사용될 수 있다. 지각기술의 다양성이 음악 만들기, 특히 선택이나 비교와 관련될 때 사용될 수 있다.

지체장애 아동에게 발달 척도는 지체된다. 음악은 나이에 적절하게 그러나 가능한 한 기술을 사용하면서 참여가 가능하도록 변형되어야 하는데, 이는 심리적

인 발달에서 중요하다. 운동적 · 언어적 · 사회적 · 교육적 기술 등 이미 달성된 기술을 사용할 수 있는 많은 기회를 아동에게 제공하는 것이 중요하다. 다른 팀과 함께 일함으로써 음악치료는 새로운 기술을 강화하고 증가시키기 위해 설계될 수 있다. 이 같은 팀 협력으로 아동은 더욱 정상적인 발달로 나아갈 수 있다. 물리적인 어려움을 치료하기 위한 것에만 많은 강조점이 제공될 때 아동의 잠재력과 요구를 놓치기 쉽다.

정신장애가 뇌 손상을 가진 아동에게서 증가된다는 것을 나타내는 몇 가지 증거가 있다. 이것은 간질, 뇌성마비, 뇌수종 아동을 포함한다(Fernell, Gillberg, & Von Wendt, 1991a, 1991b; Gillberg, 1995). 아동기의 모든 정신병적 문제가 이러한 아동에게서도 나타난다. 물리치료사와 작업치료사 그리고 내과 의사는 신체장애의 치료에 초점을 맞추지만 심리학자와 예술치료사는 아동의 정신건강에 더욱 초점을 맞춘다. 양쪽 모두 중요하며 팀에 대한 협조는 아무리 강조해도 지나치지 않다.

진행성 질병을 가진 아동은 우울과 절망감을 갖는다. 따라서 아동에게 미래보다 '지금-여기' 에 초점을 맞추도록 돕는 것은 아동을 더욱 낙천적으로 만들 수 있다. 현재의 이용 가능한 기술과 능력을 사용하는 활동은 아동에게 더 많은 통제력을 갖게 한다. 또한 아동이 손실된 기능보다 자신의 능력을 알 수 있도록 돕는 것은 심리적인 지지를 제공한다. 음악은 여러 가지 기술 수준에서 즐거움을 줄 수 있고 수행될 수 있기 때문에 음악치료사는 모든 아동이 함께할 수 있는 방법을 찾을 수 있다.

아동이 통증을 느낄 때 다른 일에 집중을 유지하는 것은 어려울 수 있다. 모든 지체장애 아동에게 통증이 있는 것은 아니지만, 많은 사람들이 가볍지만 지속적이거나 약이 필요한 통증을 경험한다. 아동이 통증을 호소하면 심한 상태인지, 약한 정도인지를 질문하는 것이 중요하다. 모든 통증은 기록되고 의사와 보호자에게 보고되어야 한다. 소아 류머티스 관절염 아동은 상처 때문에 움직이는 것을 꺼린다. 그러나 움직이지 않으면 수축이 발생할 수 있다. 따라서 아동이 통증을 호소하면 움직임을 격려할 때와 휴식을 격려할 때를 아는 것이 중요하다. 아동이 통증을 보일 때 대처하는 방법에서 더욱 어린 시기로 퇴화가 나타날 수 있다. 이것은 아동에게 심리적인 지지가 특히 중요하지만 또한 나이에 적절한 행동에 대한 기대감을 갖는 것의 중요성을 말해 준다.

아동이 점진적으로 기능을 손실하면 그들은 상당한 좌절과 분노를 경험한다. 기술 또는 능력의 손실은 아동에게 언제나 어렵지만 그들의 형제자매와 동료가 성장하고 힘을 얻는 것을 보면서 더욱 그러할 수 있다. 심지어 현재 기능을 유지하는 것조차도 노력을 요하며 결국 몇몇 아동에게는 불가능할 수도 있다. 이러한 느낌을 표현하고 논의하는 것을 유발하는 방법이 필요하다. 음악은 부드럽고 사랑스러운 감정부터 분노와 좌절에 이르기까지 모든 감정을 표현하는 방법이 될 수 있다. 록 음악뿐만 아니라 몇 가지 동시대의 음악은 부정적인 감정을 토의하기 위한 자극으로 사용될 수 있다. 무엇보다도 아동이 자신의 감정을 아는 것이 중요하다. 정상적인 신체를 가진 사람들에 대한 분노는 이들의 공통적인 특성이다. 이것이 토의될 필요가 있으며, 아동은 또한 인정하고 인식하는 방법을 알아야 한다. 이것은 집단에서 가치 있는 일원으로서 다른 사람들과 공유하고 참여하는 방법을 발견함으로써 성취될 수 있다. 집단에 비장애 형제자매가 함께하면 그들에게 더욱 가치 있을 수 있다. 그들은 또한 토의될 필요가 있는 분노나 죄의식을 가질 수도 있다.

치료사의 태도는 성공에 대한 기대감을 전달하여야 한다. 아동을 동정하거나 지나치게 방어하는 것은 유용하지 않다. 주의 깊은 진단평가를 통해 현실적인 기대가 제시되어야 한다. 치료사는 아동이 스스로를 동정하는 감정에 이끌리기 쉽다. 몇몇 장애 아동은 책임감에 대한 기대를 줄이기 위해 이 방법에서 조작하는 것을 학습한다. 성취 가능한 목적과 목표를 가진 구조적인 프로그램이 아동의 전체적인 복지를 위해 매우 유용하다.

5) 조직화

Piaget(1936, 1952)의 발달 이론에서 아동은 새로운 정신의 조직화된 구조를 형

성하고 이것을 이미 존재하는 구조 또는 스키마와 연결하는 것이 필요하다. 이것은 새로운 정보를 처리하고 이전에 경험하고 저장되고 조직된 것과 관련시키는 것을 가능하게 한다. 운동 문제를 가진 아동은 쉽게 환경을 탐구할 수 없기 때문에 이러한 개념을 형성하기 위한 경험이 부족할 수 있다. 예를 들어, 아동은 '가깝고 먼' 개념에 대해 공을 갖고 놀거나 숨바꼭질을 하면서 배운다. '높고 낮음'의 개념은 선반에 있는 물체에 도달하거나 올라가면서 배운다. 또한 동작을 통해 공간, 거리, 모양에 대한 많은 기본적인 개념이 학습된다.

음악치료는 이러한 개념을 활동에 포함하면서 공간적 조직화의 경험을 제공할 수 있다. 심지어 휠체어에 있거나 또는 다른 동작이나 교정장치를 사용하더라도, 색깔 깃발, 리듬악기 등을 잡고 높고/낮은, 가깝고/먼, 위/아래 등의 개념을 학습할 수 있다. 이러한 개념은 다음에 높고 낮은 음정으로, 또는 가깝고 먼 소리로 일반화될 수 있다. 이것은 대상을 숨겨 놓고 높은 음정으로, 힌트를 제공하는 게임에서 사용될 수 있다. 게임에서 아동이 대상을 찾을 때까지 멀어지면 낮은 소리, 가까워지면 높은 소리가 나도록 연주될 수 있다. 크고/부드러운, 다양한 음색, 길고/짧은, 빠르고/느린 음으로 사용될 수 있다. 음악치료는 새로운 스키마 또는 정신 구조를 형성하기 위한 정신의 조직화 경험을 제공하는 데 도움을 줄 수 있는 여러 가지 방법이 있다. Piaget는 심리 구조—아동이 경험을 이해하는 조직화된 방법—가 나이에 따라 변한다고 생각했다. 그는 스키마라는 특정 구조에 대해서 언급한다(Berk, 1999, p. 212). 그러나 이것은 통제할 수 있고, 많은 것들을 탐색하기 위해 환경을 탐색할 수 있는 아동에게 설명되는 것이다. 만약 움직임이 제한된다면 복합적인 사고를 위한 기초로서 이러한 개념이 저장되고 형성되도록 하기 위해 아동에게 환경을 제공하는 것이 필수적이다.

인지 발달에 대한 또 다른 이론은 정보처리 이론이다. 정보처리 이론주의자들은 새로운 정보가 장기기억에 저장될 수 있도록 조직화하는 방법뿐만 아니라 감각적 자극의 중요성을 강조한다. 음악치료는 아동이 집중할 수 있는 여러 가지 감각 경험을 제공할 수 있다. 예를 들어, '유리유리'라고 불리는 하와이 리듬악기 마라카스에는 밝은 색깔 깃털이 있다. 이것은 색깔의 시각적 경험과 흥미를 불러일으키는 리드미컬한 소리뿐만 아니라 촉각적 경험을 제공한다. 음악 그 자체가 감각적 경험을 자극하는 가장 중요한 방법이지만 치료사가 진행하는 활동과 그 밖의 도구의 사용은 많은 경험을 제공할 수 있다. 이때 새로운 정보를 조직화하는 아동의 능력을 고려하는 것이 중요하다. 지나친 정보는 감각적 경험을 조직화하기보다 혼란을 더할 수 있다. 또한 음악은 효과적으로 저장될 수 있도록 작은 단위에서 조직화하거나 '덩어리'로 조직화하도록 해 주는 요구를 통해 발생한다. 더불어 정신 과정을 위한 시간을 허락하기 위해 충분한 반복과 참여를 위한 동기를 부여한다.

음악이 학습됨에 따라 새로운 상황에 응용될 수 있다. 치료사는 2개 음을 연속 사용하는 노래나 5개 음을 사용하는 노래 목록을 가지고 있어야 한다. 많은 노래들은 2, 3개 정도의 코드만이 필요하다. 꾸준하고 변함없는 리듬 패턴은 많은 노래에서 발견될 수 있다. 새로운 정보의 작은 부분과 함께 이미 알고 있는 구조를 사용하는 것은 정신적인 저장을 공고하게 한다. 이것은 새로운 상황에 음악 구조를 적용하기 위한 기본을 제공한다. 음악은 아동들이 집중할 수 있는 감각적 자극을 제공한다. 이 정보는 다음에 단기기억에서 사용되고 반복은 결국 장기기억에 저장되도록 한다. 이러한 경우, 정보가 보유될 수 있는 기회와 사고의 효율성을 증가시키면서 정신적인 전략이 정보를 조작하기 위해 사용될 수 있다(Berk, 1999, p. 225).

음악은 아동의 집중을 유지할 수 있다. 짧은 집중력을 가진 아동이라도 자극이 친숙하고 다양하면 참여 시간이 증가할 것이다. 아동은 참여를 통해 음악을 여러 번 반복함으로써(반복되는 선율의 악구, 화음 순서, 리듬 패턴) 정신적 연습과 집단화 모두를 사용할 수 있다. 또한 세션은 친숙한 형식을 가져야 하며, ① 인사 노래 또는 집단 응집력을 가져올 수 있는 활동, ② 다양한 자극을 가지는 행동 또는 동작 활동, ③ 진정시키거나 자극이 감소되는 활동, ④ 다시 교실로 돌아가기 전에 진정하고 이완하기 위한 감상활동(이것은 흔히 토의를 포함한다.), ⑤ 마치는 노래 또는 세션을 마감하는 활동의 순서를 따른다.

이러한 형식은 각 집단의 필요에 따라 변화되지만 세션의 순서와 조직화는 예

측 가능성을 제공하고 아동에게 활동에 참여하는 것을 더욱 편안하게 느끼게 해준다.

6) 사회성

지체장애 아동은 정상적인 지능을 가지며 사회적 교류를 할 수 있기 때문에 많은 경우 비장애 아동과 일반 교실에 통합되거나 주류화된다. 아동의 특별한 요구가 이러한 환경에서 만족될 수 있으면 이것은 바람직하다. 특수학급이 필요한 경우에도 여전히 아동이 비장애 아동과 많은 시간을 함께 보낼 가능성이 있다.

사회 집단은 모든 아동에게 중요하다. 청소년기가 되면 성인의 권위로부터 분리되는 수단으로 동료 집단을 따르려는 욕망이 나타난다. 장애 청소년에게 일치감은 특별한 도전이 될 수 있다. 비장애 아동이 학교를 통해 사회적 세상의 부분이 된다면 각 아동의 특별한 욕구에 대한 보다 큰 인정과 이해가 존재할 것이다. 음악치료는 모두가 행동하는 방식의 차이에 차별을 받지 않으면서 집단활동에 성공적으로 참여할 수 있는 공간을 제공한다. 모두가 음악활동에 참여할 수 있는 방법을 발견하는 것은 사회적 고립 또는 이질감을 감소시키는 데 도움을 준다. 치료사는 모두가 가치 있는 집단 구성원임을 축하하는 방법을 찾아야 한다. 음악활동의 참여를 위하여 요구되는 모든 영역의 기술을 넘어서서 모든 아동이 포함될 수 있는 방법을 찾는 것이 가능하다. 치료사가 이끄는 것부터 동료가 조직하는 것으로 진행되는 집단 경험은 독립성과 성인의 보호로부터 더 많은 자율성을 가지는 과제를 바탕으로 아동을 돕는다. 치료사는 피드백을 제공하고 모든 기능을 격려하는 중요한 역할을 담당한다. 그러나 결국 청소년기로 성장하면서 스스로 다스릴 수 있어야 한다.

아동 또는 청소년이 사회기술을 학습하지 못하면 특별한 사회기술 훈련 프로그램을 계획하는 것이 필요하다. 사회기술은 ① 지역사회에서 생존과 독립성을 위해 필요한 도구를 얻고, ② 사회적인 보상 관계와 지지를 확립하고 유지하기 위해 요구되는 상호적인 행동으로 정의된다(Liberman, 1985, p. 727). 사회기술의 향상을 위한 훈련은 바람직한 행동의 모델링과 역할 놀이 및 적절한 행동의 강화를 포함한다. 음악치료에서 기능이 좋은 동료를 포함하고 모방을 격려함으로써 사회화가 가능하게 된다. 개개인의 독특한 역할은 또한 지역사회 상황에서 집단의 기준을 따르는 것뿐만 아니라 주목되어야 한다.

「공법」은 모든 장애를 가진 아동이 이동 수단과 시설에 접근할 수 있도록 한다. 그러나 친구와 함께 여가 시간을 보내는 방법을 찾는 데 지역사회 자산을 사용하기 위해 아동과 청소년에게 특별한 훈련이 필요할 수 있다. 음악은 흔히 지역사회에서 다른 사람과 함께할 수 있는 방법을 제공하지만 참여를 시작하기 위해서는 지지와 격려가 필요하다. Anderson과 Clarke(1982)는 청소년기 장애를 연구하면서 150명을 대상으로 사회적 고립과 심리 문제의 출현에 대한 관계가 분명함을 발견하였다. 현재는 학교에서 더 많은 통합이 이루어지고 비장애 아동과의 분리가 적기 때문에 관심을 덜 받는 것으로 보인다. 그러나 방과 후 지역사회에서의 완전한 통합은 아직 확실하지 않다. 따라서 아동이 가족을 벗어나 다른 사람들과 교류하는 방법을 찾는 것을 돕기 위해 아동에게 훈련과 지지를 제공하는 것이 중요하다. 음악치료는 학교와 지역사회에서 아동의 사회적 교류를 위한 값진 경험을 제공할 수 있다.

참고문헌

Adams, J. C. (1986). *Outline of orthopaedics* (10th ed.). New York: Churchill Livingstone.

Aicardi, J. (1990). Epilepsy in brain-injured children. *Developmental medicine and child neurology, 32*, 191-202.

Aksu, F. (1990). Nature and prognosis of seizures in patients with cerebral palsy. *Developmental Medicine and Child Neurology, 32,* 661-668.

Alderman, A. (2001). The physically challenged child. In C. Green-Hernandez, J. K. Singleton, & D. Z. Aronzon (Eds.), *Primary care pediatrics* (pp. 217-228). Philadelphia: J. B. Lippincott.

Alman, B. A., & Goldberg, M. J. (2001). Syndromes of orthopaedic importance. In R. T. Morrissy & S. L. Weinstein (Eds.), *Pediatric orthopaedics* (5th ed.) (pp. 288-338). Philadelphia: Lippincott, Williams & Wilkins.

Anderson, E. M., & Clarke, L. (1982). *Disability in adolescence.* New York: Methuen.

Archer, L. A. (1977). Blissymbolics. A non-verbal communication system. *Journal of Speech and Hearing Disorders, 42,* 568-579.

Bassett, G. S. (1994). Idiopathic and heritable disorders. In S. L. Weinstein & J. H. Buckwalter (Eds.), *Turek's orthopaedics: Principles and their application* (5th ed.) (pp. 251-287). Philadelphia: J. B. Lippincott.

Bender, M., Valletutti, P. J. & Baglin, C. A. (1996). *A functional curriculum for teaching students with disabilities* (3rd ed.). Austin, TX: Proed.

Berk, L. E. (1999). *Infants, children, and adolescents* (3rd ed.). Boston: Allyn and Bacon.

Carroll, J. E. (1985). Diagnosis and management of Duchenne muscular dystrophy. *Pediatric Research, 6*, 195.

Chesney, R. W. (2000). Bone structure, growth, and hormonal regulation. In R. E. Behrman, R. M. Kliegman, & H. B. Jenson (Eds.), *Nelson textbook of pediatrics* (16th ed.) (pp. 2132-2134). Philadelphia: W. B. Saunders.

Cook, A. R. (Ed.) (1999) *Arthritis sourcebook.* Detroit, MI: Omnigraphics.

Cowin, S. C. (1981). Introduction to the symposium on the mechanical properties of bone. In S. C. Cowin (Ed.), *Mechanical properties of bone* (pp. 1-12). New York: The American Society of Mechanical Engineers.

Cowin, S. C. (1989). *Bone mechanics.* Boca Raton, FL: CRC Press.

Cratty, B. J. (1986). *Perceptual and motor development in infants and children* (3rd ed.). Englewood Cliffs, NJ: Prentice-Hall.

Dallas, E., Stevenson, J., & McGurk, H. (1993a). Cerebral-palsied children's interactions with siblings-I. Influence of severity of disability, age, and birth order. *Journal of Child and Psychology and Psychiatry, 34*, 621-647.

Dallas, E., Stevenson, J., & McGurk, H. (1993b). Cerebral-palsied children's interactions with siblings-II. Interactional structure. *Journal of Child and Psychology and Psychiatry, 34,* 649-671.

DeMatteo, C., Law, M., Russell, S., Pollock, N., Rosenbaum, P., & Walter, S. (1993). The reliability and validity of the quality of upper extremity skills test. *Physical and Occupational Therapy in Pediatrics, 13*, 1-18.

Dennis, M., Hendrick, E. B., Hoffman, H. J., & Humphreys, R. P. (1987). Language of hydrocephalic children and adolescents. *Journal of Clinical and Experimental Neuropsychology, 9*, 593-621.

Dietz, F. R. (1994). Neuromuscular diseases. In S. L. Weinstein, & J. A. Buckwalter (Eds.*), Turek's orthopaedics: Principles and their application* (5th ed.) (pp. 213-249). Philadelphia: J. B. Lippincott.

DiMauro, S., Hays, A. P., & Bonilla, E. (1969). Hereditary myophathies. In A. M. Rudolph, J. I. E. Hoffman, & C. D. Rudolph (Eds.), *Rudolph's pediatrics* (20th ed.) (pp. 1977-1987). Stamford, CT: Appleton & Lange.

Eble, C. (1996). *Slang and sociability: In-group language among college students.* Chapel Hill, NC: University of North Carolina Press.

Eilert, R. E., & Georgopoulis, G. (1999). Orthopedics. In W. W. Hay, A. R. Hayward, M. J. Levin, & J. M. Sondheimer (Eds.), *Current pediatric diagnosis and treatment* (pp. 695-714). Stamford, CT: Appleton & Lange.

Emery, A. E. (1994). *Muscular dystrophy: The facts.* New York: Oxford University Press.

Epstein, C. J. (1996). Genetic disorders and birth defects. In A. M. Rudolph, J. I. E. Hoffman, & C. D. Rudolph (Eds.), *Rudolph's pediatrics* (20th ed.) (pp. 265-430). Stamford, CT: Appleton and Lange.

Fernell, E., Gillberg, C., & von Wendt, L. (1991a). Behavioral problems in children with infantile hydrocephalus. *Developmental Medicine and child Neurology, 33,* 388-395.

Frenell, E., Gillberg, C., & von Wendt, L. (1991b). Autistic symptoms in children with infantile hydrocephalus. *Acta Paediatrica Scandinavia, 80*, 451-457.

Fishman, M. A. (1996). Disturbances in neural tube closure and spine and cerebro-spinal fluid dynamics. In A. M. Rudolph, J. I. E. Hoffman, & C. D. Rudolph (Eds.), *Rudolph's pediatrics* (20th ed.) (pp. 1867-1876). Stamford, CT: Appleton & Lange.

Folio, R., Fewell, R., & DuBois, R. F. (1983). *Peabody developmental motor scales.* Toronto: Teaching Resources.

Garber, J. B. (1991). Myelodysplasia. In S. K. Campbell (Eds.), *Pediatric neurologic physical therapy* (2nd ed.) (pp. 169-212). New York: Churchill-Livingstone.

Gillberg, I. C., Gillberg, C., & Groth, J. (1989). Children with preschool minor neurodevelopmental disorders. V: Neurodevelopmental profiles at age 13. *Developmental Medicine and Child Neurology, 37*, 14-24.

Gillberg, C. (1995). *Clinical child neuropsychiatry.* Cambridge, UK: Cambridge University Press.

Gordon, N. (1993). *Neurological problems in childhood.* Boston: Butterworth-Heinemann.

Hadjipanayis, A., Hadjichristodoulou, C., & Youroukos, S. (1997). Epilepsy in patients with cerebral palsy. *Developmental Medicine and Child Neurology, 39,* 659-663.

Halsey, M. F., McLeod, K., & Rubin, C. (1997). The biology of bone. In R. Dee, L. C. Hurst, M. A. Gruber, & S. A. Kottmeier, *Principles of orthopaedic practice* (pp.

17-35). New York: McGraw-Hill.

Haskell, S. H., & Barrett, E. K. (1993). *The education of children with physical and neurological disabilities* (3rd ed.). New York: Chapman & Hall.

Haslem, R. H. A. (1996). Congenital anomalies of the central nervous system. In W. E. Nelson (Sr. Ed.), *Nelson textbook of pediatrics* (15th ed.) (pp. 1667-1686). Philadelphia: W. B. Saunders.

Haslem, R. H. A. (2000). Cerebral Palsy. In R. E. Behrman, R. M. Kliegman, & H. B. Jenson (Eds.), *Nelson textbook of pediatrics* (16th ed.) (pp. 1843-1847). Philadelphia: W. B. Saunders.

Heldt, G. P. (1996). Chest wall diseases. In A. M. Rudolph, J. I. E. Hoffman, & C. D. Rudolph (Eds.), *Rudolph's pediatrics* (20th ed.) (pp. 1665-1672). Stamford, CT: Appleton & Lange.

Hosking, G., Miles, R., & Winstanley, P. (1990). Seizures in patients with cerebral palsy. *Developmental Medicine and Child Neurology, 32*, 1026-1027. (Letter).

Hussey, R. W., & Ward, J. D. (1993). Spinal cord trauma and associated disorders. In J. M. Pellock & E. C. Myer (Eds.), *Neurologic emergencies in infancy and childhood* (2nd ed.) (pp. 123-135), Boston: Butterworth-Heinemann.

Ingram, T. (1964). *Paediatric aspects of cerebral palsy*. Edinburgh: Churchill Livingstone.

Kredich, D. W. (1996). Juvenile rheumatoid arthritis. In A. M. Rudolph, J. I. E. Hoffman, & C. D. Rudolph (Eds.), *Rudolph's pediatrics* (20th ed.) (pp. 479-482). Stamford, CT: Appleton and Lange.

Landry, S. H., Jordan, T., & Fletcher, J. M. (1994). Developmental outcomes for children with spina bifida and hydrocephalus. In M. G. Tramontana & S. R. Hooper (Eds.), *Advances in child neuropsychology* (Vol.2) (pp. 85-118). New York: Springer-Verlag.

Law, M., Babtiste, S., Carswell-Opzoomer, A., McColl, M., Polatajko, H., Pollock, N. (1991). *Canadian occupational performance measure manual*. Toronto: CAOT Publications.

Law, M., Russell, D., Pollock, N., Rosenbaum, P., Walter, S., & King, G. (1997). A comparison of intensive neurodevelopmental therapy plus casting and a regular occupational therapy program for children with cerebral palsy. *Developmental Medicine and Child Neurology, 39*, 664-670.

Lerch, H. A., & Stopka. C. B. (1992). *Developmental motor activities for all children-From theory to practice*. Dubuque, IA: Brown & Benchmark.

Leshner, R. T., & Teasley, J. E. (1993). Pediatric neuromuscular emergencies. In J. M. Pollock & E. C. Myer (Eds.), *Neurologic emergencies in infancy and childhood* (2nd ed.) (pp. 242-281). Boston: Butterworth-Heinemann.

Liberman, R. P. (1985). Schizophrenia: Psychosocial treatment. In H. I. Kaplan & B. J. Sadock (Eds.), *Comprehensive textbook of psychiatry/IV* (4th ed.) (pp. 724-734). Baltimore: Williams & Wilkins.

Lighter, J. E. (1997). *Random House historical dictionary of American Slang*. New York: Random House.

Lindseth, R. E. (2001). Myelomeningocele. In R. T. Morrissy & S. L. Weinstein (Eds.), *Lovell and Winter's pediartic orthopaedics* (5th ed.) (pp. 601-632). Philadelphia: Lippincott, Williams & Wilkins.

Liptak, G. S. (2001). Spina bifida. In R. A. Heikelman, H. M. Adam, N. M. Nelson, M. L. Weitzman, & M. H. Wilson (Eds.), *Primary pediatric care* (4th ed.) (pp. 1838-1841). St. Louis, MO: C. V. Mosby.

Little, W. (1853). *On the nature and treatment of the deformities of the human frame*. London: Longman, Brown, Green, and Longman.

McDonald, E. T., & Schultz, A. (1973). Communication boards for cerebral palsied children. *Journal of Speech and Hearing Disorders, 38*, 73-88.

Moe, P. G., & Seay, A. R. (1997). Neurologic and muscular disorders. In W. W. Hay, A. R. Hayward, M. J. Levin, & J. M. Sondheimer (Eds.), *Current pediatric diagnosis and treatment* (14th ed.) (pp. 622-694). Stamford, CT: Appleton & Lange.

Mrabet, A., Bouteraa, M., & Gouider, R. (1993). Epilepsy and cerebral palsy. *Epilepsia, 34*(Suppl.), 19.

Mysak, E. D. (1980). *Neurospeech therapy for the cerebral palsied: A neuroevalua-*

tional approach (3rd ed.). New York: Teachers College Press.

Olson, R. R., & Jones. M. M. (1994). Juvenile rheumatoid arthritis. In S. L. Weinstein & J. A. Buckwalter (Eds.), *Turek's orthopaedics* (5th ed.) (pp. 176-188). Philadelphia: J. B. Lippincott.

O'Shea, T. M., Kinepeter, K. L., & Dillard, R. G. (1998). Prenatal events and the risk cerebral palsy in very low birth weight infants. *American Journal of Epidemiology, 147*, 362-369.

Otto, A. W. (1985). A human monster with inwardly curved extremities. *Clinical Orthopaedics, 194*, 4-5.

Piaget, J. (1952). *The origins of intelligence in children* (Translated by Margaret Cook). New York: International University Press. (Original work published 1936)

Piaget, J. (1962). *Play, dreams, and imitation in childhood* (Translated by C. Gattegno & F. M. Hodgson). New York: Norton.

Piekarski, K. (1981). Mechanically enhanced profusion of bone. In S. C. Cowin (Ed.), *Mechanical properties of bone* (pp. 185-191). New York: The American Society of Mechanical Engineers.

Pritchard, M. L. (1989). *Psychological aspects of rheumatoid arthritis.* New York: Springer Verlag.

Root, L. (1997). Cerebral palsy. In P. D. Pizzutillo (Ed.), *Pediatric orthopaedics in primary practice* (pp. 371-378). New York: McGraw-Hill.

Rosar, V. W. (1963). *Perthes and parents.* Springfield, IL: Charles C Thomas.

Sarnat, H. B. (1996). Neuromuscular disorders. In W. E. Nelson, R. E. Behrman, R. M. Kliegman, & A. M. Arvin (Eds.), *Nelson textbook of pediatrics* (15th ed.) (pp. 1739-1763). Philadelphia: W. B. Saunders.

Sarwick, J. F. (1997). Orthopaedic problems of myelomeningocele. In P. D. Pizzutillo (Ed.), *Pediatric orthopaedics in primary practice* (pp. 369-370). New York: McGraw-Hill.

Schaller, J. G. (1996). Juvenile rheumatoid arthritis. In R. E. Behrman, R. M. Kliegman, & A. M. Arvin (Eds.), *Nelson textbook of pediatrics* (15th ed.) (pp. 661-670).

Philadelphia: W. B. Saunders.

Scherzer, A. L., & Tscharnuter, I. (1990). *Early diagnosis and therapy in cerebral palsy.* New York: Marcel Dekker.

Sillence, D. O. (1981). Osteogenesis imperfecta: An expanding panorama of variants. *Clinical Orthopaedics, 159,* 11.

Sillence, D. O., Senn, A. S., & Danks, D. M. (1979). Genetic heterogeneity in osteogenesis imperfecta. *Journal of Medical Genetics, 16,* 101.

Skinner, S. R. (1996). Orthopedic problems in childhood. In A. M. Rudolph, J. I. E. Hoffman, & C. D. Rudolph (Eds.), *Rudolph's pediatrics* (20th ed.) (pp. 2129-2158). Stamford, CT: Appleton and Lange.

Spraycar, M. (Ed.) (1995). *Stedman's medical dictionary* (26th ed.). Baltimore: Williams and Wilkins.

Sussová, J., Seidl, Z., & Faber, J. (1990). Hemiparetic forms of cerebral palsy in relation to epilepsy and mental retardation. *Developmental Medicine and Child Neurology, 32,* 792-795.

Tachdjian, M. O. (1997). *Clinical Pediatric orthopedics.* Stamford, CT: Appleton and Lange.

Tew, B. (1979). The "Cocktail Party Syndrome" in children with hydrocephalus and spina bifida. *British Journal of Disorders of Communication, 14,* 89-101.

Thompson, G. H., & Berenson, F. R. (2001). Other neuromuscular disorders. In R. T. Morrissy & S. L. Weinstein (Eds.), *Pediatric orthopaedics* (5th ed.) (pp. 633-676). Philadelphia: Lippincott, Williams and Wilkins.

Thompson, G. H., & Scoles, P. V. (1996). Bone and joint disorders. In R. E. Behrman, R. M. Kliegman, A. M. Arvin (Ed.), *Nelson textbook of pediatrics* (15th ed.) (pp. 1915-1990). Philadelphia: W. B. Saunders.

Thompson, G. H., & Scoles, P. V. (2000). Bone and joint disorders. In R. E. Behrman, R. M. Kliegman, & H. B. Jenson (Eds.), *Nelson textbook of pediatrics* (16th ed.) (pp. 2055-2138). Philadelphia: W. B. Saunders.

Weinstein, S. L. (1994a). The thoracolumbar spine. In S. L. Weinstein & J. A. Buckwalter (Eds.), *Turek's orthopaedic principles and their application* (5th ed.) (pp. 447-485). Philadelphia: J. B. Lippincott.

Weinstein, S. L. (1994b). The pediatric hip. In S. L. Weinstein & J. A. Buckwalter (Eds.), *Turek's orthopaedics: Principles and their application* (5th ed.) (pp. 487-520). Philadelphia: J. B. Lippincott.

Wolf, J. (1969). *The results of treatment in cerebral palsy.* Springfield, IL: Charles C Thomas.

Wolff, J. (1870). Die innere architekture der knochen. *Archives of Anatomy and Physiology, 50.*

Wollock, J. B., & Nichter, C. A. (1996). Static encephalopathies. In A. M. Rudolph, J. I. E. Hoffman, & C. D. Rudolph (Eds.), *Rudolph's pediatrics* (20th ed.) (pp. 1853-2061). Stamford, CT: Appleton and Lange.

Wright, D. A. (2001). Juvenile idiopathic arthritis. In R. T. Morrissy & S. L. Weinstein (Eds.), *Pediatric orthopaedics* (5th ed.) (pp. 427-457). Philadelphia: Lippincott, Williams and Wilkins.

Wynne-Davies, R., & Lloyd-Roberts, G. C. (1976). Arthrogryposis multiplex congenita. *Archives of Disease in Childhood, 51*, 618-623.

Zaleske, D. J. (1997). Development of components of the skeletal system (bone, cartilege, synovial joints, growth plate). In R. Dee, L. C. Hurst, M. A. Gruber, & S. A. Kottmeier, *Principles of orthopaedic practice.* New York: McGraw-Hill.

Zaleske, D. J. (2001). Metabolic and endocrine abnormalities. In R. T. Morrissy & S. L. Weinstein (Eds.), *Pediatric orthopaedics* (5th vol.) (pp. 177-241). Philadelphia: Lippincott, Williams and Wilkins.

제 9 장

기타 장애 아동 케어의 심리적 측면: 발달적인 이슈와 심리사회적인 요구

1. 발달적인 이슈
2. 심리적인 이슈
3. 음악치료: 치료 팀으로서의 양상

09 기타 장애 아동 케어의 심리적 측면: 발달적인 이슈와 심리사회적인 요구

의료 팀의 역할은 일차적으로 아동의 의학적 문제에 대한 신체적인 면을 이해하는 것과 관련되지만 심리학자의 역할은 아동의 사회적 · 정서적 상태를 이해하는 것이다. 아동 심리학자는 상담가로 기능하면서 아동과 그 가족들의 독특한 심리적인 경험을 돕기 위해 노력한다(Hamlett & Stabler, 1995, p. 42). 음악치료사는 사회사업가, 부모, 간호사, 다른 팀원으로부터 얻은 정보를 이용해 심리학자의 관찰을 보완한다. 심리학자는 일차적으로는 언어로 행동을 파악하지만 또한 인지적 · 정서적 반응을 관찰하면서 비언어적인 의사소통도 주의 깊게 관찰하여야 한다. 음악치료사는 언어적 · 비언어적 의사소통을 유발하기 위해 음악을 사용한다. 그들은 또한 아동의 사회적 · 정서적 복지에 관심을 가지고, 아동을 지원하는 팀을 돕기 위해 값진 정보를 제공할 수 있다.

음악치료사는 의료 환경에서 '명령의 사슬(chain of command)'과 아동의 전체적인 복지에 독특한 역할을 하는 팀의 일원으로 공헌하기 위한 방법을 알아야 한다. 의사는 흔히 팀장이 된다. 일반적으로 의사와 다른 의료 관련자가 음악치료사의 역할을 이해하는 것이 중요하다. 이것은 일반적인 의료 교과과목에 포함되지 않는다. 각 아동의 치료를 위한 음악치료의 역할을 의사소통하는 가장 좋은 방법은 음악치료 세션에서의 현장 관찰, 팀 회의에서의 분명하고 확실한 보고, 잘 요약된 발달 기록을 사용하는 것이다. 여기에는 적절한 의료 용어를 사용하면서 분명하고 객관적인 행동 관찰 그리고 팀의 다른 구성원뿐만 아니라 아동을 존중하는 자세와 전문가적인 행동이 항상 필요하다. 물론 전체적인 외모가 믿음직한 전문가임을 전달할 수 있어야 하며, 모든 계획된 세션과 회의를 위한 준비도 필요하다. 여기에는 조직화 기술이 요구되며 따라서 대부분 음악치료사들은 요구되는 과목을 완수해야 한다.

아동은 집이나 외래로써는 치료될 수 없는 병 때문에 입원을 하며, 입원하는 그 자체로 가족에게 깊은 근심의 원인이 된다. 게다가 가족은 일상의 파괴, 재정적인 어려움, 더 많은 보호를 해야 하는 책임감으로 애쓴다. 아픈 아동은 병과 직면해야 하는 가족의 한 부분이다.

특히 갑작스러운 입원으로 준비할 시간이 거의 없을 때, 입원은 아동에게 큰 두려움이 될 수 있다. 그때 가족에게 확신을 제공할 수 있는 의료진의 지지와 관심이 필요하다. Baum(1995)은 "물론 우리는 우리의 보호가 필요한 내부의 문제와 개인으로서 사례를 보아야 한다."(p. 269)라고 상기시킨다. 음악치료사는 치료 팀의 일원으로 아동에게 무비판적인 태도를 유지하여야 한다. 인간은 큰 스트레스에 직면했을 때 정서적 통제가 불가능할 수도 있다. 따라서 정서적으로 '낙담'하는 부모와 아동의 반응 결핍 또는 다른 고민의 신호, 눈물, 분노에 지나치게 반응하지 않는 것이 중요하다. 아동의 건강을 돌보는 것은 성인을 돌보는 것과 다르다. 즉, 보호자는 고통과 불편함을 최소화하고 비협조적인 행동을 인정하고 이해하여야 한다(Paton & Cockburn, 1995, pp. 264-265). 팀의 다른 구성원들뿐만 아니라 음악치료사도 진정한 전문가로서 아동의 감정에 민감하고 도움을 주어야 한다. 이러한 방법으로 신뢰가 쌓이고 가족들은 그들의 자녀가 진정으로 걱정하는 사람들에게서 돌봄을 받고 있다고 느낄 수 있다.

1. 발달적인 이슈

상담은 전문가가 특정 문제나 치료 영역에 대해서 전문성을 제공하는 것이다. 음악치료사는 음악치료를 이해하고 아동의 발달과 관련해 훈련된 사람으로, 정상적인 발달의 맥락에서 아동의 문제를 볼 필요가 있는 의료 전문가에게 중요한 상담가가 될 수 있다.

1987년 특수아동을 위한 국립협회(National Association for the Education of Exceptional Children)는 발달에 적합한 훈련(Developmentally Appropriate Practice: DAP)(Bredekamp, 1987) 지침을 출판하였다. 그들은 나이와 개인의 특성을 고려하는 것의 중요성을 강조한다. 다양한 요구를 가진 어린 아동을 교육하는 교사에게 어떻게, 언제 개별화해야 하는지에 대한 이슈는 매우 중요하다(Carta, 1995, p. 1). 음악치료사는 음악활동을 발달적으로 적절하게 만들기 위해 과제분석을 해야 한다. 어떤 운동기술, 인지기술, 사회기술이 요구되는가? 리듬, 멜로디, 하모니 또는 상대적으로 큰 소리에 관련하여 어떤 음악 지식과 능력이 필요한가? 아동이 과제를 완성할 만큼 충분히 오랫동안 집중할 수 있는가? 과제가 부분으로 나누어질 때 각각은 개별 아동이 성취할 수 있어야 한다. 그렇지 않으면 더 복잡한 과제를 제시하기 전에 수정될 필요가 있다. 게다가 음악 과제 또는 활동은 아동의 연령에 맞게 적절하여야 한다.

대부분 쉽게 습득될 수 있는 시기에 기술 습득에서의 지체는 심각한 결과를 가져온다. 더욱 복잡한 기술을 위해 아동기 초기와 저학년 시기에 달성해야 하는 기본적인 기술이 필요하다. 발달에 적합한 훈련 모델은 아동이 반응적인 환경에서 제시되는 발달에 적합한 과제를 통해 자존감, 독립심, 사회기술을 발달시킨다(Carta, 1995, p. 5). 그러나 흔히 아픈 아동은 가정이나 병원의 보호에 제한을 받고 다른 의료적인 제한을 가질 수 있어서 쉽게 이러한 발달적 경험을 놓치게 된다. '발달에 적합한 과제'를 제공하기 위해서는 특별한 관심이 필요하다. 음악은 나이와 기술 모두에 적합하도록 적응을 도울 수 있기 때문에 음악치료사는 발달적인 과목을 제공하는 데 중요한 공헌을 할 수 있다.

2. 심리적인 이슈

아동이 발달함에 따라 그들은 '자기(self)'를 다른 사람과 분명하게 구별함으로써 더 많은 자율성을 키워야 한다. 이것은 아동이 관심의 중심, 보호의 초점, 지나친 돌봄을 받는 환경에서는 발달하기 어렵다. '나는 누구인가'라는 이슈는 음악치료 안에서 탐구되어야 한다. 이것은 신체 이미지, 역할 정체성, 자신을 다른 사람과 구별하는 것(예, '솔로'에서 '반주'로 바뀌거나 또는 교대로 표현하는 것)을 포함한다. Rosenzweig(1993)는 응급의료의 관점에서 이러한 이슈를 논의하였다. 환자의 자기 이미지 또는 신체 이미지는 다른 질병이나 치료 때문에 어쩔 수 없이 상처를 받는다. 이미지의 재활은 흔히 응급의료의 범위를 넘어선다(p. 558). 질병, 특히 만성적인 질병은 의존성을 증가시킨다. 아동이 더 많은 독립성과 자율성을 추구하기 위한 발달단계에 있을 때조차도 다른 사람에게 의존하게 된다. 특히 치료가 빈번하거나 오랫동안 병이 지속된다면 아동은 무능력감과 고립감을 느끼게 된다. 아동의 자기 이미지는 의미 있는 다른 사람의 반영으로부터 형성된다. 가족이 아동을 무력하고, 약하고, 무능력하다고 표현하면 이것은 아동에게 내면화될 것이다. 아동이 자신감과 유능감을 가진 개인으로 자신을 인식하는 방법을 찾는 것은 이러한 집단을 위한 음악치료에서 주된 목적이 되어야 한다.

또한 의사결정에서 부모를 포함하고 그들에게 선택할 수 있는 충분한 정보를 제공하는 것이 치료의 중심이 되어야 한다. Allen과 Petr(1996)는 전문가는 부모의 역할과 선택을 빼앗으면 안 되고 부모는 그들의 자녀가 책임감을 형성하는 결정을 빼앗아서는 안 된다고 경고한다(p. 69). 의사결정에는 부모뿐만 아니라 가능한 한 자녀도 포함되어야 한다. 이렇게 하면 아동이 치료에 더 잘 순응하고 퇴원했을 때 의료진에게 덜 의존하기 때문이다. 아동을 의사결정에 참여하도록 하는 것은 그가 통합을 위해 충분히 기능하고 성장하였음을 가정하는 것이다.

> 의료적인 의사결정은 경험 없이 새로운 정보를 이해할 수 있는 능력이 필요하다. 이론적인 가능성(부작용 등)에 대한 원인, 다른 요인보다 더 중요한 것, 추상적 변수의 구체화, 미래에 대한 전망, 연역적이고 귀납적인 추론화, 융통성 있는 집중의 초점을 보여 주는 것이다(MaCabe, 1996, p. 509).

고통, 불편함 또는 약의 영향을 경험하는 아동은 의료적인 의사결정에 참여하기 위해 요구되는 집중이나 주의를 유지하지 못할 수도 있다. 그러나 무엇이든 가능한 범위에서 아동을 포함하여야 하며 최소한 아동에게 의사결정을 알려야 한다. 오래된 의료 모델에서는 전문가가 모든 의사결정을 하고 가족에게 알리기 때문에 관련자들은 부모나 아동이 참여하는 것을 꺼릴 수도 있다. 그러나 '태양 법칙(sunshine law)'은 가족 구성원에게 자료 개방을 요구하는 것으로, 기능을 변화시켜 왔다. 이제 가족은 정보에 접근할 수 있고 정보를 공유하는 방법에 대해 상당히 통제할 수 있다.

흔히 부모나 아동이 치료 결정에 참여하면 치료에 더욱 집착한다. 많은 권위자들은 의료적인 보호와 환자의 순응에서 서로의 만족을 보장하기 위해 의사-환자-부모 의사소통의 중요성을 강조한다(Korsch, Gozzi, & Francis, 1968; Krasnegor, Epstein, Johnson, & Yaffe, 1993; McCabe, 1996). 부모가 배제되고 모든 의사결정을 팀에서 할 때 부모들은 아동의 돌봄에 대해 책임감과 관련성을 덜 느낄 것이다. 부모가 관여되는 것은 특히 아동이 퇴원했지만 계속적인 치료가 요구될 때 삶의 남은 부분을 위해 중요하다. 아동과 청소년기 건강에서 치료에 충실한 것이 중요한 관심사다.

의미 있는 다른 사람이 아동의 발달에 중요하기 때문에 연구자들은 아동의 병이 더 심해지거나 심지어 죽을 것이라고 생각하는 부모의 신념에 대한 영향을 연구해 왔다. Green과 Solnit(1964)은 이것을 '상처받기 쉬운 아동 신드롬(the vulnerable child syndrome)'이라고 명명하였다. 그들은 아동이 완전하게 회복되었을 때도 부모의 두려움이 지나쳐서 아동의 심리 발달에 영향을 주는 방어적인 행동과 곤란한 관계를 만든다고 보았다. 아동의 취약성 척도(Forsyth, Horwitz,

Leventhal, Burger, & Leaf, 1996)는 부모가 약한 아동이라고 생각하는 정도를 측정한다. 이 검사는 소아과를 방문한 4~8세 아동의 부모 1,095명의 반응을 기초로 하였다. 아동이 약하다고 지각되는 경우는 더 많은 행동 문제를 가지고 있음이 발견되지만, 이것은 그렇게 지각되는 모든 아동에게 맞아떨어지는 것은 아니다. 분명 다른 요인이 존재한다. 그러나 아동의 취약성에 대한 부모의 태도는 아동의 미래 행동 적응에 더 많은 영향을 미치므로 보호자에게도 지지를 제공하는 것이 고려되어야 한다. 부모가 식견과 능력이 있고 지지적이면 그들의 아동은 치료에 더 많이 의존하는 경향이 있는 것으로 보인다(La Greca & Schuman, 1995, p. 65). 상처받기 쉬운 아동 신드롬의 개념은 부모-자녀 관계에서 과보호적인 것을 말하는데, 이는 자신을 보호해 주기를 원하는 자주 아픈 아동의 부모에게는 매우 정상적인 것이지만, 아동의 발달적 · 행동적 문제를 야기한다. 왜 몇몇 아동은 발달 문제를 가지고, 다른 아동은 그렇지 않은가에 대한 더 많은 조사가 필요하다. 부모로부터 약하고 보호가 필요하다고 지각되는 아동의 발달적인 성장을 조장하기 위한 중재에 음악치료가 유용할 수 있다. 음악은 비위협적인 환경이기 때문에 신체적 · 사회적 · 정서적 반응의 여러 수준에서 참여를 유도할 수 있다. 또한 이것은 아동이 기능할 수 있는 능력에 대해 개별화될 수 있다.

독립성의 발달적인 이슈는 매우 밀접한 관련이 있다. 입원 아동은 자신의 신체에 영향을 미치는 사건들을 통제할 수 없어서 결과적으로 약하고 힘 없고 속았다고 느낀다(Grimm & Pefley, 1990, p. 368). 만성적인 건강 문제를 가진 아동은 의료적인 보호를 요구하기 때문에 흔히 의존적인 위치에 있다. 가능성이 어느 정도건 간에, 보호자는 의견을 표현하고 의사결정과 선택을 할 수 있는 독립적인 개인으로서의 아동의 성장을 격려하여야 한다. 어떻게 부모와 기타 보호자가 아동의 요구를 만족시키는지, 또는 그렇게 하지 못하는지는 의미 있는 타인으로부터 분리되어 성인으로 분명한 정체성을 가진 후의 독립성과 매우 큰 관련이 있다. Friedrich과 Jaworski(1995)는 "편안함, 감동, 확신에 대한 아동의 기본적인 욕구가 주 보호자를 통해 충족되는 방법이 구체화에 대한 감각(신체를 통해, 신체 안에서 경험되는 자아의 영역(Young, 1992, p. 90))을 높일 수 있다. 이러한 요구가 무시

되고 아동이 학대당하면 구체화하지 못한다."(p. 489)라고 설명한다. 음악치료에 참여하는 것은 치료사로부터 지지와 격려를 받으면서 선택하고 의견을 제시하고 의사결정을 위한 많은 기회를 제공받을 수 있다. Irwin과 Millstein(1992)은 자율성, 독립성, 지배, 친밀감, 개별화, 정체성, 발달적인 성숙의 과제로서의 진보된 정보처리 과정을 확인한다. 이것은 음악치료의 목적의 초점이 될 수 있다.

음악과 집단 구조가 지지적이고 예측 가능한 조직화를 제공하면서 개별적인 역할과 참여를 위한 많은 기회가 존재한다. 아동을 포함하여 음악가는 완성을 위해 노력함으로써 음악 집단의 일원이 될 수 있다. 그들은 칭찬과 인정을 받으면서 자존감과 성공적인 집단원으로서의 정체성을 증가시킨다. 음악의 지적 도전은 절대로 끝이 없다. 우리가 바라는 대로 복잡하게도 또는 단순하게도 된다. 따라서 정보를 처리하는 데 필요한 진보된 인지 과정을 위한 기회가 많다. 음악활동은 수동적인 것부터 적극적인 것까지 다양하다. 발달적이고 임상적인 고려를 기본으로 하고 아동의 능력과 선호를 참조하여 참여 수준을 결정하여야 한다(MaCabe, 1996, p. 509).

또한 음악치료사는 침대에 누워 있거나 치료하는 동안 한 자세, 한 장소에 머물러야 하는 아동을 위한 추가적인 자극을 제공할 수 있다. 이는 화상병동에 있는 아동, 투석 또는 몸을 지탱하기 위한 장비를 한 아동, '성장에 실패(failure to thrive: FTT)'한 아동을 위해 필요하다. Casey(1992)에 따르면, FTT는 유전적 성장의 잠재성 그리고 출생 시 조숙의 정도와 크기의 적절성을 고려하여 키의 성장에 대해 불균형적인 체중 성장 속도를 가지는 것을 말한다(p. 375). Drotar(1995)는 이러한 정의는 체중을 국립건강통계센터(National Center for Health Statistics)에 토대를 두고 연령에 따라 평균 아래 2 표준편차 이상일 때 사용된다고 한다. 이러한 아동들은 지역사회 시설에서 치료될 수 있지만 몇몇은 최소 체중에 도달할 때까지 병원에 입원한다. 이러한 경우 결핍이 학대와 관련되어 있다면 새로운 양육 장소가 필요하다.

참여를 촉진하기 위해 도구와 악기를 적용할 필요가 있다. 이것 역시 개별 사정과 과제를 고려하여 분명하게 적용되어야 한다. 치료사가 어떻게 모든 아동들을

성공적으로 참여하도록 할 수 있는가? 그들이 거의 도움 없이 참여할 수 있는가? 또는 약간의 중재가 필요한가? 손으로 안내할 것인가? 언어적으로 촉진할 것인가? 활동이 분명하게 구조화되어 있으면 아동이 독립적으로 기능할 수 있는가? 이러한 발달적인 이슈는 모두 아동의 미래의 성장을 위한 바탕으로, 기본적인 태도, 기술, 학습 영역과 관련된다. 그러나 우리는 아동의 매일매일의 생활에 대해 최고의 삶의 질을 제공하는 데 초점을 맞추는 것을 명심해야 한다. Colomer(1995)에 따르면, 아동과 청소년은 삶을 즐기기 위해 건강을 최대 상태로 유지해야 한다고 분명히 하고 있다(p. 514). 다시 최고의 삶의 질은 건강을 증진시킨다. 대부분 치료의 중심이 삶의 질적인 문제를 지지하지만 그들의 일차적인 초점은 대부분 질병이다. Lindström(1995)은 "건강, 복지, 삶의 질의 개념이 기본적으로 긍정적인 가치를 가져다주더라도 대부분은 그들의 질병, 문제, 괴로움에 대해 기술되어 왔다."(p. 584)라고 지적한다. 음악치료는 입원 아동에게 즐거움을 제공하는 중요한 요소다. 이제 치료의 인본주의적인 면은 소아과 치료의 완전 서비스 전달체계에서 관심을 불러일으키고 있다.

3. 음악치료: 치료 팀으로서의 양상

아동이 입원하면 신체적인 건강을 일차적으로 강조하는 경향이 있다. 그러나 예측할 수 없는 환경과 낯선 보호자에 대한 두려움과 불안감을 가진 아동은 회복도 더디다는 것이 분명해졌다. 따라서 심리적인 요인에 대한 민감성은 질병을 가진 모든 아동을 돌보는 데 필요하다. 이것은 최적의 돌봄을 위해 필요한 치료 팀의 숫자를 증가시킨다. 이 팀은 이제 음악치료사를 포함한다.

음악치료사가 치료 팀의 일원으로 일할 때 서비스는 전체 치료의 계획 안에서 처방된다. 치료 팀은 아동의 사회적 · 심리적 · 신체적 · 발달적 필요를 고려해야 한다. 음악치료사를 포함하는 것은 팀장이 결정하거나 아동을 치료하는 데 관련된 모든 부서의 책임자가 결정하기도 한다. 가능하다면 아동과 부모도 치료 계획

가운데 음악치료사를 포함하는 결정에 참여하여야 한다.

음악치료는 한 집단에서 부모와 아동이 함께 참여하기 위한 기회를 제공하며, 그 목적은 의사소통의 촉진, 감정(예, 질병 때문에 떠안게 되는 한계에 대한 의심, 두려움, 분노, 보호자에 대한 긍정적인 느낌) 표현의 기회 제공, 장애보다는 능력에 초점을 맞추어 함께 시간을 보내는 데 있다. 모든 초점이 질병에 있을 때 부모가 아픈 아동을 돌보는 것은 매우 어려울 수 있다. 부모는 기쁨과 긍정적인 상호작용의 시간을 제공하는 음악 집단에서 다른 사람과 함께 참여하는 아동을 보는 것이 훨씬 더 수월하다.

물론 치료 팀은 항상 목적과 목표에 관한 분명한 의사소통을 해야 한다. 이때 다른 팀원을 존중하는 것이 필수적이다. 그들은 계획된 음악치료 세션에 참여하는 것이 아동의 전체 프로그램의 일부분인 것을 이해하여야 한다. 의료 치료를 위한 중단이 필요하지만(예, 주사를 맞거나 약을 먹음), 가능하면 다른 의료 전문가는 음악치료 세션을 위한 시간을 존중하여야 한다. 이것은 목적에 대한 분명하고 끈질긴 설명을 요구한다. 아동의 병원 기록에 그 목적을 어떻게 달성했는지를 글로 작성하는 것 역시 필요하다. 이를 통해 팀 회의에서 논의될 수도 있다.

1) 아동과 가족이 사용하는 대처 전략

'질병의 Lazarus 일반 모델'(Lazarus & Folkman, 1984)을 기본으로 대처 행동과 심리적인 반응은 환경을 지각하는 방법과 관련이 있다. 친절하고, 입원에 대한 아동의 스트레스에 민감하고, 잘 돌보는 직원은 아동에게 많은 지지와 격려를 제공할 수 있다. 과거 치료시설의 삭막하고 황량한 분위기보다 아동에게 매력적인 환경과 다른 사람과 교류하기에 적합한 장소는 더욱 지지적일 수 있다. Klein과 Winkelstein(1996)은 음악은 지각된 환경적인 스트레스에 대처하는 방법 그리고 불안과 스트레스를 표현하도록 격려하기 때문에 치료를 받는 동안 도움이 된다고 보고하였다. Grimm과 Pefley(1990) 역시 이와 유사한 관찰을 보고하였다.

가족이 소통을 통해 공유하고 아동의 질병과 현재 의료치료에 대한 관심을 표

현할 기회를 갖는 것은 중요하다. 가족이 의사소통을 통해 문제에 직면할 수 있을 때 질병의 어려움에 더욱 효과적으로 대처할 수 있다(Bleckman & Delamater, 1993, p. 8). 가족 관계를 고려하면서 우리는 사회가 정의하는 '가족'을 다시 기억해야 한다. 일반적으로 가족은 '스스로를 가족이라고 생각하고 건강한 가족의 삶을 위해 중요한 책임, 기능, 의무를 가정하는 2인 이상의 사람'을 의미한다(Barker, 1991, p. 80). Silver, Stein과 Dadds(1996)는 가족 구조가 질병에 대처하는 아동의 능력에 미치는 영향을 연구한 결과, 가족 구조(2명의 생물학적인 부모, 어머니와 다른 성인 친척, 어머니와 남자친구, 편모)와 아동의 기능적 상태 그리고 적응의 관계를 발견하였다. 관계에 대한 논의에서 편모인 가족 그리고 남자친구가 있는 어머니를 가진 가족 구조에 속한 아동이 가장 불리했다. 왜냐하면 근원이 결핍되기 쉽기 때문이다. 이것은 다시 스트레스를 증가시키고 아동의 적응과 정신건강에 부정적으로 영향을 미친다.

Noojin과 Wallander(1996)는 신체장애를 가진 아동을 양육하는 문제에 관련된 부모의 지각된 스트레스 척도를 개발하였다. 장애 아동 부모 평가목록(Parents of Children with Disabilities Inventory: PCDI)은 어머니를 통해 표현된 관심을 확인한다. 이것은 4가지 영역, 즉 의료적 · 법적 관심, 아동에 대한 관심, 가족에 대한 관심, 자아에 대한 관심으로 구분된다(p. 483). 이 척도의 점수는 가족이 지지의 필요를 지각하는 방법을 결정하는 데 도움을 준다. 이를 통해 전문가들은 치료 과정과 예후를 제시하면서 의료 문제를 분명하게 설명하여 도움을 줄 수 있다. 법률적 문제는 다양한 주와 연방법 안에서 이용 가능한 서비스와 학교 배치 등에 관한 문제를 포함한다. 학교 담당자는 아동의 사회적 · 교육적 발달과 경험에 관한 염려를 알려 주어야 한다. 만성적인 질병 또는 신체장애를 가진 아동은 모든 가족에게 영향을 미치며 모든 가족원의 삶의 스타일에 관여된다. 이때 상담, 가족치료 또는 지지적인 집단이 도움이 된다. 보호자도 자신의 삶과 미래의 계획에 영향을 미치는 걱정에 대해 토의할 수 있어야 한다. 증가된 요구와 책임감은 자기 지각과 스트레스에 대처하는 능력에 영향을 미칠 것이다. 음악치료사를 포함하여 치료팀은 오랜 시간 아동을 위해 보호를 제공하는 사람을 지지하고 이해하도록 노력

하여야 한다. 이것은 쉬운 일이 아니며 이러한 책임감을 갖는 부모를 마땅히 존중하고 아동과 관련된 모든 의사결정에 완전히 참여하도록 하여야 한다.

보호자는 아동의 치료에 대한 기대감과 두려움을 이해할 수 있는 충분한 시간을 갖는 것이 중요하다. 때때로 이것이 의료진의 두려움 혹은 기대감과 일치하는 것은 아니다. 무엇이 어떻게 되어 가고 있으며, 왜 그런지를 분명하게 하는 것이 필요하다. 이것은 특히 아동이 퇴원 후에도 치료를 계속 받아야 하는 경우에 더욱 중요하다.

> 건강한 인지는 넓은 의미로 건강을 평가하고 조직화하는 것과 관련되는 개인적 신념, 기대, 지각, 가치, 동기, 태도를 말하는데, 이는 인지가 건강 상태와 실제적으로 관련되는지 혹은 객관적으로 타당한지와 상관없다(Gochman, 1992, p. 9).

건강한 인지의 예는 '취약한' 아동에 대한 부모의 지각에서 찾아볼 수 있다. 부모는 아동이 더 큰 병에 걸리거나 죽을 것 같은 두려움을 가질 수 있다. 이것은 아동의 발달에 부정적인 영향을 미친다. 다른 요소가 분명히 고려되지만 약한 아동에 대한 부모의 태도는 아동의 미래의 행동 적응에 영향을 미치므로 보호자에게 지지를 제공하는 것이 고려되어야 한다. 당연히 지식 수준이 높고 노련하며 지지적인 부모의 아동은 치료를 더욱 잘 따를 것이다(La Greca & Schuman, 1995, p. 65).

2) 통증 감소

통증은 2가지 주요 범주, 즉 만성적 · 반복적 통증과 과정적(procedural) 통증으로 분류된다. 2가지 모두 두려움과 신체 긴장을 수반할 때 더욱 증가한다. 따라서 음악 감상을 포함한 긴장 이완 기법이 잠시나마 고통을 덜어 줄 수 있다. 아동에게 친숙한 음악은 더욱 효과적이다. 아동이 음악의 크기를 조절할 수 있다면 진행성 통증을 덜어 주는 데 더욱 효과적이며 이는 관계자들이 모든 환경을 통제하는 것이 아닌, 아동이 통제의 중심이 되어 움직이는 것이다. 또한 친숙한 음악은 악구를 완성시키는 데 주의 집중을 돕는다. 두뇌가 입력된 자극과 저장된 자극을 일치시킴에 따라 기대 패턴이 일어나며 패턴 일치가 요구된다. 따라서 친숙하고 긴장되며 약간 복잡한 음악은 진행성 통증 감소에 더욱 효과적이다. 한편, 덜 활동적이며 구조가 덜 분명하고 더 이완적인 음악은 근육의 이완과 만성 통증으로부터 주의를 전환하는 데 효과적이다.

단순히 마음에 '움직임'이 일어나도록 하는 음악은 긴장을 이완시키지만 풍부한 환상적 경험을 불러일으키는 음악은 근육의 긴장을 가중시킨다. 음악 감상과 관련된 긴장 이완 기법을 학습함으로써 최소한 몇 가지 만성 통증으로부터 휴식을 촉진할 수 있다. 아동은 치료사 없이 이렇게 할 수 있도록 훈련받아야 하며, 필요한 경우에 학교나 가정에서 사용할 수 있어야 한다.

> '통증에 대한 대처'라는 구성개념은 아동이 통증 에피소드를 다루는 인지적·행동적 전략과 관련되는 과정을 말한다. 정의상 대처 노력은 고통의 완화, 정서적인 적응, 기능적 상태의 관점에서 결과에 의존하여 적응적일 수도, 비적응적일 수도 있다(Varni, Blount, Waldron, & Smith, 1995, pp. 106-107).

음악 감상과 긴장 이완 기법은 고통에 대처하는 매우 효과적인 방법이다. 음악은 약물처럼 부작용을 유발하지도 않고 비용이 많이 들거나 배우기에 어렵지도 않다. 음악은 통증 감소를 가져오며 훈련을 통해 긴장된 근육을 잠시 이완시킨다.

연구(Peterson & Shigetomi, 1981; Zastowny, Kirschenbaum, & Meng, 1988)에서는 수술을 받아야 하는 아동의 대처기술 교육에 대해 조사하였다. 그들은 수술 전, 수술 시, 수술 후에 각각 효과를 관찰하였다. 연구에서 한 가지 중요한 요소는 가족 참여다. 그들은 아동이 머무르게 될 병원을 방문하게 하고 권위 있는 모델을 비디오테이프로 보여 주었다. 연구를 통해 대처기술 훈련이 불안 감소 또는 정보 중재보다 더욱 효과적임을 발견하였다. 이것은 부분적으로 아동이 혈액검사나 수술 전 주사 같은 고통스러운 사건을 경험하려고 할 때 더욱 효과적이었다(Zastowny,

Kirschenbaum, & Meng, 1988, p. 197).

3) 입원에 대한 스트레스와 두려움의 감소

병원을 방문하고 치료에 사용될 장비에 관해 배우고 의사를 만나는 것을 포함하여 적합하게 준비해도 입원은 아동에게 매우 두려운 경험이다. 일반적으로 아동에게 입원은 병원 방문 시간에 융통성이 있고 가족과 일시적으로 생활하도록 배려하더라도 낯선 사람에게 의존해야 하는 친숙하지 않은 환경에 있게 되는 것이다. 많은 요인들이 아동이 입원에 대처하는 방법을 결정한다. 이것들은 자율성, 자존감, 독립성, 새로운 상황에 대한 대처기술과 관계된다. Goodyer(1995)는 회복력의 개념에 대해 제안하였다.

> 회복력(탄력)이 있는 사람은 환경적인 요구에 직면할 때 자원이 가장 풍부한 반응을 경험하는 사람을 가정한다. 이것은 위축, 강박관념, 문제해결, 둘 이상의 자극 처리 또는 심지어 환경이 요구하면 이동하는 것 등을 통한 충동적인 행동의 범위에서 개인적으로 이용 가능한 자원을 선택할 수 있는 능력을 요구한다(p. 443).

약물 남용에 관련된 국가기관은 1980년대에서 1990년대에 걸쳐 KIDMED라는 장기적인 연구를 하였다. 초기 두 국면으로부터 이 자료가 이용 가능하다. 인지적인 변수는 건강한 통제의 중심, 위험한 질병과 사고, 의학적 지식을 포함한다. 이것은 아동이 어떻게 병을 경험하고 입원과 치료를 요구하는가와 관련된다. 통제 요소는 아동에게 통제를 가르치거나 스스로 통제를 유지하는 어머니의 스타일과 관련된다. 개인적인 통제를 더 크게 느끼는 아동은 가족으로부터 분리되어 치료될 때 두려움을 덜 느낀다. 그러나 건강에 대한 행동과 책임에 대한 어머니의 태도, 아동의 자율성, 통제감에 대한 더 많은 연구가 필요하다.

KIDMED 연구를 통한 또 하나의 발견은 아동은 그들이 이해하고 선택하는 범위에서 건강에 대한 결정에 참여하여야 한다는 것이다. 의사결정에 참여한 아동은 두려움을 덜 느끼며 자신의 운명에 대한 더 많은 통제감을 경험한다. 보호자뿐만 아니라 아동은 약과 치료에 대한 지시와 정보를 알아야 한다. 이를 통해 그들의 발달단계에 적절한 자율성과 통제감을 가지도록 한다. 아동이 의사결정에 참여하는 것과 치료시설로 분리될 때 치료에 순응하는 결과와의 관련성에 대한 더 많은 연구가 필요하다.

대부분 아동은 가족과 학교 체계에서 일차적으로 움직인다. 만성 질병을 가진 아동은 몇 가지 발달단계를 병원 마이크로시스템에서 경험한다. 병원과 가족, 학교가 자연스럽게 연결되는 범위에서는 아동이 자연스럽게 전환할 수 있을 것이다(Feagans, 1992, p. 166).

또한 보호자의 마이크로 시스템을 고려하여야 한다. 만성 질병을 가진 아동을 책임지는 부모는 단지 자신만을 보호하는 것이 아닌, 치료 관련자, 친구, 이웃, 보험 관계자, 상담가, 사회사업가, 종교 관계자를 포함하여 다른 가족을 위한 책임감을 보여야 한다(Singer, 1996, p. 30). 아동은 다시 모든 사람들로부터 영향을 받는다. 모든 것은 건강과 질병에 대한 태도에 영향을 미치고 대처 모델을 제공한다.

Dahlquist와 그의 동료들(1986)은 아동의 과거 의료 경험이 계속되는 치료에 반응하는 방법에서 중요한 요인이 됨을 발견하였다. 이전에 부정적인 의료 경험을 가진 아동은 이전에 긍정적인 경험을 가지거나 중성적인 성격의 경험을 가진 아동보다 더 많은 두려움과 스트레스를 갖는 경향이 있다. 따라서 이전 치료 경험에 대한 보고서와 파일을 주의 깊게 읽는 것이 중요하다. 소아과 치료는 만성장애를 가진 아동의 치료에 영향을 미칠 수도 있는 경험을 기본으로 쌓아 가기 때문에 각 아동의 경험이 주의 깊게 고려되어야 한다.

Crisp, Ungerer와 Goodnow(1996)는 Piaget의 발달과 전문적인 모델을 사용하여 나이와 질병 경험의 관계를 조사하였다. 일반적으로 만성 질병의 경험은 7.0~10.6세의 아동에게는 이후 치료에 대한 스트레스를 감소시킨다. 나이와 경험뿐만 아니라 질병의 특성(예, 병인학, 증상과 치료의 복잡성, 예후)은 아동의 이해 수준에 영향을 미친다. 연구자들은 이전의 의료 경험과 나이에 따른 개별적인 진단평가를 격려하였다.

질병과 삶의 질과의 관련성은 분명하다. 질병 때문에 건강에 많은 제한을 받을수록 삶의 질은 낮아진다. 만성 질병을 가진 아동과 청소년의 삶의 질은 질병과 반복적인 입원으로 낮아질 것이다. 그러나 아동기 적응에서 항상 일치하는 것은 아니다(Drotar et al., 1981). 삶의 질은 각각의 연구에서 동일한 의미는 아니다. 삶의 질에 대한 조작적인 정의는 불일치하거나 아예 없다. 몇몇 연구들은 환자의 보고를 사용하고 다른 것은 이차적인 평가를 사용하기 때문에 독자들은 결과를 비교할 수 없다. 더 많은 방법적인 문제가 신뢰성, 타당성, 설계와 관련된다. De Haes와 van Knippenberg(1985)의 조작적인 정의는 다음과 같다.

> 이 연구에서 삶의 질은 개인의 삶에 대한 전체적인 특성의 주관적인 평가라고 가정하였다. 이를 시작점으로 삶의 양상이 삶의 질과 관련이 있는지의 여부가 연구될 수 있다. 이러한 양상은 외부적인 환경에 제한되거나 또는 개인의 내면적인 성격 혹은 적응 메커니즘에 연결되어 있을 수 있다(p. 815).

기능적인 상태는 아동이 나이에 적절하게 일상생활을 수행하는 능력을 말한다. 이러한 활동에는 스스로 돌보기, 신체활동과 이동성, 놀이, 여가활동을 포함한다(Eisen, Donald, Ware, & Brook, 1980; Spieth & Harris, 1996, p. 177). 심리적인 기능은 신체적인 상태와 관련이 있으며 삶의 질의 연구에서 독립적인 요인으로 측정되기 어렵다. 이러한 이유로 드러나는 행동 문제는 건강 상태와 관련된 심리 문제의 지표로 여겨진다. 부모의 주된 관심 중 한 가지는 아동에게 사회적 기능이 제한되는 것이다. 좋지 않은 건강 상태가 아동이 경험할 수 있는 사회적 접촉의 질과 양을 제한한다. 입원과 치료는 사회적 관계를 파괴한다.

Fahrenfort, Jacobs, Miedema와 Schweizer(1996)는 입원과 관련된 오래 지속되는 정서 문제를 조사하였다. 부모는 식사, 배변 훈련, 수면, 휴식, 의존성, 조절, 동료 관계, 두려운 행동 등에 대한 아동의 문제와 관련된 정보를 제공하기 위해 행동 체크리스트(Richman, Stevenson, & Graham, 1982)를 작성하였다. 대상은 입원 당시 6~36개월의 아동이었다. 부모는 퇴원 후 3년 동안 질문지를 완성하였다. 결과는 정서 문제가 발생했고 오랫동안 지속되었으며 특히 반복적이거나 오랜 기간 입원한 아동에게는 더욱 문제가 많았음을 보여 준다. 수술을 경험했던 아동에게 입원은 가장 큰 영향을 미치는 것으로 보인다. 이러한 이유로 연구자는 수술을 해야 하는 어린 아동을 위한 사전 경고로 모자 병실을 권장한다. Fahrenfort와 그의 동료들은 6~36개월의 아동을 대상으로 했지만, 다른 연구는 4세 이상의 아동을 대상으로 하였다. 이 연구는 의료 경험에 대한 아동의 준비가 효과적일 수 있음을 보여 준다(Vernon & Thompson, 1993; Yap, 1988).

생의학의 진보는 많은 만성장애를 가진 사람들의 수명을 연장시켜 왔다. 이제 기본적인 목적 중 하나는 의미 있는 삶과 가능한 한 높은 삶의 질을 유지하는 것이다. 삶의 질과 관련된 건강은 질병 또는 상처, 의료치료와 건강 관련 정책과 관련된 기능 이상에 대한 주관적이고 객관적인 영향을 말한다(Spieth & Harris, 1996, p. 176). 질병의 영향은 신체적인 증상 이상이다. 신체적 · 심리적 · 사회적 기능에 대한 각 개인의 능력은 삶의 질과 서로 얽혀 있다(Aaronson, 1988; DeHaes & van Knippenberg, 1985; Ware, Brook, Davies, & Lohr, 1981; Spieth & Harris, 1996).

삶의 질은 특정 질병의 예후, 과정, 치료와 관련되어 있다. 예를 들면, 소아당뇨 또는 몇몇 형태의 암에 걸린 아동에게 사용되는 질병과 관련된 몇 가지 삶의 질에 관한 척도가 있다. 그중 한 가지는 소아암 환자의 삶의 질 척도(Pediatric Oncology Quality of Life Scale: POQOLS)(Goodwin, Bogqa, & Graham-Pole, 1994)인데, 이것은 신체적 기능, 정서적 고통, 치료와 관련된 적응을 포함한다. 또 한 가지 질병과 관련된 척도는 당뇨 환자의 삶의 질 검사(Diabetes Quality of Life Instrument: DQOL)(Ingersoll & Marrero, 1991)다. 이것은 3가지 척도, 즉 당뇨 환자로서 삶의 만족도 척도, 질병 영향 척도, 질병 관련 걱정 척도를 포함한다. 검사 개발자는 이 검사가 그들의 삶에서 당뇨로부터 각 개인에게 미치는 영향에 대한 포괄적인 설명을 제공한다고 말한다.

음악치료는 입원 아동의 삶의 질을 향상시킬 수 있다. 음악치료는 기분 전환과 편안하고 긍정적인 사회적 교류 시간 그리고 걱정을 털어놓는 기회를 제공할 수 있다. 음악은 의사소통과 시설의 다른 장소에서는 발생하지 않는 느낌을 표현하

도록 촉진한다. 온 가족 모두가 참여 가능하며 아동뿐만 아니라 보호자에게 지지를 제공할 수 있다. 만성 질병을 가진 아동의 삶의 질을 향상시키기 위한 음악치료사의 역할에 대한 더 많은 연구가 요구된다.

4) 사별 프로그램

많은 병원에서는 사별자를 위한 프로그램을 제공하며, 특히 말기 환자가 있는 병동에서 이루어진다. 이 프로그램은 아동을 잃은 가족(Anderson, Bateman, Ingallinera, & Woolf, 1991; Englebardt & Evans, 1988), 간호사(Frommelt, 1991; Pasacreta & Jacobson, 1989), 기타 보호자(Moesley, Logan, Tolle, & Bentley, 1988; Small, Engler, & Rushton, 1991)들을 위한 프로그램이다. 이전의 사별 프로그램은 직원과 가족 모두가 지지와 종결의 느낌을 갖도록 운영되었다. 대부분의 사별 프로그램 모델은 생존자 확인, 추적 시스템의 개발, 후속 프로그램 설계, 직원교육, 직원 참여 유도를 위해 훈련 팀을 구성하도록 권장한다(Burke & Gerroughty, 1994; Koeske & Koeske, 1989; Pasacreta & Jacobson, 1989; Small, Engler, & Rushton, 1991).

사별 프로그램은 응급실에서도 역시 필요하다. 미국에서 1~34세까지 발생하는 모든 질병보다 외상이 더 흔한 사망의 원인이다(Coolican, Vassar, & Grogan, 1989, p. 54). 이러한 사망은 이전에 건강했던 아동에게도 갑자기 발생할 수 있기 때문에 특히 가족의 대처기술을 증진시키기 위한 프로그램이 필요하다. 정신적 충격(트라우마)에 대해서는 자원을 제공하고 가족에게 필요한 정보를 얻을 수 있도록 도와주며 더 많은 도움을 받을 수 있는 상담가의 목록을 제공하는 등의 사후관리를 해야 한다. 만성 질병을 가진 아동의 부모들처럼 직원들과 오랫동안 지내지 않았더라도 직원과 가족은 사별 프로그램에 포함되어야 한다.

음악은 정서 표현의 수단으로서 사별 프로그램의 중요한 부분이 된다. 추도식이 있다면 음악은 좀 더 자연스럽고 중요한 부분이 된다. 게다가 음악을 통해 기억의 언어적 · 비언어적 표현과 논의가 필요한 문제를 촉진한다. 이렇게 함으로써 직원과 가족은 서로 지지하고 위로할 시간을 갖는다. 때때로 비합리적인 죄의식이나 '내가 ○○했더라면…….' 같은 생각은 표현되거나 현실성을 제공할 수 있는 사람과 논의되어야 한다. 단순히 이야기하는 시간을 갖고 아동을 아는 다른 사람이 듣는 것은 종결과 지지를 제공하는 데 도움이 된다. Moseley, Logan, Tolle와 Bentley(1988)는 또 다른 프로그램을 제시하였는데, 이는 직원이 가족에게 보내는 카드 또는 쪽지를 포함한다. 이것은 지역사회에서 슬픔을 지지하기 위한 정보를 제공하고 전화 통화(특히 아동의 생일이나 사망 후 1주년에)로 연락하고, 바람직하다면 부검 결과를 설명하기 위한 회의 또는 주저하는 질문을 분명하게 하기 위한 것을 포함한다. 사별과 관련된 교육 프로그램은 직원들에게도 제공되어야 하는데, 이는 상실에 대처하는 것이 '소진'을 야기할 수 있고 병원에 남아 있어야 하는 사람들에게 스트레스의 원인이 될 수 있기 때문이다.

Small, Engler와 Rushton(1991)은 상실을 경험한 직원과 가족을 위해 매년 추도식을 제안하였다. 이 서비스는 음악, 독서 그리고 부모가 아이의 기억 속에서 초를 밝히며 초대하는 것을 포함한다. 이후 빛의 회복이 이완된 환경에서 직원과 가족이 상호작용할 수 있도록 해 준다(p. 104). Burke와 Gerraughty(1994)는 'Handling the Holidays'와 'Spring Renewal'이라는 2년에 한 번 열리는 프로그램을 설명하였다. 'Spring Renewal'에서는 기억 속의 꽃 침대에 꽃을 헌화하고 가족은 '기억'으로 꽃 나무를 가져온다(p. 1676).

음악은 침묵의 상황에서 정서적으로 도움을 준다. 장례식을 포함한 많은 형태의 의식에서 음악을 포함하는 것은 우연이 아니다. 참여자들이 좋아하는 음악을 선택하는 것은 재확신과 편안함을 준다. 잘못 선택된 음악은 위로의 시간을 오히려 괴로운 시간으로 바꿔 놓을 수 있다. 따라서 가족과 직원이 의사소통하여 그들의 선호를 존중하는 것이 중요하다.

참고문헌

Aaronson, N. K. (1988). Quality of life: What is it? How should it be measured? *Oncology, 2*(5), 69-76.

Allen, R. I., & Petr, C. G. (1996). Toward developing standards and measurements for family-centered practice in family support programs. In G. H. S. Singer, L. E. Powers, & A. L. Olson (Eds.), *Redefining family support* (pp. 57-85). Baltimore: Paul H. Brookes.

Anderson, A. J., Bateman, L. H., Ingallinera, K. L., & Woolf, P. J. (1991). Our caring continues: A bereavement follow-up program. *Focus on Critical Care, 18,* 523-526.

Barker, R. L. (Ed.) (1991). *The social work dictionary* (2nd ed.). Silver Spring, MD: National Association for Social Workers.

Baum, J. D. (1995). Core knowledge, skills, and attitudes for undergraduates: Kindly curiosity. *Archives of Diseases in Childhood, 73,* 268-279.

Bleckman, E. A., & Delamater, A. M. (1993). Family communication and Type I Diabetes: A window on the social environment of chronically ill children. In R. E. Cole & D. Reiss (Eds.), *How do families cope with chronic illness?* (pp. 1-24). Hillsdale, NJ: Lawrence Erlbaum.

Bredekamp, S. (1987). *Developmentally appropriate practice in early childhood programs serving children from birth through age 8.* Washington, DC: National Association for the Education of Young Children.

Burke, C., & Gerraughty, S. M. (1994). An oncology unit's initiation of a bereavement support program. *Oncology Nursing Forum, 21,* 1675-1680.

Carta, J. J. (1995). Developmentally appropriate practice: A critical analysis as applied to young children with disabilities. *Focus on Exceptional Children, 27,* 1-14.

Casey, P. H. (1992). Failure to thrive. In M. D. Levine, W. B. Carey, & A. C. Crocker (Eds.), *Developmental behavioral pediatrics* (2nd ed.) (pp. 375-383). Philadelphia: W. B. Saunders.

Colomer, C. (1995). Child health promotion in Europe. In B. Lindstrom & N. Spencer

(Eds.), *Social pediatrics* (pp. 512-523). New York: Oxford University Press.

Coolican, M., Vassar, E., & Grogan, J. (1989). Helping survivors survive. *Nursing, 89 19*(8), 52-57.

Crisp, J., Ungerer, J. A., & Goodnow, J. J. (1996). The impact of experience on children's understanding of illness. *Journal of Pediatric Psychology, 21*, 57-72.

Dahlquist, L. M., Gil, K. M., Armstrong, F. D., Delawyer, D. D., Greene. P., & Wuori, D. (1988). Preparing children for medical examinations: The importance of previous medical experience. In B. G. Melamed, K. A. Matthews, D. K. Routh, B. Stabler, & N. Schneiderman, *Child Health Psychology* (pp. 201-211). Hillsdale, NJ: Lawrence Erlbaum.

De Haes, J. C. J. M., & van Knippenberg, F. C. E. (1985). The quality of life of cancer patients: A review of the literature. *Social Science and Medicine, 20,* 809-817.

Drotar, D. (1995) Failure to thrive. (Growth deficiency). In M. C. Roberts (Ed.), *Handbook of pediatric psychology* (2nd ed.) (pp. 516-536). New York: Guilford Press.

Drotar, D., Doershuk, C. F., Stern, R. C., Boat, T. F., Boyer, W., & Matthews, L. (1981). Psychosocial functioning of children with cystic fibrosis. *Pediatrics, 67,* 338-343.

Eisen, M., Donald, C. A., Ware, J. E., & Brook, R. H. (1980). *Conceptualization and measurement of health for children in the Health Insurance Study* (R-2313-HEW). Santa Monica, CA: Rand Corp.

Englebardt, S. P., & Evans, M. L. (1988). Meeting consumer needs: Successful collaboration between an interdisciplinary health care team and bereaved parents. *Nursing Connections, 1,* 57-63.

Fahrenfort, J. J., Jacobs, E. A. M., Miedema, S., & Schweizer, A. T. (1996). Signs of emotional disturbance three years after early hospitalization. *Journal of Pediatric Psychology, 21,* 353-366.

Feagans, L. V. (1992). Intervention strategies to promote healthy children: Ecological perspectives and individual differences in development. In E. J. Susman, L. V. Feagans, & W. J. Ray (Eds.), *Emotion, cognition, health, & development in children and adolescents* (pp. 165-167). Hillsdale, NJ: Lawrence Erlbaum.

Forsyth, B. W. C., Horwitz, S. M., Leventhal, J. M., Burger, J., & Leaf, P. J. (1996). The child vulnerability scale: An instrument to measure parental perceptions of child vulnerability. *Journal of Pediatric Psychology, 21*, 89-101.

Friedrich, W. N., & Jaworski, T. M. (1995). Pediatric abdominal disorders: Inflammatory bowel disease, rumination/vomiting, and recurrent abdominal pain. In M. C. Roberts (Ed.), *Handbook of pediatric psychology* (2nd ed.) (pp. 479-497). New York: Guilford Press.

Frommelt, K. H. (1991). The effect of death education on nurses attitudes and caring for terminally ill persons and their families. *American Journal of Hospice and Palliative Care, 8*(5), 37-43.

Gochman, D. S. (1992). Here's looking at you, kid! New ways of viewing the development of health cognition. In E. J. Susman, L. V. Feagans, & W. J. Ray (Eds.), *Emotion, cognition, health, & development in children and adolescents* (pp. 9-23). Hillsdale, NJ: Lawrence Erlbaum.

Goodwin, D. A. J., Boggs, S. R., & Graham-Pole, J. (1994). Development and validation of the Pediatric Oncology Quality of Life Scale. *Psychological Assessment, 6*, 321-328.

Goodyer, I. M. (1995). Risk and resiliance processes in childhood. In B. Lindsrom & N. Spencer (Eds.), *Social paediatrics* (pp. 433-455). New York: Oxford University Press.

Green, M., & Solnit, A. J. (1964). Reactions to the threatened loss of a child: A vulnerable child syndrome. *Pediatrics, 34*, 58-66.

Grimm, D., & Pefley, P. (1990). Opening doors for the child inside. *Pediatric Nursing, 16*, 368-369.

Hamlett, K. W., & Stabler, B. (1995). The developmental progress of pediatric psychology consultation, In M. C. Roberts (Ed.), *Handbook of pediatric psychology* (2nd ed.) (pp. 39-54). New York: Guilford Press.

Ingersoll, G. M., & Marrero, D. G. (1991). A modified quality-of-life measure for youths: Psychometric properties. *The Diabetes Educator, 17*, 114-120.

Irwin, C. E., Jr, & Millstein, S. G. (1992). Risk taking behaviors and biopsychosocial development during adolescence. In E. J. Susman, L. V. Feagans, & W. J. Ray (Eds.), *Emotion, cognition, health, and development in children and adolescents* (pp. 75-102). Hillsdale, NJ: Lawrence Erlbaum.

Klein, S. A., & Winkelstein, M. L. (1996). Enhancing pediatric health care with music. *Journal of Pediatric Health Care, 10*, 74-81.

Koeske, G. F., & Koeske, R. D. (1989). Workload and burnout: Can support and perceived accomplishments help? *Social Work, 34*(3), 243-248.

Korsch, B. M., Gozzi, E. K., & Francis, V. (1968). Gaps in doctor-patient communication: I. Doctor-patient interaction and patient satisfaction. *Pediatrics, 42,* 855-871.

Krasneger, N. A., Epstein, L., Johnson, S. E., & Yaffe, S. J. (Eds.) (1993). *Developmental aspects of health compliance behavior.* Hillsdale, NJ: Lawrence Erlbaum.

La Greca, A. M., & Schuman, W. B. (1995). Adherence to prescribed medical regimes. In M. C. Roberts (Ed.), *Handbook of pediatric psychology* (2nd ed.) (pp. 55-83). New York: Guilford Press.

Lazarus, R. S., & Folkman, S. (1984). *Stress, appraisal and coping.* New York: Springer.

Lindström, B. (1995). Measuring and improving quality of life for children. In B. Lindstrom & N. Spencer (Eds.), *Social paediatrics* (pp. 535-570). New York: Oxford University Press.

McCabe, M. A. (1996). Involving children and adolescents in medical decision making: Developmental and clinical considerations. *Journal of Pediatric Psychology, 21,* 505-516.

Moseley, J. R., Logan, S. J., Tolle, S. W., & Bentley, J. H. (1988). Developing a bereavement program in a university hospital setting. *Oncology Nursing Forum, 15,* 151-155.

Noojin, A. B., & Wallander, J. L. (1996). Development and evaluation of a measure of concerns related to raising a child with a physical disability. *Journal of Pediatric Psychology, 21,* 483-498.

Pasacreta, J. V., & Jacobson, P. B. (1989). Addressing the need for staff support among nurses caring for the AIDS population. *Oncology Nursing Forum, 16,* 659-663.

Paton, J. Y., & Cockburn, F. (1995). Core attitudes, skills, and attitudes in child health for undergraduates. *Archives of Disease in Childhood, 73,* 263-265.

Peterson, L., & Shigetomi, C. (1981). The use of coping techniques to minimize anxiety in hospitalized children. *Behavior Therapy, 12,* 1-14.

Richman, N., Stevenson, J., & Graham, P. J. (1982). *Preschool to school: A behavioral study.* London: Academic Press.

Rosenzweig, S. (1993). Humanism in emergency medicine. *American Journal of Emergency Medicine, 11*(5), 556-559.

Silver, E. J., Stein, R. E. K., & Dadds, M. R. (1996). Moderating effects of family structure on the relationship between physical and mental health in urban children with chronic illness. *Journal of Pediatric Psychology, 21,* 43-56.

Singer, G. H. S. (1996). Introduction: Trends affecting home and community care for people with chronic conditions in the United States. In G. H. S. Singer, L. E. Powers, & A. L. Olson (Eds.), *Redefining family support* (pp. 3-38). Baltimore: Paul H. Brookes.

Small, M., Engler, A. J., & Rushton, C. H. (1991). Saying goodbye in the intensive care unit: Helping caregivers grieve. *Pediatric Nursing, 17,* 103-105.

Spieth, L. E., & Harris, C. V. (1996). Assessment of health-related quality of life in children and adolescents: An interactive review. *Journal of Pediatric Psychology, 21,* 175-193.

Varni, J, W., Blount, R. L., Waldron, S. A., & Simth, A. J. (1995). Management of pain. In M. C. Roberts (Ed.), *Handbook of pediatric psychology* (2nd ed.) (pp. 105-123). New York: Guilford Press.

Vernon, D. T. A., & Thompson, R. H. (1993). Research on the effect of experimental interventions on children's behavior after hospitalization: A review and synthesis. *Developmental and Behavioral Pediatrics, 14,* 36-44.

Ware, J. E., Brook, R. H., Davies, A. R., & Lohr, K. N. (1981). Choosing measures of health status for individuals in general population. *American Journal of Public*

Health, 71, 620-625.

Yap, J. M. (1988). A critical review of pediatric preoperative preparation procedures: Processes, outcomes and future directions. *Journal of Applied Developmental Psychology, 9,* 359-389.

Young, L. (1992). Sexual abuse and the problem of embodiment. *Child Abuse and Neglect, 16,* 89-100.

Zastowny, T. R., Kirschenbaum, D. S., & Meng, A. L. (1988). Coping skills training for children: Effects on distress before, during, and after hospitalization for surgery. In B. G. Melamed, K. A. Matthews, D. K. Routh, B. Stabler, & N. Schneiderman (Eds.), *Child health psychology* (pp. 183-199). Hillsdale, NJ: Lawrence Erlbaum.

제 10 장

기타 건강장애 아동: 입원 아동에게서 흔히 보이는 특별한 질병

1. 악성 질병
2. 호흡장애
3. 심장병
4. 내분비계 장애와 대사장애
5. 혈액의 장애
6. 감염성 질병
7. 우연한 중독
8. 건강장애 아동과 음악치료

10 기타 건강장애 아동: 입원 아동에게서 흔히 보이는 특별한 질병

아동기에 빈번하게 발생하는 몇 가지 질병을 이해하는 것은 중요하다. 여기서는 입원을 요하는 질병만을 논의하기로 한다. 병원은 음악치료사가 건강이 손상된 아동을 만나기 쉬운 곳이다. 그러나 많은 보호들이 이제는 가정과 학교에서도 이루어지기 때문에 이와 동일한 클라이언트를 입원 후 다양한 지역사회에서 찾아볼 수 있다.

Baum(1995)은 의학 지식이 끊임없이 발전하기 때문에 관련된 모든 지식을 가르치는 것이 불가능하다고 주장하였다(p. 268). 음악치료사는 적절한 정보를 보충하고 친숙하지 않은 질병에 대해 학습할 책임이 있다. 컴퓨터는 고려될 수 있는 정보를 빠르게 보완해 준다.

장애 아동과 관련된 모든 학문에서 질병의 근원을 인식하고 다양한 환경과 유전적 요소의 영향을 이해하기 위해서 정상적인 성장과 발달 패턴을 아는 것 역시 중요하다(Paton & Cockburn, 1995, p. 263). 질병에 걸린 아동은 초기 발달단계에서 퇴화된다. 따라서 나이에 적절한 활동을 제공하는 것은 어느 정도 퇴화를 막아 줄 수 있다.

1. 악성 질병

1) 백혈병

백혈병(leukemia)은 암의 한 형태로 혈액과 골수의 전구체이고, 백혈구 발달과 증식의 왜곡이라는 특징을 가지는 혈액 형성 기관의 진행성 악성 질병이다(Dorland, 1994, p. 918). 5세 미만의 아동에게 가장 흔한 형태인 백혈병은 급성 림프성 백혈병(acute lymphocytic leukemia)이다(Kinlen, 1994). 이것은 아동기 백혈병의 약 80%를 차지한다(Draper, Knoll, & Stiller, 1994).

아동기에 암은 흔한 것이 아니다. 아동기 암은 진단된 사례에서 적은 부분을 차지한다. 1962~1991년 영국의 전체 암 환자를 조사한 결과, Draper, Knoll과 Stiller(1994)는 모든 암의 0.5%(1년에 약 1,300 사례 정도)만이 아동기에 발생한다는 것을 발견하였다.

아동기 암의 다양한 형태 가운데 1/3이 백혈병이다(Crist & Smithson, 2000, p. 1543). 아동기 백혈병은 급성 림프성 백혈병(ALL), 급성 골수성 백혈병(acute myeloid leukemia: AML), 만성 골수성 백혈병(chronic myeloid leukemia), 드물게 림프성 백혈병(lymphoid leukemia)을 포함한다. 급성 림프성 백혈병이 더 흔한데(백혈병 아동의 약 75%), 발생률은 4세에 최대가 된다. 급성 골수성 백혈병은 진단의 약 20%를 차지하는데, 청소년기에는 빈번하게 증가하지만 어린 아동에게는 나타나지 않는다. 전반적으로 0~14세까지 백인 아동의 경우, 매년 백혈병 발생은 100만 명당 43.7명이며, 흑인의 경우는 100만 명당 24.3명이다(Crist & Smithson, 2000, p. 1543). 35년 (1954~1988) 이상 영국의 아동기 백혈병과 림프종의 발생 패턴과 경향을 연구한 Blair와 Birch(1994)는 "아동기에 림프종 또는 백혈병 발생에서 누적된 위험이 낮더라도(15세 이하 백혈병 아동은 1,900명당 1명이고, 림프종은 5,700명당 1명) 모두 소아기의 주된 건강 문제를 대표한다." (p. 1490)라고 보고하였다.

Kinlen(1994)은 1960~1987년의 사망률과 발생률을 연구하기 위해 8개 나라로부터 암 등록부를 조사하였는데, 발생률은 상대적으로 일정하지만 사망률은 대부분의 나라에서 감소하였음을 발견하였다. 이러한 하락은 1950년대와 1960년대 초기의 효과적인 방사선 치료와 관련된 것으로 보인다.

Levi, Luchohini, Negri, Barbu와 LaVecchia(2000)는 1960~1997년에 특정 나이의 백혈병 사망률 경향을 조사하기 위해 세계보건기구(World Health Organization: WHO)의 사망률 자료를 사용하였다. 그 결과 유럽에서는 1960~1964년에 1~14세에서 최고 발생률이 관찰되었고, 사망률 하락은 70% 이상 관찰되었으며, 1995~1997년에 남성은 1.2/10만 명, 여성은 0.9/10만 명으로 관찰되었다(p. 1980). 일본과 미국에서도 유사한 하락이 관찰되었다. 동유럽에서는 사망률이 약간 하락하였지만 유럽보다 하락은 이후에 시작되었고 매우 낮은 비율이었다. 이 자료는 다양한 형태의 백혈병을 구별한 것은 아니지만 급성 림프성 백혈병이 가장 흔한 형태이고 어릴수록 예후가 좋다는 것을 설명해 준다. 예를 들어, Levi와 그의 동료들(2000)은 1990년에 급성 림프성 백혈병을 가진 아동의 5년 이상 생존율이 성인의 40%와 비교하여 약 80%임을 주장하였다(p. 1884).

현재 조사 중에 있는 아동기 암의 잠재적인 원인은 핵무기 검사에 따른 낙진(Darby et al., 1992), 방사선 노출(예, 1986년 체르노빌 원자력 공장 사고와 같은)(Baverstock, Egloff, Pinchera, Ruchti, & Williams, 1992), 신생아 출혈을 금지하기 위해 제공된 비타민 K의 근육 내 활동(Golding, Greenwood, Birmingham, & Mott, 1992; Miller, 1992), 카포지 육종과 AIDS의 관계를 포함하는데, 이것은 우간다에서 분명하게 나타났다(Wabinga, Parkin, Wabwire-Mangen, & Mugerwa, 1993). Revesz, Mpofu와 Oyejide(1995)는 개발도상국에서는 드물지만 흔한 급성 림프성 백혈병의 증가가 삶의 수준 향상과 관계가 있다고 보고하였다. 그들은 이러한 증가는 감염성 급성 림프성 백혈병 병인의 증거가 된다고 하였다. 아동이 인구가 많은 도시로 이주하면 더욱 치명적인 감염이 되기 쉽다. 이에 대한 더 많은 연구가 필요하다.

유전적 관계의 가능성에 대한 또 다른 연구가 있다. 전위(translocation)가 지금까지 가장 많이 연구되어 왔다(Drexler, MacLeod, Borkhardt, & Janssen, 1995). 급성 림프성 백혈병은 소년에게서 약간 더 많이 발생하며 이것은 유전적 관계를 시사한다. 더욱이 다운증후군 아동은 일반 집단 아동보다 10~30배 정도 더 많이 백혈병으로 발달되기 쉽다(Crist & Smithson, 2000). 또한 환경적인 요인과 바이러스가 가능성 있는 원인으로 제시되어 왔다. Crist와 Smithson(2000)은 원인은 계속해서 발견될 것이라고 주장한다.

따라서 위험 요소는 상대적으로 안정적인 발병률을 보이지만 치료의 향상으로 사망률이 감소하는 경향을 보인다. 위험 요소의 새로운 발견은 분명하지 않다.

의학적 진단을 위해 병원을 찾는 증상은 창백함, 입맛을 잃음, 출혈, 허약함, 호흡 곤란 등이다. 아동은 일상활동에 흥미를 잃고, 발열과 뼈의 통증을 호소할 수 있다.

혈액검사는 일반적으로 빈혈, 미성숙 세포, 비정상성 백혈구의 수를 보여 준다. 임상적 발견만으로는 부정확한 진단을 할 수 있기 때문에 골수검사가 필요하다. 척수 흡입은 부분적인 마취로는 통증의 원인이 되기 때문에 잠시 전신마취를 한다(Reid, 1994). 추가적으로 다른 검사는 다음과 같다.

> 단일클론항체를 가진 백혈병 세포의 면역 형질은 일반적으로 급성 백혈병 환자의 정밀검사의 부분으로 인정된다. 이것은 환자의 검사와 예후의 결정을 위한 백혈병 가능성을 가장 분명하게 구별해 주는 세포유전학검사, 세포화학검사, 조직검사를 보완한다(Knapp, Strobl, & Majdic, 1994, p. 87).

치료를 위해서는 종양 병동에서 특별한 훈련을 받은 직원, 특별한 장비, 진보된 실험 능력이 필요하다. 백혈병을 치료하기 위한 몇 가지 약은 아동을 감염에 취약하게 만들기 때문에 감염의 위험으로부터 격리 또는 특별한 보호가 필요하다. 음악치료사가 이러한 아동과 일할 때는 방에 들어가기 전에 손을 닦고 치료사가 다른 병에 감염된 상태라면 멀리 떨어져 있는 것이 바람직하다.

진단적인 정밀검사와 초기 화학치료, 방사선 치료 후 아동은 일반적으로 집으

로 돌아간다. 더 많은 치료는 외래에서 계속된다. 이동이 가능한 간호사는 병원과 환자의 집 사이에서 연락자가 된다(Cooley, Lin, & Hunter, 1994). 급성 골수세포성 백혈병의 경우, 비록 이식의 가치가 급성 림프성 백혈병보다 덜 확립되어 있지만, 두세 번의 일시적 완화를 경험한 아동은 골수이식을 하게 된다. 급성 림프성 백혈병에는 화학치료와 예방 차원의 방사선 치료가 더욱 효과적이다(Hutchison & Cockburn, 1986, p. 225; Magrath, 1995; Psiachou, Hann, Morgan, & Chesak, 1994).

2) 뇌종양

아동기와 청소년기에 발생하는 두 번째로 흔한 암은 일차적인 뇌종양에서 발생하는 것이다(Haslem, 2000, p. 1858; Mahoney, 1990, p. 1583). 뇌종양 사례는 약 10만 명의 아동당 2.2~2.4명 정도이며, 매년 1,200~1,500명 정도의 새로운 사례가 확인된다. 5~9세의 발생률이 가장 높다(Yager & Vannucci, 1992).

유아와 아동기에 발견되는 뇌종양의 형태는 두개내 유아근 섬유종증이다(Coffin & Dehner, 1991; Wiswell, Sakas, Stephenson, Lesica, & Reddoch, 1985). '새로운 종양(neoplasms)'은 일반적으로 출생 시 또는 유아기에 발견된다. 평균 발병 연령은 생후 3개월로 보고되어 왔다(Chung & Enzinger, 1981). Wiswell, Davis, Cunningham, Solenberger와 Thomas(1988)는 6개월 이후에는 170개 진단 중 단 26개 사례만이 나타난다는 것을 발견하였다. 이 종양은 대뇌가 이미 생긴 종양 주변에 성장하기 때문에 중추신경계 손상을 야기하지는 않는다. 이것은 이후 뇌조직에 존재하는 덩어리와도 다르다. 처음에는 빠르게 성장하고 다음에 안정화되며 흔히 종양 다음에 자발적으로 퇴보된다(Braco, Cindro, & Golouh, 1992; Rutigliano, Pollack, Ahdab-Barmada, Pang, & Albright, 1994; Stautz, 1991).

생후 첫 일 년 동안은 대뇌반구와 간뇌에 있는 종양이 가장 흔하다. 2~12세에는 두개골 후두부에 위치하는 뇌경막 하부의 종양이 가장 흔하다. 2세와 청소년기에는 두개와 뒷부분과 천막 앞부분에서 종양이 흔히 발생한다(Haslerm, 2000, p. 1858).

뇌종양의 병인에 대해서는 불확실하지만, 몇몇 연구는 염색체 비정상성이 세포에 발생할 수 있기 때문에 유전적 관계를 제안한다. 이러한 비정상성은 유전자 결실, 전위, 복제를 포함하며, 이는 뇌종양을 포함하여 다양한 종양 형성에 오랫동안 관련되어 왔다(Cusimano, 1989; Schmidek, 1987; Schoenberg, Schoenberg, Christine, & Gomez, 1976; Yager & Vannucci, 1992). 정상적인 유전자 또는 돌연변이의 과대 생산이 정상적인 세포를 악성세포로 전환시킨다(Shapiro, 1986, p. 12).

RNA(ribonucleic acid)와 DNA(deoxyribonucleic acid) 바이러스 모두 종양의 형성과 번식에 중요한 역할을 한다. 이것은 종양 유전자와 관련이 있는데, 세포의 성장과 분열에 관계된다(Shapiro, 1986). 지나친 방사선 노출, 환경적인 독성, 태아 발달에서의 실패가 몇몇 사례에서 가능성 있는 원인으로 제시되어 왔다. 전기가 높게 교류되는 곳에서 가까이 사는 아동에게는 백혈병과 중추신경계 종양의 위험이 증가해 왔다. 지금까지 대부분의 연구 자료는 전자마그네틱 발생 장비 근처에서 일하는 사람과 거주하는 아동에게는 백혈병 또는 중추신경계 종양 비율이 매우 높다는 것을 보여 준다(Bobrow, 1994, p. 1219).

종양은 대뇌에 압력을 주고 실제 대뇌조직의 파괴와 관련되기 때문에 증상은 간헐적이기보다는 지속적인 경향이 있다. 뇌척수액이 증가하거나 방해하면 증상—성격 변화, 학업 수행의 문제, 두통, 메스꺼움, 구토, 피로함이 가장 흔히 호소되는 증상임—이 잠재적으로 출현한다(Yager & Vannuci, 1992, p. 1149). 종양의 위치와 형태에 따라 증상은 다양하다. 두개내압(ICP)이 증가되면 머리로부터의 정맥 흐름이 증가하기 때문에 특히 활동하기 전 아침에 아동에게 두통이 나타난다. 또 다른 신호는 구토와 복안(이중으로 보임)이며 이는 아동이 2개의 상을 일직선으로 맞추려고 머리를 기울이면서 발견될 수 있다(Haslem, 2000; Rushton & Rooke, 1962; Suwanwela, Phanthumchinda, & Kaoropthum, 1994). 또 다른 증상은 신체 한 부분의 근육 약화와 감각 손실 또는 변화다. 몇몇 아동에게는 간질이 초기 신호가 될 수 있다. 정확한 진단을 위해 정밀한 신경학적 검사가 요구된다. 컴퓨터 조직촬영과 MRI를 포함하여 최근 신경 영상의 발달은 조기 진단을 가능하게 해 준다(Tucha, Smely, Preier, & Lange, 2000, p. 324). 생화학적 종양을 표시함으로써 질병의 진행을 진단평가하는 데 도움을 준다.

치료의 일차적인 목적은 일반적으로 삼투압 작용과 코르티코 스테로이드를 사용하여 용액의 증식(에드마)을 감소시킴으로써 상태를 안정화하고 뇌수종을 막는 것이다. 화학치료는 아동이 더 성장할 때까지 방사선 치료를 피하거나 지연시킬 수 있다는 희망을 갖게 한다. 어린 시기에 방사선에 노출되면 발달적 지체, 지적 손상, 신경 내분비의 결핍이 발생할 수 있다(Razzouk et al., 1995, p. 2762).

몇 가지 종양은 수술을 통해 제거될 수 있다. 종양의 일부가 제거되면 방사선과 화학치료를 뒤이어 실시하는데, 종양의 형태와 위치는 모두 치료의 결정에 고려되어야 한다. 화학치료는 확실히 아동기 중추신경계 종양 치료에 매우 중요하다(Yager & Vannucci, 1992, p. 1150). 보호자는 부작용에 적응되어야 한다. 아동이 화학치료를 받는 동안 일시적인 탈모가 발생할 것이다. 이러한 손실에 대한 심리적인 상태는 가족, 친구, 치료를 담당하는 사람의 반응에 많이 의존한다. 아동이 이것을 현실로 받아들일 수 있으면 고통은 덜할 것이다. 방사선 사용과 복합적인 화학치료로 다른 부작용이 발생할 수 있다. 따라서 장기 치료가 필요하며 많은 의료전문가, 사회사업가, 심리학자, 재활 담당자가 관여된다.

종양의 형태와 위치에 따라 예후는 다양하다. 다양한 치료 방법의 선택과 관련된 결과에 대해 많은 연구가 계속되고 있다. 수술, 방사선 치료, 복합적인 약물치료와 결합하여 생존율을 증가시킨다(Crist & Heslop, 1996; Hutchison & Cockburn, 1986).

3) 림프종

(1) 호지킨병

암 종류의 하나인 호지킨병(Hodgkin's disease: HD)은 '감염 취약성을 증가시키는 리드-스턴버그 다핵 거대세포와 T-세포의 기능부전의 특징을 가지는 악성 림프 종양'이라고 정의된다(Habel, 1993, p. 568). 분명하게 이 병은 림프성 조직에서 발생하고 다음에 점진적이고 순차적으로 림프절 주변에 퍼진다(Gilchrist,

2000, p. 1548). 호지킨병은 림프절에서 발견되는 항원과정 세포가 서로 얽히기 때문에 면역 결핍과 관련성이 존재한다. 호지킨병 환자는 비정상적인 면역성을 가지기 때문에 감염에 취약하다(Feld & Sutcliffe, 1987; Oza, Tonks, Fleetwood, Lister, & Rodmer, 1994). 미국에서는 15세 이하 아동과 청소년 암의 5%가 호지킨병이다. 병의 단계는 하나의 림프절 부분 또는 기타 림프성 기관에서 다른 림프성 기관 또는 부분으로 퍼지는데, 호지킨병을 위한 Ann Arbor 단계 시스템에 따라 설명된다(Gilchrist, 2000, p. 1549).

McClain(1990)에 따르면, 호지킨병의 46%는 결절성 경화증(nodular sclerosis)이고 31%는 혼합된 세포질, 16%는 림프구 지배성, 7%는 림프구 소모다(p. 1579). 12개국의 17개 소아병원을 대상으로 국제적인 호지킨병을 연구한 결과, Oza와 그의 동료들(1994)은 집단과 나라에 따라 호지킨병 발생 패턴에 상당한 차이가 있다는 것을 발견하였다. Hughes, Britton과 Richards(1994)는 림프종은 10만 명당 약 11명이 발생한다고 보고하였다(p. 526). 이들 중 25%는 호지킨병이 있고 그 나머지는 비호지킨의 림프종이다. 이 질병은 5세 이전에는 거의 나타나지 않으며 청소년기 이전에는 여성보다 남성에게서 더 흔하다(청소년기 이후에는 남성과 여성이 거의 동등하다). Schwartz(1992)는 선진국에서의 호지킨병의 절정 연령(15~30세와 후기 성인기)에 대해 보고하였다. 덜 발달된 나라에서는 처음의 절정 시기가 청소년기 이전이다(Medeiros & Greiner, 1995; Schwartz, 1992). 병인은 여전히 확실하지 않지만 환경적 요인과 유전적 요인 모두가 제시되어 왔다. 호지킨병 환자의 가까운 친족에게서 이 병의 발병률 위험이 증가하는 것은 환경적 노출 또는 유전적 취약성이 유사하기 때문이다(Grafferman & Delzell, 1984; Schwartz, 1992). 비록 단계와 위험 요소가 관계되기는 하지만 현대 의학에서 호지킨병 환자의 80%는 치료가 가능하다(Josting, Wolf, & Diehl, 2000, p. 403).

화학치료와 조정된 방사선 치료는 모두 호지킨병 치료에 사용된다(Marcus et al., 1994). 방사선과 함께 화학치료를 병용하면 질병의 단계가 낮은 아동의 경우, 보다 적은 방사선 치료를 받게 된다(Schwartz, 1992). 방사선의 영향이 뼈의 성장에 영향을 미치기 때문에 이는 중요하다(McClain, 1990). 1998년 독일 호지킨 림

프종 연구팀은 초기 단계 호지킨병을 위한 결합적인 모델을 권장하였다(Josting, Wolf, & Diehl, 2000). 기도, 내장 또는 방광에 급성 종양이 발생하면 수술이 필요하다(Habel, 1993, p. 570). 질병의 확산 범위를 결정하기 위해 단계화가 수행된다. Ann Arbor 단계 시스템(Carbone, Kaplan, Musshoff, Smithers, & Tubiana, 1971)은 임상 단계와 골수 및 조직검사의 병리적 단계를 사용한다. 단계 I은 단 하나의 림프성 부분을 포함하는 반면, 단계 IV는 림프절과 외부 기관을 포함한다. 이전의 단계 시스템은 Jackson과 Parker(1944)의 분류 시스템이었지만, 이것은 대부분 현재 치료와 연구에서 Ann Anbor 시스템으로 대체되었다. 이 시스템은 Cotsworth가 변형하여 왔다(Josting, Wolf, & Diehl, 2000).

예후는 단계 I 또는 II에 해당하는 환자에게는 매우 좋고 단계 III 또는 IV에서 약간 감소한다. 그러나 화학치료의 독성 때문에 치료의 영향이 오랫동안 남게 된다. 화학치료를 받은 환자는 필연적으로 탈모, 체중 감소, 일시적인 혈구 감소(혈액에서 세포 요소의 결핍), 감염에 대한 극도의 취약성 등을 경험한다(McClain, 1990, p. 1581). 방사선 치료 후에도 폐렴, 심막염, 장염의 위험이 있다. 따라서 이러한 환자들은 질병과 관련된 치료뿐만 아니라 초기 치료 후 오랫동안 병의 재발을 점검하는 것이 중요하다. 여하튼 치료는 예후를 향상시켜 왔다. 현재는 호지킨병 초기 단계의 약 90% 이상이 치료된다. 방사선과 화학치료를 결합하는 것이 효과적인 모델이다. 그러나 치료 또는 치료의 결합에 대한 최적의 선택은 여전히 논쟁거리가 되고 있다(Josting, Wolf, & Diehl, 2000, p. 410). Gilchrist(2000)는 진보된 사례의 경우 완치율이 70% 이상이라고 보고하였다(p. 1550).

(2) 비호지킨 림프종

비호지킨병(non-Hodgkin's lymphoma: NHL)은 B-세포와 T-세포 림프구의 악성 림프종이다(Habel, 1993, p. 569). 이는 신체 여러 부분에 발생해서 빠르게 퍼지는 종양의 이형 집단이다. 아동기에 비호지킨 림프종은 성인기 질병 형태와 매우 다르고 생존율도 더 높다(Schwartz, 1992, p. 1170). 아동기에 나타나는 비호지킨 림프종의 3가지 주요 형태는 벌키트 림프종(Burkitt's lymphoma: BL), 림프구성 림프종(lymphoblastic lymphoma: LL), 거대세포 림프종(large cell lymphoma: LCL)(Blay et al., 1991, p. 90)이다. 1973~1987년에 보고된 34,810개 사례를 토대로 한 '병인과 결과의 감독' 자료 분석에 따르면, 발병률은 1973년에 10만 명당 8.5명에서 1987년에 10만 명당 13.7명으로 변화되었다(Greiner, Medeiros, & Jaffe, 1995). 이러한 증가는 대부분 질병의 범주와 진단의 향상을 반영한다. 그러나 백혈병이나 호지킨병 같은 다른 혈액성 종양과 비교하여 비호지킨 림프종은 세 번의 시기(1973~1977, 1978~1982, 1983~1987)에서 발병률이 가장 높고 가장 많이 증가하였다(Greiner, Medeiros, & Jaffe, 1995, p. 371).

비호지킨병의 병인 또한 아직 분명하지 않지만 유전적 요인뿐만 아니라 환경적 요인, 즉 살충제(Hoar et al., 1986), 염색약(Cantor et al., 1988; Zahm, Weisenburger, Babbitt, Saal, Vaught, & Blair, 1992) 등을 연구 대상으로 하고 있다. 림프종의 발병률은 AIDS로부터 생존율이 증가한 것만큼 증가한다(Greiner, Medeiros, & Jaffe, 1995, p. 371; Karp & Broder, 1991; Levine, 1992; Obrams & Grufferman, 1991). 미국이나 유럽에서 AIDS 환자 6명 중에 한 명은 비록 카포지 육종이나 비호지킨 림프종 같은 비일상적인 암은 아니지만 암을 가지고 있다(Beral, Jaffe, & Weiss, 1991, p. 1). 다른 연구는 비호지킨병 병인의 바이러스 관련 가능성을 제시하였다. 특히 림프종 표본에 나타나는 Epstein-Barr 바이러스와 관계되어 있을 수 있다(Schwartz, 1992, p. 1170).

병의 성격이 전신성이기 때문에(Blay et al., 1991) 치료는 일반적으로 화학치료만 한다. 1982년 전에 사용된 6개의 다른 분류 시스템이 있지만, 단계화는 Murphy(1980)의 분류로 수행된다. 그 당시 국립암협회는 연구자들과 임상가들이 공통적인 언어를 사용하도록 하는 실용 공식을 개발하였다. 비록 방법적으로 사용이 증가되었지만(Obrams & Grufferman, 1991) 이것이 완전한 분류 시스템의 사용을 의미하는 것은 절대로 아니다(Greiner, Medeiros, & Jaffe, 1995). 비호지킨병 아동은 진단받은 후 2년 안에 호전될 수 있다면 매우 좋은 예후를 가진다(Schwatrz, 1992, p. 1171). 중추신경계 또는 골수가 관여되면 예후는 장기 생존율이 30%로 크게 감소된다(Blay et al., 1991, p. 90). 질병의 단계와 진단에서 LDH(lactate dehydrogenase) 림프액 수준은 예후와는 독립적이다(Sandland, 1996, p. 1460).

2. 호흡장애

폐는 가스 교환에 중요한 기능을 한다. 폐의 가스 교환을 통해 공기와 혈액의 움직임이 필요하다. 산소는 사용되고 이산화탄소는 폐포 내에서 배출된다. 폐의 궁극적인 기능은 조직이 요구하는 산소를 제공하고, 이산화탄소와 대사 활동의 부산물을 배출하는 것이다(Brodovich & Chernick, 1983, p. 37). 산소가 적절히 전달되지 않거나 이산화탄소가 충분히 제거되지 않으면 호흡할 수 없다. 이것은 몇 가지 만성 또는 급성 호흡장애와 관련되며, 호흡의 패턴에 치명적인 변화를 가져온다(Haddad & Fontan, 1996, p. 1176). 만성 호흡장애를 가진 아동은 정상적인 유아기를 보내지만 호흡기 감염에 취약하다. 안정성은 환자가 보유한 이산화탄소가 신장대상작용의 적절성뿐만 아니라 호흡 조절 능력에 의존한다(Pagtakhan & Chernick, 1983, p. 147).

1) 천식(반응적인 기도 질병)

천식은 아동기에 발견되는 만성 질병의 주된 원인 중 하나다. 국립 심장, 폐, 혈액 협회(National Heart, Lung, and Blood Institute: NHLBI)는 천식을 다음과 같이 정의한다.

> 천식은 다음의 특징을 갖는 폐의 질병이다. ① 기도의 방해 또는 자발적인 혹은 치료를 통한 기도의 협착, ② 기도 염증, ③ 다양한 자극에 대한 기도의 과민반응(National Asthma Education Program, 1991).

기도 반응성은 기도가 어떤 자극에 대해 수축되거나 팽창하는 경향을 말한다.

과민 반응성 또는 과민 활동성은 지나친 반응을 말하며 미국 국립건강협회(National Institutes of Health: NIH)의 천식 진단과 치료 기준에 따르면 천식의 특성으로 고려된다(V.S. Department of Health and Human Services, 1991). 그러나 Smith와 McFadden(1995)은 기관지의 과민 반응성에 대한 최근의 연구를 검토하였는데, 아동에게 기도 반응성의 상승이 항상 없을지라도 천식의 증상을 가지고 있다고 결론지었다.

대부분의 천식 아동들은 공기가 부분적으로 차단된 기도를 통과하기 때문에 숨쉴 때 쌕쌕 소리가 난다. 그러나 천식은 쌕쌕 소리나 기침 없이도 발생할 수 있다. 기도는 많은 물질에 과민 반응하기 때문에 이러한 아동은 흔히 알레르기를 가지고 있고 바이러스와 관련된 질병에 걸리기 쉽다. 그러나 알레르기나 바이러스 감염이 모든 천식에서 발견되는 것은 아니다. 알레르기성 물질과 산업적인 자극물과의 접촉이 천식의 원인에 포함된다. 심지어 심리적인 요인도 천식의 발생과 관련이 있다(Bierman & Pearlman, 1983, p. 498). 따라서 모든 천식이 동일한 과정을 통해 발생하는 것은 아니며, 천식 환자에게 하위집단이 존재한다. 모든 아동이 이처럼 천식을 악화시키는 요인에 노출될 수 있기 때문에, 천식의 유행이 사회 계급과 관련된 것은 아니다(Lung and Asthma Information Agency, 2000).

천식은 흔히 쌕쌕 소리보다는 기침으로 나타나기 때문에 흔히 기관지염으로 잘못 진단되기도 한다. 이것은 밤이나 운동 후에 가장 뚜렷하게 나타난다. 적절한 치료를 위해 천식의 심각성과 빈도에 대한 지식이 필요하다. 적절한 진단과 항천식성 약물치료로 많은 천식 아동이 기도 방해로부터 편안해질 수 있다.

일반적으로 쌕쌕 소리와 기침 등의 임상적인 신호로 천식을 진단하지만 기능장애의 정도와 형태를 설명하기 위해 세포조직검사(내시경을 통해), 알레르기 물질의 흡입을 통한 피부검사, 기도검사가 사용된다. 천식은 과민 반응의 유형에 따라 다음과 같이 분류될 수 있다.

외인성 아토피 천식 일반적으로 공기로 전달되는 환경적인 항원에 대한 과민성으로 조정되는 면역글로부린 E다.

외인성 비아토피 천식 면역글로부린 E 형태가 아닌 흡입된 단일 항원으로 알려진 반응이다.

원인 불명의 천식(또는 내인성 천식) 외인성 천식에 포함되는 것과는 다른 것에 과민 반응한다. 이 천식 형태는 다른 호흡장애보다 앞서거나 계절적이지 않으며, 이러한 환자는 코르티코 스테로이드 치료에 반응한다.

폐 질병과 관련된 천식 만성적인 폐 질환이 있지만 특별한 과민 반응이 없는 환자다. 공기 흐름에 대한 저항이 잠재적으로 천식을 일으키는 알려지지 않은 요소 때문인지, 흡연, 만성적인 기관지염을 야기하는 공기오염 때문인지 또는 이 두 가지 모두 때문인지에 대한 의문이 있다(Clark, 1992, p. 10).

국립천식교육 프로그램은 공기 흐름의 방해와 증상의 측정을 기본으로 심각성의 세 가지 수준(약함, 중간 정도, 심함)을 설명하였다. 천식을 가진 아동의 대부분이 약한 범주에 속하지만, 심한 경우 응급실을 찾거나 입원할 수 있다.

천식은 대부분의 아동들에게 가장 흔한 만성적인 질병인데, 불편함, 낮은 삶의 질(Boulet, Chapman, Green, & FitzGerald, 1994), 수업시간의 손실을 야기한다. 천식의 한 형태인 알레르기에 따른 학업 손실은 1/3 이상으로 추정된다(Anderson, Bailey, Cooper, Palmer, & West, 1983; Godfrey, 1992, p. 552; Hoekelman, 1974). 선진국에서는 학령기 아동의 20% 정도가 천식을 가지고 있다. 물론 이 중 80%는 취학 전에 증상을 가지고 있었으며, 10%는 학령기 이후 쌕쌕 소리가 나기 시작하였다(Godfrey, 1992). 발병률은 남아에게 더욱 흔하기 때문에(2.2:1) 유전적 · 가족력적 요인이 제안된다(Godfrey, 1992; Sly, 1996). 아프리카계 미국인에게서 유병률, 사망률, 생존율이 높으며(Fisher et al., 1994) 스칸디나비아, 이뉴잇족, 미국 원주민 아동의 발병률은 낮다(Bierman & Pearlman, 1983). 이것은 유전적 요인과의 관계를 제안하는 반면, 가족이 유사한 환경과 유사한 바이러스에 노출되는 경향이 있다는 것을 기억해야 한다. 유전적으로 천식에 취약하지 않더라도 부정적인 환경 요소가 질병에 취약한 사람에게 작용하여 발병 가능성을 증가시킨다(Bierman & Pearlman, 1983, p. 497).

> 천식 발생의 위험 요인은 가난, 흑인, 20세 이하의 산모, 출산 시 체중이 2,500mg 이하, 어머니의 흡연(하루에 1/2갑 이상), 작은 집, 대가족(6인 이상), 유아기에 강한 알레르기에 노출됨(먼지 1g당 집먼지 진드기 10마이크로그램 이상)을 포함한다(Sly, 1996, p. 628).

질병이 적절하게 치료될 수 있고 적절한 치료로 증상을 없애더라도 천식은 여전히 장기 치료와 모니터를 요하는 심각한 만성 질병임이 고려되어야 한다. '천식의 조절과 진단을 위한 지침'은 질병의 변형, 항염증성 약이 기관지 확장보다 제일선의 치료라고 주장한다(Wilson & Starr-Schneidkraut, 1994, p. 197S). 천식에 따른 사망은 캐나다(Chapman, 1994)와 미국(Weiss & Wagener, 1990)을 포함하여 전 세계적으로 계속해서 증가하고 있다. 천식으로 입원한 아동의 수는 최근 20년 동안 2배가 되었다(Moffitt, Gearhart, & Yates 1994). 바이러스에 대한 노출 증가(특히 보호시설에서), 알레르기 물질(집먼지 진드기), 흡연 같은 환경 자극이 원인이 된다(Moffitt, Gearhart, & Yates, 1994, p. 1039).

천식을 유발하는 많은 물질이 존재하며 이들은 서로 상호작용을 한다. 따라서 각 아동을 특정 원인으로부터 격리시키는 것은 어렵다. 천식의 원인에 대한 몇몇 연구는 응급실 같은 곳의 공기(Keston, Szalai, & Dzyngel, 1995), 꽃가루를 포함한 환경적인 알레르기 물질(Goldstein, Paul, Metcalfe, Busse, & Reece, 1994), 동물의 진드기, 먼지 진드기를 포함한다. 고양이가 유발하는 알레르기 물질은 몇몇 나라에서 집먼지 진드기 다음으로 집안에서 두 번째 알레르기원이 된다고 주장한다. 몇 가지 연구에서 고양이 항원은 알레르기 유발제로 보고되었다(Croner & Kjellman, 1992; Munir, Einarsson, Kjellman, & Bjöeksten, 1993; Platts-Mills, 1990; Quirce et al., 1995, p. 325; Warner, 1992). Fel d I 또는 Can f I에의 노출은 고양이 주인이 옷에 진드기를 묻힌 채 움직일 때 발생할 수 있기 때문에, 집에 애완동물을 기르지 않는 사람에게도 천식이 발견될 수 있다. 애완동물 진드기에 노출되

는 것은 응급실 치료를 요할 만큼 매우 심각한 위험이 된다(Gelber et al., 1993; Pollart, Chapman, Fiocco, Rose, & Platts-Mills, 1989; Quirce et al., 1995). 급성 천식은 아동이 급성적으로 기도 방해를 받기 때문에 일반적으로 응급실에서 처치된다. 다른 알레르기원은 바퀴벌레, 진드기, 꽃가루 진드기에 대한 면역글로부린 E 항체 등이다(Gelber et al., 1993). 천식이 항상 알레르기와 관련되지는 않고 알레르기원에 대한 기관지의 반응이 없으면 발생하지 않는 반면, Warner(1992)는 '아동기 천식의 최소 90%는 알레르기성' 이라고 주장한다(p. 1044). 그는 카펫과 부드러운 가구들이 알레르기 물질을 가지고 있다고 경고하고, 자주 청소할 수 있는 매끄러운 바닥과 가구(플라스틱 또는 나무로 된 의자)가 천식이 있는 아동에게 더 좋다고 제안한다. Goldstein, Paul, Metcalfe, Busse와 Reece(1994)는 알레르기 물질과 기도 방해의 관계에 대해 "적절한 자극에 대한 반응에서 비만세포와 호산백혈구(eosinophils)는 기도에 들어가서 시토키닌, 지질 조절자, 염증을 일으키는 물질을 완화시킨다." (p. 698)라고 설명한다.

천식이 있는 몇몇 아동은 기도 저항이 증가함으로써 유발되는 과팽창과 저산소혈증 때문에 운동할 때 공격받기 쉽다(Anderson, Schoeffel, & Bye, 1983, p. 22). 약리학적인 작용제로는 흔히 운동 전에 흡입되는 에어로솔이 있는데, 수용 가능한 수준에서 저항을 유지시킨다. Godfrey(1992)는 천식이 있는 아동은 정상적인 신체활동을 포함하여 가능한 한 '정상적인' 삶을 위해 필요한 도움을 받아야 한다고 주장한다(p. 592).

많은 천식 교육 프로그램은 1970년대 이후 존재해 왔다. Newhouse(1994)는 이 목적에 대하여 다음과 같이 언급했다.

> 궁극적인 목적은 의사의 방문, 응급실 방문, 입원 그리고 사망을 감소시키고 가능한 한 악화를 줄이면서(가능한 한 0으로) 만성 천식의 통제 또는 완치하는 것이다(p. 237S).

천식은 치료가 가능하기 때문에 치명적이거나 거의 치명적인 천식의 증가는 의료적 도움을 받지 못하거나 치료에 불응하는 것과 관련이 있는 것으로 보인다. FitzGerald(1994)는 교육 과정과 관련된 요소를 경제적 상태, 심리사회적인 요인, 문맹 수준, 인종, 즉 문화, 언어, 식습관, 직업적 천식으로 목록화하였다(p. 260S). 부모를 비롯한 환자의 가족은 증상과 투약 방법, 시간을 알아야 하며, 알레르기 유발 물질을 알아내고, 투약 효과를 의사에게 알리기 위해 매일 최고호흡유속계(peak flow meter)를 사용해야 하기 때문에 천식에 대한 교육은 이제 장기 치료의 한 부분이다. 아동은 최고호흡유속계로 호흡하고, 이를 통해 어느 정도의 공기가 폐로부터 나왔는지 측정할 수 있다. 이 결과는 일반인의 최고호흡 유속 점수와 비교된다. 측정기는 3가지 색깔의 영역—녹색=깨끗함, 노란색=경고, 붉은색=의료적 경고—을 가진다. 점수가 붉은 영역에 해당되면 아동은 인공호흡기를 사용하여야 하며 의사에게 알려야 한다.

활동 지도자, 교사, 치료사는 아동이 짧은 호흡, 기침, 간단한 논의를 할 때 쌕쌕 소리를 내면 잠시 시간을 가져야 한다. Rosenberg, Clark, Pershad와 Smith(2000)는 특히 10대는 지침에 순응할 책임감을 가질 필요가 있기 때문에 이들과의 논의의 중요성에 대해 특별히 경고한다. Fisher와 그의 동료들(1994)은 증상이 나타나면 활동을 계속하기보다는 앉아 있도록 하고 천천히 호흡하고 긴장을 이완하도록 가르칠 것을 제안한다. 증상이 계속되면 약물 사용을 권장한다. 또한 치료사는 천식 증상과 행동을 조절하도록 돕는 스트레스 관리 프로그램을 제공할 수 있다(FitzGerald, 1994; Perrin, Maclean, Gortmaker, & Asher, 1992).

2) 호흡기 감염

(1) 기관지염

기관지염은 비교적 큰 기도(기관지, 기관)의 염증을 말하며(Guerra & Shearer, 1990, p. 1329) 기관지벽의 염증과 바이러스 감염에 따른 세포의 침투(세포벽에 액체, 기체, 고체로 침투)에 의한 세기관지염과는 구별된다(Lowenthal, 2001, p. 401). 기관지염은 유아들이 입원하는 흔한 원인이다. 증상은 비슷하지만 세기관지염의

경우, 다른 바이러스에 의해서도 감염되지만 대개 호흡기 세포융합 바이러스로 야기된다(Hall & Hall, 2001, p. 1354).

> 세기관지염의 진단 기준은 급성의 쌕쌕거리는 소리, 24개월 미만의 연령, 바이러스 감염으로 인한 신체적 증상, 예를 들면 비염, 기침, 열 등이며, 쌕쌕거리는 원인이 아토피(환경적 알레르기원에 대한 과민 반응)나 폐렴인 경우는 제외한다(Guerra, Kemp, & Shearer, 1990, p. 1332).

급성 기관지염은 일반적으로 일시적이며, 기침이 일차적인 증상이다. 그러나 또한 기관지염은 만성적이기도 하며 기침과 콧물이 지나치게 분비된다(Riise et al., 1995, p. 360). 만성 기관지염은 급성 기관지염이 2~3주 이상 지속될 때 진단된다(Loughlin, 1983). 기관지염은 일반적으로 감기 또는 독감 같은 증상(콧물, 열, 목 아픔, 간헐적 기침)이 선행된다. 며칠 후 이러한 상부 호흡기 감염은 쌕쌕거리는 소리, 계속적인 기침, 열 그리고 때때로 기침과 관련된 구토 증상이 뒤따른다. 증상은 일반적으로 7~10일 정도 지속된다. 주된 문제는 이차적인 감염이며 세균성이 될 수 있다. 이것이 확인되면 항생제가 처방된다. 만성 기관지염은 천식을 포함하여 다른 심각한 호흡기 질병과 증상이 유사하다. 그러나 천식성 기관지염과는 진단이 다르다(Stern, 1996). 연구가와 임상가에 의한 분명한 정의가 없기 때문에 질병을 구별하지 못하고 만성적 또는 재발하는 기관지염의 발생과 유행에 명확한 설명을 제시하는 것이 어렵다. 만성적인 기관지염을 가진 아동은 천식을 가진 아동처럼 쌕쌕 소리가 난다. 호흡기의 특별한 바이러스는 비인두로부터 분리되고 감염이 입원할 만큼 심각할 때 항바이러스 치료가 고려되어야 한다(Guerra & Shearer, 1990, p. 1330). 그러나 대부분의 환자에게 치료가 필요한 것은 아니다(Stern, 1996).

부드러운 근육의 수축 또는 점액 생성과 점액성 부종을 동반한 수축이 기도 협착을 야기할 수 있다(Laughlin, 1983). 연구가들은 아동기에 만성적 또는 재발하는 기관지염과 세기관지염의 결과에 대해 오랫동안 조사해 왔다. 몇 가지 분명한 것은 아동기 후반과 성인기의 폐 기능 이상과 호흡 문제는 아동기 초기에 폐에 문제를 가진 환자에게서 더욱 잘 나타난다는 것이다. 게다가 기관지염과 세기관지염은 인간 면역결핍 바이러스 감염(human immunodeficiency virus: HIV)과 관련하여 연구가 진행 중이다(Verghese, 1995).

(2) 폐 렴

폐렴(pneumonia)은 하부 호흡기의 말초 부분에 감염이 퍼질 때 발생한다. 여러 가지 형태의 폐렴이 있다. 이 중 몇 가지는 세균성이며 그람양성과 그람음성으로 나뉜다. 다른 폐렴은 바이러스성인데, 이것은 다른 질병, 예를 들면 홍역성 폐렴, 류머티스성 폐렴, 백일해성 폐렴 등과 관련이 있다.

Smith(1981)는 아동기 폐렴의 임상적인 증상을 다음과 같이 설명하였다.

> 초기 국면은 두통, 열, 몸살 그리고 위장 증상이 나타나며 수 시간 내의 고열을 수반하고 흔히 들뜸, 얕은 기침 그리고 헛소리 때문에 수면을 방해받는다(p. 298).

몇 가지 흔한 세균성 감염원— 연쇄구균성 폐렴, 혈액성 세균 인플루엔자 타입 B, 포도상구균성 아우레우스, 그룹 A 연쇄구균(Smith, 1983)— 은 폐렴과 관련이 있다. Boyer(1990)는 "최소한 서로 다른 바이러스 집단 10가지, 미코플라스마종 3가지, 리케차 1가지, 클라미디아종 2가지, 원생동물기생 1가지가 아동기 폐렴 증상과 관련된다."(p. 1334)라고 보고하였다.

폐렴은 청소년기보다 5세 이하의 아동에게서 더욱 흔하다. 매년 5세 이하에서 1,000명당 40명, 12~15세에서 100명당 7명꼴로 나타난다(Boyer, 1990, p. 1336). 진단은 임상적인 검사, 방사선, 감염과 관련된 바이러스 또는 세균을 확인하기 위한 검사가 필요하다.

치료는 발견된 것과 관련된 항생제가 특정 병인을 위해 적절하게 처방된다. 항세균성 치료와 항바이러스성 치료가 혼합되어 사용된다. 게다가 지지적인 치료는

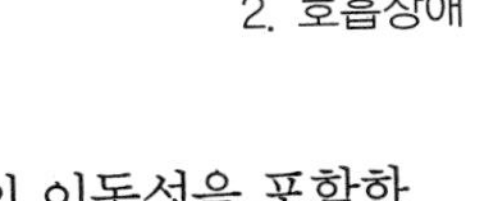

적절한 수화 작용, 높은 습도, 산소의 유지, 하부 호흡기 분비의 이동성을 포함한다(Boyer, 1990, p. 1336).

이러한 아동과 일하는 전문가는 직접적인 접촉을 피하고 아동을 만나기 전후에 손을 씻고 안경 또는 고글을 착용할 것이 권장된다(Boyer, 1990). 적절한 치료로 합병증만 없다면 아동은 몇 주 후 완벽하게 회복될 수 있다. 아동기의 또 다른 심각한 폐 질환은 더 많은 폐의 장애에 취약하게 작용할 수 있다.

(3) 낭포성 섬유증

낭포성 섬유증(cystic fibrosis: CF)은 만성 폐쇄성 폐질환(chronic obstructive pulmonary disease: COPD)으로 분류되며, 염색체의 열성유전자에 따른 장애다. 이는 아동기에 심각한 폐질환의 원인이 되며 어릴 때 이자액 외분비가 결핍된다(Boat, 1996, p. 1239). '낭포성 섬유증'이라는 이름은 췌장 내에 포낭 발생과 섬유에 상처를 반영하는 것과 일치한다. 이것은 비정상적인 외분비 기능을 만들어 낸다. 미국에서는 30세까지 만성적인 폐질환과 췌장의 외분비액 결핍을 야기하는 주된 원인이고 신생아 장폐색을 설명하는 원인이다(Rosenstein, 1990, p. 1363). 특징은 많은 땀 분비다. 낭포성 섬유증은 주로 호흡기계, 소화기계(특히 장과 췌장), 땀 분비샘에 영향을 미친다(Harris & Super, 1995, p. 9). 녹농균에 따른 기관지 내부 감염이 흔히 나타나고 기도를 방해하는 탁하고 끈적끈적한 물질을 분비하여 기도에서 호중구(neutrophils)의 흐름에 감염성 반응을 야기한다(Stone et al., 1995). 발생은 백인 환자에게서는 3,100명당 1명으로 추정되며 낭포성 섬유증을 가진 사람이 대다수를 이룬다. 모든 인종에게서 발견되며, 아프리카계 미국인에게는 14,000명당 1명꼴이며 히스패닉은 11,500명당 1명 정도 발생한다(Ewig & Martinez, 2001, p. 448).

낭포성 섬유증 보균자는 증상을 보이지 않지만 열성유전하는 질병이다. 1989년 CFR 유전자의 발견으로 보균자를 발견하기 위한 산전검사가 가능해졌다(Gjonaj, Green-Hernandez, & Aronzon, 2001, p. 689). 이를 통해 보균자라고 여겨지는 부부를 위한 유전적 상담을 가능하게 했다. 보균자 검사는 의사결정을 촉진하는데,

이것은 델타 F508 돌연변이를 확인한 이후 가능해졌다(Marteau, 2000, p. 205). 이것은 상염색체를 통해 운반되기 때문에 낭포성 섬유증은 남성과 여성이 유사하게 발병한다. 사회경제적 요인과의 관련성은 분명하지 않다.

유아는 일반적으로 장폐색 또는 다른 위장 기관의 비정상성 치료와 관련되어 진단을 받는다. 좀 더 큰 아기와 아동은 때때로 만성 또는 재발성의 상부와 하부 호흡기 증상을 보인다. Schwachman(1983)에 따르면, 진단된 환자의 90% 이상이 폐렴 증상을 보이며 2세에 X선 사진상에 폐 부분이 구름처럼 흐리게 보인다. 낭포성 섬유증 아동은 정상적인 폐 기능을 가지고 태어나지만, 1~2년 내에 기관지염과 기도 폐쇄로 발전되면 이것은 더 많은 감염과 진행성 폐쇄에 취약해진다. 감염이 폐렴이나 기관지염이 되면 치료는 가능하다. 일반적으로 부모들은 처음에 아동의 기침에 주의를 기울이면서 의사에게 데리고 간다. 이것은 마른기침으로 시작하지만 후에 계속 기침을 하게 되며 쌕쌕거리는 소리도 동반된다. 가슴 X선은 진단을 결정하도록 도와주지만 가장 흔한 신생아 낭포성 섬유증 선별 기법은 응고된 혈액검사의 IRT(immunoreactive trypsinogene concentrates) 측정이다(Dankert-Relse, 1994; Maher, 2001). 다른 검사는 기관지경 검사, 기도 반응성 검사, 환기/관류 주사다. 땀 속의 염화물과 나트륨의 내용물은 상승되는 전해질 수준을 위해 분석된다. 이 아동들은 운동할 때 분명한 폐 기능의 저하를 경험한다. 이것은 짧은 호흡 때문에 발견된다. 췌장액의 부족은 흔하지만 모든 경우에 발견되는 것은 아니다. 십이지장액은 점액성을 위해 측정되고 효소검사가 이루어진다.

상부 호흡기 감염은 이러한 집단에서 흔하며 또한 지방, 단백질, 지용성비타민을 흡수하는 위장 기관 능력에 영향을 미치는 췌장 기능의 손실이 진행된다(Rosenstein, 1990). 몇몇 환자는 탄수화물에 대한 과민증과 관련된 당뇨로 발전된다. 위장의 합병증은 췌장 효소와 장샘 분비의 결핍과 관련된다. 비정상적인 땀샘활동은 탈수와 염 결핍을 야기한다. 이것은 특히 건조한 날에 흔하지만 심각한 탈수 없이도 나타날 수 있다(Rosenstein, 1990, p. 1366). Koocher, Gudas와 McGrath(1992)는 청소년기로 갈수록 발생하는 낭포성 섬유증의 신호를 다음과 같이 설명하였다.

> 이차 성징의 지연, 단신, 야윈 몸, 두툼한 가슴, 치아의 변색, 미성숙한 치아의 발달, 손가락과 발가락의 팽창 등이 특징이다. 환자는 호흡 곤란, 만성 기침, 피곤함, 냄새 나는 변, 가스 참, 식욕 증가를 경험한다(p. 197).

치료는 특정 증상과 관련되어서 아동이 지나치게 땀을 분비하면 염류 보충, 폐 감염을 위한 치료, 위장의 어려움과 관련된 식이 조절을 포함한다. 또한 효소 대체 또는 공급이 필요하다. 낭포성 섬유증 아동은 효소(4~10알), 종합비타민, 미네랄을 각 식사마다 대체해야 한다(Koocher, Gudas, & McGrath, 1992, p. 199). 새로운 치료 가능성의 한 가지인 DN 분해효소는 흐름을 부드럽게 하도록 점액성을 약화시키는 것이다(Harris & Super, 1995, p. 101).

치료는 아동에게 폐렴 또는 장폐색, 기타 다른 합병증만 없다면 대부분 외래에서 한다. 그러나 호흡기 감염 환자는 병원에 가서 폐의 '청소'를 해야 하는데, 이것은 혈관 내의 항생제 양을 높인다는 의미다.

아동에게 췌장액이 부족하면 특별한 식사 조절이 요구된다. 영양치료는 성장을 촉진하기 위해 필요하다. 낭포성 섬유증 아동은 장기 치료를 요하는데, 이는 가족 모두에게 영향을 미친다. 낭포성 섬유증 단체는 환자 돌봄, 공교육, 연구 보급과 관련된 것들을 조정한다.

조기 발견과 적절한 치료로 예후는 향상되어 왔다. 지난 40년 동안 미국에서 평균 생존 연령은 1년에서 31년으로 매우 크게 증가해 왔다(Gjonaj, Green-Hernandez, & Aronzon, 2001, p. 689). 항생제, 기관지 확장제의 향상, 인플루엔자에 대항한 백신, 호흡 훈련, 위장의 치료와 진단의 향상이 긍정적인 예후를 증가시켜 왔다. Boat(1996)는 조기 진단과 치료가 낭포성 섬유증 환자의 90% 이상에서 20년 이상 생존율을 증가시켰다고 보고하였다(p. 1250). 양수, 탯줄 또는 융모막 융모로부터 얻은 태아혈액에 대한 염색체 연구는 산전 진단을 가능하게 했다(Harris & Super, 1995). 또한 낭포성 섬유증의 치료와 치료 가능성을 위한 유전자 치료의 임상적 시도가 미국뿐만 아니라 영국에서도 진행되고 있다. 많은 요인과 위험들이 고려되지만 연구는 가능성이 있다. 낭포성 섬유증 환자가 미래에 대해 낙관적인 것은 장기 치료 시 요구되는 치료에 순응하는 데 영향을 미치기 때문에 중요하다. 낙관주의는 호의적인 전망, 부정적인 사건보다 긍정적인 사건이 발생할 것이라는 기대감, 자신의 삶에 대한 통제감을 가지는 것으로 정의될 수 있다(Koocher, Gudas, & McGrath, 1992, p. 201). 심리사회적인 적응 문제는 낭포성 섬유증 아동에게 피할 수 없는 것은 아니다. Breslau와 Marshall(1985)은 5년 이상의 장기적인 연구에서 낭포성 섬유증 아동이 적응에 향상을 나타냈음을 보여 주었다. 신체적인 치료는 물론 중요하지만 보호자와 환자는 환자의 심리적인 면도 고려하여야 한다. 청소년과 아동을 위해 사용되는 척도 중 하나는 낭포성 섬유증 환자의 삶의 질 질문지(Cystic Fibrosis Quality of Life Questionnaire: CFQoL)다. 이것은 낭포성 섬유증 환자 개인에 대한 기능적으로 중요한 9개 영역, 52개의 타당한 항목을 포함한다(Gee, Abbott, Conway, Etherington, & Webb, 2000). 많은 낭포성 섬유증 환자들이 성인기에 도달하고 대학을 졸업하고 결혼을 하고 생산적인 삶을 살 수 있다는 것을 아는 것은 더 특수한 치료를 제공하기 위한 희망을 가지고 장애를 더 많이 이해할 수 있는 연구를 계속하도록 연구자들을 격려한다(Schwachman, 1983, p. 661).

(4) 결 핵

1982년 Robert Koch는 마이코박테리움 결핵균(mycobacterium tuberculosis)을 발견했다. 연구와 질병 통제에 사용되는 국제적인 정의는 세계보건기구(WHO)에서 개정하여 왔는데, 국제결핵퇴치협회(International Union Against Tuberculosis and Disease: IUATLD)와 왕립 네덜란드 결핵협회(Royal Netherlands Tuberculosis Association: KNCV)가 함께하였다. 정의는 다음과 같다.

> 결 핵 미코박테리움 투베르쿨로시스 복합체에 양성을 보이는 환자(모든 나라에서 배양이 가능한 것은 아니지만 항산 균에 대해 2가지 타액에서 양성 반응을 보이는 환자는 확실한 결핵으로 고려된다.)

폐 이외의 결핵 폐 이외의 기관, 즉 흉막, 림프절, 복부, 비뇨생식기, 피부, 관절과 뼈, 뇌막 등에서의 결핵

완 치 치료의 마지막 달 그리고 이전의 타액검사에서 최소한 한 번 음성을 나타낸 환자(World Health Organization, p. 214)

결핵균이 흡입될 때 원발소(primary focus)라고 불리는 작은 치즈 모양의 초점 또는 Ghon 발소(Ghon's focus) 초점이 형성된다. 이 조직 기능의 장애는 신체의 다른 부분에서도 나타날 수 있지만 일반적으로 폐에 나타난다. 이것은 오래된 감염에 대한 반응(반응성 결핵) 또는 최근의 감염(일차 결핵)으로부터 발생할 수 있다(Friedman et al., 1995). 대식세포는 결핵균을 림프절로 운반하는데, 이것이 커진다. 원발소점은 다음에 석회화된다. 질병이 신체의 다른 부분, 특히 결핵균이 혈류 속에 들어가면 퍼질 가능성이 있다. 심지어 부분적으로 치료가 되더라도 석회화 때문에 결핵균은 수년 동안 지속될 수 있다(Kendig, 1983, p. 665).

결핵은 사망에 이르는 주된 원인 중 하나이며, 특히 19세기와 20세기 초반에 가난한 사람들 사이에서 더욱 그러했다(Freudenberg, 1995). 그 당시 결핵에 감염된 사람을 치료하고 정기적인 검사를 통해 통제할 수 있다고 생각했다. 그러나 결핵은 최근에 증가하고 있으며, 다시 다수의 건강 문제로 고려되고 있다. 1985~1991년 사이 뉴욕에서 활성 결핵 수치가 79% 증가하였다(Smith, 1995, p. 49). 현재 WHO에 따르면, 8백만 명의 결핵 환자가 있고, 매년 결핵에 따른 사망은 3백만 명에 이른다고 한다. 이 중 130만 명의 환자와 45만 명의 사망자는 아동이다. 미국에서 결핵균에 감염된 사람은 1,500만 명이 있는 것으로 추정된다. 치료를 받지 않으면 이들은 임상적인 결핵으로 발달될 것이다.

항생제의 사용이 매년 결핵 환자의 수치를 감소시켰으나 불행히도 이것은 많은 병원에서 감염 통제에 대한 긴장을 풀리게 하였다. 위험 조절의 OSHA 사무소는 현재 새로운 결핵 통제를 위해 새로운 규정을 제시하고 있다. 인구밀도가 높은 지역에서는 결핵에 노출된 병원 근로자를 보호하기 위해 특별히 주의하여야 한다.

CDC 지침은 1990년에 발표되었고 1994년에 개정되었는데, 작은 핵 감염의 방지, 근원 통제를 통한 질병의 확산 금지, 공기 오염의 감소, 도구의 소독, 결핵을 위한 노동자 정밀검사를 포함한다(Smith, 1995, p. 49).

Kochi(1994)는 인류의 역사에서 결핵은 전쟁과 기근의 살인자이며(p. 325) 단일 감염원(p. 328)에 따른 사망의 주요한 원인으로 남아 있다고 하였다. 결핵은 Robert Koch가 태어났을 때보다도 더 많이 유행하고 있다. 결핵의 증가를 가져오는 요인으로는 HIV의 증가(세계 결핵균 감염자의 2/3는 HIV가 확산되고 있는 아시아에 살고 있다.), 나라 간 이동, 결핵균에 대한 약물 저항, 많은 사람들이 무리를 지어 기준 이하의 삶을 살게 하는 가난, 치료와 조기 발견을 위한 검사의 감소가 있다. 이러한 요인 모두가 결핵의 확산을 증가시킨다. 결핵은 적절한 방법과 저렴한 비용으로 질병을 확인하고 치료할 수 있기 때문에 결핵의 확산은 매우 실망스러운 일이다.

1939년 이후 PPD(purified-protein-derivative) 투베르쿨린 피부반응 검사가 사용된 이후로 여전히 결핵 진단을 위해 사용되고 있다(Starke, 1996). 양성반응은 항상 질병이 발달될 것을 암시하는 것은 아니지만 더 많은 진단평가와 치료가 동반되어야 한다. 결핵이 확인되면 두세 개의 서로 다른 약물을 시작으로 화학치료가 시작된다.

결핵은 일반적으로 폐 질환으로 여겨지지만, 폐 이외의 많은 부분—골격, 림프절 표면, 위장, 신장, 심장 주변, 피부, 내분비 기관, 생식기, 눈, 상부 호흡기(Inselman, 1993)—에서도 발견된다. 모든 형태의 결핵에 사용되는 일반적인 화학치료에 추가하여 치료는 특정 부위에 직접 이루어진다. 다른 부분의 감염으로부터 합병증이 발생할 수 있으며 후속 치료가 중요하다.

환자가 침대에 누워 있을 필요는 없지만, 좋은 영양을 제공받고 다른 감염에 불필요한 노출을 피하는 것이 중요하다. 아동의 방어 체계는 결핵 감염에 대항하여 직접적으로 싸워야 한다. 아동이 계속되는 기침 또는 상처만 없으면 항상 격리할 필요는 없다. 입원은 질병의 범위와 형태에 따라 요구된다.

> 이상적으로 최근의 PPD 변형이나 또는 결핵을 가진 모든 아동은 적절한 배양균을 얻기 위해 입원해야 하며, 약에 대한 순응과 내성을 확인해야 하고, 지침이 되는 사례를 확인하고 치료를 시작하며, 아동이 집으로 다시 돌아오기 전에 환경으로부터 결핵을 활성화하는 모든 근원을 제거하여야 한다(Inselman, 1993, p. 586).

지난 몇 년간 약의 저항에 대한 관심이 증가해 왔다. 몇 가지 약이 사용되고 환자가 잘 순응하면 저항은 덜할 것이다. 뉴욕에 살고 있는 결핵 환자를 대상으로 한 다제내성(multi-drug-resistant: MDR)에 관한 연구에서 Friedman과 그의 동료들(1995)은 "MDR 결핵 사례 결과의 대부분은 이미 저항 기관으로부터 새롭게 전달되는 것이며 치료하는 동안 원래부터 약에 대한 민감성 또는 약에 대한 내성에 따른 긴장으로부터 야기되는 것은 아니다."(p. 358)라고 결론지었다. 결핵 아동과 일할 때 균은 공기를 통해 전달됨을 기억하는 것이 중요하다. 자주 손을 씻고 아동이 기침을 하면 보호가 필요하다. 또한 침을 통해 균이 전달될 수 있기 때문에 관악기를 함께 사용하면 안 된다. 결핵으로부터의 최선의 보호는 노출을 금지하는 것이고 병원에서 이를 위해 가장 좋은 방법은 결핵의 조기 발견과 효과적인 치료와 항상균으로부터의 격리다(Jereb et al., 1995, p. 858).

결핵의 이슈는 많은 종류의 감염성 질병을 감소시키기 위해 알려져야 하는 사회적 문제와 직접적으로 관련된다.

> 이것은 사람들을 노숙자에서 가정으로 인도하기, 약을 제공하고 원하는 사람 모두에게 알코올 치료를 제공하기 위한 수용 능력을 발달시키기, 상습적인 범행을 막고 감옥에서 과밀한 사람을 다른 시설로 확대시키기 등의 새로운 전략을 포함한다. 미국인에게 예방적이며 일차적인 보호를 보장하는 건강 보호 체계의 확립을 포함한다(Freudenberg, 1995, p. 26).

결핵균은 다음 세기에도 중요한 건강 문제로 남아 있을 것이지만, 확인되고 치료될 수 있는 질병이다. 다만, 세계 모든 사람의 관심과 결속된 노력이 요구된다.

3. 심장병

심장은 매우 복잡한 기관으로 다른 신체 기관과 상호작용을 한다.

> 생존에 결정적이며 이는 이온 전달, 막의 통로, 세포 대사의 수용체, 에너지 생산으로부터 섬유조직, 순환, 전기적 활동, 임상적인 관찰, 기능까지 서로 상호작용하는 현상의 배열로 구성되어 있다. 압력, 부피, 관상동맥의 흐름, 심장박동, 모양의 변화, 병리적인 도전에 대한 반응을 통해 기능이 측정된다(Sideman & Beyar, 1993, p. ix).

드물게 몇몇 아기들은 기관적인 심장 질병을 가지고 태어난다. 현재 이러한 문제의 많은 경우는 마이크로 수술을 통해 치료될 수 있다. 그러나 다른 심장 문제가 성인기뿐만 아니라 아동기에 발달될 수 있다. 아동기의 심근증은 질병의 이질적인 집단을 형성하고 사망으로까지 발전될 수 있다(Nield et al., 2000, p. 358).

아동기의 가장 높은 발병은 류머티스성 심장병인데, 이것은 여전히 중요하고 특히 많은 아동들이 가난과 인구가 밀집된 조건에서 거주할 때 더욱 그렇다. 그러나 대부분의 선진국에서는 선천적인 심장병이 류머티스성 심장병보다 더 흔하다(Hutchison & Cockburn, 1986). 심장혈관계의 결함은 1,000명당 8~12명 정도다(Mendelsohn, Vermilion, & Durham, 2001). 대부분의 경우 심장 기형의 원인은 알려지지 않았다(Bernstein, 1996). 선천적 결손의 특정 원인이 여전히 분명하지 않지만 임신 초기에 어머니의 건강에 영향을 미친다고 알려진 요소들, 즉 풍진, 알코올의 지나친 소비, 약물(예, 리튬, 에탄올, 항경련성 약) 등이 기형을 야기할 수 있다(Bernstein, 1996). 다른 요소는 어머니의 영양 부족, 방사선, 약물중독, 매독 등이다. 그러나 이러한 알려진 요인들은 단지 선천성 심장병을 가지고 태어나는 아동의 적은 비율만을 설명하는 원인이 된다. 다른 요인은 유전자 변형을 포함하는데, 예를 들면 다운증후군과 관련된 심장 결함, 단일 유전자의 결함, 탈리도마

이드(thalidomide) 같은 기형 발생 물질과 관련이 있다. 선천적으로 심장에 결함을 가지는 아동의 90% 정도는 유전적 · 환경적 요인과 그 가운데 서로 상호작용하는 것으로부터 발생하는 여러 가지 원인이 존재한다(Mendelsohn, Vermilion, & Durham, 2001, p. 1402).

진 단 선천성 심장병(congenital heart defects: CHD)의 치료는 지난 20년 동안 매우 발전되어 왔다. 1979~1997년 동안 미국에서 심장 결함과 관련된 사망률 경향과 인종 분포를 연구한 결과, Boneva와 그의 동료들(2001)은 "비록 아동기와 유아기 사망의 주요 원인으로 아직까지 남아 있기는 하지만, 심장 결함에 따른 사망률은 미국에서 감소하고 있다. 사망 연령은 증가하고 있으며 더 많은 영향을 받은 사람이 청소년기와 성인기에도 생존하는 것으로 나타났다. 인종 간의 불일치는 질병을 예방할 기회를 확인하기 위해 조사되어야 한다."(p. 2376)라고 결론지었다.

현재 유아기와 아동기의 심장 문제를 확인하기 위해 다양한 비침투적인 방법이 사용되고 있다. 이것은 가슴 X선 촬영, ECG, 심장 초음파검사, 도플러 흐름 척도, 핵심 장학 등을 포함한다. 핵심 장학(nuclear cardiology)은 방사선 물질을 혈액 흐름에 투입하여 심장을 통해 어느 정도의 혈액이 순환하는가에 대한 이미지를 얻는 '혈액 풀 영상(blood pool imaging)'을 포함한다. 다른 것은 '심근 관류 영상'인데, 이것은 탈륨-201 같은 물질이 정맥 속으로 들어가 상을 만들고 양전자 방출 단층촬영, SPECT(single-photon emission computerized tomography)을 가능하게 한다(Froelicher, Myers, Follansbee, & Labovitz, 1993; Schmidt, Port, & Gal, 1995). 심장에 관을 꽂는 것과 혈관심장 촬영은 오래된 침투적인 방법으로 여전히 사용하고 있지만 가능하면 언제든지 비침투적인 방법을 사용한다.

태아 심장병은 여러 가지 형태의 심장 결함을 초음파 검사를 통해 산전 진단으로 알 수 있다. Sharland(2000)는 "심장 이상성에 대한 태아 진단의 정확성이 광범위하게 기록되어 왔다. 이제 기술적으로 임신 중에 더욱 빨리 진단하는 것이 가능하게 되었다."(p. 625)라고 보고하였다.

전적으로 만족할 만한 선천성 심장병 분류는 없다.

1) 치아노제 선천성 심장병(청색증)

청색증(cyanosis)은 션트(shunt) 또는 결함이 심장 왼쪽 부분의 헤모글로빈을 감소시킬 때 발생한다. 거대한 동맥의 전위가 가장 흔한 형태의 치아노제 선천성 심장병이다(Hutchison & Cockburn, 1986). 션트의 불규칙성의 다른 형태는 청색증—팔로사징증(Fallot's tetralogy), 심방결손을 통해 역류가 있는 폐동맥협착증, 삼천판 폐쇄(tricuspid atresia), 아이젠멩거 복합군(Eisenmenger complex)—을 만든다.

아기가 심각한 청색증을 가지고 태어나는 경우는 응급치료가 필요하다. 이것은 후에 수술이 필요하며 일반적으로 다른 밸브를 통해 혈액의 경로를 만든다. 몇 달 동안 수술이 불가능하면 심장은 확대되고 그래서 수술로 더 많은 산소를 혈액에 공급할 때까지 아동은 생존하기 어려울 것이다. 선천적으로 심장 결함을 가진 다수의 사람들은 심장 수술이나 카테터를 주입하는 방법으로 치료될 수 있다. 대부분의 환자에서 심장의 역동성은 향상되고 증상은 사라진다(Bernstein, 1996, p. 1333).

2) 비청색성 선천성 심장병

심실중격결손(ventricular septal defect)이 선천성 심장병의 가장 흔한 형태지만(Hutchison & Cockburn, 1986, p. 315), 다행히도 사망률은 감소하고 있다(5세 이하의 경우 1979~1981년에 527명 사망, 1995~1997년에 39명 사망)(Boneva et al., 2001, p. 2378). 청색증을 만들지 않는 다른 선천성 심장병은 대동맥 협착, 폐동맥 협착, 심방중격결손, 동맥관 개존증 등을 포함한다. 션트를 통해 산소가 든 헤모글로빈을 심장 오른쪽의 헤모글로빈이 감소된 부분으로 흘러 들어가도록 한다면 청색증은 발생하지 않을 것이다.

3) 류머티스성 심장병

심장은 류머티스성 열과 관련이 있으며, 특히 연쇄상구균에 감염되었던 10세 이하 아동의 경우 더욱 관련이 크다. 감염에 따라서 결절이나 아쇼프결체(Aschoff body)가 심근에 나타날 수 있다. 심장 내막과 심막에 더 많은 감염이 있을 수 있다. 심장 판막, 특히 승모판에 취약성이 나타나지만 대동맥판에도 발생한다(Todd, 1996, p. 756). 심장병은 감염과 상처 또는 치료된 부분의 섬유증 형성과 관련이 있다.

류머티스성 심장병을 가진 아동은 일반적으로 관절이 팽창하여 고통스럽고 발열, 허약함, 먹는 것에 흥미를 잃거나 메스꺼워 하고 구토를 하며 땀과 함께 한기를 느끼고 발진이 있다. 그러나 심하지 않은 경우는 피곤함과 저열 증상만 나타난다.

조직의 병변과 섬유증은 남을 수 있지만 류머티스성 열은 치료가 가능한 병이며 대부분의 아동이 적절한 치료를 받는다면 완전히 회복될 수 있다. 침대에 누워 휴식을 취하는 것은 더 많은 손상을 막기 위해 심각한 경우에만 요구된다. 이것은 염증을 치료하기 위해 약을 함께 사용하고 아동에게 증상이 없어질 때까지 계속되어야 한다.

재 활

심장재활 프로그램의 목적은 환자가 생리적 · 대중적 · 심리적 · 직업적 이익을 받아들일 수 있도록 낮은 위험 수준에서 성취하는 것이다. 이 목적은 필요할 때 응급치료를 적절하고 빠르게 수행하는 의료진의 능력뿐만 아니라 환자의 세심한 진단평가, 교육과 지도감독을 통해 성취될 수 있다(Van Camp, 1995, p. 423).

Van Camp(1995)는 심장재활 프로그램에서 심장의 멈춤을 경험했던 20명에 대해 토의를 하였다. 그중 3명은 사망했지만, 17명은 성공적으로 살아났다. 소생 과정은 정맥 내의 리도카인(lidocaine)을 사용하거나 한 사람은 주먹으로 심장을 탕탕

쳐서 다시 뛰게 만들어서(thump-verted), 한 사람은 심폐소생술로 살아났다. 한 사람은 아트로핀(atropine), 에피네프린(epinephrine)의 투약과 심폐소생술을 요구하였다. 이들은 분명히 의료적 중재의 요구 절차들이다. 음악치료사가 심장재활팀의 중요한 일원이 될 수는 있지만, 필요한 경우에 응급치료를 할 수 있는 다른 사람이 있어야 한다. 최소한 직원 중 한 사람은 ACLS(advanced cardiac life support)의 자격이 있어야 하며 심각하거나 중간 정도의 위험이 있는 환자를 위해 재활 훈련을 직접 지도감독받은 의료적 권위도 있어야 한다(Van Camp, 1995, p. 430).

심장재활 프로그램에서 일하기를 원하는 음악치료사는 미국 병원협회(American Hospital Association: AHA)로부터 기본소생술(basic life support: BLS)의 자격을 인정받아야 한다. 이 자격은 미국 심장과 폐 재활협회(American Association of Cardiovascular and Pulmonary Rehabilitation: AACVPR)의 심장재활 프로그램의 지침(1991)에서 요구되는 것이다. 미국의 스포츠 의학과(American College of Sports Medicine: ACSM)의 대안자격증은 많은 심장재활 프로그램에서 인정되었다(Miller & Fletcher, 1995). 그들은 또한 공인된 전문가[1]를 위해 집단 의료사고 보험을 제공한다.

운 동 운동 프로그램은 종종 심장재활의 한 부분이다. 그러나 부적절한 강도와 형태의 운동은 환자를 심각한 합병증의 위험에 처하게 할 수도 있다. 운동은 처방되어야 하고 지침에 따라 해야 한다. 처방은 심장 문제가 진행될 위험에 대해 세심하게 의료적 평가를 하고 확인한 후에 기록되어야 한다. 미국 의학협회(American College of Physicians: ACP)의 건강과 공공정책위원회(The Health and Public Policy Committee)는 위험 요인에 따라 환자를 집단화하는 지침을 출판하였다(Greenland & Chu, 1988).

환자는 조심스럽게 관찰되어야 한다. 운동은 심장박동, 혈압, 혈액 양, 수축에

---

1) American College of Sports Medicine, 401 W. Michigan Street, P. O. Box 1440, Indianapolis, IN 46206-1440.

영향을 미칠 것이다(Froelicher, Myers, Follansbee, & Labovitz, 1993, p. 253). 이 4가지 요소는 심장에서 요구되는 산소를 결정한다. 고위험군 환자는 운동 프로그램에 참여하는 동안 심전계(electrocardiograph: ECG)를 통해 모니터되어야 한다. 저위험군 환자는 계속적인 모니터링은 요구되지 않고 집에서도 운동을 할 수 있다. 환자와 보호자는 낮은 강도의 운동이라도 생리적으로 도움이 될 수 있다는 것을 이해하여야 한다(Van Camp, 1995, p. 429).

심리적 요인 Morgan과 Raglin(1986)은 "Heberden은 1772년 이전에 심장병의 심리적인 면에 대해 언급한 데 반해, Romo와 그의 동료들은 1974년에 200년이나 지났지만 CHD의 병인에서 심리적인 원인에 대한 지식이 Heberden의 보고 이후로 많이 변경되지 않았다." (pp. 110-111)라고 말했다.

관상동맥질환과 관련이 있는 A형 성격과 스트레스 요인의 관계에 대한 많은 연구가 있지만 결정적이지 않다. 많은 사람들은 스트레스 속에서 살아가고 있다. 스트레스, 부정적 정서, 심장병 사이의 관계에 대한 많은 기록들이 있지만, 심장 문제를 발생시키는 스트레스의 역할에 대한 설명은 매우 복잡하고 잘 이해되지 않는다(Morgan & Raglin, 1986). 심장병에 대한 심리적인 측면은 지나친 관심을 자제하고 잘 통제된 연구가 되어야 한다. 아동기에 발생하는 대부분의 심장병은 선천적인 비정상성 또는 감염과 관련이 있다. 그러나 아동을 퇴행시키고 의존하게 만드는 오랜 침대 생활, 활동의 제한 그리고 가족의 걱정과 과보호는 고려할 필요가 있다.

4. 내분비계 장애와 대사장애

내분비계의 장애는 시상하부와 뇌하수체, 갑상선과 부갑상선, 생식선(난소와 정소)과 관련된 장애를 포함한다. 부모들은 자녀들의 성장이나 발달이 걱정되어서 내분비 클리닉에 데려오는 경향이 있다(Gotlin & Klingensmith, 1991, p. 770). 우리

사회는 장신을 선호하기 때문에 키가 작은 것은 일반적으로 부모들에게 걱정거리가 된다. 갑상선호르몬이 없으면 정상적인 성장호르몬의 생성이 효과가 없다(Greenstein, 1994, p. 26).

성장호르몬과 관련 있는 내분비의 문제는 단신을 야기하는 많은 다른 요인들 중 하나일 뿐이다. 유전적 · 가족적 요인이 흔한 원인이다. 아동마다 다른 비율로 성장하고 몇몇 아동은 다른 아동보다 느리지만 정상적인 성인의 키가 될 수도 있다. 또 다른 원인은 빈곤한 환경 조건과의 관련성이며 이는 '심리사회적 박탈에 따른 성장 지체'라고 불린다(Lewis, 1990). 이러한 아동들은 정상적인 내분비 기능을 가지므로 환경이 변화되면 발달이 향상된다.

1) 당 뇨

(1) 인슐린 의존성 당뇨병

부모들이 내분비 클리닉의 진단평가를 위해 아동을 데려오는 가장 흔한 이유는 성장의 지체 때문이지만, 가장 흔한 아동기 내분비 장애는 인슐린 의존성 당뇨병(insulin-dependent diabetes mellitus: IDDM)이다(Gross, 1990, p. 147). 당뇨병은 또한 '1형 당뇨' 또는 '소아 당뇨'라고도 불린다. 췌장에서의 인슐린 생산 결핍이 원인이며 이를 통해 탄수화물, 단백질, 지방 대사의 어려움을 야기한다. 당뇨병은 인슐린 결핍으로 발생하는 것이며, 이는 심각한 저혈당을 야기한다(Hadley, 1996, p. 9). 이러한 아동에게는 매일 외부에서 인슐린을 투입하는 것이 필요하며 식사 조절을 유지하고 혈당과 케톤의 수준을 모니터해야 한다. 이 수준은 인슐린 요구량, 활동 수준, 식사 조절을 결정한다. 아동과 가족은 인슐린을 제공하는 것과 수준을 점검하는 것을 교육받을 수 있다. 영양 상담은 모든 가족에게 매우 중요하다. 당뇨병은 단일 요인보다 오히려 포도당 보유에 장애를 야기하는 병리적이며 병인적인 메커니즘뿐 아니라 독특한 유전적 패턴이 있는 이질적인 장애다(Schwartz, 1987, p. 1248).

인슐린 의존성 당뇨는 '2형 당뇨'라고 불리는 성인기에 더 흔한 '인슐린 비의존

성 당뇨(non-insulin-dependent diabetes mellitus: NIDDM)'와 구별되어야 한다(Johnson, 1995). 미국에는 약 1,000만 명의 당뇨병 환자가 있으며, 약 800만 명이 인슐린 비의존성 당뇨다. 인슐린 비의존성 당뇨는 다른 미국 인종 집단보다 미국 원주민에게서 더 흔하게 발생한다(Hadley, 1996, p. 249; Young, 1993).

미국에서 매년 1형 당뇨의 발생은 약 600명 아동당 1명 정도이고(Johnson, 1995), 이는 인종과 관련이 있는데 백인보다 아프리카계 미국인에게서 발병률이 더 낮다. 사회경제적 지위나 성별과의 관련성은 보이지 않는다. 발생률은 5~7세 그리고 사춘기에 가장 높다. 바이러스원이 1형 당뇨의 발병을 유발한다고 제안되어 왔다(Hadley, 1996, p. 249). 그러나 얼마간의 바이러스 감염이 당뇨 발병보다 앞설 수 있다. 바이러스 감염은 B세포를 변형할 수 있다. B세포가 파괴되면 아동은 생존을 위해 인슐린에 의존한다(Greenstein, 1994). 당뇨는 유전자의 취약성이 HLA(human lymphocyte antigens) 안에서 염색체 6번과 관계되기 때문에 가족에게 진행된다(Gotlin & Klingensmith, 1991, p. 809).

피곤함이나 허약함, 지나친 갈증(특히 밤에), 소변의 증가, 밥맛이 없는 것과 관련 없는 체중 감소를 발견할 때 부모는 자녀를 병원에 데려온다. 인슐린 부족에 대한 반응으로 신체는 지방을 분해하고, 이로써 신장이 지방산을 배출하려고 시도함에 따라 소변량이 증가하게 된다(Gross, 1990, p. 147). 아동이 중간 정도 또는 심한 정도의 산독증(acidosis)이 발생할 때까지 병원에 오지 않으면 혼수상태, 탈수, 탈진, 호흡 곤란을 보인다(Gotlin & Klingensmith, 1991). 이러한 상태가 되면 체액과 인슐린 수준이 정상적으로 될 때까지 일반적으로 입원이 필요하다. 심장검사 그리고 칼륨과 칼슘의 비정상성을 진단평가하기 위한 모니터링이 필요하다. 그러나 당뇨 아동의 장기 치료는 집에서 이루어지고 일상적인 것을 규칙적으로 유지하는 것이 필요하다. 일반적으로 단기 활성화와 중간 정도 활성화 인슐린이 결합되어 저녁식사 전과 아침식사 전에 주입된다(Johnson, 1995).

이러한 반복적인 투약과 모니터링은 온 가족이 관계되며 환자가 아동기와 청소년기를 통해 이것을 유지하기 위한 지지와 격려가 필요하다. 당뇨를 통제하지 못함으로써 생기는 많은 합병증이 있으며, 이 중 몇 가지는 매우 치명적이다.

운동을 하면 요구되는 인슐린 양이 감소되기 때문에 운동이 격려된다(Gotlin & Klingensmith, 1991, p. 813). 저혈당을 피하기 위해 필요한 영양과 운동의 관계를 아는 것은 중요하다. 따라서 운동이 처방되어야 하고 아동은 혈당 수준을 모니터하면서 영양을 조절하는 것을 배워야 한다. 예를 들어, 오후 혈당검사에서 혈당 수준이 높으면 아동은 인슐린 양을 조절하기 위해 저녁에 열량 섭취를 줄이거나 저녁 전에 간단한 운동을 할 수 있다(Gross, 1990, p. 156). 혈당을 모니터하는 것은 손가락을 찔러서 혈액 표본을 시약판 위에 놓고 당 측정기로 읽는다(Johnson, 1995, p. 264). 또한 당의 수준을 알려 주는 색깔에 민감한 시약판도 사용할 수 있다. 그 색깔은 잠재적으로 높고/낮은 혈당 에피소드를 확인하기 위한 차트와 비교될 수 있다.

당뇨의 치료 방법은 발전되어 가고 있다. 한 가지 새로운 장치는 계속해서 인슐린을 주입하는 것이다. 기계적인 실패는 저혈당 또는 고혈당의 원인이 될 수 있으므로 종종 모니터가 필요하다. 그러나 이 기법은 당뇨 환자의 기대 수명을 연장시킨다. Travis, Brouhard와 Schreiner(1987)는 당뇨가 있는 아동의 기대 수명은 정상 아동의 약 75%라고 추정하였다. 현재 합병증은 발병 후 20년경에 시작되며(Gotlin & Klingensmith, 1991), 치료를 잘 따르지 않으면 이 기간은 감소된다. 합병증은 신경 손상과 제한된 관절 이동성뿐만 아니라 시각, 신장, 심장 문제를 포함한다. 당의 조절을 모니터하고 인슐린을 제공하는 향상된 방법이 예후를 좋게 한다.

연구자들은 당뇨병에서 당을 조절하는 것에 대한 스트레스의 영향을 연구하였다. 스트레스에 대한 대부분의 연구처럼 그들은 대처 방식과 능력이 스트레스 수준보다 중요하다고 보고하였다. 모든 당뇨가 스트레스에 부정적으로 반응하는 것은 아니다. Johnson(1995)은 "당 대사에 영향을 미치는 중추신경계는 당뇨가 없는 사람에게 잘 보고되어 왔다. 스트레스는 에너지 이동, 신체와 두뇌의 당 사용 증가를 야기한다. 동시에 스트레스는 환자의 충실한 행동을 파괴한다."(p. 271)라고 설명하였다. 그러나 긴장 이완 훈련이 비일관성의 결과를 보여 준다(Padgett, Mumford, Hynes, & Carter, 1988). Boardway, Delamater, Tomakowsky와

Gatai(1993)는 청소년이 스트레스를 확인하고 대처 전략을 고안하도록 하는 학습의 효과를 연구하였다. 심리사회적인 프로그램이 일반적으로 치료와 모니터하는 행동을 증가시켰고 스트레스를 확인하고 대처하기 위한 기술이 향상되면서 스트레스는 감소하고 당의 조절은 향상되었다. 이러한 요인들은 생물학적인 요인과 복잡하게 관련되기 때문에 연구를 해석하기가 간혹 어렵다. 적절한 조절을 통한 더 장기적인 연구가 필요하다.

(2) 요붕증(아르지닌 바소프레신 결핍)

요붕증(diabetes insipidus)은 바소프레신(vasopressin, 혈액량을 통제하고 신체의 수분 보유를 보장하도록 하는 것) 생성 또는 바소프레신에 대한 네프론(nephron)의 민감성으로 끊임없이 수분이 요구되는 상태를 말한다(Greenstein, 1994, p. 71). 2가지 형태의 요붕증, 즉 중추신경성 요붕증, 신성 요붕증이 있다. 플라스마의 삼투압은 바소프레신이라 불리는 항이뇨호르몬으로 통제되는데 뇌하수체 후부에서 생성된다. 바소프레신은 신장에 직접적으로 작용하여 수분의 재흡수를 가능하게 한다(DiGeorge, 1987, p. 1181). 항이뇨호르몬의 분비와 활동의 비정상성은 2가지 형태의 요붕증과 관계된다.

신경성 요붕증은 항이뇨호르몬의 결핍과 관련된다. 이것은 외상, 감염, 낭포, 종양 또는 기타 발달적인 장애로 발생할 수 있는 뇌하수체 후부나 시상하부의 손상이 있을 때 발생한다(Gotlin & Klingensmith, 1991). 또한 가족의 특유한 항이뇨호르몬의 결핍과도 관련이 있는데 이것이 더욱더 잠행성 발병의 이유가 된다.

요붕증은 바소프레신의 부족으로 야기되지만 신장이 호르몬에 반응하지 못한다면 또한 신성 요붕증이 된다(Hadley, 1996, p. 31). 신성 요붕증은 드물게 발생하며 2가지 형태가 있다. 1형은 더욱 흔하며 일차적으로 남성에게서 발생하고(여성에게도 발생할 수 있지만) 항이뇨호르몬에서 비정상성을 만드는 X 염색체와 관련이 있다. 바소프레신의 활동이 소변의 아데닐레이트 시클라아제(adenylate cyclase)의 양 또는 아데닐레이트 시클라아제 수용체의 활동을 증가시키는 것은 아니다(Lum, 1991, p. 628). 따라서 원위세뇨관과 집합관이 신장의 간극으로 수분이 흘러 들어가도록 하는 침투성을 증가시키지는 않는다. 2형은 세포막 사이를 움직이도록 하는 물질인 CAMP(cyclic adenosine monophosphate)가 형성되지만 수분의 이동에는 영향을 미치지 못할 때 발생한다. 2가지 형태 모두 다뇨(소변의 분비가 많아짐), 다갈(지나친 갈증을 느낌)을 증가시키고 생존을 실패하게 만든다(Lum, 1991, p. 628).

요붕증은 강한 갈증, 변비, 열, 탈수로 시작된다. 갈증으로 체액을 섭취한다. 항이뇨호르몬은 소변의 양을 통제한다(Lustig, 1991, p. 1067). 따라서 갈증과 함께 체내의 수분을 증가시키므로 항이뇨호르몬은 세포 밖 체액 속의 내용과 양의 통제를 위해 중요하다. 많은 양의 수분 소비와 빈뇨로 밤에 자주 깨는 것은 요붕증 아동의 전형적인 증상이다(Gotlin & Klingensmith, 1991, p. 775). 땀의 부족과 건조한 피부는 흔한 증상이다.

이것은 의학적으로 치료 가능한 질병이고 탈수 또는 관련된 결함이 손상의 원인이 되지 않으면 예후는 정상인 정도로 생존할 수 있다. 그러나 심하면 탈수가 뇌 손상을 유발하며 치명적일 수 있다. 당뇨는 다른 심각한 질병과 관련이 있기 때문에 잠재적인 원인을 결정하는 것이 중요하다. 성장 지체는 신성 요붕증 소년에게서 나타나지만 이러한 장애를 가진 여성에게는 흔하지 않다.

당뇨를 가진 아동의 예후가 긍정적이지만 이것은 외래치료를 얼마나 잘 따르는가와 관련된다. 이는 일반적으로 혈당을 모니터하고 인슐린을 주입하는 것을 의미한다. 이러한 기술은 1940년대 이후로 운영되고 있는 당뇨가 있는 아이들을 위한 캠프에 참석하여 교육받을 수 있다. 2주의 캠프 비용은 하루 입원비보다 저렴하다. 이는 신체적인 과정에서 아동을 훈련할 뿐만 아니라 치료적인 집단 토의와 정확한 정보를 제공한다. 이러한 지식과 기술로부터 그들이 소변을 잘 통제하고 치료에 잘 따를 수 있게 된다(Holden et al., 1991).

2) 대사의 실패

정신지체에 관한 장에서 페닐케톤뇨증, 갈락토스 혈증, 후를러 증후군이 지체

와 관련되기 때문에 논의되었다. 크레틴병은 그 장에 포함된 또 하나의 내분비 질병이다. 지방산 산화뿐만 아니라 탄수화물, 아미노산, 퓨린의 대사에서 장애가 발생한다.

> 병인은 거의 대부분 대사적 차단 뒤에 효소 물질의 누적 또는 반응 생산물의 결핍 때문이다. 선천적인 장애는 언제라도 나타날 수 있으며 어떤 기관계에도 영향을 미치며 전부는 아니지만 소아기 장애의 가장 흔한 원인이 된다(Goodman & Greene, 1991, p. 997).

3) 갑상선 분비와 관련된 장애

시상하부는 갑상선자극호르몬 방출 호르몬(thyrotrophin-releasing hormone: TRH)을 합성하고 뇌하수체로 분비한다. 뇌하수체는 다시 갑상선자극호르몬(thyroid-stimulating hormone: TSH)을 생산하고, 이는 갑상선을 자극하여 갑상선 호르몬(thyroid hormones)을 방출시켜 순환시킨다. 음식물로부터의 요오드가 이 호르몬의 합성을 위해 필요하다. 갑상선호르몬은 산소 소비를 증가시키고 단백질 합성을 자극하며 성장과 분화 및 탄수화물, 지질, 비타민 대사에 영향을 미친다(DiGeorge & LaFranchi, 1996, p. 1587). 다양한 심리적인 원인이 갑상선의 기능을 방해한다. 갑상선기능항진증을 가진 어머니가 갑상선종 또는 안구돌출증으로 발달될 수 있는 갑상선 중독을 가진 아이를 낳을 때 몇 가지 장애가 발생한다(Gotlin & Klingensmith, 1991, p. 776).

갑상선의 기능 저하로부터 몇 가지 장애가 발생한다. 이는 다른 원인도 가능하지만 갑상선 조직의 감소 때문이다. 방사선 면역 측정법을 통해 갑상선자극호르몬, 티록신 또는 트리요오드티로닌 수준을 측정할 수 있다.

(1) 갑상선기능저하증

어느 연령에서도 발생할 수 있는 갑상선기능저하증(hypothyroidism)은 임신 첫

3개월에 발생할 수도 있다(Foley, 2001, p. 1561). 이것은 갑상선호르몬의 결핍 또는 이 수용체의 결함 때문에 발생하는 것이며 선천성 또는 후천성으로 발생한다. 적절한 갑상선호르몬은 갑상선자극호르몬 방출을 증진시키고 이것이 다시 갑상선 소포와 갑상선종의 보상 자극의 원인이 된다(Greenstein, 1994, p. 27). 갑상선종은 때때로 갑상선의 결핍과 관련이 있지만 또한 호르몬이 과다하게 분비되거나 정상적으로 분비되는 사람에게도 발견될 수 있다. 선천성 갑상선기능저하증의 유병률은 전 세계적으로 유아 4,000명당 1명꼴이며 흑인 미국인(1/20,000)에게서 낮고 히스패닉과 미국 원주민(1/2,000)은 더 높다(DiGeorge & LaFranchi, 1996, p. 1590). Foley(2001)는 요오드 결핍 지역에서 더 많이 발생한다고 보고하였다. 선천적인 갑상선기능저하증은 생후 1개월의 아기에게도 발견될 수 있다. 그렇지만 다른 장애처럼 이것은 아기가 출생 후 30~60일 후에 수행되어야 하는 '건강한 아기' 를 위한 검사를 통해 발견될 수 있다. 경제적인 이유 또는 정보의 부족으로 많은 부모들이 아동의 건강을 알려 주는 검사를 무시한다. 아동이 선천성 갑상선기능저하증 치료를 받는다면 정상적인 지능을 가지고 성장하기 위한 예후는 매우 좋다. 치료할 수 없는 아동들은 정신지체가 될 수 있다. 청소년기에 갑상선 기능이 저하되기 시작한 환자는 지체가 되지 않는다(Foley, 2001). 결함의 원인은 유아기와 아동기가 다르다. 증상은 다음과 같다.

> 증상은 성장 지체, 신체활동의 감소, 느린 순환, 변비, 두꺼운 혀, 약한 근육긴장도, 쉰 소리, 빈혈, 지적인 지체 등이다(Gotlin & Klingensmith, 1991, p. 778).

한 가지 원인은 대부분 배양에서 드물게 나타나지만 식사 시 요오드의 결핍이다. 이것은 임신부에게 영향을 미친다. 태반을 방해하는 고이트로젠(갑상선종 유발 물질) 약물과 요오드화물(iodides) 그리고 약물에 대한 과복용이 갑상선호르몬의 합성을 방해하며 결과적으로 태아에게 갑상선종과 갑상선기능저하증을 야기한다(DiGeorge, 1987, p. 1199).

(2) 갑상선기능항진증

지나친 갑상선호르몬의 생성이 갑상선기능항진증(hyperthyroidism)의 원인이 된다. 임상적으로는 갑상선중독증(thyrotoxicosis)으로 진단된다(Jospe, 2001, p. 1554). 이 장애는 남성보다 여성에게서 더 흔하지만 원인이 항상 분명한 것은 아니다. 유전성과 자기 면역계를 기본으로 한다(Gotlin & Klingensmith, 1991, p. 781). 이는 일반적으로 청소년기 초기에 발생한다. 학생들은 학교 수행에서 저하를 보인다. 다른 증상으로는 약함, 호흡 곤란, 삼킴장애, 정서적 불안정, 초조함, 인격장애, 자극을 위한 움직임과 떨림 등이 있다(Gotlin & Klingensmith, 1991, pp. 781-782).

기타 분명하지 않은 임상적인 신호가 있다. 갑상선종은 일반적으로 선천성 갑상선기능항진증 유아에게서 나타나며, 성장과 체중에서의 변이가 보일 수 있다. 다른 장애와 증상이 매우 유사하기 때문에 진단을 위해 검사가 요구된다. 의학적 치료가 요구되면 수술과 약물치료가 사용된다. 아동은 수술과 수술 후 회복을 위해 병원에 입원하여 휴식을 취한다.

아동기에 그레이브스병(graves disease)은 갑상선기능항진증을 유발하는 중독성의 갑상선종으로부터 나타난다. 그레이브스병은 갑상선중독의 가장 흔한 형태이며, 널리 퍼진 갑상선종(부어오른 목), 안구돌출증, 다리 변형의 특징을 갖는다(Greenstein, 1994, p. 27). 이것은 면역 체계와 관련이 있으며 유전성과 자기 면역의 토대를 가진다(Gotlin & Klingensmith, 1991, p. 781). 증상으로는 심박과 혈압의 문제뿐만 아니라 과잉행동과 정서 불안정, 짧은 집중력, 팔을 뻗을 때 손가락의 흔들림, 체중의 증가가 없는 식욕의 증가 등이 있다. 그레이브스병은 아동기보다 초기 청소년기와 여성에게서 더 흔하다(DiGeorge & LaFranchi, 1996; Jospe, 2001). 치료는 갑상선 수술부터 항갑상선 약물치료까지 매우 다양하다.

(3) 갑상선호르몬에 대한 내성

갑상선호르몬에 대한 내성(resistance to thyroid hormone: 이하 RTH라 칭함)은 갑상선종을 야기하며 갑상선호르몬을 상승시킨다. Stein, Weiss와 Refetoff(1995)

는 그들이 연구한 RTH 아동의 50%는 주의력 결핍 및 과잉행동 장애(attention-deficit hyperactivity disorder: 이하 ADHD라 칭함) 진단을 받았다고 보고하였다. 게다가 그들은 정상적인 갑상선호르몬의 기능을 가지고 ADHD로 진단받은 아동들보다 더 많은 지적인 장애가 있었다. 그러나 RTH의 발생률은 전체 ADHD 아동 중에서 매우 낮다. RTH는 염색체에 따라 지배받는 유전적인 질병이다. ADHD의 유전 모드는 아직 알려지지 않았다.

5. 혈액의 장애

혈액은 호흡을 통한 가스 교환, 항상성, 방어기제를 위한 필수적인 구성요소 등의 중요한 기능을 제공한다. 성숙한 적혈구의 경우 수분을 제외한 대부분은 헤모글로빈이다. 이것은 아미노산, 철분, 몇몇의 비타민과 영양 공급을 위해 중요하다. 중요한 것은 헤모글로빈이 산소를 조직으로 운반하는 것이다.

1) 빈 혈

빈혈(anemia)은 건강한 사람에게서 발생하는 범위 이하로 적혈구의 양 또는 헤모글로빈의 농도가 감소되는 것으로 정의된다(Camitta, 1996, p. 1378). 여러 가지 조건들이 적혈구 양 또는 헤모글로빈 농도의 감소를 야기할 수 있다. 헤모글로빈의 화학적 구조는 다양하다. Honig(1996)에 따르면, 약 600개의 변형이 존재한다. 빈혈 아동은 창백하고 약하며 호흡이 짧고 운동 후 심장에 문제를 보인다(p. 1396). 몇몇 아동에게 빈혈은 골수 기능이 매일 정상적으로 1%가 제거되고 대체되는 것 이상으로 적혈구가 파괴 또는 손실되기 때문에 나타난다. 빈혈에 대한 생리적인 적응은 심장의 방출 증가, 산소 추출 증가, 동정맥의 산소 차이 증가, 기관이나 조직으로 가는 혈액의 흐름을 다르게 한다(Camitta, 1996, p. 1378).

몇몇 빈혈은 순환을 통해 정상적으로 대체되는 새로운 적혈구 세포를 골수가

충분히 만들어 내지 못할 때 발생한다. 이것은 선천성과 후천성 적혈구 빈혈을 포함한다. 일시적인 적아세포증(erythroblastopenia, 골수의 적혈구 결핍)은 어린 아동에게 발생하는 장애지만 수혈을 통해 성공적으로 치료될 수 있다. 간혹 적혈구의 부적절한 골수 생산으로 만성적인 감염, 염증, 신장의 질병을 초래한다. 이러한 경우 빈혈은 아동이 질병으로부터 회복함에 따라 자발적으로 치료된다.

헤모글로빈을 합성하는 철분의 부족은 유아기와 아동기 빈혈의 가장 흔한 원인이다(Pearson, 1987, p. 1042). 결핍은 음식의 철분 부족이나 혈액 손실로부터 발생한다. 철분 결핍은 정서적인 불안감, 식욕 감퇴를 야기하며, 집중력, 각성, 학습에서의 변화를 초래한다(Pearsom, 1987). 치료는 철분제를 추가하고 철분이 풍부한 음식을 많이 섭취하는 것으로 이루어진다. 빈혈의 원인이 혈액 손실이면 원인을 확인하고 치료하여야 한다.

또 다른 집단의 빈혈은 적혈구의 손실과 파괴의 증가다. 이것은 용혈성 빈혈이라고 불린다. 이것은 선천적인 적혈구 기형, 효소 결손, 이상혈색소증을 포함한다. 이상혈색소증에서 겸상적혈구 빈혈증은 일반인에게 가장 많이 알려진 것 중 하나다. 다른 흔한 형태의 빈혈로는 불응성 빈혈, 골수아구가 증가한 불응성 빈혈, 철아구성 빈혈 등이 있다.

2) 겸상적혈구 질환

겸상적혈구 질환(sickle cell disease: 이하 SCD라 칭함)은 기형 적혈구가 약해지고 파괴되면서 나타나는 심한 만성 용혈성 질환이다(Honig, 1996, p. 1396). 임신 16~20주에 가능한 자궁 내의 진단은 DNA의 제한 효소 파쇄와 양수검사로부터의 세포를 사용한다(Githens & Hathaway, 1991, p. 487).

이러한 만성 유전 질환의 특징은 겸상세포를 형성하는 적혈구 세포막의 왜곡이다. 뒤이어 나타나는 병은 심한 통증과 뇌졸중, 신장장애, 심장병, 감염 그리고 기타 합병증을 야기할 수 있고 섬유조직의 손상을 동반하는 만성 용혈성 빈혈의 특징을 갖는다(McCune, Reilly, Chomo, Asakura, & Townes, 1994, p. 9852). 특징은 지중해 지방, 중동 지방, 근동 지방, 카리브 해 지방, 아라비아반도, 인도뿐만 아니라 아프리카와 아프리카계 미국인의 8% 정도에서 발견된다(Gribbons, Zahr, & Opas, 1995; Korones & Cohen, 2001; Pearson, 1987). 보균자에게는 임상적으로 비정상성이 나타나지는 않지만 겸상적혈구 빈혈은 불규칙적으로 작은 혈관에 세포군이 형성될 때 고통스러운 경험을 한다. 증상은 5~6개월 전에는 분명하지 않으며 때때로 감염이 먼저 나타난다. 발병할 때 급성 비장 부골형성이 흔히 나타나며 삶을 위협하는 빈혈을 야기한다(Githens & Hathaway, 1991, p. 487).

이 만성 질환을 가진 아동은 매우 피곤해 하며 신체적으로 불평이 많다. 처음 증상은 손과 발이 붓는 것이다. 나이가 많은 아동들은 관절이 붓고 복부와 뼈에 통증을 호소한다. 뼈에서 혈관이 겸상적혈구 때문에 차단되면 뇌졸중이 발생한다. SCD 아동의 6~15%는 뇌졸중을 경험하는데, 특히 10세 미만에서 더욱 그렇다(Gribbons, Zahr, & Opas, 1995, p. 233). 폐에서 혈관이 차단되면 아동은 폐렴과 유사한 증상을 앓는다. 게다가 아동은 급성 통증, 감염, 비장 부골형성, 결여증, 심한 가슴 통증, 중추신경계의 불규칙성을 경험한다(Yang, Cepeda, Price, Shah, & Mankad, 1994, p. 457).

적혈구 생존의 단축으로 무형성의 위기(aplastic crisis)를 야기한다. 이것은 혈액이 간 또는 비장에 축적될 때 발생하는 부골형성(sequestration)의 위기와는 다르며, 이는 확장이나 순환의 붕괴를 야기한다. 혈관의 문제는 세 번째 형태인데, 혈관 수축에 따른 허혈(ischemia, 혈액 공급의 방해로 생성되는 빈혈, 예를 들면 동맥의 협착)과 말단 부분에서의 경색(infarction, 죽은 조직 또는 괴사 부분으로 혈액 공급이 부족함)을 야기한다. 다리의 궤양은 다른 환자에게는 흔하고 혈액 순환이 좋지 않은 것과 관련이 있는 것으로 보인다. 겸상적혈구의 위기는 특별한 치료법이 없다. 적절한 흐름, 따뜻함, 항생제, 진통제, 산소를 사용하여 위기를 완화시키는 것도 한 가지 방법이다. 헤모글로빈이 떨어지면 수혈이 필요하다(Milner & Hull, 1998, p. 276).

만성 용혈성 빈혈에 따라 이러한 아동들은 성장과 사춘기의 시작이 느리기 때문에 자존감의 문제를 겪을 수 있다. 이러한 진단을 받은 아동들의 죽음에 대한 인식과 걱정이 심리사회적인 장애를 초래할 수 있다. 그러나 Yang과 그의 동료들

(1995)은 이러한 집단이 질병이 없는 집단과 비교하여 높은 임상적 우울을 보이는 것은 발견하지 못했다. 오히려 우울처럼 보이는 증상이 이러한 질병의 임상적 증상과 관련이 있다고 보고하였다.

SCD 아동은 일반적으로 지역사회에 거주하며 단지 위험이 있을 때만 병원에 입원한다. 몇몇은 폐렴, 요로감염증 또는 골수염 같은 감염의 위험이 크기 때문에 감염을 치료하기 위해 입원한다. 또한 SCD 아동에게는 페니실린과 세팔로스포린 내성 감염에 대한 걱정이 있다(Chesney et al., 1995). 어떤 아동들은 통증 때문에 입원한다. 혈관상의 문제는 때때로 최면치료, 바이오피드백, 기분 전환 같은 행동적인 중재로 조절한다(Gribbons, Zahr, & Opas, 1995, p. 237).

혈관 내의 통증을 막거나 감소시키기 위한 약물 사용에 대한 연구뿐만 아니라 겸상적혈구 질환 환자를 위한 유전적 치료의 가능성에 대한 연구가 존재한다(Yang et al., 1994). 골수이식(bone marrow transplant: BMT)에서 위험 요인의 확인과 골수 거부반응 감소에 관한 더 많은 연구가 진행되고 있다.

현재 치료는 정상적인 대사 상태를 유지하는 것이다(Rodgers, 1991). 급성 뇌졸중을 겪었던 아동에게는 심폐 기능을 안정시키고 발작의 가능성을 조절하면서 적혈구의 수혈이 필요하다(Gribbons, Zahr, & Opas, 1995). 망막증이 빈번하게 나타나고 유리체 출혈과 망막박리를 야기할 수 있기 때문에 안과 의사에게 정기적으로 진찰받는 것이 중요하다(Charache, Lubin, & Reid, 1991). 몸의 어떤 부분에도 혈관의 손실이 있을 수 있기 때문에 폐, 비장, 소화기계, 신장에 더 많은 문제가 있을 수 있다. 또한 반복적인 경색의 결과로 뼈의 괴사가 발생할 수 있다. 감염의 조절과 금지는 매우 중요하며 가족, 교사, 직원 모두가 감염의 조기 신호, 즉 발열, 체온과 활동 수준의 변화, 저체온증, 두통, 구토, 설사, 뼈의 통증, 식욕 감퇴 등을 잘 알아차릴 필요가 있다(Gribbons, Zahr, & Opas, 1995, p. 236). 치료가 지연되면 SCD 아동의 감염은 심각한 패혈증이나 심지어 죽음으로 이어질 수 있기 때문에 조기에 치료하는 것이 중요하다.

겸상적혈구 빈혈 아동과 함께하는 음악치료사의 일차적인 목적은 아동의 심리사회적인 발달과 관련된다. 음악치료사는 병원뿐만 아니라 재활시설 또는 특수학

급에 있는 SCD 아동을 격려해야 한다. 치료사는 기분 전환, 긴장 이완, 조용한 환경을 유지하는 것뿐만 아니라 고통, 두려움, 의심, 치료 불안과 관련된 것에 대해 의사소통을 촉진할 수 있다.

3) 응고 인자 결핍

특정 응고 단백질 또는 비정상성으로부터 야기되는 가장 흔한 유전적 혈액 관련 질병은 혈우병과 폰빌레브란드병(von Willebrand's disease)이다(Dragone & Karp, 1996, p. 145).

혈액의 응고 시간과 관련된 몇 가지 장애가 있다. 가벼운 것은 아동에게 외상이 생길 때만 혈액 손실이 발생하고 심각한 것은 사고와 관련이 없어도 자발적으로 혈액이 흘러나온다. 진단과 분류는 특정 요인검사를 포함한 몇 가지 가능한 응고 검사를 기본으로 진단하고 분류한다.

(1) 혈우병 A

혈우병(hemophilia)은 혈액 응고의 결핍으로 야기된다. 응고 요인과 관련된 몇 가지 다른 형태의 혈우병이 있다. 혈우병 A에서는 순환하는 항혈우성 글로불린의 활동 수준이 불충분하다(Githens & Hathaway, 1991, p. 507). 혈우병은 7,500명당 1명 정도로 남성에게만 발생하며 X 염색체와 관련된 유전적 장애다(Dragone & Karp, 1996). 또한 어떤 인종이나 민족에서도 발생할 수 있다(Montgomery & Scott, 1992). 이러한 장애를 가진 아동은 베이거나 코피가 날 때, 이를 뽑을 때, 또는 필요한 어떤 수술을 받을 때 출혈이 생기면 멈추기 어렵다. 관절과 연부 조직에서의 출혈은 통증, 부종, 관절의 제한된 움직임의 원인이 된다. 수축과 섬유종이 특히 무릎, 팔꿈치 등의 관절에서 발생한다(Githens & Hathaway, 1991, p. 507). 비록 혈우병이 중등도 정도로 분류되더라도 사고가 반복되는 관절에서는 자발적인 출혈이 발생한다. 병이 심각하면 상처나 외상이 없어도 출혈을 일으키며 심지어 약한 경우도 출혈되지 않도록 하기 위해 특별한 보호가 필요하다.

급성 출혈의 경우 치료는 조절에 더하여 수혈과 혈액 응고에 필요한 혈액 요인의 대체를 포함한다. 비록 오래된 응고뿐만 아니라 현재 출혈과 관련된 고통이 있더라도 아스피린은 혈우병 아동에게 주어서는 안 된다(Dragone & Karp, 1996; Smith & Mills, 1992). 혈우병 A는 요인 VIII 결핍과 관련이 있지만 다른 형태의 혈우병은 플라스마 응고 단백질의 결핍으로 발생한다. Kazazrian(1993)은 미국에 약 20,000명의 혈우병 A 환자가 있다고 추정하였다.

(2) 혈우병 B

혈우병 B는 응고 요인 IX(plasma thromboplastic component: PTC)의 결핍으로 야기된다. 이것은 또한 X 염색체와 관련된 장애이며 임상적으로 혈우병 A와 유사하게 나타난다. 간에서 제조된 PTC는 비타민 K 의존성이다. 이러한 형태의 결핍은 매우 흔히 나타난다(Githens & Hathaway, 1991, p. 509).

(3) 혈우병 C

혈우병 C는 요인 XI(plasma thromboplastic antecedent: PTA)의 결핍으로 야기된다. PTA 또한 간에서 생성된다. 이것은 역시 유전적 장애지만 열성 상염색체로 전달된다. 대부분 유대인에게서 발견되며 혈우병 장애의 5% 미만이다(Githens & Hathaway, 1991, p. 509). 이 장애는 일반적으로 혈우병 A 또는 B보다 가볍거나 중간 정도지만 그럼에도 불구하고 수술이나 사고 후에 특별한 보호가 필요하다.

오랜 시간 출혈이 계속되면 매우 심각하기 때문에 출혈을 막기 위해 즉시 보호해야 한다. 몇몇 아동은 응급실 처치가 필요할 수도 있다. 즉각적인 출혈 치료는 차가운 압력을 이용하는 것이지만 필요하다면 대체 치료가 실시될 수 있도록 아동은 의료 보호를 받아야 한다. 아동이 의료 보호를 받기 전에 응급처치를 해야 하는 가족과 직원을 위한 권장 사항은 다음과 같다.

> 연부 조직, 관절, 근육의 출혈을 막기 위해 환부를 위로 올리고 고무밴드와 얼음이 부종을 감소시키는 데 도움을 준다. 침범된 관절이 완전히 안정을 취해야

> 한다. 깨끗하게 소독한 후 강하게 눌러 주는 것으로 혈우병과 폰빌레브란드 병 모두를 가진 아동의 표면의 상처에 따른 출혈을 막을 수 있다. 코의 출혈을 멈추기 위해 코 윗부분에 강한 압력을 준다. 일반적인 예방은 출혈 또는 신체 분비가 있을 때마다 사용된다. 얼음은 머리 혈종의 표면적인 부종을 감소시키는 데 도움이 되지만 의료적인 진단평가를 대치할 수는 없다. 왜냐하면 뇌출혈은 이러한 방법으로부터 영향을 받지 않기 때문이다(p. 149).

응고를 위해 현존하는 상업적인 예방 조치는 B형 감염과 AIDS의 위험을 감소시키는 것이다. 아동이 입원할 때 48시간 내에 수동적인 운동을 시작하면 관절 경직과 섬유종을 막을 수 있다(Pearson, 1987, p. 1068). 이러한 서비스는 음악에 따라 움직이는 것이 자연스럽고 즐겁기 때문에 음악치료사가 제공한다. 그러나 음악치료사는 더 많은 손상이 발생하지 않도록 의료적 제한점을 알아 두어야 한다. 수동적인 운동과 함께 음악 감상, 악기 연주, 노래 부르기, 창조하기 또는 작곡은 더 심한 외상의 위험 없이 즐거움을 느낄 수 있는 여가기술 시간이다.

출혈이 일어나는 동안 적절한 치료를 받으면 3가지 형태의 혈우병에서 예후가 좋다. 놀이 시간 동안에 아동이 베이거나 타박상을 입을 수 있다는 이유로 과잉보호한다면 심리적인 문제를 일으킬 수 있으므로 이것을 경계하면서 아동을 외상으로부터 보호하는 것이 중요하다.

6. 감염성 질병

1) 바이러스 감염

(1) 바이러스성 장염

바이러스성 장염은 2세 이하의 유아에게 큰 영향을 미치는 심각한 설사의 한 종류다. 바이러스성 장염을 유발하는 가장 흔한 바이러스 원인은 로타바이러스

(rotavirus, 바퀴처럼 생긴 모양), 아데노바이러스(adenovirus)와 아스트로바이러스(astrovirus)다(Offit, 1996). 로타바이러스는 아데노바이러스보다 더 전염성이 있지만 풍토적인 경향이 있다. Bass(1996)에 따르면, 미국에서 매년 설사를 하는 수백만 명이 있으며 70,000명은 병원에 입원하고, 100명 이상이 사망한다(p. 914). 아스트로바이러스는 전염성이 있으며 사람들이 모이는 야외에서 발생한다. 이러한 바이러스에 대한 반응은 설사뿐만 아니라 구토와 발열을 포함할 수 있다. 또한 면역학적 검사와 임상 소견을 통해 진단한다.

아동이 설사하고 구토할 때마다 즉각적인 문제는 체액과 전해질을 보충하는 것이다. 따라서 초기에 수분 보충 치료를 시작하고 약간 시간이 지난 후에 먹인다. 약물치료는 일반적으로 필요하지 않다.

모든 아동들과 일할 때 자주 손을 씻는 것이 좋다. 이 바이러스는 구강 배설물을 통해 퍼지므로 가장 좋은 예방은 위생을 철저하게 하는 것이다. 백신은 발달되고 있지만 사용하기까지는 아직 시간이 더 필요하다.

(2) 바이러스 간염

5가지 바이러스가 바이러스 간염의 원인이 되며, 모두 간에 영향을 미친다. 여기에는 감염성 간염 또는 A형 간염(HAV), 림프성 간염 또는 B형 간염(HBV), 수혈 후 간염과 관련된 C형 간염(HCV), HBV를 가진 사람에게서 발견된 델타 간염 바이러스(HDV), 전염성 A형도 B형도 아닌(NANB) 물질이면서 대개 미국, 유럽, 오스트레일리아에서는 발견되지 않는 E형 간염(HEV)이 있다. 임상적 증상은 유사하지만 5가지 원인의 간염은 독특한 전염성과 진단검사를 한다(Weintrub, 1996, p. 647).

간염의 증상은 독감과 유사하며 일반적인 몸살, 열, 메스꺼움, 복통, 구토, 식욕감퇴를 포함한다(Snyder & Pickering, 1996, p. 910). A형 간염은 갑자기 발병되고 심한 두통과 오한을 나타낸다. 몇 가지 경우 복부 상부의 발진 또는 물러짐 증상이 나타날 수 있다.

간염이 퍼지는 몇 가지 방법은 구강 배설물, 혈액 산물의 사용(주사기 공유 등),

성관계, 감염된 어머니로부터 태아의 감염, 오염된 물에서 잡은 조개를 날로 먹는 것 등이다. 이것은 주거 기관에서의 가장 무서운 질병 중 하나다. 직원들은 시설과 서비스에서의 청결함뿐만 아니라 개인위생에도 철저해야 한다. 아동은 흔히 화장실 사용 후 손을 씻는 것에 부주의하기 때문에 이를 잘 감시해야 한다. 미국의 질병통제국(Center for Disease Control: CDC)은 매년 약 45,000개의 간염에 관한 보고서를 받는다. 2세 이하의 아동과 큰 보호 시설에 있는 아동이 가장 취약하다(Weintrub, 1996, p. 648).

(3) 인간 면역결핍 바이러스 1형

인간 면역결핍 바이러스 1형(human immunodeficiency virus type I: HIV-I)은 AIDS(후천성면역결핍증)의 원인이 된다. 이 바이러스는 주로 면역 결핍을 야기하는 CD4+T 림프구를 감염시킨다(Parks, 1996, p. 916). 이것은 아시아와 아프리카뿐만 아니라 미국에서도 건강과 관련된 매우 중요한 문제다. 4세 이하 아동에게 AIDS는 1990년에 일곱 번째로 사망에 이르게 하는 원인이 되었다. 15~24세에서는 여섯 번째 사망 원인이 되었다(Jenkins, 1996, p. 655). Remafedi와 Lauer(1995)는 HIV 감염 진단 시기부터 죽음까지 청소년의 생존율을 조사하였다. 연구자는 모든 확인된 HIV의 사례를 보고받을 수 있는 지위에 있었기 때문에 인터뷰와 핵심 정보뿐만 아니라 공공 보고서와 사망 증명서로부터도 정보를 얻을 수 있었다. 표본의 인구통계는 조지아 주 애틀랜타 질병 통제와 예방센터(Centers for Disease Control and Prevention, Atlanta, Georgia)의 보고서와 매우 유사하다. 그들은 생존율과 성, 인종, 감염 경로, 진단한 해와의 관계에서 통계적으로 유의미한 차이가 없다는 것을 발견하였다(p. 1095). 평균 생존 기간은 청소년기에 초기 HIV 검사로 진단된 이후 사망에 이르기까지 3년이다. 생존 기간은 조기 진단과 중재로 연장될 수 있지만 청소년들은 정기적인 검사를 위해 의사를 찾아가지 않는 경향이 있다.

HIV를 가진 다수의 아동들은 임신 중 감염 또는 감염된 어머니를 통해 감염된다. 또한 감염된 어머니를 통한 모유 수유로 더 많이 감염된다. 질병은 성관계, 약

물 남용자가 사용한 오염된 주사기 바늘, 혈액 산물의 오염, 예를 들면 수혈(검사 방법의 향상으로 감소하고 있지만) 등을 통해 감염된다. 음식, 물, 동물, 곤충과 접촉하는 것은 바이러스를 옮기지 않는다. 감염자는 낮은 수입의 계층과 소수민족인 경향이 크다(Jenkins, 1996, p. 655).

항레트로바이러스 치료(antiretroviral therapy: ART)를 받고 있는 HIV 감염 여성을 대상으로 APO(adverse pregnancy outcomes)에 대한 연구 후에 Lambert와 그의 동료들(2000)은 "HIV에 감염되어 항레트로바이러스 치료를 받는 여성은 APO에 대한 위험 요인이 감염되지 않은 여성과 유사하다는 것을 발견하였다. 이 자료는 산전 관리를 제공할 것과 항레트로바이러스 치료가 불임을 감소시킨다는 것을 제안한다."(p. 1389)라고 결론지었다. 그러나 이 자료는 불임의 원인이 되는 다른 요소들과 혼합될 수 있다. 어머니의 흡연, 음주, 약물 사용이 저체중아 출산과 조산에 미치는 영향에 대한 연구가 많이 있으며, 모두 일반 집단보다 HIV에 감염된 여성에게서 많이 발생한다.

HIV의 위험에 처한 아기는 출생 시는 정상이지만 면역 체계 결핍이 질병통제센터에서 정의한 것과 같은 증상—발열, 생존의 실패, 간, 비장, 림프절의 비정상성, 감염에 대한 취약성—으로 발달된다. 매년 이 유아들의 8%가 한 살 이후 질병통제센터가 정의한 AIDS에 걸릴 것이다. HIV에 감염된 유아들의 1/3은 주폐포자충 폐렴(pneumocystic carinii pneumonia: PCP)에 걸리고, 이 질병에 걸린 아동의 약 20%에서는 림프구성 간질성 폐렴(lymphoid interstitial pnemonia)이 발견된다. AIDS 진단을 받은 아동은 퇴행성 박테리아에 감염되기 쉽다. 중추신경계 감염의 신호는 많은데, 이것이 인지적·운동적 결핍을 야기할 수 있다. 또한 면역체계가 결핍되기 때문에 많은 감염의 위험성이 있다.

HIV가 임신 중 확인되면 임신 기간 동안 어머니와 태아 모두를 위한 중재가 시작되고 이는 초기 유아기까지 계속된다. 분명히 HIV 검사는 일반적인 임신 검사에서 실시되어야 하지만 그렇지 않다. 많은 HIV-I 감염 여성은 사회경제적 계급이 낮기 때문에 적절한 산전 보호를 받지 못하며 따라서 조기 인식과 치료를 위한 기회가 제한된다(Parks, 1996, pp. 916-917). 산전 또는 초기 유아기에 기회를 놓치면 다음 기회는 아동이 일상적인 예방접종과 검사를 위한 '건강한 아기' 클리닉에 올 때야 가능하다. 그러나 경제적으로 결핍된 가정의 아동은 이러한 조치조차 받을 수 없다. 상당히 신뢰할 만한 바이러스 검사 프로토콜이 존재하는데도 검사받을 수 없다는 것은 매우 불행한 일이다. 폴리메라제 연쇄 반응(polymerase chain reaction) 또는 혈액 주변의 HIV 배양은 95% 신뢰성을 가지고 3~6개월의 아동에게서 바이러스 출현을 배제하거나 또는 입증한다. 항생제에 대한 혈청검사와 관련된 확인검사는 18개월부터 청소년까지 효과적이다(Jenkins, 1996, p. 659).

질병의 관리, 계속적인 검사, 소아마비를 포함한 아동기 질병에 대한 면역 조치, 심리사회적 지지와 가족의 교육이 HIV 아동을 위해 권장된다. 이것은 팀의 노력이 요구된다. AIDS 백신의 개발은 유전자와 면역 체계의 조합 시뮬레이션을 사용하면서 진행 중이다. 이것이 영장류에게는 효과적이지만 인간에게 적용하기 위해서는 아직 더 검사할 필요가 있다. 그러나 전형적인 백신은 AIDS를 가진 사람을 오랫동안 건강하게 남아 있도록 도와 준다.

(4) 홍역, 이하선염, 수두

역사적으로 이러한 질병들은 아동의 건강을 위협했다. 아동이 일반적으로 예방접종을 받는 나라에서는 홍역과 이하선염이 흔하지 않다. 그러나 백신의 사용이 어려운 개발도상국에서는 여전히 큰 문제로 남아 있다. UNICEF에 따르면, 전 세계적으로 개발도상국에서 매년 100만 명 이상의 아동이 홍역과 합병증으로 사망하고 있다(Katz, 1996, p. 662). 수두 백신은 노출된 지 3일 이내에 접종되면 효과적이라고 알려져 왔다(Katz, 1996, p. 686). 수두의 어려움 중 하나는 발진이 일어나기 전에 보균자를 통해 전염된다는 것이다. 따라서 수두를 앓지 않았어도 노출된 병원 직원은 이것을 보고하여야 한다. 만약 그들이 수두에 노출되면 노출된 후 10~20일 동안 감염 위험이 고려되는 아동을 돌보면 안 된다(Katz, 1996, p. 686).

이하선염 보균자는 붓기가 발생하기 전 48시간 안에 감염이 된다. 따라서 직원은 이하선염도 보고하여야 한다. 이하선염이 매우 유행될 때, 일시적 또는 영구적

으로 편측 신경이 마비되는 주요 원인이 되었다. 대부분의 아동이 이하선염을 예방하기 위한 백신을 접종받기 때문에 현재는 발생률(1/15,000)이 낮다. 백신은 97% 효과적이다(Maldonado, 2000).

이 3가지 질병 모두 일반적으로 한 번 걸리면 평생 동안 면역성을 갖는다. 백신을 맞았던 사람들도 홍역과 이하선염에 대해 평생 동안 면역성을 갖는다. 홍역과 수두는 발진을 포함한 증상과 신호로 진단된다. 홍역에 걸린 아동은 또한 열과 몸살이 나는 전조 기간이 있다. 후에 이것은 기침과 결막염으로 발달한다. 이하선염은 일반적으로 한 개 이상의 이하선의 팽창으로부터 진단되지만 Brunell (1996)에 따르면, 이하선염 10개 사례당 2~4명은 붓기가 발생하지 않는다고 한다(p. 666).

이러한 질병으로부터 2주 내에 회복된 아동은 집에서 치료를 받을 수 있다. 그러나 3가지 모두 합병증을 일으킬 수 있다. 홍역 후 또는 홍역 기간 동안 합병증은 호흡기 문제, 위장 문제, 중이염, 뇌염을 포함한다. 수두의 합병증은 피부의 세균감염, 신경적인 문제, 다른 형태의 신경염을 포함한다. 세균 감염은 상처가 가려워서 발진이 날 때 발생하며 항세균 비누로 목욕하면 감소될 수 있다.

이러한 질병에 가장 취약한 아동은 면역성 합병증 또는 악성 질병을 가진 아동이다. 합병증뿐만 아니라 질병의 심각성이 이러한 아동들에게서 흔히 나타난다. 다른 입원 아동을 위해 병원에서의 격리가 권장되고 더 많은 질병의 확산을 막기 위해 등교가 금지된다. 가장 흔하게 사용되는 백신(MMR)은 홍역도 보호한다. MMR의 첫 번째 접종은 일반적으로 12~15개월에 한다. 추가 접종은 유치원이나 고등학교에 들어가기 전에 시행된다(Overby, 1996).

홍역으로 발생되는 질병은 덜 심각하다. 그러나 홍역은 가임 여성에게 중요한 문제가 된다. 임신 초기에 홍역에 감염된 어머니는 청각 이상을 포함하여 선천성 심장병, 백내장과 지체를 포함한 선천성 장애를 가진 아동을 출산할 위험이 높다(Cooper, 1996, p. 679). 미국에 널리 퍼진 면역조치 프로그램이 있기 때문에 선천성 홍역은 과거보다 흔하지 않다. 모든 가임 여성은 백신을 맞아야 하며 대부분은 학령기에 MMR 백신을 맞는다. 백신 접종은 임심한 여성에게만 제공되는 것은 아니다. 아동이 공립학교와 유치원 그리고 보호센터에 들어가기 전에 모든 50개 주에서 면역조치를 요구하는 프로그램을 실시한 결과 이러한 질병들은 미국에서 사라졌다. 그러나 Bart(1996)는 다음과 같이 보고하였다.

> 미국의 유치원 아동의 단 37~56%만이 완벽하게 면역성을 가졌다. 몇몇 지역에서는 10% 미만이다. 유치원에서의 백신 접종의 실패로 1989~1991년 사이 홍역이 재출현하였다. 이것은 55,467개 사례이며, 11,200명이 병원에 입원을 하고, 44,100명 이상이 진료를 받았으며, 130명 이상이 홍역과 관련된 질병으로 사망하였다. 선천성 홍역은 또한 1988년에 6개 사례에서 1991년에 47개 사례로 증가하였다. 백일해와 이하선염(볼거리)의 출현은 취학 전 아동의 낮은 면역조치 비율 때문에 증가하였다(p. 1020).

(5) 바이러스성 수막염

여러 형태의 수막염이 바이러스 때문에 발생하며 많은 것이 확인되었다. 현재 다른 엔테로바이러스(콕사키바이러스와 에코바이러스), 캘리포니아바이러스, 이하선염바이러스는 대부분 확인된 것들이다(Seay & Devivo, 1996, p. 1990). 이러한 질병은 두통, 열을 수반하며 신경 기능의 비정상성을 약간 나타내기도 한다. 뇌척수액검사를 통해 진단한다. 이러한 형태의 수막염을 가진 대부분의 아동은 입원이 필요하지 않고 완전히 회복한다.

2) 세균 감염

(1) 세균성 수막염

수막은 대뇌와 척수를 덮고 있다. 이 부분이 감염되면 빠른 진단과 치료를 요하는 심각한 상태가 된다. 이러한 형태의 수막염은 세균이 지주막 아랫부분에 들어갈 때 발생한다. 감염의 가장 흔한 원인은 조혈성이며 이것은 다른 질병에 걸린 상황(폐렴, 중이염, 봉와직염 등)에서 또는 신체 내의 세균 순환으로부터 직접 발생

한다(Tureen, 1996, p. 545). 세균이 수막에 들어가면 CFS(뇌척수액)가 퍼짐을 막을 수 없기 때문에 세균은 빠르게 증식한다. 지주막하 세균성 감염에 대한 반응으로 발생하는 증상은 부종, 대뇌 대사에서의 변화, 뇌척수액 양의 증가, 뇌혈액에서의 변화, 혈액과 두뇌 장벽 사이의 삼투성 증가에 따른 두 대골 사이의 압력 증가를 포함한다.

수막염을 가진 대부분의 아동은 열, 두통, 목의 경직이 나타난다(Tureen, 1996, p. 545). 대부분은 의식이 있는 수준에서 변화를 경험하지만 몇몇은 혼수상태를 경험한다. 혈액 배양처럼 뇌척수액의 그람 착색과 종균 배양으로부터 진단된다.

세균성 수막염을 가진 아동은 균이 조사되는 동안 항생제를 사용할 필요가 있기 때문에 병원에서 치료받는다. 적절하게 순환되는 양을 유지하기 위해 체액 투입을 조절하고 호흡을 모니터하고 기도를 보호하는 것이 중요하다.

수막염에 따른 사망률은 상당히 유동적이다. 환자의 나이와 특정 감염원이 요인이 된다(Tureen, 1996, p. 547). 생존자에게서 발견되는 다른 신경학적인 후유증은 청각 상실, 뇌신경 마비, 심각한 뇌 손상을 포함한다. 몇 가지 상태는 시간이 지나면 회복되겠지만 다른 것은 영구적인 손상이 된다.

세균성 수막염이 바이러스성 수막염이 되기 때문에 이러한 질병을 예방하는 것이 결정적이다. H 인플루엔자에 대한 면역조치는 세균 감염으로 진행되는 수막염을 감소시키는 한 가지 방법이다.

(2) 콜레라, 디프테리아, 파상풍 그리고 백일해

미국과 유럽에서 한때 아동을 위협했던 콜레라, 디프테리아, 파상풍, 백일해 같은 질병은 이제는 전 세계적인 예방접종 프로그램으로 유병률이 낮아졌다. 하지만 일과적인 예방접종 프로그램을 아직 이용할 수 없는 개발도상국에서는 여전히 큰 걱정거리로 남아 있다.

콜레라는 급성 장염인데, 세균, 비브리오 콜레라 세균의 섭취로 야기되는 것이다. 심한 설사와 위장으로부터 체액과 전해질의 손실이 나타난다. San Joaquin과 Marks(1996)에 따르면, 24시간 동안의 체액 손실은 환자 체중에 맞먹는 정도다

(p. 564). 체액과 전해질이 재수화 치료로 보충되는 것이 중요하다. 다음에 항생제를 사용한다.

콜레라를 예방하는 가장 좋은 방법은 환경을 깨끗이 하고 개인위생을 철저히 하는 것이다. 콜레라의 139 혈청 집단이 확인되었다. 가장 최근에 확인된 0139는 다른 혈청 형태를 가진 매우 효과적인 항생제에 내성이 있으며 심지어 자연면역과 콜레라 백신에도 내성이 있다는 것이 문제다. 혈청 집단 0139와 관련된 원인이 전 세계적으로 퍼지는 콜레라의 여덟 번째 시작이라는 것은 두려운 일이다(San Joaquin & Marks, 1996, p. 565).

디프테리아는 상부 호흡기에서 국부적 위막성 감염의 특징을 가지며 내장 기관과 신경계에 대한 치명적인 손상과 호흡 방해의 원인이 된다(Nelson, 1996, p. 567). 이 질병은 가까이 접촉하는 사람과 미국 소아과 학회 감염성 질병위원회(Committee on Infectious diseases of the American Academy of Pediatrics)가 권장하는 면역 조치를 하지 않은 사람에게서 발견된다. 디프테리아, 파상풍, 백일해(diphtheria, tetanus, and pertussis: DTP)에 대한 면역 조치는 생후 2개월에 권장되며 4개월과 6개월에도 이루어진다. 마지막은 12개월에 이루어지고(또는 DTaP는 15~18개월), 추가 접종은 취학 전(4~6세)에 이루어진다(Hall, 1995). 아동이 면역되지 않을 때 여전히 발병 잠재성이 남아 있기 때문에 면역 조치의 중요성은 아무리 강조해도 지나치지 않다. 이것은 1990년대에 아동이 면역 조치를 받지 않았던 지역을 보면 설명된다.

디프테리아가 일차적으로 호흡기 병변을 야기하더라도 독성으로 인한 더 많은 손상이 심장, 중이, 식도와 위, 위장 기관, 간, 신장, 뇌신경, 췌장, 림프절에 발생할 수 있다(Nelson, 1996). 그러나 편도에서 감염이 가장 흔하게 발견된다.

디프테리아 항독소는 디프테리아가 의심되자마자 곧 시작된다. 배양균의 평가를 통해 양성 진단을 내린다. 항생제가 전염을 막기 위해 사용된다(Nelson, 1996, p. 569). 이미 디프테리아에 노출되었던 아동은 검사를 받아야 하고 필요하다면 치료를 받아야 한다. 디프테리아에 걸린 사람들은 침대에 누워 있어야 하고 기도가 막히지 않는지를 확인하기 위해 주의 깊게 관찰되어야 한다.

파상풍은 상처를 통해 들어온 파상풍균으로 형성된 강한 독성 때문에 생긴다. 독성은 신경근육 말단 부분과 중추신경계의 운동핵 부분에 영향을 준다. 이것은 파상풍성 경련의 특징을 갖는다(Grossman, 1996, p. 612). 매우 작은 상처라도 즉시 깨끗하게 하고 항생제를 사용하면 감염을 막을 수 있다.

첫 번째 증상은 목과 턱의 근육 경직이다. 다음에 다른 근육들에도 문제가 생기고 환자는 점점 삼키는 것이 어려워진다. 어떤 자극은 심각한 근육 경련을 야기한다. 이것은 호흡기계를 통해 사용되는 근육을 포함하기 때문에 호흡에 중요한 문제가 된다(Grossmam, 1996, p. 614). 소리와 불필요한 방해가 경련을 증가시키기 때문에 음악적 자극은 파상풍 환자에게는 금기시된다.

권장하는 대로 디프테리라 면역 조치를 받은 아동은 보호된다. 성인은 10년마다 성인 유형의 독성(Td)을 접종하여야 하다. 상처를 소독하지 않고 항생제를 사용하여 치료한다면 추가 접종을 한다.

백일해는 디프테리아 면역 조치에 따라 통제되어야 하는 질병으로 여전히 중요한 문제다. WHO는 전 세계적으로 매년 백일해로 사망하는 사람이 60만 명이라고 추정하였는데, 대부분은 백신을 맞지 않은 아동들이다(Lewis, 1996, p. 585). 이 질병은 특히 어머니의 항생제로부터 보호받지 못한 것으로 보이는 유아에게서 심각하다. 백신 접종은 2개월에 시작된다. 이것은 공기 중 호흡기 분비물을 통해 퍼지는 전염성이 높은 질병이다. 백일해 아동을 돌보는 사람은 백일해로 진단받지 않더라도 입을 막지 않고 기침 또는 콧물을 흘리면 유아는 감염될 수 있다.

백일해 아동에게는 일반적인 감기와 비슷한 증상이 나타나며 기침이 점점 더 지속된다. 다음에 아동은 두꺼워진 기도를 회복하려고 기침을 한다. 이때 기침은 매우 빨라서 아동은 호흡하기가 어려워진다. 다음에 공기 중 빠른 유입으로 발생하는 'whoop(백일해 등으로 쌕쌕거리는 소리)' 소리가 나타난다. 여러 가지 호흡기와 신경적인 합병증이 발생할 수 있다. 실험실의 연구에 따라 진단이 내려진다.

백일해 아동은 호흡을 모니터하고 비인두의 분비물을 흡인하기 위해 입원한다. 이들은 격리되고 항생제가 투여된다. 항생제 예방은 노출되었던 사람들에게 시작한다. Lewis(1996)에 따르면, 실행 가능한 면역 조치에 앞서 백일해는 더 치명적이라고 한다(p. 587). 이에 따라 매년 5,000~10,000명이 사망한다. 1980년대 초 사망은 매년 5~10명 감소하였다.

(3) 포도상구균 감염

몇 가지 호기성 기관은 포도상구균(staphylococcal) 감염을 야기한다. 이 중 황색포도상구균(staphylococcal aureus)은 몇 가지 변종이 있다. 성인의 절반 정도와 대부분의 아동에게 일반적으로 해가 없는 변종이 잠복되어 있다(Todd, 1996, p. 602). 시간이 지나 변종이 심해지면 질병의 원인이 된다.

포도상구균 감염은 부스럼, 등창 그리고 이에 따른 상처로 발생한다. 황색포도상구균이 호흡기에 감염될 때 아동은 일차적인 폐렴으로 발달되며 처음에는 S. 뉴모니아(S. pneumonia) 감염의 결과와 유사하다(Todd, 1996, p. 602). 감염은 다른 부분, 특히 관절, 뼈, 내장 부분으로 이동한다. 황색포도상구균은 흔히 골수염과 화농성 관절염의 원인이 된다(Todd, 1996, p. 602).

냉장 보관되지 않은 식품에 황색포도상구균이 있을 때 식중독이 발생할 수 있다. 그 독성은 소화계에 영향을 주어 구토와 설사의 원인이 된다. 또 다른 황색포도상구균과 관련된 독성이 중재된 증상은 열상 피부 증후군이며 상처를 따라서 비인두 내에서 세포 증식이 이루어진다. 이것이 피부를 아프게 한다. 다른 심각한 증상은 독성쇼크 증후군(toxic shock syndrome: TSS)이다. 여성이 부적절한 탐폰을 사용함으로써 발생된다. 여성뿐만 아니라 남성도 상처와 부비강염으로부터 얻어질 수 있다. 신장의 문제, 성인 호흡장애 증후군 또는 심근의 문제가 독성쇼크 증후군의 환자에게서 발생할 수 있다(Todd, 1996, p. 603). 병원에서 신체에 사용되었던 장비, 예를 들면 카테터, 션트, 인공판막 같은 것으로부터 감염을 피하기 위해 특별한 조치를 내려야 한다(Todd, 1996, p. 603).

치료는 감염된 이상 물질로부터 격리, 상처치료, 항균제 치료를 한다. 아동과 일하는 모든 사람들이 감염 통제 검사에 참여하여야 한다. 물론 항세균 비누로 자주 손을 씻는 것은 가장 중요한 방법 중 하나다.

(4) 연쇄상구균 감염

연쇄상구균(streptococci)은 적혈구에 작용하는 세균으로 상당한 변종과 변형이 존재한다. 20개의 변종 집단이 알파벳 순서로 명명되어 존재한다(Gerber, 1996, p. 604). 이것은 하위 집단으로 나눠는데, 예를 들면 집단 A는 80개 이상의 변종을 가진다. 아동은 많은 연쇄상구균에 감염되기 쉽다. 성인 역시 모든 하위 영역에 면역성을 가지고 있는 것은 아니다. 유아는 어머니로부터 자연면역을 가진다. 3세 이상의 아동은 학령기 아동을 포함하여 인두 부분의 감염 발생이 높다(Gerber, 1996, p. 605). 상부 호흡기 감염에 추가하여 연쇄상구균 감염이 피부에 발생한다. 치료되지 않은 연쇄상구균 감염의 합병증은 류머티스성 열, 중이염, 유양돌기염, 부비강염, 신장의 질병을 포함한다.

감염된 사람이 입을 막지 않은 채 재채기를 할 때 공기 중으로 튀는 타액이 포도상 구균을 퍼뜨린다. 따라서 사람들이 많은 곳, 예를 들면 학교, 보호센터 또는 공공장소에서 이 질병이 자주 전염된다. 사람이 많은 집에 있거나 위생이 좋지 않은 환경에 있는 아동은 농가진이나 인두염으로 발생하기 쉽다(Gerber, 1996, p. 605).

포도상구균에 따른 피부 감염은 피부에서 피부로 퍼지고 피부가 곤충에 물리거나 긁히거나 베인 것같이 터졌을 때 발생한다. 손톱과 항문 주변은 포도상구균이 숨어 있는 곳이며 농가진의 전염에 중요한 역할을 한다(Gerber, 1996, p. 605).

종균 배양으로 포도상구균 감염을 확인할 수 있지만 배양 명령 전에 의사는 그들을 바이러스 감염으로부터 구별하기 위한 임상적 서명을 해야 한다. 치료는 항생제로 한다. 질병이 쉽게 퍼지기 때문에 종균 배양 연구는 환자가 진단된 후 즉시 또는 전에 병에 걸렸던 다른 가족 구성원을 위해 권장된다.

(5) 살모넬라, 시겔라, E. 콜리 감염

살모넬라, 시겔라, E. 콜리 감염과 같은 병인은 위장관에 질병을 야기하는 장내 세균 집단이다. 각각 다양한 변종이 있다.

살모넬라(salmonella) 세균은 오염된 음식이나 물을 섭취할 때 신체에 들어간다. 감염된 고기, 우유, 달걀, 특히 닭, 오리, 칠면조의 소비가 살모넬라증 발병을 야기한다(Pickering, 1996, p. 593). 설사는 일차적인 증상이다. 감염 후 환자는 몇 주 동안 계속 비장티프스성 살모넬라를 배설한다. 이 기간 동안 질병은 배설물과 구강을 통해 전달된다. 특히 음식을 다루는 사람들은 위생이 중요하다. 살모넬라는 환자가 항세균제에 대한 내성이 있고 합병증의 경향이 있기 때문에 병원, 요양소, 신생아실에서 특히 위험하다(Pickering, 1996, p. 593). 다른 질병을 가진 아동은 많은 합병증을 갖는다. 예를 들어, 겸상세포 빈혈을 가진 아동은 살모넬라 장염에 걸리기 쉽다(Pickering, 1996).

시겔라(shigella) 또한 설사를 유발하는 많은 변종을 가진 또 다른 세균이다. 매우 어린 아동에게서 흔히 발견된다. 요양시설 거주자, 보호시설 아동, 입원한 정신병 환자, 미국 원주민 보호시설 거주자 등이 시겔라에 취약한 집단이다(Pickering, 1996, p. 596). 분명히 숙박시설에 살고 있는 사람들은 감염되기 쉽다.

시겔라도 살모넬라처럼 오염된 음식이나 물을 통해 감염된다. 이것은 오염된 손으로 직접 접촉함으로써 전염된다. 폐쇄된 비위생적인 환경에 노출되거나, 질병을 앓고 있는 가난한 사람들은 시겔라증(shigellosis)에 걸리기 쉽다(Pickering, 1996, p. 596). 일차적으로 대변검사를 통해 진단한다. 체액과 전해질 수준이 대체요법을 위해 모니터되어야 하고 항균제 치료가 처방된다. 감염된 사람은 일반적으로 격리된다. 이 질병의 확산을 막기 위해 깨끗한 위생은 필수적이다.

(6) 장내 대장균

대장균(escherichia coli)이 위장관에서 발견되더라도 몇 가지 변종은 설사를 유발한다. 이것은 역시 몇 가지 혈청을 가진다. 이 병은 일상적으로 물과 음식이 오염되고 손을 씻을 적절한 시설이 없는 세계 여러 곳을 여행하는 사람에게서 발생하는 흔한 설사의 한 형태다(Pickering, 1996, p. 599). 대장균은 오염된 물, 조리되지 않은 고기, 저온살균되지 않은 우유뿐만 아니라 조리되지 않은 야채를 통해서도 전파된다. 보호시설, 학교, 요양원에서 발견된다고 보고되어 왔다. 개발도상국에서 이 질병은 물의 염소 처리, 하수처리 방법의 향상, 고기를 조리하여 먹기 등으로 감소될 수 있다.

대장균이 정상적인 대변이기 때문에 진단이 어렵다. 그러나 대변검사는 변종을 유발하는 몇 가지 질병을 확인할 수 있다. 치료는 체액과 전해질의 보충을 포함한다.

7. 우연한 중독

Litovitz와 Manoguerra(1992)는 아동의 주변에 있는 물질의 위험성에 대한 연구에서 '위험 요인'을 형성하였다. 이 요인은 독성 물질에 덧붙여 포장, 접근성(광고의 반영으로), 형태, 마감 형태다(p. 1000). 이 요인을 사용하여 그들은 1985~1989년 미국 독성통제협회(American Association of Poison Control Centers: AAPCC)의 전국 수집 자료를 분석하였다. 그들은 화장품과 개인 보호 물건, 청소 용품 등이 보고된 노출의 30.4%를 설명한다는 것을 발견하였다. 그러나 이러한 집단은 위험 요인이 낮다. 각 범주 내에 속하는 생산물이 심각한 독성을 가지는 것은 거의 없다. 8년 이상 소아기의 우연한 섭취로 발생하는 사망 원인 중 가장 흔한 것은 철의 공급으로, 30.2%를 설명해 준다(p. 999). 사망을 막기 위해 연구되어야 할 다른 물질은 항우울제(8년간 10명 사망), 심장혈관 약물(7명 사망), 살리실산메틸(4명 사망)이다(p. 1004).

1) 납중독

납중독은 과거 정신지체의 중요한 원인이었다. 납은 가솔린에서 나오는 연기, 또는 납을 포함한 페인트의 입자 또는 먼지를 섭취하지 않는 한 정상적으로 신체에서 발견되지 않는다. 「공기정화법(Clear Air Act)」이 통과되었기 때문에 대부분의 가솔린에는 이제 납이 없다. 제2차 세계대전 이후 건축된 주택은 납을 포함한 페인트를 사용하지 않았다. 따라서 아동기의 납중독은 매우 크게 감소되었다. 그러나 많은 아동이 여전히 납이 포함된 페인트로 칠해진 집에서 살고 있다.

Piomelli(1996)는 "많은 도시 아이들은 신체에 과도하게 납을 가지고 있고 어느 정도 불필요한 신경심리적인 손상을 겪고 있다. 납중독은 끊임없이 공공의 건강 문제가 되고 있다."(p. 2010)라고 주장하였다. 아동이 유해성 페인트로부터 먼지, 공사 시 호흡할 때 또는 페인트를 입에 물 때 납의 독성이 몸에 축적될 수 있다.

몇몇 아동들이 급성 뇌질환을 가지게 될 수 있지만 납중독성이 낮은 아동은 더 약한 증상이 나타나며 이것은 복통, 행동의 비정상성, 집중장애, 과잉행동, 설명할 수 없는 심각한 지체를 포함한다. 이러한 증상을 보이면 임상적인 납중독을 의심해야 한다(Piomelli, 1996, p. 2011).

1991년에 납에 노출된 아동을 검사하고 확인하기 위한 권고 사항이 의사들이 치료를 위해 방문하는 아동뿐만 아니라 건강한 아동의 방문을 포함하여 성취될 수 있었다. Campbell, McConnochie와 Weitzman(1994)은 9~25개월 고위험군의 도시 아동 632명의 기록을 연구했던 대규모 교육시설에서조차도 계속 발생하는 것이 아님을 발견하였다.

혈액 내의 납 수준은 측정될 수 있다. 이것은 환경적인 요소를 검사하는 것에 추가하여 진단이 필요하다.

> 납중독을 위한 핑거스틱 선별검사는 지방과 도시에서 직접적인 정맥검사를 합리적으로 대치할 수 있다. 표본의 오염을 피하기 위한 조치가 제공되고 적절한 주의가 검사 결과를 해석하기 위해 사용되며 약과 환경적인 중재는 확증된 정맥검사를 기본으로 한다(Schonfeld, Rainey, Cullen, Showalter, & Cicchetti, 1995, p. 450).

납중독이 진단되면 아동은 안전한 환경으로 이동하여야 한다. 흔히 중독은 집뿐만 아니라 다른 보호시설의 납 페인트로부터 발생한다. 때문에 안전한 장소를 찾기란 어렵다. 납중독 증상이 있는 아동은 혈액 내의 수준에도 불구하고 병원 치료가 요구되며 치료는 약, 체액 주입, 다른 경련의 통제, 소변의 흐름을 원활하게 하는 것이다(Piomelli, 1996).

> 집이 납 페인트로 되어 있으면 보수되어야 한다. 보수는 고효율 입자 축적기(high-efficiency particle accumulator: HEPA) 진공청소기를 사용한 후 그 지역을 고인산세제로 두세 번 긁어 내야 한다. 다음에 아동이 다시 돌아오기 전에 HEPA 진공청소기로 청소한다(Piomelli, 1996, p. 2012; Rhoads, 2000).

선택의 여지가 거의 없이 집이 없는 많은 아동들과 기준 이하의 삶을 사는 아동의 경우 몇 가지 납중독이 계속될 것이다. 이것은 모든 아동들이 적절한 주택을 이용할 수 있으면 발생할 일이 없는 장애다. 1991년에 미국 음식과 약물운영회(United States Food and Drug Administration)는 납중독 아동이 사용하도록 약과 석시머(succimer)를 승인하였다. Rhoads(2000)는 780명의 아동을 대상으로 효과를 결정하기 위해 플라시보 통제(위약 통제)를 한 채 임의 추출에 따른 연구를 수행하였고 석시머가 약물 부작용이 거의 없거나 전혀 없는 납 수준으로 낮춘 것을 발견하였다.

2) 우연한 중독

어린 아동들은 자연스럽게 사물을 입에 넣음으로써 환경을 탐구하기 때문에 그들은 많은 물질로부터 우연히 중독되기 쉽다. 미국 독성통제협회(American Association of Poison Control Centers: AAPCC)에 따르면, 6세 미만의 3,810,405명의 아동들이 1985~1989년에 중독에 노출되어 왔다고 한다. 이 중 111명은 사망하고, 2,117명은 삶에 위협을 받거나 후유장애로 남아 있다(Litovitz & Manoguerra, 1992, p. 999). AAPCC는 1999년에 독성물질 섭취에 대한 220만 개의 보고서를 받았다(Herbert & Wertzman, 2001). 6~12세 아동은 중독이 덜하며, 청소년은 자살 시도 또는 업무와 관련된 사고로 더 많은 중독이 있다.

중독은 때때로 아동학대의 결과로 발생한다. 즉, 아동을 잠들게 하거나 조용하게 하기 위해 약물을 사용하는 것이다. 아동의 체중, 나이, 필요한 대사율은 성인과 다르기 때문에 성인을 위해 처방된 약을 아동에게 주는 것은 매우 유독할 수 있다. 또한 학대는 아동에게 처벌의 수단으로 해로운 약물을 먹게 하는 형태가 될 수도 있다. 학대하는 부모는 아동을 위해 치료 방법을 찾지 않기 때문에 이러한 학대 형태는 제시된 사례보다 더 흔하다. 따라서 앞에 제시한 수치들은 학대와 관련된 중독은 포함하지 않는다.

심지어 보호를 잘 받는 아동이더라도 중독의 원인이 되는 물건을 입에 넣을 수 있다. 아동에게 안전한 내용물은 몇 가지 물건의 독성의 내용에서 변화하는데, 증가된 대중의 교육과 인식 그리고 더 좋은 방법을 통해 사망을 감소시켜 왔다. 그러나 아동을 돌볼 때 여전히 주의가 필요하다. 만약 치료사가 음독한 아동을 보고하여야 한다면 다음의 정보가 제공되어야 한다.

전화번호
주소
심각성 평가: 현재 상태를 즉각적인 위험, 잠재적인 위험, 위험 없음 등의 용어로 설명
체중과 나이
섭취 시간
과거 병력: 특히 현재 섭취와 상호작용하는 약물 또는 알레르기
노출 형태
노출 양
노출 경로: 섭취, 흡입, 눈이나 피부의 부분적인 접촉 또는 비경구적인 방법
(주사)
환자와 관련된 연락처
(Rumack, 1996)

대부분의 음악치료사는 응급치료 후 장기 치료를 받고 있는 병원에서 아동을 볼 것이다. 예를 들어, 많은 양의 아세트아미노펜을 먹은 아동은 심각한 간의 손상을 야기할 수 있다. 또 다른 예는 탄화수소 섭취 후 뒤따르는 흡인성 폐렴이다. 탄화수소는 여러 가지 살충제, 제초제, 페인트 시너, 용제, 테레빈유, 가솔린, 등유, 아스팔트 또는 타르를 포함하여 다른 것에도 존재한다. 모든 것이 섭취, 호흡,

피부 접촉을 통해 납중독을 유발할 수 있다. 아동은 의학적 문제에 더하여 특히 중독이 학대와 관련될 때 심한 정서적인 외상을 경험한다.

소아과에서 일하는 음악치료사는 또한 중독을 위한 응급치료 후 지지적인 보호나 생체 신호를 모니터하고 관찰하기 위해 병원에 입원해 있는 아동을 만날 수 있다. 물론 음악치료는 공간을 탐색하는 아동을 위해 안전하여야 한다. 이것은 악기를 닦기 위해 사용되는 살균제, 부서에 상비된 소독약, 화장품, 치료사가 활동 중 사용할 필요가 있는 약물을 저장하기 위한 안전장치가 된 수납장을 포함한다. 위험 물질을 저장하는 법칙은 원래대로 사용하고, 아동에게 안전한 용기에 넣어 두며, 손이 닿지 않는 곳에 열쇠를 걸고 보관한다(Eaton-Jones, Fields, Rasco, & Akintemi, 2000, p. 333). 미국 소아학회(American Academy of Pediatrics)에 따르면, 아동이 있는 가정은 중독에 대비하여 사용할 수 있는 이피캑(ipecac) 시럽 1온스를 상비하고 있어야 한다. 그러나 의사나 AAPPC에서 보호자에게 허락할 때만 제공해야 한다. 현재 단 1/3의 가정만이 이러한 권고를 따른다(Eaton-Jones, Fields, Rasco, & Akintemi, 2000).

중독의 몇 가지 형태는 영구적인 뇌 손상을 야기할 수 있다. 음악치료사는 학대성 중독과 관련된 심리적인 문제를 경험하는 아동뿐 아니라 지체로, 행동장애로, 정서장애로 설명되는 아동이 포함된 학교 또는 센터 등에서 이러한 아동들을 만난다.

3) 소아 화상

아동기의 우연한 사망 원인 중에서 화상은 자동차 사고 다음으로 두 번째다(Herrin & Antoon, 1996, p. 270). 화상 환자는 가정에서 연기 탐지기의 사용, 방염 의복과 침대보 사용, 뜨거운 물의 온도를 더 낮게 제한하는 법률의 도입 등으로 매우 감소해 왔다. 그러나 화상은 아동 입원의 중요한 원인이다.

화상의 원인은 끓는 물이나 김, 불꽃, 전기, 화학물질로 분류된다. 화상 환자의 85%는 끓는 물이나 김에 덴 것이며, 이는 4세 이하의 아동에게서 가장 흔히 발생한다(Herrin & Antoon, 1996, p. 271). 불행히도 화상의 주요 원인은 아동학대 또는 방임이다. 입원한 아동에게 나타나는 학대에 따른 화상은 아동을 강제로 뜨거운 물에 빠뜨리거나 담뱃불로 지진 것이다. 방임과 감독 부족으로 아동은 뜨거운 용액을 밀거나 또는 끓는 물이나 김에 데이고, 화학적 화상은 아동이 살균제 또는 페인트 제거제를 탐색할 때 발생한다. 몇 가지 전기 화상 또한 주의 부족과 관련이 있는데, 아동이 금속 물체를 전기 코드에 넣거나 입으로 물 때 발생한다. 학대나 방임의 증거가 있다면 아동은 보호를 위해 입원되어야 한다. 또한 집이 파괴되고 보호자가 상처를 입거나 화제로 사망했다면 아동의 화상이 심각하지 않아도 입원할 수 있다.

아동이 화상으로 입원하는 몇 가지 다른 이유는 신체 표면의 15% 이상이 손상을 입은 화상, 심장의 비정상성의 치료가 요구되는 전기 화상, 담배 또는 열 흡입과 관련된 호흡 곤란, 손 · 발 · 생식기 화상 등이다. 전체 신체 표면적(total body surface area: TBSA)은 Lund-Browder 다이어그램(Lund & Browder, 1944)을 통해 추정되는데, 이것은 얼마나 많은 신체 표면이 화상을 입었는지, 다양한 위치에서 화상의 깊이는 어떠한지를 알려 준다. 다이어그램을 사용할 때는 나이에 따라 신체 표면의 비율을 다르게 인식하여야 한다. 유아와 어린 아동에게 머리와 목은 TBSA의 21%에 해당하고 성인과 더 나이가 많은 아동의 경우 동일한 부분에서 TBSA의 9%만을 나타낸다(Kane & Warden, 1996, p. 862). 따라서 아동의 화상을 설명하기 위해 다이어그램이 사용되는 경우에는 변형되어야 한다.

아동기 사망의 흔한 원인인 화상은 상처 감염으로부터 합병증이 야기될 수 있는데, 흔히 폐가 감염된다(Kane & Warden, 1996, p. 862). 예를 들면, 카테터 같은 치료 장비로부터 더 많은 감염이 추가되지 않아야 한다. 아동이 천식, 선천성 심장병, 간 또는 신장 문제 같은 다른 의료적인 문제가 있다면 더 많은 합병증이 있을 수 있다. 자동차 사고, 폭발 또는 화재가 난 건물에서 떨어지는 것과 관련된 화상은 의료적 치료가 요구되는 추가적인 외상을 동반할 수 있다.

조기 치료는 적절한 산소 흐름, 체액 보충, 상처를 건조 상태로 유지하는 것이다. 화상을 입은 아동과 일하는 사람들은 화상 상처에 세균 침입을 막기 위해 가운, 장갑, 마스크, 모자를 착용할 필요가 있다(Kane & Warden, 1996, p. 863). 이

후 치료는 화상을 입은 신체 표면의 범위와 분류에 따라 결정된다. 회복을 위한 에너지 사용이 증가됨에 따라 영양 공급이 중요해진다. 관을 통한 음식 섭취는 화상 부위가 넓은 아동에게 필요하다. 관을 통한 식사 또는 작은 양의 섭취는 내장 기능을 활성화시키고 세균 운동성과 합병증을 감소시킨다. 화상 상처의 심각성은 원인, 위치, 노출된 크기, 화상의 깊이 등의 기능(체온, 노출 시간, 피부 두께 등의 기능)과 관련된다(Kane & Warden, 1996, p. 861).

전통적으로 화상은 1도(피부 발진), 2도(피부 수포), 3도(피부 파괴)로 구분된다. 1도 화상은 피부 손상을 포함하여 최소의 조직 손상과 24시간 내에 수포가 없다. 이것은 햇빛에 의한 화상과 비교되지만 여전히 통증이 있다. 2도 화상은 표피와 피부층의 손상이며 수포가 있다. 이것은 신경 끝이 노출되며 매우 고통스럽다. 그러나 2도 화상은 신경이 그대로 있고 고통이 덜할 수도 있다. 3도 화상에서는 표피와 피부에 피부세포가 회복될 수 없을 정도로 손상을 입고 피부 접합이 필요하다. 이것은 완전히 두꺼운 화상으로 불리며 신경과 모세혈관의 손상이 있다.

치료 및 재활 기간 동안 아동은 흉터를 줄이는 데 압력을 제공하기 위해 맞춰진 옷을 입는다. 오랜 시간 기능성과 수술로 외모에 관심이 집중된다. 아동의 적극적이고 수동적인 움직임, 보행, 일상생활에 필요한 기술 적응을 위해 팀의 노력이 필요하다.

초기 화상이 치료된 후 더 많은 치료가 상처 수축, 특히 관절이나 말단 부분에 필요하다. 물리치료와 작업치료가 자세, 부목, 추적, 치료된 상처에 압력을 제공하기 위해 필요하다. 그러나 이러한 것이 모든 흉터의 형성 또는 수축을 막는 것은 아니다. 상처 완화를 위한 수술의 수축치료는 초기 화상 치료 후 1~2년 후에 필요하다.

심리적인 지지 역시 필수적이다. 아동은 외상후 스트레스성 증후군을 갖는다. 외모에 중요한 변화가 있다면 아동과 그의 가족은 슬픔을 경험하게 된다. 치료 과정이 매우 고통스러울 수 있으므로 통증 조절 기법이 몇몇 화상 환자에게 도움이 될 수 있다. 치료 초기에 드레싱을 갈고 조작하는 것은 매우 고통스러울 수 있다. 불안이 통증과 관련이 있다면 몇 가지 과정이 진행되는 동안 긴장 이완 요법이 아동의 관심을 다른 데로 돌리게 하는 데 도움이 될 것이다. 이후 치료 과정에서 진

통제가 사용된다. Kane와 Warden(1996)은 중추신경계 외상이 문제가 되지 않고 환자가 충분히 환기(ventilation)되고 관류(perfusion)될 때까지 진통제를 사용할 것을 권고하였다(p. 204). 이때 간헐적이거나 계속적으로 정맥 내에 모르핀을 주입하는 것이 적절하다. 환자가 진통제를 사용하면 이것은 의학적으로 바람직한 수준 이하의 생체 기능을 느리게 하기 때문에 긴장 이완 요법이 필요하다.

아동이 병원을 떠나서 집과 학교로 돌아갈 준비를 함에 따라 더 많은 지지적인 치료가 필요하다. 화상으로 외모가 손상된 아동과 그의 가족은 아동이 집과 지역사회로 돌아갈 때 어려움이 있을 수 있다(Herrin & Antoon, 1996, pp. 275-276). 치료사와 교사는 지지와 더불어 교육적인 친구를 제공하여야 한다. 아동은 흉터 또는 외모상의 변화가 두려울 수 있다. 완전한 사회적 · 교육적 참여가 화상 아동의 치료 목적이다.

8. 건강장애 아동과 음악치료

의료적 환경에서 음악치료사의 역할은 재활의 심리사회적인 면과 관련이 있다. 입원한 아동은 지지, 격려, 두려움의 경감이 필요하다. 게다가 음악치료는 긴장 이완과 고통 감소 방법을 알려 주기 위해 적용되며 이것은 의학적으로 도움이 된다. 수동적인 운동과 여가 시간을 사용하는 것은 아동의 행동이 초기 단계로 퇴화하는 것을 막을 수 있다. 무엇보다도 나이에 적절한 재료와 활동이 필요하다. 음악은 여러 기능적 수준에서 수행할 수 있기 때문에 나이와 수준이 제각각인 아동들이 집단 음악치료에 참여하는 것을 가능하게 한다. 가족 구성원이 음악치료 집단에 아동과 함께 참여함으로써 지지를 제공할 수 있다. 음악은 느낌을 표현하고 두려움과 걱정을 털어놓을 기회를 촉진한다.

음악치료사는 아동과 일할 때 모든 의학적 경고를 관찰하여야 한다. 감염의 방지는 항상 중요하다. 치료사는 세션에서 사용되는 악기와 재료뿐만 아니라 계속적인 고려를 하여야 한다.

참고문헌

American Association of Cardiovascular and Pulmonary Rehabilitation. (1941). *Guidelines for cardiac rehabilitation programs.* Champaign, IL: Human Kinetics.

Anderson, H. R., Bailey, P. A., Cooper, J. S., Palmer, J. C., & West, S. (1983). Morbidity and school absence caused by asthma and wheezing illness. *Archives of Disease in Childhood, 88*, 777-784.

Anderson, S. D., Schoeffel, R. E., & Bye, P. T. P. (1983). Physiological aspects of exercises induced asthma. In S. Oseid & A. M. Edwards (Eds.), *The asthmatic child in play and sport* (pp. 21-35). London: Pitman Books Ltd.

Bart, K. J. (1996). Immunization practices. In W. E. Nelson (Sr. Ed.), *Nelson textbook of pediatrics* (15th ed.) (pp. 1013-1021). Philadelphia: W. B. Saunders.

Bass, D. M. (1996). Rotavirus and other agents of viral gastroenteritis. In R. E. Behrman, R. M. Kleigman, & A. M. Arvin (Eds.), *Nelson textbook of pediatrics* (15th ed.) (pp. 914-916). Philadelphia: W. B. Saunders.

Baum, J. D. (1995). Core knowledge, skills, and attitudes for undergraduates: Kindling curiosity. *Archives of Disease in Childhood, 73*, 268-269.

Baverstock, K., Egloff, B., Pinchera, A., Ruchti, C., & Williams, D. (1992). Thyroid cancer after Chernobyl. *Nature, 359*, 21-22.

Beral, V., Jaffe. H., & Weiss, R. (1991). Overview: Cancer, HIV and AIDS. *Cancer Surveys, 10*, 1-2.

Bernstein, D. (1996). Congenital heart disease. In R. E. Behrman, R. M. Kleigman, & A. M. Arvin (Eds.), *Nelson textbook of pediatrics* (15th ed.) (pp. 1286-1335). Philadelphia: W. B. Saunders.

Bierman, C. W., & Pearlman, D. S. (1983). Asthma. In E. L. Kendig & V. Chernick (Eds.), *Disorders of the respiratory tract in children* (pp. 496-543). Philadelphia: W. B. Saunders.

Blair, V., & Birch, J. M. (1994). Patterns and temporal trends in the incidence of malignant diseases in children: I. Leukaemia and lymphoma. *European Journal of Cancer, 30A,* 1490-1498.

Blay, J. Y., Louis, D., Bouffet, E., Thiesse, P., Biron, P., Favrot, M. C., Brunat-Mentigny, M., & Phillip, T. (1991). Management of pediatric non-Hodgkin's lymphoma. *Blood Reviews, 5,* 90-97.

Boardway, R. H., Delamater, A. M., Tomakowsky, J., & Gatai. J. P. (1993). Stress management training for adolescents with diabetes. *Journal of Pediatric Psychology, 18,* 29-45.

Boat, T. F. (1996). Cystic fibrosis. In R. E. Behrman, R. M. Kleigman, & A. M. Arvin (Eds.), *Nelson textbook of pediatrics* (15th ed.) (pp. 1239-1251). Philadelphia: W. B. Saunders.

Bobrow, R. S. (1994). Electronic fields and primary brain tumors. *American Family Physician, 50,* 1219.

Boneva, R. S., Botto, L. D., Moore, C. A., Yang, Q., Correa, A., & Erickson, J. D. (2001). Mortality associated with congenital heart defects in the United States: Trends and racial disparities, 1979-1997. *Circulation, 103,* 2376-2381.

Bonomo, R., & Salata, R. A. (1996). Health advice for traveling children. In R. E. Nelson (Sr. Ed.), *Nelson textbook of pediatrics* (15th ed.) (pp. 1021-1027). Philadelphia: W. B. Saundes.

Boulet, L-P., Chapman, K. R., Green, L. W., & FitzGerald, J. M. (1994). Asthma education. *Chest, 106*(4 Suppl.), 184S-192S.

Boyer, K. M. (1990). Nonbacterial pneumonia. In F. A. Oski (Ed. in Chief), *Principles and practice of pediatrics* (pp. 1329-1332). Philadelphia: J. B. Lippincott.

Bracko, M., Cindro, L., & Golouh, R., (1992). Families occurrence of infantile myofibromatosis, *Cancer, 69,* 1294-1299.

Breslau, N., & Marshall, I. A. (1985). Psychological disturbance in children with physical disabilities: Continuity and change in a 5 year follow-up. *Journal of Abnormal Child Psychology, 13,* 199-216.

Brodovich, H. M., & Chernick, V. (1983). The functional basis of respiratory pathology. In E. L. Kending & V. Chernick (Eds.), *Disorders of the respiratory tract in children* (pp. 3-46). Philadelphia: W. B. Saunders.

Brunell, P. A. (1996). Mumps. In A. M. Rudolph (Ed.), *Rudolph's pediatrics* (20th ed.) (pp. 666-668). Stamford, CT: Appleton and Lange.

Camitta, B. M. (1996). The anemias. In R. E. Nelson (Sr. Ed.), *Nelson textbook of pediatrics* (15th ed.) (pp. 1378-1382). Philadelphia: W. B. Saunders.

Champbell, J. R., McConnochie, K. M., & Weitzman, M. (1994). Lead screening among high-risk urban children. *Archives of Pediatrics and Adolescent Medicine, 148,* 688-693.

Cantor, K. P., Blair, A., Everett, G., Van Lier, S., Burmeister, L., Dick, F. R., Gibson, R. W., & Schuman, L. (1988). Hair dye use and risk of leukemia and lymphoma. *American Journal of Public Health, 78*, 570-571.

Carbone, P. P., Kaplan, H. S., Musshoff, K., Smithers, D. W., & Tubiana, M. (1971). Report of the committee on Hodgkin's disease staging classification. *Cancer Research, 31*, 1860-1861.

Centers for Disease Control. (1991). *Preventing lead poisoning in young children: A statement by the centers for disease control.* Atlanta, GA: US Dept. of Health and Human Services, Public Health Services.

Centers for Disease Control and Prevention. (1993). HIV/AIDS surveillance report. *Centers for Disease Control and Prevention, 5*, 1-19.

Chapman, K. R. (1994). Introduction. *Chest, 106*, 183S.

Charache, S., Lubin, B., & Reid, C. (1991). *Management and therapy of sickle cell disease* (NIH Publication No. 92-2117). Washington, DC: US Dept. of Health and Human Services, Public Health Services.

Chesney, P. J., Wilimas, J. A., Presbury, G., Abbasi, S., Leggiadro, R. J., Davis, Y., Day, S. W., Schutze, G. E., & Wang, W. C. (1995). Penicillin and cephalosporin-resistant strains of streptococcus pneumoniae causing strains meningitis in children with sickle cell disease. *Journal of Pediatrics, 127*(4), 526-532.

Chung, E. B., & Enzinger, F. M, (1981). Infantile myofibromatosis. *Cancer, 48,* 1807-1818.

Clark, T. J. H. (1992). Definition and clinical categories of asthma. In T. J. H. Clark, S. Godfrey, & T. H, Lee (Eds.), *Asthma* (pp. 1-13). London: Chapman and Hall

Medical.

Coffin, C. M., & Dehner, L. P. (1991). Fibroblastic-myofibroblastic tumors in children and adolescents: A clinicopathologic study of 108 examples in 103 patients. *Pediatric Pathology, 11*, 569-588.

Cooley, M. E., Lin, E. M., & Hunter, S. W. (1994). The ambulatory oncology nurse's role. *Seminars in Oncology Nursing, 10*, 245-253.

Cooper, L. Z. (1996). Rubella. In A. M. Rudolph (Ed.), *Rudolph's pediatrics* (20th ed.) (pp. 679-683). Stamford, CT: Appleton and Lange.

Crist, W. M., & Helsop, H. (1996). Principles of treatment. In R. E. Behrman, R. M. Kliegman, & A. M. Arvin (Eds.), *Nelson textbook of pediatrics* (15th ed.) (pp. 1448-1452). Philadelphia: W. B. Saunders.

Crist, W. M., & Smithson, W. A. (2000). The leukemias. In R. E. Behrman, R. M. Kliegman, & H. B. Jenson (Eds.), *Nelson textbook of pediatrics* (16th ed.) (pp. 1543-1548). Philadelphia: W. B. Saunders.

Croner, S., & Kjellman, N-I. M. (1992). Natural history of bronchial asthma in childhood. *Allergy, 47*, 150-157.

Cusimano, M. D. (1989). An update on the cellular and molecular biology of brain tumors. *Canadian Journal of Neurological Sciences, 16*, 22-27.

Dankert-Reelse, J. E. (1994). Neonatal screening. In J. A. Dodge, D. J. H. Brock, & J. H. Widdicombe (Eds.), *Cystic fibrosis: Current topics* (pp. 303-318). Chichester, UK: Wiley.

Darby, S. C., Olsen, J. H., Doll, R., Thakrar, B., Brown, P., Storm, H. H., Barlow, L., Longmark, F., Teppo, L., & Tulinius, H. (1992). Trends in childhood leukaemia in the Nordic countries in relation to fallout from atmospheric nuclear weapons testing. *British Medical Journal, 304,* 1005-1009.

DiGeorge, A. M. (1987). The endocrine system. In W. E. Nelson, R. E. Behrman, & V. C. Vaughan (Eds.), *Nelson textbook of pediatrics* (13th ed.) (pp. 1176-1247). Philadelphia: W. B. Saunders.

DiGeorge, A. M., & LaFranchi, S. (1996). Hypothyroidism. In R. E. Behrman, R. M. Kliegman, & A. M. Arvin (Eds.), *Nelson textbook of pediatrics* (15th ed.) (pp.

1589-1595). Philadelphia: W. B. Saunders.

Dorland's illustrated medical dictionary (28th ed.) (1994). Philadelphia: W. B. Saunders.

Dragone, M. A., & Karp, S. (1996). Bleeding disorders. In P. L. Jackson & J. A. Vessey (Eds.), *Primary care of the child with a chronic condition* (2nd ed.) (pp. 145-165). St. Louis, MO: C. V. Mosby.

Draper, G. J., Knoll, M. E., & Stiller, C. A. (1994). Childhood cancer. *Cancer Surveys, 19/20*, 493-517.

Drexler, H. G., MacLeod, R. A. F., Borkhardt, A., & Janssen, J. W. G. (1995). Recurrent chromosomal translocations and fusion genes in leukemia-lymphoma cell lines. *Leukemia, 9,* 480-500.

Eaton-Jones, S. E., Fields, K. B., Rasco, T., & Akintemi, O. K. B. (2000). Preventing childhood poisoning. *North Carolina Medical Journal, 61*, 333-335.

Ewig, J. M., & Martinez, J. C. (2001). Cystic fibrosis. In R. A. Hoekelman (Ed. in chief), *Primary pediatric care* (pp. 448-456). St. Louis, MO: C. V. Mosby.

Feld, R., & Sutcliffe, S. B. (1987). Immune deficiency and infectious complications of Hodgkin's disease. In P. Selby & T. J. McElwain (Eds.), *Hodgkin's disease* (pp. 301-338). Oxford, UK: Blackwell Scientific.

Fisher, E. B., Sussman, L. K., Arfken, C., Harrison, D., Munro, J., Sykes, R. K., Sylvia, S., & Strunk, R. C. (1994). Targeting high risk groups. *Chest, 106,* 248s-259s.

FitzGerald, J. M. (1994). Psychosocial barriers to asthma education. *Chest, 106*, 260s-263s.

Foley, T. P. (2001). Hypothroidism. In R. A. Hoekelman (Ed. in chief), *Primary pediatric care* (pp. 1561-1565). St. Louis, MO: C. V. Mosby.

Freudenberg, N. (1995). A new role for community organizations in the prevention and control of tuberculosis. *Journal of Community Health, 20,* 15-28.

Friedman, C. R., Stoeckle, M. Y., Kreiswith, B. N., Johnson, W. D., Jr., Monoach, S. M., Berger, J., Sathianathen, K., Hafner, A., & Riley, L. W. (1995). Transmission of multidrug-resistant tuberculosis in a large urban setting. *American Journal of Respiratory and Critical Care Medicine, 152*, 355-359.

Froelicher, V. F., Myers, J., Follansbee, W. P., & Labovitz, A. J. (1993). *Exercise and the Heart* (3rd ed.). St. Louis, MO: C. V. Mosby.

Gee, L., Abbott, J., Conway, S. P., Etherington, C., & Webb, A. K. (2000). Development of a disease specific health related quality of life measure for adults and adolescents with cystic fibrosis. *Thorax, 55*, 946-951.

Gelber, L. E., Seltzer, L. H., Bouzouskis, J. K., Polart, S. M., Chapman, M. D., & Platts-Mills, T. A. E. (1993). Sensitization and exposure to indoor allergens as risk factors for asthma among patients presenting to hospital. *American Review of Respiratory Disease, 147,* 573-578.

Gerber, M. A. (1996). Streptococcal infections: Group A-hemolytic streptococci. In A. M. Rudolph (Ed.), *Rudolph's pediatrics* (20th ed.) (pp. 604-609). Stamford, CT: Appleton & Lange.

Gilchrist, G. S. (2000). Lymphoma. In R. E. Behrman, R. M. Kliegman, & H. B. Jenson (Eds.), *Nelson textbook of pediatrics* (16th ed.) (pp. 1548-1552). Philadelphia: W. B. Saunders.

Githens, J. H., & Hathaway, W. E. (1991). Hematologic disorders. In W. E. Hathaway, J. R. Groothuis, W. W. Hay, Jr., & J. W. Paisley (Eds.), *Current pediatric diagnosis and treatment* (10th ed.) (pp. 470-517). Norwalk, CT: Appleton and Lange.

Gjonaj, S., Green-Hernandez, C., & Aronzon, D. Z. (2001). Chronic lung diseases: Asthma and cystic fibrosis. In C. Green-Hernandez (Ed. in Chief), *Primary care pediatrics* (pp. 681-702). Philadelphia: J. B. Lippincott.

Godfrey, S. G. (1992). Childhood asthma. In T. J. Clarl, S. Godfrey, & T. H. Less (Eds.), *Asthma* (3rd ed.) (pp. 551-604). London: Chapman and Hall Medical.

Golding, J., Greenwood, R., Birmingham, K., & Mott, M. (1992). Intramuscular vitamin K and childhood cancer. *British Medical Journal, 305,* 710-711 (letter).

Goldstein, R. A., Paul, W. E., Metcalfe, D. D., Busse, W. W., & Reece, E. R. (1994). Asthma. *Annals of Internal Medicine, 121*, 698-708.

Goodman, S. I., & Greene, C. L. (1991). Inborn errors as causes of acute disease in infancy. *Seminars in perinatology, 15* (1 suppl.), 31-34.

Gotlin, R. W., & Klingensmith, G. J. (1991). Edocrine disorders. In W. E. Hathaway, J.

R. Groothuis, W. W. Hay, Jr., & J. W. Paisley (Eds.), *Current pediatric diagnosis and treatment* (10th ed.) (pp. 770-814). Norwalk, CT: Appleton and Lange.

Grafferman, S. L., & Delzell, E. (1984). Epidemiology of Hodgkin's disease. *Epidemiological Review, 6*, 76.

Greenland, P., & Chu, J. S. (1988). Efficacy of cardiac rehabilitation services, with emphasis on patients after myocardial infarction. *Annals of Internal Medicine, 109*, 650-663.

Greenstein, B. (1994). *Endocrinology at a glance*. London: Blackwell Science.

Greiner, T. C., Medieiros, L. J., & Jaffe, E. S. (1995). Non-Hodgkin's Lymphoma. *Cancer, 75* (Supplement), 370-380.

Gribbons, D., Zahr, L. K., & Opas, S. R. (1995). Nursing management of children with sickle cell disease: An up-date. *Journal of Pediatric Nursing, 10*(4), 232-242.

Gross, A. M. (1990). Behavioral management of the child with diabete. In A. M. Gross & R. S. Drabman (Eds.), *Handbook of clinical behavioral pediatrics* (pp. 147-163). New York: Plenum Press.

Grossman, M. (1996). Tetanus. In A. M. Rudolph, (Ed.), *Rudolph's pediatrics* (20th ed.) (pp. 612-614). Stamford, CT: Appleton and Lange.

Guerra, I. C., Kemp, J. S., & Shearer, W. T. (1990). Bronchiolitis. In F. A. Oski (Ed. in Chief), *Principles and practice of pediatrics* (pp. 1332-1334). Philadelphia: J. B. Lippincott.

Guerra, C., & Shearer, W. T. (1990). Lower respiratory infections. In F. A. Oski (Ed. in Chief), *Principles and practice of pediatrics* (pp. 1329-1332). Philadelphia: J. B. Lippincott.

Habel, A. (1993). *Synopsis of paediatrics*. London: Butterworth-Heinenmann.

Haddad, G. G., & Fontán, J. J. P. (1996). Respiratory function and approach to respiratory disease. In R. E. Behrman, R. M. Kliegman, & A. M. Arvin (Eds.), *Nelson textbook of pediatrics* (15th ed.) (pp. 1170-1177). Philadelphia: W. B. Saunders.

Hadley, M. E. (1996). *Endocrinlogy* (4th ed.). Upper Saddle River, NJ: Prentice-Hall.

Hall, C. B. (1995). The recommended childhood immunization schedule of the

United Stated. *Pediatrics, 95*, 135-137.

Hall, C. B., & Hall, W. J. (2001). Bronciolitis. In R. A. Hoekelman (Ed. in Chief), *Primary pediatric care* (pp. 1354-1358). St. Louis, MO: C. V. Mosby.

Harris, A., & Super, M. (1995). *Cystic fibrosis: The facts.* New York: Oxford University Press.

Haslem, R. H. A. (2000). The nervous system. In R. E. Behrman, R. M. Kliegman, & H. B. Jenson (Eds.), *Nelson textbook of pediatrics* (16th ed.) (pp. 1793-1866). Philadelphia: W. B. Saunders.

Heberden, W. (1772). Some accounts of a disorder of the breast. *Medical Trans. Coll. Physicians, 2,* 59-67.

Herbert, T. M., & Weitzman, M. L. (2001). Poisoning. In R. A. Hoekelman (Ed. in Chief), *Primary pediatric care* (4th ed.) (pp. 2006-2019). St. Louis, MO: C. V. Mosby.

Herrin, J. T., & Antoon, A. Y. (1996). Burn injuries. In R. E. Behrman, R. M. Kliegman, & A. M. Arvin (Eds.), *Nelson textbook of pediatrics* (15th ed.) (pp. 270-277). Philadelphia: W. B. Saunders.

Hoar, S. K., Blair, A., Holmes. F. F., Boysen, C. D., Robel, R. J., Hoover, R., & Fraumeni, J. F. (1986). Agricultural herbicide use and risk of lymphoma and soft-tissue sarcoma. *Journal of the American Medical Association, 26,* 1141-1147.

Hoekelman, R. A. (1974). Allergy in childhood. A Pediatrician's viewpoint. *Pediatric Clinics of North America, 21,* 5-21.

Holden, E. W., Friend, M., Gault, C., Kager, V., Foltz, L., & White, L. (1991). Family functioning and parental coping with chronic childhood illness. In J. H. Johnson & S. S. Johnson (Eds.), *Advances in child health psychology* (pp. 265-276). Gainesville, FL: University of Florida Press.

Honig, G. R. (1996). Hemoglobin disorders. In R. E. Behrman, R. M. kliegman, & A. M. Arvin (Eds.), *Nelson textbook of pediatrics* (15th ed.) (pp. 1396-1405). Philadelphia: W. B. Saunders.

Hughes, R. A. C., Britten, T., & Richards, M. (1994). Effects of lymphoma on the peripheral nervous system. *Journal of Royal Society of Medicine, 87*, 526-530.

Hutchison, J. H., & Cockburn, F. (1986). *Practical paediatric problems* (6th ed.). London: Lloyd Luke.

Inselman, L. S. (1993). Tiberculosis. In F. D. Burg, J. R. Ingelfinger, E. R. Wald, S. S. Gellis, & B. M. Kagan (Eds.), *Current pediatric therapy* (14th ed.) (p. 586). Philadelphia: W. B. Saunders.

Jackson, H., & Parker, F. (1944). Hodgkin's disease, II. Pathology. *New England Journal of Medicine, 231,* 35-44.

Jenkins, M. (1996). Human immunodeficiency virus type 1 infection in infants and children. In A. M. Rudolph (Ed.), *Rudolph's pediatrics* (20th ed.) (pp. 655-661). Stamford, CT: Appleton & Lange.

Jereb. J. A., Klevens, R. M., Privett, T. D. Smith, P. J., Crawford, J. T., Sharp, V. L., Davis, B. J., Jarvis, W. R., & Dooley, S. W. (1995). Tuberculosis in health care workers at a hospital with an outbreak of multidrug-resistant mycobacterium tuberculosis. *Archives of Internal Medicine, 155,* 854-859.

Johnson, S. B. (1995). Insulin-dependent diabetes mellitus in childhood. In M. C. Roberts (Ed.), *Handbook of pediatric psychology* (pp. 263-285). New York: Guilford Press.

Jospe, N. (2001). Hyperthyroidism. In R. A. Hoekeman (Ed. in Chief), *Primary pediatric care* (pp. 1554-1557). St. Louis, MO: C. V. Mosby.

Josting, A., Wolf, J., & Diehl, V. (2000). Hodgkin disease: Prognostic factors and treatment strategies. *Current Opinion in Oncology, 12,* 403-411.

Kane, T. B., & Warden, G. D. (1996). Pediatric burn injury. In A. M. Rudolph (Ed.), *Rudolph's pediatrics* (pp. 861-867), Stamford, CT: Appleton & Lange.

Karp, J. E., & Broder, S. (1991). Acquired immunodeficiency syndrome and non-Hodgkin's lymphomas. *Cancer Research, 51,* 4743-4756.

Katz, S. L. (1996). Meales. In A. M. Rudolph (Ed.), *Rudolph's pediatrics* (pp. 661-698), Stamford, CT: Appleton and Lange.

Kazazian, H. H., Jr. (1993). The molecular basis of hemophilia A and the present status of carrier and antenatal diagnosis of the disease. *Thrombosis and Haemostasis, 70,* 60-62.

Kendig, E. L., Jr. (1983). Tuberculosis. In E. L. Kendig & V. Chernick (Eds.), *Disorders of the respiratory tract in children* (pp. 662-702). Philadelphia: W. B. Saunders.

Kestan, S., Szalai, J., & Dzyngel, B. (1995). Air quality and the frequency of emergency room visits for asthma. *Annals of Allergy, Asthma & Immunology, 74*(3), 269-273.

Kinlen, L. J. (1994). Leukaemia. *Cancer Surveys, 19/20*, 475-491.

Knapp, W., Strobl, H., & Majdic, O. (1994). Flow cytometric analysis of cell-surface and intracelular antigensin leukemia diagnosis. *Cytometry, 18,* 187-198.

Kochi, A. (1994). Tuberculosis: Distribution, risk factors, mortality. *Immunobiology, 191*, 325-336.

Koocher, G. P., Gudas, L. J., & McGrath, M. L. (1992). Behavioral aspects of cystic fibrosis. In M. Wolraish & D. K. Routh (Eds.), *Advances in developmental and behavioral pediatrics, 10* (pp. 195-220). Philadelphia: Jessica Kingsley.

Korones, D. M., & Cohen, H. J. (2001). Anemia and pallor. In R. A. Hoekelman (Ed. in Chief), *Primary pediatric care* (4th ed.) (pp. 978-989). St. Louis, MO: C. V. Mosby.

Lambert, J. S., Watts, D. H., Mofenson, L., Stiehm. E. R., Harris, D. R., Bethel, J., Whitehouse, J., Jimenez, E., Gandia, J., Scott, G., O'Sullivan, M. J., Kovaks, A., Stek, A., Shearer, W. T., Hammill, H., van Dyke, R., Maupin, R., Silio, M., & Fowler, M. G. (2000). Risk factors for preterm brith, low birth weight, and intrauterine growth retardation in infants born to HIV infected pregnant women receiving zidovudine. *Aids, 14,* 1389-1399.

Levine, A. M. (1992). Acquired immunodeficiency syndrome-related lymphoma. *Blood, 80,* 8-20.

Lewis, C. (1990). Short stature. In A. M. Gross & R. S. Drabman (Eds.), *Handbook of clinical behavioral pediatrics* (pp. 337-345). New York: Plenum Press.

Lewis, K. (1996). Pertussis. In A. M. Rudolph (Ed.), *Rudolph's pediatrics* (20th ed.) (pp. 585-587), Stamford, CT: Appleton & Lange.

Levi, F., Lucchini, F., Negri, E., Barbui, T., & La Vecchia, C. (2000). Trends in mortality from leukemia in subsequent age groups. *Leukemia, 14,* 1980-1985.

Litovitz, T., & Manoguerra, A. (1992). Comparison of pediatric poisoning hazards: An analysis of 3.8 million exposure incidents. *Pediatrics, 89,* 999-1006.

Lowenthal, D. (2001). Approach to the child with a cough. In C. Green-Hernandez, J. K. Singleton, & D. A. Aronzon (Eds.), *Primary care pediatrics* (pp. 405-421). Philadelphia: J. B. Lippincott.

Loughlin, G. M. (1983). Bronchitis. In E. L. Kendig & V. Chernick (Eds.), *Disorders of the respiratory tract in children* (pp. 275-283). Philadelphia: W. B. Saunders.

Lum, G. M. (1991). Kidney and urinary tract. In W. E. Hathaway, J. R., Groothuis, W. W. Hay, Jr., & W. Paisley (Eds.), *Current pediatric diagnosis and treatment* (10th ed.) (pp. 608-631). Norwalk, CT: Appleton & Lange.

Lund, C. C., & Browder, N. C. (1944). The estimation of areas of burns. *Surgical and Gynecological Obstetrics, 70,* 352.

Lung and Asthma Information Agency. (2000). Factsheet 2000/3. *Asthma and social class.* Public Health Sciences Dept., St. George's Hospital Medical School, London: Author.

Lustig, J. V. (1991). Fluid and electrolyte therapy. In W. E. Hathaway, J. R. Groothuis, W. W. Hay, Jr., & J. W. Paisley (Eds.), *Current pediatric diagnosis and treatment* (10th ed.) (pp. 1065-1076). Norwalk, CT: Appleton & Lange.

McClain, K. L. (1990). Lymphomas. In F. A. Oski (Ed. in Chief), *Principles and practices of pediatrics* (pp. 1503-1570). Philadelphia: J. B. Lippincott.

McCune, S. L., Reilly, M. P., Chomo, M. J., Asakura, T., & Townes, T. M. (1994). Recombinant human hemoglobins designed for gene therapy of sickle cell disease. *Proceedings of the National Academy of Science of the USA, 91,* 9852-9856.

Magrath, I. (1995). Bone marrow transplantation for leukaemia: A lame stalking horse for use of high-technology medical care. *The Lancet, 345* (8940), 601-602.

Maher, E. R. (2001). Analysis of the entire coding region of the cystic fibrosis transmembrane regulator gene in neonatal hypertryp sinaemia with normal sweat. *Journal of Medical Genetics, 38,* 202-205.

Mahoney, D. H. (1990). Malignant brain tumors in children. In F. A. Oski (Ed. in Chief), *Principles and practice of pediatrics* (pp. 1583-1587). Philadelphia: J. B. Lippincott.

Maldonado, Y. (2000). Mumps. In R. E. Behrman, R. M. Kliegman, & H. B. Jenson (Eds.), *Nelson textbook of pediatrics* (16th ed.) (pp. 945-955). Philadelphia: W. B. Saunders.

Marcus, K. C., Kalish, L. A., Coleman, C. N., Shulman, L. N., Rosenthal, D. S., Canellos, G. R., & Mauch, P. M. (1994). Improved survival in patients with limited stage ⅢA Hodgkin's disease treated with combined radiation therapy and chemotherapy. *Journal of Clinical oncology, 12*, 2567-2572.

Marteau, T. M. (2000). Population screening for cystic fibrosis: A research agenda for the next 10 years. *American Journal of Medical Genetics, 93*, 205-206.

Medeiros, L. J., & Greiner, T. C. (1995). Hodgkin's disease. *Cancer, 75* (Supplement), 357-369.

Mendelsohn, A. M., Vermilion, R. P., & Durham, L. A. (2001). Congenital heart disease. In R. A. Hoekelman (Ed. in Chief), *Primary pediatric care* (pp. 1402-1440). St. Louis, MO: C. V. Mosby.

Miller, H. S., Jr., & Fletcher, G. F. (1995). Community-based cardiac rehabilitation outpatient programs. In M. L. Pollock & D. H. Schmidt (Eds.), *Heart disease and rehabilitaion* (3rd ed.) (pp. 229-242). Champaign, IL: Human Kinetics.

Miller, R. W. (1992). Vitamin K and childhood cancer. *British Medical Journal, 305*, 1016 (letter).

Milner, A. D., & Hull, D. (1998). *Hospital paediatrics.* New York: Churchill Livingstone.

Moffitt, J. E., Gearhart, J. G., & Yates, A. B. (1994). Management of asthma in children. *American Family Physician, 50*(5), 1039-1050.

Montgomery, R. R., & Scott, J. P. (1992). Homostasis: Diseases of the fluid phase. In D. G. Nathan & F. A. Oski (Eds.), *Hematology of infancy and childhood* (Vol. 11) (pp. 1605-1650). Philadelphia: W. B. Saunders.

Morgan, W. P., & Raglin, J. S. (1986). Psychologic aspects of heart disease. In M. L.

Pollock & D. H. Schmidt (Eds.), *Heart disease and rehabilitation* (2nd ed.) (pp. 97-114). New York: John Wiley and Sons.

Munir, A. K. M., Einarsson, R., Kjellman, N-I. M., & Björksten, B. (1993). Mite (*Der p 1 & Der f 1)* and cat (*Fel d 1)* allergens in the homes of babies with a family history of allergy. *Allergy, 48*, 158-163.

Murphy, S. B. (1980). Classification, staging and end results of treatment of childhood non-Hodgkin's lymphomas: Dissimilarities from lymphomas in adults. *Seminars in Oncology, 7*, 332-339.

National Asthma Education Program. (1991). Expert panel. *Guidelines for the diagnosis and management of asthma.* Bethesda, MD: National Heart, Lung and Blood Institute, DHHS publication no. 91-3042.

Nelson, J. D. (1996). Diphtheria. In A. M. Rudolph (Ed.), *Rudolph's pediatrics* (20th ed.) (pp. 567-570). Stamford, CT: Appleton & Lange.

Newhouse, M. T. (1994). Hospital-based asthma education. *Chest, 106,* 237S-241S.

Nield, L. E., McCrindle, B. W., Bohn, D. J., West, L. J., Coles, J. G., Freedom, R. M., & Lee, N. B. (2000). Outcomes for children with cardiomyopathy awaiting transplanatation. *Cardiology in the Young, 10*, 358-366.

Obrams, G. I., & Grufferman, S. (1991). Edidemiology of HIV associated non-Hodgkin lymphoma. *Cancer Surveys, 10*, 91-102.

Offit, P. (1996). Viral gastroenteritis. In A. M. Rudolph (Ed.), *Rudolph's pediatrics* (20th ed.) (pp. 642-644). Stamford, CT: Appleton & Lange.

Overby, K. J. (Assoc. Ed.) (1996). Pediatric health supervision. In A. M. Rudolph (Ed.), *Rudolph's pediatrics* (20th ed.) (pp. 1-36). Stamford, CT: Appleton & Lange.

Oza, A. M., Tonks, S., Lim, J., Fleetwood, M. A., Lister, A., & Rodmer, J. G. (1994). A clinical and epidemiological study of human leukocyte antigen-DPB alleles in Hodgkin's disease. *Cancer Research, 54*, 5101-5105.

Padgett, D., Mumford, E., Hynes, M., & Carter, R. (1988). Meta-analysis of the effects of educational and psychosocial interventions on management of diabetes mellitus. *Journal of Clinical Epidemiology, 41,* 1007-1030.

Pagtakhan, R. D., & Chernick, V. (1983). Intensive care for respiratory disorders. In E. L. Kendig & V. Chernick (Eds.), *Disorders of the respiratory tract in children* (pp. 145-165). Philadelphia: W. B. Saunders.

Parkins, D. M., Cardis, E., Masayer, E., Friedl, H. P., & Hansluwka, H. (1993). Leukaemia following the Chernobyl accident: The European Childhood Leukaemia-Lymphoma Incidence Study (ECLIS). *European Journal of Cancer, 294*, 87-95.

Parks, W. (1996). Human immunodeficiency virus. In R. E. Behrman, R. M. Kliegman, & A. M. Arvin (Eds.), *Nelson textbook of pediatrics* (15th ed.) (pp. 916-919). Philadelphia: W. B. Saunders.

Paton, J. Y., & Cockburn, F. (1995). Core attitudes, skills, and attitudes in child health for undergraduates. *Archives of Disease in Childhood, 73,* 263-265.

Pearson, H. A. (1987). Disease of the blood. In R. E. Behrman & V. C. Vaughan (Eds.), *Nelson textbook of pediatrics* (13th ed.) (pp. 1033-1078). Philadelphia: W. B. Saunders.

Perrin, J. M., Maclean, W. E., Gortmaker, S. L., & Asher, K. N. (1992). Improving the psychological status of children with asthma: A randomized controlled trial. *Journal of Developmental and Behavioral Pediatrics, 13*(4), 241-247.

Pickering, L. K. (1996). Salmonella, shigella, and enteric E. coli infections. In A. M. Rudolph (Ed.), *Rudolph's pediatrics* (20th ed.) (pp. 592-601). Stamford, CT: Appleton & Lange.

Piomelli, S. (1996). Lead poisoning. In R. E. Behrman, R. M. Kliehman, & A. M. Arvin (Eds.), *Nelson textbook of pediatrics* (15th ed.) (pp. 2010-2013). Philadelphia: W. B. Saunders.

Platts-Mills, T. A. (1990). Allergens and asthma. *Allergy Proceedings, 11,* 269-271.

Pollart, S. M., Chapman, M. D., Fiocco, G. P., Rose, G., & Platts-Mills, T. A. E. (1989). Epidemiology of acute asthma: IgE antibodies to common inhalant allergens as a risk factor for emergency room visits. *Journal of Allergy and Clinical Immunology, 83*, 875-882.

Psiachou, E., Hann, I. M., Morgan, G., & Chessells, J. M. (1994). Early deaths in children undergoing marrow ablative therapy and bone marrow transplantation.

Bone Marrow Transplantation, 14, 975-980.

Quirce, S., Demich-Ward, H. Chen, H., Ferguson, A., Becker, A., Manfreda, J., Simons, E., & Chen-Young, M. (1995). Major cat allergen (*Fel d I)* levels in the homes of patients with asthma and their relationship to sensitization to cat danger. *Annals of Allergy, Asthma, and Immunology, 75*, 325-330.

Razzouk, B. I., Heideman, R. L., Friedman, H. S., Jenkins, J. J., Kun, L. E., Fairclough, D. L., & Horowitz, M. E. (1995). A phase II evaluation of Thiotepa followed by other multiagent chemotherapy regimens in infants and young children with malignant brain tumors. *Cancer, 75*, 2762-2767.

Reid, M. M. (1994). Research on leukaemia cells surplus to diagnostic needs in children. *Journal of Medical Ethics, 20*, 225-228.

Remafedi, G., & Lauer, T. (1995). Survival trends in adolescents with human immuno-deficency virus infection. *Archives of Pediatrics and Adolescent Medicine, 149,* 1093-1096.

Revesz, T., Mpofu, C., & Oyejide, C. (1995). Ethnic differences in the lymphoid malignancies of children in the United Arab Emirates. A clue to aetiology? *Leukemia, 9,* 189-193.

Rhoads, G. G. (Chair, Steering Committee), JLC Steering and Publication Committee (2000). Safety and efficacy of Succimer in toddlers with blood lead levels of 20-44 μg/dL. *Pediatric Research, 48*, 593-599.

Riise, G. C., Ahlstedt, S., Larsson, S., Enander, I., Jones, I., Larsson, P., & Anderson, B. (1995). Bronchial inflammation in chronic bronchitis assessed by measurement of cell products in bronchial lavage fluid. *Thorax, 50*, 360-365.

Rodgers, G. Y. (1991). Recent approaches to the treatment of sickle cell anemia. *The Journal of the American Medical Association, 265,* 2097-2101.

Rosenberg, N. M., Clark, K., Pershad, J., & Smith, S. A. (2000). Trial and tribulations of the asthmatic patient. *Pediatric Emergency Care, 16,* 367-371.

Rosenstein, B. J. (1990). Cystic fibrosis. In F. A. Oski (Ed. in Chief), *Principles and practice of pediatrics* (pp. 1362-1372). Philadelphia: J. B. Lippincott.

Rumack, B. H. (1996). Chemical and drug poisoning. In R. E. Behrman, R. M.

Kleigman, & A. M. Arvin (Eds.), *Nelson textbook of pediatrics* (15th ed.) (pp. 2013-2023). Philadelphia: W. B. Saunders.

Rushton, J. G., & Rooke, E. D. (1962). Brain tumor headache. *Headache, 2,* 147-152.

Rutigliano, M. J., Pollack, I. F., Ahdab-Barmada, M., Pang, D., & Albright, A. L. (1994). Intracranial infantile myofibromatosis. *Journal of Neurosurgery, 81,* 539-543.

San Joaquin, V. H., & Marks, M. I. (1996). Cholera. In A. M. Rudolph (Ed.), *Rudolph's pediatrics* (20th ed.) (pp. 564-567). Stamford, CT: Appleton and Lange.

Sandland, J, T. (1996). Non-Hodgkin lymphoma. In R. E. Behrman, R. M. Kliegman, & A. M. Arvin (Eds.), *Nelson textbook of pediatrics* (15th ed.) (pp. 1459-1460). Philadelphia: W. B. Saunders.

Schmidek, H. H. (1987). The molecular genetics of nervous system tumors. *Journal of Neurosurgery, 67,* 1-16.

Schmidt, D. H., Port, S. C., & Gal, R. A. (1995). Nuclear cardiology and echocardiology: Noninvasive tests for diagnosing patients with coronary artery disease. In M. L. Pollock & D. H. Schmidt (Eds.), *Heart disease and rehabilitation* (3rd ed.) (pp. 229-242). Champaign, IL: Human Kinetics.

Schoenberg, B. S., Schoenburg, D. G., Christine, B. W., & Gomez, M. R. (1976). The epidemiology of primary intracranial neoplasms of childhood: A population study. *Mayo Clinical Proceedings, 51,* 51-56.

Schonfeld, D. J., Rainey, P. M., Cullen, M. R., Showalter, D. R., & Cicchetti, D. V. (1995). Screening for lead poisoning by fingerstick in suburban pediatric practices. *Archives of Pediatrics and Adolescent Medicine, 149,* 447-450.

Schwachman, H. (1983). Cystic fibrosis. In E. L. Kendig & V. Chernick (Eds.), *Disorders of the respiratory tract in children* (pp. 640-661). Philadelphia: W. B. Saunders.

Schwartz, C. (1992). Cancers in childhood. In R. A. Hoekelman, S. B. Friedman, N. M. Nelson, & H. M. Seidel (Eds.), *Primary pediatric care* (2nd ed.) (pp.1157-1176). St. Louis, MO: Mosby Year Book.

Schwartz, R. (1987). The endocrine system. In W. E. Nelson, K. E. Behrman, & V. C.

Vaughan (Eds.), *Nelson textbook of pediatrics* (13th ed.) (pp. 1176-1247). Philadelphia: W. B. Saunders.

Seay, A. R., & Devivo, C. (1996). Virus infections. In A. M. Rudolph (Ed.), *Rudolph's pediatrics* (20th ed.) (pp. 1989-2002). Stamford, CT: Appleton and Lange.

Shapiro, J. R. (1986). Biology of gliomas: Heterogeneity, encogenes, growth factors. *Seminars in Oncology, 13*, 4-15.

Sharland, G. (2000). What should be provided by a service for fetal cardiology? *Cardiology in the Young, 10*, 625-635.

Sideman, S., & Beyar, R. (1993). *Interactive phenomena in the cardiac system*. New York: Plenum Press.

Sly, M. (1996). Allergic disorders (Adapted from 13th ed., sections by E. F. Ellis). In R. E. Behrman, R. M. Kliegman, & A. M. Arvin (Eds.), *Nelson textbook of pediatrics* (15th ed.) (pp. 610-656). Philadelphia: W. B. Saunders.

Smith, J. B., & Mills, C. B. (1992). Chemical agents that inhibit platelet aggregation. In J. W. Fisher (Ed.), *Biochemical pharmacology of blood and bloodforming organs* (pp. 353-376). New York: Springer-Verlag.

Smith, L., & McFadden, E. R., Jr. (1995). Bronchial hyperreactivity revisited. *Annals of Allergy, Asthma and Immunology, 74*, 454-469

Smith, M. H. D. (1983). Bacterial pneumonias: Gram-positive. In E. L. Kendig & V. Chernick (Eds.), *Disorders of the respiratory tract* (pp. 294-134). Philadelphia: W. B. Saunders.

Smith, R. B. (1995). OSHA's TB Rulemaking. *Occupational Health and Safety, 64*(4), 48-51

Snyder, J. D., & Pickering, L. K. (1996). Hepatitis A through E. In R. E. Behrman, R. M. Kliegman, & A. M. Arvin (Eds.), *Nelson textbook of pediatrics* (15th ed.) (pp. 909-914). Philadelphia: W. B. Saunders.

Starke, J. R. (1996). Tuberculosis. In R. E. Behrman, R. M. Kliegman, & A. M. Arvin (Eds.), *Nelson textbook of pediatrics* (15th ed.) (pp. 834-837). Philadelphia: W. B. Saunders.

Stautz, C. C. (1991). CT of infantile myofibromatosis of the orbit with intracranial involvement: A case report. *American Journal of Neuroradiology, 12*, 184-185.

Stein, M. A., Weiss, R. E., & Refetoff, S. (1995). Neurocognitive characteristics of individuals with resistance to thyroid hormone: Comparisons with individuals with Attention-Deficit Hyperactivity Disorder. *Journal of Developmental and Behavioral Pediatrics, 16,* 406-411.

Stern, R. C. (1996). Bronchitis. In R. E. Behrman, R. M. Kliegman, & A. M. Arvin (Eds.), *Nelson textbook of pediatrics* (15th ed.) (pp. 1210-1211). Philadelphia: W. B. Saunders.

Stone, J. P., Konstan, M. W., Berger, M., Dorkin, H. L., Franzblau, C., & Snider, G. L. (1995). Elastin and collagen degradation products in urine of patients with cystic fibrosis. *American Journal of Respiratory and Critical Medicine, 152*, 157-162.

Suwanwela, N., Phanthumchinda, K., & Kaoropthum, M. D. (1994). Headache in brain tumor: A cross-sectional study. *Headache, 34*, 435-438.

Todd, J. (1996). Rheumatic fever. In R. E. Behrman, R. M. Kliegman, & A. M. Arvin (Eds.), *Nelson textbook of pediatrics* (15th ed.) (pp. 754-760). Philadelphia: W. B. Saunders.

Todd, J. K. (1996). Staphylococcal infections. In A. M. Rudolph (Ed.), *Rudolph's pediatrics* (20th ed.) (pp. 601-603). Stamford, CT: Appleton & Lange.

Travis, L., Brouhad, B., & Schreiner, B. (1987). *Diabetes mellitus in children and adolescents*. Philadelphia: W. B. Saunders.

Tucha, O., Smely, C., Preier, M., & Lange, K. W. (2000). Cognitive deficits before treatment among patients with brain tumors. *Neurosurgery, 47,* 324-334.

Tureen, J. (1996). Meningitis. In A. M. Rudolph (Ed.), *Rudolph's pediatrics* (20th ed.) (pp. 544-551). Stamford, CT: Appleton & Lange.

U. S. Department of Health and Human Services. (1991). *Guidelines for the diagnosis and management of asthma*. National Institute of Health. Washington, DC: Publication No. 91-3042.

Van Camp, S. P. (1995). Safety, precautions and emergency procedures. In M. L. Pollock & D. H. Schmidt (Eds.), *Heart disease and rehabilitaion* (3rd ed.) (pp.

423-432). Champaign, IL: Human Kinetics.

Verghese, V. A. (1995). Bacterial bronchitis and bronchiectasis in human immunodeficiency virus infection. *The Journal of the American Medical Association, 273*, 4.

Wabinga, H. R., Parkin, D. M., Wabwire-Mangen, F., & Mugerwa, J. W. (1993). Cancer in Kampala, Uganda, in 1989-91: Changes in incidence in the era of AIDS. *International Journal of Cancer, 54*, 26-36.

Warner, J. H. (1992). Environmental allergen exposure in homes and schools. *Clinical and Experimental Allergy, 22*, 1044-1045.

Weiss, K. B., & Wagener, D. K. (1990). Changing patterns of asthma mortality. Identifying target populations at high risk. *Journal of the American Medical Association, 264*, 1683-1687.

Werntrub, P. W. (1996). Viral hepatitis. In A. M. Rudolph (Ed.), *Rudolph's pediatrics* (20th ed.) (pp. 647-651). Stamford, CT: Appleton & Lange.

Wilson, S. R., & Starr-Schneidkraut, N. (1994). State of the art in asthma education: U. S. experience. *Chest, 106*, 197S-205S.

Wiswell, T. E., Davis, J., Cunningham, B. E., Solenberger, R., & Thomas, P. J. (1988). Infantile myofibromatosis. The most common fibrous tumor of infancy. *Journal of Pediatric Surgery, 23*, 314-318.

Wiswell, T. E., Sakas, E. L., Stephenson, S. R., Lesica, J. J., & Reddoch, S. R. (1985). Infantile myofibromatosis. *Pediatrics, 76*, 981-984.

World Health Organization, the International Union Against Tuberculosis and Lung Disease (IUATLD) and the Royal Netherlands Tuberculosis Association (KNCV). (2001). Revised international definitions in tuberculosis control. *International Journal of Tuberculosis and Lung Disease, 5*, 213-215.

Yager, J. Y., & Vannucci, R. C. (1992). Brain tumors. In S. B. Friedman, N. M. Nelson, & H. M. Seidel (Eds.), *Primary pediatric care* (2nd ed.) (pp. 1148-1151). St, Louis, MO: Mosby Year Book.

Yang, Y., Cepeda, M., Price, C., Shah, A., & Mankad, V. (1994). Depression in children and adolescents with Sickle-cell Disease. *Archives of Pediatrics and Adolescent Medicine, 148*, 457-460.

Young, T. K. (1993). Diabetes mellitus among Native Americans in Canada and the United States: An epidemiological review. *American Journal of Human Biology, 5*, 399-413.

Zahm, S, H., Weisenburger, D. D., Babbitt, P. A., Saal, R. C., Vaught, J. B., & Blair, A. (1992). Use of hair coloring products and the risk of lymphoma, multiple myeloma and chronic lymphocytic leukemia. *American Journal of Public Health, 82*, 990-997.

제 11 장

음악치료사를 위한 법적인 고려 사항

1. 아동학대
2. 아동 훈련, 상처와 책임
3. 개별화 교육 프로그램과 통합교육
4. 전염성 질병
5. 검열, 조사 그리고 압수
6. 자신과 클라이언트를 위한 안전
7. 종교활동
8. 문서화
9. 음악치료에서 저작권에 대한 고려 사항
10. 요 약

11 음악치료사를 위한 법적인 고려 사항

음악치료는 신뢰에 바탕을 둔 직업이다. 클라이언트, 고용 기관, 치료사로서 이 전문직은 당연히 이름 뒤에 MT-BC 명칭이 있는 사람에 대해 도덕성과 윤리적인 행동에 대한 높은 기준을 기대해야만 한다. 자연적으로, 도덕적이고 윤리적인 행동은 클라이언트와 동료 치료사를 존경심을 가지고 대하는 것, 자신의 전문적인 판단을 지혜롭게 사용하는 것, 고용주의 규정대로 작업하는 것, 연방의/주정부의/지역의 법률을 따르는 것을 포함한다. 최고로 단련되고 원칙적인 음악치료사라고 하더라도 논쟁을 일삼는 사회에서 그 자신이 무심코 스스로를 부적합하거나 비제도적인 행동의 혐의를 받지 않도록 항상 조심해야 한다. 이번 장에서는 ① 음악치료 임상과 관련된 법적인 고려 사항, ② 오해로부터 자신을 보호하는 것, ③ 서비스 제공에서 일반적으로 책임져야 할 문제들의 일부에 대해 이야기할 것이다.

개인의 윤리적인 책임 중 한 가지는 법적인 책임이다. 특별한 법과 규칙의 공정성과 도덕성에 대한 믿음과 상관없이 개인은 법을 지킬 의무가 있는데, 심지어는 그 법이 불공정하다고 생각해서 그 법을 바꾸려는 중이라도 그러하다. 전문인에

게는 시민의 책임감과 더불어 그 사람의 직업적인 책임감 그리고 '소명'에 걸맞게 가져야 하는 책임감에 대한 균형이 필요하다. 직업적으로 윤리적이 된다는 것은 해당 법 안에서 일하는 것이라고 추측할 수 있다. 법은 직업적인 실행에 대한 상세한 변수들을 필수적으로 구성할 것이다.

법은 법령과 제도적인 해석을 통해 확립된다. 미국 학교에서 미연방과 주정부가 삼권이 분립되어 있다고 가르치는 것은 한때 관례적인 것이었다. 삼권의 부서는 법을 제정하는 입법부, 법을 행하는 행정부, 법을 해석하는 사법부다. 필연적으로 각 부서들은 서로의 영역에 개입한다. 즉, 행정부는 그들의 사법권 임명을 통하여 미래의 법 해석을 보장받으려 하고, 입법부는 사법부의 법 해석권을 제한하려 하며, 사법부는 그들의 판결을 통하여 대체하는 법을 만듦으로써 공공정책을 변화시키려 한다. 정부의 규칙은 법 효력을 가질 수도 있다. 그것은 소송을 제기하거나 거부를 통하여 재원을 보류할 수 있는 권한을 가지고 있기 때문이다. 결국 그 법은 법 제정과 해석의 복잡한 집대성이 될 수 있다. 정확한 언어와 법적 선례는 확실히 중요하다. 그러나 가장 유창하고 정확한 언어도 소송을 미연에 방지하지 못할 수도 있다. 법이 말하는 것을 수용하기를 꺼려 하는 것뿐만 아니라 법에 대한 혼돈과 합리적 불일치는 소송으로 이끌 것이다. 어떤 사람이 법, 체제 그리고 특정한 사람의 희생자라는 생각은 소송으로 이끌 수 있다.

전문적 실행에서 신중하고 합리적인 행위는 필수적이다. 오늘날 사회에서 한 번 간과되고 경시된 것은 법적 소송의 근거가 될 수도 있다. 교사, 치료사 그리고 양육자들은 무심코 학생이나 고객들을 포옹할 수 있다. 그리고 후에 성희롱으로 고소당할 수도 있다. 어떤 사람은 집단활동을 이끌기 위해 여러 가지 가사를 베낄 수 있다. 그리고 절도 행위로 고소될 수 있다. 집단 환경에서 방해되는 학생 또는 클라이언트를 제외시키는 행위는 시민의 권리와 차별에 대한 범법 행위로 고소될 것이다. 법이나 고귀한 의도에 대한 무시는 법 제도의 틀 내에서 행하는 것으로 용서받을 수 있다. 그 틀은 전문적인 실행에서 잘못을 발견하려는 사람이 감시하는 영역이다.

1. 아동학대

아동에 관심이 있는 모든 사람들은 아동학대에 관한 이야기에 매우 경악한다. 그러나 아동을 반복적인 학대로부터 보호하는 것은 어려운 일이다. 특히 누군가가 그러한 학대적인 행동을 목격하지 않는다면 더욱더 그렇다. 아동학대와 방임에 대한 국가센터(The National Center on Child Abuse and Neglect)는 1974년에 국회의 「아동학대 예방과 치료법(Child Abuse Prevention and Treatment Act)」(PL 93-247)을 통해 창단되었고, 1988년에 「아동학대 예방, 적용, 가족 서비스 법(Child Abuse Prevention Adoption and Family Service Act)」(PL 100-294)을 통해 적합한 직원을 배치하기 위한 기금을 받았다.

학대와 방임에 대한 많은 정의들이 존재한다. 아동학대는 주 차원의 범죄지, 연방 차원의 범죄는 아니다. 따라서 음악치료사는 그들을 고용한 주에서 아동학대가 어떻게 정의되는가를 아는 것이 중요하다. 일반적으로 대부분의 주는 '학대'를 아동에게 신체적으로 해를 입히는 어떠한 것, 예를 들어 칼로 베거나, 멍이 들게 하거나, 뼈를 부러뜨리거나, 화상을 입히는 것으로 정의한다. 심각한 정서상의 위해를 입히는 것, 예를 들어 언어적 · 정서적 폭력, 비상식적인 처벌 형태(예, 음식, 옷, 잠을 잘 공간을 박탈하는 것, 아동을 한정된 공간에 가두는 것), 법을 어기는 것을 돕도록 아동을 이용하는 것, 정서 문제에 대해 의학적 치료를 받지 못하게 하는 것 등이 될 수 있다. 방임은 분리해서 정의되지 않을 수도 있지만, 일상적으로 아동에게 제공되어야 할 보호의 부족, 예를 들어 아동을 학교에 보내지 않는 것, 적절한 음식과 머물 곳과 의복을 제공하지 않는 것, 좋지 않은 위생이나 더러운 환경으로 건강상의 위해를 가하는 것, 신체 문제에 대해 의료적으로 돌보아 주지 않는 것, 아동을 예견 가능한 위해로부터 보호하지 못하는 것 등이다. 성적 학대는 보통 분리된 범주이며, 착취나 박해(애무, 구강성교, 항문, 생식기 성교 등)를 포함한다.

모든 주에는 의심스러운 학대나 방임에 대해 보고를 요구하는 법이 마련되어 있다. 다시 말해, 당신이 만약 의심스러운 아동학대의 '위임된 보고자'라면, 결정을 내릴 때 그 주의 법률을 확인해야만 한다. 만일 아동이 학대를 당한 사실에 대해서 믿을 만한 근거 또는 의심할 만한 합리적 원인이 있다면, 당신은 보고서를 작성해서 그러한 사실을 슈퍼바이저나 관리자와 상의해야만 한다. 만일 당신이 '위임된 보고자' 라면, 주에서 정한 절차를 따라야만 한다. 어떠한 주들은 구두상의 보고나 문서상의 보고서를 요구하고, 어떠한 주들은 이 2가지 모두를 요구한다. 대부분의 주들은 제대로 보고하지 못한 전문인에게 벌금을 부과하거나 투옥할 것이다. 그러한 보고를 제대로 하지 못한 것에 대해 주의 법률에서는 민사상의 또는 형사상의 책임을 물을 수 있고, 연방정부의 법률에서는 잠재적인 책임을 초래할 수 있다. 민사상의 책임은 그 사람이 개인에 대하여 잘못을 범했을 때 발생하는 것인 반면에 형사상의 책임은 사회에 대해서 잘못을 범했을 때 발생하는 것이다(Fischer & Sorenson, 1991, p. 32). 동시에 전문인이 보고서를 작성하도록 요구받을 때, 그들은 '의심스러운 학대나 방임에 대해서 옳은 신념을 가지고 보고를 한 개인에 대해서 면책을 주는 주의 법령' 에 따라서 보호를 받게 된다(Curcio & Milford, 1993, p. 53; Thomas, 1987).

당신은 의심스러운 학대에 대한 보고를 위해서 자신이 고용된 기관의 절차에 대해서 확실히 알아야 한다. 이것은 문서로 작성되어야 한다. 만일 당신의 고용주가 학교 지역에 있다면, 그들은 직원들에게 학대 아동을 확인하는 훈련을 제공해야 한다. 학대에 대한 불만을 적절히 조절하는 데 주의 피고용자가 실패하는 것은 큰 부주의 또는 무관심으로 비춰질 수 있으며, 1983년에 제정된 조항(42 U.S. Code, Section 1983)에 있는 학교 책임의 기초가 될 수 있다. 주의 피고용자가 속한 학교는 '부모 대신' 이라는 원칙하에 움직이는데, 이것은 학교의 보호하에 있는 동안 아동을 보호해야 하는 책임을 지우는 것이다. 따라서 학교 피고용자의 학대는 1983년 제정된 조항의 소송으로 이끌 뿐만 아니라, 특히 그 피고용자가 그러한 학대에 대한 기록을 가지고 있다면 폭력적인 피고용자를 고용한 것에 대한 책임을 져야 할 것이다. 거주지 시설에도 유사한 규정이 있다.

아동학대는 매우 크고 광범위한 문제다. 최근 일 년 동안에 백만 건 이상이 아동학대와 방임에 대한 국가 센터에 접수되었다. 이것은 아마 빙산의 일각일 텐데, 왜냐하면 일반적으로 아동학대와 방임의 대부분의 경우가 보고되지 않기 때문이다(Fischer & Sorenson, 1991, pp. 172-173).

권고 사항

- 학대에 대한 표시들을 살펴라. 그리고 언제 반복적으로 발생할지를 인식하라.
- 학대 보고를 위한 절차들을 숙지하라. 만일 당신의 기관에 명확한 정책과 절차 보고서가 없다면 그러한 보고서를 새롭게 만들 것을 권장하라. 그것은 학대 조사원이 그 기관에 왔을 때 어떻게 진행되는지에 대한 사항들을 포함해야만 한다. 부모들은 그러한 정책에 대한 정보를 알고 있어야 한다.
- 학대의 범위에 대한 내부 훈련을 권장하라. 이러한 과정에 부모를 포함시켜라. 지역 아동 보호 서비스는 기꺼이 훈련을 제공할 것이다.
- Lukas(1993)는 여기에 "아동의 안전이 위험하다고 생각한다면, 당황하지 말고 상사나 슈퍼바이저 또는 기관장을 부르도록 하라. 그리고 그렇게 하는 것에 대해 그들을 괴롭힌다고 생각하지 마라." (p. 140)라고 덧붙였다.

학대에 대한 잘못된 고소

극도로 소송을 일삼기 좋아하는 우리 사회에서, 누군가가 거짓으로 학대에 대한 고소를 당하는 경우는 관심거리가 된다. 이러한 고소들은 금전적인 보상이 있을 경우에 증가한다. 그러나 이에 따라 개인적인 평가와 직업적인 평판 모두가 위기에 처할 수 있다.

괴롭힘

'괴롭힘(molestation)' 이라는 용어는 약간 잘못 이해된 것이다. '괴롭힌다' 라는 것은 신체적 또는 정신적 고통의 원인이 되거나, 상대적으로 방어하지 못하는 사람을 학대하는 것을 말한다. 인간은 괴롭히는 행동들을 다양하게 생각해 낼 것이다. 여기에는 아기를 뜨거운 차 안에 홀로 두고 자리를 비우는 것, 성적인 구타나 강간, 아동을 어루만지는 것, 클라이언트에게 치료사와 성적인 관계를 가지는 것이 치료 과정에서 필수적이라고 속이는 것, 학생을 동료들 앞에서 과소평가하는 것, 태아를 약물에 노출시키는 것 등이 포함된다. 음악치료의 임상에서 의심스러운 말이나 행동을 할 기회는 많다. 사람을 돕는 직업을 가진 치료사와 사람들은 클라이언트에게 해를 끼치는 무언가를 해서는 안 되며, 폭력 행동이 일어나는 상황이 생기지 않도록 관심을 가져야 한다. 아동을 맡은 사람에 대한 근거 없는 고소는 파괴적인 사건의 연속이 될 수 있다.

사전에 조심하는 것은 확실히 바람직하다. 순수하게 포옹하는 행동은 보상이나 안심시키기 위한 의도에서 나오며, 성적 의미가 전혀 없을 수 있지만 잘못 오인될 수도 있다. 심지어 순수하게 어깨를 가볍게 두드리는 것도 잘못 오인될 수 있다. '선한 접촉'과 '악한 접촉'의 모든 것이 항상 아동에게 분명하게 구별되는 것은 아니며, 열정적인 아동의 변호사들은 감수성이 예민한 아동의 마음속에 어떤 생각들을 주입할 수도 있다.

목격자의 존재와 심지어 일상적인 사건에 대한 세심한 기록이 가치가 있을 것이다. 악기를 잡도록 돕거나 휠체어에 앉은 사람을 지지하는 것은 목격자들이 발생한 일에 대해서 확증할 수 있을 때 덜 오인받을 수 있다. 매우 신중한 행동은 냉담해 보일 수 있지만, 소송을 일삼는 현대인의 경향은 이러한 신중한 행동을 요구한다. 특히 아동, 그리고 이성과 일을 할 때 더욱 그러하다.

'괴롭힘'이란 다양한 실제 또는 상상 속에서의 모욕적이거나 손상적인 행동을 포함하여 매우 넓게 정의된다는 것을 기억할 필요가 있다.

권고 사항

- 다른 사람이 없는 상황에서 클라이언트와 일하지 마라.
- 만일 그것이 불가능하다면, 세션이 진행되는 동안 어떤 일이 일어나는지를 다른 사람이 알 수 있도록 문을 열어 놓아라.

- 일할 때 방해받을 수 있으므로, 문을 열어 놓는 것은 불가능할 수도 있을 것이다. 그러한 경우는 모든 세션에서 시간을 어떻게 사용하였는지에 대해 차트에 기록하고 정리해 두도록 하라.
- 만일 고용 기관에서 그러한 것이 제공되지 않는다면 책임 보험에 가입하라.

2. 아동 훈련, 상처와 책임

연방정부와 주의 법정 모두는 신체적 벌을 사용할 것을 지속적으로 지지해 오고 있지만, 많은 주와 지역에서는 그것을 금하고 있다. 치료자의 책임과 클라이언트의 권리를 생각하여, 치료 환경에서 질서를 유지하는 방법으로 체벌이 사용되어서는 안 된다. 그러나 당신에게나 집단의 다른 사람에게 위해를 가하는 클라이언트의 행동에 대해서 어떻게 제한을 둘지에 대해서 고려하여야 한다. 「장애인교육법(IDEA)」에서는 학생들의 행동이 직접적으로 그들의 장애와 연관 있고, 학생들은 학교 체제에서 일반적인 금지나 배제된 절차하에 있지 않다고 명시하고 있다(Vacca, 1993, p. 35). 그러한 행동은 자유와 적절한 교육에서 그들의 권리에 대한 제약으로 여겨진다. 그러한 법은 아동이 그 자신의 장애로 기인된 행동에 대해서는 벌을 받지 않는다는 것과 많은 관련이 있다. 따라서 학교 환경에서 함부로 행동하는 정서적 · 행동적 문제를 가진 아동은 만일 그러한 행동이 그들의 장애와 관련이 있다면 벌을 받지 않을 것이다. 훈련의 문제는 IEP에 포함될 것이다. IDEA는 특별히 훈련에 대한 지침을 제시하지 않지만, 장애가 있는 아동에게 사용되는 규율상의 벌칙들 때문에 여전히 고소될 수도 있다(Osborne, 1994).

만일 파괴적인 행동이 장애와 관련이 없다면, 학생은 정학될 수도 있다. 시민권을 위한 사무소, 특수교육과 재활 서비스 사무소, 그리고 법정은 장애를 가진 학생에게는 배치의 변화를 주는 정학을 시키기 전에 10일 정도의 시간을 연장시키는 것으로 결정한다(Miller, 1993, p. 100). 만일 아동이 계속해서 다른 사람의 안전에 위협을 가한다면 그를 제외시키는 것이 가능하다. 이것은 배치의 변화로 간주되고, 따라서 새로운 IEP가 제공되어야 하며, 이후에 그 아동에 대한 재평가가 뒤따라야 한다. IDEA하에서는 선택적인 교육 프로그램이 제공되어야 한다(Guernsey & Klare, 1993, p. 141).

아동들은 다른 학생들의 안전을 보장하고 진정시키는 시간을 갖기 위해서, 그리고 벌의 형태로 그 집단에서 자리를 옮겨 '조용한 방'으로 가게 되는데, 이러한 타임아웃 기간과 학교 내에서의 정학은 5일까지 허락된다. 이것은 Hayes v. Unified School District No. V377(in Kansas, 1987)에서 심사되었다. 그 법정은 학교가 타임아웃 교실을 사용하는 것은 명백히 고소인을 위해 적절한 공교육을 제공하는 것과 관련된다는 것을 발견하였다(당신은 어떤 한 법정의 실행이 다른 법정과 관련된 판례를 필수적으로 확립하는 것이 아님을 주목해야 한다). 그러나 배치의 변화가 고려되지 않는 짧은 기간 동안의 제외(5일까지)는 한 해에 여러 번 일어나지 않을 것이다.

일상적으로 정부 피고용자에 의한 헌법상의 권리(예, 언론의 자유, 사생활에 대한 권리, 종교의 자유)의 위반으로 돈이 요구된다. 여기에는 학교나 공공병원과 같은 정부 기관으로부터 임금을 받는 교사, 치료사, 사회복지사 그리고 다른 피고용자들을 포함할 것이다.

불법행위의 법률하에서 책임은 4가지 문제와 관련된다. 첫 번째 문제는 '보호의 의무'다. 학교와 그의 피고용자는 학생이 학교의 보호를 받는 동안 법령, 계약 및 관습법에 따라서 학생의 건강과 안전을 보호할 의무가 있다(Thurston & Metzler, 1993, p. 204). 이것은 아동이 학교에 있을 때 부모 대신으로서의 학교의 역할과 관련이 있다. 부모들은 자녀가 학교의 보호하에 있는 동안에는 학교의 모든 직원들이 자녀를 예측 가능한 위험으로부터 보호해 줄 것이라고 기대할 권리가 있다. 특별한 문제가 있는 아동들(예, 정서적 · 신체적 장애가 있거나 지체장애, 감각장애가 있는 아동)은 장애가 없는 아동보다 더 많은 보호를 필요로 할 것이다. 일반적으로 학생들의 정신적 · 신체적 능력에 제한이 더 많을수록 치료사를 포함하여 돌보는 사람의 책임감은 더 커진다(Fischer & Sorenson, 1991, p. 38). 그러한 개념은 '법적 보호자(parens patriae)'와 관련이 있다. 이것은 라틴어로 '국가의 아버지'를 의

미하지만, 지금은 그들 자신을 보호할 수 없는 시민을 보호하기 위한 주의 권리와 의무를 언급하는 데 사용된다. 여기에는 장애가 있는 사람이 포함되며, 그들은 자신을 보호하기 위한 결정을 효과적으로 할 수 없는 사람을 말한다.

두 번째 문제는 '의무의 위반'이다. 의무의 위반은 해서는 안 되는 어떤 일이 행해졌다거나 행동이 요구되었을 때 그 행동이 실패한 경우에 발생한다. 학생이나 클라이언트의 복지를 보장하기 위해서 합당한 방법으로 관리하거나 행동하는 것에 실패하는 것은 의무의 위반이 된다. 이것은 방임에 따른 불법행위와 관련된다. 치료사가 법적 책임을 져야 하는지에 대해서 법정은 다음의 항목들을 살펴보아야 한다.

- 치료사/상담교사로부터 내담자에게 어떠한 의무가 부과되었다.
- 위임된 의무가 위반되었다.
- 의무의 위반과 내담자의 상해 사이에 충분한 법적인 상담 관계가 있었다.
- 몇몇의 상해나 손상은 내담자로부터 발생하였다(Fischer & Sorenson, 1991, p. 33).

만일 당신이 관리를 해야 하는 때에 아동이 당신이 없는 방에 있고, 누군가가 상해를 입는다면, 당신에게 의무를 위반한 것에 대한 책임이 부과될 것이다. 만일 당신이 음악회에서 집단을 담당하는데 누군가가 돌아다니다가 상해를 입는다면, 그것 역시 의무 위반이 될 것이다. 이 경우에는 그 시간 동안 당신에게 맡겨진 아동의 안전과 보호를 위하여 적절한 관리가 기대될 것이다.

세 번째 문제는 '인과관계'다. 책임은 위법행위와 어떠한 결과적인 상해가 시간적으로 가깝게 발생하였고, 논리적인 원인-결과 관계를 가지고 있을 것을 요구한다(Thurston & Metzler, 1993, p. 206). 그 사건과 그것의 예측 가능한 결과에 대한 시간 간격은 틀림없이 짧을 것이다. 그러한 손상은 대부분의 교사나 치료사들이 예측 가능했던 어떠한 것의 결과였다. 위험에 대한 회피는 이성적인 사람에게 기대되는 것이다. 만일 기질적인 분노에 대한 병력을 가진 아동이 치료사가 그 아동의 옆에 둔 드럼의 말렛으로 다른 사람을 때렸다면, 그것은 '예측 가능한 결과'로 해석될 수 있을 것이다. 책임에 대한 남겨진 문제는 특별히 손상을 입은 사람과 관련된 실제적인 손실 또는 현실적인 손해다. 소송인은 자신의 행동에 대한 결과에 원인을 제공한 셈이다. 미성년자는 그들의 연령에 걸맞는 위험에 대한 이해 능력만을 가지고 있다고 추정된다(Thurston & Metzler, 1993, p. 208). 아동이 다른 동료들이 기대하는 것 이상의 책임을 떠맡을 것이라는 기대는 책임 소송을 위한 근거가 될 것이다.

만일 음악치료사들이 미국 음악치료협회(American Music Therapy Association)의 임상 표준을 따른다면, 그리고 그들이 성실하고 사려 깊고 책임감 있는 태도로 행동한다면, 그들은 방임이나 범죄의 책임에 대한 법적 소송에서 조금도 두려움을 가질 필요가 없다. 그들은 자신들에게 맡겨진 모든 아동에게 신중한 태도로 합리적인 보호를 제공할 책임을 가진다.

권고 사항

- 만일 아동이 집단의 다른 사람들에게 파괴적이거나 위태로운 행동을 반복적으로 한다면, 그 행동에 대한 지속적인 대응을 결정하기 위해서 IEP 팀을 소집하라.
- 각각의 사건을 주의 깊게 기록하고, 당신 자신의 파일에 복사해 둘 뿐만 아니라 이러한 보고서들을 파일로 가지고 있도록 하라. 그러한 행동에 당신이 어떻게 대응했는지를 포함하라.
- 행동화하는 아동과 집단에 있는 다른 사람의 보호 모두를 위해서 당신의 책임을 확실히 인식하도록 하라. 학교 직원의 첫 번째 의무는 학생들에게 안전한 환경을 제공하는 것이고, 이러한 의무는 심지어 교육적 책임감보다 더 중요한 것이다(Thurston & Metzler, 1993, p. 203).
- 학생의 안전과 관리에 대한 기관의 지침을 인지하라. 잠재적으로 손상을 입을 수 있는 상황으로부터 학생을 보호하는 환경을 유지하라.

책 임

음악치료사가 개인책임보험에 가입해야 하는가? 책임보험은 한 당사자가 다른 당사자에 대해서 어떠한 특별한 원인으로부터 입은 손실에 대한 비용을 보상하거나 변상하는 것에 대해 동의하는 것을 말하고, 또한 일정한 원인에 따른 손실로부터 안전을 보장하기 위해 지불하는 것에 동의하는 것으로 정의된다. 이러한 질문에 대한 대답은 '그것은 경우에 따라 다르다.'다. 만일 당신이 학교나 다른 기관에서 일한다면, 그러한 기관에서는 모든 피고용자들에게 해당되는 책임보험에 가입할 것이다. 당신이 회원인 경우 자동적인 혜택으로 보험에 가입하는 몇몇의 조직에 해당될 것이다(AMTA는 그렇지 않다). 주의 거의 2/3는 학교에 대해서 그들의 피고용자가 자신의 공적 의무에서 방임을 주장하는 소송에 대항하여 변호하도록 요구하는 법률, 그리고 그러한 법률의 결과로서 그들에 대비하여 접근할 수 있는 어떤 손상에 대해서라도 배상하는 법률을 제정하였다(Gluckman, 1993, p. 233). 음악치료 학생들을 포함하여 음악치료사들은 맥지니스(McGinnis) 회사로부터 책임보험을 획득할 것이다.

개인 임상을 하거나 또는 독립적 계약자(예, 그들은 특별한 서비스에 대해 특별한 요금을 받고, 기술적으로 그러한 서비스를 위해 계약한 기관의 피고용자가 아니다.)로서 일하는 음악치료사는 특별히 주의할 필요가 있다. 그들은 기관의 보호를 받지 못할 뿐더러, 기본책임보험은 개인 임상과 독립적인 계약자에까지 확장되지는 않을 것이다. 그들은 나머지 범위에 대한 할증된 보험료를 부담해야 할 것이다.

만일 당신이 아동과 함께 일한다면, 아동은 당신의 보호에 맡겨진 미성년자이기 때문에 당신은 더 많은 위험에 노출될 것이다. 그러한 주요 원인 중의 하나는 방임에 대한 관습법이 적용되기 때문이다. 관리에 대한 소홀은 방임에 대한 소송으로 이어질 것이다. 신체적 · 정서적 상해는 모두 법적인 소송으로 이어질 것이다. 정서적인 상해는 증명하기에 더욱 어렵지만, 그 자체로서 불법행위에 대한 소송의 기초가 될 수 있다.

당신은 자신의 학생 또는 클라이언트의 건강과 복지를 위해 관심을 기울일 책임이 있다. 의무의 불이행은 적절한 관리에 대한 실패와 그들의 신체적 · 정신적 · 정서적 능력에 기초를 둔 활동뿐만 아니라 다른 활동에서의 실패를 포함한다. 그 예로서, 만일 소독액의 뚜껑이 열려 있고, 아동이 그것을 마시는 상황 또는 어떤 학생에게 전화번호표나 보호자가 필요한데, 치료사는 이러한 서비스를 제공하는 것에 실패하는 상황이라면, 아동은 치료사의 이 같은 방임의 결과로서 손상을 입게 된다.

원고의 연령과 성숙도, 그가 노출된 위험의 본질, 손상을 피하기 위해 피고인이 행한 예방 조치(Gluckman, 1993, p. 228)는 모두 책임을 져야 하는 경우에 고려되어야 할 것들이다.

권고 사항

- 만일 어떤 사람이 당신의 영역 내에서 손상을 입는다면, 당신의 관리자와 함께 사건 보고서를 작성하라. 심지어 그 기관의 다른 장소에서 동일한 클라이언트에게 유사한 사건이 발생한다면, 그 행정 기관은 더욱 좋은 관리를 제공하기 위해 조치를 취해야만 한다. 이것이 당신을 보호하는 것이다.
- '위험 회피'는 당신에게 최상의 방어다. 현재의 위험을 인식하는 것에 앞서서 어떠한 상황을 생각하고, 그 이후에 그러한 위험들을 없애기 위하여 어떠한 행동이 적합하고 합리적인지 생각하라(Gluckman, 1993, p. 230).
- 학생과 부모가 서명한 '책임에 대한 면제'의 형식은 법정에서는 지속되지 않는다는 사실을 명심하라. 가입의 조건으로 서명된 형식을 요구하는 것은 합법적이지 않을 것이다. 그것은 종종 국가 정책과는 반대되기 때문이다. 그러한 형식은 소송을 단념시킬 수 있지만, 학교나 기관은 여전히 '보호의 의무'에 대한 책임이 있다.
- 학교에서 주최하는 여행이나 소풍에서의 손상은 상당한 수의 소송을 일으킨다(Gluckman, 1993, p. 234). 위험을 피하기 위해 주의 깊게 계획하라.
- 다른 학생에 의해 어떠한 학생이 입은 손상을 토대로 하여 소송이 발생한

다. 원고에게 주의를 주거나 위험으로부터 원고를 보호하는 것에 대한 실패는 방임으로 간주될 것이다(Gluckman, 1993, p. 235). 만일 한 학생이 다른 학생에게 손상을 입힌다면 항상 사건에 대한 보고서를 작성하도록 하라. 물론 당신이 적절한 감독을 한다면 손상은 적게 발생할 것이다.

- 연방의 시민권 법률에서의 1983년 조항 42(Section 1983 of Title 42, U. S. Code)에서 '손해배상은 정신적 · 정서적 손상에 대해 주어질 수 있다.' (Gluckman, 1993, p. 235)고 하는데, 그것은 정부 기관이 관여될 때 적용된다. 미국의 대법원은 원고가 법률하에서 현실적인 손해배상을 받기 위하여 실제적인 손상을 나타낼 수 있어야 한다고 규정되어 있다(Carey v. Piphus, 1978). 이것은 때때로 언론의 자유와 같은 헌법상의 권리를 위반하는 것과 연관이 있다. 클라이언트의 헌법상의 권리에 대해서 잘 인지하라.
- 모든 사건과 사고에 대한 정확한 기록을 하라(Gluckman, 1993, p. 238). 시간, 장소, 사건, 당신이 대처한 행동에 대해 기록하라. 한 부는 복사해서 당신의 관리자에게 보내고, 하나는 당신의 파일에 보관하여야 한다.

3. 개별화 교육 프로그램과 통합교육

아동이 특수교육을 받거나 또는 IDEA로부터 관련된 서비스 요금을 받기 위해서는 개별화 교육 프로그램(Individualized Education Program: IEP) 파일이 있어야만 한다. IEP를 작성한 팀은 만일 아동에게 의사결정 능력이 있다면 부모와 함께 아동도 포함시켜야 한다. 부모의 개입 이전에 예상한 프로그램을 염두에 두고 IEP 모임에 들어가는 것은 법의 의도와는 상반되는 것이다. 매해 관리자와 변호사들은 교육자들로 하여금 여러 전문 분야의 직원 모임이 있기 전에 교육자가 예상하는 아동의 상태를 부모들로 하여금 믿도록 하는 어떠한 면담도 피하도록 주의를 준다. 여러 전문 분야의 직원이 모였을 때 아동의 상태에 대한 결정은 부모의 개입과 함께 이루어져야 한다(Smelter, Rasch, & Yudewitz, 1994, p. 37). 기금 제공은 2~21세를 대상으로 한다.

'책임감 있는 부모'는 어떤 부모인가? 이것은 항상 명백하지만은 않다. 1988년에 17세 이하의 여성은 95,869명의 아동을 낳았고, 15세 미만의 여성은 10,588명의 아동을 낳았다(Denzinger & Thomas, 1993, p. 62). 주의 계약법하에서 이러한 '부모들'은 미성년자인 채로 남아 있다. 그들은 무능력하거나 보호의 권리가 없음을 차치하고서라도 부모의 권리를 유지한다(Denzinger & Thomas, 1993, p. 63). '부모'란 아동의 법적인 보호자, 대리 부모, 조부모 또는 양부모를 포함한다. 만일 아동이 그 주의 피보호자라면, 부모는 그 주에 포함되지 않는다(Denzinger & Thomas, 1993). 만일 당신이 서비스를 위한 기금을 기대한다면, IEP에 음악치료가 포함되는 것이 매우 중요하고, 프로그램의 결정 과정에 부모가 참여하는 것이 허락된다. 만일 부모가 장애가 있다면, 「사회복지법(Rehabilitation Act)」 조항 504에 의거해서 추가적인 권리를 가질 것이다.

50개의 모든 주가 IDEA하에서 기금을 받는다. 따라서 이러한 주들은 장애가 있는 모든 아동이 적절한 교육을 자유롭게 받고 있는지 확인하도록 요구받는다. '주류화(mainstreaming)'라는 용어는 PL 94-142에서는 결코 사용되지 않는다. 그것은 '최소제한 환경'을 짧고 간단하게 언급하는 방법이 되었다. 장애 아동이 정상 아동과 함께 교육받을 때, 대부분 같은 교실에서 그들의 통합은 때때로 주류화로 일컬어진다(Turnbull, 1993, p. 161). 불행히도 많은 사람들은 '적절한'과 '최소제한'을 항상 연결시키지 못하는데, 그것은 '몰아넣기(maindumping)'로 이끌게 된다. 통합은 '최소제한'을 해석하는 매우 최근의 시도지만, 그것은 또한 '적절한'의 요구에 미치지는 못할 것이다. 통합은 장애 아동이 일반 교육을 받는 곳에서 특수교사보다는 일반교사로부터 교육받을 때 일어난다.

통합은 오늘날의 교육에서 결정적으로 중요하며, 학교에서 일하는 음악치료사는 직원의 일원으로서 또는 상담가로서 '일반' 교실에 장애 아동을 포함시키기 위한 절차를 실행하는 것에 관여해야 할 것이다. 통합은 이론적으로는 학생의 관심 속에서 작용을 하지만, 문헌(예, Baines, Baines, & Masterson, 1994; Smelter, Rasch,

& Yudewitz, 1994)과 개인적인 경험에 따르면, 관념(이데올로기)과 부모의 요구가 교육적인 고려 사항들을 능가할 것이다. 소송에 관여한 열정적인 부모는 학교와 다른 협회에 강렬한 압력을 행사하여 그들의 아동을 관념적으로는 중요하지만 교육적으로는 정말로 부적절한 교육과정으로 통합시킬 것이다.

'최소제한 환경'이라는 개념에 대한 해석은 다양할 수 있다. 만일 학생이 스스로 대처할 수 없는 일반 교실에 배치된다면, 그것은 최소 제한적인 배치가 아니다. 판결은 피할 수 없고, 배치는 항상 도전을 받는다. 학교에서 일하는 음악치료사는 특별한 배치와 관련이 있기 때문에 소송에 관여될 가능성에 대해 방심하지 말아야 한다. 아동이 특별한 배치를 위하여 일반 교실로부터 제외되어야 하는 유일한 시간은 교육적인 요구를 일반 교실에서 충족시킬 수 없을 때다. 소송의 기회들은 어떠한 독특한 배치에서 많이 일어난다. 예를 들어, 뇌성마비 아동이 음악치료와 주류화에 대한 관심으로 음악교실에 휠체어를 타고 들어왔다. 그런데 교사가 어떠한 특별한 도움 없이 수업을 받게 내버려 둔다면, 그것은 '주류화'가 아니라 '몰아넣기'다. 만일 통합 정책하에서 파괴적인 행동장애가 있는 심각한 정신지체 아동이나 학생을 어떠한 특별한 적용 없이 일반적인 음악 수업에 배치한다면, 그것은 학생에 대한 특별한 필요를 주장하는 사람과 부모로부터 소송당할 수 있는 큰 잠재성이 있다. 이 경우 음악치료사는 그들에게 포위된 것이나 마찬가지다.

서비스에 대한 불합리적인 요구로 보이는 것에 직면했을 때, 협회와 그 피고용자들은 서비스가 비현실적이거나 비용이 너무 많이 들어서 제공할 수 없다고 간단하게 주장하지 않을 것이다. 겉보기에 다른 학생과 비교하여 한 명의 '통합된' 학생에 대한 엄청난 주의 집중이 서비스를 제공하지 못한 것에 대한 합법적인 이유가 되지 않는다.

다른 미사여구에도 불구하고, 통합에 대한 주요한 이유는 학생이나 클라이언트에게 그들이 배제된 환경에 있을 때보다 더 좋은 교육적 · 치료적(가능하다면) 경험을 제공한다는 것이다. 상세한 목적, 목표, 중재 전략의 도구, 특별한 활동 과정을 위한 논리적 근거(광범위한 서술을 통해 지지되는)에 대해 주의를 기울이는 것은 특정 소송에 대한 사례를 구축하기 위해 꼭 필요하다.

4. 전염성 질병

음악치료사는 전염병의 확산에 대비하여 합당한 예방 조치를 취할 책임이 있다. 관악기를 사용할 때 만일 다른 사람이 그 악기를 먼저 사용했다면 적절한 소독을 해야 한다. 최근의 연방 법률에서는 결핵(TB), B형 간염(HBV), 후천성 면역결핍증(AIDS), 크론병(Crohn's disease)을 우선적으로 제한해 오고 있다.

결핵은 전염성이 강한 질병으로 미생물이 그 원인이 되며, 폐, 뼈, 신체의 다른 부분에서 나타난다(Davies, 1985, p. 863).

바이러스성 B형 간염은 주로 다음과 같은 경로를 통해 전염된다.

> 치료법이 알려지지 않은 병이며…… 비록 전염의 위험성은 일반적으로 사람들이 많이 모인 곳에서 증가할 우려가 있지만, 다른 비위생적인 상태에서도 발견된다. 그것은 우선적으로 혈액의 접촉으로 전염되며, 오염된 혈액의 수혈로, 그리고 오염된 바늘을 통해서 전염된다(Salmon & Bodkins, 1993, pp. 129-130).

간염의 전염은 간에 염증을 일으키는 원인이 된다. 간은 담즙을 분비하고, 당을 글리코겐으로 전환시키며, 적혈구(빌리루빈)에 있는 헤모글로빈으로부터 좋지 않은 것들을 배출하는 중요한 역할을 한다. 그 증상은 인플루엔자나 단핵증(세포 증가)과 유사하기 때문에, 간에서 손상이 발생하기 전까지 쉽게 오인되곤 한다. 매해 약 150만 명 정도의 미국인(거의 성인)이 B형 또는 C형 간염으로 진단되고, 16,000명의 사람들이 간경변과 같이 관련된 합병증으로 사망한다. 이러한 경우의 1/2에서 3/4은 B형 간염으로 야기된다(Margolis, 1995, p. 3).

인간 면역결핍 바이러스(HIV)는 AIDS를 야기한다. 이것은 전염병, 암의 유형과 싸우기 위한 신체의 능력을 감축시키는 면역 체계에 관련된 후천적인 질병이다(Welker & Pell, 1992, p. 125). HIV는 이제 AIDS보다는 바이러스라고 언급된다.

만일 만성적인 전염병을 가진 피고용자가 해당 직업에서 업무를 수행할 능력이

있다면, 피고용자를 면직시키는 것은 보통 장애인에 대한 차별이 되기 때문에 고용자는 그렇게 하지 않을 것이다. 1972년의 「직업재활법(Vocational Rehabilitation Act)」 조항 504(1964년의 「민권법」 VI에 따라 유형화된)는 장애가 있는 사람에 대한 차별을 금하였고, 그 조항에는 장애인이 가진 장애가 업무에 방해가 되지 않을 때 일할 수 있는 권리를 포함시켰다. 이것은 얼라인 대 나소 교육위원회(Arline v. School Board of Nassau)의 사례에서 검증되었다(1987). 그 사례의 원고는 결핵이었고, 주기적으로 병이 완화되었으며 초등학교 교사로서 자신의 병을 숨기고 있었다. 세 번째 병의 재발 이후에 그녀는 면직되었고 소송을 신청하였다. 열한 번째 순회항소법원에서 결핵은 「직업재활법」의 의미 안에서 장애를 구성하는 전염병이라고 지적하였다. 하급법원이 그녀의 질병은 다른 사람에게 전염될 것이라고 주장한 반면에, 상급법원은 하급법원이 공립 건강 기관의 의학적 판단에 근거해야 한다고 강력히 권장하였다. 그 지방법정은 원고가 지난 급료를 모두 받고, 또한 연금까지 받도록 판결하였다. 게다가 법정은 학교가 원고를 복직시키거나 은퇴할 때까지의 봉급을 모두 보상하도록 하였다(Salmon & Bodkins, 1993, p. 122). 이 판결의 중요한 의미 중 하나는 '모든 장애인이 사회의 모든 측면 안으로 통합될 수 있는 것은 아니다.'는 것이 인식되었다는 것이다(Thomas, 1987, p. 26). 그러나 장애인이 만일 '다르게 대우를 받는다면', 그들은 「직업재활법」 조항 504에 따라 '합리적인 조정'을 받아야 한다.

이러한 경우는 직원과 학생과의 이후의 사건을 위한 전례가 된다. AIDS에 걸린 교사가 초크 대 미연방지역법원(캘리포니아의 중심 지역)에서 이러한 규칙을 점검하였다(1988). 그 법정은 초크를 수업에 복귀시켰으나, 다음과 같은 지침을 주었다.

> 업무 현장에서 다른 사람에게 전염병을 확산시킬 만한 특별한 위험을 가진 사람은 만일 합리적인 적응으로 그러한 위험을 제거하지 않을 것이라면, 자신의 직업에 대한 다른 자격이 주어질 것이다. 그러한 법은 초등학교에서 아동과 함께 공부하는 접촉 전염성인 결핵을 앓는 교사를 학교에 두도록 요구하지는 않을 것이다(ANSI/ASME A17, 1-1984, Salmon & Bodkins, 1993, p. 1123에서 재인용).

AIDS에 걸린 사람들, 피고용자와 학생 모두는 「직업재활법」 조항 504에서 제시하는 것처럼 명백히 장애인의 범위에 속한다. 따라서 그들은 그 조항의 지침에 따라서 보호를 받는다. 조항 504는 그 사람의 주요한 생활의 한 가지나 그 이상에서 현실적으로 제한받는 정신적 또는 신체적 장애를 가진 사람에 대해, 그러한 손상에 대한 기록이 있는 사람에 대해, 그러한 손상을 가진 것으로 간주되는 사람에 대해 정의를 내렸다(Turnbull, 1993, p. 61). 거부할 수 없다(zero rejection)는 개념하에서 AIDS에 걸린 아동은 학교에 입학하게 되지만, IDEA하의 입학을 위한 다른 기준에 추가하여 의학적 심사원의 의견도 들어 봐야 한다. 이것은 1987년 뉴저지 대법원에서 플레인필드 시 교육위원회 대 쿠퍼맨(Board of Education of City of Plainfield v. Cooperman) 사건에서 심사되었다.

크론병의 증상은 장의 만성적인 염증과 때때로 동반하는 것은 설사, 열, 복부 통증, 민감성이다(Mayo Clinic Health Letter, 1995, p. 8). 그것은 보통 코르티코스테로이드(corticosteroid) 또는 메토트렉사트(methotrexate)로 치료된다. 간호학교에 지원하는 사람이 크론병에 걸렸기 때문에 입학이 거절되었다. 그러한 입학에서의 거절이 그녀의 질병 때문인지, 아니면 학업적인 결함 때문인지에 대하여 약간의 논쟁이 있었는데, 상소에 대한 아홉 번째 순회항소법원에서는 그것이 질병 때문이었다고 공표하였다. 그녀는 소송을 제기하였다(로스앤젤레스 카운티 대 클링). 만일 입학 거절이 단지 그녀의 장애가 원인이었다면, 그녀는 「직업재활법」 조항 504하에서 장애인으로서 보호를 받았을 것으로 보인다. 그러나 최고 법정은 다른 해석 없이 순회항소법원의 결정을 뒤집었다. 따라서 입학이 거절되었던 것은 그녀의 질병 때문이라기보다는 학업 기초의 부족 때문이라고 추정되었다.

당신은 아마 질병(예, 결핵, AIDS, B형 간염, 크론병)을 가진 사람과 함께 일하게 될 것이다. 지체 아동을 위한 뉴욕 주 연합 대 캐리(New York State Association for Retarded Children, Ine. V. Carry) 사건에서 연방지역 법정은 규칙을 만들었다. B형 간염 보균자로 정의된 아동을 분리시키는 것은 「직업재활법」 조항 504, 모든 「장애아 교육법」, 미연방 「헌법」 14차 개정안, 뉴욕 법령을 위반하는 것이다(Salmon & Bodkins, 1993, p. 124). 이것은 심지어 아동이 B형 간염 보균자, 양

성 HIV, AIDS, 결핵으로 진단되었다고 하더라도, 그들을 일반 교실(분리된 교실, 특별한 건물, 교실 내의 다른 곳이 아닌)에 남게 하는 획기적인 사건이다.

권고 사항

- 만일 당신이 공동으로 사용하는 관악기를 사용한다면, 다음 사람이 사용하기 전에 살균을 확실히 하라.
- 만일 어떤 아동이 다치고 피가 난다면, 그 사건의 기록을 정확히 작성해서 보관하라. 항상 아동을 대할 때(예, 피가 나고 있는 상처 부위에 밴드를 붙이기 전에 라텍스 장갑을 끼는 것) 조심하고, 환경을 깨끗하게 유지하라.
- 만일 어떤 사람이 피부가 찢어져서(예, 정서적으로 불안정한 클라이언트가 물어서 또는 다른 상해로) 괴로워한다면 그 사건에 대한 기록을 하고, 바로 상처 부위를 물과 비누로 씻은 다음 좋은 소독약으로 소독하도록 하라.
- 「가족교육 권리와 사생활법(Family Education Rights and Privacy Act)」을 적용하라. 본질적으로 만성 전염병으로 고생하는 아동은 다른 아동처럼 비밀 보장에 대한 권리를 가진다(Salmon & Bodkins, 1993, p. 129). 이 법은 다른 사람이 기록에 접근하는 것을 제한한다.

당신은 전문가 팀원들과 함께 이야기한 것을 외부에 나가서 이야기하지 않도록 각별히 주의해야 한다. 왜냐하면 이러한 경우는 금방 전파될 수 있고 지나친 공포를 불러일으킬 위험이 있기 때문이다.

> 치료사들은 일반적으로 비밀 보장을 어기는 것에 대해서 책임져야 한다. 왜냐하면, 이러한 것은 명백히 자신의 클라이언트에게 손상을 주는 것으로, 예방 가능하기 때문이다. 신뢰를 어기는 것은 클라이언트의 동의 없이 치료사가 누설하는 것을 말한다. ……사생활 보호 위반과 밀접히 관련되고, 비밀스러운 기록을 불안전한 장소에 두어서 그러한 기록이 다른 사람 손에 넘어가게 되는 비의도적인 폭로도 관련이 있다(Meyer, Landis, & Hays, 1988, p. 33).

5. 검열, 조사 그리고 압수

만일 당신이 청소년과 함께 일한다면 노랫말을 랩으로 만드는 것은 유용한 활동이 될 것이다. 만일 그들이 당신이 생각하기에 저속하거나 다른 사람에게 상처를 줄 것 같은 악구를 제안하거나 혼란스러운 행동을 즐겨 한다면, 당신은 어떻게 할 것인가? 만일 그들이 학교 신문에 자신의 주장을 게재하기 원한다면 어떻게 할 것인가? 당신이나 학교 또는 다른 기관이 그러한 표현에 제한을 두어야 하는 것은 어떤 권리인가?

검열은 자유로운 발언 또는 법적으로 보호되는 행위의 훈련에 기인하는 교사에 반대되는 것으로, 교사의 발언과 원칙적인 행위에 대한 금지를 말한다(Delon, 1993, p. 141). 이것은 모든 공무원에게 적용된다. 1988년에 헤이즐우드 학군 대 컬마이어(Hazelwood School District v. Kuhlmeier)의 획기적인 사건은 학교의 권리를 지지한 경우로, 학교가 교육과정을 조절하고 관리자가 학교 신문에서 반대할 만한 기사를 삭제하도록 허락하였다(Delon, 1993, p. 142). 세인트루인트 지역 학교 신문에서 제작된 그 기사는 임신과 이혼에 관련된 것이었다. 그의 행동에 대해 법정에서 지지를 받은 그 교장은 그 기사가 '언급된 그 학생, 남자 친구들, 부모들의 사생활 보호에서 민감하지 않다.' 고 느꼈다(Schimmel, 1993, p. 16). 이 사례의 중요성은 신문은 저널리즘 수업의 한 부분이기 때문에 학교에 교육과정을 조절하는 권리를 주었다는 것이다.

외설적이거나 저속한 말을 하는 것은 개인적인 판단이다. 많은 사람들은 하드록이나 MTV 작품의 가사를 외설적이라고 생각할 것이다. 1987년에 6회 순회항소법원이 고등학생에게 'R' 등급의 비디오테이프를 보여 준 교사의 면직을 뒤엎는 것을 거부하였다(Delon, 1993, p. 144). 재판관의 관점에서 학생이 부적절한 비디오테이프를 보게 했다는 사실은 교사의 면직을 적법하게 하는 것이었다. 록 음악을 연주하는 음악치료사에게 이것이 일어날 수 있을까? 아니면 MTV 비디오를 보여 주는 음악치료사에게 이것이 일어날 수 있을까? 이것은 심각한 문제들에 대

한 토론을 이끌어 내는 방법이 될 것이지만, 만일 그 집단이 참석하도록 요구받는다면 그것은 현명하지 못한 일이 될 것이다.

법정은 법적으로 외설적이라고 생각되는 학생들의 언어나 문서를 보호해 주지 않는다. 법적으로 외설적인 것은, 그 자료가 대법원에서 제안한 3가지 기준에 해당되는 것이다.

- 그것은 '외설적인' 또는 음탕한 관심에 호소해야만 한다.
- 그것은 사회의 기준에 대해서 '명백히 모욕적인' 방식으로 성적인 행동을 묘사하여야만 한다.
- 전체적으로 그것은 문학적 · 예술적 · 정치적 · 과학적 가치가 결여되어야 한다(Miller v. California, 413 U.S. 15, 1973).

분명히 이것은 외설적인, 저속한, 모욕적인 것에 대한 특정 지역의 판단과는 다르다. 즉, 다른 지역사회에서는 다른 결과를 가져올 수 있다. 1986년에 미국 대법원은 베델 학군 대 프레이저(Bethel School District No. 403 v. Fraser)의 사례를 들었다. 여기에는 워싱턴 주 베델의 고등학교 최고 학년생이 포함되었다. 프레이저는 후보 지명 연설을 하였는데, 그 연설에서 그는 그의 후보자에 대하여 정교하고, 묘사적이며, 솔직하고 성적인 상징을 사용하였다. 비록 그는 2명의 교사에게서 그러한 연설은 부적합하니 결코 그것을 전달해서는 안 된다는 충고를 받았음에도 불구하고 말이다(p. 3161). 이것은 집회에 참석한 동료들이 행동화하기에 이르렀다. 이러한 사례의 중요성은 '법정은 그러한 연설이 비록 법적으로 외설적이지 않고, 분열의 원인이 아니라 하더라도 벌을 받을 수 있다고 판결했다.' 는 것이다(Fischer & Sorenson, 1991, p. 189). 또한 바델은 관리자가 저속하고 모욕적인 연설을 구성하는 것에 대한 결정을 하고, 범위를 정하는 것에 대한 결정권을 가진다고 판결하였다. 이것은 학교가 기관과는 다른 관점을 표현하는 학생을 처벌한다는 것을 의미하지는 않는다. 그것은 미국 「헌법」(첫 번째 수정안)의 부분인 '언론의 자유' 에 따라 보장받는다.

권고 사항

- 만일 당신의 음악치료 세션이 아동의 IEP의 일부분이라면, 그것은 교육과정이 있고 관리자의 조절하에 있다. 그들은 저속하거나 외설적이라고 생각하는 언어를 제한할 권리를 가진다.
- 그러나 팅커 대 디모인(Tinker v. Des Moines, 1969) 사건에서 대법원은 '학생이 학교에서 언론과 표현의 자유에 해당하는 헌법적인 권리를 잃는 것'은 아니라고 규정하였다(Schimmel, 1993, p. 13). 따라서 당신은 비록 학생들이 논쟁적이더라도 그들의 개인적인 의견을 제한하지 말아야 한다.
- 당신의 지역의 규정을 확인하라. 몇몇 주들은 이러한 사례들에서 요구하는 것보다 학생의 권리를 위해 더 많은 보호를 제공한다(Schimmel, 1993, p. 21).
- 규준과 정책은 모든 학생들에게 적용되어야 한다. 연령, 학생의 성숙 정도, 그 자료가 잘못된 행동으로 이끌 가능성이 있는지에 대해서 관심을 가져라. 모든 직원들은 질서를 지키고, 그들의 보호하에 있는 미성년자들을 보호할 의무가 있다.
- 하드록과 많은 랩 가사의 사용은 몇몇 관리자가 바람직하지 않은 것으로 인식한다는 것을 지각하라. 만일 당신이 이러한 자료들을 사용한다면, 학생과 클라이언트에게 그 자료의 사용과 관련된 목적과 목표에 대해서 확실히 이해시키도록 하라. 만일 그 자료들이 교육적 또는 치료적으로 유용한 이유가 있다면, 비록 그들이 알게 되더라도 그 자료는 아마 인정될 것이다. 또한 관리자들이 당신의 목적과 목표에 대해서 알고, 이러한 음악이 목적을 달성하는 데 어떻게 사용될지에 대해서도 확실히 알게 하라.

만일 기관에서 금연하는 것을 방침으로 하는데, 클라이언트가 담배를 피우고 있는 것을 본다면 당신은 숨겨진 담배를 찾기 위해서 지갑, 책상, 사물함을 열어 볼 수 있겠는가? 만일 약물을 복용하고 있는 사실을 알게 된다면 어떻게 할 것인가? 만일 클라이언트가 사물함 안에 권총을 소지하고 있다는 사실을 듣는다면 어

떻게 할 것인가? 이것은 아마 음악치료사의 일은 아닐 것이다. 그러나 당신의 '보호의 의무'하에서 단지 가만히 있을 수만은 없을 것이다.

폭행, 총기 소지, 약물이나 알코올 소지는 학교생활에서 심각한 위법행위다. 이러한 것들은 그 이전보다 1990년대에 더욱 심각해졌다. 우리는 4차 수정안에서 보장된 권리인, 비합리적인 조사와 압수로부터 자유로울 권리를 가지는 사회에서 산다.

합리적인 기준이 뉴저지 대 T.L.O.(1988)에서 적용되었다. 이 사례에서 교사는 14세의 고등학교 1학년인 T.L.O.가 친구 한 명과 함께 학교 규칙 위반인 담배를 피우고 있는 것을 보았다. 그 교사는 학생이 부교장의 보조인으로부터 여러 질문을 받도록 하였다. 첫 번째 학생은 흡연 사실을 인정하였으나, T.L.O.는 자신의 흡연 사실을 부정하였다. 관리자가 그때 T.L.O.의 지갑을 보자며 요구했다. 그녀의 지갑을 열자, 담배 한 갑이 발견되었고, 그것은 T.L.O.가 흡연을 했다는 증거가 되었다. 관리자가 담배를 빼냈을 때, 그는 돌돌 말려 있는 종이를 발견했고, 그것을 마리화나의 사용으로 추측했다. 그는 그때 지갑을 철저히 검사했고, 적은 양의 마리화나, 파이프, 계산서, 비닐봉지, T.L.O.에게 빚진 사람들의 명단, 마리화나를 처리하는 것과 관련 있는 편지 2통을 발견했다. 이 증거가 경찰에 넘겨졌고, 그녀의 어머니도 사실을 알게 되었다. 범죄에 연루된 비용이 기록된 증거물이 발견되었다. 처음에 그녀는 약을 판매한 것을 고백하였으나 이후에는 증거물들이 4차 수정안의 권리를 위반하면서 압수되었기 때문에 그러한 증거물들이 제외되어야 한다고 주장하였다. T.L.O.에 대한 2가지 조사는 모두 합당한 것으로 판단되었다(New Jersey v. T.L.O., 1988).

이는 허가를 받은 조사이기 때문에 틀림없이 '합리적'이다. 즉, 그것은 '조사를 받는 대상이 법을 어겼거나 법을 어기고 있다는 사실을 증거할 만한 타당한 자료에 기초'를 두어야만 한다(469 US 325, p. 733). 1992년과 1993년에 많은 강제적인 조사가 행해졌다. 몇몇은 옷을 벗기고 조사하는 사례가 있었는데, 이것은 학생이 속옷 안에 약을 감춘 사실이 의심되었을 때였다(Widener v. Frye, 1992). 다른 경우로는 문서화된 정책 고지(Isiah B. v. State, 1993) 이후에 임의로 사물함을 조사하는 것과 소풍을 가기 전에 가방을 조사하는 것, 또한 조사에 대한 부모의 허락을 받은 이후에 조사하는 것(Desilets v. Clearview Regional Bd. of Educ., 1993) 등이 있었다. 이전 해에는 학교가 광범위하게 조사할 수 있도록 인정하였고, 조사에 대한 합당한 혐의가 없다는 주장을 대부분 거절하였다(Lufler, 1994, p. 65).

4차 수정안은 비합리적인 조사와 압수를 금지하였고, 여기에는 학교가 행하는 조사들도 포함되었다. 학교는 그러한 조사가 학교의 법과 규칙에 위반된 증거를 찾기 위한 것이라는 합리적인 근거를 제시할 수 있어야 한다. 학생의 권리를 위반할 위험성 때문에, 음악치료사는 의심스러운 문제를 관리자에게 보고하는 것이 가장 좋으며, 관리자로 하여금 조사하게 한다. 그때 당신은 자신의 의무인 책임에 직면하게 되지만, 관리자들은 '주의 법률이 관리자로 하여금 의심스러운 아동학대나 의심스러운 약물과 알코올 남용을 보고하도록 하기 때문에 더 많은 면책권'을 가진다(Sorenson, Cambron-McCabe, & Thomas, 1993, p. 10).

♥ 권고 사항

- 조사에서 '합리성'은 객관적 사실뿐만 아니라 개인적인 지식과 경험에 기반을 두기 때문에 의심스러운 폭력을 보고하라.
- 조사의 권리에 대해 문서화시킨 방침을 모든 학생과 그들의 보호자에게 제공하여야 한다. 그 방침에는 합당한 근거와 누가 조사를 할 것이고 어떠한 조사의 유형들이 인정되는지에 대한 것을 포함시켜야 한다. 만일 적합하다면, 약물검사와 금속 탐지 장비의 사용에 대한 문서화된 방침이 있어야 한다.
- 음악치료사들은 실제로 조사를 행하는 것이 필요하지는 않지만 모든 아동에게 안전한 환경을 제공하기 위한 요구의 일부분으로, 관리자에게 정보를 제공할 책임이 있다.

6. 자신과 클라이언트를 위한 안전

당신은 자신이 일하는 곳이 신체적 · 정서적 공격으로부터 자유로운 안전성을 기대할 권리가 있다. 당신이 일하는 곳에 있는 클라이언트나 다른 사람들은 당신의 안전에 위협을 가할지도 모른다.

정서적 공격의 한 가지 형태는 성희롱이다. 미국 의회는 1991년에 시민권 법률인 「공법」 102-166을 통과시켰는데, 그것은 성적인 차별의 피해자를 위한 권리를 포함하였다. 그 피해자는 100명 또는 그보다 적은 수의 근로자가 있는 회사에는 5만 달러에서부터, 500명 이상의 근로자를 가진 고용주에게는 30만 달러에 이르기까지 손상에 대해 고소할 수 있다(Alexander & Hughes, 1993, p. 147). 성희롱의 범위는 언어적인 암시에서부터 공공연한 행동에까지 이른다. 대부분의 경우는 여성 근로자를 괴롭히는 남성 동료 및 관리자와 관련이 있다(Gibbs, 1991). Catherine MacKinnon의 『여성 근로자의 성희롱(Sexual Harassment of Working Women)』은 그 문제의 심각한 본질을 설명하고, 사례들을 보여 준다. 피고용자들은 1991년의 제정법뿐만 아니라 1964년의 「민권법(Civil Rights Act)」 VII장에 의해서 보호를 받는데, 여기에서는 손상들을 규정하였다. VII장은 '개인의 인종, 색깔, 종교, 성, 출신 국가 때문에 그 사람의 급여, 근무 기간, 직업의 조건이나 특권에 관련해서 개인을 차별하는 것'은 불법적인 것이라고 명시하였다(42 U. S. Code, 2000 e: 2(a) (1)).

당신의 첫 번째 책임은 불쾌감을 주는 언어나 바람직하지 못한 행동을 발견한 것에 대해 확실하게 이야기하는 것이다. 당신은 이러한 형태의 의사소통을 바라거나 즐기는 인상을 주어서도 안 되며, 그러한 게임을 해서도 안 된다. 만일 그러한 행동이 지속된다면, 당신은, 당신의 직업에 있어 근무 기간이나 조건에 대해 공공연하게 또는 은연중에 성적인 호의가 있는가? 그러한 행동에 대한 복종 또는 거절이 근무 결정 사항들에 영향을 미치는가? 이러한 행동이 당신의 업무를 방해하거나 또는 '위협적인, 적의가 있는, 방어적인 근무 환경'을 만드는가(Alexander & Hughes,

1993, p. 148)와 같은 질문들에 대해 작성해 봐야만 한다. 만일 당신이 법적인 행동을 추구하고자 한다면, 이러한 조건들과 관련된 기록을 명확히 할 필요가 있다. 물론 우리는 다른 사람의 권리를 침해하지 않도록 하는 것에 관심을 가져야 하며, 당신은 자신의 행동을 주의 깊게 고려할 필요가 있다.

음악치료사는 신체적 안전에 대해 관심을 가질 의무가 있는데, 특히 법정 환자와 일할 때 더욱 그러하다. 이러한 경우에 당신은 특별한 훈련을 받아야 하고, 그러한 훈련은 해당 기관에서 제공하여야 한다. 보조가 필요하다면 보조를 위한 절차에 대해 요구해야 한다. 직원으로 근무하는 문제에 대해 잘 숙지하라. 당신은 잠재적으로 위험한 환자와 함께 격리된 공간에 혼자 있지 않도록 하라.

세 번째의 관심은 음악치료사가 학교 환경에서 행동에 장애가 있는 학생들과 함께 일하는 것에 대한 것이다. 특수교사와 보조교사가 휴식을 취하는 동안 집단에 한 명의 음악치료사만 남기고 자리를 비우는 것은 드문 일이 아니다. 만일 학교가 특수교사를 위해 보조자를 제공한다면, 당신은 왜 혼자서 관리하도록 기대되는가? 만일 학생이 무질서한 행동을 해서 그 방에서 추출되어야 한다면, 다른 학생의 안전뿐만 아니라 그 학생의 안전을 위하여 기대되는 과정은 무엇인가? 당신은 혼자서 이것을 조절할 수 있는가? 당신은 방에 남겨 둔 그 집단에 대해 여전히 책임이 있다. 주류화와 통합을 향한 추세에 따라서 전 직원들은 학생들이 불안해할 때 신체적으로 해를 가할지도 모르는 학생들과 함께 일하도록 요구된다.

권고 사항

- 성희롱에 관해서 당신의 행동과 언어적 반응을 생각해 보라. 이러한 것은 받아들여질 수 없는 것이므로 당신은 그것을 명확히 해야만 한다.
- 당신의 행동으로 다른 사람을 괴롭히지 않도록 하라.
- 만일 당신이 희롱을 당한다고 느낀다면 그 사건에 대한 기록을 남겨라.
- 당신의 신체적 안전을 위해 제공되는 방침과 절차를 인지하라.
- 만일 법정의 환자들이 당신 기관에 추가된다면, 직원을 계속 훈련시켜라.
- 특수교육 환경에서 교사들보다 당신이 더 책임을 져야 된다고 기대되어서

는 안 된다. 만일 그들에게 보조자가 있다면, 당신 또한 보조자가 있어야 하거나 음악치료를 하는 동안 교사가 집단에 함께 남아야 한다.

7. 종교활동

만일 거주기관에서 음악치료사를 고용한다면, 그들은 음악치료사가 클라이언트의 종교적인 교육이나 서비스를 돕기를 바랄 것이다. 보조는 봉사로 피아노 또는 오르간 연주하기, 노래나 찬송가를 가르치고 이끌기 또는 다른 방법으로 목사(또는 신부)를 돕는 것을 포함할 것이다. 음악은 종교적 표현의 중요한 형태다. 1차 수정안에서 '국회는 종교의 확립을 특별 대우하거나 또는 그것을 통해 자유로운 활동을 방해하는 어떠한 법도 만들지 않을 것이다.' 라고 명시하였다. 14차 수정안은 1차 수정안을 구체화시켜서 이것을 「국가법」에 적용한다. 법에 따르면, 국가기금으로 운영되는 거주기관(예, 병원, 감옥, 직업학교)에 거주하는 사람은 기도할 기회가 주어져야 하고, 또한 그들의 종교적인 실천을 통해서 필요하다면 특별한 식사 제한도 해야 한다. 일부 기관에서는 매주 유대, 개신교, 가톨릭의 종교 서비스를 제공한다. 1차 수정안하에서는 기관이 거주자에게 참석하도록 요구할 수 없는 반면, 보조자는 허락되어야 하며, 이는 유용하다. 1차 수정안은 부분적으로 종교의 확립을 특별 대우하거나(확립 조항) 그것을 통해 자유로운 활동을 방해하는 행정기관의 활동을 금한다(자유로운 활동 조항)(McCarthy, 1993, p. 253).

공교육에서는 국가가 종교의 자유를 보장해야 한다는 것이 계속해서 지지받고 있다. 우리는 종교적 표현의 자유를 가지고, 우리가 언제, 어떻게 찬양할 것인지, 또한 우리가 찬양할 것인지를 정부가 결정하는 것을 원하지 않는다. 따라서 학교와 학생이 시작한 예배 모임에 대해서 많은 논쟁이 되고 있다. 만일 교과정이 아닌 집단 모임이 교육 시간 외에 열릴 수 있다면, 그러한 공개토론회는 '종교적, 정치적, 철학적, 또는 그러한 모임' 에서 그 연설의 다른 내용에 기초하여 거부될 수 없다는 것을 보장하기 위하여 1984년에 「평등접근법(Equal Access Act)」이 통과되었다. 만일 그 내용이 종교적이라면, 학교 전 직원이 그 내용을 지도할 수는 없다. 하지만 교과(학과)의 수용에 참여할 것이다. 종교 문학의 배포는 논쟁의 여지가 있는 또 다른 주제다. 학생들은 '언론의 자유'에 대해 보호를 받는다. 하지만 그것은 '조항 설정' 제한에 불리하게 작용할 것임에 틀림없다. 일반적으로 학생들은 종교 문학 작품이 혼란을 야기하지 않는 한 그것을 전파시킬 것이고, 비종교 문학의 배포를 위한 방침에 따를 것이다. 국가는 이러한 주제들을 다르게 보았다. 따라서 만일 당신이 포함되어야 한다면, 당신은 국가가 이것을 어떻게 규정하고 있는지 알아야 한다. 일반적으로 그 의도는 종교적 표현을 방해하지 않는 것이다. 그러나 또한 표현의 특별한 형태를 확립하거나 요구하지 않는 것이다. 학교는 미성년자에 대한 책임감을 가지기 때문에 그러한 상황은 더욱 정서적으로 민감해진다.

레몬 대 커츠먼(Lemon v. Kurtzman, 1971)에 3가지 조건들이 목록화되어 있다.

- 목적 또는 의도
- 효과 또는 결과
- 만일 정부와 종교가 지나치게 뒤얽혀 있다면, 이러한 3가지 기준 중 어떤 한 가지의 위반은 특별한 법, 정책 또는 실행을 무효화할 것이다(Fischer & Sorenson, 1991, p. 203).

학교 교육과정과 공공의 프로그램에서 크리스마스캐럴 또는 다른 종교 음악에 관한 것이 문제시된다. 학생들이 학습에서 놓치게 될 음악적 문학의 실체를 고려할 때, 그러한 음악을 제외시키는 것은 교육적으로 타당하지 않은 것으로 보일 것이다. 그러나 아동의 감수성(민감성)과 학교의 강제적인 본성은 대학 교육과정 전에 아동이 관련을 맺는 곳에 대해서 확립 조항의 제한을 받도록 특별한 민감성에 대해 정당화한다(McCarthy, 1993, p. 261). 따라서 당신은 종교적인 성격의 음악보다 '휴일 음악'에 대한 문학의 선택에 제한을 줄 수도 있는 학교 방침을 잘 알고 있어야 한다.

♥ 권고 사항

- 만일 당신이 업무의 일부분으로 종교활동에 관여한다면 그 기관의 정책과 절차를 확인하고, 국가가 학교의 기도, 헌신적인 모임을 시도하는 학생, 종교 문학의 배포를 어떻게 보고 있는지를 파악하라.
- 만일 당신이 휴일 프로그램을 준비한다면, 사회의 민감성에 대해 파악하라. 정부와 교회의 분리 그리고 첫 번째 개정안인 '확립 조항'을 고려하라.
- 학교는 미성년자와 수용적인 사람과 함께 일하기 때문에 다른 정부 기관보다 학교의 제한이 더 심각함을 인지하라.
- 공립학교 교사는 개종시키는 활동에 대해 면제받을 수 있고, 교육위원회는 그러한 활동을 용서하는 것에 대해 책임을 질 수 있다(MaCarthy, 1993, p. 262). 이것이 관련된 서비스 직원에까지 확장될지는 불명확하다. 그러나 가능할 것으로 보인다.

8. 문서화

모든 기관, 특히 개인 임상에서 클라이언트의 행동과 반응뿐만 아니라 당신이 무엇을 하는지를 정확하게 기록하는 것은 필수적이다. 파일로 된 정확한 기록은 이전에 토의되었던 근거 없는 주장에 대한 최선의 방어책이다. 건강보증연합위원회(Joint Commission of Health Certifying Organizations: JCHCO)는 그러한 기록을 요구한다. 그들이 인가증을 보기 위해 기관을 방문할 때, 만일 공인(BC) 음악치료사가 직원 중에 있다면 그 파일을 보여 줄 것을 요구할 것이다. 정확한 기록은 또한 제3자 변상, 국가 조정자 또는 다른 허가 기관을 위해서 필요하고, 임상에서 미국 음악치료협회의 기준을 충족시키기 위해 필요하다.

주의 깊게 문서를 기록하는 첫 번째 이유는 클라이언트에게 더 좋은 관리를 제공하기 위해서다. 만일 정확한 기록이 존재한다면, 목적과 목표, 수준 결정, 프로그램의 진보를 쉽게 알아볼 수 있을 것이다. 결정은 이러한 자료에 기초하여 이루어질 것이다.

권고 사항

- 매 세션마다 차트를 기록하라. 가능하다면 세션이 끝나고 즉각 기록하고 당신이 기억할 수 있는 한 매우 자세한 것까지 기록하라.
- 클라이언트의 기본적인 자료를 위해 적합한 형태로 완벽하게 기록하라. 당신의 세션 기록을 매주, 매달 또는 격월로 하고, 그것을 시간 순으로 정리하라.
- 만일 당신이 생각하기에 당신의 관리자가 알고자 하는 사건을 그 기록이 담고 있다면 문서로 보고서를 작성하고 이후 언어적으로도 보고하라.

당신에게 최대의 방어는 모든 정책과 절차를 알고 따르는 것이다. 만일 이것이 당신의 기관에서 작성하는 것이 아니라면, 집단이 정책과 절차의 매뉴얼을 기록하도록 조직화시키는 것을 도와라. 이것은 지루할 것이다. 하지만 정책의 명확성은 직업을 잃는 것 또는 법률 소송으로부터 당신을 안전하게 보호해 줄 것이다. 우리는 20년 전에는 생각조차 못했던 문제에 대해서 변호사들이 사람들을 소송하게끔 권장하는 사회에 산다. 만일 당신이 주의를 하고 지식을 가지고 행동한다면 법은 당신을 보호해 줄 수 있다.

9. 음악치료에서 저작권에 대한 고려 사항

「저작권법」은 긴 역사를 가지지만, 기본적 원칙은 창작한 사람이 그 자신의 창의적인 노력으로부터 이익을 보는 것에 대한 권리를 가지는 것이다. 저작권에 대한 소유권은 물리적인 실제에 대한 소유권이 아니다. 그것은 생각의 표현에 대한 소유권이다. 엄격히 말하자면, 책과 음악 악보 그리고 음반들은 물리적인 실제로서 저작권으로 보호되지 않는다. 그것들은 특별한 아이디어에 대한 실제적인 표

시물들로서 저작권으로 보호되는 것이다. 음악치료사(또는 음악교사)로 하여금 받아들이게 하는 가장 어려운 개념 중 하나는 음악의 획득(녹음된 형태이든 또는 기록된 형태이든지 간에)이 그 음악의 자유로운 사용을 승인하는 것이 아니라는 사실이다. 만일 당신이 테이프나 CD를 산다면, 당신은 음악을 자유롭게 들을 수 있고, 특정 활동에서 즐거운 수단으로 사용할 수 있다. 그러나 만일 당신이 사람들로 하여금 음악을 듣도록 한다면, 당신은 그렇게 할 수 있는 자격증이 필요하다. 레스토랑 또는 가게의 배경음악과 라디오 프로그램에서의 음악, 그리고 대기실에서 사용되는 음악은 다른 사람의 창작품에 대한 상업적인 사용이다. 그리고 창작자 또는 작곡자의 저작권을 획득한 누구라도 그 창작물의 사업적인 사용에 대하여 협상된 것에 준하여 대가를 받을 자격이 있다.

저작권이 있는 음악을 이익을 위한 것이 아닌 교육 또는 치료 과정을 위해 사용하는 것에서 조금의 자유가 있기는 하나, 이것을 공공연한 수행으로까지 확장시키지는 못할 것이다. 만약 한 밴드가 축구 경기 중 쉬는 시간에 진행되는 쇼에 저작권이 있는 음악을 연주하고, 그 게임이 방송된다면 그것은 상업적인 시도가 된다. 이 경우는 자격이 요구되는데, 왜냐하면 스폰서가 그 프로그램에 비용을 지불하고, 그 게임에 참석하기 위하여 입장료가 부과되기 때문이다. 만일 치료사가 개인 또는 집단 세션의 범위 안에서 음악을 연주하거나 녹음된 음악을 사용한다면, 그것은 대체로 정당한 사용으로 간주된다. 그러나 만일 치료 집단이 프로그램에 속해 있고 입장료가 부과되거나 그 프로그램이 방송된다면, 음악의 저작권자는 병원이 그 음악에 대해 지불한 것보다 더 많이 받을 권리가 있다.

인쇄된 악보 또는 음반의 복사본에 대해 소유하는 것은 그것이 개인적인 사용에 의한 것이든 공정한 사용을 위한 것이든 저작권자가 더 많은 복사본에 대해 제한을 두지 않는다는 것을 의미하지는 않는다. 만일 누군가가 노래, 합창의 배열 또는 녹음을 위해 악보를 산다면, 그는 악보를 공부하거나 자신의 차에서 테이프를 듣는 것과 같이 개인적인 사용을 위해 복사를 할지도 모른다. 학생의 수를 초과하지 않는 복사의 수를 가지고서 어떤 사람은 산산이 분해된 '수행할 수 없는' 성질의 것을 여러 개 복사하거나 또는 수업에 사용하기 위하여 단지 10%만을 복사할 것이다. 하지만 몇몇 개인들의 학습을 위하여 원래의 작품을 복사하는 것은 법적으로 가능하지 않다. 노래 또는 음반을 발췌하여 복사할지도 모르지만, 그러한 발췌의 길이는 작업에 따라 다양하다. 공정한 사용에 관하여 「저작권법」이 허락하는 것은 완전한 본질이라기보다는 실례적인 것에 대한 것이다. 특별한 사용이 '공정한' 것인지의 여부를 결정하는 기준은 그것의 사용 목적, 저작권에 따라 보호되는 작업의 본질, 전체와 관련해서 얼마나 많은 양이 사용되는지, 그리고 매우 중요한 요인으로 잠재적인 시장에서의 효과를 포함한다.

일반적으로 누군가가 시장을 방해할 수는 없다. 명백히 구매하지 않기 위해서 무엇인가를 복사하는 것, 즉 저작권이 있는 한 장의 악보 또는 한 장의 잡지 기사를 여러 장 복사하는 것은 법률을 위반하는 것이다. 또한 공책에 베끼는 것도 불법이다. 음악치료 수업에서 사용할 책을 만들기 위하여 흩어져 있는 책과 저널을 발췌해서 복사하는 것 역시 불법이다. 물론 콘서트 30분 전에 트럼펫의 첫 번째 파트를 맡은 연주자가 악보를 잃어버렸을 때처럼 위급 상황일 때를 대비하여 복사를 준비하고, 학문 또는 원전 연구의 목적으로 녹음된 음악과 악보의 일부를 복사할 수는 있다. 다만 우리는 복사를 허락해 주도록 요구하는 것이 가능하다는 사실을 기억할 필요가 있다.

미국 작곡자, 작가 그리고 출판업자 사회(American Society of Composers, Authors, and Publishers: ASCAP)를 위해 일하는 '음악 경찰' 대리인들이 있다. 그들은 사업하는 대신에 음악을 들으며, 그리고 자격증을 보여 주기를 요구한다. ASCAP와 더불어, 다른 저작권 대행사로는 방송음악협회(Broadcast Music Institute: BMI)와 유럽의 무대 작가와 작곡자 사회(Society of European Stage Authors and Composers: SESAC)가 있다. 배경음악을 상업적으로 제공하는 사람도 있다. 판매를 허용하는 세부 사항을 다루는 지역 배경음악 매각인도 있다. 치료적 사용을 위하여 개인 치료사 또는 법적인 대리인은 그러한 문제를 다룰 필요가 있다. 학교는 콘서트, 무도회 그리고 다양한 배경음악의 적용에서 저작권이 있는 음악을 현장에서 사용하기 위해 일률적인 허가에 대한 동의를 교섭할 수 있다. 특별히 그들은 ASCAP(at One Lincoln Plaza, New York, NY 10023), BMI(at 40 West 57th Street,

New York, NY 10019) 그리고 SESAC(at 10 Columbus Circle, New York, NY 10019)와 접촉할 것이다.

저작권과 저작권 소멸의 복잡성이 증가되는 것은 가사, 음악, 음반의 저작권이 각각 분리되어 있기 때문이다. 심지어 모차르트가 작곡한 그대로 연주한 모차르트 교향곡처럼 명확히 공공의 영역에 있는 음악도 저작권이 있는 음반으로 고정될 수도 있다. 일반적으로 저작권은 작곡자의 죽음 이후 50년, 또는 만일 그 작품이 '임대를 위한 작품'이었다면 최초의 저작권 이후 75년이 지나면 기한이 만료된다. 하지만 예외가 있을 수 있다.

많은 주의 사항들이 제시된 반면에, 저작권이 있는 음악과 음반 사용을 위한 규정들이 있으나 모든 것들이 저작권이 있는 것은 아니다. 저작권이 치료적 · 교육적 목적을 위한 음악의 합법적인 사용을 억누르는 기제로 받아들여져서는 안 된다. 그것은 간단히 창의적인 공정을 보장하는 기제다. 일반적으로 사람들은 '공정한 사용'의 경계를 넘지 않을 필요가 있고, 허락 없이 음악이나 인쇄물에 대해 마구 모방하는 일이 없도록 해야 한다. 그리고 어떠한 의심이 있을 때는 저작권자 또는 그것의 대표자와 상의해야 한다. 더 심오한 정보를 위해서는 『Music Therapy Matters, *4*(2)』(Summer, 2001)를 참조하라. 이것은 미국음악치료협회(8455 Colesville Road, Suite 1000, Silver Spring, MD 20910)로부터 이용할 수 있다.

10. 요 약

요약하면, 세심한 계획과 법률에 대한 지식이 있으면 소송은 덜 일어난다는 것이다. 신중한 계획은 불필요한 신체적 접촉과 경멸적인 비평과 같은 행동을 피하는 것, 그리고 클라이언트와 치료사의 상호작용을 주의 깊게 기록하는 것, 클라이언트를 비롯한 관련자들에게 어떠한 잠재적 문제에 대해 정보를 제공하는 것과 같이 다른 사람에게 성실하게 관여하는 것이다.

참고문헌

Alexander, M. D., & Hughes, M. F. (1993). Sexual harassment in the workplace. In W. E. Camp, J. K. Underwood, M. J. Connelly, & K. E. Lane (Eds.), *The principal's legal handbook* (pp. 147-154). Topeka, KS: National Organization on Legal Problems of Education.

Arline v. School Board of Nassau County, 480 U. S. 273 (1987).

Baines, L., Baines, C., & Masterson, C. (1994). Mainstreaming: One school's reality. *Phi Delta Kappan, 76,* 39-40, 57-64.

Bethel School District No. 403 v. Fraser, 106 S. Ct. 3159, 3160 (1986).

Bethel School District No. 403 v. Fraser, 478 U. S. 675 (1986).

Board of Education of Plainfield v. Cooperman, 105 N. J. 587, 523 A.2d 655 (Sup. Ct. N. J. 1987).

Carey v. Piphus, 435 U. S. 247 (1978).

Chalk v. United States District Court, Central District of California, 840 F.2d 701 (9th cir. 1988).

Child Abuse Prevention, Adoption, and Family Services Act of 1988. 101-401. PL 100-294, 42 U. S. C., 5101 (1988).

Child Abuse Prevention and Treatment Act, PL 93-247, 42 U. S. C. 5102.

Curcio, J. L., & Milford, A. C. (1993). Child abuse. In W. E. Camp, J. K. Underwood, M. J. Connelly, & K. E. Lane (Eds.), *The principal's legal handbook* (pp. 51-58). Topeka, KS: National Organization on Legal Problems of Education.

Davies, P. (Ed.). (1994). *The American heritage dictionary of the English language* (3rd college ed.). New York: Dell.

Delon, F. G. (1993). Censorship and academic freedom. In W. E. Camp, J. K. Underwood, M. J. Connelly, & K. E. Lane (Eds.), *The principal's legal handbook* (pp. 141-146). Topeka, KS: National Organization on Legal Problems of Education.

Denzinger, C. A., & Thomas, S. B. (1993). Rights, entitlements, and responsibilities.

In W. E. Camp, J. K. Underwood, M. J. Connelly, & K. E. Lane (Eds.), *The principal's legal handbook* (pp. 61-79). Topeka, KS: National Organization on Legal Problems of Education.

Desilets v. Clearview Regional Bd. of Educ., 627 A.2d 667. (N. J. Super. Ct. App. Div. 1993).

42 U. S. C., 2000 e: 2 (a) (1)

42 U. S. C., Section 1983

Fischer, L., & Sorenson, G. (1991). *School law for counselors, psychologists, & social workers.* New York: Longman.

Gibbs, N. (1991). An ugly crisis. *Time, 138*(15), 34-35.

Gluckman, I. B. (1993). Professional liability. In W. E. Camp, J. K. Underwood, M. J. Connelly, & K. E. Lane (Eds.), *The principal's legal handbook* (pp. 225-238). Topeka, KS: National Organization on Legal Problems of Education.

Guernsey, T. F., & Klare, K. (1993). *Special education law.* Durham, NC: Carolina Academic Press.

Hayes v. Unified School District No. 377, 699 F. Supp. 1519 (D. Kan. 1987) *aff'd* 877 F.2d 809 (10th cir. 1989).

Hazelwood School District v. Kuhlmeier, 484 U. S. 260.

Isiah, B. v. State, 500 N. W. 2d 637 (Wis. 1993).

Lemon v. Kurtzman, 403 U. S. 602 (1971).

Lufler, H. S. Jr. (1994). Pupils. In S. B. Thomas (Ed.), *The yearbook of education law*, 1994 (pp. 59-87). Topeka, KS: National Organization on Legal Problems of Education.

Lukas, S. (1993). *Where to start and what to ask.* New York: W. W. Norton.

MacKinnon, C. (1979). *Sexual harassment of working women.* New Haven, CT: Yale University Press.

McCarthy, M. M. (1993). Devotional Activities. In W. E. Camp, J. K. Underwood, M. J. Connelly, & K. E. Lane (Eds.), *The principal's legal handbook* (pp. 253-264). Topeka, KS: National Organization on Legal Problems of Education.

Margolis, S. (1995). The ABC's of hepatitis. *The Johns Hopkins Medical Letter.*

Baltimore: The Johns Hopkins Medical Institutions.

Mayo Clinic Health Letter (1995). Second opinion. In N. N. Spelhaug (Managing Ed.), *13*(5), 1-8. Boulder, CO: Mayo Foundation for Medical Education and Research.

Meyer, R. G., Landis, E. R., & Hays, J. R. (1988). *Law for the psychotherapist.* New York: W. W. Norton.

Miller, M. B. (1993). Disciplining students with disabilities. In W. E. Camp, J. K. Underwood, M. J. Connelly, & K. E. Lane (Eds.), *The principal's legal handbook* (pp. 99-106). Topeka, KS:National Organization on Legal Problems of Education.

Miller v. California, 413 U. S. 15 (1973).

New Jersey v. T. L. O., 469 U. S. 325, 340 (1988).

New York State Association for Retarded Children, Inc. v. Carey 466 F. Supp. 487 (E. D. N. Y. 1979).

Osborne, A. G., Jr. (1994). Individuals with disabilities. In S. B. Thomas (Ed.), *The yearbook of education law, 1994* (pp. 90-124). Topeka, KS: National Organization on Legal Problems of Education.

Salmon, G., & Bodkins, D. (1993). Infectious diseases. In W. E. Camp, J. K. Underwood, M. J. Connelly, & K. E. Lane (Eds.), *The principal's legal handbook* (pp. 119-130). Topeka, KS: National Organization on Legal Problems of Education.

Schimmel, D. (1993). Freedom of expression. In W. E. Camp, J. K. Underwood, M. J. Connelly, & K. E. Lane (Eds.), *The principal's legal handbook* (pp. 13-22). Topeka, KS: National Organization on Legal Problems of Education.

Smelter, R. W., Rasch, B. W., & Yudewitz, G. J. (1994) Thinking of inclusion for all special needs students? Better think again. *Phi Delta Kappan, 76*, 35-38.

Sorenson, G. P., Cambron-McCabe, N. H., & Thomas, S. B. (1993). Search and seizure in the public school. In W. E. Camp, J. K. Underwood, M. J. Connelly, & K. E. Lane (Eds.), *The principal's legal handbook* (pp. 3-12). Topeka, KS: National Organization on Legal Problems in Education.

Thomas, S. B. (1987). *Health related legal issues in education.* Topeka, KS: National Organization on Legal Problems in Education.

Thurston, P., & Metzler, D. (1993). Student injury. In W. E. Camp, J. K. Underwood, M. J. Connelly, & K. E. Lane (Eds.), *The principal's legal handbook* (pp. 99-106). Thopeka, KS: National Organization on Legal Problems in Education.

Tinker v. Des Moines, 393 U. S. 503, 506 (1969).

Turnbull, H. R. III (1993). *Free appropriate public education: The law and children with disabilities* (4th ed.). Denver, CO: Love.

Vacca, R. S. (1993). Student discipline. In W. E. Camp, J. K. Underwood, M. J. Connelly, & K. E. Lane (Eds.), *The principal's legal handbook* (pp. 29-36). Thopeka, KS: National Organization on Legal Problems in Education.

Welker, M. J., & Pell, S. W. J. (1992). *The formulation of AIDS policies: Legal considerations for schools.* Topeka, KS: National Organization on Legal Problems in Education.

Widener v. Frye, 809 F. Supp. 35 (S. D. Ohio, 1992).

찾아보기

인명

내용

저자 소개

◈ Wanda B. Lathom-Radocy

Lathom-Radocy 박사는 캔자스 대학교에서 음악교육과 음악치료를 전공하고 학사, 석사, 박사학위를 받았으며, 몽클레어 주립대학교와 미주리 대학교(캔자스시티 캠퍼스)에서 음악치료 과정을 시작하였다. 그는 캔자스 클레이 센터에서 초·중등음악을 가르치고, 파슨스 주립병원과 훈련학교에서 음악치료 디렉터로 일하였으며, 전국음악치료협회의 회장직을 역임하였다. 현재 그는 학교에서 음악치료의 역할을 증진시키는 워크숍을 진행하고 있다. 또한 음악치료사를 양성하는 정부 프로젝트의 공동책임자이자, 미국 중서부지역 음악치료협회와 미국 음악치료협회의 명예회원이다. 많은 장애아동과의 임상 경험이 풍부하고, 다수의 전문적인 논문을 저술하였으며, 다양한 국내외적 컨퍼런스에서 발표를 하였다.

역자 소개

◈ 최병철

미국 남일리노이 대학교 음악 학사, 석사

미국 캔자스 대학교 음악치료학 박사

메트로폴리탄 주립병원(정신과) 음악치료사

캔자스 대학교 임상실습 슈퍼바이저

현 숙명여자대학교 음악치료대학원 주임교수

　사단법인 한국음악치료학회장

◈ 박소연

숙명여자대학교 음악 학사(피아노), 문학 학사(상담학)

숙명여자대학교 음악치료학 석사, 박사 수료

현 연세신경정신과 소아청소년정신과 음악치료사

　서울디지털대학교 상담심리학부 초빙교수

　서울장신대학교, 한국외국어대학교, 영동대학교, 강남대학교 강사

◈ 황은영

이화여자대학교 이학 학사

숙명여자대학교 음악치료학 석사, 박사

현 숙명여자대학교, 연세대학교 평생교육원, 서울장신대학교, 적십자간호대학 강사

아동음악치료

Pediatric Music Therapy

2009년 10월 10일 1판 1쇄 발행
2022년 4월 20일 1판 4쇄 발행

지은이 • Wanda B. Lathom-Radocy
옮긴이 • 최병철 · 박소연 · 황은영
펴낸이 • 김 진 환
펴낸곳 • (주) 학지사
04031 서울특별시 마포구 양화로 15길 20 마인드월드빌딩 5층
대표전화 • 02) 330-5114 팩스 • 02) 324-2345
등록번호 • 제313-2006-000265호

홈페이지 • http://www.hakjisa.co.kr
페이스북 • https://www.facebook.com/hakjisabook

ISBN 978-89-6330-217-1 93180

정가 20,000원